U0613568

中華大藏經

續編 9

漢傳注疏部（一） 第三册

中華書局

第九册目録

金剛般若經贊述〔一〕

刊行金剛般若經贊述序

大乘基撰

《般若》六百卷，以《金剛》爲精髓，所謂深妙玄約，羣聖猶迷，非虛言也。在昔無著禀偈於彌勒，天親受旨乎賢兄，二論之出世，譬之猶雙懸日月，燭照幽冥也。及法之東漸也，翻譯注疏，其類寔繁。傳説我三藏法師是常啼菩薩之後身，信乎。其執破骨出髓之夙志，忘軀殉法，委運祈通，其譯諸經，託終於此法，以大呈嘉瑞，及其上遷也，亦誦真文以逝。其有大因緣於《般若》，而獨得其宗旨者，可以見已，而於本經最注意焉。是以疏主受旨，特述三注，曰《玄記》，曰《贊述》，曰《會釋》。而其直就經文爲釋者，獨《贊述》爲然。然人徒知有此書，而莫之或目也，況能研索之乎？越前藝公嘗有歎於此，欲上梓行世，搜索四方，得五本焉。既已參互校訂之矣，念我興福更有善本，癸酉之夏，來謀之余。余嘉其志，出一本相示，蓋學頭所歷傳。藝公大喜持去。至於季秋，再來告其讎對卒業，乞余題語。余深懼以鄙言冠祖典，不遜之罪不可逃也，固辭不敢。乙亥之夏刻竣，復持至求予必一言，以證考訂無私。予感其篤志，且喜法之弘傳也，乃忘僭越，略叙來由，以塞其責云。

文化十二年歲在乙亥夏五日興福別室大僧都訓映謹識。

校勘記

〔一〕底本據《卍續藏》，校本據《大正藏》。

刻金剛般若經贊述序

我曹衆生，從無始際，汩溺於生死海中，頭出頭没，靡有出期。大聖世尊憫之，宣暢摩訶衍法。於中演説破有之教者，《摩訶般若經》四處十六會説。而此《金剛般若》者，其第二處第九會説，實是覺海之要津，入道之寶户也。是以支那、日本諸大德疏此經者，僧肇、淨影等，無慮數十家。本朝鏤梓行世者亦頗多矣。唯大唐慈恩窺基法師有疏二卷，《東域録》中稱《贊述》者，傳本邦以來，蓋千有餘年，而未梓行于世，學者憾之，豈非缺乎？余同國社友丹山子法諱順藝者，天資聰敏，好學甚篤，遊學本黌，有年于兹。慨此典未現流於世，探其善本，刻苦校讐，頗延歲月，旁加邦讀，付諸剞劂氏。將上木，令余作序，余雖不敏，曷不喜此典流後代布海内乎？且兹經，天台宗祖智者大師有疏一卷，華嚴宗祖至相大師有疏二卷，三論宗祖吉藏法師有疏四卷，今此書即法相宗祖基法師之所撰，則四家大乘師之疏，得此而恰完矣。竊思我社諸子，依此經疏研尋，則一乘三乘教義，性相二宗法門，坐而得之，是余深所冀也。丹山子此舉，亦兹意耳。因不耻鄙拙，聊述開刻之事緣，以弁其簡端云爾。

維歲文化十年癸酉仲冬閏月越州香月院釋深厲誌于京兆高倉學寮。

校訂例言六則

一、斯書余所索得凡六本，其三是南都古本，而興福寺學頭歴傳本又其最可據者，故今以此爲主，以參訂餘本。其涉兩可者，則並存之。又雖可疑，而諸本皆同者，則姑從原文，不敢臆斷，且揭注之上方，更竢善本。

一、本經新翻未容潤飾，故此疏就什譯以解之。蓋以其譯在初，流傳最廣耳。然有什本所闕一二，以餘本補之者，今圈其右方，而注之於格上。

一、此疏所牒經文，每舉其首尾，略去中間，今就現藏補填全文，以便撿閲。

一、本經諸家所刊行有數本，今直就大藏抽出本經讎之，於疏所牒，挍其同異。大藏又參訂宋本、明本、麗本焉，並揭注之上方。如疏中所引二論，文又有不同前三本者，非其所正釋，故不煩加挍注，觀者當自撿知之。

一、余所得六本，皆略有國訓，而莫全備者。今請典壽律匠撿閲之，參訂合議，悉附邦讀，以便初學。更見古點本可依者，當是正之。

一、凡上梓者，必借書手，而往往不免脱謬。今余不自揣書之拙，親寫繕完，以授剞劂，雖欠於觀美，庶不致誤人。

文化十年癸酉冬十月丹山野衲順藝（志道）謹識。

金剛般若經贊述卷上

大乘〔二〕基撰

一彰因起，二明年主，三釋本文。初中有二：一、明經因起，即謂空有二因。乃有阿僧伽佛去世後九百年，上請慈尊爲開中道說。《瑜伽十七地》《中邊分別論》等竝彌勒所談，竝如廣章說，有少差異，如別紙。二、明論因起者，《攝大乘》云有二種藏，一聲聞藏，二菩薩藏。於中有三，謂素怛覽、阿毗達磨、毗奈耶。謂《華嚴》《般若》等名菩薩藏中素怛覽，《解深密》《阿毗達磨經》名阿毗達磨藏，《毗奈耶》《瞿沙經》名第三藏。然上諸經唯〔三〕依梵本各有多頌，以漸隱没，卷軸便小，或此方翻者偏略，所以漸約也。即《阿毗達磨經》中有《攝大乘品》，佛當〔三〕加持菩薩所説。佛去世後九百餘年，無著菩薩攝集諸經，統攝其義，爲二萬七千頌，名《對法論》。後有其資名浮陀僧訶，此名覺師子，造六萬三千頌釋，與前師造兩本別行。後有菩薩名安慧糅爲一部，故稱爲《雜集》，即《瑜伽》十支中之一支也，謂《三十〔四〕唯識》等各爲一支。故如迦旃延三百年後造《發智論》，而後有六足諸論等。

金剛般若波羅蜜經

姚秦三藏法師〔五〕鳩摩羅什譯

二、明年主者。一明經，二明論經者。然此《般若》上代已來總有五譯，出其年代，具如《玄記》。然三藏貞觀十九年初從西至，最初翻譯其論也，《對法》爲先。至貞觀二十三年，三藏隨駕玉華，先帝乖和，頻崇功德，共藏譯論，遍度五人。更問良因，藏令弘讚，遂製《般若》之序，名《三藏聖教序》。其時太子亦製《顯揚論》序，當〔六〕許雜翻經論，竝讚幽靈，既有違和，不暇廣製也。于時帝問藏云：更有何善而可修耶？藏報云：可執筆以綴《般若》。帝既許之，藏便譯出，其夜五更三點翻譯即了。帝索讀之，即遣所司寫一萬本。既不重綴，詞句遂疎。後欲重譯，無由改〔七〕採前布也。當爾積代梵本文竝付三藏，藏討諸本，龜資梵文即羅什譯，同崑崙之本與真諦翻等。然經文舛異，隨文乃知真謬，題名不同，三藏獨名能斷。即先所譯無著論本亦名能斷，何意然也？彼意説金剛有三義：一所破義，無著論本云正見行、邪見行，解云：正邪雖異，還〔八〕作是同，故行該兩種見，即喻金剛雖一，能所有殊。雖曰金剛，亦有物能破之，故如白羊角即破金剛也。二能摧義，無著云，一者細〔九〕，是智因故，二牢者，不可壞故。解云：聞思兩慧能伏染故，漸生修慧，故名能摧，稱爲智因也。二牢者，即謂修慧，既是定心正能破障，故名牢也。或修慧中有有漏、無漏二別，以分細牢。或就無漏中有折伏道、斷惑道，二分亦行[一〇]。然煩惱障通理事兩觀伏，以欣上厭下伏故，所知障唯理觀伏可知也。又約無間解脱亦分細牢者。至佛果位，解脱道中名斷者三種，斷中、斷性、斷類名斷，而非斷用及斷體。以非所斷，不名爲斷體。已斷非正斷，故不名爲能斷也。三者闊狹義，無著論云：如彩畫金剛形，兩頭寬而腰狹。解云：地前佛果喻寬，十地喻狹，以地地之中各修一行爲首故。或七地已前分是寬，皆隨義准之。應知今若所破名金剛，金剛之般若能破摧名金剛，金剛即般若也。然經云：般刺若者，因中慧。言薩筏若者，此云一切智，是果中智也。言般刺慎若者，斷惑慧，即此中所標，故云能斷也。

論者，然今唐國有三本流行於世。一、謂世親所制翻，或兩卷，或三卷成。二、無著所造，或一卷，或兩卷成。三、金剛仙所造，即謂南地吴人，非真聖教也。此或十一卷，或十三卷成也。若唯學有以非空，妄想之心更長。唯學空而非有，真智無因而不生起。滅妄想於空門，起真心於有府，有空雙鏡[一一]。説教有二種：一、謂隨機，如四諦、二空等理。二、謂顯理，而如説無相、實相等，佛以[一二]一音等。《華嚴》云如來一語中演出無邊契經海等，《法華》唯明攝入以彰一乘，《勝鬘》通據出生及攝入也。然《法華》云若人行五波羅蜜，不及受持聽聞《法華》者，約菩提、涅槃總名一乘。故牛車喻於菩提。經云：吾爲汝等造作此車，故應當等心，各各與之。故《勝鬘》云行六波羅蜜不及手捉經者，彼據真如爲乘也，如彼經文，具顯其相也。

第三判本文者，此經始終有其三分：初、如是我聞，一時佛在舍衛國祇樹給孤獨園，文前由致分。次、爾時須菩提即從座起下，發請廣説分。後、佛説是經已下，喜悟修行分。前中有二：初、明通由致。次、爾時世尊下，別由致。前中有五：一、爲令生信，總顯已聞，説如是我聞。二、説者聽者，共相會遇，時分無別，總説一時。三、化必有主，主若勝，法可尊，故標於佛。四、化必有處，要託勝處説妙法，故言舍衛國祇樹給孤獨園。五、明教所被機，謂千二百五十人俱。據實亦有菩薩衆，如婆伽婆説，亦有八部衆，如下流通分説。今此略，故但舉聲聞也，餘文可知。言説處者，謂筏蘇顯（輕呼）度，舊云五天竺者訛也。今釋顯度者，此云月氏。此五國中多有賢哲，如月照暝，能除炎熱，故以爲名也。舊云月支等者，竝非也。其舍衛國者，訛也，應云室羅筏悉底布羅，此云豐德城，謂〔一三〕豐多聞、豐欲境、豐解脱故。此城之主即是鉢刺摩〔一四〕那侍特〔一五〕王，此云勝軍，即謂中印土之都城之名也。國名憍薩羅，爲別恒河南憍薩羅，故以城名標別也，其南憍薩羅國城無有別名號，即以國爲名故。祇樹者，即謂誓多太子之林。誓多者，此云戰勝也。給孤獨園者，謂須達多於太子處所買得也。今合標彼，故雙舉之。廣説緣起，如餘疏陳。

與大比丘衆千二百五十人俱。

述曰：此第五彰教所被機也。謂佛共兼會，名之爲與。龍樹釋云，一者同處豐德城，二者同時同此説聽，究竟一時故，三者同心共取一味法故，四者同見同證一解脱理故，五者同戒各具別解脱戒故，六者同解脱三乘同坐解脱牀故。具如是義，總名爲與。大者有五義：一名稱大，大衆大人所知識故。二位次大，皆住聖果，非凡位故。三功德大，或諸漏盡，證智斷故。四修行大，求大菩提，修廣業故。五徒衆大，千二百五十人故。龍樹釋云，如有七寶處，金爲最大，乃至無好物處，鐵鋤〔一六〕爲最大。如是有三寶時，佛爲最大，乃至於末後時，破戒僧爲最大。故經云：瞻博迦華雖萎萃，猶勝諸華鮮潔時，破戒惡行諸比丘，猶勝外道持戒者。故今言大者，且對有學也。比丘者，此有五義：一怖魔，創心出家，四魔怖故。二乞士，以乞自活，齊[一七]自他故。三淨命，離五邪命，正三業故。五邪命者：一爲利養故而現希奇，如坐行人念數珠等。二爲利養故，自説己德。三爲利養故，占相吉凶。四爲利養故，高聲現威。五爲得利養故，説先所得以動人心。四持戒性[一八]，威儀曾不缺故。五破惡，修道獲果，斷煩惱故。僧伽名衆，證理法事二俱和故。千二百五十人者，佛初成道，初一時中度五人，俱隣等，第二時度耶舍等五十人，第三時度舍利子等一百人，第四時度目犍連等一百人，第五時度優樓頻螺迦葉等五百人，第六時度迦耶迦葉等二百九十五人，第七時度那提迦葉等二百五十人，如是總有千二百五十人。此舉常隨徒衆也。准下亦有比丘尼衆等，今此略故也。然《阿含經》唯爲發趣求聲聞乘説，般若空教唯爲發趣求大乘者説，故下云爲大乘者説，爲最上乘者説也。《涅槃》《法華》《解深密》等通爲發趣一切乘者説，謂説有爲無爲名之爲有，我及我所説爲空故。今列聲聞衆者，即是爲令發趣求大乘故。菩薩已發趣故，此略不標也。上來明通由致竟。

爾時，世尊食時，著衣持鉢，入舍衛大城乞食。於其城中，次第乞已，還至本處。飯食訖，收衣鉢，洗足已，敷座而坐。

述曰：第二明別由致也。此文有十：一明化主，謂世尊。二辨化時，謂食時。三彰衣[一九]服，謂著衣。四顯執器，謂持鉢。五陳化壤，謂入舍衛大城。六明求膳，謂乞食也。七辨均普，謂於其城中次第乞已。八彰攝化，謂還至本處。九顯濯足，謂飯食訖，收衣鉢，洗足已。十陳安住，謂敷座而坐。言世尊者，謂具六德，破四魔。四魔者可知。六德者，《佛地論》説，一自在義，永不繫屬諸煩惱故。二熾盛義，炎猛智火所燒練故。三端嚴義，具諸相好所莊嚴故。四名稱義，一切殊勝功德圓滿無不知故。五吉祥義，一切世間親近供養咸稱讚故。六尊重義，具一切德，常起方便，利益安樂一切有情，無懈廢故。言食時者，謂齋時也。此下一一皆有所表，故《無垢稱經》云：佛告阿難陀，諸佛凡所有威儀進止，無非佛事也。何故今云食時也。此顯食訖説經，日即正中，表其所説大乘無相理，捨離空有二邊執，故食時者，謂即説經差別時分也。此表欲説無相之教，先觀無相之理。如欲説《無量義經》，先入無量義處三昧，觀無量義處之理。佛以慧爲命，無相爲食，欲説無相之教，先以慧觀無相妙理，後方説之，故言食時也。著衣者，事衣有三：僧伽梨、欝多羅僧、安陀惠[三〇]。此中初衣著入王城聚落，次衣處衆説法，次衣可知。今欲入城，即顯著初衣也。法中亦有三衣：一者精進，亦名甲鎧，謂能策勵宣説利樂等事，不避寒熱等事，猶如著衣也。二、柔和忍辱衣，謂由忍辱故，拒外怨害，不能侵，猶如著衣，寒熱不觸也。三、慚愧之上服，由崇重賢善，輕拒暴惡，羞恥爲相，故如衣也。今此表佛策勵宣説無相妙法，故言著衣也。持鉢者，應量器，一者應自所食量，二者應外所施量，故不大不小，名應量也。爲表佛無分別智，内證於理，如鉢受食。心起於智，故復名持。入舍衛大城者，表欲入正法大城，飡無相食也。或正法如城，故《無垢稱》云爲（去呼）護法城也，菩薩如守城故。或正法如城中人，菩薩如城，即爲（平呼）護法城也。或入法界大城，飲無相味，爲表此故，言入舍衛大城也。乞食者，正表以無分別智，内證無相理也。次第乞者，謂從一巷至一巷，從一家至一家等，爲顯於一一法皆遍證至無相理也。還至本處者，爲表將説無相之教，還須起後得智，爲佗廣演也。洗足者，爲顯外〔二一〕有垢，洗足即除，内心有染，聞法自滅也。敷座而坐者，謂欲顯所説法最勝，故世尊自敷其座，如覩〔二二〕尊位，不令餘人敷座具也。而坐者，無著論釋云：顯示唯寂靜者，於法能覺能説故。此顯世尊端身正念者〔二三〕，爲表内能覺了真理，外能説無相法故也。《能斷金剛》云：住背面念者，背謂踈遠義，面謂觀向義，謂以智觀理，如鏡鑒面也。所言背者背生死，面者向涅槃，背者捨煩惱，面者證真理，背者離有空，面者處中道，如是應知。或云對面念者，是視矚義，謂以智達理，如視矚其面故也。

爾〔二四〕時，長老須菩提在大衆中，即從座起，偏袒右肩，右膝著地，合掌恭敬而白佛言：

述曰：此大文第二發請。正説分中，依世親科文，有其二：謂從此唱至果報，亦不可思議，是初周説。次爾時須菩提，乃至云何應住已下，訖至應作如是觀，是第二周説也。謂初周中三問：未發心者如何成發心，乃至已修行者如何斷障。第二周中説者，若菩薩於自身三種修行生如是心，云我能發心，乃至云我能斷障，爲除如是增上慢故，第二周説也。謂即初周説法，明未發心者教發。第二周説法者，謂已發心者，言我能發故爲説也。或修行斷障，二周別釋。舊釋云：初周爲生是〔二五〕善，第二周爲斷障，障即所知也。故下論云，於内心修行存我爲菩薩，即障於不住道也。謂菩薩不住道中無分別智，内冥真理，方證得故，非起我能心也。又解爲利鈍兩機、初後二衆，故作兩周説也。就初周中有二，謂始從應如是降伏下，乃至如所教住，是正宗。可以身相見如來不下，明斷疑，謂能斷道，般若所斷者，謂二障也。前中有四：初善現虔恭讚請，次如來嘆印許陳，三敬諸希聞，四隨問別答。前中復三：初明虔恭，次明讚嘆，後正陳請。此初文也。然無著菩薩説成立七種義句已，此般若波羅蜜即得成立。謂種姓不斷等，此七之[二六]初三科判此經，總有三段，後四彰此經中所有之義，非別判文也。三段文者：一、善現讚嘆，名爲種姓不斷。二、善現發請，名爲發起行相，發問修行之相故。三者，如來印答訖至應作如是觀，名行所住處，謂依佛所説此一部義，以行其行，即是行所住處也。四對治者，非別有文，即於行所住處中有能所對治也。故論云，彼如是相應行。相行諸住處時有二種對治，應知謂邪行及共見正行。此中見者謂分別也。於初住處中，若説菩薩應生如是心所有衆生等，此是邪行對治，生如是心菩薩是邪行。若復説言若菩薩有衆生想等，此爲共見正行對治。此分別執菩薩亦應斷，謂我應度衆生故。於第二住處中，若説應行布施，此爲邪行對治，非無布施是菩薩邪行。若復説言住於事等，此爲共見正行對治。此分別執菩薩亦應斷，謂應行布施故。就此之中有能對治、所對治，應准釋之。五不失者，謂不失正道，此遮增減執也，謂於行所住處之中執有人法，故名爲增執，撥無真如妙法，故名爲減執，若作此者，便失正道。今遮二執，故云不失。故論云：於中若説言如來説福德性，即非福德性者，此遮增益邊，以無彼福聚分別自性故。若復説言是故如來説如來[二七]福德聚，此遮損減邊，以彼雖不如言詞有自性，而有可説事。以如來説福德聚故，乃至云所謂佛法者即非佛法，如是等皆應准釋，名爲不失也。六地者，此有三種：一信行地，謂凡夫修位，始從[二八]唱，乃至是名一切法也。二淨心地，謂十地，始從譬如人身長大下。三佛地，從若菩薩作是言我當莊嚴佛土。乃至經末也。七立名者，謂釋能斷之名可知也。然南地有金剛仙釋，科此論總爲十二分者，但是此方凡情，浪作圖度，不可依據也。爾時長老者，西方以耆尊爲長老也。若少而有德，故有大德之名，非此有[二九]方周。須菩提者，訛也。應云蘇補底，此云善現，即世尊弟子之中解空第一也。謂應佛之世即能現生，或善能現前，了達空義。或初生現時，其室空寂，相師占之，名爲善現。現者，出也。生時室中一切空寂，表其長大善解空義，故名善現。新翻《能斷》名具壽善現者，命有二種，一出世命，謂慧，二者世間命，謂連持色心相續。若單標慧命，不攝世間，若獨言壽，不通出世，顯雙具二，故云具壽也。即善現有二，一者得出世慧命，二者爲[三〇]得世間長命，故亦云長老也。即從座起者，爲表捨二乘之非實，趣一乘之究竟也。偏袒右肩者，顯示敬相，彼以右爲吉祥故也，爲表般若能與衆作吉慶也。右膝著地者，顯降伏生死過失也，謂無始來以右手脚造衆罪故，爲表此法能伏生死苦也。合掌者，爲表聽者之心與法冥合也。恭敬者，表法可尊也。無著論云，有六因緣，故須菩提問：一者，斷疑，謂諸衆生無始已來無明在身，煩惱迷覆而生疑惑，謂於四諦或於三寶等而生疑惑，不能生信，若發問時，所有是諸疑惑者[三一]皆悉斷故。二、爲起信解故者，謂若雖有信，於諸經法不知於何而起信解，故爲發問，令於般若起信解故。三、爲入甚深者，謂若雖於般若生於信解，然於甚深之義未能進解，故爲發問，令解甚深義也。四、爲不退轉故者，謂雖於甚深而得解悟，然逢蚊虻鬪諍疲懈等緣，或時退轉，一爲發問，永無退故。五、爲生喜故者，謂衆生久殖[三二]生死，恒懷無量種種憂苦，一爲發問，憂苦永除，故生歡喜也。六、爲正法久住故者，謂若不説如是般若，或諸正法速即隱滅，無人住持，一爲發問，當令正法永得久住也。

希有世尊，如來善護念諸菩薩，善付囑諸菩薩。

述曰：依世親科，初周之中有二：一、當宗請說分。二、可以身相下，廣破衆疑分。初中有四：一、虔恭讚請。二、嘆印許陳。三、敬諸希聞。四、隨問别答。初中有四：一、彰所在，謂大衆中。二、顯虔恭。三、明讚嘆。四、正發請。上來二文竟，此爲第三讚嘆也。言希有世尊者，謂住劫之中咸[三三]時方有佛出世也。只如賢劫千佛之中已有四佛出世，謂此住劫之中初之五劫無佛世現[三四]。第六劫中人壽四萬歲時，拘留孫佛出世。第七劫中人壽三萬歲時，拘那含牟尼佛出世。第八劫中人壽二萬歲時，迦葉佛出世。第九劫中人壽百歲時，釋迦牟尼佛出[三五]。第十劫中人壽八萬歲初減劫時，彌勒佛出。至第十五劫，九百九十四佛共出一劫。至後住劫中，有樓至佛獨出一[三六]住劫。從此已後，更經十二大劫，方有星宿劫中第一日光佛出，從此已後更經三百劫，方有餘佛出世。故《法華》云，諸佛出於世懸遠，值遇難等也。善護念者，世親云加彼身同行。一加其身，二加其同梵行者。謂有菩薩曾已發心，逢遇諸佛，機根已熟者，如來即護念之，一切[三七]加其身，令得自利增長善法，二加同行，謂即菩薩有同共梵行者，令轉教授之，加其利佗也。善付囑者，謂根未熟菩薩即是，雖已發心，機根未熟。此有二種：一者，曾未有功德。二者，曾來雖有功德，已唯[三八]退失。以此二人付授根熟菩薩，令其教導，於未得已退者令得，於曾得已退者令其進修，故名付囑。又得不退者，令不捨大乘者。前將根未熟付授根已熟者，令即世尊以法付授根未熟者，令不捨大乘。於大乘中欲令勝進，名爲付囑。世[三九]義云[四〇]：准論付囑有二。一者，菩薩之中有得退未得退者，但令其不捨大乘，令其勝進，名爲付囑也。然無著釋意與此稍殊，彼意説云，如來初成道時，有菩薩曾於過去已積善根，根已成熟者，佛即爲説彼行所住處，於住處中説聖道爲能對治，分別爲所對治。又説斷除增減二執，不失正道，凡夫修、菩薩修及佛地，又説成立般若名故，如是名爲善護念也。善〔四一〕付囑者，即根未熟菩薩未能發心修行，故如來臨涅槃付囑已攝受菩薩，令其以此五種義爲説，亦〔四二〕令成熟佛法也。已攝受者，即謂根熟菩薩故也。然護念有六：一者時，謂如來能爲現在及未來二時護念也，謂於現在令其安樂之時，即不令作惡招未來惡果，名爲利益。非如慈母令兒子現在得樂，故反令造惡也。二者差別，謂善能知機差別爲説，故名善護念也。三者高大，謂以般若攝益有情，更無過上故也。四牢固者，謂世間物可有破壞，唯其般若畢竟堅牢也。五普遍者，謂遍能攝益於自佗，故非如二乘但自利也。六異相者，謂信行地中凡夫修位有種種別，隨其差別以別異法而爲説故也。善付囑者亦有六種：一入處者，謂所歸投處名爲入處。處謂安處也，謂佛付囑根未熟者言：我涅槃後歸餘菩薩諸佛等，故以諸善友爲所歸投也。二法爾得者，謂已根熟者，於佗之所法爾能爲攝益，如母於子也。三轉教者，謂令傳説般若深法，使傳燈紹繼不絶故也。四不失者，即是入處，由有所歸投故，不失正法正道也。五悲者，即是法爾由有悲故，能法爾攝益佗。六尊重者，即轉授也，由尊重般若故，而能展轉傳教也。

世尊，善男子、善女人發阿耨多羅三藐三菩提心，云何應住〔四三〕，云何降伏其心？

述曰：此第三正發請也。善男子等者，即謂烏波索迦等也。若不受別解脱戒，不能親近承事，故不名爲善也。發者，生也，起也。阿耨多羅者，此云無上也。三者，正也。藐者，等也。三又名正菩提，稱覺，應云無上正等正覺及等正覺[四四]，謂初是總名，次簡外道邪覺，次簡二乘偏覺，次簡菩薩缺覺，舉圓滿故，如是名爲無上正等正覺也。謂此體者，即是法身，故《勝鬘》云，如來者即是法身，法身即涅槃界也。言發心者，謂趣向於波若，故名爲發。云何住者，問住何心而成發也，謂於何處安住其心而成發也，世[四五]云何修行？既發心已，如何修行耶？云何降伏其心者，既修行已，煩惱所知，如何除斷耶？云何住者，即謂深念衆生心也。云何修行者，謂求菩提心也。云何降伏者，謂厭離有爲心也。又斷一切惡者，即是云何降伏其心也。修一切善者，即云何修行也。度一切衆生者，即云何住也。又律儀戒、攝善法戒、饒益有情戒亦此配之也。此上竝依世親意釋，依無著者，與上不同也。彼云應住者，謂欲願故。欲者，正求也，謂即正求佛故。願者，爲所求故，作心思念也，謂發正願斷一切惡等故。應修行者，謂相應三摩鉢帝故。三摩鉢帝者，無分別三摩提也，謂爲對治分別故，而起無分別三摩提，引無分別智也。此意云，由有分別故是非遂生，是非生故煩惱起，煩惱起故造惡業，造惡業故生死轉。今爲斷彼故，起無分別行也。分別者，即所知障故。應降伏者，謂折伏散時。折伏散時者，若彼三摩鉢帝心散，制令還住也。此意云，若折伏分別心不令散亂，故名爲降伏。正起無分別三摩鉢帝，故名爲修行也。

問：何故不得言若善男子等於三乘菩提應云何住等，而獨[四六]言於大乘耶？如《勝鬘》云：荷四重擔者，即有姓無姓皆攝益。故答論釋云：不可得義，謂善現既是聲聞，若問大乘住行爲不可得，若問二乘住行者，非爲難事，世尊不嘆善哉也。又爲三種菩提差別故善問，故唯問發行菩薩乘也。

佛言：善哉，善哉，須菩提，如汝所説，如來善護念諸菩薩，善付囑諸菩薩。汝今諦聽，當爲汝説。善男子、善女人發阿耨多羅三藐三菩提心，應如是住，如是降伏其心。

述曰：此第二嘆印許陳，於中有三：一者嘆，二者印，三者許陳。嘆者，謂善哉也。謂若善現少有合理，佛但印可未必重嘆。爲問既極深廣，故佛重讚善哉也。印謂印述其言，許陳者爲擬宣説。諦者，審也，令其諦審聽受，故曰諦聽。故經説言：聽者端視如飢渴，一心入於語義中，踊躍聞法心悲喜，如是之人乃爲説也。

唯然世尊，願樂欲聞。

述曰：此第三敬諾希聞也。唯者，敬詞。然者，可然其事也。

佛告須菩提：諸菩薩摩訶薩應如是降伏其心，所有一切衆生之類，若卵生，若胎生，若濕生，若化生，若有色，若無色，若有想，若無想，若非有想非無想，

述曰：此第四隨問別答。於中，初答云何住，次復次下答云何修行，後須菩提菩薩應如是下答降伏。就初之中有四，初明廣大心，次明第一心，次明常心，次明不顛倒心，此初也。上依世親科。依無著者，就第三彼修行所住處中差別言之有十八，約地言之有三，謂初十六是地前資粮、加行二位凡夫。修行，即信行地。第十七證道，是十地。菩薩行，即淨心地。第十八上求地，即佛地也。謂我莊嚴佛土已下，文若約住處，言之有六，謂一攝住處，二波羅蜜淨住處等。於中初二住處，即是十八中初二。第三欲住處者，即十八中二，謂欲得色身、法身故。第四離障礙住處者，即餘十二住。第五淨心住處者，即第十七證道。第六究竟住處者，即第十八上求佛地。總雖有八住處，後二不離前六，故通一切住處。故但言住處，言之有六種也。謂且如初二住處中，即有廣大及甚深二種住處，如論具顯餘例應然。就六住處之中，初

四是信行地，於中初二資粮位，次二加行位也。然無著之意不同世親論，十八差別一一皆有答前三問也。故論云，經言菩薩應生如是心者，顯菩薩應如是住中欲願也。若菩薩衆生相轉，即非菩薩者，顯示應如是修行中相應三摩鉢帝時也。若菩薩起衆生相、人相、壽者相，則不名菩薩者，顯示應如是降伏其心中攝散時也。其世親以十八差別中初二差別合答三問，不同無著一一皆答三問，撿論應知。此答云何住者，謂如何安處其心而成發也，謂諸修行者欲證菩提作大利樂，要先發起大菩提心方興正行。故經說言：如竹破初節，餘節速能破，見道初除障，餘障速能除。若發菩提心，一切功德自應圓滿，故《發菩提心經》說：譬如大海初有一滴，能爲諸寶作所依處。最初發心亦復如是，五乘善法皆因此生。又如世界初始漸起，即爲荷負諸衆生因。此心亦爾，能爲五趣無量種類荷負

依止。又如空界無不含容，大菩提心亦復如是，遍空有爲皆厭離故，如空菩提皆求證故，盡空衆生皆深念故。此初發心雖爲下劣，一念福聚尚說難盡，況經多劫發心修行利樂功德。因何發心？一者、見聞佛等功德神力。二者、聞説菩薩藏教。三者、見聞佛法將滅，念言法住能滅大苦。四者、末劫多見衆生癡無慚愧、慳嫉憂苦、惡行放逸、懈怠不信念，言濁世多起如是惡煩惱時，我當發心令餘學我起菩提願，由此便發大菩提心。將欲發心，先具十〔四七〕德，起三妙觀。十勝德者：一、親近善友，謂情同道合，雖遠名近，若非同合者，雖近不名善友也。故《涅槃》云：善知識者，如法而説，如説而行。謂自不殺生，教佗不殺生，乃至自不邪見，教佗不邪見等，名如説而行也。又善知識者猶如初月，至十五日漸圓勝故也。二、供養諸佛，謂行十種供養，謂現前不現前等。三、修集善根，謂凡所爲

作，共集善故。四者，志求勝法，謂好作勝善、好聞勝法如是等。五、心常柔和，謂性不獷戾，猶如良馬。六、遭苦能忍，謂爲菩提不憚寒熱等苦故。七、慈悲淳厚，謂濟拔一切。八、深心平等，謂怨親無二，好惡齊故。九、信樂大乘。十、求佛智慧。《法華》有五，故彼云，又佛子心淨柔輭，亦利根無量，諸佛所而行深妙道。三妙觀者，一、厭離有爲，謂觀生死惡趣無暇等衆苦逼迫，自身之中五蘊四大能生惡業，九孔常流臭穢不淨，三十六物之所集起，無量煩惱燒煑身心，如沫如泡，念念遷謝，癡覆造業，六趣輪迴，諦審思惟，深心厭捨。二、求菩提，謂觀佛果相好功德莊嚴，法身本淨，具戒等蘊力無畏無量勝法，成二妙智，慈愍衆生，開導愚迷，令行正路。諸有情類遇皆除惱，見是功德修集，名[四八]希求。三、念衆生，謂觀衆生癡愛所惑，受大劇苦，不信因果，造惡業因，厭捨正道，信受邪道。四、流所流，七漏所漏，雖畏衆苦，還爲惡業，而常自行憂悲苦惱、愛別離苦，見已還愛，怨憎會苦，覺已彌怨。爲欲起業，生苦無厭，求樂犯戒，懷憂縱逸，作無間業，頑弊無慚，謗毀大乘，癡執生慢。雖懷聰敏，具斷善根，妄自貢高，常無改悔，生八無暇，匱法無修，雖聞不持，翻習邪業。得世妙果，謂證涅槃，受彼樂終，還生惡趣。見是等輩，深心悲愍。次應發心，如是發願：願我決定當證無上正等菩提，能作有情一切義利，或隨意樂諸佛之名。如釋迦佛初發希願，如《俱舍頌》於三無數劫，逆次逢勝，觀燃燈寶髻佛，初釋迦牟尼佛[四九]。無著菩薩由此說言，清淨增上力，堅固心勝進，名菩薩初修無數三大劫。先起信精進，念定慧根，降伏障染，次發大願，常逢善友，以爲勝緣，雖遇惡友，方便沮壞，終不棄捨大菩提心，所修善法運運增長，以不退屈而爲策發，齊是名爲最初修行。依如上說，初發心已，即名趣入無上菩提，預在大乘諸菩薩數，於生死海作出限量，勇猛定當速登彼岸。今此一唱名廣大心者，謂十方無邊，世界無邊，衆生無邊。如是無邊衆生，我無始來，於彼起於十惡，今發心已，於此衆生皆擬濟拔攝受，故名廣大心也，竝欲度脱故。無著論云：有想、無想等境界所攝別故者，謂觀此三爲境界故。有想者，謂七有想。無想者，謂五無想。非想非無想者，除前二。此依有宗釋。大乘解者，謂識處名有想，無所有處名無想，無少所有。第三非想者，非前識處故。非非想者，非前無少所有處故也。餘如論易詳。又論問云：彼卵生等四如何得入無餘涅槃。答：有三因緣故。謂難處生者，待時故者，謂彼答意云，卵生等難處衆生，待出難處時，即令入無妨也。

我皆令入無餘涅槃而滅度之。

述曰：此第一心也。涅槃有四：一、自性清淨，謂在纏名如來藏。二、有餘依，謂生死因盡。三、無餘依，謂生死果盡。四、無住處，謂大悲、般若二行親證。或加方便淨涅槃爲五。謂菩薩作是意樂，無邊衆生皆欲具得無餘涅槃，故名第一心也。無著論云：何故不直說涅槃耶？若如是，便與世尊所説初禪等方便涅槃不別故者，謂初禪等涅槃是世間道，離欲但是士夫果，今言離繫果故也。何故不說有餘涅槃界彼共果故者，無餘涅槃惑苦依盡所顯，故是不共果。又非一向者，謂非一向苦依盡故。子云，何故不說無住涅槃耶，爲顯三乘共通故。

如是滅度無量、無數、無邊衆生，實無衆生得滅度者。

述曰：此顯常心也，謂菩薩攝佗同己佗度，即我已外無佗，故能常度。

何以故？須菩提，若菩薩有我相、人相、衆生相、壽者相，即非菩薩。

述曰：此第四不顛倒心也。若起我等四執，即分別之障未除，妄想以之更長，故是顛倒。既無有四執，故名不顛倒心。服藥本除其病，無實反增，故世親云，我者總觀三世五蘊差別執[五〇]，見過去我相，續至現在不斷，名衆生相。見現在命根不斷住故，名命者相。見命根斷滅過去後[五一]生六道，名壽者相。然婆伽婆說，命者即是此名人相。無著稍不同也。

復次，須菩提，菩薩於法應無所住行於布施，所謂不住色布施，不住聲香味觸法布施，

述曰：此依世親答第二問也。然標布施者有二義：一者，順在家三福業事，出家六波羅蜜之中施爲先故。二者，體寬通攝六故也。在家三福業者，謂施戒修也。此三能於今世後世可愛樂故，賢良君子所稱讚故，名爲福業。非福翻此。初行施者，謂諸衆生無始已來，生死繫縛都爲慳貪，創令行施，使於未得財色等不生貪著，於已得財色等不起慳恡，名之爲施。戒者，謂教持五八等戒。修者，謂修行諸善，習禪定等。出家六波羅蜜者，謂出家修行，先行施度，謂從淺至深，從麤至細，從難至易[五二]。故經據勝者，謂衆聖之府，據最勝故，各依一義亦不相違。第二，體寬通攝六故者，世親云，檀度攝於六，資生無畏法，此中一二三，是名修行住。無著意亦同，謂檀度有三：一者資生，此有二種，謂内財、外財施。二者無畏，謂令離苦得樂等，不令怖畏故。三法施，謂隨機應病爲說法故。於中資生攝一，謂檀度。無畏攝二，謂忍、戒。於已作惡、未作惡令不生怖畏，故法施攝三，謂進、定、慧。正説法時不疲倦，故觀知機，明簡擇故也。無性論亦作是說，施性中現有六波羅蜜多，財施、無畏施、法施所攝故。解云：有釋此與波若次同，有釋此說三種施中一一皆攝於六。由如是義故，唯檀施也。不住於事應行布施者，謂不著自身也，謂行

施時不求自身端妙等故，但爲菩提也。應無所住者，不著報恩也。不住色香等者，不著外增上果錢財、奴婢等行施也。故論云：自身及報恩，果報斯不著。護存已不施，防求於異事。此中初兩句配之文，次兩句釋前意。於中初一句釋不著自身，次一句釋不著報恩及果報。如論易詳。

須菩提，菩薩應如是布施，不住於相。

　述曰：此答第三問也。於中有二：初正答前徵，次釋疑難。此初也，應云不住相想。想者，分別心。相者，所著境。言不住者，除內分別心，於外不著外〔五三〕相也。謂不見受者、施者及所施物故，而熾然施也。若見空而不施，即是空執。若但施而不見空，便有病。要見空而且施，方貫中道，得成波羅蜜多。故《唯識》云：要七最勝之所攝受，方可建立波羅蜜多。謂安住與依止、意樂，及事業、巧便、迴向，竝清淨，由七度復成。此言無相者，即是彼第五巧便最勝。下釋疑中有四：一者標，二舉喻，三者合，四者勸。上來依世親意釋竟。依無著者，自不住於事已下，明十八住處中第二波羅蜜相應行，六種住處中第二淨心住處也。於中文有二：初乃至不於前〔五四〕，正明淨心住處，次不住於〔五五〕相已下，明於此不堪爲令堪故，顯示不住行施也。又論云，從此已下有五種，隨所相應而解釋應知者，謂從第二住處已去也。五種者，謂一者依義，依謂所依，即以所對治爲所依也。二者說相，相謂狀也。三者攝持，謂依處所得當來菩提果，名爲攝持也。四者安立，謂安立處真如妙理也。五者顯示，謂顯示相應三摩鉢帝及折伏散時也。然就此正明淨心住處中，云不住於事者，是依義依所對治住，有能對治不住故。行布施者是說相，亦是攝持，欲願當來菩提果故。不住行施者，是第四安立，謂不著自體等三事，即是安立第一義故，以第一義爲無住也。故《無垢稱》云，無住即無本也，謂行施時安立於心，住於無住，故云不住行施也。不住相想者，此是顯示也，謂相應三摩鉢提及攝散心，於此二時不住相想，故判文如此。釋者論説六波羅蜜有二種果，一者未來，二者現在，如論具顯。云不住於事，此説不著檀波羅蜜未來果。應無所住者，此不著餘五度未來果也。若求現在果故行施，名爲住色聲等行施也。若求現法涅槃故行施者，名爲住法行施也。子云准此故知應無所住者，脱一法字也。理應云，無所住法，行於布施故。餘見論文，自當決了。

何以故？若菩薩不住相布施，其福德不可思量。

述曰：依世親釋答第三問中，上來正答前徵竟，自下釋疑，文有其四：初法説，次喻説，次合説，後勸信。此初也。謂有疑曰：若三事體空故而行施者，如何能成施福。如來爲釋此疑，故答云：若無住相施，其福最多也。何以故者，佛語須菩提云：我何以教令無住相施故[五六]，謂有相施者是順世間施，可破壞故，可毁責故，得世間果不堅住故，是可思議，是可計量。無相施者，順出世間，不可破壞，當得出世菩提果故，堅牢久住，情不能思，筭數所不能量也。又有相我[五七]者，有其分限，是有拘礙。無相施者，無其分限，寬廣無邊，無有拘礙，是故得福最多，故不可以情思筭數計量多少也。

須菩提，於意云何？東方虚空可思量不？不也，世尊。須菩提，南西北方，四維上下虚空可思量不？不也，世尊。

述曰：此第二舉喻，於中初舉東方虚空，次舉餘九方，一一中皆初佛問，次善現順佛而答也。此意若山河、大地、星月等諸事物，皆有大小分限，如有相布施，唯有虚空無其大小分量限礙，故喻無相布施也。故有經説，唯有虚空可喻法身也，謂十方虚空皆無邊限，不可竿量，同無相施，福多無限，不可計量也。然世親之意，於其事物有種種不同，謂若男若女，若好若惡，若此若彼等，皆由有相行施等，故所有差别衆多分限。若以心契無相無差别理而行施者，福無限礙，當來成佛，其福遍滿，無此彼自佗差别也。無差别理者，謂空無我理也，普遍一切如虚空故。

須菩提，菩薩無住相布施，福德亦復如是，不可思量。

述曰：此第三合也。

須菩提，菩薩但應如所教住。

述曰：此第四勸信也，謂勸令如佛所教，行無相施，福定無邊，不久當成廣大果也。此意云，汝等雖復未解，但應如佛所教，後證之時方自了達也。上來依世親釋竟。依無著者，就此一段明淨住處中，初正明淨住處，次不住相已下爲令堪故，世尊顯示不住行施

福德最多也。謂或有菩薩聞説無相施故，不生堪忍欲樂修習而作是説：本所行施，求自體殊勝及以得恩竝諸果報，既無相施，何所得耶？謂但貪有相施福德而求自體等，於無相施不能堪樂。故俗有言曰：少不學，長無能，有不施，思所窮，老不教，死無名。所以有菩薩貪其福德也。世尊爲令堪故，而以虚空爲喻也，謂説猶如虚空有三因緣：一者遍一切處，謂於住不住相中福生故。解云，此説虚空遍一切處無間，有色無色之處皆能遍故，不同於色不遍一切，亦不長久。行無相施，其若虚空，成佛已去，周遍一切，福量圓滿，長久不絶也。於住不住相中福生故者，謂行無相施時，近即感得十王果報，遠能獲悟菩提法身。其十王果爲住福也，菩提法身是不住福。若有相行施，尚不得十王報，寧得佛菩提。二者寬廣高大殊勝故者，謂虚空能廣能高，又復殊勝，風所不飄，水所不溺，

火所不燒，物所不壞，但由高廣殊勝故，行無相施，亦復如是。三者無盡究竟不窮故者，謂如虚空畢竟常住，永無窮盡，無相施福亦復如是，無限無盡不窮竭故。

須菩提，於意云何？可以身相見如來不？

述曰：依世親上來當宗正明竟。自下廣破衆疑分，於中論有十三分，今科爲十二。謂初周説中，於此已下，有四重校量。第一校量者，謂以三千大千世界七寶布施，不如受持一四句偈。第二校量者，謂如一恒河沙，一一沙數復是一恒河，如是恒河一一沙數是一世界，於爾所世界中皆置七寶滿而以布施，不如受持四句偈等也。此二以財施校量也。第三校量者，謂以一恒河沙等身命布施，不如受持一四句偈。第四校量者，一日三時，於一一時皆以恒河沙等身命布施，不如聞此經典，信心不逆。此二以法施校量也。謂以内身行法供養故，或初二外財施以校量，次二内財施以校量也。於四之中第二、第三合爲一文，故總爲三段，一一段中皆有四文，謂初三破疑，第四正校量，故合之爲十二段也。就初校量之中文有四：一者，謂可以相成就得見如來不。二者[五八]，須菩提白佛，頗有[五九]衆生得聞如是[六〇]。三者，如來得阿耨多羅三藐三菩提耶？四者，正校量。就四之中，初三破疑，後一正校量，不破疑也。前三之中，初於無相因以生疑，次於無相因果以生疑，後於無相果以生疑。就此之中，初世尊却問，次善現順答，後如來印成。此初也。此有疑曰，若不住於相行布施者，所行之因既是無相，何故所得之果是有相耶？謂覩佛化身有三相，故而生疑也。三相者，謂佛未成道已前名爲生相，成道已後説法度人名住異，入涅槃時名爲滅相。住異合説者，如常釋之，謂現形權應，隨機接物，以示三相之身，衆生覩之，謂得有相之果，便與無相之因不順。今爲解此疑，故言不可以相見如來也。謂法身無相，是如來故離彼三相，即是法身如來故也。

不也，世尊，不可以身相得見如來。何以故？如來所説身相，即非身相。

述曰：此第二善現順答也。於中，初正答，次釋意，但爲善現俊爽孤標，佛兼加衞，聰敏情〔六二〕得意，答順佛心，故言不也。所説身相即非身相者，謂所説三相之身相者，即非是法身之無相也。所説身者，謂三相身，即是有相也。即非身相者，非無相身也，以無相爲相故。

佛告須菩提：凡所有相，皆是虚妄，若見諸相非相，即〔六三〕見如來。

述曰：此第三佛重印成也。凡所有相皆是虚妄者，謂虚妄有三：一者，真如法身無生滅故，名爲真實，諸餘事法皆名虚妄，即此所説也。二者，諸無漏法皆名真實，諸有漏法皆名爲虚妄，故《中邊分別論》云，三界虚妄，心心所也。三者，依佗圓成名爲真實，遍計所執名爲虚妄，故此下文我相即是非相，乃至云離一切諸相即名諸佛也。今言虚妄者，即有爲無漏皆名虚妄也。若見諸相者，謂三相。非相者，謂法身無相也。上來依世親釋竟。自下依無著釋者，此一段文即十八住處中第三爲欲得色身住處也。於六種住處中第三欲住處，欲住處中有二，謂欲得色身及法身。此初也，於中文有其三，如前科判。言欲得色身者，謂有菩薩既發心已，次修行時見佛三相之身相好具足，便欲求得。故佛意曰，三相身者不是如來，却問須菩提，成顯此義，爲遮欲得色身菩薩故也。依義、説相、攝持、安立、顯現等五義，竝如論自配。謂所説相即非相者，是攝持也，謂由欲願攝持當來菩薩果，故名攝持。餘思可知。

須菩提白佛言：世尊，頗有衆生得聞如是言説章句，生實信不？

述曰：依世親意，就初校量中此破第二疑也。上來既説行無相因，得無相果，義既甚深，不同有相。佛滅度後，一切衆生及佛在世諸惡衆生不生信心，如來是不成空説耶？設生信，來世惡人如何能信。爲破此疑，故佛答云：未來有菩薩備三德者，曾已積集善根，故能生實想，亦不空説也。偈言不空以有實者，謂以有能生實想，故佛不空説也。言三德者，謂戒定慧學。又説，一者修行，謂具三學。二者逢善友，謂值諸佛。三者離空有執，謂證二無我理。今此文中，初問次答，此初也。言説章句，謂能詮教也。生實想者，謂能起智，順其無相因果也。謂有惡衆生於其無相不生智順〔六三〕，於其有相返生順智，故善現作此問也。無著論〔六四〕意者，上來三差別竟，此爲第四欲得法身住處也。六種住處中，第三欲住處有二，上來欲得法身也。於中有二：一者，欲得言説法身。二者，欲得證得法身。言説法身者，謂能詮教。證得法身者，謂所詮理。此意云上爲修行求證色身，佛言有相虚妄法身是實，因此便求法身無相。將欲證其無相，先起四親近行，謂近善知識從彼求聞思惟修習故，先欲得言説法身也。

佛告須菩提：莫作是説。如來滅後，後五百歲，有持戒修福者，於此章句能生信心，以此爲實。

述曰：此第二答中，無著、世親皆有三段。且世親者，初明修行，次當知是人下明逢善友，如來悉知已下明具福德，達二空理，不著空有也。無著科者，初顯示修行，次顯示集因，後顯示善友攝受。兩科雖復有異，皆是答須菩提生疑問已。莫作是説者，佛語善現，汝莫言不生實相，亦有生實相者故。若依無著釋者，須菩提問佛云：頗有衆生能得聞言説法身不。佛答云：有得也。後五百歲者，謂釋迦滅後正法五百年，像法一千年，末法一萬年，未度比丘尼已前時正法一千年也。然法有三種：謂教行證法，於中正法住時三種有，像法住時而無證法，更不得果，故但有教行。像似於正法時，故名像也。於末法時唯教法而無行證，設有持戒修行者，多爲名聞利養故。今言後者，即是第三五百年後，正法滅時也。故《能斷》云正行滅時也。又《月藏經》説佛滅度後第一五百年解脱堅固，謂修行者多分竝得解脱出離故。第二五百年禪定堅固，謂修行者多分得禪不得聖故。第三五百年多聞堅固，謂多因經論博達多智故。第四五百年福德堅固，謂多福德造塔寺等故。第五五百年鬬諍堅固。今言後五百年者，謂於五時中皆有持戒修福等也，謂於後五百年有具戒定慧者，於無相因果經教中能生淨信心，起隨順智以爲實相〔六五〕也。

當知是人不於一佛二佛三四五佛而種善根，已於無量千萬佛所種諸善根。聞是章句，乃至一念生淨信者。

述曰：此第二文也。無著天親隨義如前科判。謂説若有於此經句生一念信，尚曾供養無量諸佛，况起多念，乃至受持聽聞等者，曾集善根更多也。若生實想者，曾善又多也。何故爾耶，謂雖於此生一念信熏習在身，當來成熟能破無量廣大生死故也。

須菩提，如來悉知悉見是諸衆生，得如是無量福德。

述曰：此第三明達二空理，離空有邊也。無著云，此下明善友攝受也，於中初標、次釋。此初也。世親云，如來悉知者，簡肉眼見，謂以智知故。悉見者，簡比量智，皆現量見故。謂諸衆生達二無我，所有持戒等福德，如來悉以佛智現量知彼也。餘經中説菩薩生福德者謂初起，取福德者謂久熏修。今此但總，故云得如是無量福德也。無著釋云，悉知者知名身，四蘊爲名故，悉見者見色身，謂於一切行住所作中知其心，見其依止故，即是顯示善友所攝也。生取無量福者，生謂福正起時，取者即是彼滅時攝持種子也。

何以故？是諸衆生無復我相、人相、衆生相、壽者相，

述曰：此第二釋中初明無我，次明無法相四種，此意云後五百歲時，有菩薩了達身之生起、衰滅、成無[六六]，本非有我，又了怨親是非之類本由自心，都無定實，既聞人法二空之理，復積持戒等福。所以如來以佛智知眼見也，謂總緣三世五蘊差別一一陰是我，如是妄取，是名爲我相。見身相續不斷，謂從過去我而至現在，名爲衆生相。見現在一報命根不斷，名爲命者。見命根斷滅後，未來復生餘六道中者，名爲壽者，今人替於命者也。無著釋稍不同，謂取我自體相續名爲我，我所取爲衆生想。此二我即[六七]及我所也，謂我乃至壽住取爲命相[六八]，展轉趣餘趣取爲人想。解云：彼說壽者，此說爲人也。上來四執，妄情謂有，總了爲空，故云無我相等也。

無法相，亦無非法相。

述曰：此第二明法相之中，初明四法相，次結成如筏喻。前中有二：初明空有相，次明依言離言相。初中有二：初總標，次別釋之[六九]。此初也。此文闕略，故科有參差。若觀餘本，不爾也。謂初標四法相，次別釋。釋中有二：初云，有法相，即著我人，有非法相，亦著我人者，即釋前不著空有相。次云，不應取法，不應取非法者，釋前依言離言相也。今此標中但標空有相，略無標依言離言相，釋中具有也。無法相者，謂凡情妄執[七〇]執法我爲有，名爲法相。既達爲空，知法體而非實，故云無法相。無其所執，實有法相故。亦無非法相者，謂愚者妄情撥圓成而是無，名非法相，空無有體故。智者了此圓成是有，故無非法相，無其所執爲空相故，

二無我理是實有故。此中更應云無相，亦非無相。言無相者，謂無我理不可以言宣説爲有爲無。諸小菩薩乍謂可説，名之爲相。聖者了之爲不可説，故云無相也。亦非無相者，以於無言處依言相説也，謂愚者既聞不可説故，即謂有言皆非。智人達之，故依言辭而説，然不執著，故言亦非無想〔七一〕也。

何以故？是諸衆生若心取相，則爲著我、人、衆生、壽者。

述曰：釋前不著空有相中有二，初總，次别釋。此初也。

若取法相，即著我、人、衆生、壽者。何以故？若取非法相，即著我、人、衆生、壽者。

述曰：此别釋也，謂若執法我爲有，即亦著我人，執圓成爲無，亦著人我。取是執義，雙無二執故，即契中道，故云無法相，亦無非法相者，離二執也。故偈云一切空無物者，人法二我無也。實有者，二無我理，體非無也。

不可説者，不可以言説爲有爲無也。法性離言，故依言辭而説者易知也。又云，若取法相則爲著我人等者，此義云何。但有無明使，無現行麤煩惱，亦〔七二〕無我見故者，解云：但有無明使者，謂無明住地，即是分别法執也。無現行麤煩惱者，謂無現行煩惱障也，但有種子隨逐故。此意云，由有法執現行，故煩惱障隨起也。無著論亦云，然於我想中隨眠不斷故，則爲有我取。是故經言：是諸衆生若取法相，則爲著我等，意亦同世親也。由法執取法相故，我等便生故。

是故不應取法，不應取非法。

述曰：此釋第二依言離言相也。不應取法者，不應如聲取法，謂不如言而取故。不應取非法者，隨順第一義智，正説如是取者，謂必因言而悟真故。

是故〔七三〕如來常説汝等比丘知我説法如筏喻者，法尚應捨，何況非法。

述曰：此結成筏喻也。謂將欲證真，必因言説。及其正證，即不假言，如筏至岸，即無所用也。上來依世親釋竟。依無著者，論云：此取〔七四〕顯示實相，對治五種邪取故。何者五取：一者外道，二者内法凡夫及聲聞，三者增上慢菩薩，四者世間共想定，五者無想定。第一者，我等想轉。第二者法相轉。第三者無法相轉，此猶有法取，有法取者謂取無法故。第四者有想轉，謂執有想定。第五者無想轉，執無想定故，是諸菩薩於彼皆不轉也。於中言生實想者，此爲依義顯示對治不實想。故言於此修多羅章句中者，此爲説相，顯示言説法身故。即彼當生實想中，言當生者是欲願攝持，是諸菩薩無復我想轉等者是安立第一義，不應取法非法者顯了也。

須菩提，於意云何？如來得阿耨多羅三藐三菩提耶？如來有所説法耶？

述曰：依世親，此破第三疑也。謂有疑曰：上言無想〔七五〕因，還得無相果，何故釋迦佛於道場成覺，説法度人，雙林入滅等耶？真諦引經偈言：七年作嬰兒，八年作童子，四年學五明，十年受欲樂，二十九出家，三十五成道，四十五年中，廣度諸衆生。此等即是有相之果，豈彼不行無相因耶？爲破此疑，故有此文也。於中初佛問，次善現答。此初也。然佛有三種：一者法身，謂離妄之真理。二者報身，會真之妙智。三者化身，應物之權跡。謂法身妙理，菩薩所不測。報身實智，二乘所不知故。應物現形，隨方化接〔七六〕。有覩斯質，便謂實證菩提，真能説法，便是有想。今破此疑，故約真如法身以問善現也。

須菩提言，如我解佛所説義，無有定法名阿耨多羅三藐三菩提，亦無有定法如來可説。

述曰：第二答中有二，初答，次釋。此初也。善現意云，若據世諦，報化二身可有得菩提，可有説法。若約第一義諦者，真如法身内自堪寂，本無得菩提，亦無能説法。無有定法者，謂法身無相中無有定法得菩提，亦無定法而可説也。但欲無定可得可説，不遮世諦，報化之身亦有不定，得不定説也。何以故？如來所説法皆不可取不可説，非法非非法。

述曰：此釋也，於中兩重展轉釋前。此初也。謂何以故無定法可説，内既不可説，於外亦不可取，故於外若有可取，是應於内亦有可説。既無可取，明無可説也。不可説非法非非法者，謂愚夫執人法爲有，名之爲法，撥圓成是無，名非法。聖者達人法爲無，名爲非法，了圓成爲有，名非非法。法身寂淨，不可説非法，亦不可説非非法也。故論云：無應化非真佛，亦非説法者，説法不二取，無説離言相。應化既非真佛真説，即明亦是假佛假説也。於内既無二説，於聖者亦不二取，謂取法及非法也。真理離言，無其説相故。何故釋中但言説不言證。論云，若不證者即不能説故，謂要先證方能説也。

所以者何？一切賢聖皆以無爲法而有差别。

述曰：此又釋前也，謂諸聖者皆以無分别智契證真理，方能斷惑而立差别。故聖人説彼無爲法，彼聖人所證法既不如是説，何況如是取。何以故？彼法遠離言説相，非可説故。上來世親釋竟。無著意者，此段經文即是第四欲得法身，於中上來明得言説法身竟。此第二明欲得證得法身，於中有二。謂一者，智相至得法身住處，謂無分别智能契得真如法身，即以智相爲住處也。二者，福相至得法身住處。此明初也。謂前欲得色身佛，言色身虚妄，教求法身。欲求法身，先修諸真之智，即是菩提法身，故名智相。由求智相法身故，佛以真如法身爲問，謂外事中而有執佗〔七〕可得菩提，隨衆生機有可説法。

於内無相法身之中，本無智身菩提可得，亦無法而可説，故以爲問也。善現答言[七八]義亦同。然解佛意故，約真如理，彼二俱無也，謂於内真如理不可説，非法非非法，故即無説無取也。於外聽者依真如理不可取，故無聞無得也。此即説聽皆依真如也。世親釋意，説證真如故，不説法非法，聽離妄執故，不取法非法。謂法者，所執人法爲有故。非法者，所撥圓成爲空故也。依等五義配文者，如論自顯也。

須菩提，於意云何？若人滿三千大千世界七寶以用布施，是人所得福德寧爲多不？

述曰：依世親釋，初校量之中上來三段釋疑，自下正校量也。外意云真理之中既無説無取，無菩薩而可得者，所行無相之福，豈不空施耶？世尊挾此意，故問善現也。於中初佛問，次善現答，後如來成此初也。

須菩提言：甚多，世尊。何以故？是福德即非福德性，是故如來説福德多。

述曰：此第二答中，初標，次釋。言是福者，謂舉財施福德。即非福德性者，謂非是感出世之福德性也，謂要聽聞發生無分别智，方得出世無相果故。是故如來説福德多者，謂是故如來説此財施福，能感世間福德多。

佛言[七九]：若復有人於此經中受持乃至四句偈等，爲佗人説，其福勝彼。

述曰：此第三佛爲校量之中初正校量，次釋所以。此初也。乃至四句偈者，謂下至受持四句也。謂領納在心名受，記令不忘稱持。四句偈者，謂明此宗義之處，義圓足者，即爲一句。如説廣大、第一、常心、不顛倒，此四心各爲一句也。又如不住於事應行布施即爲一句。如是准知。此經宗者，謂無分别，破於分别爲宗也。如言色聲香味觸等者，是集名。雖有多句義非足故，終不成句也。如説不生亦不滅，不常亦不斷等，亦非句義也。如謂由受持爲佗説故，能生智慧，證無相果，此福不空，唯此二種能趣菩提故。

何以故？須菩提，一切諸佛及諸佛阿耨多羅三藐三菩提法，皆從此經出。

述曰：此釋也。謂由因聽聞此經故，依教思惟修習，引無分別智，契會真智圓滿故，從此生理，先妄覆故，名之爲出。今此總合説故，但言出也。謂一切諸佛者，報化二佛從此經生也。及諸佛阿耨菩提者，諸法身佛從此經出也。論[八〇]云於實名了因者，謂於無爲實相了因所得也。

須菩提，所謂佛法者，即非佛法。

述曰：更釋受持福勝之意也。謂以無分別智契證真理，理智圓明名爲佛法。此唯十方諸佛同得，名爲佛法。餘人不得故，即非佛法。又初一法唯佛自解，餘人不解，名非佛法。此第一法即以受持此經及爲佗説爲因，故説此二福德勝也。上來世親釋竟。依無著者，彼説欲得證得法身中有二，上來明智相法身竟。此明爲[八一]得福相，至得法身住處也。謂外有疑曰：上説於真如理中無智相法身可得，又無法可説者，欲受持此經爲欲得福耶，故如來爲校量也，謂於如來言説法身，若有諸受[八二]之者，能生福相至得法身故。若受持一四句者，生福甚多。依等五義，如論應詳。

須菩提，於意云何？須陀洹能作是念，我得須陀洹果不？

述曰：依世親説此下有二校量，合二爲一文。於中二：初釋疑，次校量。釋疑有三：一者，約二乘以生疑，謂前説一切聖人以無爲法得名。無爲法中無説無取者，何故預流等云我能取自果，復云我得我證耶？第二疑云：若言無説無取者，何故如來昔於燃燈佛所聞法，故從七地入八地耶？是即有説有取故。第三，若無説無取者，何故菩薩取莊嚴淨國土等耶？此三種疑，皆於前説一切聖人以無爲法而有差别，故生疑也。不同前段校量中所生疑者，皆於應不住相想以生也。就此破初疑之中有四，一一文中皆[八三]佛問，次善現答。此爲初問也。流有二種，一者生死流，二者出世流類。若望生死即是逆流，若望出世便是預流也。

須菩提言：不也，世尊。何以故？須陀洹名爲入流而無所入，不入色聲香味觸法，是名須陀洹。

述曰：此第二善現答，初標答，次釋答也。此答意云，若正在觀中證理之時而無趣入，不作趣入之解故，但爲其立名，稱曰預流也。又若入色聲香等，是有分别。正證真理之時，但冥契理，而不入色聲等法，故名預流也。餘皆據觀中而答也。謂在觀時不作能得能證解，故名與前無違也。上來世親意。無著者，上來四差别竟，此第五爲修道勝得中無慢也。若八種住處之中，第四離障礙住處中有十二，此初離慢障也。謂諸聖者云我能得果，我是預流等，故名之爲慢。今答若在觀中之時而無我得之慢也。然前三果出觀容起，第四果者煩惱定，無所知容起也。

須菩提，於意云何？斯陀含能作是念，我得斯陀含果不？須菩提言：不也，世尊。何以故？斯陀含名一往來，而實無往來，是名斯陀含。須菩提，於意云何？阿那含能作是念，我得阿那含果不？須菩提言：不也，世尊。何以故？阿那含名爲不來，而實無不[八四]來，是故名阿那含。須菩提，於意云何？阿羅漢能作是念，我得阿羅漢道不？須菩提言：不也，世尊。何以故？實無有法名阿羅漢。世尊，若阿羅漢作是念，我得阿羅漢道，即爲著我、人、衆生、壽者。

述曰：此後之三果皆應准前通釋。然前三果之中皆應有即爲著我人等，譯家略，故無也。就第四果中初佛問，次善現答中，初正答阿羅漢，次善現引己爲證，令佗信故。

世尊，佛説我得無諍三昧，人中最爲第一，是第一離欲阿羅漢。我不作是念，我是離欲阿羅漢。世尊，我若作是念，我得阿羅漢道，世尊則不説須菩提是樂阿蘭那行者。以須菩提實無所行，而名須菩提是樂阿蘭那行。

述曰：此第二引證也。言我是第一離欲者，謂能離煩惱障及定障故也，以是俱解脱故，不同慧解脱，但離煩惱障也。就引己爲證之中有三：初明佛與勝名，次彰不念，後釋成前義。若作是念，我得阿羅漢等者，是則有我人等執，還有煩惱，不能無諍，世尊即不説我爲無諍行也，以有諍故。世尊説，即知我無〔八五〕不念，得無諍行也。

佛告須菩提，於意云何？如來昔在然燈佛所，於法有所得不？

述曰：依世親釋，此破第二疑也。於中初問，次答。言然燈者，即謂定光，謂釋迦佛昔爲菩薩之時，七地將滿，當爾摩納仙人聞定光佛欲來入城，遂從一女人買華，將以散佛，又表己之深敬，布髮掩泥。當爾，佛爲説法，即入八地，第三僧祇初也。其賣華女人聞言供佛，遂不取錢，便共同願，因此而來恒爲夫婦，作善知識，即耶輸〔八六〕也。謂外有疑曰：上言聖人以無爲差别故無説無取，何故釋迦於燃燈所而取法，定光復爲説耶？今爲破此疑，故以爲問也。言有所得者，謂分别心妄所執法也。無所得者，謂智證真時無彼分别之心所得法也。但言無彼分别心之所得名無所得，不遮智内冥真亦爲所得也。此意云，佛於定光所聞法時，無於分别所執有所得法，但智内冥真如於所執中都無所得，證智不可説不可取故，亦無説無取也。故今問言：佛於燃燈佛所智證於法時，爲有所得不。

世尊〔八七〕，如來在然燈佛所，於法實無所得。

述曰：此第二答可知也。論云：不取理

實智者，謂不取者，不分別之心執取也。理實智者，謂以智證實理時，分別取執者都無所得也。世親釋竟。無著者，此第五爲不離佛出時，故離障住處十二中，此第二離少聞障也。謂若行無所得名爲多聞，若作有所得是少聞。然佛於定光佛不作分別取執有所得故，是離少聞障也。

須菩提，於意云何？菩薩莊嚴佛土不？

述曰：依世親，此破第三疑也。謂有疑曰：無爲法中既不可取不可説者，何故菩薩取莊嚴淨佛國土，復云何受樂報佛取自法王身，復云何餘世間復取是法王身耶？此中有二，初破彼疑菩薩取莊嚴淨土，次破疑佛取自法王身。初中有三：初佛問，次善現答，後世尊示勸。此初問也。菩薩取莊嚴佛國土者，謂初地已上菩薩生報淨土，隨其分量於一一地見佛不同，自身有異。既處淨土之中，即是取自莊嚴淨佛土，何故前言聖人以無爲有其差別，無説無取耶？今破此疑者，謂諸菩薩以無分別智内證真理莊嚴，故於外事形相之中即得七寶莊嚴，於内證莊嚴之時無説無取也。若於外事形相之中而言我莊嚴佛土者，此可爲取，菩薩便是住色等境中。既證無相之莊嚴，何名取淨土。故偈云：智習唯識通。智習謂修習無分別智，唯識謂智相應淨識。通者，謂達真理，即真莊嚴也。故《攝大乘》解十八圓滿淨土中，云出世善根之所集起者，此説淨因也，謂要發菩提心修行出世善根，積集長時即能證會，故名爲因。又廣大自在淨識爲相者，謂以淨識爲淨土體也，心淨即佛土淨故也。又云，大念慧行以爲遊路，大止妙觀而爲所乘，廣大法味喜樂所持，空無相願爲所入門也。菩薩莊嚴佛土者，佛問善現云：於外形相菩薩莊嚴佛土不。

不也，世尊。何以故？莊嚴佛土者，即〔八八〕非莊嚴，是名莊嚴。

述曰：第二答中，初總答，次别釋。但諸菩薩要内證莊嚴，方住外七寶，非如觀西方池水等名莊嚴也。有形相莊嚴，即是住於色等境界中，故言莊嚴佛土者，謂内莊嚴也。即非莊嚴者，非外形相莊嚴也。是名莊嚴者，是無相無取真莊嚴也。

是故，須菩提，諸菩薩摩訶薩應如是生清淨心，不應住色生心，不應住聲香味觸法生心，應無所住而生其心。

述曰：此第三示勸也。應如是生清淨心者，謂應修習淨智、淨識清淨心。不應住色等生心者，謂不於外形相起莊嚴心。應無所住而生其心者，謂要以智證於無住，無住即無因也。無著釋者，十八差别之中此爲第七願淨佛土，離障住處十二之中第三爲離小攀緣作念修道。故小攀緣者，謂作有形相莊嚴淨土，如求西方，觀日水等也。

須菩提，譬如有人身如須彌山王，於意云何？是身爲大不？

述曰：此破第二取自法王身疑也。於中初問，次答。謂有疑曰：前説聖人無爲而有差别，無説無取，何故報身自受用法樂取自法王身，謂身無限遍周法界，故一切世間復取彼云是法王身。爲除此疑也，偈云如山王無取者，謂如須彌山居衆山〔八九〕，而彼無心我是山王，衆生有分别心，自取彼爲山王。報佛亦爾，已無分别心故，自不言我是法王身，衆生有分别故，起分别云彼是法王。佛無分别心故，不自取爲法王身也。

須菩提言：甚大，世尊。何以故？佛説非身，是名大身。

述曰：此第二答也。佛説非身者，謂非有分别身。是名大身者，是無分别身也。無著釋云：此爲第八成就衆生。又是離障住處中第四離捨衆生障。故此意云，如來雖知不取形相名離小攀緣，然其報身廣大無量，羅睺阿修羅王如須彌山大，衆生尚不見其自體，何況欲界小衆生。是則如來捨離衆生不度也。爲此故有此文。

須菩提，如恒河中所有沙數，如是沙等恒河，於意云何？是諸恒河沙寧爲多不？

述曰：依世親釋，就大文第二重校量之中，上來破疑竟，自下第二正校量中復二：初以財施校，次命施校。初中復二：初正校量，次隨説是經已下釋所以。前中有三：初世尊寄喻以問，次善現順佛以答，第三如來正爲校量。此初也。阿耨達池，出四大河，所以偏將恒河爲喻者。《阿含經》説有四義：一者，有多沙故。二者，世間以爲福故，謂將爲淨，於彼求福故。三者，經劫名不改故。四者，佛近彼説法故也。如恒河中所有沙數者，謂取一恒河中沙也，謂方廣深淺四十里爲一恒河沙也。如是沙等恒河者，謂以一恒河中沙，一一沙復作一恒河也。取此無量恒河中沙，一一沙是一佛世界。以此爾數恒河數三千大千世界以用布施，由不如受持此經乃至一四句偈也。何以故？此少分受持功德與菩提爲因，一切外緣所不能壞故，其財施者爲生死因，易可破壞，王賊等所侵故。

須菩提言：甚多，世尊，但諸恒河尚多無數，何況其沙。

述曰：此第二善現答也。

須菩提，我今實言告汝，若有善男子、善女人以七寶滿爾所恒河沙數三千大千世界，以用布施，得福多不？須菩提言：甚多，世尊。佛告須菩提：若善男子、善女人於此經中乃至受持四句偈等，爲佗人説，而此福德勝前福德。

述曰：此第三佛正校量中有二：一佛問，二須菩提答，三佛校量也。

復次，須菩提，隨説是經乃至四句偈等，當知此處一切世間天人阿修羅皆應供養，如佛塔廟，何況有人盡能受持讀誦。須菩提，當知是人成就最上第一希有之法。若是經典所在之處，即[九〇]爲有佛，若尊重弟子。

述曰：自下第二釋所以也。於中有三復次，何以多財布施不如少受持耶？由釋此意，故有三復次也。謂：一者，在處處勝，在人人尊故。二、當何名此經下，能摧二障故勝。三者，三千大千已下，明財施爲染因，法施爲淨因故勝。此即初也。於中復二：初明在處處勝，次明在人人尊。如佛塔廟者，此是十方諸佛真法身故，謂碎身舍利但一化佛之體，此《般若經》一切諸佛真法身故也。依無著釋者，此一段文即是十八差別中第九遠離隨順外論散亂故，第四離障住處十二中第五離樂外論散亂也。謂令依此般若修學，不令習讀外典籍故。文中有二：初以四種因緣顯示此法勝異。次當何名此經下，爲對治如言而執義。就前四因緣中即爲四：一者，攝取福德，如經得福多彼。二者，天等供養，如經隨所有處等。三、難作，如經成就最上希有。四者，起如來念，如經則爲有佛等。

爾時須菩提白佛言：世尊，當何名此經，我等云何奉持？

述曰：依世親，此第二復次釋所以也。謂諸煩惱如山如石，而有金剛能破，或煩惱如金剛，般若能除斷故，或如彩畫之金剛，廣如無著釋。謂由有此種種堪能故，受持般若功德勝多財施也。於中，初善現問，次如來答。此初也。

佛告須菩提：是經名爲《金剛般若波羅蜜》，以是名字，汝當奉持。

述曰：第二如來答中，初示名勸持，次釋所以。

所以者何？須菩提，佛說般若波羅蜜，即[九一]非般若波羅蜜。

述曰：此釋中初明諸佛同說同讚，次顯已不獨有說。此初也。佛說般若波羅蜜者，十方佛同説也，謂雖無分別而説，亦有因巡而談，如説但無分別取自法王，非無因巡而有自體也。則非般若波羅蜜者，非一佛獨陳也。此意云，由般若是諸佛本母，能出生諸佛，故諸佛同讚。故若有受持乃至四句者勝，以多供養也。

須菩提，於意云何？如來有所説法不？須菩提白佛言：世尊，如來無所説。

述曰：此第二顯已不獨説。於中初佛問，次善現答。問意云：頗有一法如來獨説耶？善現答云：無。

須菩提，於意云何？三千大千世界所有微塵，是爲多不？

述曰：此第三復次釋所以也。於中，初釋前受持福多所以，次轉釋疑。前中有二：初問，次答。此初也。謂碎世界以作塵者，有其二喻：一者勝喻，謂因少受持便生多功德。世界者，喻少持。碎爲塵者，喻生多福。二者劣喻，如以財施故多煩惱因，謂由所受施人因此而起種種鬬諍故。謂世界者，喻財施。碎爲塵者，喻生長煩惱。世界既爲塵因，財施亦作染因也。今此意云，持法雖少，生福甚多，財施雖多，但增煩惱，故説雖多財施，不及受持一四句也。故寄此意以爲問也。

須菩提言：甚多，世尊。須菩提，諸微塵如來説非微塵，是名微塵。如來説世界非世界，是名世界。

述曰：此答中，初順佛稱多，次釋非如實。是微塵者，謂碎世界以作塵。説非微塵者，非如衞世等所執有實微塵也，謂但寄微塵以喻貪等，非即如言而有微塵故也。又釋，但借微塵以喻貪等，非即微塵是貪體也。是名微塵者，謂是寄喻之微塵也。説世界者，謂以世界喻財物施，非世界是貪等因，財施爲貪因，但借世界爲喻故。

須菩提，於意云何？可以三十二相見如來

不？不也，世尊。不可以三十二相得見如來。何以故？如來説三十二相，即是非相，是名三十二相。

述曰：此第二轉釋疑也。謂前所説受持經者生福甚多，即謂其福德有相果，故今破之，謂法身是如來，非三十二相化身也。於中，初問，次答。説三十二相者，謂化身相。即是非相者，非法身相。是名三十二相者，是化身三十二相也。上來依世親釋竟。依無著者，經言大千世界已下此一段文，十八差別中第十，爲色身及衆生身摶取中觀破相應行，即是離障住處中第六，爲離於影像相自在中無巧便，故此意云：衆生於色身及名身摶取中無巧便故，作一合相。今起方便破一合相，故有此文也。然破中有二：一者破色身，二者破名身。色身有二：一者細，謂微塵，如經所有微塵，寧爲多不。二者，破麤色身，如經諸微塵如來説非微塵。破名身者，如經説世界非世界，以名無形段，不可有其麤細，故以世界爲喻也。如經可以三十二相等者，第十一爲供養給侍如來故，又是第七爲離不具足福資粮故。此意云，若欲供養如來求福資粮者，不應以相見第一義法身故也。

須菩提，若有善男子、善女人以恒河沙等身命布施，若復有人於此經中乃至受持四句偈等，爲佗人説，其福甚多。

述曰：依世親釋，上來以財校量竟，自下以身命校量。於中，初正校量，次釋福德多所以。此初也。無著釋云：此第十二爲遠離利養及疲乏熱惱故，於精進若退，若不發故。又離障礙住中，此第八爲離懈怠利養等樂味故。解云：此説若有衆生樂欲味著懈怠，或味著利養，不發精進，或曾起功德而復退失，爲令遠離此等，故而以身命校量，意令進趣故也。

爾時，須菩提聞説是經，深解義趣，涕淚悲

泣而白佛言：希有世尊，佛説如是甚深經典，我從昔來所得慧眼，未曾得聞如是之經。

述曰：世親云，自下釋所以。於中有四：一、悲捨苦身，聞法悲淚。二、世尊若復下，明於此生信則生實相。三、世尊是實相者下，拂疑除病。四、世尊我今得聞下，進發信心。此爲初也，謂須菩提聞説捨身忍苦，又聞此經深義能得菩提，喜嘆自揚〔九二〕，故懷悲泣也。無著釋云，自此下有其三文：初、悲苦捨身，聞法傷感，與世親同。次、若復有人下，明發起精進，生如義想。三、我今得聞下，爲令在坐味著懈怠諸菩薩生慚愧故。此爲初也。

世尊，若復有人得聞是經，信心清淨，則生實相，當知是人成就第一希有功德。

述曰：此第二文也。謂有聞經生信心者，當來定得無分别智，除妄分别，證達二空，名生實相。由如是故，雖復捨多身命，不如受持也。以欲捨身恒輪生死，非求慧行不趣菩提故也。

世尊，是實相者則是非相，是故如來説名實相。

述曰：此第三拂疑除病也。是實相者，謂無相爲相也。即是非相者，謂則非是虛妄分别所執差别之相。説名實相者，謂無虛妄之相説名實相也。謂有聞説實相言故，謂是虛妄分别所執之相，今言不是，故有此文也。

世尊，我今得聞如是經典，信解受持，不足爲難。若當來世後五百歲，其有衆生得聞是經，信解受持，是人則爲第一希有。

述曰：此爲第四進發信心，即是無著第三爲令菩薩生慚愧也。

謂説未〔九三〕惡世尚有衆生能生實相，況今現在菩薩聞説般若而不進修。謂惡人信解乃可希奇，菩薩受持蓋不足嘆，故有此文也。就此文中，初善現問，次如來答。問中有三：初標問，次釋，後結。此初也。

何以故？此人無我相、人相、衆生相、壽者相。

述曰：此第二釋中有二，世親云，初明所取空，次明能取空。子云，此唯説法空也。無著云，初明人空，次明法空。離人家〔一四〕執故，此初也。

所以者何？我相即是非相，人相、衆生相、壽者相即是非相。

述曰：此第二明法空也。

何以故？離一切諸相，則名諸佛。

述曰：此第三結也。謂若有分別，即有業生死起。既除分別之相，妄想生死都無，則名諸佛也。此意云：縱捨多身命，非證理之因，若暫聽經，便是離相之福。謂因受持聽聞故，當證二無我理，既是勝因，故多捨命之福也。

金剛般若經贊述卷上

校勘記

〔一〕「大乘」，底本原校云一本無。

〔二〕「唯」，底本原校疑爲「雖」。

〔三〕「佛當」，底本原校疑爲「當佛」。

〔四〕「三十」，底本原校云一本作「顯揚」。

〔五〕「三藏法師」，底本原校云麗本作「天竺三藏」。

〔六〕「當」，底本原校云一本作「帝」。

〔七〕「改」，底本原校疑爲「收」。

〔八〕「還」，底本原校疑爲「造」。

〔九〕「者細」，底本原校疑爲「細者」。

〔一〇〕「行」，底本原校疑爲「得」。

〔一一〕「雙鏡」，底本原校云：依下文則須補「方成中道」四字。

〔一二〕「佛以」，底本原校疑前脱「無垢稱云」四字。

〔一三〕「謂」，底本原校疑後脱「豐財寶」三字。

〔一四〕「摩」，底本原校疑爲「犀」。

〔一五〕「特」，底本原校疑爲「多」。

〔一六〕「鋤」，底本原校云一本作「褐」，疑爲「錫」或「鐵」。
〔一七〕「齊」，底本原校疑爲「濟」。
〔一八〕「戒性」，底本原校云《無垢稱贊》作「性戒」。
〔一九〕「衣」，底本原校云一本作「出」。
〔二〇〕「惠」，底本原校疑爲「會」。
〔二一〕「外」，底本原校疑後脱「身」字。
〔二二〕「覩」，底本原校云一本作「觀」，疑爲「覲」。
〔二三〕「者」，底本原校疑衍。
〔二四〕「爾」，底本無，據底本原校補。
〔二五〕「是」，底本原校疑衍。
〔二六〕「七之」，底本原校疑後脱「中」字。
〔二七〕「如來」，底本原校疑衍。
〔二八〕「從」，底本原校疑後脱「此」字。
〔二九〕「有」，底本原校云一本無。
〔三〇〕「爲」，底本原校疑衍。
〔三一〕「者」，底本原校疑衍。
〔三二〕「殖」，底本原校疑爲「墮」。
〔三三〕「咸」，底本原校疑爲「減」。
〔三四〕「世現」，底本原校疑爲「現世」。
〔三五〕「出」，底本原校云一本後有「世」字。
〔三六〕「一」，底本原校疑衍。
〔三七〕「切」，底本原校疑衍。
〔三八〕「唯」，底本原校疑爲「得」。
〔三九〕「世」，底本原校疑爲「此」，或疑後脱「親」字。
〔四〇〕「云」，底本原校疑爲「意」。
〔四一〕「善」，疑前脱「二者」二字。
〔四二〕「亦」，底本原校疑爲「示」。
〔四三〕「云何應住」，底本原校云宋本、麗本作「應云何住」。
〔四四〕「及等正覺」，底本脱，據校本補。
〔四五〕「世」，底本原校疑衍。
〔四六〕「獨」，底本原校云一作「得」。
〔四七〕「十」，底本原校疑後脱「勝」字。
〔四八〕「名」，底本原校疑衍。
〔四九〕「佛」，底本原校疑衍。

〔五〇〕「執」，底本原校疑爲「報」。
〔五一〕「後」，底本原校疑爲「復」。
〔五二〕「從難至易」，底本原校疑爲「從易至難」。
〔五三〕「外」，底本原校疑爲「於」。
〔五四〕「不於前」，底本原校疑爲「不住於相想」。
〔五五〕「於」，底本原校疑衍。
〔五六〕「故」，底本原校疑爲「耶」。
〔五七〕「我」，校本校勘記云一本作「施」。
〔五八〕「者」，底本作「有」，據文意改。
〔五九〕「有」，底本脱，據校本校勘記補。
〔六〇〕「是」，底本原校疑後脱「等」字。
〔六一〕「情」，底本原校疑衍。
〔六二〕「即」，底本原校云現藏及宋本、麗本作「則」。
〔六三〕「智順」，底本原校疑爲「順智」。
〔六四〕「論」，底本原校云一作「釋」。
〔六五〕「相」，底本原校云一作「想」。
〔六六〕「成無」，底本原校疑衍。
〔六七〕「我即」，底本原校疑爲「即我」。
〔六八〕「相」，底本原校疑爲「想」。
〔六九〕「之」，底本原校疑衍。
〔七〇〕「執」，底本原校疑衍。
〔七一〕「想」，底本原校疑爲「相」。
〔七二〕「亦」，底本原校疑爲「示」。
〔七三〕「是故」，底本原校云現藏及宋本、麗本作「以是義故」。
〔七四〕「取」，底本脱，據校本補。
〔七五〕「想」，底本原校疑爲「相」。
〔七六〕「化接」，底本原校疑爲「攝化」。
〔七七〕「執佗」，底本原校疑爲「報化」。
〔七八〕「言」，底本原校云一作「意」。
〔七九〕「佛言」，底本原校云現藏及宋本、麗本無。
〔八〇〕「論」，底本原校云一本前有「故」字。
〔八一〕「爲」，底本原校疑爲「欲」。
〔八二〕「受」，底本原校疑後脱「持」字。
〔八三〕「皆」，底本原校疑後脱「初」字。
〔八四〕「不」，底本原校云宋本、麗本無。

二字。

〔八五〕「無」，底本原校疑衍。

〔八六〕「輪」，疑爲「輪」。

〔八七〕「世尊」，底本原校云現藏及宋本前有「不也」

〔八八〕「即」，底本原校云宋本、麗本作「則」。

〔八九〕「山」，底本原校疑後脱「上」字。

〔九〇〕「即」，底本原校云宋本、麗本作「則」。

〔九一〕「即」，底本原校云宋本、麗本作「則」。

〔九二〕「揚」，底本原校疑爲「傷」。

〔九三〕「未」，底本原校疑後脱「來」字。

〔九四〕「家」，疑爲「我」。

金剛般若經贊述卷下

大乘基撰

佛告須菩提：如是，如是，若復有人得聞是經，不驚、不怖、不畏，當知是人甚爲希有。

述曰：此第二佛答，初標，次釋。此初也。世親意云，驚謂驚恐，謂有衆生恐此經典非正道行故。怖者，謂怖懼依般若修學不能斷疑故。畏者，謂由驚怖故畢竟不肯修學也。若有遠離彼處者，名爲不驚、不怖、不畏也。無著云，謂聲聞乘中世尊説有法及有空，於聽聞此經時聞法無有故驚，聞空無有故怖，思量時於二不有理中不能相應故畏。更有别釋爲三種無自性故應知，謂相生第一義等無自性故。解云：謂於遍計所執無體相，故名不驚。於依佗起無自然生性，故名不怖。於圓成實中無彼所執人法，故不畏也。

何以故？須菩提，如來説第一波羅蜜，即非第一波羅蜜，是名第一波羅蜜。

述曰：此第二讚釋勝也。世親云，如來説第一波羅蜜者，謂十方諸佛同説讚能爲大因故，名爲第一，顯此經勝餘經也。非第一波羅蜜者，謂非餘人所得也，無分别智證無我理，唯十方佛得，餘人不得故。是名第一波羅蜜者，唯佛所得也。無著釋云，第一波羅蜜者，謂般若於餘五中最勝故也。

須菩提，忍辱波羅蜜，如來説非忍辱波羅蜜。

述曰：世親云，上來大文第二段竟，自下第三段文第四校量。於中初釋疑，次正校量。釋疑中有二：一者，於前捨身命以生疑。謂有疑曰：向説彼身苦，以彼捨身苦身而果報福〔二〕是劣，若爾依此法門受持演説諸菩薩行苦行，彼苦行亦是苦果，云何此法門不成苦果。此意云：前説捨身命苦，還得苦果身，得福即劣。若爾者，菩薩爲此法門故行諸苦行，亦感苦身果，何福即勝。謂如薩陀波崙菩薩，於曇無竭菩薩所求般若波羅蜜故，打骨出髓而行供養，是苦得福應少。今答意，若爲慧行而捨身，得福即多。若雖捨身，不行慧行求菩提者，生死因故，其福下劣也。就此文中大文有四：一者，正破前疑。二者，指事以顯。三者，菩薩應離一切已下，引初地菩薩爲示無住理。四者，菩薩爲利益下，勸益衆生住二空理。此初也。忍辱波羅蜜者，謂十方佛同得故，或求慧行之忍辱也。如來説非者，非是餘人所得故，或非求慧行故，不名波羅蜜也。謂前説捨身命者，非慧行故，不名波羅蜜，故言説非忍辱也。

何以故？須菩提，如我昔爲歌利王割截身體，我於爾時無我相、無人相、無衆生相、無壽者相。何以故？我於往昔節節支解時，若有我相、人相、衆生相、壽者相，應生瞋恨。

述曰：此第二指事。於中初引昔一身，次引餘多身。此初也。於中初明離相成忍，次反説舉成前。歌利王者，亦云苦楚，多行楚毒故。謂如來往昔爲忍辱仙人，在山修道，其王將諸綵〔三〕女，入山遊獵，王倦而睡，女等於仙人所求聞正法，王寤便看，正見圍繞其仙，王便問仙：汝何人也。乃至問云：汝是離欲凡夫不。答言：未離欲。王聞生恚，便割截之。當無我相，遂還如故。今引之也。又[三]念過去於五百世作忍辱仙人，於爾所世無我相、無人相、無衆生相、無壽者相。

述曰：此第二引餘多身也。

是故，須菩提，菩薩應離一切相，發阿耨多羅三藐三菩提心。

述曰：此第三引初地菩薩，得忍辱故名不住心，示不住生心義故也。於中初總示，次別示。此初也。發心有五：一者種姓發心，謂地前。二者信發心，謂初三地相同世間修施戒忍故。三者明發心，謂四五六七地相同出世故。謂四地作菩提分觀相，同預流。五地作四諦觀相，同羅漢。六地作緣起觀相，同緣覺。七地純無相觀，正是菩薩也。四者不退發心，謂八九十地。五者無上發心，謂佛地。亦云五種菩提，謂名種姓菩提等。今言發心者，謂信發心，即初地菩薩内觀真如無住理，故名爲不住生心也。

不應住色生心，不應住聲香味觸法生心，

述曰：此第二別示。於住之中，初令不住於相，次令住無相，次釋所由，後總結。此初也。謂住色等生心者，便是有住，即著我人故，不應住也。

應生無住心。

述曰：此第二令住無相也。謂觀無相，名爲無住，要證此理，方滅我人也。

若心有住，即爲非住。

述曰：此第三釋上所由也。謂若住色等生心者，便爲非真住故也。

是故，佛説菩薩心不應住色布施。

述曰：此第四總結也。

須菩提，菩薩爲利益一切衆生，應如是布施。

述曰：此大文第四除疑示理也。於中初令行無住施，次正破其疑，次別釋道理也。

謂有疑曰：前言不住生心者，云何爲利衆生

修行而不名住於衆生事。爲斷此疑，故有此文。
如來説一切諸相即是非相。
述曰：此第二别顯道理。於中初明法空，次明人空。此初也。説一切諸相者，謂虚妄相。即是非相者，謂無實相，虚妄本空故。
又説一切衆生即非衆生者。
述曰：此顯生空也。説一切衆生者，謂所執實衆生。則非衆生者，非實有衆生也。或復翻此釋應知。上來依世親釋第一疑竟。依無著者，經言如來説忍辱波羅蜜下第十三爲忍苦故，即是離障住處中第九爲離不能忍苦故，謂餘人不能忍發勤苦，行此般若波羅蜜者，如來引己昔事，令能忍苦離不忍障也。就此文中有二：初、明三種忍，以離不忍苦障。次、須菩提菩薩應離一切相下，明不忍因緣者有三種苦。前中有三，一者明能忍，謂達法無我，如經如來説忍辱波羅蜜故。二者明忍相，謂佗於己起惡等時，由無有我等相故，不生瞋想，亦不於忍辱波羅蜜中生有想，於非波羅蜜中不㈣生無想，如經如我昔爲歌利王割截身體，我於爾時無有我等相。三者種類忍，謂極苦忍、相續苦忍，如經如我昔爲歌利王割截身體及言我念過去五百世中作忍辱仙人等。就第二不忍因緣有三：一者流轉苦忍，謂由不忍故即流轉生死，爲對治此故，令離一切相發無上心。若住色等，則於流轉苦中疲乏之故，菩提心不生故，如經言是故須菩提菩薩應離一切相發心等。二者對㈤衆生相違苦忍，如經如是菩薩爲利益一切衆生應如是布施等，謂既爲衆生行無住施，云何於彼應生瞋也。三者顯示乏受用苦忍因緣對治，如經須菩提，若菩薩心住於法而行布施等。謂若著於果報等施，即便於取用而有乏少，若行無住布施，舉事虚空，珍寶無量也。
須菩提，如來是真語者、實語者、如語者、不誑語者、不異語者。

述曰：依世親釋，此破第二疑也。謂有疑曰：向説無相因得無相果，於證果中無道，云何彼於果能作因。此文意云，所證法既無相、空寂、無住等行，云何能作因耶，爲斷此疑故也。此文有二：初明不妄語，次遣外執。此初也，論云，以如來如實智不妄語，佛菩提及小乘、大乘受記之事皆不妄説。以是四境故，次第説四語，今此經中加不誑語也。無著云，此何所顯示，欲令信如來故能忍，於中真語者，爲顯世諦相故。實語者，爲顯世諦修行有煩惱及清淨相故。於中實者，此行煩惱此行清淨故。如語者，爲第一義諦相故。不異語者，爲第一義諦修行有煩惱及清淨相故，説此真語也。此意總云，如來三界獨尊、天人師，既爲法界主，作五趣醫，脱屣在家之上飾，棄捨輪王之大祚，道成正覺所欲皆成，既不規名利，復不求安樂，何忽有妄語乎。

須菩提，如來所得法，此法無實無虚。

述曰：此第二遣外執也。如來所得法者，謂所證理。無實者，謂不可如言而取實。無虚者，亦不可離言而別求。由不虚故依佛教修學，由不實故離妄想而證真也。謂凡夫妄想所執無有故不實，如來無妄想説故不虚也。

須菩提，若菩薩心住於法而行布施，如人入闇則無所見。若菩薩心不住法而行布施，如人有目，日光明照，見種種色。

述曰：世親釋云，此破第三疑也。謂有疑曰，若聖人以無爲真如得名，彼真如一切時處有，云何不住心，得佛菩提則非不住。若一切時處實有真如，何故有人能得，有不得者？爲斷此疑故，説入闇等喻。於中有二：初明住事爲生死因，次彰不住爲出世業。此初也。偈云：時及處實有，而不得真如，無智以住法，餘者有智得。此意云：真雖一切時處實有，由無智以心住法故，不解出離，猶如入闇不知我何所趣。而不得之得者，翻此説。無著釋云，此爲顯示第三乏受用苦忍因緣對治也。

須菩提，當來之世，若有善男子、善女人能於此經受持讀誦，則爲如來以佛智慧，悉知是人，悉見是人，皆得成就無量無邊功德。

述曰：世親云，就第三段第四校量中，上來別破三疑竟，自下第二正校量中，初校勝劣，次以要言之下釋所以。前中有二，初明行三種行，功德至多，次舉事校量。此初也。三種行，謂一者受，二者持，三讀誦。無著云，自下第十四爲離寂靜味，即十二離障中第十爲離闕少智資糧故。謂有躭禪定，不肯聽聞而修智慧，爲闕少智資糧。今令受持讀誦，發生智慧故，方得菩提。定是福門故，但能助道也。就此之中，文有其五，謂顯示與法相應有五種勝功德：一者，如來憶念親近，如經受持讀誦修行，則爲如來以佛智慧等。二者，攝福德，如經皆得成就無量無邊功德聚等。三者，讚歎法及修行，如經以要言之是經有不可思議等。四者，天等供養，如經在在處處若有此經等。五者，滅罪，如經受持讀誦此經，爲人輕賤，乃至當得等故。此則初文也。謂要受持讀誦此經者，是正報菩提之因，真法供養，所有世間財寶供養如來所不能及。由如是故，如來恒以佛智悉知是人，恒以佛眼悉見是人，親近憶念是人也。

須菩提，若有善男子、善女人初日分以恒河沙等身布施，中日分復以恒河沙等身布施，後日分亦以恒河沙等身布施，如是無量百千萬億劫以身布施，若復有人聞此經典，信心不逆，其福勝彼，何況書寫受持讀誦，爲人解説。

述曰：世親釋云，此舉事校量也。於中初明施命至多，次顯信經福勝。日以三時捨身者，假設有斯也。信心不逆者，謂若有人聞此經典，雖未能受持讀誦，但生淨信隨喜功德，比前其福過彼。何以故然也，謂於生死中雖捨身命，終無能契菩提法身。一生信心，雖亦未生慧解，然由信故，因即聽聞生長智慧，定當成佛，其福即多也，已生隨順之意故。

須菩提，以要言之，是經有不可思議、不可稱量無邊功德，如來爲發大乘者説，爲發最上乘者説。

　　述曰：世親云，自下釋二釋所以。中有六復次：一者，示現希聞而能生信法故，謂大機能入，小機不能，如經以要言之等。二者，示現受持真妙法故，謂受持妙法，即是荷擔菩提，如經如是人等。三者，示現是人必定成就無量功德，謂此經在處皆可尊重，如經在在處處等。四者，示現遠離一切諸障故，謂轉障，如經受持讀誦此經，若爲人輕賤等。五者，明速證佛菩提法，如經若復有人於後末世等。六者，示現成就種種勢力，得大妙果故，謂明經威勢，如經善女人於後末世等。就初中有二：初彰經德大，次持誦福圓。此初也。不可思議者，非情思之可議。不可稱量者，非語言而可稱説。爲大乘者説者，謂定性大乘。爲最上乘者説者，謂不定性大乘。謂亦有二乘性故，謂此妙法最極難量，小乘意樂下劣，不能於此經而發趣，故云爲發大乘者説也。無著云，就此讚法及修行之中有三：一者、讚歎教法。二、嘆修行者。三、若樂小法者下，雙明二種。此初嘆法也。爲發大乘者説等者，成前不可思議等也。

若有人能受持讀誦，廣爲人説，如來悉知是人，悉見是人，皆得成就不可量、不可稱、無有邊、不可思議功德。

　　述曰：世親云，此第二明持誦福圓也，謂由此法爲大乘説故，有受持等者必獲無上菩提不可思議功德，故於彼生少信者，便勝捨多身命也。無著云，就此第二嘆修行之中有三：初持誦等故，佛所攝受。次明此人成就勝德。後明肩負菩提重擔。此初二文也。

如是人等，則爲荷擔如來阿耨多羅三藐三菩提。

述曰：世親云，此爲第二示現受持真妙法故。於中初明大機持誦爲荷菩提，次顯二乘凡夫不能聽受。此初也。謂受持之者，當能證獲菩提，雖現未得，後必得故，故言荷擔。荷謂荷負，擔謂擔揭。言受持者，則爲負揭得菩提故。

何以故？須菩提，若樂小法者，著我見、人見、衆生見、壽者見，則於此經不能聽受讀誦，爲人解説。

述曰：世親云，此第二文。樂小法者，謂即二乘。著我等者，謂即凡夫也。無著云，此大文第三雙明前二也。

須菩提，在在處處，若有此經，一切世間天人阿脩羅所應供養，當知此處則爲是塔，皆應恭敬作禮圍繞，以諸華香而散其處。

述曰：世親云，第三在處皆可尊重也。無著云，此爲第四天等供養也。

復次，須菩提，善男子、善女人受持讀誦此經，若爲人輕賤，是人先世罪業應墮惡道，以今世人輕賤故，先世罪業則爲消滅，當得阿耨多羅三藐三菩提。

述曰：世親云，此第四轉障也，如《對法論》説故。思造業有五，謂：一者，佗所教勅，謂自無喜樂。二者，佗所勸請，謂俛仰而作。三者，無所了知，謂嬰孩畜生之類。四者，根本執著，謂知罪而作，多分出家之類。五者，顛倒分别，謂不識爲[六]作，多分在家之類。前三造業未必墮地獄，後二造業定墮地獄。此後二業造已應受，由能受持讀誦此經故，轉先重業，現世爲人輕毁，故應墮惡道之業竝即消滅也。此據中容受持之者，若起增上心持誦之者，罪頓消滅，亦非爲人輕毁，轉重令輕也。若其下劣心受持之者，未必罪滅也。又釋，若時報俱不定者，即總消滅。

報定時不定者，即當來應受之者，轉之現世輕受也。由如是故，雖少信受，其福多前所捨身命也。無著云，此爲第五滅罪，於中有三：初明滅罪，次於後末世等顯示多福故，次當知是經等顯示福體及果不可測量故。前中有二，初明罪滅，次我念過去等顯示威力。此初也。謂由聽聞持誦此經故，依學無分別智證二空理，二障都亡盡，名真滅罪也。謂由愚癡故，分別惡業罪生。若聽聞經得智慧故，斷除分別，即是罪從心生，還從心滅也。由持此經，當得真滅罪故，於現在中，亦得迴重輕受也。

須菩提，我念過去無量阿僧祇劫，於然燈佛前得值八百四千萬億那由佗諸佛，悉皆供養承事，無空過者。

述曰：此依世親第五文速證佛菩提法也。於中初舉自所得福，次校佗受持德。此初也。阿僧祇劫者，小乘教說從一至十，十十成百，十百成千，十千成萬，十萬成億，如是六十番積數故，名一阿僧祇也。今大乘准《華嚴》一百二十番積數成一阿僧祇，仍萬萬爲億，億億成兆等也。於燃燈佛前，即謂第三僧祇已前也，第三僧祇初逢燃燈佛故。那由佗者千萬數，謂在燃燈佛前逢八百四千萬億箇那庾多佛。於中二法〔七〕供養承事無空過者，然此但其數，不論恒沙者，謂所逢佛極少也。謂此且說隨於一地二地等中所逢諸佛，非謂前二僧祇但逢爾所佛也。且依古舊相傳說，釋迦佛於初僧祇逢五恒河沙佛，第二僧祇逢六恒河沙佛，第三僧祇逢七恒河沙者，是則前二僧祇逢無量佛，何獨爾許耶，故知且據隨何時分逢者說也。又《涅槃》說，初依菩薩逢五恒〔八〕沙佛，第二依六恒沙，乃至第四依菩薩逢八恒沙佛，其第四依者即第十地菩薩，故知二僧祇逢無量佛也。然有宗說，初僧祇逢七萬五千佛，第二僧祇逢七萬六千佛，第三僧祇逢七萬七千佛也。無著云，此顯示威力，謂遠絶高勝故名威力。於中有二，此初文也。

若復有人於後末世能受持讀誦此經，所得功德於我所供養諸佛功德，百分不及一，千萬億分，乃至算數譬喻所不能及。

述曰：世親釋云，此第二以佗受持功德而校量也。謂供養諸佛，但是福門，助菩提法，聽聞持誦，能生慧解，破裂生死故也。謂菩薩雖復餘行百千諸行，若不修習慧波羅蜜，終不能得識達道理，契證真如，斷除分別生死根本，是故聽聞速證菩提也。無著云，此文第二文也。

須菩提，若善男子、善女人於後末世有受持讀誦此經，所得功德，我若具説者，或有人聞，心則狂亂，狐疑不信。

述曰：世親第六文也。於中初明勢力廣大，聞或狐疑，次顯所得果妙，非思量境。此初也。此意云，謂無始來於一切衆生所有殺盜等心行，殺盜等業，爲怨爲害，一聞一讀此經，發菩提心，永除怨害，於一切衆生所永無殺盜等心，與諸衆生爲父爲母，津濟教導，恒爲勝友方便，共爲親眷而行孝義，示爲明友而行篤信，示爲臣輔而有忠良，示爲君王方便撫救，乃至示爲男女或下賤等。若作長者，長者中尊，如《無垢稱》廣説其行，當來成佛，功德無窮，能盡未來，化有情類。如是功德，廣大無邊，但由聽聞而得生故，故若具説，愚夫無智，聞或狂疑也。言狂亂者，謂或聞經不信，返生憎謗，因狂亂故也。或由不信，當來感得狂亂之果也。無著云，此第三顯示多福也。於中亦二：初明德多難信，聞或狂疑，次明福果，甚深不可量測。此初也。

須菩提，當知是經義不可思議，果報亦不可思議。

述曰：此第二文也。謂經詮無相之義，

持之者當獲菩提大果。教義既自難量，果報亦難思測也。故經説有三種物覆之即好，露之即惡，謂愚癡人、外道典籍及婦人也。有三種物露之即好，覆之即惡，如[九]智慧人、佛法經典及日月。謂此般若，未開卷時與外典無别，既開卷已，或講或讀，能破衆生百千罪障，能得菩提。故受持者，功德甚多，縱捨多身命，不可比量也。

爾時，須菩提白佛言：世尊，善男子、善女人發阿耨多羅三藐三菩提心，云何應住？云何降伏其心？

述曰：世親云，此第二周説也。謂上來未解發心者教令進發，未解修行者教令修行，未能伏斷諸障者教降伏竟。今此一周爲已發心菩薩，言我能發心，乃至第三已斷障者言我能斷，由生分别故，則障於菩提。分别者謂所知障，正障於不住道也。謂若發心修行等時，以無分别智冥契真理，不生分别言我能然，名不住道，不住生死及涅槃故。若有分别，則爲非證，故名爲障也。故二乘有法執，爲涅槃所拘，便即取寂。凡夫有生執，爲生死所縛，不能出離。菩薩具大悲智故，不爲兩邊所拘，故名不住也。若行而有執，是則爲涅槃所縛，若不行而執，爲生死所拘，名爲有住。要熾然行三而不起我能之執，方得住於不住道也。或前爲初機利機，後爲後機鈍機也。就此之中，初當宗正明，次於燃燈佛下廣釋衆疑。初中有二：初善現爲問，次如來爲答。此初也。無著云，此第十五爲證道時遠離喜動故，即是離障住處中第十一爲遠離自取，故有此文。謂菩薩於發心修行時，自見得勝處，作是念，我能發心修行等，如是自取爲勝，言餘不是。爲令遠離此取，故名爲遠離自取也。

佛告須菩提：善男子、善女人發阿耨多羅三藐三菩提心者，當生如是心，我應滅度一切衆生，滅度一切衆生已，而無有一衆生實滅度者。何以故？須菩提，若菩薩有我相、人相、衆生相、壽者相，則非菩薩。

述曰：世親云，就此佛答之中，初答其初問，以例餘二，舉一隅故。次釋違不住義。此初也。此意云，發心修行等本擬除病，既存我執，病乃轉生。欲令雖復發心，内亡其我，勿念我能，修行亦然，降伏例爾，故答初問，餘令例知也。然此文中准前亦有四心，云我應滅度者是第一心，一切衆生者是廣大心，餘二准文詳之易了。無著釋云：即此之中答前三問也。謂當生如是心者，答初問。滅度一切衆生已，而無有一衆生實滅度者，此答第二問。謂度衆生時不生自取云我能然，要須外不作有衆生相，内不起我能執，契順真理而度有情，方名修行。若菩薩有我相等者，答第三問。要證人法二空之理，二障乃能除，方名降伏。若云我能，便非契會也。

所以者何？須菩提，實無有法發阿耨多羅三藐三菩提〔一〇〕者。

述曰：世親云，此釋障不住道義也。謂以無分別智内證之時，我法本空，都無所有，不作我能發心之念，故言無有有〔一一〕法發心之者也。

須菩提，於意云何？如來於然燈佛所有法得阿耨多羅三藐三菩提不？

述曰：世親云，就此第二廣破衆疑，有六：第一疑云，既言實無有法名爲菩薩者，云何釋迦如來於燃燈佛所以華供養，及布髮掩泥，如是行菩薩行耶？第二，須菩提菩薩亦如是下，疑云，若無菩薩者，諸佛亦不成大菩提，衆生亦不入大涅槃等，若如是者，爲何義故菩薩發心，欲令衆生入涅槃等耶？此二種疑，依前當宗正明處起。下有四疑，因展轉釋疑而生，至下當悉。此即爲破初疑也。於中有三：一者，破謗無菩薩故，謂作是念，實無有法發菩提心者，是則無菩薩，云何如來燃燈佛所行菩薩行，如經言如來於燃燈佛所等。二者，爲除謗無諸佛故，論云，若無菩薩者，是誰成佛，是則諸佛亦無也。故論云，若無菩薩即無諸佛，有如是謗，謂一向無諸佛也，如經言如來者即諸法如義等。三者，爲破謗無菩提故，論云，若無諸佛者，是則無菩提而可得，諸佛不得菩提也，如經如來所得阿耨多羅三藐三菩提，於是中無實無虚等。前中有三，初佛問，次善現答，後佛成。此初問也。無著菩薩云，此第十六爲求教授故，即離障住處中第十二爲離無教授故也。謂前説實無有法名爲菩薩者，於燃燈佛所何求耶，亦無言教而可求聞故，爲離此障故有此文也。就此之中，文有其五：一者，爲離無教授故，如經言如來於燃燈佛所等。二者，明菩提不可説，燃燈佛語不稱菩提，不如言故，如經言若有法如來得等。三者，釋諸法離言義，如經如來者即諸法如義等。四者，有言釋迦於燃燈佛所不得菩提，後時自得正覺，爲離此取故，如經若有人言如來得菩提等。五者，顯示真如不二故，如經須菩提如來所得等。前中亦有三，如世親科。此初問也。世親釋意云，虚妄執是有所得，如來當於燃燈佛所發心，證人法二空之理，於其所執都無所得，然於無所得以得菩提也。言有法得菩提不者，謂問善現云，於真理中有法得菩提不。

不也，世尊，如我解佛所説義，佛於燃燈佛所無有法得阿耨多羅三藐三菩提。

述曰：此第二答也。

佛言：如是，如是，須菩提，實無有法如來得阿耨多羅三藐三菩提。

述曰：此第三如來成也。於中初印可，次釋成。此初也。謂真如理中無有所得，亦無授記，我皆空故。《維摩》云：若依如生得授記者，如無有生。若依如滅得授記者，如無有滅等也。真如現〔二〕無授記故，但説真理之中無有實法而可發心，非謂亦無真智能契菩提，名爲菩提，故於事菩提亦不無也。無著云，正契真時無法可得故，言無有法而可發心，非謂事中亦無言教而可聽聞也。

須菩提，若有法如來得阿耨多羅三藐三菩提者，然燈佛則不與我授記：汝於來世當得作佛，號釋迦牟尼。

述曰：世親云，此第二釋成中有二：初却顯，次順成。此初也，謂若於燃燈所有法得菩提者，是則爲有所得，有所得者即謂所執有，所執有故不契真如，不契真如此爲凡類，如何與我授記。但由心證真如，於我法二塵都無所得，無所得故名契會真，契會真故二執都盡，執既〔三〕盡故得可成佛，所以燃燈與授記也，知我會真無所得故。無著云，此爲第二燃燈語不稱菩提，不可如言而取也。於中有二：初反釋，次順成。此初也。彼意釋迦如來不於燃燈之説如言而得菩提，謂智證真無所得故。若菩提燃燈可説，釋迦如言而取者，則有分別執心未契真，如何燃燈與我授記，以不如言而取得，故與我記也。

以實無有法得阿耨多羅三藐三菩提，是故然燈佛與我授記，作是言：汝於來世當得作佛，號釋迦牟尼。

述曰：此第二順成也。

何以故？如來者即諸法如義。

述曰：此世親第二文，爲除謗無佛疑也。於中初明有法身，次遮虚説。此初也。謂有疑曰：若無菩薩，無人成佛，佛亦應無。爲破此疑，言有法佛。由衆生妄執故，以五蘊爲身，智者了之，速朽速壞，都無有實。唯有真理常而復真如故，是常不變異也。真故離妄，不顛倒也。此之真理，水火不能害，風賊不能壞，有佛無佛，其性恒然，若説不説，其義不改。但凡夫妄倒故，執身爲身，不觀身理，淪溺長久，聖者正知，故不著於身。但觀真理，既能契悟，生死永消，妄覆都盡，理明顯故，名曰如來。以此即明不無佛也。無著云，此第三釋離言義也，謂何故彼法不別[一四]説耶，謂諸法之本理，要而復淨，智契而方真，非言詮而可悟也。

若有人言，如來得阿耨多羅三藐三菩提，是人不實語。

述曰：此遮虚説也。初遮佗言，次成無得。此初也。如來既真如，豈言説而稱實，故若説者，是不實語，但是分別故。無著云，此第四破外疑。疑云：釋迦於燃燈所不得菩提，後時自得，爲斷此取故也。於中亦爲二：初遣彼外取，次自彰無得。既無有法可得，何有後自取也，故作此言，名爲不實。今此經中漏不實語字，餘本皆有也。

須菩提，實無有法佛得阿耨多羅三藐三菩提。

述曰：此第二文也。

須菩提，如來所得阿耨多羅三藐三菩提，於是中無實無虚。

述曰：此世親第三文也。於中初破外疑執，次舉喻彰身。前中有三：初明所得無實無虚，次顯法唯是佛得，後總結成。此初也。無著云，此爲第五明真如不二義。於中有三：初明真如依言離言，次彰法性法[一五]唯是佛得，後總結。此初也。世親釋曰，謂有謗云如來不得菩提，爲斷此疑，故云如來所得菩提無實無虚也。謂如來得彼菩提故，故曰不虚，非實有爲相故，故曰不實。無著釋云，不可如言而取故不實，亦非離言以求故不虚。凡夫言而虚妄故不實，諸佛説而可依故不虚。凡夫言不得故不實，寄佛語而可詮故不虚也。若離言而有求，即菩提無因，名爲不實，要因聞教方得證，故菩提有因，名爲不虚。若如言而取著，生死無出，故不可如言即稱法，必因言方契真也。但順佛言而修，後證會時自悟。

是故如來説一切法皆是佛法。

述曰：此第二明法唯佛得也。一切法者，謂真理萬法之本體，故名爲一切。皆是佛法者，獨唯佛證，餘不得故。

須菩提，所言一切法者，即非一切法，是故名一切法。

述曰：此第三總結成也。言一切法者，謂佛所證法。即非一切法者，非餘人所得法，或非分别之相法也。

須菩提，譬如人身長大。須菩提言：世尊，如來説人身長大，則爲非大身，是名大身。

述曰：世親釋云，此第二舉喻彰身也。初佛舉喻，次善現順成。謂長者喻報身，餘經亦云妙，大者喻法身。此二種身，由離所知煩惱二障，如次得故。説人身長大者，謂法報二身也。則非大身者，謂非諸妄想分别身也。無著釋云，自此已下是第十七爲入證道故，又即八種住處中第五爲淨心住處故。謂上來十六差别四住處，是信行地，地前凡夫一僧祇修，此爲淨心地，十地菩薩修也。於中，初顯示入證道時得智慧故，菩薩亦如是下明離慢。此初也。謂入地菩薩得二種智，一者攝種姓智，二者平等智。若得智，得生如來家，得決定紹佛種，此爲攝種姓智。謂清淨法界是佛所居，名如來家，入地菩薩以無分别智於中證會，説之爲生。如此菩薩決定得紹佛種，故名爲攝種性智。當知地前菩薩未生如來家，故雖是佛子，稍疎遠故，不名紹佛種也。二乘人雖亦佛子，但求自利，亦非堪紹，故《攝論》説聲聞人如無智婢子也。一切凡夫雖亦佛所攝受，亦所覆護，等生憐愍，未發菩提心故，亦非堪紹。唯入地菩薩，從真法界親所生，故堪紹佛種也。論云：若於此家長夜願生，既得生已，便得彼身，是名妙身者，謂地前菩薩爲此家長夜精懃欲願故，得入初地，便得妙身也。平等智復有五種平等因緣，謂：一者，麤惡平等，謂入初地已，女人身第八有三惡趣竝已捨故，總皆平等也。二者，法無我平等，謂得二空平等理故。三者，斷相應平等，謂斷性即是所得擇滅也，與斷相應，故名斷相應平等也。四者，無希望心相應平等，謂見道前學觀真如，有欲希望入初地已，證真法界，與無希望心所證平等而相應也。五者，一切菩薩證道平等，謂如百川異流，同歸大海之湛，萬行雖異，一入初地，同證真大海也。得此平等，故得爲大身也。解云，此得攝種姓智者，名曰報身。得平等故，名爲法身。妙身、大身，如次爲喻也。

須菩提，菩薩亦如是，若作是言，我當滅度無量衆生，則不名菩薩。

述曰：世親云此爲第二段釋疑也。於中有三：一者，於本宗上生疑，謂前説無有法發菩提心者，是則菩薩既無，亦應無菩薩可成菩提。若無衆生者，教化誰令入於涅槃。若無菩薩者，誰莊嚴淨土耶？二者，因此破疑而起，説菩薩不見彼是衆生，不見存我爲菩薩等者，是則如來不見，故名爲無衆生等，爲實無衆生等，故佛不見耶？三者有疑云，向説心住顛倒，若如是福德亦是顛倒，若是顛倒，何名善法。爲此疑故，如經若有滿三千大千世界七寶等。就初有三疑：一者，若無菩薩，諸佛亦不成菩提。二者，若無衆生，亦不入涅槃。三者，若無菩薩，亦無嚴淨佛國土。此則釋初兩疑，於中初標，次釋。此初也。此意云：若菩薩執云我得菩提有異衆生可度，即不名菩薩，以有我人等故。若爾者，如何能得菩提，能令衆生入涅槃耶？謂有假衆生，譬如幻人，爲幻人説法故，謂有五蘊和合，假衆生故，令得無餘涅槃。無如所執實衆生故，不見有衆生而滅度也。謂有假菩薩而求證故，諸佛得菩提，而無所執實菩提故，亦無菩薩也。故《涅槃經》十三云，五陰和合，稱言某甲，凡夫之人謂爲實有稱言某甲，有智之人解陰無有某甲名字，離陰亦無有某甲名字也。

何以故？須菩提，實無有法名爲菩薩，是故佛説一切法無我、無人、無衆生、無壽者。

述曰：此第二釋也。無有法名爲菩薩者，謂若有其實法，皆以法成其衆生，故可名菩薩。法既無有其實，亦無所成菩薩也。佛説一切法無我人等者，證真時達無我理，不見有人法二執故，是爲菩薩也。無著云，上來譬如人身妙大身[六]等，示入證道，此爲第二明離慢。謂地前言我能修行等而障不住道，入地已去證達法界二空平等，分別我法，一切都亡，永無我能之慢，故云離慢也。論云，若菩薩有衆生念，則不得妙身大身故。於中妙身者，謂至得身、成就身得畢竟轉依故。大身者，一切衆生身攝身故。子云，轉依者，即謂所得菩提涅槃。

須菩提，若菩薩作是言，我當莊嚴佛土，是不名菩薩。

述曰：世親云，此破疑也。謂有疑曰：若無菩薩者，不應嚴淨佛土也。於中有二：初標，次釋。此初也。此意云如欲嚴淨佛土，必須嚴淨自心，聽經學慧，證法真理，蠲除二障，内心淨故，外土亦淨。所以蠡髻見淨，舍利覩穢，但由内心有其垢淨不同，外土亦有淨穢兩異也。故若嚴淨佛土者，先除我法二執，我法分別亡故，内具莊嚴，外住七寶。若言我當莊嚴者，是則我執未亡，不名菩薩也。故論云智習唯識通也。又《無垢稱》云心淨故等，又云忍辱持戒等，十善道等，是菩薩淨土也。

何以故？如來説莊嚴佛土者，即非莊嚴，是名莊嚴。

述曰：此第二釋中有二，初明無相是真

莊嚴，次明達理是真菩薩。此初也。如來說莊嚴者，謂無相之莊嚴。即非莊嚴者，非有相之莊嚴。是名莊嚴者，是真實莊嚴也。

須菩提，若菩薩通達無我法者，如來說名真是菩薩。

述曰：此第二文也，謂若菩薩達我法空，證無我理，是真菩薩，亦真莊嚴。若有我法，本非菩薩，亦非莊嚴也。無著云，自此已下，皆求佛地，謂從此已下訖至經末，差別之中是第十八，住處之中是第六究竟住處，三地之中是第三佛地也。於中有六：一者，國土淨具足，如經若菩薩作是言我當莊嚴等。二者，無上見智具足，如經如來有肉眼不等。三者，隨形好身具足，如經佛可以具足色身見不。四者相身具足，如經如來可以具足諸相見不。五者，語具足，如經汝勿謂如來作是念等。六者，心具足，如經頗有衆生於未來世等。此爲初也。此意云，謂諸菩薩於前十地修行圓滿，斷除人法二執，成就菩提法身，名爲國土淨具足。於中文科爲四：一者，爲國土淨具足三摩鉢帝故，如經若菩薩作是言等。二者，爲斷彼故安立第一義，如經如來說莊嚴等。三者，爲二種無我故，如經若菩薩通達無我法者。四者，爲於彼二種無我中二種正覺故，如經如來說名真是菩薩。此等云何顯示。若言我成就，即爲人我取，莊嚴國土者是法我取，此非菩薩也。

須菩提，於意云何？如來有肉眼不？如是，世尊，如來有肉眼。

述曰：世親云，此破第二疑也。謂有疑曰，前說菩薩不見彼是衆生，不見我爲菩薩，不見清淨佛國者，何以故，爲諸法無故不見，爲諸佛自不見耶？今此之文有其二：初明佛有能見，故說五種眼。次如恒沙中已下，明有所見。前中，五眼即爲五段，一一中初佛問，次善現答。此初明有肉眼也。無著云，自下第二爲無上見智淨具足故。於中文有其三：初明爲無上見淨具足故，説佛有五眼。次如恒河中下，明爲無上智淨具足故，説佛知衆生心。後若有人滿下，明爲福自在具足故。初中五眼爲五段，如前可知也。謂外有疑，向説以無分別智内證真理，是真莊嚴，於諸外相證真理時都不見故，謂佛唯有慧眼觀理，無餘眼也。爲釋此故，説佛有五眼也，論意如此。又論云，於中略説有四種眼，謂色攝、第一義諦攝、世諦攝、一切種一切應知攝。色攝復有二種，謂法果、修果。此爲五眼麤境界故，是初色攝。解云：肉天二眼，色根爲性，謂淨色四大所造，或異熟長養，説名肉眼，此謂法果也，此通餘界及四禪。若修禪除擁而得者，此謂修果也。唯四禪地有，謂於諸色内外兩邊裏表上下皆悉能見也。論云，第一義智力故，世智不顛倒轉，是故第一義諦攝在先。於中爲人説法，若彼法爲彼人施設，此智説名法眼者，謂要慧眼觀理故。法眼知機説法，得不顛倒爲人説也。此意云所詮能詮，觀理觀事，觀理知機，如次慧法眼也。論云，一切應知中一切種無功用智，説名佛眼。龍樹菩薩説約人差别，謂在凡夫名肉天眼，在二乘名慧眼，在菩薩名法眼，在如來名佛眼，此亦無妨也。

須菩提，於意云何？如來有天眼不？如是，世尊，如來有天眼。須菩提，於意云何？如來有慧眼不？如是，世尊，如來有慧眼。須菩提，於意云何？如來有法眼不？如是，世尊，如來有法眼。須菩提，於意云何？如來有佛眼不？如是，世尊，如來有佛眼。

述曰：此明有後四眼也。釋義如上。

須菩提，於意云何？如恒河中所有沙，佛説是沙不？

述曰：世親云，上來説如來有五眼，明有能見，自下明知衆生種種差别亦顯有所見，謂雖無遍計所執實衆生而可度可見，非無因緣假衆生而可見也。雖無作用緣，而有功能緣可得故。謂於因果之上不見彼所執實人法，不得故名衆生及國土空，非佛無眼而不見，亦非實無衆生可見，有彼因緣顛倒虚妄假法故。就此之中，文有其五：初佛問恒沙，次善現答是沙，次寄恒沙爲喻問，次善現答甚多，第五佛廣成。此初也。無著云，上來爲應知中證故安立見，爲教彼彼衆生寂靜心故安立智者，謂以肉天眼爲其前導故，而起慧法眼觀理知機，爲佗說法故也。前說爲見淨者顯證故，今說爲智淨者顯教授故，謂衆生中若有貪心、無貪心等，如來悉觀知而教授之，令捨染進善也。言所有沙佛說是沙不者，謂於因緣沙中佛說爲所執實沙不，問意如此也。

如是，世尊，如來說是沙。

述曰：此第二答也。

須菩提，於意云何？如一恒河中所有沙，有如是沙等恒河，是諸恒河所有沙數佛世界，如是寧爲多不？

述曰：此第三寄沙喻多也，謂此且舉少分，談實衆生無有邊限，非只如爾許沙也。

甚多，世尊。

述曰：此第四文也。

佛告須菩提：爾所國土中所有衆生，若干種心，如來悉知。

述曰：此第五如來成。於中初標，次釋。此初也。若干種心者，謂六識差別顛倒心，諸虚妄心皆顛倒故，以離實念故，說名顛倒。離實念者，謂遠離四念處故，名不住彼實智。如是等心，如來悉知也。無著云，若干種心者，應知有二種，謂染及淨，即是共欲心、離欲心等。記如是等衆生心，如來知故，竝教令斷惡起善，名爲智淨故。論云，爲教彼彼衆生寂靜心故，安立智也。

何以故？如來說諸心皆爲非心，是名爲心。

述曰：此釋中初明顛倒心非真住，次顯虚妄之相。此初也。如來說諸心住者，謂虚妄心。皆爲非心者，謂非真住心。住四念處名真住故，住真如理名真住故。是名爲心者，謂是虚妄顛倒心也。無著云，此智淨中說心住，即非心住，如是見淨中何故不說眼則非眼耶？以一住處故見智淨，後安立第一義故，初亦得成就。子云，凡夫之心初妄，後可成真故，於智淨中說心住、非心住，佛眼一得已去圓滿足，更無初後轉別異故，不說眼即非眼也。其意論文難曉也。

所以者何？須菩提，過去心不可得，現在心不可得，未來心不可得。

述曰：世親云，此示彼相續顛倒也，謂以過去未來故不可得，現在心虚妄分別故不可得，如是示彼心住顛倒，諸識虚妄，以世觀故。無著云，過去未來已滅未生故，現在者第一義故也。

須菩提，於意云何？若有人滿三千大千世界七寶以用布施，是人以是因緣得福多不？

述曰：世親釋云，此爲第二段疑第三文也。謂復有疑，向說心住顛倒，若如是福德亦是顛倒，若是顛倒，何名善法。爲斷此疑故，示現心住雖顛倒所行，福德非也，以是佛智根本故。由行施時不著自身等，但求無上菩提，所以功德甚多也。此中初佛問，次善現答，後如來成。此初也。謂若將七寶等施，爲求般若聽聞修學，當成佛故，其福甚多也。無著云，此即無上見智淨中第三，爲福自在具足故也，謂若爲般若行施等，故福法成滿也。

如是，世尊，此人以是因緣，得福甚多。

述曰：此第二答也。

須菩提，若福德有實，如來不說得福德多，以福德無故，如來說得福德多。

述曰：此第三如來成也。若福德有實者，謂說若爲般若故行施，如爲自體故行施，實有者，佛則不説爲得福多也。以三事體空行施，不同著果報等行施故，如來説福多也。以此准知，前以財命等施校量，不及受持此經者，謂不能亡相故，不求菩提故也。謂若捨身命之時，但於少少飢餓衆生有益，非能廣利。若持般若者，當得成佛濟利甚多，故功德勝也。若横望言之，捨身極苦，望竪説者，不及持經也。

須菩提，於意云何？佛可以具足色身見不？

述曰：世親云，上來破於本處生疑竟。自下第二有四疑，展轉釋疑故生也。此爲大段第三破疑顯是展轉中第一大段也。於中文三：一者，以相好身爲佛疑。二者，汝勿謂下，疑佛有説。三者，頗有衆生下，疑無人信。此爲初也。謂疑曰，若諸佛以無爲法得名，云何諸佛成就八十種好、三十二相而名爲佛耶？解云，此於前説云如來者，即諸法真如以生疑也。就此之中有二：初破於色身生疑，次破於相好生疑。前中復二：初佛問，次善現答。此初也。問意云，法身真佛可以作報身形好而見不，又可圓光一尋等隨好色身以見法身佛不。無著云，此第三爲隨形好身具足故。問意云，佛隨機故而有報化隨好之色身，真理法亦有色性無差别之好。今問法身可差别之形好以見不，爲令衆生内證法身圓滿故，外得形好之身具足，故有此文也。

不也，世尊，如來不應以具足色身見。

述曰：此第二答中，初標，次釋。此初也。

何以故？如來説具足色身，即非具足色身，是名具足色身。

述曰：此釋也。如來説具足色身者，謂報化隨好之身。即非具足色身者，非是法性具足色身。是名具足色身者，是名報化身也。無著云，隨機現形有報化之形好，内證無相而有法身之好色性，由内證法性色身故，外具形好之身，皆得圓滿。然形好之身即非法性之具足色身也，謂法身猶如虛空，雖無形相而於鏡中現虛涣影像，法身亦爾，雖無形相而於鏡智現報化身也。

須菩提，於意云何？如來可以具足諸相見不？

述曰：世親云，此第二破於相好生疑也。於中初問，次答。此初也。問意云，可以三十二相見法身無相佛不。無著云，此第四爲相身具足故。問意云，佛有三身，謂法身、報化身，然報化身有三十二差別之相，法身亦有無差别法性之相，今問法身可以差别之相好以見不。

不也，世尊，如來不應以具足諸相見。

述曰：此第二答中初標也。

何以故？如來説諸相具足，即非具足，是名諸相具足。

述曰：此第二釋也。世親云，如來非諸相具足者，謂差别三十二相也。即非具足者，非法身無差别相具足也。是名諸相具足者，是外形相也。無著云，法身雖無形相，而有法性之相，謂理媚曰相也。於外化中亦有形相，爲令衆生得此種圓滿故，謂内證真理無相之相故，而外具有相之相也。然有相之相即非無相之相，是名諸相具足也。

須菩提，汝勿謂如來作是念，我當有所説法。

述曰：世親云，此第三段疑第二文也。謂有疑曰，若如來具足色身成就不可得見，若相成就不可得見，云何如來説法耶？爲破此疑故也，於中初勑勿懷疑，次人言謗佛，後總結成。此初也。佛告善現云，汝勿謂法身如來作是念，言我當有所説，法身佛本無有念，亦無有所説故。無著云，此第五爲語具足故，謂化報隨機而有言説，法身幽寂無説無形，内證無言理，外能爲佗説，爲令得此故，言爲語具足故也。

莫作是念。何以故？若人言如來有所説法，

即爲謗佛，不能解我所説故。

述曰：此第二文也。謂若有法身有所説法者，即謗法佛也，寂寞無言故。問：若爾者，何故前言應化非真佛，亦非説法者耶？答：彼推功歸本故，要内證真説，於外可能説，所以喚法身無説是真説也。問：何故《楞伽經》云，法身説離相離言法，報身説十地法、六波羅蜜法，化身説三乘法耶，准此法身亦説故。答：説有二種，一者起作説，謂有説説也，二者無起作説，謂無説説。前是報化，後即法身。彼據不説之説，此約有説之説，故不相違。云何法身爲不説説。謂由衆生證達理故，了解一切，名法身説。如聞説法而了達故，名之爲説也。猶如有人，若語，若不語，令佗解了，名説法也。

須菩提，説法者無法可説，是名説法。

述曰：此第三結也。説法者者，謂總舉説法也。無法可説者，謂真理中無有少法可説也，謂要達遍計所執空無而説，是名説法也。若執真如爲實無説，即非説法也。無著云，報化有説，法身無説，若言法身有説如報化者，即爲謗法佛也。

爾時，慧命須菩提白佛言：世尊，頗有衆生於未來世聞説是法，生信心不？

述曰：舍衛漏此文。世親，此第三疑中第三文也。謂有疑曰，若言諸佛説者是無，所説法不離於法身，亦是其無，有何等人能信如是甚深法界耶？就釋此疑中，初善現問，次如來答。此初也。無著云，第六心具足中復有六種：一者念處，二者正覺，三者施設大利法，四者攝取法身，五者不住生死涅槃，六者行住淨。此爲初也。問意云：如來在世，如理作意，如法修行，法隨法行，當得成佛。慈悲平等，爲衆生説，有能聽聞而起思念，如來滅後，後五百歲，諸惡衆生聞説此經之時，有能生信，起於思念，如佛在世時不。佛答言有。爲顯有衆生能思念故，名爲念處。

佛言：須菩提，彼非衆生，非不衆生。

述曰：此第二佛答中，初標，次釋。此初也。彼非衆生者，謂非是闡提無佛性等衆生。非不衆生者，是聽聞般若，發心成佛衆生也。無著云：彼非衆生者，第一義故。非不衆生者，世諦故。衆生衆生者，顯示説第一義，是不共及相應故。

何以故？須菩提，衆生衆生者，如來説非衆生，是名衆生。

述曰：此釋也。初言衆生，謂凡夫衆生。又衆生者，謂發菩提心修行衆生也。如來説非衆生者，謂非是闡提無佛性衆生。衆生[一七]是名衆生者，是發心衆生也。此上意云，此[一八]經典生信心者，即是發心修行成佛衆生，非是無性衆生也。

須菩提白佛言：世尊，佛得阿耨多羅三藐三菩提，爲無所得耶？

述曰：世親云，此大段中破第四疑也，即是第二展轉釋中第二疑也。於中曲有二疑，此初也。謂有疑曰：若如來不得一法，名無上正等正覺者，云何離於上上證轉轉[一九]得阿耨多羅三藐三菩提耶？就此文中有二，初善現問，次如來即廣辨其義。此初也。爲無所得耶者，謂耶是問詞，不是不定詞也。直問佛云如來無所得耶，所以佛即印之。若不定爲問，云爲得不得耶者，佛如何即印耶？故今問意云，真如理中佛得無上菩提不。無著云，此是心具足中第二爲正覺故，即謂能證所證觀照實相也。故《解深密》云，菩提、菩提斷，俱名爲菩提。《大智度》云，説智及智處，俱名爲般若也。謂此爲令衆生斷除二障，得二菩提，而有此文，故言爲正覺故也。於中文有其三，初顯示阿耨多羅語，謂無上覺即是法身菩提也。次已下，顯示三藐三菩提，謂正覺即是報身菩提也。以無我人下，雙成上二。前中初問，次印。此初也。

佛言：如是，如是，須菩提，我於阿耨多羅三藐三菩提乃至無有少法可得，是名阿耨多羅三藐三菩提。

述曰：此第二印問愜真也，謂真理之中，無如所執少有所得名爲菩提也。

復次，須菩提，是法平等無有高下，是名阿耨多羅三藐三菩提。

述曰：世親云，此爲第三廣辨其義也。於中有三：初明不增減，次顯無差别，後修一切善下彰方便滿足。此初也，是法平等者，謂真如理無增減故。無有高下者，謂有爲法有取捨，菩薩於十地中得勝無漏而捨劣，故無爲無勝劣可取捨，故言無高下也。無著云，此顯示三藐三菩提，即謂正遍知也。是法平等者，謂一切諸佛共得菩提，智無勝劣故也。無高下者，謂一切諸佛起化身，各類共等，乃至壽命亦等也。子云，平等者謂法身，高下[三〇]者約報化，謂一切佛報身、報身等，化身亦爾也。

述曰：世親云，此第二顯無差别也。謂以無我、無人、無衆生、無壽者，一切諸佛法無我法執故，法身平等，無有差别，若勝若劣也。無著云，自下雙成上二，初成上阿耨多羅法身菩提，次成上三藐三菩提報身菩提。此初可知也。

修一切善法，則得阿耨多羅三藐三菩提。

述曰：世親云，此第三彰方便滿足也。於中初正顯，次結成。此初也，謂要近善知識，聽聞計念，如法修習，法隨法行，善根滿足，故契證真理，名爲成就阿耨菩提也。無著云，此成上三藐三菩提也。於中初正成，次結釋。此初也。謂前言無我等，除其有執也，今言修善者，破其空執也。我人空故，須遣自妄心，依圓有故，須存其善法。所以唯學有以非空，妄想以之而更長，唯學空而非有，真智無因而不生。滅妄想於空門，起真心於有府，有空雙觀，方成中道也。

須菩提，所言善法者，如來説即非善法，是名善法。

述曰：此第二文也。所言善法者者，謂求菩提善法或無漏法，順無漏法也。説非善法者，非是有漏生滅惡善法也。是名善法者，是出世善也。

須菩提，若三千大千世界中所有諸須彌山王，如是等七寶聚，有人持用布施，

述曰：世親云，自下破第二子段疑。謂有疑曰：若一切善法滿足得菩提者，則所説法不能得大菩提，何以故，以所説法無記法故。謂此意云：其能詮教有名句文，體是無記，如何聽聞而生善耶？此是小乘人疑也。就破此疑中，初舉功德，次以受持校量。此初也。無著云，此即心具足中第三爲施設大利法故。於中有二：初明大利法，次汝等勿謂下彰所利生。初中先舉財施，次以受持校量顯於福利。此初也。

若人以此《般若波羅蜜經》，乃至四句偈等，受持讀誦，爲佗人説，於前福德，百分不及一，百千萬億分，乃至算數譬喻所不能及。

述曰：世親云，此第二以受持校量也。此經稍略，餘本不同此也。世親云，此法雖言無記，而能得菩提，以遠離所説法，不能得大菩提故，此法能爲菩提因故。又言無記者不然，汝法是無記，我法是善故，此就彼宗釋佛語是善也。又大乘義，一得佛已，聲及名句竝是善，是故一受持時即爲菩提廣大因故，勝餘無量珍寶布施也。此正破前疑。百分不及一等者，論家有四種校量勝，謂：一者數勝，二者力勝，三者無相似勝，四者因勝。解云：數勝者，謂以數校量，謂小乘有六十二數，華嚴有一百二十番數，此方有十五故，謂一十百千萬等，如是諸數校量者，

於生死果報悉可得知。若受持此經，當得成佛所有功德，非此數等之所校量，故云數勝也。力勝者，名爲情計勝，謂布施等所獲世間人天善果，情計可知。今此受持之因，情計所不計度也。不相似勝者，謂喻勝也，世間福果，喻可能喻，受持之因，所得勝果，無喻以可喻也。因勝者，謂時勝，世間福果，可以時限校量多少，此所得果，盡未來際，無時分限，不可校量也。如論四名，當人[三]立數、計、喻、時等名也。無著意可知也。以此校量受持既多，即是施設大利法也。

須菩提，於意云何？汝等勿謂如來作是念，我當度衆生。

述曰：世親云，此即曲文中第三段疑也。即是展轉中第三段疑，於中曲有四，至文當悉。此即初也，謂有疑曰，若是法平等，無有高下者，云何如來名爲度衆生耶？就破此疑中，初勸彼除疑，次廣成自義。此初也，謂報化二身隨機利物，有高有下，可有思念當度衆生，謂慈悲本願緣故，法身真理湛寂無思，如何有念當度生耶？但起智作證，即名爲度故。又化身隨現，可示度生之思念，報體久無分別之思，如何起念。如末尼珠，隨求雨故。又凡夫執由遣而念我當度，諸佛分別永亡，當度之思不有，但隨所化應機示念也，如是故重[三]汝無作念也。又真理之中都無所得，亦無衆生當可度也。無著云，此爲第二明所度衆生。科釋其文，大意無別也。

須菩提，莫作是念。何以故？實無有衆生如來度者。

述曰：此第二成自義中，初慰喻其心，示實道理，次成無實度，説假我非真。此初也，謂真理中無有衆生如來可度，隨於外化可度假生也。

若有衆生如來度者，如來則有我、人、衆生、壽者。

述曰：此第二文也，於中初成無實度，次説我非真。此初也，謂如來若説實有衆生實可度者，是則我執未亡，不名爲佛也。

須菩提，如來説有我者，則非有我，而凡夫之人以爲有我。

述曰：此第二説我非真中，初説我非真，凡夫妄取，次明凡亦非實，但假施言。此初也，如來説有我者，謂因緣和合而假説之。則非有我者，非實執之我也。凡夫以爲有我者，所執取故。此意云，如來説有我者，爲除無我怖故，所以初修習必依於我，後漸契真，我相自遣。若言無我，誰欲造修，我即空故。

須菩提，凡夫者，如來説則非凡夫。

述曰：此第二明凡亦非實，但假施言也。謂於貪嗔未亡之類假名凡夫，非如其言即實凡夫也。

須菩提，於意云何？可以三十二相觀如來不？

述曰：世親云，此即展轉疑中第三段疑也。於中曲有三段，此即爲初文也。謂有疑曰，雖相成就不可得見如來，以非彼體，以如來法身爲體，而如來法身以見相成就，比知則知如來法身爲福相成就。此疑意云，報化二身即以法身爲體，其外報化身既有相好，以外比知内法身亦應有其相好也，如覩人面即知心事故。就此之中，文有其五：一者如來問，二善現不正答，三如來却質，四善現正答，五舉頌以成。此初也，問意云，可於報化身三十二相觀法身如來不。無著云，此即心具足中第四爲攝取法身故，謂欲令諸衆生内觀真理清淨法身，外自具其形相，不可以其形相而觀法身如來。就此之中，文有三：初問答略顯，次舉頌廣成，後釋外意〔三〕難。前中有四，如文可知。然准餘本，無善現不正答，亦無如來却質之文。

須菩提言：如是，如是，以三十二相觀如來。

佛言：須菩提，若以三十二相觀如來者，轉輪聖王則是如來。須菩提白佛言：世尊，如我解佛所説義，不應以三十二相觀如來。

述曰：義可知也。

爾時，世尊而説偈言：

若以色見我　以音聲求我

是人行邪道　不能見如來

彼如來妙體　即法身諸佛

法體不可見　彼識不能知〔二四〕

述曰：此舉二頌以成前義。於中初偈顯不應以色聲以觀法身如來，若取色聲，不契真理，是行邪道，不見法佛〔二五〕故。次偈明法身妙體超尋思故，凡夫不可見，亦非分别之識所能知。故《涅槃》云，依法不依人，依了義不依不了義，依義不依語，依智不依識也。無著云，初偈顯示如所不應見，不可見故，次偈顯示不應見及不能見因緣。云何不可見，諸見世諦故。何因緣故不可見，以彼法真如相故，非言説而知，唯自證故。如是等説，如論。

須菩提，汝若作是念，如來不以具足相故，得阿耨多羅三藐三菩提。

述曰：世親云，此第三段釋展轉疑中曲文第二疑也。謂有疑曰，若不依福德得大菩提，如是諸菩薩則失福德及果報也。此疑意云，可〔二六〕説如須彌山王七寶有人持用布施，不及人受持此經至四句者，是則福德不得大菩提果，准此即福德空，果報亦空，則法斷滅，是則佛相好身亦無，唯有法身空理也。就斷此疑之中有三：初顯相好非無，次汝若作是念下，明因果不失，後若菩薩以滿下，校量功德。前中有二：初述彼疑心，次勸勿邪念。此初也，述彼疑云，既以法爲佛，是則無報化形相身也。無著云，此即爲攝取法身中第三文釋外疑難也。論云：若爾，如來雖不應以相具足見，應具足爲因得阿耨多羅三藐三菩提。爲離此著故，明相具足，體非菩提，亦不以相具足爲因也，以相是色性故。於中有二：初逆招彼心，次勸令除念。此初謂述彼念，言法身如來以具足相爲因故得，應除不字，撿《能斷》及婆伽婆文，竝無不字也。

須菩提，莫作是念，如來不以具足相故得阿耨多羅三藐三菩提。

述曰：第二文也。世親云，汝莫作是念，如來不以具足相得菩提，以報身化身具足相得故。無著云，莫作是念者，勸令勿生前念，以相爲因而得法身。何以故？如來不以具足相爲因得菩提故。故論云，以相是色性故，謂要以智爲因，方得菩提，非用相也，相是色故。

須菩提，汝若作是念，發阿耨多羅三藐三菩提心者，說諸法斷滅相，

述曰：世親云，此第二明因果不失也。於中初述彼心，次勸勿念，後釋所以。此初也，謂有念曰：不依福德得大菩提者，是則福德無，果報亦無。若爾，發菩提心者便說諸法斷滅也，以無福德因及果故。

莫作是念。

述曰：此第二勸勿念也。

何以故？發阿耨多羅三藐三菩提心者，於法不說斷滅相。

述曰：此第三釋所以也。謂諸菩薩知因知果，去離斷常，但無所執實福德因及果，非無因緣假因果也，但遮作用緣，非無功能緣故。無著云，自下明心具足中第五，爲不住生死涅槃故。於中有二：初明不捨生死，次若菩薩以滿下明不捨涅槃。上來初文竟。謂不捨生死故不住涅槃也，不捨涅槃故不住生死，爲令得此故有此文。於法不說斷滅者，謂發心菩薩知因說果，去離斷常故，不說斷滅也。謂雖得涅槃還住生死，然不令斷生死。若斷滅生死者，即同二乘住涅槃故，以此故

名不說斷滅相也。

須菩提，若菩薩以滿恒河沙等世界七寶持用布施，

述曰：世親云，此第三功德校量也。於中初正校量，次釋所以。前中初舉施，次以福校量。此初也。無著云，此第二明不捨涅槃也。

若復有人知一切法無我，得成於忍，此菩薩勝前菩薩所得功德。

述曰：此第二以福校量也。謂因了達二我空故，而得於忍，其福過彼所施功德也。得成忍者，忍有三種：一者本性無生忍，謂觀遍計所執人法二相，本無體故。二者，自然無生忍，觀依佗假因緣非自然生故。三者，惑苦無生忍，觀於真如惑苦，本不生故。

須菩提[二七]，以諸菩薩不受福德故。

述曰：此第二釋所以之中，初佛略標釋，次善現問，後佛答。此初也，不受福德故者，謂菩薩所行福德不著自體等故，但希出世，故云不受也。

須菩提白佛言：世尊，云何菩薩不受福德？

述曰：此第二善現問也。

須菩提，菩薩所作福德不應貪著，是故說不受福德。

述曰：此第三佛答也。以不貪著自體等而行福德故，名爲不受也。

須菩提，若有人言如來若來若去，若坐若臥，是人不解我所說義。何以故？如來者無所從來，亦無所去，故名如來。

述曰：世親云，此第三大段中曲文第三釋疑也。謂有疑曰：若諸菩薩不受彼果報，云何諸菩薩福德衆生受用。此意如釋迦佛捨第五分壽留福德與未來衆生，故知菩薩亦受福德，如何言不受耶？如是等菩薩受福德無量故，就釋此疑中有四：初明報化外利物，故亦受福德，法身無去來，故無受福德。次

碎爲微塵下，明法身一，化身有多。次若人言佛説我等下，明我法無實。次若有人以滿下，明化身有無盡福。此初也，若來者，謂成道來。若去者，入滅去。若坐者，説法利益時。若臥者，謂唱滅相。化身有此而法身無，故云無所從來，亦無所去也。如天上月，影現水中，水清即現，水濁便隱，月體本無來去，由水致有生滅，法身本湛寂，由心故見去來也。子云，法身本無來，由衆生向佛故見來，此即不來來，猶如趧〔三八〕遠質以臨臺，睇影顔而府己也。法身本無滅，衆生厭佛，故不去之中而見去，猶如汎駛舟而東邁，矚凝沼而西流，此即不去去也。無著云，此心具足中第六爲行住淨故。於中復有三種：一者威儀行住，二者破名色身自在行住，三者不染行住。此初也，謂化身有威儀行住等。法身無此也。行者即謂去來，住者即謂坐臥也。法身無有威儀，故云無去來等。

須菩提，若善男子、善女人以三千大千世界碎爲微塵，於意云何？是微塵衆寧爲多不？

述曰：世親云，此第二明法身一化身多也。於中有二：初以微塵爲喻，次以世界爲喻。前中初佛問，次善現答。此初也。然此喻中含其二意：一者，聚塵爲界喻，如攝指成拳。二者，散界爲塵喻，如開拳作指。初名聚喻，次名開喻。若聚喻者，塵喻煩惱多，聚塵成一世界，喻斷多煩惱成一法身也。若開喻者，世界喻法身，散界作多塵，如依一法身起無量化身也。今問多不，挾此二意也。無著云，此爲第二破名色身自在行住。於中有二：初明二種方便，次若人言下明入相應三昧不分別。前中有二：初明破色身方便，次明破名身方便。前中初明細末方便，次明無所見方便。前中復二：初問，次答。此初也，謂以世界漸次析至於極微，是多不。

甚多，世尊。何以故？若是微塵衆實有者，

佛則不說是微塵衆。所以者何？佛說微塵衆，則非微塵衆，是名微塵衆。

述曰：此第二也。世親云，但寄微塵爲喻，非如言而有實如衛世師等所執微塵也。佛說微塵衆者，謂寄微塵以喻化身也。則非微塵者，非如外道等所執實微塵也。無著云，但破一合執故，觀解分析至不可析，假說微塵，非實有也。

世尊，如來所說三千大千世界則非世界，是名世界。

述曰：此第二以世界喻法身也。於中有二：初標，次釋。此初也，如來說世界者，謂寄世界爲喻也。則非世界者，非如外道等執以衆多實極微成實世界也。彼執兩兩極微生第三，如是等故。無著云，此破名身方便也。世界者，謂衆生世間也，彼唯名身得名也。

何以故？若世界實有者，則是一合相。

述曰：此第二釋中，初却質，次說非，後明執實。此初也，謂若如其所執有世界者，即非是執，是正見故非虛妄也，以無實執實，故一合相也。一合相者，謂我執，謂執一身總聚五蘊以爲我，故名一合相也。

如來說一合相，則非一合相，是名一合相。

述曰：此第二說非也，謂佛但於假蘊因緣和合之上假說一合，非則如其所執一合相也。則非一合相者，非是所執一合相也。但假說一合，既非即明世界，亦非有實也。

一合〔二九〕相者，則是不可說，但凡夫之人貪著其事。

述曰：此第三明執實也，謂如來假說一合相，凡夫於中起執爲實也。

須菩提，若人言佛說我見、人見、衆生見、壽者見，須菩提，於意云何？是人解我所說義不？

述曰：世親云，第三明法我無實。於中有二：初明無我，次發阿耨多羅下明無法。

前中初佛叙其外疑，問其解不，次善現懸解，答明不閑。此初也，謂小乘人等説言必有體，心不緣無，言有體故。佛説我見等，明有我實，心不緣無故，所執之義必成其有。令能〔三〇〕彼言，故云若有人言也。無著云，此下第二明入相應三昧不分别。於中初明如所不分别爲入之方便，次發菩提心下明何人何法不分别。

前中初問，次答。此初也。

不也，世尊，是人不解如來所説義。何以故？世尊説我見、人見、衆生見、壽者見，即非我見、人見、衆生見、壽者見，是名我見、人見、衆生見、壽者見。

述曰：此第二答也，謂於諸法本無我法，衆生妄情執爲實有，佛爲破彼執故，隨其情説其解，而説爲我法，非謂言詮即有實體。縱令心取，何廢無真。大乘之義，緣無得生心，言詮不稱實故。謂世尊隨情逐解，假説我人，非如其執即實有體，故云即非我見、人見等也。

是名我見等者，謂如來假説也。

須菩提，發阿耨多羅三藐三菩提心者，於一切法應如是知、如是見、如是信解，不生法相。

述曰：此第二明無法也。於中初勸知見，次總結之。此初也，謂若發心者證真如時，不見所執法相，名爲正智也。無著云，發菩提心者，顯示何人是無分别也。於一切法者，顯示於何法不分别。應如是知見等者，顯示增上心、增上智故，於無分别中知見勝解。於中若智依止奢摩佗故知，依止毗鉢舍那故見，此二依止三摩提故勝解。以自在故解内攀緣影像，彼名勝解。謂知與見但是一無分别智與意相應，今言依止觀爲别者，據前加行而説也。謂前欲修止故發智，名之爲知，欲修觀故生智，名之爲見也。

須菩提，所言法相者，如來説即非法相，是名法相。

述曰：此總結也。所言法相者者，謂假

說法相也。即非法相者，非是實執之法相也。

須菩提，若有人以滿無量阿僧祇世界七寶持用布施，若有善男子、善女人發菩薩心者，持於此經，乃至四句偈等受持讀誦，爲人演說，其福勝彼。

述曰：世親云，此爲第四子段中第四文也。於中初福校量，次明離相而說。此初也，謂法身不受福德，其化身福德無盡也。以化身福德無盡，故能爲人說。故發心成佛者受持及爲人演，其福勝以七寶布施也。

云何爲人演說？不取於相，如如不動。

述曰：此明離相而說也。謂化身說法不取於相而說，已無分別執故，不言我是化身等，是故得福多也。如如不動者，謂下一如字是真如，上一如字是比喻，謂化身說法之時不取有爲相，猶如真如湛寂不動也。無著云，此段文下即是第六行淨住[三]中第三爲不染行住故。彼不染復有二種：一者說法不染，即上來所陳受持演說此經，福勝七寶布施也，謂有大利益故，決定意[三]應演說而無所染也。二者，流轉不染。謂說九喻，此顯示不可言說故，不演說彼法有可說體，應如是演說。若異此者，則爲染說，以顛倒義故。又如是說時，不求信敬等，亦爲無染說也。

何以故？一切有爲法，如夢幻泡影，如露亦如電，應作如是觀。

述曰：世親云，此釋展轉疑中大文第四也。謂有疑曰，若諸佛如來常爲衆生說法，云何如來入涅槃。爲破此疑，故立九喻，如《玄記》說。無著云，此即第二爲流轉不染故。

佛說是經已，長老須菩提，及諸比丘、比丘尼、優婆塞、優婆夷，一切世間天人阿脩羅，聞佛所說，皆大歡喜，信受奉行。

述曰：此第三大段喜悟修行分也。

金剛般若經贊述卷下終

校勘記

〔一〕「而果報福」，底本原校疑爲「果報而福」。
〔二〕「綵」，底本原校疑爲「婇」。
〔三〕「又」，底本原校云現藏及宋本、麗本前有「須菩提」三字。
〔四〕「不」，底本原校疑衍。
〔五〕「對」，底本原校疑後脱「治」字。
〔六〕「爲」，底本原校疑爲「而」。
〔七〕「二法」，底本原校疑爲「一一皆」。
〔八〕「恒」，底本原校云一本後有「河」字，下二「恒」字同。
〔九〕「如」，底本原校疑爲「謂」。
〔一〇〕「提」，底本原校云現藏及宋本後有「心」字。
〔一一〕「有」，底本原校疑衍。
〔一二〕「現」，底本原校疑爲「理」。
〔一三〕「既」，底本原校云一本作「都」。
〔一四〕「别」，底本原校疑爲「可」。
〔一五〕「法」，底本原校疑衍。
〔一六〕「身」，底本脱，據校本補。
〔一七〕「衆生」，校本校勘記云一本無。
〔一八〕「此」，底本原校疑前脱「於」字。
〔一九〕「轉」，校本校勘記云一本無。
〔二〇〕「高下」，底本原校疑前脱「無」字。
〔二一〕「人」，底本原校疑爲「文」。
〔二二〕「重」，底本原校疑爲「勸」或「言」。
〔二三〕「意」，底本原校疑爲「疑」。
〔二四〕「彼如來」至「不能知」，底本原校云一本無。
〔二五〕「法佛」，底本原校云一作「佛法」。
〔二六〕「可」，底本原校疑爲「向」。
〔二七〕「須菩提」，底本原校云現藏及宋本前有「何以故」三字。
〔二八〕「趕」，校本校勘記云一作「趣」。
〔二九〕「一合」，底本原校云現藏及宋本、麗本前有「須菩提」三字。
〔三〇〕「令能」，校本校勘記云一作「今牒」。
〔三一〕「淨住」，底本原校疑爲「住淨」。

〔三〕「意」，底本原校疑衍。

（文平志整理）

〇二二二

佛説金剛般若波羅蜜經略疏[一]

佛説金剛般若波羅蜜經略疏上

唐[二]至相寺沙門智儼述

將欲釋文，先於文首作五門分別：一，明教興所由；二，明藏攝分齊；三，明教下所詮宗趣及能詮教體；四，釋經題目；五，分文解釋。

初，教興所由者，《金剛般若波羅蜜經》者，蓋是實智之美稱，真德之通號。宗本冲寂，神凝湛一，獨曜幽原，圓明等覺。含暉至朗，而泯於分別，冥津玄曠，而隱於緣數。斯乃可謂衆生之本際，涅槃之圓旨，因緣之實性，法界之説府。是知真性虚融，斯無不在，一言無所不攝，殊説更無異盈。但爲聖化隨機，明教門非一，爲進初心菩薩，爰引根熟聲聞，遂分張別分，以成空文堅固之教矣。

第二，藏攝分齊者有三：一，約一乘；二，約三乘；三，約自部種類。此經所爲，名同小乘。所有法門，主伴不具，所述文義，唯局一方。唯説理門，遂其解行。以此爲驗，非即一乘。若從所流，皆依一起。第二約三乘辨者有二：第一[三]所詮三故，藏即爲三；第二，所爲二故，藏即爲二。所詮三者：一謂定學，是修多羅藏所詮；二謂戒學，是毗那耶藏所詮；三謂[四]慧學，是阿毗達摩藏所詮。此經是修多羅藏所攝。第二門者，一小乘藏，二大乘藏。亦言二乘及以三乘。云三乘者，有二義：一約根辨，三人同依一法故；二約法辨，對三人所軌故。此經即是大乘三藏所攝也。第三自部種類相攝者，《般若經》依梵本三十萬偈，譯成六百卷。總作十六會，説處別有四：前六會同王舍城鷲峰山説，次三會同在室羅筏誓多林給孤獨園說，次一會他化自在天說，次四會還同前誓多林說，次一會同前鷲峰山說，次一會在王舍城竹林園白鷺池側說。此《金剛般若經》當第九會說。梵本有三百偈，今成一卷，亦無别品。若準說經依處之義，理亦不同。初依處者王舍城說，舉教自在，敵非顯德，義靜相勝故也。第二處者，表顯化生分齊，臨機濟危拔苦之相也。第三處者，顯處校量，明教尊勝，覆蔭決定故也。第四處者，顯教自在，防非顯德，衆義建立，亮神之所，津潤之狀相也。

第三，教下所詮宗趣及能詮教體者有二。一，總明宗趣。此經即用三種般若，一實相般若，二觀照般若，三文字般若。所以知者，爲下經文具明理行及教三義故。第二，别明宗趣者，有五義：一，教義相對，用教爲宗，以義爲趣；第二，因果相對，以因爲宗，用果爲趣，爲下文中所住及修行并調伏，竝約成因行義故；第三，人法相對者，用法爲宗，以人爲趣，爲依法成佛故；第四，理事相對者，以理爲宗，用事爲趣；第五，境行相對，以境爲宗，以行爲趣，立境教，欲成其行故也。第二能詮教體者，若約一乘，以唯識真如爲體，不可以分别智知故。若約三乘，有二義，一同小乘教，二同一乘教，具如經論。

第四，釋經題目者，《佛說金剛般若波羅蜜經》，元魏三藏留支譯。音釋。《琳音》云：正梵音嚩折羅，此譯云金剛。般若，般本梵音，云鉢囉二合。囉取羅字上聲兼轉舌。其二合者，兩字各取半音，合爲一聲。古云般者，訛略也。若，而者反。正梵音枳音雞以反。孃取上聲二合。合爲一聲。《守護國界經》呪云枳孃，唐言智慧，或云正了知。古云若，略也。波羅蜜，波正梵音應云播，波箇反，引聲。羅正梵音應云囉，取羅上聲，轉舌呼之。蜜多正云弭多。弭，迷以反。具足應言嚩折囉鉢囉二合枳孃二合播二羅弭多素怛纜。

佛者，此既三乘教故，佛是化身佛。説者，陳章吐教，故名説也。又化佛不説，法身授與説也。金剛等者，從喻名也。智難壞故，喻金剛也。般若等者，西域語也，此云實智。般若即智。波羅，即彼岸也。所言蜜者，此云到也。真照之慧，窮源實相，性出無染，義顯終極，跡絶有海，故云智彼岸到也。所言經者，真淨之教，文詮理緯，顯用行心，訓儀常則，謂之爲經。

第五，分文解釋者，經文有三：初，序分；二，正宗；三，流通。序有二種：一，證信序；二，發起序。初證信序，與所由者，阿㝹樓馱教彼阿難，問其未來四法：一問經首安何字；二問未來以何爲師，用戒爲師；三問未來弟子依何而住，依四念處住；第四惡性人云何共住，以梵壇治之。又約佛序及弟子序、現在序、未來序等，思以準之，不勞繁解。

如是我聞，一時婆伽婆在舍婆提城祇樹給孤獨園，與大比丘衆千二百五十人俱。

序經文有六句。一，如是者，《大論》云信順辭，信於實法，順而敬舉也。二，我聞。三，一時，此有三義：一平等時，謂無沈浮顛倒；二相應時，謂今聞、能聞、正聞；三轉法輪時，謂正説正受。四，佛婆伽婆，此有多義，即身口意滿等也。五，住處。六，同聞衆，辨所爲機及同聞影響衆。又釋，前之二文，局在證信，後之四句，義通發起。問所以無菩薩衆者，答：般若堅固，甚深難識，若影響徒衆及所爲機通菩薩者，迴心聲聞及凡夫等，於斯絶分，爲欲引下，故略不明。

〇就其第二發起序中，大分有二：初，佛世尊訖乞食緣，爲前方便；二，爾時諸比丘下，正時集衆，以顯發起。

爾時，世尊食時，著衣持鉢，入舍婆提大城乞食，於其城中次第乞食已，還至本處。飯食訖，收衣鉢，洗足已，如常敷座，結跏趺坐，端身而住，正念不動。

初文有四：初，嚴儀乞食，即爲行始；二，於其城中下，還歸本處，顯行終；三，飯食訖下，爲顯法方便；四、結跏趺下，顯定依止。

爾時，諸比丘來詣佛所，到已，頂禮佛足，右繞三帀，退坐一面。爾時，慧命須菩提在大衆中，即從座起，偏袒右肩，右膝著地，向佛合掌，恭敬而立，白佛言：希有，世尊，如來、應供、正偏知，善護念諸菩薩，善付囑諸菩薩。世尊，云何菩薩大乘中發阿耨多羅三藐三菩提心，應云何住，云何修行，云何降伏其心。

就第二集衆文，大分有四：初，明衆集及顯敬儀；二，爾時慧命已下，爲請法方便；三，白佛希有下，讚佛具德；四，世尊云何下，正明請問，以顯發起。此問有四：初一，總顯發心之相；二，問所住之理，即顯問實相般若；三，問能修行，即問觀照般若；四，問降伏心，即調伏方便，即問文字般若。下答準之。

就第二正宗文中，大分有三：初，讚問善哉，誡衆略説，即爲立義分；二，佛告須菩提諸菩薩下，廣辨般若體相，即爲解釋分；三，佛説是經[五]已下，結説究竟分。

爾時，佛告須菩提：善哉，善哉。須菩提，如汝所説，如來善護念諸菩薩，善付囑諸菩薩，汝今諦聽，當爲汝説。如菩薩大乘中發阿耨多羅三藐三菩提心，應如是住，如是修行，如是降伏其心。須菩提白佛言：世尊，如是願樂欲聞。

就初立義分內，大分有五。初，讚問善哉。二，即彼讚説者具德。天親論云：善護念者，約根熟菩薩，護成自他德。善付囑者，約根未熟，菩薩未成，成已究竟，由善付囑勝能故也。三，誡聽許説。四，略舉四義，以答上問。五，須菩提白佛下，顯其善欲，起後廣説。今明大乘中發菩提心者，略有十義：一，求佛果盡；二，顯法界盡；三，明修行盡；四，明斷三種障盡；五，度衆生盡；六，求善知識盡；七，成其善願盡；八，頓發位盡；九，善應因果盡；十，自在攝成諸功〔六〕相入等盡。所言應如是住者，即實相般若，明法界真如，本覺寂靜，離念明慧，無分別智之所顯現。一得不退，名之爲住。言如是修行者，顯修成正智，正助圓滿，應業行心，名爲修行。言如是降伏其心者，凡夫心識虚妄縱盪，輪轉長時，今依方便，調令應法，故名降伏也。

○就第二解釋分，大分有二：初，約解心，顯三種般若；二，爾時須菩提白佛言，乃至云何住，云何修行下，約其行事，辨三種般若。又前解者，即約正説法身。又後證行者，即約正證法身。此可思準之。就初解文，大分有二：初，顯解三種般若體德分量；二，爾時須菩提白佛言世尊當何名此法門下，舉行顯解，明解非妄。就初文中，大分有二：初，明顯解般若離妄堅固；二，復次佛告慧命須菩提下，釋其除疑，辨解決定。就初文中，大分有二：初，約衆生界等以答上問，即決四疑，謂上菩提心所住、修行、降伏等，即三般若體；第二，須菩提於意云何，東方虚空可思量不下，明般若德用。

○就初文中，大分有四。初約衆生發心，即有四義：一，廣大；二，我皆令入下，即第一也；三，如是滅度無量下，即常也；四，何以故，須菩提，若菩薩有衆生相下，明其心不顛倒，所以發此四心，爲顯深心功德滿足故，即廣上第一總發菩提心。問：何以偏約衆生者？答：顯捨自愛，生衆生愛。慈悲大順，翻彼二乘及凡夫見，宜便故也。

佛告須菩提：諸菩薩生如是心，所有一切衆生，衆生所攝，若卵生，若胎生，若溼生，若化生，若有色，若無色，若有想，若無想，若非有想非無想，所有衆生界，衆生所攝，我皆令入無餘涅槃而滅度之。如是滅度無量無邊衆生，實無衆生得滅度者。

初，廣大文，大分有六：初一，句總；二，約四生，明攝法分齊；三，約色無色，顯界周盡；四，約想有，無以決外疑；五，若非有想下，除外道增上慢見，爲外道將非想爲非生死故；六，會彼妄見，攝從正智境，謂所有衆生界，衆生所攝者，即無衆生及似衆生所攝也。問：所以言似者故？答〔七〕：經云不可以似似，故云似也。故似不妨無。問：若而，衆生即空，何所攝也？答：只爲是空空，即衆生分別性攝，故辨攝。若不彰攝，解不明淨故也。

二，第一文〔八〕無餘涅槃者，即無分別餘也，即性淨涅槃也。若約一乘，即三世常涅槃，亦三世常覺。若約三乘，即一世智得三世常涅槃及應化二身是有餘，法身是無餘。又報身在煩惱滅，是有餘。惑斷報身滅，是無餘。若約小乘，唯約報身，是無無餘。煩惱先滅，是有餘。於此一義之中，約智數斷惑，諸宗不同，與分別相應，不滅心見，有此差別也。下可準。今此經宗，唯揀小乘，義局大乘及一乘義也。

○就第〔九〕四不顛倒文，有其四句。

何以故？須菩提，若菩薩有衆生相，即非菩薩。何以故非？須菩提，若菩薩起衆生相、人相、壽者相，則不名菩薩。

初，何以故，責生同無不度所由；第二答文，顯知者是正；三，復重責，若不知無衆生之者，即不順法相，顯不知者失；第四答意，順此可知。

○二，復次須菩提菩薩不住於事已下，廣上如是住。

復次，須菩提，菩薩不住於事行於布施，無所住行於布施，不住色布施，不住聲香味觸法布施。

有二：一，由法性無住，絶於自他相想，

平等究竟；二，由自性體寂，絶於爲非故。於文間亦有兩句：一，對於事，顯知住法，即假塵境；二，不住色下，約實塵以顯住義。

〇第三，須菩提，菩薩應如是下，廣上如是修行文。

須菩提，菩薩應如是布施，不住於相想。

有三句，所以可知。問：不住相想，二義何别？答：所知分齊，不依分别住，名不住相。能知之心，不依分别取，名不住想。餘可準之。

〇第四廣上降伏其心文。

何以故？若菩薩不住相布施，其福德聚不可思量。

即用不住於事已下，所離分别，取心不生，即名降伏。問：何故及修行等，偏約檀度明之？答：檀是菩薩起行之初首，若此一淨，餘度易明。又檀度之中，得攝於六。故天親論云：檀度攝於六，資生無畏法，此中一二三，名爲修行住。廣解如論，爲此義故也。

〇就第二德用文中，大分有四：初，於意云何，東方虚空可思量不等，明三種般若德用分量；二，須菩提可以相成就下，明德用離相；三，須菩提白佛言世尊已下，顯三種般若德用功能；四，須菩提，是諸菩薩生如是無量福德聚已下，顯三種般若甚深。問：云何得知此文等中有三種般若？爲論解云，檀等是法性所彰。又從法異流，即知是實相般若。檀度等中有修得無分别智，即是觀照般若。爲下文菩薩菩薩，論主解云：初菩薩者是聖菩薩，第二菩薩者是凡夫菩薩。即知凡夫菩薩中有其兩義：一，凡夫菩薩，與聖爲詮，即是教智；第二，凡夫菩薩，由未證法身，但依教生智，利生受記，亦依教智，故是文字般若。此之三相，無二無别，自性離故。言實性者，性本空寂，有佛無佛，體相常住，不遷不變，無作無起，不來不去，不動不轉，但因緣有，猶若虚空。故經云：三界虚妄，唯一心作。十二因緣是皆一心，無有作者，無有知者，一切諸法，隨心轉故。是以即斯而言，雖復尅勤備修，積德雲興而無增，息累塵境，深冥至寂而無減。然依本來無始世界熏修對治因緣行故，説離煩惱妄想，深心清淨轉勝。聖若現前，無爲緣集，菩提涅槃，尠果圓極，功顯於此。故經言：觀一切法，不生不滅，因緣而有。順如能善達斯趣者，生死塵累，不待遣而自亡，涅槃真證，不假飾而圓備。功顯自本，無有作者，惑非我除，淨非彼瑩，德窮常樂，不遷不變。觀照、文字，義亦同然。何以故？無二無別故。此可思準之。

須菩提，於汝意云何，東方虚空可思量不？須菩提言：不也，世尊。佛言：如是，須菩提，南西北方，四維上下虚空可思量不？須菩提言：不也，世尊。佛言：如是，如是，須菩提，菩薩無住相布施福德聚，亦復如是不可思量。佛復告須菩提：菩薩但應如是行於布施。

就初分量文中，大分有二：初喻，次合。喻文展轉有四句可知，合文有三句可知。問：此法以何義相合前虚空？答：此舉三種般若，無分别故，取相不及，以爲分齊，合前虚空也。

須菩提，於意云何？可以相成就見如來不？須菩提言：不也，世尊。不可以相成就得見如來。何以故？如來所説相，即非相。佛告須菩提：凡所有相，皆是妄語。若見諸相非相，則非妄語。如是諸相非相，則見如來。

第二德用離相文中有七句：初，審定可否；二，答成離相；三，何以故下，責離相所由；四，述真法體；五，顯相是妄；六，翻妄成真；七，印成大順。令離妄相者，謂生住滅攝一切法盡。論解如此。問：何故此義約佛明之？答：此舉果德淨義，顯初信心是便。又因中障習未盡，顯離相難彰故也。

須菩提白佛言：世尊，頗有衆生於未來世、末世，得聞如是修多羅章句，生實相不？佛告須菩提：莫作是説，頗有衆生於未來世、末世，得聞如是修多羅章句生實相不。佛復告須菩提：有未來世、末世，有菩薩摩訶薩，法欲滅時，有持戒修福德智慧者，於此修多羅章句，能生信心，以此爲實。佛復告須菩提：當知彼菩薩摩訶薩，非於一佛二佛，三四五佛所，修行供養，非於一佛二佛，三四五佛所，而種善根。佛復告須菩提：已於無量百千萬諸佛所修行供養，無量百千萬諸佛所種諸善根，聞是修多羅，乃至一念，能生淨信。須菩提，如來悉知是諸衆生，如來悉見是諸衆生。

就第三德用勝能文中，大分有五：第一，疑問；第二，佛呵而不受；三，佛復告須菩提有已下，述其正德；四，佛復告須菩提已下，讚其勝德；五，須菩提如來悉知已下，顯用成就。第三文中有二句，一略二廣，可知。第四文中有五句，可知。今言淨信者，信心有三種：一者直心，正念真如法界故；二者深心，樂集一切諸善行故；三者大悲心，欲拔一切衆生苦故。真如信者，成通三昧，不住見相，不住得相，乃至出定，亦無懈慢，所有煩惱慚〔一〇〕覺微薄也。餘義可知。第五文中，如來悉知者，在於比觀之内，與知識力相應，非謂有其别佛爲能知者。如來悉見者，在證知心中，現知識力智相也。問：何故上文已來，數言如來之名，及告須菩提，即言佛者，何也？答：若告須菩提，即顯佛是化主，得覺勝法故。若至義中言如來者，欲顯理事等法，無不是如，皆從實道現成如相，故作此説也。

○就大段第四文顯法深，内有三：一，舉德用之體；二，何以故下，釋成深相；三，須菩提，若是菩薩有法相下，顯比觀德用分齊。須菩提，是諸菩薩生如是無量福德聚，取如是無量福德。

初言生如是無量福德聚，取如是無量福德者，如是無量深福德聚，一者因深，檀等無分別故，二者果深，如來等離相故。

何以故？須菩提，是諸菩薩無復我相、衆生相、人相、壽者相。須菩提，是諸菩薩無法相，亦非無法相，無相，亦非無相。何以故？須菩提，是諸菩薩若取法相，則爲著我、人、衆生、壽者。

就第二文中有四句。一，何以故，責離相所由。二，答成離相義。所言離相者，有八重。一我相，二衆生相，三人相，四壽者相，此四有二義：若約正使，即是聲聞障，此中二障並通我及我所；若約習氣，則是菩薩障。若至下文，亦有同異，應可準之。第五是有法相，六無法相，七有相，八無相，此四並是菩薩障。此義云何？解心初起，見有法相爲所軌則，應分別妄，爲離此相，故言無法相也。學者不了，即謂無法以爲所軌。論云：呵此爲空説，爲離此妄故。彼惡世時，菩薩具足持戒智慧故，能生信心，名不空説，故文言亦非無法相也。學者不了，謂離所見有無法相，別有波羅蜜以爲實相。爲離此妄謂，故言無相也。學者不了，即謂離有無相外，無有實相，爲離此見，故文言亦非無相也。三，何以故須菩提，重責離八相所由。四，是諸菩薩下，答須離所以。

須菩提，若是菩薩有法相，即著我相、人相、衆生相、壽者相。何以故？須菩提，不應取法，非不取法，以是義故，如來常説筏喻法門，是法應捨，非捨法故。

就第三文中有五句：初，總明離妄方便；二，何以故，責成方便離相所由；第三一句，顯相二儀，得成方便；第四一句，舉喻以況；第五一句，述成方便法也。凡論筏喻，有兩義取捨：初，依筏時取，二至岸離筏故捨；第二，依筏未顯用故捨，若至彼岸用彰顯故取。法合即以此準之也。上來文中我相等四種者：

一者我相，見五陰差別，一一陰中妄取是我；衆生相者，見身相續不斷相也；命相者，一報命根不斷住故，亦云人相；壽者相者，命根斷滅復生，受六道故也。

○就第二釋餘疑中，大分有四：第一，正釋餘疑；第二，須菩提於意云何須陀洹已下，泯相入實；第三，佛言須菩提如恒河中已下，校量其德；第四，復次須菩提隨所有處已下，顯德殊勝。就初文中，大分有二：初，正釋餘疑；二，須菩提於意云何已下，校量會除前疑功德。

復次，佛告慧命須菩提：須菩提，於意云何？如來得阿耨多羅三藐三菩提耶？如來有所說法耶？須菩提言：如我解佛所說義，無有定法如來得阿耨多羅三藐三菩提，亦無有定法如來可說。何以故？如來所說法皆不可取不可說，非法非非法。何以故？一切聖人皆以無爲法得名。

就初文中，大分有五：初，總告須菩提，審定其相，有二可知；二，須菩提言已下，答顯其義，有二可知；三，何以故已下，問答現實，有二可知；四，非法非非法已下，正顯其相；五，何以故已下，以法成人，并去疑情，有二可知。文中所言非法非非法者，依真如義說。非法者，一切法無體相故。非非法者，彼真如無我相實有故。所以文中無有定法如來可說者，但有說即能詮故。故論云：應化非真佛，亦非說法者，說法不二取，無說離言相。此偈顯化身不證阿耨菩提。文言無有定法者，據化身爲語。說法不可取者，即依真如爲言。文中所以道一切聖人皆以無爲法爲名，非獨佛者，欲顯一切皆有如，令[二]清淨故也。

須菩提，於意云何？若滿三千大千世界七寶以用布施，須菩提，於意云何？是善男子、善女人所得福德寧爲多不？須菩提言：甚多，婆伽婆，甚多，修伽陀，彼善男子、善女人得福甚多。何以故？世尊，是福德聚即非福德聚，是故如來説福德聚福德聚。

就第二校量除疑德内有二：初，約其義，顯德無量，并會初疑；二，佛言須菩提若善男子善女人已下，顯其教勝功德無量，即會前第二疑，法雖不可取不可説，而德不空故。故論云：受持法及説，不空於福德。福不趣菩提，二能趣菩提。此偈演何義，受持及演説。二能趣菩提，少一即不成。文言福德聚者，有二種聚：一者積聚義，即自分德；二者進趣義，則他分德。積聚之義是自分故，不能獨得菩提。云何福德聚，第二進趣義，攝前積聚，能至大菩提故。文云如來説福德聚福德聚，初福德聚是積聚福德聚，次福德聚是進趣福德聚。初，云世尊是福德聚者，即單一福德聚。就初文中有二：初舉布施事校量，文有三可知；二，彼善男子善女人已下，正校量顯勝，此文有四可知。文云得福甚多者，具二福德聚，故甚多也。文云何以故者，責須具足所以也。問：此中明解，何故舉行顯德？答：欲令解行故，而又舉行，令人解行。

佛言：須菩提，若善男子、善女人以滿三千大千世界七寶持用布施，若復於此經中受持乃至四句偈等，爲他人説，其福勝彼無量不可數。何以故？須菩提，一切諸佛阿耨多羅三藐三菩提法皆從此經出，一切諸佛如來皆從此經生。須菩提，所謂佛法佛法者，即非佛法，是名〔三〕佛法。

就第二顯教功德中，大分有四：初，略舉施事，即爲能校量；二，若復有人於此經中已下，正明校量，此文有二可知；三，何以故已下，除疑顯德，此文有四可知；四，須菩提所謂佛法已下，述成其義。文言皆從此經出者，法身菩提出在此經，此教即爲了因，報身菩提及化菩提，此教爲生因，故言皆從此經出。文言所謂佛法者，述正佛法。分別不得，故云非佛法，非彼餘人分別之佛法。

唯獨諸佛法，第一不共義，以與第一法爲因，故福德多，不可校量也。

○就大段第二泯相入實中，大分有二：初，泯小乘行位以從實法；二，佛告須菩提於意云何如來昔在已下，會大乘行位以從實法。就初文中有二：初，會其小位；二，以須菩提實無所行已下，會其行相以顯實。

須菩提，於意云何？須陀洹能作是念，我得須陀洹果不？須菩提言：不也，世尊。何以故？實無有法名須陀洹，不入色聲香味觸法，是名須陀洹。佛言：須菩提，於意云何？斯陀含能作是念，我得斯陀含果不？須菩提言：不也，世尊。何以故？實無有法名斯陀含，是名斯陀含。須菩提，於意云何？阿那含能作是念，我得阿那含果不？須菩提言：不也，世尊。何以故？實無有法名阿那含，是名阿那含。

就初文中，須陀洹等四位即爲四段，前三果各分有五可知。

須菩提，於意云何？阿羅漢能作是念，我得阿羅漢果不？須菩提言：不也，世尊。何以故？實無有法名阿羅漢。世尊，若阿羅漢作是念，我得阿羅漢，即爲著我、人、衆生、壽者。世尊，佛説我得無諍三昧，最爲第一，世尊説我是離欲阿羅漢。我不作是念，我是離欲阿羅漢。世尊，我若作是念，我得阿羅漢，世尊則不説我無諍行第一。

就阿羅漢文中，大分有七：初，審定其法；二，答；三，何以故，責；四，顯其實法；五，反以顯過；六，順成其德，此文有三可知；七，有一句，反述已，結成所以。此位皆得從實，由佛所説，皆以無爲法爲名故，由聖人無爲故，不取六塵境界以爲我所故。文言不入色聲香味觸法也，入之言得耳。言須陀洹者，此云逆流，逆分段生死流故。斯陀含者，此云住薄，住薄煩惱故。阿那含者，此云不還，不還欲界故。阿羅漢者，此云不受，不受三界故。文言作是念，我得阿羅漢，即爲著我、人、衆生、壽者，此有二種義：一者正使，二者習氣。若在觀中，習氣亦不生，若在觀外，正使心必不起，故言實無有法名須陀洹等。尋此文相，正意少隱，欲覆法我名，引聲聞人以我人，從其一實大乘，攝彼法執分別，入習氣我人，是文中意。若攝人習，屬法執。一觀俗引，得聲聞，同一乘也，少得相應。所以智〔三〕者，於彼證離取我等煩惱，是故無如是心我能得果。若是正使，觀外亦不起，何須説觀中。以此故知無諍行，亦準正習二門取之。又四果人等，各皆自分離麤煩惱，是自境界，無有分別，即是實性三般若。若餘分別，即非聖意，名增減執，此可思準。以須菩提實無所行而名須菩提，無諍、無諍行。

◯就第二會大乘行位中，大分有二：初，會大乘得法之始位；二，佛告須菩提若菩薩作是言已下，會其行法。

佛告須菩提：於意云何？如來昔在然燈佛所，得阿耨多羅三藐三菩提法不？須菩提言：不也，世尊，如來在然燈佛所，於法實無所得阿耨多羅三藐三菩提。

初文有三可知。所以須會者，爲於然燈佛所言語所説，不取證法。今以證知不可説不可取真實之義，成無取説故也。

◯就第二會行文中，大分有二：初，會依報土因行；二，須菩提譬如有人已下，會正報行。

佛告須菩提，若菩薩作是言，我莊嚴佛國土，彼菩薩不實語。何以故？須菩提，如來所説莊嚴佛土者，則非莊嚴，是名莊嚴佛土。是故，須菩提，諸菩薩摩訶薩應如是生清淨心而無所住，不住色生心，不住聲香味觸法生心，應無所住而生其心。

就依報中，大分有四：初，總舉顯過；

二，何以故已下，責成過所以；三，須菩提如來所說莊嚴佛土者，答，即對過顯真；四，是故須菩提諸菩薩已下，勸[一四]成實相。此文有四：初，第一成實相心；二，而無所住者，顯心相；三，不住色生心，對過顯真；四，應無所住，述成正義。此淨土等真實知[一五]成，故不可取。若言可取，彼不實說。文言即非莊嚴，是名莊嚴佛土者，第一義相土非形相，及第一並是莊嚴成，非有爲形相也。

須菩提，譬如有人身如須彌山王，須菩提，於意云何？是身爲大不？須菩提言：甚大，世尊。何以故？佛說非身，是名大身。彼身非身，是名大身。

就第二會正報行中有五段經：初，舉事以況；第二，審定可不；三，須菩提答；四，問答顯正義；第五，述結。文言須彌山王大者，勢高遠故名爲大。而無所取我是山王，以無分別。佛亦如是，無上法王無分別故。佛說非身，是名大身，以無分別相故。彼身非身，非諸漏身，是名大身者，以有清淨身故。

〇就第三校量顯德中，大分有二：初，舉多功德爲能校量；二，佛告須菩提已下，正校量顯德。就初文中有二：初，成多功德因緣；二，佛言須菩提我今實言告汝已下，顯多功德。

佛言：須菩提，如恒河中所有沙數，如是沙等恒河，於意云何？是諸恒河沙寧爲多不？須菩提言：甚多，世尊。但諸恒河尚多無數，何況其沙。佛言：須菩提，我今實言告汝，若有善男子、善女人以七寶滿爾所恒河沙數世界，以施諸佛如來，須菩提，於意云何？彼善男子、善女人得福多不？須菩提言：甚多，世尊，彼善男子、善女人得福甚多。佛告須菩提：以七寶滿爾所恒河沙世界持用布施，若善男子、善女人於此法門，乃至受持四句偈等，爲他人說，而此福德勝前福德無量阿僧祇。

前文有四句，後文有五句可知。問：此門校量與前除疑後校量何別？論自分云：前說三千大千譬喻，明福德多，今重說無量三千世界，倍多前故。所以倍前者，爲漸化衆生，令生深信故。又前釋疑，未泯諸相，故少校量，今此泯相，得大菩提，功德勝故大校量也。

復次，須菩提，隨所有處說，是法門乃至四句偈等，當知此處一切世間天人阿脩羅，皆應供養，如佛塔廟，何況有人盡能受持讀誦此經。須菩提，當知是人成就最上第一希有之法。若是經典所在之處，則爲有佛，若尊重似佛。

就第四顯德殊勝文中，大分有二：初，有三句，以少彰多，顯德殊勝；二，須菩提當知已下，就多功德，以明殊勝。此中勝有二種勝：一，所說處勝，隨何等處說此經，令生奇特尊重相[一六]故；二，能說人勝，能受持及說故人勝。又所以二俱勝者，彼珍寶施，其[一七]染煩惱因，能生煩惱事。今此二勝，離煩惱因，故說勝也。

○就大段第二，約其行事，顯三般若，證前解實。文大分有二：初，廣顯行；二，須菩提以要言之已下，以略顯廣。就初文，大分有二：初，第一總舉行體，顯解是實，以發信心；二，爾時須菩提聞說是經涕淚悲泣已下，明信行相。初文有二：初，陳問；二，疑二。佛告須菩提已下，答其二相。答文有二：初，舉法門名，以訓第一問；二，以是名字下，訓上第二問。就此文中，大分有四：初，有三句，總舉行體；二，須菩提於意云何三千大千已下，顯德分量；三，佛告須菩提於意云何已下，顯行德離相；四，佛言須菩提若有善男子已下，校量顯德。

爾時，須菩提白佛言：世尊，當何名此法門，我等云何奉持？佛告須菩提：是法門名爲金剛般若波羅蜜，以是名字汝當奉持。何以故？須菩提，佛說般若波羅蜜，則非般若波羅蜜。

初三句者：初，總舉法門名以勸持；二，何以故，責；三，佛說般若波羅蜜已下，答成行相。此文有三可知。於中即非般若波羅蜜者，非有爲檀等故，此無爲波羅蜜能成大菩提故。

須菩提，於意云何？如來有所說法不？須菩提言：世尊，如來無所說法。須菩提，於意云何？三千大千世界所有微塵是爲多不？須菩提言：彼微塵甚多，世尊。須菩提，是諸微塵，如來說非微塵，是名微塵。如來說世界非世界，是名世界。

就第二顯德分量，有四句可知。所以言微塵復非微塵，說世界非世界者，非煩惱等分別微塵故，故云非微塵等也。是名微塵等者，是地等無分別微塵也。地等無分別，既無分量，無分別分量亦如是。

佛言：須菩提，於意云何？可以三十二大人相見如來不？須菩提言：不也，世尊。何以故？如來說三十二大人相即是非相，是名三十二大人相。佛言：須菩提，若有善男子、善女人以恒河沙等身命布施，若復有人於此法門中，乃至受持四句偈等，爲他人說，其福甚多無量阿僧祇。

就第三離相文有四可知。文云三十二相即是非相者，於大菩提非法身故，諸法因果非勝故。餘義可知。第四校量顯德文有二可知。

〇就第二段信相文中，大分有三：初，辨信相體；二，須菩提如來說忍辱波羅蜜已下，引事證成；三，復次須菩提若善男子善女人能於此法門已下，校量信德。

爾時，須菩提聞說是經，深解義趣，涕淚悲泣，抆淚而白佛言：希有婆伽婆，希有修伽陀，佛說如是甚深法門，我從昔來所得慧眼，未曾得聞如是法門。何以故？須菩提，佛說般若波羅蜜，即非般若波羅蜜。世尊，若復有人得聞是經，信心清淨，則生實相，當知是人成就第一希有功德。

世尊，是實相者，則是非相，是故如來説名實相實相。世尊，我今得聞如是法門，信解受持，不足爲難。若當來世其有衆生得聞是法門，信解受持，是人則爲第一希有。何以故？此人無我相、人相、衆生相、壽者相。何以故？我相即是非相，人相、衆生相、壽者相即是非相。何以故？離一切諸相，則名諸佛。佛告須菩提：如是，如是，若復有人得聞是經，不驚、不怖、不畏，當知是人甚爲希有。何以故？須菩提，如來説第一波羅蜜，非第一波羅蜜。如來説第一波羅蜜者，彼無量諸佛亦説波羅蜜，是名第一波羅蜜。

就初文中，大分有四：初，有三句，總顯信相；二，何以故須菩提已下，兩句，出其信體；第三，世尊若復有人已下，有四句，顯其信德；四，世尊我今得聞如是已下，顯信德殊勝。此文有四：初，舉易顯難以立宗；二，若當來世已下，正顯信之殊勝；三，何以故已下，有三句問答，顯信離相；四，佛告須菩提如是如是已下，結成希有，述其信義，於中有五句可知。問：因何須菩提得智眼已來不聞此經？答：以須菩提義當受法之機，雖得小乘智眼，未聞大法，迴心得大，故言希有。般若波羅蜜即非般若波羅蜜者，此智法門，堅實深妙，非餘人分別波羅蜜也。文云實相即是非相者，即是信心清淨無相也。又實相實相者，是無相之實也。文云此人無我相等者，示所取境不倒相故。又云，我相即是非相者，示能取境界不倒相故，此二相我空法空，無我智故。文云不驚者，謂不於非處生懼也。不怖者，以不起不能斷疑心故。不畏者，不一向怖故。文云如來説第一波羅蜜即非第一者，此經法門勝餘修多羅故，此法門名爲大因，故如來説第一波羅蜜。又此法門名爲清淨，諸佛共説也。

○就第二引事證成中，大分有四。初，有四句，正引住事，證成信相。二，是故須菩提已下，勸成信體。於中有四句：初總勸，二責，三答，四離非顯是也。三，是故佛説菩薩已下，引聖教證成信實。此文有三[一八]：初，總引聖教；二，須菩提菩薩爲利益一切衆生已下，舉法述成。就此述文，大分有二：初，法説以顯信實；二，須菩提譬如有人已下，喻合雙成，顯其信義。四，復次須菩提已下，顯其信實，諸佛證成。

須菩提，如來説忍辱波羅蜜，即非忍辱波羅蜜。何以故？須菩提，如我昔爲歌利王割截身體，我於爾時無我相，無衆生相，無人相，無壽者相，無相，亦非無相。何以故？須菩提，我於往昔節節支解時，若有我相、衆生相、人相、壽者相，應生瞋恨。須菩提，又念過去於五百世作忍辱仙人，於爾所世無我相，無衆生相，無人相，無壽者相。是故，須菩提，菩薩應離一切相，發阿耨多羅三藐三菩提心。何以故？若心有住，則爲非住。不應住色生心，不應住聲香味觸法生心，應生無所住心。是故，佛説菩薩心不住色布施。須菩提，菩薩爲利益一切衆生，應如是布施。須菩提言：世尊，一切衆生相，即是非相。何以故？如來説一切衆生，即非衆生。須菩提，如來是真語者、實語者、如語者、不異語者。須菩提，如來所得法、所説法無實無妄語。須菩提，譬如有人入闇則無所見，若菩薩心住於事而行布施，亦復如是。須菩提，譬如人有目，夜分已盡，日光明照，見種種色，若菩薩不住於事，行於布施，亦復如是。

問：何故引往忍辱波羅蜜爲證者？答：忍順實相理故。又問：次復第二義相中，何故引檀度爲證者？以檀行在初故。餘準可知。又初地得忍波羅蜜，順理法故。又檀波羅蜜攝五[一九]波羅蜜，故偏約之也。文云如來是真語者，不妄説佛菩提故。實語者，不妄説小乘苦諦等故。如語者，不妄説大乘法無我真如故。不異語者，不妄説三世受記故。文云無實者，諸佛所説法，此法不能得彼證法故，以如所聞無如是義故，是故無實。文云無妄語者，隨順義故，以此所説法，隨順證法故。文言如人入闇等者，有人疑云若真如普徧，何故不見，如入闇中，無明智故不見，非無實法。文云夜分已盡等者，喻有明智，即無遮障也。

復次，須菩提，若有善男子、善女人能於此法門受持、讀誦、修行，則爲如來以佛智慧悉知是人，悉見是人，悉覺是人皆得成就無量無邊功德聚。須菩提，若有善男子、善女人，初日分以恒河沙等身布施，中日分復以恒河沙等身布施，後日分復以恒河沙等身布施，如是捨恒河沙等無量身，如是百千萬億那由他劫以身布施，若復有人聞此法門，信心不謗，其福勝彼無量阿僧祇，何況書寫、受持、讀誦、修行、爲人廣説。

就第三校量信門行德中，文言受持讀誦者，聞慧之中有三法：一受，二持，三讀誦。修行者，内思及爲他説等，福中之勝也。問何故此中廣校量者，引證之中，決疑勝故。

○就第二以略顯廣成信門中，大分有四：初，舉總信相；二，須菩提我念過去已下，引往事證成；三，若復有人於後末世已下，舉勝校量以勸學；四，須菩提若有善男子善女人已下，舉廣結略。

須菩提，以要言之，是經有不可思議、不可稱量無邊功德。此法門如來爲説大乘者説，爲發最上乘者説。若有人能受持、讀誦、修行此經，廣爲人説，如來悉知是人，悉見是人，皆成就不可思議、不可稱、無有邊、無量功德聚。如是人等，則爲荷擔如來阿耨多羅三藐三菩提。何以故？須菩提，若樂小法者，則於此經不能受持、讀誦、修行，爲人解説。若有我見、衆生見、人見、壽者見，於此法門能受持、讀誦、修行、爲人解説者，無有是處。須菩提，在在處處若有此經，一切世間天人阿脩羅所應供養，當知此處則爲是塔，皆應恭敬，作禮圍繞，以諸華香而散其處。復次，須菩提，若善男子、善女人受持讀誦此經，爲人輕賤，何以故？是人先世罪業應墮惡道，以今世人輕賤故，先世罪業則爲消滅，當得阿耨多羅三藐三菩提。

就初總中略有十二事：一，舉德無邊；二，舉所爲非小；三，上聖知見加持；四，成無邊功德；五，成大果因；六，非小境界；七，非凡能知；八，感衆供養；九，成處是勝；十，恭敬供養有福；十一，滅三世罪；十二，當得菩提。

須菩提，我念過去無量阿僧祇、阿僧祇劫，於然燈佛前，得值八十四億那由他百千萬諸佛，我皆親承供養，無空過者。須菩提，如是無量諸佛我皆親承供養，無空過者。

就第二段引事證成，有二可知〔二〇〕。

若復有人，於後世、末世能受持、讀誦、修行此經，所得功德，我所供養諸佛功德，於彼百分不及一，千萬億分乃至算數譬喻所不能及。

第三舉勝校量〔二一〕。

須菩提，若有善男子、善女人於後世末世，有受持、讀誦、修行此經，所得功德，若我具説者，或有人聞，心則狂亂，疑惑不信。須菩提，當知是法門不可思議，果報亦不可思議。

就第四舉廣結略門中，有三可知。文云心則狂亂者，不得靜住，離淨法故。疑者，猶豫不得定心故。惑者，不成明智故。不信者，不見勝德故也。

佛説金剛般若波羅蜜經略疏上

校勘記

〔一〕底本據《卍續藏》，校本據《大正藏》。

〔二〕「唐」，底本脱，據校本補，卷下同。

〔三〕「第一」，底本脱，據校本補。

〔四〕「謂」，底本脱，據校本補。

〔五〕「佛説是經」，校本作「須菩提菩薩發阿耨多羅」。

〔六〕「功」，底本作「劫」，據校本改。

〔七〕「答」，底本脫，據校本補。

〔八〕「二第一文」，底本脫，據校本補。

〔九〕「第」，校本後有「三常」二字。

〔一〇〕「慚」，疑爲「漸」。

〔一一〕「令」，底本原校云或作「分」。

〔一二〕「名」，底本作「非」，據底本原校改。

〔一三〕「智」，校本作「知」。

〔一四〕「勸」，校本作「觀」。

〔一五〕「知」，校本作「智」。

〔一六〕「相」，校本作「想」。

〔一七〕「其」，校本作「是」。

〔一八〕「三」，疑爲「二」。

〔一九〕「五」，底本原校云一本作「六」。

〔二〇〕「就第二段」至「可知」，底本在「就第四舉廣結略門中」前，據校本改。

〔二一〕「第三舉勝校量」，底本脫，據校本補。

佛說金剛般若波羅蜜經略疏下

唐至相寺沙門智儼述

〇就大段第二，約彼行相顯三種般若。

問：此下明行教，與前行教何別？答：前文約見聞已去說，此約成觀已去說也。文中大分有三：初，陳四疑，問三種般若體相；二，佛告須菩提菩薩發下，廣答顯相；三，須菩提發阿耨已下，結成前義。

爾時，須菩提白佛言：世尊，云何菩薩發阿耨多羅三藐三菩提心，云何住，云何修行，云何降伏其心？

問：何故須約行說？答：學者於聞思雖復明了，於修不進，不廢〔一〕有迷，故須重明也。

〇就第二段廣答顯相文中，大分有二：初，約行釋三種般若體相；二，佛言須菩提如來得阿耨菩提已下，約行釋其餘疑。就初文中，大分有五：初，約衆生界釋三種般若；二，須菩提於意云何如來於然燈佛所已下，引彼往昔行事證成；第三，須菩提若有人言已下，辨行真僞；四，須菩提譬如有人已下，顯行分量；五，須菩提若菩薩作是言我莊嚴佛土下，會相入實。今此所以對行廣明三種修行者，爲前起解我能如是修三種行，不免喧雜分別，爲除此惑，故須約行辨三種也。

佛告須菩提：菩薩發阿耨多羅三藐三菩提心者，當生如是心，我應滅度一切衆生令入無餘涅槃界，如是滅度一切衆生已，而無一衆生實滅度者。何以故？須菩提，若菩薩有衆生相、人相、壽者相，則非菩薩。何以故？須菩提，實無有法名爲菩薩發阿耨多羅三藐三菩提心者。

就初行體相門中有五：初，總辨生起菩提心；二，我應滅度下，明心所趣；三，如是滅度下，顯其實相；四，何以故下，問答顯過；五，何以故下，舉實結成。問：此文内辨三修行及以發心，何故一處通釋而不别明者？答：前是解法，須約别論之，今就行門，不得分别。由衆生即無，與佛不異，解此法故，即名菩提心。由知衆生無我空故，即名如是住。成無分别智證，即名如是㊂修行。本來無煩惱，即名降伏其心也。

須菩提，於意云何？如來於然燈佛所有法得阿耨多羅三藐三菩提不？須菩提白佛言：不也，世尊。如我解佛所説義，佛於然燈佛所無有法得阿耨多羅三藐三菩提。佛言：如是，如是，須菩提，實無有法如來於然燈佛所得阿耨多羅三藐三菩提。須菩提，若有法如來得阿耨多羅三藐三菩提者，然燈佛則不與我受記：汝於來世常㊂得作佛，號釋迦牟尼。以實無有法得阿耨多羅三藐三菩提，是故然燈佛與我受記，作如是言：摩那婆，汝於來世當得作佛，號釋迦牟尼。何以故？須菩提，言如來者，即實真如。

就第二引往事爲證内，大分有六：初，審定可不；二，須菩提白佛言下，有二句，答顯實相；三，佛言如是下，述成正義；四，須菩提若有法已下，反成其失；五，以實無有法已下，以理成事，有二句；六，何以故已下，問答，約佛顯成行相，亦即兼釋伏疑。云若無菩提即無諸佛如來。爲決此疑故，文云即實真如也。

須菩提，若有人言如來得阿耨多羅三藐三菩提者，是人不實語。須菩提，實無有法佛得阿耨多羅三藐三菩提。須菩提，如來所得阿耨多羅三藐三菩提，於是中不實不妄語，是故如來説一切法皆是佛法。須菩提，所言一切法一切法者，即非一切法，是故名一切法。

就第三段辨行真僞中，有五句。初，明言不稱實。二，舉義證言。三，須菩提如來所得下，顯法同異。不同有爲五陰相故，文言不實。無色等相即菩提相故，文言不妄語。

四，是故如來説一切法，類成正義。五，須菩提所言一切法，結成正義。文言一切法即真如體故，復一切法即如來證故。即非一切法，色等相不住故。故名一切法者，即諸法非法，是諸法法。

〇就第四顯行分量中，大分有二：初，舉事顯成分量；二，佛言須菩提菩薩亦如是下，結成分量廣大。

須菩提，譬如有人其身妙大。須菩提言：世尊，如來説人身妙大，即非大身，是故如來説名大身。佛言：須菩提，菩薩亦如是，若作是言，我當滅度無量衆生，則非菩薩。佛言：須菩提，於意云何？頗有實法名爲菩薩不？須菩提言：不也，世尊，實無有法名爲菩薩，是故佛説一切法無衆生、無人、無壽者。

前文有三句可知。所以成法分量者，爲其行體離煩惱障及智障，畢竟具足法身故。此中妙大有二種，一者遍一切處，二者功德大，是故名大身。遍一切大者，真如一切法不差別故。文言即非大身者，離諸相身。名大身者，是真如體。就第二結成大身内有四：初、結成大義；二、佛言下，審定可不；三、世尊已下，顯成正義；四、是故佛説下，舉聖教結成正義也。

○就第五會相入實中，大分有四：初，正明會依正二相；二，佛言須菩提於意云何如恒河中下，明行德分量；三，須菩提於意云何佛可以具足相下，辨行離相；四，爾時慧命須菩提白佛言已下，顯行殊勝。就初文中，大分有二：初，會依報相以從行實；二，須菩提於意云何如來有肉眼已下，會其正報以從行實。

須菩提，若菩薩作是言，我莊嚴佛國土，是不名菩薩。何以故？如來説莊嚴佛土，莊嚴佛土者即非莊嚴，是名莊嚴佛國土。須菩提，若菩薩通達無我無我法者，如來説名真實菩薩。（《南藏》重有「菩薩」二字。）

就初文中，大分有四：初，總顯過；二，責所以；三，答以顯是；四，舉觀通達，以結成行相。文云莊嚴佛國土是不名菩薩者，論偈云：不達真法界，起度衆生意，及清淨國土，生心即是倒，故不名菩薩也。又文云莊嚴佛國土即非莊嚴者，若菩薩通達無我法，起自知[四]信心故，此信智通攝世諦菩薩起及出世菩薩起，是故經文重説菩薩菩薩。（分會者且依《北藏》，疏家同《南藏》故。）

須菩提，於意云何？如來有肉眼不？須菩提言：如是，世尊，如來有肉眼。佛言：須菩提，於意云何？如來有天眼不？須菩提言：如是，世尊，如來有天眼。佛言：須菩提，於意云何？如來有慧眼不？須菩提言：如是，世尊，如來有慧眼。佛言：須菩提，於意云何？如來有法眼不？須菩提言：如是，世尊，如來有法眼。佛言：須菩提，於意云何？如來有佛眼不？須菩提言：如是，世尊，如來有佛眼。

就會正報文中五眼即爲五段，一一段中，各有二句可知。所以有此教興[五]，若菩薩不見，即無勝能。爲答此疑，故文云：如來有五眼，能了別諸法，見彼顛倒相畢竟無爲，故名五眼。

佛言：須菩提，於意云何？如恒河中所有沙，佛說是沙不？須菩提言：如是，世尊，如來說是沙。佛言：須菩提，於意云何？如一恒河中所有沙，有如是等恒河，是諸恒河所有沙數佛世界，如是世界，寧爲多不？須菩提言：彼世界甚多，世尊。佛言：須菩提，爾所世界中所有衆生，若干種心住，如來悉知。何以故？如來說諸心住皆爲非心住，是名爲心住。何以故？須菩提，過去心不可得，（一道之異名。）現在心不可得，未來心不可得。須菩提，於意云何？若有人以滿三千大千世界七寶持用布施，是善男子、善女人以是因緣，得福多不？須菩提言：如是，世尊，此人以是因緣得福甚多。佛言：如是，如是，須菩提，彼善男子、善女人以是因緣，得福德聚多。須菩提，若福德聚有實，如來則不說福德聚福德聚。

就第二行德分量文中有五：初，問答，定其法數；二，佛言須菩提下，問答現世多少；三，佛告須菩提下，類成心數分齊，有三句可知；四，須菩提於意云何下，對境成行，有四句可知；五，須菩提若福聚有實下，成行分量。文言如來說諸心住皆爲非心住者，此句示現遠離四念處故。此以何義？心住者，住彼念處故。又文言若福德聚有實，如來即不說者，有實福德聚是有漏故，是其顛倒，故不說也。福德聚福德聚者，無漏福德聚爲智慧根本，故即爲福聚。

須菩提，於意云何？佛可以具足色身見不？須菩提言：不也，世尊，如來不應以色身見。何以故？如來說具足色身，即非具足色身，是故如來說名具足色身。佛言：須菩提，於意云何？如來可以具足諸相見不？須菩提言：不也，世尊，如來不應以具足諸相見。何以故？如來説諸相具足，即非具足，是故如來説名諸相具足。佛言：須菩提，於意云何？汝謂如來作是念，我當有所説法耶？須菩提，莫作是念。何以故？若人言如來有所説法，即爲謗佛，不能解我所説故。何以故？須菩提，如來説法説法者，無法可説，是名説法。

就第三行德離相文中，大分有三：初，有四句，約色身辨離相，有六句可知；二，佛告須菩提下，有四句，約意業功德辨離相；三，佛言須菩提於意云何下，約口業説法辨離相，於中有七句。文言説諸相具足即非具足者，色身具足，非法身具足。色身及相身，不離於法身，故文言説名諸相具足。又文言説法説法，有二種，一者所説法，二者所有義，故言説法説法。又文言無法可説，是名説法者，説法不離於法略〔六〕，説法無自相故，言無説爲説法也。

爾時，慧命須菩提白佛言：世尊，頗有衆生於未來世聞説是法，生信心不？佛言：須菩提，彼非衆生，非不衆生。何以故？須菩提，衆生衆生者，如來説非衆生，是名衆生。

就第四顯法殊勝文中，大分有四可知。又言非衆生非不衆生者，若有信此經，彼人即非衆生，非不聖體體大。故也。非不衆生者，以有聖體故。彼人非凡夫衆生，非不是聖體衆生。又言衆生、衆生者，如來説非衆生，是名衆生者，如來説非衆生者，非不聖體。非凡夫衆生也。

○就大段第二釋餘行疑中有二：初，釋餘疑；二，須菩提於意云何汝謂如來下，會相入實。就初文中，大分有二：初，正釋餘疑；二，三千大千世界下，校量顯勝。

佛言：須菩提，於意云何？如來得阿耨多羅三藐三菩提耶？須菩提言：不也，世尊。世尊，無有少法如來得阿耨多羅三藐三菩提。佛言：如是，如是，須菩提，我於阿耨多羅三藐三菩提，乃至無有少法可得，是名阿耨多羅三藐三菩提。復次，須菩提，是法平等，無有高下，是名阿耨多羅三藐三菩提。以無衆生、無人、無壽者得平等阿耨多羅三藐三菩提一切善法，得阿耨多羅三藐三菩提。須菩提，所言善法善法者，如來說非善法，是名善法。

初文有五：初，審定可不；二，須菩提下，答顯成正義，有二句；三，佛言下，如來述成正義；四，復次須菩提下，顯正義相，有三文，即爲三義也；五，須菩提所言善法者下，揀非顯是。此義云何？以法界不增減，是法平等，故無證得菩提者。文言善法善法者，初善法者是有漏善法，非無漏淨善法，後善法者是無漏善法，非有漏善法，故名善法也。

須菩提，三千大千世界中所有諸須彌山王，如是等七寶聚，有人持用布施。若人以此《般若波羅蜜經》，乃至四句偈等，受持、讀誦、爲他人說，於前福德百分不及一，千分不及一，百千萬分不及一，歌羅分不及一，數分不及一，優波尼沙陀分不及一，乃至算數譬喻所不能及。

就第二校量文中，大分有三。所以教興者、疑興者，疑云若一切善法得菩提，即所說法不能得成佛，以無記法故，爲斷此疑故今教興。雖所說法是無記而能成佛，以遠離所說法，不能得佛故。又此無記語，同小乘說。今此大乘是善，非無記。汎言校量勝者，有四種：一，數勝；二，力勝；三，不相似勝；四，因勝也。數勝者，如文百千分不及一等也。力勝者，如經歌羅分不及也。不相似勝者，此福德中數不似也。因勝者，因果不相似，如經乃至優波尼沙陀分不及一也。

就大段第二會相入實門中，大分有四：初，會三相以從實；二，須菩提若善男子善女人下，校量其德；三，須菩提若有人下，顯行體深；四，須菩提若善男子善女人下，顯行德分量。所以有此教興者、疑者，云謂行觀外解相不入行理故也。就初會三相中，大分有三：一，約度衆生相會從行實；二，須菩提於意云何可以相成就下，約其身相會從行體；三，須菩提於意云何如來下，約因成果相會從行實。

須菩提，於意云何？汝謂如來作是念，我度衆生耶？須菩提，莫作是念。何以故？實無有衆生如來度者。佛言：須菩提，若有實衆生如來度者，如來則有我、人、衆生、壽者相。須菩提，如來說有我者則非有我，而毛道凡夫生者以爲有我。須菩提，毛道凡夫生者，如來說名非生，是故言毛道凡夫生。

就初文中，大分有五：初，有四句，顯成實義；二，佛言須菩提下，反以顯過；三，須菩提如來說下，會其聖意；四，而毛道下，明妄不識真；五，須菩提毛道下，明會迷從正。故論偈云：平等真法界，佛不度衆生。以名共彼陰，不離於法界。假名與法界無差別故，如來不度一衆生。若度衆生者，即是五陰中取相故。文言說非生者，不生聖法，故言非生也。

○就大段第二會身相文中，大分有二：初，長行總顯；第二，爾時世尊下，說偈別明。

須菩提，於意云何？可以相成就得見如來不？須菩提言：如我解如來所說義，不以相成就得見如來。佛言：如是，如是，須菩提，不以相成就得見如來。佛言：須菩提，若以相成就觀如來者，轉輪聖王應是如來，是故非以相成就得見如來。

初文有五：初，審定可不；二，須菩提下，答顯實義；三，佛言如是下，述成正義；四，佛言須菩提下，反成顯過；五，是故非以相下，順結也。

爾時，世尊而說偈言：

若以色見我　以音聲求我

是人行邪道　不能見如來
彼如來妙體　即法身諸佛
法體不可見　彼識不能知

偈文有四：初半行舉過體，次半行顯過義，次半行舉法體，次半行顯法德義。言彼識不能知者，彼凡夫識也。

須菩提，於意云何？如來可以相成就得阿耨多羅三藐三菩提耶？須菩提，莫作是念，如來以相成就得阿耨多羅三藐三菩提。須菩提，汝若作是念，菩薩發阿耨多羅三藐三菩提心者，說諸法斷滅相。須菩提，莫作是念，菩薩發阿耨多羅三藐三菩提心，說諸法斷滅相。何以故？菩薩摩訶薩發阿耨多羅三藐三菩提心者，於法不說斷滅相故。

就第三會因成果相文中有五：初，審定可不；二，須菩提莫作是念下，抑見菩提成熟之相；三，須菩提汝若作是念已下，成其能感發心過相；四，須菩提莫作是念下，呵其謂情；五，何以故已下，問答顯德。外人疑云：若菩提心不感於果，即謂不依福德得真菩提。爲去此疑，故經云：菩薩發菩提心者，於法不說斷滅相，以能成熟智慧莊嚴、功德莊嚴故。

須菩提，若善男子、善女人以滿恒河沙等世界七寶持用布施，若有菩薩知一切法無我，得無生法忍，此功德勝前所得福德。須菩提，以諸菩薩不取福德故。須菩提白佛言：世尊，菩薩不取福德。佛言：須菩提，菩薩受福德，不取福德，是故菩薩取福德。

就第二校量其德內，大分有五：初，舉能校量法；二，若有菩薩已下，對校量顯勝；三，須菩提下，顯離取德；四，須菩提白佛言下，述成前義；五，佛言須菩提下，顯法同異，結成正義。文言得無生法忍者，有二種無我不生，有二種無我相，是故文云受而不取者，彼福德得有漏果報故，彼福德可呵，此福德無有漏報，是故此福德受而不取。

須菩提，若有人言如來若去若來，若住若坐若臥，是人不解我所說義。何以故？如來者，無所至去，無所從來，故名如來。

就第三顯行體深文，有三可知：初，應報化身有用，彼法身諸佛不來不去，故凡夫不解；二，何以故，責；第三，顯法身相常如是住，不變不異，故是深也。故論偈云：去來化身佛，如來常不動。於是法界處，非一亦不異。

須菩提，若善男子、善女人以三千大千世界微塵，復以爾許微塵世界碎爲微塵阿僧祇，須菩提，於意云何？是微塵衆寧爲多不？須菩提言：彼微塵衆甚多，世尊。何以故？若是微塵衆實有者，佛則不説是微塵衆。何以故？佛説微塵衆則非微塵衆，是故佛説微塵衆。世尊，如來所説三千大千世界則非世界，是故佛説三千大千世界。何以故？若世界實有者，則是一合相，如來説一合相則非一合相，是故佛説一合相。佛言：須菩提，一合相者則是不可説，但凡夫之人貪著其事。何以故？須菩提，若人如是言佛説我見、人見、衆生見、壽者見，須菩提，於意云何？是人所説爲正語不？須菩提言：不也，世尊。何以故？世尊，如來説我見、人見、衆生見、壽者見，即非我見、人見、衆生見、壽者見，是名我見、人見、衆生見、壽者見。

就第四顯行德分量文中有五：初，有四句，舉碎微塵末之數，顯染盡淨，於法界中無一住相故，微塵衆者，示現非一喻故；二，何以故，問答釋教興意；三，復何以已下，明聖教所趣，於中展轉有五句可知；四，佛言須菩提下，顯其正義；五，但凡夫之人下，會其聖意，於中有八句相生可知。文言若世界及一合相實有者，如來即不説。何以故？凡夫應是，聖人應非故。餘者準之。文言一合相者，如分別見一實相也。若欲識其文意，先對文言，約凡聖二位，開其二相：一，約衆生，見一合相，即是一合相，即非一合相；二，約聖者，說一合相，即非一合相，是名一合相。依此二門，取解即易。其義云何？衆生見一合相者，由依似作實塵解，即不見似塵藉於衆緣，及作時不住故。不成合相，迷見實塵唯見一有故。是一合相者，由見實塵定有性，故是合也。即非一合相者，由見塵實即無實理，與無不異故，即非合故。佛說一合相者，佛知似塵假合而成，非有似有，故說合相。即非一合相者，此有二義非一合相。第一，非彼凡夫所謂實塵一合相。第二，由彼諸緣作時，不住不作故，故非似合也。是名一合相者，由彼諸緣似合成塵，故非是無，名一合相也。今聖意說一合相，顯凡分別是其失明。聖人所見一合相者，是離分別順其正理，故有此二言。趣入方便，其義云何？有二種方便。一，由似作故，離無分別，以見似有，不得是無，若見是無，即是分別。由似不作故，離有分別。以見似無，不得是有。若見是有，即是分別。二，由似作故，離無分別。以見似有，不得是無。若見(七)無，即是分別。由似作故，離有分別。今見似有，非是實有。若見實有，即是分別。由似不作故，離有分別。以見似無，不是實有。若見實有，即是分別。由似不作故，離無分別。以見似無，不是實無。若見實無，即是分別。此可思。何以故？由此中義，與後八喻有不同故。

○就大段第三結文有五：初，正結前文；二，何以故，責；三，答顯正義；四，須菩提若有菩薩下，校其德；五，云何爲人演說下，福德利他，明行勝用。

須菩提，菩薩發阿耨多羅三藐三菩提心者，於一切法應如是知，如是見，如是信，如是不住法相。何以故？須菩提，所言法相法相者，如來說即非法相，是名法相。須菩提，若有菩薩摩訶薩以滿無量阿僧祇世界七寶，持用布施，若有善男子、善女人發菩薩心者，於此《般若波羅蜜經》乃至四句偈等，受持、讀誦、爲他人說，其福勝彼無量阿僧祇。

前文云如是知者，如是知法不生故，即結前行發心。如是見者，即見實相，即結前行中如是住。如是信者，信行可成，即結前行中如是修行。如是不住法相者，即離分別故，即結前行中降伏其心也。

云何爲人演說而不名說，是名爲說。爾時，世尊而說偈言：

一切有爲法　如星翳燈幻
露泡夢電雲　應作如是觀

就第五利他說法勝用文中有二：初，長行總說生起；二，偈頌釋成。就偈文中有三段經：初一句舉其法，次有二句九義顯其觀相，三有一句結以觀成。言九義者：一，星映不見，喻能見心法有而不見；二，翳者見毛輪等色，有爲法亦而[八]，以顛倒見故；三，燈者，識亦如是，依心貪愛法住故；四，幻者，所依住處亦如是，以器世間種種差別無一體實故；五，露者，身亦如是，以少時住故；六，泡者，所愛事亦如是，以受想行三法不定故；七，夢者，過去法亦如是，以唯有念故；八，電者，現在法亦如是，刹那不住故；九，雲者，未來法亦如是，以於種子時，阿梨耶識一切法爲種子根本，無先因相故如雲。餘文可知。異現如星，無實如翳，速滅刹那若燈，緣成比幻，無常喻露，體空況泡，見實如夢，有用象電，無本並雲。二法中皆有九義，不成實耳。

佛說是經已，長老須菩提，及諸比丘、比丘尼、優婆塞、優婆夷、菩薩摩訶薩，一切世間天、人、阿脩羅、乾闥婆等，聞佛所說，皆大歡喜，信受奉行。

佛說金剛般若波羅蜜經

就第三流通文有二：初，舉十衆爲受益者；第二，正聞佛所説下，明益相耳。

諸佛稀有總持法　不可稱量深句義
從尊者聞及廣説　迴此福德施羣生

佛説金剛般若波羅蜜經略疏卷下終

壽昌元年甲戌歲，高麗國大興王寺奉宣雕造。

祕書省楷書臣魯榮書。

講華嚴經興王寺大師賜紫臣則瑜等校勘。

《金剛般若經》者，疏申明者，唯圭嶺、新羅，風行二浙，獨至相略疏。浪匿三韓，衆慕其本，無復得焉。圓證講主鋭意搜尋，遠附海舶，竟獲真文。其旨淵玄，切爲簡當。然到今及古，諸師講授，僻説祖意，浪判經文，誑惑後人，謬爲師説。今窮茲要，良可龜鑑，則使章記駕説之徒，俯伏而自醜焉。今將方板，用廣流通，冀諸來學力弘贊。

宋乾道歲次己丑重陽日，寶幢教院住持、傳賢首宗教比丘如寶謹題。

大日本皇都西阜松室華嚴寺主大和尚手書之藏寶，從之需而門人分會以施焉。

享保十三星旅戊申初冬。

校勘記

〔一〕「廢」，校本作「發」。
〔二〕「是」，校本作「實」。
〔三〕「常」，疑爲「當」。
〔四〕「知」，校本作「智」。
〔五〕「教興」，底本作「教與」，據校本改，下同。
〔六〕「略」，校本作「界」。
〔七〕「見」，校本後有「是」字。
〔八〕「而」，校本作「爾」。

音釋

捫淚

《琳音》云：捫，莫奔、亡本二切。《聲類》：

捫，摸也。《字林》：捫，持撫也。新譯經有作杖。《字林》：扠拭也。言不早聞故涕淚，今既得解，故捫淚而言也。

摩那婆

劉支譯經音云：摩那婆，或言摩納婆，或云那羅摩那，或云摩那，皆是梵言。訛傳也。此譯云年少净行或云人也。

歌羅分

《音》云如折一毛以爲百分一分名歌羅分，論以義翻名爲力勝，以無漏善法勝於有漏故也。

數分

《音》云數中乃至少許猶不及一也。論中義言不相似勝也。言有爲有形，雖假令少分與無爲無形不相似也。優婆尼沙陀分論中義言因果不相似也。以珍寶等但得三界果報，無漏善法得佛果故也。

毛道

《音》云毛道，此名誤也，舊譯云婆羅必利他伽闍那，此言小兒別生，以痴如小兒不同聖生也。論中作小兒、凡夫是也。正言婆羅必栗託仡那婆羅，此云愚必栗託，此云異仡那，此云生應言愚生，亦名嬰愚凡夫。案梵語，毛言嚩羅，愚名婆羅，梵言相濫，此譯人之失，致有斯謬。

（徐蓀銘整理）

〇二三三

金剛般若波羅蜜經御注并序〔一〕

金剛般若波羅蜜經注序

述作者，明聖之能事也。

朕誠寡薄，豈冝空爲好古，竊比□□□□□□□□□□徒自爲矜飾，盖欲弘獎風教尒。昔歲述《孝經》，以爲百行之首，故深覃要旨，冀闡微言。不唯先王至德，實謂君子務本。近又賛《道德》，伏知□聖祖垂教著□□□□□□□□□□稟訓。況道家使人精神專一，動合無爲，凡有以理天下，之二經故不可闕也。今之此注，則順乎來請。夫衆竅乎作，鼓之者風也；相梨相殊，可口者味也。苟在□□□□□□□□□將助我者，何閒然乎？且聖人設教以盡理，因言以成教。悟教則言可忘，得理而教可遺。同乎大通者，雖分門而一致；攻乎異端者，將易性於多方。諒□□□□□□□□□□□□在乎不著人我，不住福德，忘心於三伐，閑境於六塵，以音聲求，如夢幻法。故發菩提者，趣於中道；習無漏者，名爲入流。將會如如，故湏遣遣，□然三□□□□□□□□同證，皆衆妙門，可不美歟，可不美歟？□文闕事迹，理涉名數，注中粗舉而未盡明。及經中梵音應湏翻譯者，並詳諸義訣云。

校勘記

〔一〕底本據《房山石經》，校本據斯二〇六八。「御注并序」，底本録於「金剛般若波羅蜜經注序」標題後，今移置此。

金剛般若波羅蜜經

□□□□……□□□□伏可以稱常。

如是我聞，一時，佛在舍衞國祇樹給孤獨園，

如是勝法我聞，此一會之時，在舍衞國祇陁施樹湏達買園莊嚴道場，如是

説法。與大比丘衆千二百五十人俱。上果乞士，其數若斯，随佛經行，得預今會。尒時，世尊食時，著衣持鉢，入□□□□□。於其城中次苐乞已，還至本霧。飰食訖，収衣鉢，洗足已，敷座而坐。徒跣而行故洗足，將欲説法故敷座。

時，長老須菩提在大衆中，即從座起，偏袒右肩，右膝箸地[一]，合掌恭敬而□□□：□……□解空□……□明□……□。希有，世尊！如來善護念諸菩薩，善付囑諸菩薩。護持念恤，成孰根性。付託囑授，宣通法音。功力如斯，實爲希有。世尊，善男子、善女人，發阿耨多羅三藐三菩提心，應云何住，云何降伏其心？前歎護□□□□□之心，諮□□□□□。

佛言：□□，□□，須菩提，如汝所説，如來善護念諸菩薩，善付囑諸菩薩，汝今諦聽，當爲汝説。善男子、善女人發阿耨多羅三藐三菩提心，應如是住，如是降伏其心。□□□□哉□□□□光標□□□□。

唯然，世尊。願樂欲聞。受勅諦聽，故云唯然；深好法音，故云願樂。

佛告須菩提，諸菩薩摩訶薩，應如是降伏其心：所有一切衆生之類，若卵生、若胎生、若濕生、若化生、若有色、若無色、若□□、□無想、□□有想、若非無想，我皆令入無餘涅槃而滅度之。卵胎濕化，依四緣生；有色無色，依有無生；有想無想，依境界生；若非有想，若非無想，依麁細觀生。如是衆緣，皆非中道。故我以般若正觀，皆令悟入圓寂常樂，則滅盡苦趣，超度愛流。夫以般若智破煩惱障，盡般若智，存斯有餘也。若能遣之，又遣空法，亦空一切，皆如離涅槃相，湛常圓寂，故曰無餘。如是滅□□量無數無邊衆生，實無衆生得滅度者。衆生性本，本來寂滅，妄心取相，開此萬緣。今但滅妄心，令照性本尒，豈復別有衆生受滅度耶？何以故？若菩薩有我相、人相、衆生相、壽者相，即非菩薩。般若正智，無顛倒心，計有我人，即非菩薩。未悟求悟，故云令入，入則無餘，誰云滅度？

復次，須菩提，菩薩□□應無所住，□□□施。所謂不住色布施，不住聲、香、味、觸、法布施。此以法空，荅前住義。諸法無相，不應取著，故菩薩於法，無所住心。六度撿行，六塵攝境，二法空滇，三施自忘，則不捨之壇於羣有矣。須菩提，菩薩應如是布施，不住於相。應如前義，離六塵、忘二相也。何以故？若菩薩□□□布施，□□□□□思量。菩提之因，無住之施，□福平等，有如虛空，故叵量□也。須菩提，於意云何？佛言如是之義，於汝意謂以爲云何？東方虛空可思量不？不也，世尊。須菩提，南西北方，四維上下，虛空可思量不？不也，世尊。無住之施，其福甚多，借喻虛空，將以推挍。須菩提，□□□□□□施，福德亦復如是不可思量。福施無相，是名無住；無住之施，福如虛空；虛空既不可量，則無住之施，亦不可思量也。

須菩提，但應如所教住。所教即上不住相等教也。前問：應云何住？荅云：於法住。即明菩薩住無所住，但依無所住，即是如所教住也。

須菩提，於意云何？可以身相見如來不？前明所住，啟發□□□法□辯證□□。□□，世尊。不可以身相得見□□。何以故？如來所說身相，即非身相。身相生滅，是衆生見。法身凝寂，本無去來。衆生見者，悉皆虛妄。故所說身相，皆爲衆生妄見，既除法身非相。

佛告須菩提，□□□□，□□□□。□□諸相非相，即見如來。如來法身，無生滅相，見有生滅，從虛妄生。若能悟法空性等無生滅，凡見諸相，皆非真實，則圓寂法身，離相而見矣。

須菩提白佛言：世尊，頗有衆生，得聞如是言說章句，生實信不？凡夫心信，因取相生，般若深宗，極無□□，恐聞是理，無爲寄心，將釋此疑，故□□□。□□□□□：□作是說。般若深宗爲最上乘者說，聞說即悟，不應不信，故莫作此問也。如來滅後，後五百歲，有持戒修福者，於此章句，能生信心，以此爲實。後五百歲，像法之中，具戒福者，於此能信，況今正法流通而無信耶？當知是人，不於一佛，二佛，三、四、□□□□□，□□□□千□□所種諸善根。能信深法，必藉宿因，故知是能信之人，所種善根，非止於一佛二佛也。聞是章句，乃至一念生淨信者。不見信相，是名淨信，持福能生，信心惠解，能無見相。須菩提，如來悉知悉見，是諸衆生，得如是無量福德。□□□般若智□……□具是□□□□□□□□□□福德。何以故？是諸衆生無復我相、人相、衆生相、壽者相，無法相，亦無非法相。無我相者，以達人空；無法相者，以達法空；無非法者，以達空空。一念淨信，三空頓解，若計諸相，則不名淨信，能信般若，知達法空，故知是衆生，無復諸相也。何以故？是諸衆生，若心取相，則爲著□□□生壽者。□□□此諸衆生，應不取相者，若心起念取相，即□□我人，計有我人，非達般若，則不能生淨信。若取法相，即著我、人、衆生、壽者。若取諸法，計五聚蔭，即於此身，還生我相。何以故？若取非法相，即著我、人、衆生、壽者，是故不應取非法。不取法相，以空破有，若□……□滯空不空，還著有相，故不應□……□法。以是義□，如來常説，汝等比丘，知我説法，如筏喻者。法尚應捨，何況非法。以是不取於相，故如來常説，説無所説，豈取相耶？故汝等比丘，知我所説法，本破於有，若知有不有，遂悟於空無取，是名達解。夫筏以投岸，筌以取魚，得魚妄筌，到岸捨筏。故大聖説空，以破諸見，諸見〔三〕既除，空法亦盡，況非空法，其可□乎？

須菩提，於意云何？如來得阿耨多羅〔三〕三藐三菩提耶？如來有所説法耶？前令捨法，遣彼兩偏，則佛於菩提如何獨得，而爲人説法耶？須菩提言，如我解佛所説義，無有定法名阿耨多羅三藐三菩提，亦無有定法如來可説。無上正道，寂然無體無相〔四〕□……□經□……□悟佛得菩提已悟則無佛□……□。何以故？如來所説法，皆不可取、不可説，非法、非非法。如來所説妙法，本爲衆生，離相故不可取，離言故不可説。而妙契圓證，則未嘗不取，未嘗不説。非法則不有，非非則不無。不有不無，離諸言相，故無定法稱耨多羅。所以者何？所以佛嘗説法而無定法，可説者何？一切賢聖，皆以無爲法而有差別。無爲法中，本無差別，三乘賢聖〔五〕，根識不同，一音演説，淺深隨分。未悟則量病授藥，故常説法，已〔六〕悟則藥病皆除，無法可説。

須菩提，於意云何？若人滿三千大千世界七寶，以用布施，將欲挍量持經之功，故舉若人財寶之施，以明章句理實非虛。是人所得福德，寧爲多不？須菩提言：甚多，世尊。七寶珎異三千皆滿〔七〕，無性之福施廣增多。何以故〔八〕？是福德即非福德性，是故如來説福德多。所以施廣而福多，由非福德性故；若是福德性，則不應寶多而福多，只由無性之福假外緣，是故如來説福德也。

若復有人，於此經中，受持乃至四句偈等，爲他人説，其福勝彼。財施之福，非福德性，福雖因施，不趣菩提。持經之功〔九〕，句偈雖少，能令衆生除煩惱障，是真福德，故勝於彼〔一〇〕。何以故？須菩提，一切諸佛及諸佛阿耨多羅三藐三菩提法，皆從此經出。般若正智，圓照無礙，無上正道，因是發明。諸佛始則自修，終以化物，利濟弘遠，何莫由斯。須菩提，所謂佛法者，即非佛法。法無自性，證則彌同，因教悟空故稱佛。法由教立〔一一〕，悟不滯空，直論無法可非，豈但即非佛法〔一二〕。

須菩提，於意云何？須陀洹能作是念，我得須陀洹果不？修習無漏，證無漏果，悟無所得，名須陀洹。借小乘之無我，明般若之忘相。須菩提言：不也，世尊。是人不起得果之念。何以故？須陀洹名爲入流，而無所入，不入色、聲、香、味、觸、法，是名〔一三〕須陀洹。習無漏果，則名入道流，不取果相，故無流可入。豈以妄相而無道流可入，復於有我而入聲色六塵耶？

須菩提，於意云何？斯陀含能作是念，我得斯陀含果不？斷欲界思惟，得人我空相，證果之時，有斯念不？須菩提言：不也，世尊。是人不起得果之念。何以故？斯陀含名一往來，而實無〔一四〕往來，是名斯陀含。盡天人趣，獲往來生，一斯往來，則明所得果。不取果相，故實無往來。若見一往來果，是生我慢，則非斯陀含也。

須菩提，於意云何？阿那含能作是念，我得阿那含果不？斷欲界思盡，更不復來，證果之時，有斯念不？須菩提言：不也，世尊。是人不起得果之念。何以故？阿那含〔一五〕名爲不來，是而實無來，是故名阿那含。達無人我，不復還來，故名不來，人法二空，無取住相，故實無來，即阿那含而具斯義。

須菩提，於意云何？阿羅漢能作是念，我得阿羅漢道不？修習智惠，斷除煩惱，證果之時，有是念不？須菩提言：不也，世尊。是人不起得果之念。何以故？實無有〔一六〕法名阿羅漢。以斷煩惱，名阿羅漢，煩惱性空，斷無所斷，悟無所斷，豈復別有阿羅漢耶？世尊，若阿羅漢作是念，我得阿羅漢道，即爲著我、人、衆生、壽者。若取果相，即計有我。於我不妄諸相，咸著相受報，衆惱皆生，取相受生，豈名羅漢。世尊，佛說我得無諍〔一七〕三昧，人中爲第一，是第一離欲阿羅漢。善吉樂阿蘭行，得三昧定，深入觀，不相違諍，凡諸人中，最爲超〔一八〕勝，故云第一；三界煩惱，逐境愛累，是名爲欲〔一九〕，如是悉離，故亦云第一。我不作是〔二〇〕念，我是離欲阿羅漢。我於尒時，曾不起念云，有欲可離，有果可得。世尊，我若作是念，我得阿羅漢道，世尊則不説〔二一〕須菩提是樂阿蘭那行者。我若起念，計有得果，獲離欲道，即成著我〔二二〕，違無淨行，則世尊不應説我是樂阿蘭那。以須菩提實無所行，而名〔二三〕須菩提，是樂阿蘭那行〔二四〕。□行無行，是了空相〔二五〕。

佛告須菩提：於意云何？如來昔在然燈佛所，於法有所得不？將明菩薩亦悟於空，故〔二六〕卻問：我昔爲菩薩，於然燈佛所，授記〔二七〕菩提，當尒之時，見有菩提法可得不？世尊，如來昔在然燈佛所，於法實無所得。悟法性空，得無生忍，勤行般若勝果，則曰：菩提深入，正觀諸佛，由之授記。須菩提，於意云何？菩薩莊〔二八〕嚴佛土不？菩薩修持淨土行業，見有淨土〔二九〕可莊嚴不？不〔三〇〕也。何以故？莊嚴〔三一〕佛土者，即非莊嚴，是名莊嚴。萬行不常，畢竟空寂，示有修習，假名莊嚴；國土本空，無莊嚴相，能了無相，即以是莊嚴故，是名莊嚴。是故，須菩提，菩薩摩訶薩應如是生清淨心，不應住色生心，不應住聲、香〔三二〕、味、觸、法生心，是以修習者故，不取莊嚴之相，應〔三三〕如是生畢竟空寂心，是心清淨故，不住於色及聲、香等〔三四〕。若於是法而生心者，即非清〔三五〕淨心，所證之果，非畢竟果，故不應如是。應無所住而生其心。知色相空，心無所住，於無所住〔三六〕，生清淨心；雖假生心之名，而無住心之相，無住正觀，惠照湛然，是則以不住法，住般若中。須菩提，譬如有人，身如須彌山王，於意云何？是身爲大〔三七〕不？身相空〔三八〕假，如須彌山，雖有大名，皆非實體，不應起心取相，以〔三九〕爲大身。破前取色之心，故起大身之問。須〔四〇〕菩提言：甚大，世尊。何以故？佛説非身，是名大身。觀乎泰山，木石同壇，和合衆材，假名爲大。本無自性，何宆大耶？所以佛説非身，是名大身，不應生心，以取身相，如色聲等，不可取也。

須菩提，如恒河中所有沙數，如是沙等恒河，於意云何？是諸恒河沙寧爲多不？以〔四一〕一恒河沙而數於河，河中之沙〔四二〕，亦復如彼，如此之數，爲多不耶〔四三〕？須菩提言：甚多，世尊。但諸恒河尚多無數，何況其沙。以沙數河，河尚無數，況復於沙，實爲甚多。須菩提，我今實言告汝：若善男子、善女人，以七寶滿尒所恒河沙數三千大千世界，以用布施，得福多不？須菩提言：甚多，世尊。無性之福，施廣福多，沙河大千，其數無量，故知所得福至於甚多。佛告須菩提：若善男子、善女人，於此經中，乃至受持四句偈等，爲他人説，而此福德勝前福德。財施雖多，無益慧解；章句雖少〔四四〕，必趣〔四五〕菩提。以此校量，故無等級〔四六〕。

復〔四七〕次，須菩提，随説是經乃至四句偈等，當知此處，一切世間天、人、阿脩羅，皆應供養，如佛塔廟。更標勝義，以勸脩行。佛滅度後，有塔廟遺像。若勝有人〔四八〕，随説是經，兼持句偈，則天、人等輩皆當供養，如彼塔廟也。何況有人盡能受持、讀誦。須菩提，當知是人，成就最上第一希有之法。般若正智，能趣菩提，若人受持，必生信解，即知是人能成就無上菩提，故云，最上第一希有之法。若是經典所在之處，則爲有佛，若尊重弟子。此云經典所在之處，則〔四九〕上成就希有之人，勝法在人，則爲有佛，少有〔五〇〕差降，由〔五一〕如尊重弟子。

尒時，須菩提白佛言：世尊〔五二〕，當何名此經？我等云何奉持？前來所明，皆無乏法，法雖無乏，教必有宗，欲宣是義，故〔五三〕起斯問。佛告須菩提，此經名爲《金剛般若波羅蜜》，以是名字，汝當奉持。般若正智，喻如金剛，破煩惱障〔五四〕，了出中道，渡貪愛流，超到彼岸故，以是名字，無量〔五五〕勝義，汝當循名責實，依是奉持。所以者何？須菩提〔五六〕，佛説般若波羅蜜，則非般若波羅蜜。説般若法，差煩惱病，煩惱〔五七〕是妄，由執見生，妄病既除，真法應捨。若執持般若，不解空義，惟此般若，亦成〔五八〕煩惱。故佛説般若波羅蜜，則無乏法名般若也。須菩提，於意云何？如來有所説法不？前云則非般若，未明所〔五九〕以則非，故卻質此疑，以通前義〔六〇〕。

須菩提白佛言〔六一〕：世尊，如來無所〔六二〕説。於言無滯，終身言而未嘗言；於法無取，終身説而未嘗説。知我所説，則法尚應捨，味於斯道〔六三〕，則言者不知。故於此二夜□，我都無所説。

須菩提，於意〔六四〕云何？三千大千世界所有微塵，是爲多不？須菩提言：甚多，世尊。前明理教無取，此明境界亦空。須菩提，諸微塵，如來説非微塵，是名〔六五〕微塵。如來説世界，非世界，是名世界。散彼世界，以爲微塵。於彼塵中，本〔六六〕無自性，積彼微塵，以成世界，於此世界，豈有性耶？本無自性，故非微塵，爲是假緣，是名世界〔六七〕。

須菩提，於意云何？可以三十二相見如來不？不也，世尊。法本無言，因言立教；身本非相，因相見身。因言立教，既不可執言而求理；因相見身，故不可取相而見佛。何以故[六八]？如來説三十二相，即是非相，是名三十二相。假立身相，以表法王。諸法本空，身相非有。能知諸相非相，色相皆空，即此妙身，是名三十二相。

須菩提，若善男子、善女人，以恒河沙[六九]等身命布施。若復有人，於此經中，乃至受持四句偈等[七〇]，爲他人説，其福甚多。多以身命布施勝報，尚有輪迴；少能受持是[七一]經累盡，自無生滅。校量其福，持經甚多[七二]。

尒時，須菩提聞説是經，深解義趣，涕淚悲泣而白佛言：希有[七三]，世尊。佛説如是[七四]甚深經典，我從昔來所得慧眼，未曾得聞如是之經。昔得惠眼，於有見空。今聞是經，於空亦遣，是名中道，故未曾聞。善[七五]吉解空，久得深趣，將欲起教，以示未來，故涕淚悲泣，歎其希有。世尊，若復有人，得聞是經，信心清淨，則生實相，當知[七六]是人，成就第一希有功德。信不[七七]著相，是清淨心。得清淨心，則能照般若真實之相。得茲實相，必趣菩提。菩提果成，即名第一希有功德。世尊，是實相者，則是非相，是故如來説名實相。以般若智趣真實相，夫實相者，豈有相哉！則妙色法身，真空無礙，非假有相，離空無相，即此之相，非實相耶也。世尊，我今得聞如是[七八]經典，信解受持，不足爲難。親承受記，久悟空法，今復聞説，信解非難。若當來世後五百歲，其有衆生，得聞是經，信解受持，是人則爲第一希有。像法之中，去聖逾遠，但聞遺教，便解奉持，則知是人[七九]了甚深義，無出其右，故云第一[八〇]。

何以故？此人[八一]無我相、人相、衆生相、壽者相。何以故，此人得名第一希有者？爲不著如是等相，故能信解是經，得爲第一。所以者何？我相即是非相，人相、衆生相、壽者相即是非相。於我無相，妄計有我，能了我相非相，即不著人、衆生、壽者矣。何以故？離一切諸相，則名諸佛[八二]。何以故，此人無我則爲希有者，能離諸相，即是菩提，故爲希有。

佛告須菩提：如是，如是。印可其説。若復有人得聞是經，不驚、不怖、不畏，當知是人甚爲希有。於無爲法而有差別，如是賢聖，優劣不同。中小二乘，係執因果福德報應，聞是深義，必當驚怖。能不怖畏，已是希有，況能信解而受持耶？何以故？須菩提，如來[八三]説第一波羅蜜，非第一波羅蜜，是名第一波羅蜜。諸法莫二，故云第一到彼岸者，爲對此流已[八四]盡，彼岸何[八五]有？是知諸法，但示假名，累盡名去，故非第一。於斯了義，能入深門，故是名第一波羅蜜。

須菩提，忍辱波羅蜜，如來説非忍辱波羅蜜。忍辱者，明無我也。人[八六]辱我忍，以[八七]爲勝行，本無人[八八]我，誰辱忍耶？何以故？須[八九]菩提，如我昔爲歌利王割截身體，我於尒時，無我相、無人相、無衆生相、無壽者相。無我無人，誰忍誰辱？何以故？我於往昔節節支解時，若有我相、人相、衆生相、壽者相，應生嗔恨。前舉割截[九〇]無我，以明無忍；今舉不生瞋恨，復明無我。小乘計執我相，則多起貪嗔[九一]。今槩[九二]裂支體，不生瞋恨者，則復何外相預其間乎[九三]？知無我矣。

須菩提，又念過去[九四]於五百世作忍辱仙人，於尒所世，無我相、無人相、無衆生相、無壽者相。了無我相，非止此生，當於尒時，已達斯趣。是故，須菩提，菩薩應離一切相，發[九五]阿耨多羅三藐三菩提心。從前已來，明無相降住之義[九六]。今明離相無住，乃是菩薩發心。況於菩[九七]提，且無之法，發心取相，不亦[九八]難乎？不應住色生心，不應住聲、香、味、觸、法生心，菩提無之相可取，況六塵乎？是假合相，不應生心住於此也。應生無所住心。以有所住，即著諸相故；勸於無所住而生其心，斯對辯也。夫無所住[九九]，豈生心哉？若於無所住而[一〇〇]生心，是未免於有所住也。但於一切法無所住，以此爲生心尒，非謂別[一〇一]生無所住心也。故下文云[一〇二]。若心有住，則爲非住，此又遣無所住也。言若心於無所住有住，則爲非住無所住也。是故佛説菩薩心不應住色生心布施。引前佛説，以證今義。須菩提，菩薩爲利益一切衆生，應如是布施。菩薩住相布施，未名懸解，衆生欲求[一〇三]利益，不亦難乎？故菩薩用心，應如是不住相[一〇四]布施也。如來説一切諸相即是非相，如來所[一〇五]説，福德因果報應等一切諸相[一〇六]，皆因衆生妄心起念尒[一〇七]，於法性本[一〇八]空，是故非[一〇九]相。又説一切衆生則非衆生。若住相布施，則見有施者、受者，今不住相，則無我相、人相，生性空故，故即非衆生。

須菩提，如來是真語[一一〇]者、實語[一一一]者、如語者、不誑語者、不異語者。夫無我人[一一二]相，及無住布施，此甚深般若，中道義門，恐二乘之人，不生〔一一三〕信實，故因五語，以示真如，善吉當知，不誑不異。須菩提〔一一四〕，如來所得法，無實無虚。有虚有實，約教以示人；無實無虚，兩忘而自化。故如來說法〔一一五〕，寄實以遣虚，虚〔一一六〕法既忘，實法亦盡。故〔一一七〕於是法，無實〔一一八〕無虚。須菩提，若菩薩心住於法而行布施，如人入闇，則無所見。存受施法，計報應果，則不〔一一九〕了般若無相之義，是無明慧，故〔一二〇〕如入暗無〔一二一〕所見也〔一二二〕。若菩薩心不住法而行〔一二三〕布施，如人有目，日光明照，見種種色〔一二四〕。太陽朝昇，有目者見諸色象。般若圓就，無住者了諸法空。爲利衆生，故行不捨之壇，不住諸相，則未甞生心布施也。

須菩〔一二五〕提，當來之世，若有善男子、善女人，能於此經，受持讀誦，則爲如來以佛智慧悉知是人，悉〔一二六〕見是人，皆得成就無量無邊功德〔一二七〕。印可勸修如上深義。

須菩提，若有善男子、善女人，初日分以恒河沙等身布施，中日分復以恒河沙等身布施，後日分亦以恒河沙等身布〔一二八〕施，如是無量百千萬億劫，以身布施。分日三時，以内財施，如是億劫，計福德多。若復有人，聞此經典，信心不逆，其福勝彼，聞前不住之施，即順無相之心。唯此信心，可名達解。則達解之福，勝彼施身。何況書寫、受持〔一二九〕、讀誦，爲人解說。信心不逆，其福已多，況能書誦而爲人解說。弘益之利，其可量乎〔一三〇〕？

須菩提，以要言之，此經有不可思議、不可稱量無邊功德。以要〔一三一〕□□□□大□□□□□也，無相之福，與真如等，故非思得其淺深，稱量得其〔一三二〕輕重，如是功〔一三三〕德，豈有邊際耶？如來爲發大乘者說，爲發最上乘者說。上品利根，了真如相，是名大乘，得無生觀，深入祕藏，加最上之號。非如來聊簡二乘而不爲說，但二乘之人未能解了耳。若有人能受持、讀誦，廣爲人〔一三四〕說，如來悉知是人，悉見〔一三五〕是人，皆得成就不可〔一三六〕量、不可稱、無有邊、不可思議功德。大乘〔一三七〕最上之人，能以般若自利、利他者，佛心悉〔一三八〕知，佛眼悉見。皆知是人，成就無相勝義。是法離一切相，無斷常邊，故其功德不可稱量、思議知也。如是人等，則爲荷擔如來阿耨多羅三藐三菩提。是人深達般若，廣爲人說。即是荷負正法，擔運勝義。令諸衆生，成就功德〔一三九〕。何以故？須菩提，若樂小〔一四〇〕法者，著我見、人見、衆生見、壽者見，則於此經不能聽受、讀誦，爲他人說。小乘著相，於此深[一四一]義，不能信奉也。

須菩提，在在處處，若有此經，一切世間天、人、阿修羅所[一四二]應供養。當知此處，則[一四三]爲是塔，皆應恭敬作禮圍繞，以諸華香而散其處。此經土生[一四四]諸佛，無上正遍知道。塔者，諸佛遺像之所在也。了義當趣，菩提聞經，即如見佛，故是經所在之處，同於塔廟遺像。故天、人、脩羅所應供養，作禮圍繞，示尊敬之意。花香散灑，表淨信之心，非謂求悟於香花，解空於聲[一四五]折也。

復次，須菩提，若善男子、善女人[一四六]受持讀誦此經，若爲人[一四七]輕賤，是人先世罪業應墮惡道。以今世人輕賤故，先世罪業則爲銷滅，當得阿耨多羅三藐三菩提。以此敦勸持經之人尔。夫業若先定，應墮惡道，即鈍根，聞必驚怖，安能信奉而讀誦此經耶？若後五百歲，聞是章句[一四八]，能生信心者，此人已於千萬佛所，種諸善根，復若爲人輕賤乎？況此經，佛爲[一四九]大乘最上乘者說，皆真實不誑，不應苟勸愚人崇信而發菩提，取相之言，將如[一五〇]來別有深意乎？爲譯經之人失其旨也。

須菩提，我念過去無量阿僧祇劫，於然燈佛前，得值八百四千萬億那由他諸佛，悉皆供養承事，無空過者。明我今月所證菩提，亦由昔來功德所到也[一五一]。若復有人，於後末世[一五二]，能受持讀誦此經所得功德，於我所供養諸佛功德，百分不及一，千萬億分，乃至筭數、辟喻所不能及。末世人訛，勝心難發，故[一五三]於此時能持經者，功德甚多，以[一五四]我昔[一五五]供養校[一五六]量，百分不及其[一五七]一，乃至千萬億分功歷[一五八]不知。

須菩提[一五九]，若善男子、善女人於後[一六〇]末世，有受持讀誦此經，所得功德，我若具說者，或有人聞心則狂亂，狐疑不信。報施之福，人皆取相。章句功德，所趣無爲。菩提勝因，因是而悟。悟則獲[一六一]證，卒[一六二]難詳說。小乘執滯，謂無是理，是以狂[一六三]亂，狐疑不能實信。須菩提，當知是經義不可思議，果報亦不可[一六四]思議。深奧秘藏，歸趣菩提，以供養百千萬佛，由不如持經功德。故無相勝義，非思議及。至於果報，亦復如之。

尒時，須菩提白佛言：世尊，若善男子、善女人發阿耨多羅三藐三菩提心[一六五]，云何應住？云何降伏其心？首章〔一六六〕此問，以明發〔一六七〕心降住之義，今恐菩薩存我發心，能作如是降住〔一六八〕，則障解空不住道，故於此重破〔一六九〕實無菩薩發心，來問雖同，往明則異〔一七〇〕。

佛告須菩提：善男子、善女人發阿耨多羅三藐三菩提者，當生如是心，我應滅度一切衆生，衆因緣生，本非有法，妄心執著，起衆生相〔一七一〕。今悟性空，則衆緣自滅，菩提中道，應發是心。滅度一切衆生已，而無有一〔一七二〕衆生實滅度者。但滅妄〔一七三〕想尒，若計滅此妄，無離妄心。今有妄既滅，無空亦捨，反〔一七四〕照於〔一七五〕性，不住於常，及吾〔一七六〕無身，誰受滅度。何以故？若菩薩有我相、人相、衆生相、壽者相，即非菩薩。離彼四相，是名無我，於我無矣，誰當滅耶？所以者何？須菩提，實無有法發阿耨多羅三藐三菩提心者。菩提無宆之法，法空也實；無發〔一七七〕心者，生空也。法空無所住，生空無〔一七八〕降伏，正觀如此，是名菩薩〔一七九〕，豈復別有〔一八〇〕一我云〔一八一〕度衆生哉。須菩提，於意云何？如來於然燈佛所〔一八二〕，有法得阿耨多羅三藐三菩提不？若前云，無法發菩提心，則不應於然燈佛所受菩提記。欲斷此疑〔一八三〕，故卻問善吉云，於〔一八四〕汝意以爲云何？如來於〔一八五〕昔時有方法得〔一八六〕菩提不？

不也，世尊。如我解佛所説義，佛於然燈佛所〔一八七〕，無有法得阿耨多羅三藐三菩提。推解於佛，以明〔一八八〕勝義，以無所得故〔一八九〕，故受菩提記，豈有發心〔一九〇〕者而得〔一九一〕菩提耶？欲明不發得法，乃真發心耳。

佛言：如是如是。須菩提，實無有法如來得阿耨多羅三藐三菩提。許善吉之言是〔一九二〕，成前問之無得〔一九三〕。須菩提，若有法如來得〔一九四〕阿耨多羅三藐三菩提，然燈佛則不與我受記：汝於來世當得作佛，號釋迦牟尼。於菩提中，爲有法可得，發如是心，則不證斯果，宆光不應受記。以實無有〔一九五〕法得阿耨多羅三藐三菩提，是故然燈佛與我授記，作是〔一九六〕言：汝於來世當得作佛，號釋迦牟尼。以般若智，了諸法如〔一九七〕，悟生法〔一九八〕空，離斷常見〔一九九〕，豈別有〔二〇〇〕法得菩提耶〔二〇一〕？以是無得之故，故然燈佛知我修證〔二〇二〕，與我受記耳。何以故？如來者，即諸法如義。如者，法性〔二〇三〕也。是性〔二〇四〕清淨，無〔二〇五〕有宆相，遂通於感物得〔二〇六〕皆如。既如陰如〔二〇七〕陽，亦〔二〇八〕不皦〔二〇九〕不昧。悟〔二一〇〕斯如義，來成佛果；了〔二一一〕此空相，寂〔二一二〕然無〔二一三〕體，豈於有法而得是耶〔二一四〕？若有人言，如來得阿耨多羅三〔二一五〕藐三菩提，若有此言，即[二一六]非如義[二一七]。須菩提，實無有法佛得阿耨多羅三藐三菩提。約諸法如義，則如來必不於有得法中得菩提也[二一八]。

須菩提，如來所得阿[二一九]耨多羅三藐三菩提，於是[二二〇]中無實無虛。此又[二二一]雙遣也。前云以[二二二]有法[二二三]得者，虛妄也；以無法證者，真實也。此乃[二二四]寄無以遣有，假實以明虛，虛有之妄既除，實無之法亦無[二二五]，但約邊以趣中道尒，於是中豈有虛實耶？是故如來說一切法皆是佛法。一切法中，皆有中義，能超[二二六]中道，即於如故[二二七]，故諸法得中，皆佛[二二八]法也。須菩提，所言一切[二二九]法者，即非[二三〇]一切法，是故明[二三一]一切法。因緣生法，本無自性，無性非有，故即[二三三]非一切法也。爲因緣故，有假名生，假名[二三二]非無是，故名一切法也。須菩提，辟如人身長大。一切法假因緣生，如人身長大，亦資百骸九竅，以賅[二三四]而存耳。

須菩提言：世尊，如來說人身長大，則爲非大身，是名大身。人身長大，假合衆緣，分分不同，則爲非大。而身相具足，是名大身[二三五]。則知不離假合之身，而有大身；不離因緣生法，而有佛法。煩惱之外，豈復別[二三六]有涅槃耶[二三七]？

須菩提，菩薩亦如是。勸菩薩亦當作如是解，行於中道。若作是言，我當滅度無量衆生，則不名菩薩。以計有衆生故，則著於相。不取中道故，不得名道心衆生[二三八]。何以故？須菩提，實無[二三九]有法名爲菩[二四〇]薩。於五聚蔭[二四一]中，實無[二四二]有一法名爲菩薩。是故佛說[二四三]一切法無我、無人、無衆生、無壽者。以結前[二四四]無有法名菩薩。故不著此四相無是等相，則不應別有菩薩度衆生也。須菩提，若菩薩作是言，我當莊嚴佛土，是不名菩薩。於[二四五]內無相[二四六]，不應言我度衆[二四七]生；於外無相[二四八]，不應莊嚴於佛土。何以[二四九]故？如來說莊[二五〇]嚴佛土者，即非莊嚴，是[二五一]名莊嚴。無相莊嚴佛土，即非有相莊嚴之法，能了無相，是名莊嚴，故菩薩不應計我能莊嚴佛土[二五二]也。須菩提，若菩薩通達無我法者，如來說名真是菩薩。於人無我，於法無我，忘[二五三]於四相，不取六塵，能如此者，則不應計[二五四]有衆生可滅度、有淨度、可莊嚴，通達若斯，是真道心衆生矣也[二五五]。

須菩提[二五六]，於意云何？如來有肉眼不？如是，世尊[二五七]。如來有肉眼。色相同衆生，即肉爲眼，故云肉眼。須菩提，於意云何？如來有天眼不？如是，世尊。如來有天眼。於眼淨根，普照一切，故云天眼。須菩提，於意云何？如來有慧眼不？如〔二五八〕是，世尊。如來有慧眼。依之發慧，了一切相，故云慧眼。須菩提〔二五九〕，於意云何？如來有法眼不？如是，世尊。如來有法眼。了一切法，於法無滯，故云法眼。須菩提，於意云何？如來有佛眼不？如是，世尊。如來有佛眼。然彼衆相，成我〔二六〇〕妙身，圓對無礙，故云佛眼。是五眼者，約事爲名，以所觀之境，因能觀之用〔二六一〕，如彼摸象，生斯異號。於我佛身，故爲同體。若別爲階級次第，或云修證不同，此則以色見如來，非謂〔二六二〕通於無相也。須菩提，於意云何？如恒河中所有沙，佛說是沙不？如是，世尊。如來說是沙。如來說法，常〔二六三〕以河沙爲喻。

須菩提，於意云何？如〔二六四〕一恒河〔二六五〕中所有沙，有如是等恒河，是諸恒河所有〔二六六〕沙數佛世界，如是寧爲多不？甚多，世尊。一河之沙數等諸河諸河之沙，有如世界，如此世界，實爲甚多。

佛告須菩提：尒所國土中所有衆生，若干種心如來悉知。世界已多，是中衆生，心心攀緣，數不能舉。如是心等，如來悉知。何以故？如來說〔二六七〕諸心皆爲非心，是名爲心。何以故如來悉知？謂此諸心，皆由妄起，與物相力，逐境〔二六八〕交馳，如是等心，是生知見，妄法非有，畢竟皆空，唯〔二六九〕淨信心，如所教住，證達本末，是名爲心。所以者何？須菩提〔二七〇〕，過去心不可〔二七一〕得，見在心不可得，未來心不可〔二七二〕得。以三世〔二七三〕法，求生〔二七四〕知心，是心無常，求不可得。前云非心名心，借常心以破妄；此云求〔二七五〕不可〔二七六〕得，又遣破〔二七七〕妄之〔二七八〕常。然不將不迎，應而無主，萬境咸入，我用〔二七九〕不疲〔二八〇〕，千相取容〔二八一〕，其求皆〔二八二〕給，不唯般若之蘊乎？

須菩提，於意云何？若人滿三千大千世界七寶以用布施，是人以〔二八三〕是因緣，得福多不？如是，世尊。此人以是因緣，得福甚多。施寶求福，以果酬〔二八四〕因，故知福德甚多。須菩提，若福德有實，如來不說得福德多〔二八五〕。以福德無故，如來說得福德多。寶施求福，非福德性〔二八六〕，未絕因地，故說果〔二八七〕多。七寶既盡，假名所獲，亦〔二八八〕非有實，非有實故，故不取相。是以如來，應緣〔二八九〕而說，云得福多。若行深般若，歸趣中道，罪既不至，福〔二九〇〕亦不來，心如〔二九一〕教住，法尚應捨，有何〔二九二〕福德，於其間哉！

須菩提，於意云何？佛可以具足色身見不？不也，世尊。如來不應〔二九三〕以具足色身見。色爲有分，身假〔二九四〕緣成，凡是色身，皆非妙相，故不應以此見如來也。何以故？如來説具足色身，即非具足色身，是名具足色身。具足色身，分分假合故，即非具足色身，離假合身，別無真身，故是名具足色身。當試論之，夫無色之色，見一切色；非身之〔二九五〕身，見一切身。若以色〔二九六〕色空，縱妙身而有我；以空空色，雖色身而見佛。復捨此而別有色身妙身耶？

須菩提，於意云何？如來可以具足諸相見〔二九七〕不？不也，世尊。如來不應以具足諸相見。何以故？如來説諸相具足即非具足，是名諸〔二九八〕相具足。以一〔二九九〕色身，不應見佛，今就諸相，得見不耶？則一一相中，同一色相故，不應以此，得見如來。

須菩提，汝勿謂如來作是念，我〔三〇〇〕當有所説法，莫作是念。爲衆生説，如彼筏〔三〇一〕喻故，如來無〔三〇二〕説法之念，汝不應作是思惟〔三〇三〕。何以故？若人言如來有所説法，即爲謗佛，不能解我所説故。法無之〔三〇四〕法，説豈説耶？若人以我有法可説，是人〔三〇五〕不解般若空義，與我〔三〇六〕説法之謗尒〔三〇七〕。

須菩提，説法者無法可説，是名説法。言者在意，得意而忘〔三〇八〕言。法者辯空〔三〇九〕，悟空而無法。空本無法，故云無法可説。了是義者，得法甚深，故云是名説法。

須菩提白佛言：世尊，佛得阿耨多羅三藐三菩提，爲無所得耶？前云無法〔三一〇〕可説，善吉啓問，欲明無法所由。故云，若無法可説者，則佛於菩提無所得耶？如是如是。須〔三一一〕菩提，我於阿耨多羅三藐三菩提，乃至無有少法可得，是名阿耨多羅三藐三菩提。於菩提中，無有少法。若有少法，不名〔三一二〕菩提。爲〔三一三〕無法〔三一四〕可得，而〔三一五〕能感〔三一六〕而遂通，故名菩提。

復次，須菩提，是法平等無有高下〔三一七〕，是名阿耨多羅三藐三菩提。於菩提道，本無異門。滅彼色空，離於常斷，一相無二，是無爲法。遍使萬殊，咸其自已。涅槃煩惱，究竟無餘〔三一八〕。只於〔三一九〕是中，名菩提義。以〔三二〇〕無我、無人、無衆生、無壽者修一切善法，則得阿耨多羅三藐三菩提。無彼四相，明已悟空，習此中道云，修善法不滯無有，名得菩提。須菩提，所言善法者，如來説非善法，是名善法。稱中道者，因邊獲稱，若存中法，不異〔三二一〕於邊。故聖人〔三二二〕説空〔三二三〕，以破〔二四〕於有，故云善法。有法既盡，亦無空法，故非善法。能遣斯遣，深入菩提，是名善法。

須菩提，若三千大千世界中所有諸須彌山王，如是等七寶聚，有人持用布施，若有人以此《般若波羅蜜〔二五〕經》乃至四句偈等，受持、爲他人説，於前福德，百分不及一，百千萬億分，乃至筭數、辟喻所不能及。如此挍量，前來已説。於所明義，一一不同。前云是法平等，不應經優而寶劣。故重〔二六〕宣此義，將〔二七〕遣是疑，只爲般若平等故〔二八〕，勝如山之寶尒。

須菩提，於意云何？汝等勿謂如來作是念，我當度衆生。須菩提，莫作是念。如來無是念故，汝莫作是思惟。何以故？實無有衆生如來度者，衆生正性，本來清淨，六根起想，煩惱病生，觀生本空，有〔二九〕何可度？若有衆生如來度者，如來則有我、人、衆生、壽者。般若中觀，離諸名相，若見衆生可度者，則於法如中，不了空義。須菩提，如來説有我者，則非有我，而凡夫之人以爲有我。前云我於然燈佛所，則是説有我〔三〇〕也。然但曉〔三一〕凡順俗〔三二〕，非係有我，不同凡夫執著我相。須菩提，凡夫者，如來説即非凡夫，是名凡夫〔三三〕。未〔三四〕達中道，是名凡夫；了般若空，則證等覺，故即非凡夫也。

須菩提，於意云何？可以三十二相觀如來不？乘〔三五〕如正覺，既非有我，故不應以三十二〔三六〕相觀。須〔三七〕菩提言：如是如是，以三十二相觀如來。凡夫之人以相求佛。佛言：須菩提，若以三十二相觀如來者，轉輪聖王則是如來。汝若以相見如來者，轉輪聖王亦〔三八〕具是相，則應是如來。輪王既非如來，故知如來，不應以三十二〔三九〕相見〔四〇〕。須菩提白佛言：世尊，如我解佛所説義，不應以三十二相觀如來。善吉深達法性，故不作凡夫解。尒時，世尊而説偈言：此偈如頌，非四句義。

若以色見我，以音聲求我，是人行邪〔四一〕道，不能見如〔四二〕來。無色見色〔四三〕，不可以色〔四四〕見；非聲應聲，不可以聲求。將令深趣涅槃，必依聲、色之外故。以色聲求佛，是人甚好住〔四五〕，焉得見如來。

須菩提，汝若作是念，如來不以具足相故，得阿耨多羅三藐三菩提。須菩提，莫作是念，如來〔四六〕不以具足相故，得阿耨多羅三藐三菩提。前破有相，不見如來，恐[三四七]衆生即作無相求[三四八]佛，故此破云，汝勿謂無相可得菩提，菩提非有無故。以有無求，皆不得也。論曰，大聖説空法，爲破諸見故，若復見有空，諸佛所不化。今者捨有而滯[三四九]無，亦由[三五〇]避溺而投火也[三五一]。

須菩提[三五二]，汝若作[三五三]是念，發阿耨多羅三藐三菩提者，説諸法斷滅，莫作[三五四]是念。汝若作無相，而發道[三五五]心者，是斷一切行[三五六]，滅一切法，不得中道也，故莫是念也。何以故？發[三五七]阿耨多羅[三五八]三藐三菩提者，於法不説斷滅相。菩提中道，不有不無。若作有念者，則墮於諸法常，諸法實非常；若作無念者，則墮諸法斷，諸法實非斷。故於菩提中，不得生無見，亦不得作常、斷説。

須菩提，若菩薩以滿恒河沙等世[三五九]界七[三六〇]寶布施，若復[三六一]有人知一切法無我，得成於忍，此菩薩勝前菩薩所得功德。離彼[三六二]兩邊，契於中道，悟無生忍，勝福甚多，財施挍量，非所及也。知有我亦無，無我遣之，又遣深入菩提，故知一切法無我也。須菩提，以諸菩薩不受福德故。□□□前□□者□無□忍無□福德□故也。須菩提白佛言：世尊，云何菩薩不受福德？發明前義而作是問。須菩提，菩薩所作福德，不應貪著，是故説不受福德。貪著福德，求受勝報，未能無我，不趣菩提，如驪龍珠□必受害。

須菩提，□有人□如來若來，若去，若坐，若卧，是人不解我所説義。法身圓對，有□即通，明鏡□形，無去來相。若人於佛，作此四儀，當知是人不了深義。何以故？如來者，無所從來，亦無所去，故名如來。前云諸法如義者，正所在皆如，若有從來，不名中道，故無□從□□□□□□□□□而無不去，是以隨□不得其先後□□□□□去來□名如來，其義如是。

須菩提，若善男子、善女人，以三千大千世界碎爲微塵，於意云何？是微塵衆寧爲多不？甚多，世尊。世界之數，以爲無□，碎爲微塵，故知□。何以故？若是微塵衆寶有者，佛□説是微塵衆。於塵無自性，亦合於相分，如是故名者，皆非實有法。所以者何？佛説微塵衆，是名微塵衆。前云諸微塵，如來説非微塵，是名微塵，引佛前説，以證今説，是知微塵無自性。無自性故，非微塵衆，不壞伐法。説微塵故，是名微塵。世尊，如來所説三千大千世界，則非世界，是名世界。□塵□□□□性不應□取世界之相。何以故？若世界實有者，則是一合相。不識無性，以爲實有者，則是知一和合之相，和合衆塵，以成世界，豈有之世界耶？如來說一合相，則非一合相，是名一合相。與世界同俱無性故。須菩提，一合相者，則是不可說，但凡夫之□貪著其事。衆緣和合，本無之相，無所可說，凡夫計有此相，故貪著之。

須菩提，若人言佛說我見、人見、衆生見、壽者見，須菩提，於意云何？是人解我所說義不？世尊，是人不□如來所說義。佛說我見等，將破衆生妄情者，著尒□是人，便以□□有□說，是知□解如來所說義也。何以故？世尊說我見、人見、衆生見、壽者見，即非我見、人見、衆生見、壽者見，是名我見、人見、衆生見、壽者見。佛說四見，以破妄情，故所說□□□□□也，而說法破妄，必約俗諦，故是□□。須菩提，發阿耨多羅三藐三菩提心者，於一切法，應如是知，如是見，如是信解，不生法相。前來廣明中道空義，故此勸云，汝衆生若發菩提心者，當依我所說，如是知見信解，不應於正觀中道而生法相。須菩提，所言法相者，如來說即非□相，是名法相。菩提□□法，豈有一法而有之相，故說法相者，令離於相，於相無相，是名法相。

須菩提，若有人以滿無量阿僧祇世界七寶持用布施，若有善男子、善女人發菩薩心者，持於此經乃□□句偈等，受持□誦，爲人演說，其福勝彼。前來□量，皆以七寶布施，不如持經功德，今明所以勝彼，謂如下文，不取於相，是福德性故也。云何爲人演說？不取於相，如如不動。諸法性空，假立名字，假名之下，無相可求。故說法之人不應取相。夢中占夢，豈有相耶？如義無相，故無去來，今說不取相，則如彼如矣。何以故？一切有□□，□□□泡□，如露亦如□，應作如是觀。無爲中道，畢竟清淨，說不取相，則如彼如。若一切法中，作有爲解，如彼夢幻，非究竟法，作如是觀，應不取相。

佛說是經已，長老須菩提，及諸比丘、比丘尼，優婆塞、優婆夷，一切世間天、人、阿脩羅，聞佛所說，皆□□□，□受奉行。聞甚□□歡喜□□。

注金剛般若波羅蜜經

右經開二十三乙亥之歲，六月三日，都釋門威儀僧思有表請，至九月十五日經出，合城具法儀，於通洛門奉迎。其日表賀，便請頒示天下，寫本入藏，宣付史官。其月十八日，於敬愛寺設齋慶讃，兼請中使王公宰相百□□□□□□。

開元□三年十月□□，書手臣張若芳用小麻紙三十五張，校書郎坦初校，校書郎韓液再校，正字李希□三校，□□□□陳善□典書臣□令惲典，秘書郎臣盧倬掌，朝散大夫、守秘書監、上柱國、平鄉縣開國男臣宋昇監，□□□□□□□□□□□國公臣李道□□光禄大□□□監，同□□上柱國、汝陽郡王臣摠淳監。

天寶元年八月十五日立

校勘記

〔一〕「地」，底本缺，據文意補。

〔二〕「見」，底本作「法」，據文意改。

〔三〕「如來得阿耨多羅」，底本缺，據校本補。

〔四〕「體無相」，底本缺，據校本補。

〔五〕「無爲法中，本無差別，三乘賢聖」，底本缺，據校本補。

〔六〕「未悟則量病授藥，故常説法；已」，底本缺，據校本補。

〔七〕「珎異三千皆滿」，底本缺，據校本補。

〔八〕「之福施廣增多。何以故」，底本缺，據校本補。

〔九〕「福雖因施，不趣菩提。持經之功」，底本缺，據校本補。

〔一〇〕「除煩惱障，是真福德，故勝於彼」，底本缺，據校本補。

〔一一〕「故稱佛。法由教立」，底本缺，據校本補。

〔一二〕「豈但即非佛法」，底本缺，據校本補。

〔一三〕「香、味、觸、法，是名」，底本缺，據校本補。

〔一四〕「名一往來，而實無」，底本缺，據校本補。

〔一五〕「是人不起得果之念。何以故？阿那含」，底本缺，據校本補。

〔一六〕「須菩提言」至「實無有。」，底本缺，據校本補。

〔一七〕「作是念」至「無諍」，底本缺，據校本補。

〔一八〕「善吉樂阿蘭行」至「最爲超」，底本缺，據校本補。

〔一九〕「三界煩惱，逐境愛累，是名爲欲」，底本缺，據校本補。

〔二〇〕「我不作是」，底本缺，據校本補。

〔二一〕「我是離欲阿羅漢」至「世尊則不説」，底本缺，據校本補。

〔二二〕「道，即成著我」，底本缺，據校本補。

〔二三〕「而名」，底本缺，據校本補。

〔二四〕「行」，底本缺，據校本補。

〔二五〕「□行無行，是了空相」，底本缺，據校本補。

〔二六〕「故」，底本缺，據校本補。

〔二七〕「記」，底本缺，據校本補。

〔二八〕「何？菩薩莊」，底本缺，據校本補。

〔二九〕「佛土不？菩薩修持淨土行業，見有淨土」，底本缺，據校本補。

〔三〇〕「不」，底本缺，據校本補。

〔三一〕「何以故？莊嚴」，底本缺，據校本補。

〔三二〕「住聲、香」，底本缺，據校本補。

〔三三〕「修習者故，不取莊嚴之相，應」，底本缺，據校本補。

〔三四〕「淨故，不住於色及聲、香等」，底本缺，據校本補。

〔三五〕「清」，底本缺，據校本補。

〔三六〕「於無所住」，底本缺，據校本補。

〔三七〕「大」，底本缺，據校本補。

〔三八〕「身相空」，底本缺，據校本補。

〔三九〕「不應起心取相，以」，底本缺，據校本補。

〔四〇〕「之問。須」，底本缺，據校本補。

〔四一〕「多不？以」，底本缺，據校本補。

〔四二〕「沙而數於河，河中之沙」，底本缺，據校本補。

〔四三〕「此之數，爲多不耶」，底本缺，據校本補。

〔四四〕「慧解；章句雖少」，底本缺，據校本補。

〔四五〕「趣」，底本缺，據校本補。

〔四六〕「校量，故無等級」，底本缺，據校本補。

〔四七〕「復」，底本缺，據校本補。

〔四八〕「勝有人」，底本缺，據校本補。

〔四九〕「此云經典所在之霧，則」，底本缺，據校本補。

〔五〇〕「法在人，則爲有佛，少有」，底本缺，據校本補。

〔五一〕「由」，底本缺，據校本補。

〔五二〕「佛言：世尊」，底本缺，據校本補。

〔五三〕「宣是義，故」，底本缺，據校本補。

〔五四〕「正智，喻如金剛，破煩惱障」，底本缺，據校本補。

〔五五〕「故，以是名字，無量」，底本缺，據校本補。

〔五六〕「何？須菩提」，底本缺，據校本補。

〔五七〕「般若法，差煩惱病，煩惱」，底本缺，據校本補。

〔五八〕「不解空義，惟此般若，亦成」，底本缺，據校本補。

〔五九〕「前云則非般若，未明所」，底本缺，據校本補。

〔六〇〕「非，故卻質此疑，以通前義」，底本缺，據校本補。

〔六一〕「提白佛言」，底本缺，據校本補。

〔六二〕「如來無所」，底本缺，據校本補。

〔六三〕「尚應捨，昧於斯道」，底本缺，據校本補。

〔六四〕「知。故於此二夜□，我都無所說。須菩提，於意」，底本缺，據校本補。

〔六五〕「世尊」至「是名」，底本缺，據校本補。

〔六六〕「散彼世界，以爲微塵。於彼塵中，本」，底本缺，據校本補。

〔六七〕「於此世界」至「是名世界」，底本缺，據校本補。

〔六八〕「不？不也」至「何以故」，底本缺，據校本補。

〔六九〕「即是非相」至「以恒河沙」，底本缺，據校本補。

〔七〇〕「命布施」至「四句偈等」，底本缺，據校本補。

〔七一〕「報，尚有輪迴；少能受持是」，底本缺，據校本補。

〔七二〕「滅。校量其福，持經甚多」，底本缺，據校本補。

〔七三〕「尒時」至「希有」，底本缺，據校本補。

〔七四〕「如是」，底本缺，據校本補。

〔七五〕「空亦遣，是名中道，故未曾聞。善」，底本缺，據校本補。

〔七六〕「來，故涕淚」至「當知」，底本缺，據校本補。

〔七七〕「信不」，底本缺，據校本補。

〔七八〕「以般若」至「如是」，底本缺，據校本補。

〔七九〕「去聖」至「是人」，底本缺，據校本補。

〔八〇〕「右，故云第一」，底本缺，據校本補。

〔八一〕「何以故？此人」，底本缺，據校本補。

〔八二〕「一切諸相，則名諸佛」，底本缺，據校本補。

〔八三〕「何以故？須菩提，如來」，底本缺，據校本補。

〔八四〕「流已」，底本缺，據校本補。

〔八五〕「何」，底本缺，據校本補。

〔八六〕「也。人」，底本缺，據校本補。

〔八七〕「我忍，以」，底本缺，據校本補。

〔八八〕「人」，底本缺，據校本補。

〔八九〕「誰辱忍耶？何以故？須」，底本缺，據校本補。

〔九〇〕「壽者相，應生嗔恨。前舉割截」，底本缺，據校本補。

〔九一〕「多起貪嗔」，底本缺，據校本補。

〔九二〕「瞭」，底本缺，據校本補。

〔九三〕「預其間乎」，底本缺，據校本補。

〔九四〕「念過去」，底本缺，據校本補。

〔九五〕「須菩提，菩薩應離一切相，發」，底本缺，據校本補。

〔九六〕「已來，明無相降住之義」，底本缺，據校本補。

〔九七〕「無住，乃是菩薩發心。況於菩」，底本缺，據校本補。
〔九八〕「亦」，底本缺，據校本補。
〔九九〕「著諸相故」至「夫無所住」，底本缺，據校本補。
〔一〇〇〕「而」，底本缺，據校本補。
〔一〇一〕「有所住也」至「非謂別」，底本缺，據校本補。
〔一〇二〕「文云」，底本缺，據校本補。
〔一〇三〕「布施。菩薩住相布施，未名懸解，衆生欲求」，底本缺，據校本補。
〔一〇四〕「亦難乎？故菩薩用心，應如是不住相」，底本缺，據校本補。
〔一〇五〕「如來所」，底本缺，據校本補。
〔一〇六〕「等一切諸相」，底本缺，據校本補。
〔一〇七〕「念尒」，底本缺，據校本補。
〔一〇八〕「本」，底本缺，據校本補。
〔一〇九〕「故非」，底本缺，據校本補。
〔一一〇〕「語」，底本缺，據校本補。
〔一一一〕「語」，底本缺，據校本補。
〔一一二〕「如語者」至「無我人」，底本缺，據校本補。
〔一一三〕「無住」至「不生」，底本缺，據校本補。
〔一一四〕「實，故因」至「須菩提」，底本缺，據校本補。
〔一一五〕「法」，底本缺，據校本補。
〔一一六〕「虛，虛」，底本缺，據校本補。
〔一一七〕「亦盡。故」，底本缺，據校本補。
〔一一八〕「實」，底本缺，據校本補。
〔一一九〕「人入闇」至「則不」，底本缺，據校本補。
〔一二〇〕「無相之義，是無明慧，故」，底本缺，據校本補。
〔一二一〕「入暗無」，底本缺，據校本補。
〔一二二〕「見也」，底本缺，據校本補。
〔一二三〕「若菩薩心不住法而行」，底本缺，據校本補。
〔一二四〕「明照，見種種色」，底本缺，據校本補。

〔一二五〕「須菩」，底本缺，據校本補。

〔一二六〕「之世」至「人，悉」，底本缺，據校本補。

〔一二七〕「就無量無邊功德」，底本缺，據校本補。

〔一二八〕「須菩提」至「身布」，底本缺，據校本補。

〔一二九〕「千萬億劫」至「受持」，底本缺，據校本補。

〔一三〇〕「誦，爲人」至「其可量乎」，底本缺，據校本補。

〔一三一〕「有不可思議、不可稱量無邊功德。以要」，底本缺，據校本補。

〔一三二〕「得其淺深，稱量得其」，底本缺，據校本補。

〔一三三〕「功」，底本缺，據校本補。

〔一三四〕「人」，底本缺，據校本補。

〔一三五〕「如來悉知是人，悉見」，底本缺，據校本補。

〔一三六〕「皆得成就不可」，底本缺，據校本補。

〔一三七〕「大乘」，底本缺，據校本補。

〔一三八〕「悉」，底本缺，據校本補。

〔一三九〕「是人深達般若」至「成就功德」，底本缺，據校本補。

〔一四〇〕「故？須菩提，若樂小」，底本缺，據校本補。

〔一四一〕「深」，底本缺，據校本補。

〔一四二〕「人、阿修羅所」，底本缺，據校本補。

〔一四三〕「當知此處，則」，底本缺，據校本補。

〔一四四〕「土生」，校本作「出入」。

〔一四五〕「聲」，底本缺，據校本補。

〔一四六〕「若善男子、善女人」，底本缺，據校本補。

〔一四七〕「讀誦此經，若爲人」，底本缺，據校本補。

〔一四八〕「夫業若先之」至「聞是章句」，底本缺，據校本補。

〔一四九〕「況此經，佛爲」，底本缺，據校本補。

〔一五〇〕「最上乘者説」至「將如」，底本缺，據校本補。

〔一五一〕「無空過者」至「所到也」，底本缺，據校本補。

〔一五二〕「人，於後末世」，底本缺，據校本補。

〔一五三〕「發，故」，底本缺，據校本補。

〔一五四〕「時能持經者，功德甚多，以」，底本缺，據校本補。

〔一五五〕「昔」，底本缺，據校本補。

〔一五六〕「校」，底本缺，據校本補。

〔一五七〕「其」，底本缺，據校本補。

〔一五八〕「乃至千萬億分功歷」，底本缺，據校本補。

〔一五九〕「須菩提」，底本缺，據校本補。

〔一六〇〕「善女人於後」，底本缺，據校本補。

〔一六一〕「悟則獲」，底本缺，據校本補。

〔一六二〕「卒」，底本缺，據校本補。

〔一六三〕「狂」，底本缺，據校本補。

〔一六四〕「果報亦不可」，底本缺，據校本補。

〔一六五〕「心」，底本缺，據校本補。

〔一六六〕「首章」，底本缺，據校本補。

〔一六七〕「發」，底本缺，據校本補。

〔一六八〕「住之義，今恐菩薩存我發心，能作如是降住」，底本缺，據校本補。

〔一六九〕「此重破」，底本缺，據校本補。

〔一七〇〕「菩薩發心，來問雖同，往明則異」，底本缺，據校本補。

〔一七一〕「相」，底本缺，據校本補。

〔一七二〕「一」，底本缺，據校本補。

〔一七三〕「滅度者。但滅妄」，底本缺，據校本補。

〔一七四〕「空亦捨，反」，底本缺，據校本補。

〔一七五〕「於」，底本缺，據校本補。

〔一七六〕「吾」，底本缺，據校本補。

〔一七七〕「無之法，法空也實，無發」，底本缺，據校本補。

〔一七八〕「無」，底本缺，據校本補。

〔一七九〕「正觀如此，是名菩薩」，底本缺，據校本補。

〔一八〇〕「有」，底本缺，據校本補。

〔一八一〕「云」，底本缺，據校本補。

〔一八二〕「所」，底本缺，據校本補。

〔一八三〕「欲斷此疑」，底本缺，據校本補。
〔一八四〕「於」，底本缺，據校本補。
〔一八五〕「於」，底本缺，據校本補。
〔一八六〕「得」，底本缺，據校本補。
〔一八七〕「於然燈佛所」，底本缺，據校本補。
〔一八八〕「明」，底本缺，據校本補。
〔一八九〕「無所得故」，底本缺，據校本補。
〔一九〇〕「發心」，底本缺，據校本補。
〔一九一〕「而得」，底本缺，據校本補。
〔一九二〕「善吉之言是」，底本缺，據校本補。
〔一九三〕「問之無得」，底本缺，據校本補。
〔一九四〕「如來得」，底本缺，據校本補。
〔一九五〕「有」，底本缺，據校本補。
〔一九六〕「授記，作是」，底本缺，據校本補。
〔一九七〕「如」，底本缺，據校本補。
〔一九八〕「生法」，底本缺，據校本補。
〔一九九〕「常見」，底本缺，據校本補。
〔二〇〇〕「有」，底本缺，據校本補。
〔二〇一〕「耶」，底本缺，據校本補。
〔二〇二〕「證」，校本作「行」。
〔二〇三〕「性」，底本缺，據校本補。
〔二〇四〕「性」，底本缺，據校本補。
〔二〇五〕「無」，底本缺，據校本補。
〔二〇六〕「之相，遂通於感物得」，底本缺，據校本補。
〔二〇七〕「既如陰如」，底本缺，據校本補。
〔二〇八〕「亦」，底本缺，據校本補。
〔二〇九〕「皦」，底本缺，據校本補。
〔二一〇〕「悟」，底本缺，據校本補。
〔二一一〕「佛果;了」，底本缺，據校本補。
〔二一二〕「寂」，底本缺，據校本補。
〔二一三〕「無」，底本缺，據校本補。
〔二一四〕「於有法而得是耶」，底本缺，據校本補。
〔二一五〕「得阿耨多羅三」，底本缺，據校本補。
〔二一六〕「言，即」，底本缺，據校本補。
〔二一七〕「義」，底本缺，據校本補。

〔二一八〕「約諸法如義，則如來必不於有得法中得菩提也」，底本缺，據校本補。

〔二一九〕「提，如來所得阿」，底本缺，據校本補。

〔二二〇〕「三藐三菩提，於是」，底本缺，據校本補。

〔二二一〕「此又」，底本缺，據校本補。

〔二二二〕「云以」，底本缺，據校本補。

〔二二三〕「法」，底本缺，據校本補。

〔二二四〕「乃」，底本缺，據校本補。

〔二二五〕「亦無」，底本缺，據校本補。

〔二二六〕「超」，底本缺，據校本補。

〔二二七〕「於如故」，底本缺，據校本補。

〔二二八〕「皆佛」，底本缺，據校本補。

〔二二九〕「言一切」，底本缺，據校本補。

〔二三〇〕「非」，底本缺，據校本補。

〔二三一〕「法，是故明」，底本缺，據校本補。

〔二三二〕「即」，底本缺，據校本補。

〔二三三〕「生，假名」，底本缺，據校本補。

〔二三四〕「賅」，底本缺，據校本補。

〔二三五〕「大身。人身」至「是名大身」，底本缺，據校本補。

〔二三六〕「離假合之身」至「豈復别」，底本缺，據校本補。

〔二三七〕「耶」，底本缺，據校本補。

〔二三八〕「生」，底本缺，據校本補。

〔二三九〕「無」，底本缺，據校本補。

〔二四〇〕「名爲菩」，底本缺，據校本補。

〔二四一〕「五聚蔭」，底本缺，據校本補。

〔二四二〕「實無」，底本缺，據校本補。

〔二四三〕「名爲菩薩。是故佛説」，底本缺，據校本補。

〔二四四〕「前」，底本缺，據校本補。

〔二四五〕「於」，底本缺，據校本補。

〔二四六〕「無相」，底本缺，據校本補。

〔二四七〕「應言我度衆」，底本缺，據校本補。

〔二四八〕「無相」，底本缺，據校本補。

〔二四九〕「應莊嚴於佛土。何以」，底本缺，據校本補。

〔二五〇〕「來説莊」，底本缺，據校本補。

〔二五一〕「土者，即非莊嚴，是」，底本缺，據校本補。

〔二五二〕「土」，底本缺，據校本補。

〔二五三〕「忘」，底本缺，據校本補。

〔二五四〕「四相，不取六塵，能如此者，則不應計」，底本缺，據校本補。

〔二五五〕「淨度、可莊嚴，通達若斯，是真道心衆生矣也」，底本缺，據校本補。

〔二五六〕「須菩提」，底本缺，據校本補。

〔二五七〕「何？如來有肉眼不？如是，世尊」，底本缺，據校本補。

〔二五八〕「如」，底本缺，據校本補。

〔二五九〕「慧眼。依之發慧，了一切相，故云慧眼。須菩提」，底本缺，據校本補。

〔二六〇〕「然彼衆相，成我」，底本缺，據校本補。

〔二六一〕「對無礙」至「因能觀之用」，底本缺，據校本補。

〔二六二〕「斯異號」至「非謂」，底本缺，據校本補。

〔二六三〕「常」，底本缺，據校本補。

〔二六四〕「如」，底本缺，據校本補。

〔二六五〕「恒河」，底本缺，據校本補。

〔二六六〕「所有沙」至「所有」，底本缺，據校本補。

〔二六七〕「悉知」至「如來説」，底本缺，據校本補。

〔二六八〕「物相力，逐境」，底本缺，據校本補。

〔二六九〕「唯」，底本缺，據校本補。

〔二七〇〕「須菩提」，底本缺，據校本補。

〔二七一〕「可」，底本缺，據校本補。

〔二七二〕「見在心不可得，未來心不可」，底本缺，據校本補。

〔二七三〕「以三世」，底本缺，據校本補。

〔二七四〕「生」，底本缺，據校本補。

〔二七五〕「求」，底本缺，據校本補。

〔二七六〕「可」，底本缺，據校本補。

〔二七七〕「又遣破」，底本缺，據校本補。

〔二七八〕「之」，底本缺，據校本補。

〔二七九〕「用」，底本缺，據校本補。

〔二八〇〕「疲」，底本缺，據校本補。

〔二八一〕「容」，底本缺，據校本補。

〔二八二〕「求皆」，底本缺，據校本補。

〔二八三〕「千大千世界七寶以用布施，是人以」，底本缺，據校本補。

〔二八四〕「酬」，底本缺，據校本補。

〔二八五〕「説得福德多」，底本缺，據校本補。

〔二八六〕「無故」至「德性」，底本缺，據校本補。

〔二八七〕「果」，底本缺，據校本補。

〔二八八〕「七寶既盡，假名所獲，亦」，底本缺，據校本補。

〔二八九〕「緣」，底本缺，據校本補。

〔二九〇〕「福」，底本缺，據校本補。

〔二九一〕「如」，底本缺，據校本補。

〔二九二〕「何」，底本缺，據校本補。

〔二九三〕「於意云何」至「如來不應」，底本缺，據校本補。

〔二九四〕「見。色爲有分，身假」，底本缺，據校本補。

〔二九五〕「具足色身，分分假合故」至「非身之」，底本缺，據校本補。

〔二九六〕「身。若以色」，底本缺，據校本補。

〔二九七〕「見」，底本缺，據校本補。

〔二九八〕「如來不應」至「是名諸」，底本缺，據校本補。

〔二九九〕「以一」，底本缺，據校本補。

〔三〇〇〕「念，我」，底本缺，據校本補。

〔三〇一〕「彼筏」，底本缺，據校本補。

〔三〇二〕「無」，底本缺，據校本補。

〔三〇三〕「思惟」，底本缺，據校本補。

〔三〇四〕「無乏」，底本缺，據校本補。

〔三〇五〕「是人」，底本缺，據校本補。

〔三〇六〕「與我」，底本缺，據校本補。

〔三〇七〕「法之謗尒」，底本缺，據校本補。

〔三〇八〕「忘」，底本作「妄」，據文意改。
〔三〇九〕「辯空」，底本缺，據校本補。
〔三一〇〕「所得耶？前云無法」，底本缺，據校本補。
〔三一一〕「須」，底本缺，據校本補。
〔三一二〕「法。若有少法，不名」，底本缺，據校本補。
〔三一三〕「爲」，底本缺，據校本補。
〔三一四〕「法」，底本缺，據校本補。
〔三一五〕「得，而」，底本缺，據校本補。
〔三一六〕「感」，底本缺，據校本補。
〔三一七〕「高下」，底本缺，據校本補。
〔三一八〕「無餘」，底本缺，據校本補。
〔三一九〕「於」，底本缺，據校本補。
〔三二〇〕「義。以」，底本缺，據校本補。
〔三二一〕「稱，若存中法，不異」，底本缺，據校本補。
〔三二二〕「聖人」，底本缺，據校本補。
〔三二三〕「空」，底本缺，據校本補。
〔三二四〕「破」，底本缺，據校本補。
〔三二五〕「羅蜜」，底本缺，據校本補。
〔三二六〕「重」，底本缺，據校本補。
〔三二七〕「此義，將」，底本缺，據校本補。
〔三二八〕「平等故」，底本缺，據校本補。
〔三二九〕「生本空，有」，底本缺，據校本補。
〔三三〇〕「説有我」，底本缺，據校本補。
〔三三一〕「曉」，底本缺，據校本補。
〔三三二〕「順俗」，底本缺，據校本補。
〔三三三〕「是名凡夫」，底本缺，據文義補。
〔三三四〕「未」，底本缺，據校本補。
〔三三五〕「乘」，底本缺，據校本補。
〔三三六〕「十二」，底本缺，據校本補。
〔三三七〕「觀。須」，底本缺，據校本補。
〔三三八〕「亦」，底本缺，據校本補。
〔三三九〕「應以三十二」，底本缺，據校本補。
〔三四〇〕「見」，底本缺，據校本補。
〔三四一〕「邪」，底本缺，據校本補。
〔三四二〕「見如」，底本缺，據校本補。
〔三四三〕「色」，底本缺，據校本補。

〔三四四〕「色」，底本缺，據校本補。
〔三四五〕「住」，底本缺，據校本補。
〔三四六〕「如來」，底本缺，據校本補。
〔三四七〕「恐」，底本缺，據校本補。
〔三四八〕「作無相求」，底本缺，據校本補。
〔三四九〕「所不化。今者捨有而滯」，底本缺，據校本補。
〔三五〇〕「由」，通「猶」。
〔三五一〕「避溺而投火也」，底本缺，據校本補。
〔三五二〕「菩提」，底本缺，據校本補。
〔三五三〕「若作」，底本缺，據校本補。
〔三五四〕「莫作」，底本缺，據校本補。
〔三五五〕「道」，底本缺，據校本補。
〔三五六〕「斷一切行」，底本缺，據校本補。
〔三五七〕「是念也。何以故？發」，底本缺，據校本補。
〔三五八〕「多羅」，底本缺，據校本補。
〔三五九〕「滿恒河沙等世」，底本缺，據校本補。
〔三六〇〕「七」，底本缺，據校本補。
〔三六一〕「若復」，底本缺，據校本補。
〔三六二〕「彼」，底本缺，據校本補。

（肖自强整理）

〇二二四

御注金剛般若波羅蜜經宣演

御注金剛般若波羅蜜經宣演卷上[一]

勑隨駕講論沙門道氤集

稽首善逝大仙雄　智断慈悲衆德備
演説金剛清浄句　理深功妙福難思
稽首□時能發請　具壽觀空善現尊
補處極喜与明增　開釋此教諸菩薩
今爲自他生福恵　仏種不断法流通
採集□義贊真文　願以威神見加護

叙曰：真際寥廓，理絶□□□覺杳冥，本亡言論。而起説於無説之域，立名於不名之境者，寔由昏衢未曉，見海長論，將以燈炬，幽關津航，庶品教之興也，其功大哉！况般若，諸仏之母；金剛，難壞之句。括衆部以獨立，冠羣經而迥翥。三問九喻，終始發明；八執五邪，心言蕩滅。護念付囑，道豈虚行者歟！

大唐開元中，歲次大泉獻，□□皇帝御天下之廿十三載，四門允穆，百揆時叙。至化洽於无垠，玄風昌於有截。迺凝睿思，暢述儒道。仍懷妙覺，注訣斯經。直照精微，洞開秘密。□□天章發耀，仏日增輝。映千古以首出，超百王以垂範。既而雄都上京，刊勒金石。溥天率土，班宣句味。洗生靈之耳目，裂魔著之籠樊。曠刼未逢，今兹何幸！

氤卧病林藪，杜跡弥年。伏覽聖謨，載懷抃躍。旋荷□□明詔，濫預弘揚。力課疲朽之餘，虔敷幽奥之賾。才微任重，覆餗增尤。處座之辰，詎忌詞費。竊惟君唱臣和，絲發輪行，若不廣引教文，何以委明注意。是用提撕衆論，對會六經。適自脣吻，彰乎翰墨。頓犀象而輸牙角，括川澤而薦珠琭。所以附贊□□天文，所以莊嚴義府。涓波赴海，豈益洪溟之深？螢爝呈光，未助太陽之景。恭申罔極，俯効忠勤者也。

開釋經題。注分爲四：一釋喻，即金剛真寶，能碎堅積；二釋智，即般若正智，能破煩惱；三辯德，即无住无取，證波羅而捨筏，即色即空，契菩提於中道；四釋經，即如是降伏，可以稱常，故言「金剛般若波羅蜜經」。

贊揚經注，略啓五門：一叙教興由，二明經體性，三攝歸宗旨，四所被根宜，五依文正解。教興由致，曲作兩門：初叙教興意，後傳譯年代。初中復二：先依論釋，後惣料簡。

依論釋者，无著菩薩釋三問意。《論》云：何故上座須菩提，發斯問耶？有六因緣。且一部宗旨，在乎三問。善現爲發教之主，既有斯意，世尊順問而答，其意必同故。六緣即教興意。其六者何？

《論》云：爲断疑故，爲起信解故，爲入甚深義故，爲不退轉故，爲生歡喜故，爲正法久住故。即是般若波羅蜜，令仏種不斷。云何以此令仏種不斷耶？若有疑者，得斷疑故。有樂福德而心未成熟諸菩薩等，聞多福德，於般若波羅蜜起信解故。已成熟心者，入甚深義故。已得不輕賤者，由貪受持脩行。有多功德，不復退轉故。已得順攝及浄心者，於法自入及見生歡喜故，能令未來世，大乘教久住者故。

演曰：初五爲利樂衆生，後一爲正法久住。前五之中，初二仏法外人，以有疑惑，不生定信。次二已入仏法者，雖欣正法，未解進脩。後一已進脩者，未能證達。由教但爲未解者解，未度者度。若已證悟，言教都亡。是故此中爲令衆生，不信者信，未脩者脩，未達者達。

然此六因，攝爲三對：初二除疑起信對，次二生智攝福對，後二悟理與教對。又前前因，能引後後，由疑断故信解生，信解生故入深法，入深法故不退轉，不退轉故生歡喜，歡喜故法久住，其配位地，至文當釋。

又依功德施菩薩《論》云：仏所説法，咸歸

二諦：一者俗諦，二者真諦。俗諦者，謂諸凡夫、聲聞、獨覺、菩薩、如來乃至名義智境，業果相屬。

演曰：俗諦之中，人法不同。人中凡聖，聖中三乘，大乘因果，如是差別。法中能詮所詮、能緣所緣、能感所感，各相繫屬，是謂俗諦。《論》又云：真諦者，謂即於此都无所得。如説第一義，非智之所行。何况文字。乃至无業、无業果是[二]諸聖種性。

《論》釋二諦已，次屬當。經云：是故此般若中，説不住相佈施，一切法无相，不可取、不可説，生法无我、无所得、无能證、无成就、无來、无去等，此釋真諦。又説内外世間、出世間，一切法相，及諸功德。此建立俗諦，如是應知。

演曰：六塵外、五眼内、色外心内衆生、器爲世間，无漏、无爲爲出世間。惣説此等，名一切法相，所有校量身命、資財、持經福等，及諸功德。《論》意衆生不識二諦，常處沉淪，爲令衆生識達二諦，發生勝智，當得解脱。如有頌言：非不見真如，而能了諸行。皆如幻事[三]等，雖有而非真。

由觀勝義，而生正智，以悟真空；由達世俗，發生後得，而知緣起。略有六對：理智、事智，一切智、一切種智，如睡夢覺智、如蓮花開智，空智、有智，自利智、利他智，如所有智、盡所有智。諸仏菩薩无量功德，二智爲本。因識真俗，有此智生。是故説經，令悟二諦。又由證真故，生智而不住生死；由悟俗故，興慈而不住涅槃。成[四]無住處涅槃資粮，永出二乘，利樂无盡，故説經也。

上依《論》釋。

次惣料簡者，无著菩薩，依教起行；功德施《論》，依境生智。各據一義，亦不相違。然惣參詳，經之与《論》，起一至六，攝意周盡。言一意者，爲令仏種不断絶故。无著菩薩惣結六因云：即是般若波羅蜜，令仏不斷。此意，若翻六因，疑不信〔五〕等，勝智不生，妙理不顯，仏種永断。由説經故，除疑生信，入法不退，歡喜弘通，當成正覺，故云仏種不断。

言二意者，即向《論》説二諦者是。

開爲三者。一爲悟教理之深微，二爲起断脩之妙行，三爲識果德之真化。初門復二，初教深，後理妙。言教深者，仏説般若波羅蜜，即非般若波羅蜜。一切諸仏，從此經生。須菩提深解義趣，涕淚悲泣，我從昔來，所得恵眼，未曾得聞如是之經。无著《論》云：令大乘教，久住於世。由斯廣讃，持説功德，勝以无量身、財布施，令知教深。其福勝大，專心受學。言理妙者，爲顯真如无相、法身究竟之理。雖説真理，不壞俗諦。故功德施《論》，依經製名，由破取著，得入真諦；不壞假名，悟達俗諦。《廣百論》第十云：然仏所説，无不甚深，二諦法門，㝡爲難測。《唯識論》云：撥无二諦，是惡取空，諸仏説爲不可治者。由此有云，《般若經》説一切空者，非盡理也。

二，起断脩之妙行，亦分〔六〕爲二：初所断，後所脩。言所断者，欲入仏法，以信爲先。猶預懷疑，障生浄信。依初入法，論説断疑，理實此經兼断餘障。障有二種：煩惱、所知。尋其根源，二執爲本。此經正除我、法二執，根本既盡，支末随亡。如經，若有我、人、衆生、壽者相，即非菩薩等，是除我執。无法相，亦无非法相等，是除法執。又障有三，即三雜染。我於往昔節節支解時，若有我相、人相、衆生相、壽者相，應生嗔恨等，除煩惱障。善男子、善女人，受持讀誦此經，爲人輕賤，先世罪業即爲消滅等，除其業障。當知是經義不可思議，果報亦不可思議等，是除報障。又准《寶性論》，障有四種：一闡提不信，二外道著我，三聲聞畏苦，四縁覺捨心。今於經中，随文取義，具除四障。如經，一念浄信，曾於多仏，久種善根，信心清浄，則生實相等，皆除〔七〕初障。是故《論》云：有樂福德而心未成熟諸菩薩等，聞多福德，於般若波羅蜜起信解故。上下經文，説无我等，除第二障。忍辱波羅蜜，即非忍辱波羅蜜等，《論》中判爲忍苦住處，除第三障。廣大第一常，其心不顛倒等，四恩之心，除第四障。若樂小法者，則於此〔八〕經不能聽〔九〕受讀誦，爲人解説等，及无住涅槃文，通除後二。又依无著菩薩，八住處中，攝彼十二，爲離障导，一一對除，謂少聞等，故爲除障，而説斯經。

二，所脩者，萬行雖殊，不過六度。世親《論》云：檀度攝於六〔一〇〕，資生无畏法，此中一二三，名爲脩行住。又捨身財等爲檀。後五百歲，持戒脩福等爲戒。又離一切相等爲攝律儀戒。脩一切善法，得阿耨菩提等爲攝善法戒。爲利益一切衆生等爲攝衆生戒。是三聚浄戒，亦《瑜伽》厭有爲等三種發心，爲三德因，是名爲戒。忍辱可知。五百世中，長時脩習，是爲精進。前後諸文，所脩觀行，《論》判以爲三摩跋提、毗鉢舍那等，是爲定恵，六度圓滿。《大經》寂後六明〔一一〕度，此略舉標〔一二〕，明无相脩，引生後故。

三，爲識果德之真化者，善現三問，雖在因中，因必有趣，謂〔一三〕無上果。色聲求我，不見如來，是真法身。行住坐卧，是應化身。應化非真仏，亦非説法者，令識化身，求趣真仏。又《功德施論》釋：云何住者，於何相果，心住願求？云何脩行者，當脩何行而得其果？云何降伏者，降伏等心，使因清浄？諸法先因而後果，何故先説果？先讚果德，令彼欣求而脩因故。无著菩薩，中間三因，理包行果。其二諦境，通在果因。上三意訖。

開爲四者：一爲令聞无説至教，二爲令知无生勝理，三爲令脩无得〔一四〕妙行，四爲令得无爲極果。具如經，應尋引之。若開五意，前四更加爲令攝得无相妙福。言六意者，即《論》六因，或即於前三意之中，各開爲二：一者教，二理，三斷，四脩，五真，六化。故依經、《論》惣意，欲令除疑断障，生信起行，識真俗理，攝福惠德，證法身果，仏種不断，斯經起也。

明傳譯年代者，自漢明感夢，摩騰振錫，世高赴洛之後，僧會遊吴之前，微言雖被扵中州，茲典未流扵震域。始從符秦之日，暨乎□□皇運之年，通應有期，凡經六譯：第一，後秦弘始四年，鳩摩羅什法師扵長安草堂寺譯，十一紙。名舍衛國。第二，元魏天平二年，菩提流支三藏扵洛陽譯，十四紙。名婆伽婆，扵時並譯《天親菩薩論》三卷、《金剛仙記》十卷。第三，陳太康元年，真諦三藏扵南朝譯，十五紙。名祇陁樹林，并出《本記》四卷。第四，隋開皇十年，達摩笈多譯，十六紙。名《剛断割》，並譯《无著菩薩論》兩卷。第五，大唐三藏玄奘法師，貞觀年扵玉華宫譯，十八紙。名《能断金剛》；又有三藏地婆訶羅，此云日照，譯《功德施菩薩論》兩卷。第六，大周義浄三藏，聖曆二年扵仏授記寺譯，十二紙。亦云《能断金剛》，文云，薄伽梵在名稱大城，戰勝林等，並再譯《世親菩薩論》三卷。前後傳燈，異代俱美。文雖少別，法寶无差。良由所得梵本，互有不同，或[一五]翻之人廣略有異。遞相參照，理義思圓。若乃經、《論》合舉，則周、魏各分。唐梵不虧，則貞觀㝡偹。至扵文約義著，當根赴緣，書寫盛扵寰區，持誦周扵道俗者，期惟舍衛國乎！聖禮光輝，諒在茲矣！故今用隋、魏之《論》，附姚秦之經。

問：經本可知諸家論，請申作者。

答：仏滅度後九百年中，无著，初地之聖人，世親，煗頂之高士，俗則昆季，法乃師資，各製論文，讚弘此典。然《金剛仙記》判《世親論》云，長行是彌勒菩薩爲无障㝵菩薩説，无障礙㝵轉授世親，世親後尋經論意，更作偈頌，廣興問答，以釋此經者，不然。衆論之作，偈頌爲主，長行釋之，豈有先釋後偈，亦猶子先父後。又尋長行，屢牒偈文，豈補處慈尊，引地前菩薩偈頌爲證，故不可依。今據慈恩三藏等所傳，八十行誦是弥勒菩薩造，西方具有傳記。

若爾，何故義浄三藏譯論題云，无著造頌，

世親作釋？

答：偈頌定是慈尊所説，以授无著，无著傳授世親。世親得之，造長行釋。故彼《論》初歸敬頌云：大智通達教我等，歸命无量功德身。應當敬彼如是等，頭面禮足而頂戴。即是通敬本論大師及傳授者。而後《論》本題云无著造者，據傳授説，亦不相違。

問：慈尊造頌，理爲准的，因何无著更自造論，別起異端？

答：法歸分別，理有多途。前論所无，更補其闕。尋文雖異，據理不差。待至釋文，一一通會。若唯依无著，斷疑之旨未明；必獨天親，行位之門盖闕。兼而雙辯，類曦舒之合耀，或乃偏弃，惜珠寶之不全。勿怖廣聞，當勤勉勵。其《功德施論》依附天親，時有異釋，不乖於本。

惣是第一，教興門訖。

第二，明經體性者，先體後性，出諸教體，凡有五重：

一，能詮性用體。名詮自性，句詮差別，文即是字，爲二所依。此三依聲假實合明，聲、名、句、文，四法爲體。《十地論》説：説者、聽者，皆以二事而得究竟。一者善聲，二者善字。（字爲所依，亦攝名句。）《成唯識》云：此三離聲雖无別體，而假實異，亦不即聲。由此法、詞二无㝵解，境有差別，法緣名等，詞緣於聲。

二，隱假談實體。雖名句文，約用假立，然无別體，不離於聲。但説聖教，聲爲體性，故《對法》有成所引聲，不説名等爲成所引。《唯識》亦云：若名句文，離聲實有，應如色等，非實能詮。

三，能所詮顯體。《瑜伽》八十一，出契經體，略有二種，一文，二義。由能詮文，義得顯等。此體合取能詮、所詮，聖教必有所詮義故。

四，攝法從心體。《花嚴》等説：三界唯心。又契經説：諸識所緣，唯識所現。《論》説：心、心所、色、不相應行及諸无爲，皆不離心，故唯識心，爲此教體。若就根本，能説者心。若取於末，亦能聞者識心爲體。故《二十唯識》：展轉增上力，二識成決定。謂餘相續識差別故，令餘相續差別識生，展轉互爲增上緣故。

五，攝事歸如體。《浄名經》云：一切法皆如也，衆聖賢亦如也等。又云：文字性離，无有文字，是則解脱。又云：法非見、聞、覺、知等，處處非一。事相如波，理性如水，波不離水，事法皆如，故教唯以真如爲體。

上來出體，從末向本，從淺至深，但説所不違餘義。後明性者，復有三門：一，圓成等性；二，漏、无漏性；三，善等三性。

圓成等者：攝事歸如，即圓成性；攝法從心，亦依他性。其前二門，亦即依他。若第三門，通屬三性，由計所執，雖无實體，亦所詮故。

漏、无漏者：據本質教，如來所説一切无漏。言十五界是有漏者，随小乘宗，非大乘義，大乘仏身、十八界等皆无漏故。十地菩薩，及二乘人，説聽教者，應須分別。菩薩第八，有漏性收，所變聲等亦唯有漏。若於无漏心中，説聽通第六、七。此影像教，亦唯无漏，由見、相分性類同故。二乘雖有遊觀无漏入滅定等，少不足言，説聽法時，唯是有漏。異生可知。

善等三性者：无漏所變，一向善性；其有漏心所説聽者、所變聲等，皆唯无記，是性境故。

問：第八所變，可唯无記。若約六識善等位中，所變如何？

答：見分善等，所變无記，以許見、相離引生故。《論》説：色、聲非善惡性，随能發心，假説善惡。

問：聲唯无記，名等如何？

答：若随所詮，假通三性；随所依聲，亦唯无記。

若爾，何故《世親論》云，我法是善，汝唯无記？

答：汝小乘師，聲界有漏，名唯无記；我大

乘宗，仏聲无漏，故唯是善。

第三，攝歸宗盲者，初辨攝歸，後明宗盲。攝歸有五：一歸藏，二歸分，三歸乘，四歸時，五歸會。初歸藏者，藏有二種：一聲聞藏，二菩薩藏。獨覺教少，入聲聞中。此經即菩薩攝，由滿字教，被大根性。又藏有三，謂奈耶、素呾纜、阿毗達磨，如次詮於戒、定、惠學，各據增說。不爾，三藏俱詮三故。今此經是素呾纜藏。又准十二分，有論議經等，可通三攝，非別部袟。

第二，歸分者，十二分義，具如別章。今應列名，略配經說。一，契經，相有通、有別，通即十二俱名契經，別謂長行，綴緝略所應説義，此經俱通。二，應頌，應重述頌，謂長行已説，後重頌明。如下經云，若色見我等。三，記別，此有三相：一記大人當成仏，第二記弟子死此生彼，三爲記諸法之義。今經可通第三記別，雖釋迦汝當成仏，談往仏事非今記，他故非彼。又但經詮即彼分故，今非要仏。四，諷訟，謂前未說，直以偈明，可諷誦故，㝡後偈是。五，自說，謂不待請，觀機即說，令法久住，惑顯悲深。今此經中，令生企敬，故无自說。六，緣起，此有三相：一因犯制戒，二因事説法，三因請說法。此通第三。七，譬喻，謂以喻况，曉所說義，如說虛空喻施福等。八，本事，謂除自身，說於過去弟子及法名本事。今經无此。九，本生，說仏自身在過去世方彼所，若死若生，行菩薩行等，即說過去作忍辱仙等。十，方廣，此有二相：一說行菩薩道，二法廣多極高大故。此經具有。十一，希法，謂說八衆所有共、不共德，及餘㝡勝、殊特、驚異之法，如說：日捨三恒河沙身命，不及信經。十二，論義，謂諸經典，循環研覈磨怛理迦，一切了義經，皆名磨怛理迦。今者此經雖无顯文，准天親《論》，乘前起後，所有疑情，仏爲斷除，循環而說，亦是論議。即通十分，唯无自說及本事經。

三，歸乘者：或唯一乘，如《法花》言：唯

有一乘法，无二亦无三。或立二乘，如《攝論》云：上乘下乘，有差別故。或立三乘，如《法花》云，爲求聲聞者，說應四諦法等，如是乃至立五乘等，如常具辯。今此經者，即一乘故。下文云：爲發大乘者說。《勝鬘經》云，一乘即大乘故，二、三乘中上乘所攝，爲發㝡上乘者說故。

四，歸時者，古立教時，多少不定，皆无憑據。廣如慈恩法師《法苑》叙破。今者唯叙正義，釋云：慈恩三藏依《解深密經》，立教三時。彼經廣爲勝義生菩薩說三无性，皆依遍計所執已。勝義生菩薩，深生領解。世尊讚歎，善解所說。勝義生菩薩白仏言，世尊，初於一時，波羅痆斯仙人墮處施鹿林中，唯爲發趣聲聞乘者，以四諦相，轉正法輪，雖是甚奇，甚爲稀有。一切世間諸天、人等，先无有能如法轉者。而於彼時所轉法輪，有上有容，是未了義，是諸諍論安足處所。世尊在昔第二時中，唯爲發趣脩大乘者，依一切法无自性，无生无滅，本來寂靜，自性真如[一六]，以隱密相，轉正法輪，雖更甚奇，甚爲稀有。而於彼時所轉法輪，亦是有上，有所容受，猶未了義，是諸諍論安足處所。世尊於今第三時中，普爲發趣一切乘者，依一切法，皆无自性，无生无滅，本來寂靜，自性涅槃，无自性性，以顯了相，轉正法輪，第一甚奇，㝡爲稀有。於今世尊所轉法輪，无上无容，是真了義，非諸諍論安足處所。此同《涅槃經》，初教服乳，次教惣断，後教有服、有不服者。亦同《金光明經》所說，轉照持三種法輪。《法花經·信解品》亦有明說，大意論之，對不定性，大由小起，漸次而被，可有三時。《解深密》等，約此而說。若唯頓悟，大不由小，則无三時前後次第，亦非年月定制後先，但以義類相從而說。若不尔者，《花嚴經》等，㝡初宣說，豈即初時，《遺教》㝡後第三時。

問：若尔，何故《法花經》唯說二時？彼云，昔於波羅奈，轉四諦法輪，乃至今復輪㝡妙，无上大法輪。答：彼以大小相對，隱第二時。但說前後，實即三時。今者此經，隨頓發性，惣不立時。若約漸根，第二時攝。以初時教唯說於有，此不唯有，故非彼時。若第三時，顯說空有，普爲發趣一切乘者，此經下云唯爲發趣寂上乘者，故第二時。又无著釋：不驚不怖等，約三无性。然三无性是仏密意，說諸法空。

問：《解深密經》雖說三時，文中不說第二時教是《般若》等，准何得知？答：即彼經云唯爲發趣脩大乘者，此經亦云如來爲發大乘說、爲寂上乘者說等，其文正同。若不尒者，更有何經？唯爲發趣脩大乘者，隱密相轉，況《大般若》數處有文，如來說已，諸天喜讚，皆云我今見世尊第二轉法輪等。

問：准《深密經》說第二時，隱密相轉，若，此經非了義耶？又准此經，持說脩行，其福无量，不可思議。而《解深密》以不了義，持說讀誦，所有功德，如牛迹中水，比大海水等，勝劣懸殊。既尒，此福即應狹劣。答：何南法師釋云，據乘以辨，名爲了義，非約顯密。又彼約漸悟，當隱密門；此約頓悟，即成顯了。又復具說，五位脩習，豈唯空也。

演曰：《深密經》中，說第二時隱密等者，以隨漸悟多，分布而說，以多覆相說皆空故，理實《般若》亦以有義。何以知者？准此二論釋經文中，皆約中道，離空、離有，非一向空，至下當悉。又准唐《攝論》《辯中邊論》，皆引《般若》，證彼三性，通有及无，非一向空。況說諸仏，從此經生，究竟法身，離一切相，寧非了義？而《深密經》校量福德有勝劣者，若隨多分，執空爲了，而持說等，功德爲劣；若解空有，離相契真，而受持者，與彼《深密》，福德是同。於此義中，當審思察。

五、歸會者，《大般若經》惣依四處、十六會說。言四處者：一王舍城鷲峯山，二室羅筏給孤獨園，三他化天宮摩尼寶藏殿，四王舍城竹林園白鷺池側。其十六會，初之五分，更无別名，但以標其分目。第六寂勝天王分，第七曼殊室利分，第八那伽室利分。此之三分，從請主爲名。下八分名，隨所詮立。謂第九能斷金剛分，第十般若理趣分，及後六分。如此六度，以題分名。此經即是第九分攝。四處之中，給孤園說。准據梵本，有三百頌，《大經》部中第五百七十七卷也。然古說有八部般若，謂《大品》《小品》《放光》《光贊》《道行》《勝天王》《文殊》《金剛》。由各異譯，未見廣本，故云八部。今即不然，若約部袟，六百卷經唯是部，若依部分乃有十六。況復八部多是重譯，如《放光》《光贊》合入《大品》，《道行般若》即是《小品》。故言八部，未可爲依。此在諸分處中而說。蓋《般若》之鈐鍵，《大經》之開軸。文句盤錯，意象精微。包真俗，攝行位。有慢斯遣，无執不除。破相忌情，脩心之極；鎖灾極厄，攝福之冣。是以西方造論，二十餘家；此地弘宣，不可稱數。雖窮劫讚美，碎身護持。豈是荷難思之力，報莫大之恩歟。上攝歸訖。

明宗旨者，先通後別。且通辯宗，此方先德，惣攝諸教，以立四宗：一，立性宗，安立五蘊、界、處有體，如《婆沙》《雜心》《迦延論》等；二，破性宗，破彼三科所有實性，而言諸法但有扵相，如《成實論》等；三，破相宗，言一切法非但性无，相亦非有，如《般若》等。四，顯實宗，明一切法，真實道理，隨其所應，若空、若有，如《花嚴》《涅槃》等。准彼所判，此經即是破相宗收。然立四宗，攝藏非盡。如一說部，世、出世間但有言說，都无性相。其說假部，立蘊是實，處、界門中法皆是假，不唯立性，復非皆相。說出世部，世間非實，皆虛妄故，出世可實，非虛妄故。凡此等類，四內何收？又復小乘二十部計，宗類不同，計法各殊，豈唯性、相。故分四宗，未爲准的。

又有法師立三宗義：一法相宗，二破相宗，三法性宗。謂《深密》《仏地》等經，《瑜伽》等論，皆法相宗，依三性門建立諸法爲究竟故；《大般若》等經，《智度》《中》《百》等論，皆破相宗，依勝義門破遣諸法爲究竟故；《花嚴》《涅槃》《楞伽》等經，《寶性》《起信》等論，皆法性宗，彼依法性如來藏門融會諸法爲究竟故。乃至立一味之理，非言不顯。顯理之言，不能稱實，由斯皆墮空有等邊。始自諸仏，下至凡夫，所設言教，无有異也。

是故諸教有此三別者，法師所雄名絶代，英識邁時，學富五乘，理高千葉。艤恵舟於法海，桂掉翻波；揮智釖於義山，霜鋒切玉。判斯宗旨，誠可軌摸，有所未明，聊爲質問。何者？法雖離言，本无名相。然假詮召，許得法體。不尔，聖教應非定量，表藴等法遮勝性等。又諸凡夫，盲无恵目，説不稱法，可墮諸邊；諸仏聖智，親證法體，如其所證，无倒宣説。説空定空，説有亦尔。契會中道，豈可同凡。若不尔者，如何得有稱教生解，發真勝智而得解脱？若以不稱實故，隨所發言墮空有等，是則應有八萬四千无量諸宗，何唯有三？又分三宗，无教空説，如何自意分判聖教？

又云：法相存依、圓破相，破三性法，或存破各爲究竟乐。了不了者，便令教理。遞相乖違，亦違究竟。一實中道，以許仏説。三種究竟，猶豫多端，若爲證會。又依《深密》，仏自會釋，諸説空教唯依遍計説諸法空，如何可言破相宗中三性俱遣？餘一一義，有多妨㝵，略舉可知，不能繁廣。當知《瑜伽》，補處宣説，乃通解釋一切諸經，勿謂但釋《深密》等教。故彼《論》釋歸敬頌云：此論殊勝若蓮花，猶如寶藏如大海。具顯諸乘廣大義，善釋其文无有遺。

又云：今説此論，所因云何？謂諸有情，无始時來，於一切法，處中實相，无知疑惑，顛倒僻執，乃至如來出世，隨其所宜，方便爲説種種妙法，處中實相，令諸有情，知一切法，如是如是空故非有〔一七〕，如是如是有故非空。了達諸法非空、非有，遠離疑惑顛倒僻執，脩行滅障，得三菩提，證寂滅樂。仏涅槃後，魔事紛起，部執竞興，多著有見。龍猛菩薩，證極喜地，採集大乘无相空教，造《中論》等，究暢真要，除彼有見。聖提婆等諸大論師，造《百論》等，弘闡大義。由是衆生復著空見。无著菩薩，位登初地，證法先定，得大神通，事大慈尊，請説此《論》。理无不窮，事无不盡，文无不釋，義无不詮，疑无不遣，執无不破，行无不脩，果无不證。正爲菩薩，令於諸乘境、行、果等，皆得善巧，勤脩大乘，證大菩提，廣爲有情，常无倒説。兼爲餘乘，令依自法，脩自分行，得自果證。如是略説此《論》所由。故知通釋一切聖教，除空、有見，起處中行，寧説《瑜伽》唯法相宗？

問：豈不諸經多説法相，或多破相，或復融會，寧不分宗？答：誰言諸教无此三義？但説定判如是如是經與論，彼彼宗攝，即爲不可，皆不定故。是故應説大乘妙理，隨何等經，皆有法相，破相融會。雖有偏明一義，多處理實。此三不相捨離，以辯法體除執會通義皆遍故。問：若尔，何故於大乘中，中宗、邊宗，清辨、護法，无相、法相，諸宗各別？答：但由釋者製作不同，隨能釋意，説宗有異，非是仏語墮諸邊故先別立宗。

由此應説於大乘中，宗分有二：一勝義皆空宗，二應理圓實宗。初宗即是龍猛菩薩，下至清辯論師，依无相教，説勝義中一切皆空，世俗是有。《掌珎》頌云：真性有爲空，如幻緣生故。无爲无有實，不起似空花。乃至不立三性，唯識等後宗，即是慈氏如來，乃至護法菩薩，依《深密》等，顯了言教，説勝義諦非空、非不空。《辯中邊論》慈尊頌云：虚妄分別有，於此二都无。此中唯有空，於彼亦有此。故説一切法，非空非不空。有无及有故，是則契中道。三性之中，遍計性无，依、圓是有，故二宗(八)別。

問：所言勝義，及世俗諦，其相如何？答：還依二宗，所説有異。且勝空宗，真勝義諦一切都空，世俗諦中可有色心脩断等法。如經説云，凡所有相，皆是虚妄，此世俗諦；諸相非相，則見如來，此勝義諦。四生、三界，所有衆生，是世俗諦；實无衆生得滅度者，是勝義諦。應理宗説，真、俗二諦，二義不同：一依人辯諦，二約法辯諦。二種二諦，俱通空有。且依人者，《涅槃經》云：上智所知名勝義，中智所知名世俗。二智所知通空有，故知二諦空有俱通。言依法者，法有勝劣，互相形待。而爲真俗，此有四重：一，虚實二諦。瓶、軍、林等虚，爲世俗；蘊、處界等實，爲勝義。二，理事二諦。蘊等事法麁，爲世俗；四諦道理細，爲勝義。三，淺深二諦。四諦安立淺，爲世俗；二空空[一九]真如深，爲勝義[二〇]。四，詮旨二諦。二空真如帶詮，世俗；一真法界亡詮，勝義。惣有五法。初軍、林等，俗而非真；後一[二一]真法界，真而非俗；中間三法，亦真亦俗，互相形故。廣如《唯識》第九、《顯揚》第六、《大論》等説。然初一種，世間共執以爲實有我法性故，空而非有；餘之四法，通是依他、圓成性故，有而非空。故説二諦體通空有，非如前説勝義皆空。

既知二宗所説二諦，次應徵問空有所由。勝空者曰：《大經》説云，設有一法過涅槃者，我亦説爲如幻、如化。《般若心》云，色即是空，空即是色，受、想、行、識，亦復如是。此經亦云：般若波羅蜜，即非般若波羅蜜，乃至无法可説等。准此等教，諸法皆空。又立理云：法若有體，自可能生，既藉衆緣，明知非有，如結手巾爲兎等像，无兎等性。

應理者曰：即准此經，福聚无量，如何非有？又説如來有五眼等，又發阿耨菩提者，於法不説断滅相等。又復經云，有爲、无爲名爲有，我及我所名爲无。又云，无我、无造、无[二二]受者，善惡之業亦不亡等。雖説藉緣，豈幻化體都无所有？由應理者，亦以幻化喻依他故，星、翳、燈、幻喻有爲故。又説，衆生我皆令入无餘涅槃滅度，若皆空者，何假令空花而般於涅槃？

勝空者云：此等諸文，皆據俗諦。非真空中，有造脩等。應理難曰：汝之俗諦与勝義諦，爲一爲異？若言一者，有空相違，不見苦樂及冷熱等得爲一故；若言異者，二諦本俱，如何一有而一非有？彼答：二諦其體无別。俗諦體有，可苦樂等，非同體過[二三]。二諦相對，妄情是有，真理皆空。今隨妄情，說俗諦有。就實而談，俗諦亦空。難曰：世俗妄故，令捨俗諦，入真空者，豈无諸法断滅相過？答：體既是无，无可断滅，故言不說法断滅相。此與應理，解釋全別。

問曰[二四]：依勝空說，妄有真无，二諦體一。未審應理所說二諦，爲一爲異？答：應理所說，非一非異。何以故？義用別故非一，无別體故非異，即如瓶、軍、林等。五法相望，展轉皆尔。既非一異，翻此即說或異或一，皆无有妨。《仁王經》云：有无本自二，譬如牛二角。照解見[二五]無二，二諦常不即。解心見无二，求二不可得。非謂二諦一，非二何可得。於解常自一，於諦常自二。通達此无二，入真第一義。頌意：真如爲勝義諦，依他、遍計爲世俗諦。二智境故，名爲諦異；唯約真智，即稱解一[二六]。或異或一[二七]，皆无有違[二八]。《唯識》亦云：故此与依他，非異非不異。如无常等性，非不見此彼。《瑜伽》七十五云：於大乘中，或有一類惡取空[二九]，故作如是言：由世俗故，一切皆有；由勝義故，一切皆无。應告彼言：何者世俗？何者勝義？彼若答言：若一切法皆无自性，是名勝義；若於諸法无自性中自性可得，是名世俗。何以故？无所有中建立世俗，假名言而起說故。應告彼云：汝何所欲，名言世俗，爲從因有自性可得，爲唯名言世俗說有？若名言世俗從因有者，名言世俗，從因而生，而[三〇]非是有，不應道理。又應告言：長老，何緣諸可得者此无自性？此難俗有勝義即无。彼若答言：顛倒事故。謂心顛倒於无，謂有如見空花。復應告言：汝何所欲，此顛倒事，爲有爲无？若言有者，說一切法由勝[三一]義故皆无自性，不應道理；若言无者，顛倒事故諸可得者此无自性，不應道理。既无顛倒，從何起執，而言顛倒事故諸可得者此无〔三二〕自性。

勝空者曰：《大菩薩藏經》第二卷云：空与菩提，性无有二。由无二故，不可言說。又云：遠離取執，勝義諦中，无法可得。由性无故，說名爲空。由此，說空爲極了義。應理者曰：此亦非證，爲〔三三〕依瞬若，遍計无故，与覺无二。又瞬若多空性真如，与覺无二，不言菩提體即空无。若實皆空，何空何覺？若云，隨破妄情，空覺无二，據勝義諦，无覺无空，即應分别兔角長短。此既不尔，彼云何然？又云，遠離取執，勝義諦中无法可得，不言非報勝義諦中亦空无法。又若二諦體性是一而非有者，應无凡聖，染浄作業，人、天五趣，即无三惡。悲所度生，菩薩徒自行於勤苦。以空无故，誰爲誰說，何法何求？不應智者爲除幻敵，求石女兒，用爲軍旅。又凡夫妄倒，可有世俗色、心等法。諸仏如來，妄倒已断，何有色身浄妙土等？若言，以仏悲心爲衆生故，示現身土，衆生妄倒若已断盡，諸仏身土亦不立者，勝義既空，悲智之心亦應非有，誰爲能度衆生之本？故言空者，是密意說。教理既然，故与前說《掌珎》比量，作聖教相違過，以違法教不空義故。《唯識》亦云：彼特違害前所引經。

勝空者曰：我亦有教。引前所說《大般若》等爲證成故。應理者曰：教有顯了及不了義。違顯了教，故汝爲過。謂《深密經》說第二時，以隱密相，轉正法輪，說一切空非真了義。又云：相、生、勝義无自性，如是我皆已顯示，若不知仏此密意，失壞正道不能往。經既自說，諸法无性是隱密相，非真了義，今判說空爲第一說，是故爲過。

問曰：龍猛、无著，俱登極喜，同證法性，智見不殊，因何二宗所說有異？答：據其至理，平等无差。仏對根宜，顯密異說。菩薩亦尔，對根宜聞，所弘各異。由著有見，龍猛菩薩，密弘於空。空見若生，亦成其病，故須雙說，非有非空，遠離二邊，契會中道。如向《瑜伽釋論》等說。又復大乘无相空教，依真智境，遣一切相，密說皆空。諸大菩薩，對著有病，弘斯密教，非於中道而不證悟。末葉不悟，廣興乖諍，豈大菩薩有所相違？

上通辯宗。隨其勝空及應理者所弘二諦，並此經明。如功德《論》，咸歸二諦，通二宗解，智者當悉。

別明宗者，題名般若，故即爲宗。般若有三：實相、觀照及与文字。慈恩三藏，依諸經論，更加二種，謂即境界及以眷屬。通有五種：一般若性，二般若相，三般若因，四般若境，五般若伴。剋性相從，倶名般若。

有義：此經觀照爲宗，說能断故。如《大經》說，六度之中，其般若度爲洲、爲渚、爲道[三四]、爲目、爲燈炬等，故此唯以惠相爲宗，即无分別本、後二智通生法空，或取加行，亦不違理，由十八住通攝地前、地上住故。

有義：亦以實相般若爲經所宗，能断性故，真理爲本智方生故，金寶亦喻如來藏故。經中廣明无相真理，法身極果，是无相智正所觀故。答辯如體，諸釋不同，如《净業障經疏》述。

問：何故不取文字等三？答：非經正明，彼是末故，此二本故，菩提[三五]、涅槃二種[三六]故，即五法性攝三身故。能緣所緣，能依[三七]所依，若性若相，功德本故。第三問訖。

第四，所被根宜者，初弁根性，後以教被。且初根性，差別不同。一乘五性，自故紛諍。今略叙之，三說不同：

一云，衆生皆有仏性，决定无有定性二乘及无性者。《涅槃經》第二十七云：師子吼者，是决定說，一切衆生悉有仏性。又云：一切衆生，悉皆有心，凡有心者悉當得阿耨多羅三藐三菩提，是故我說一切衆生悉有仏性。又第三十七云：爲非仏性，說於仏性。非仏性者，所謂牆壁、瓦石无情之物。離如是等，无情之物是名仏性。准此經文，非是唯理。有情五蘊不被簡故，亦非少分離无情物〔三八〕是仏性故。豈可爲非仏性說於仏性，仏性之中有非〔三九〕佛性，如說離有爲法說於无爲，无爲之中有有爲耶？又《涅槃》云：一切衆生，皆有三定，謂上、中、下。上者仏性，中者初禪，下者大地中定數。下、中二定非是少分，故知上定亦是一切，同一文故。既云是定，故非唯理，說首楞嚴定爲仏性故。《法花經》云：一大事因緣，出現於世，欲令衆生開仏知見，使得清淨等。又云：十方仏土中，唯有一乘法，无二亦无三，除仏方便說，但以假名字，引道〔四〇〕於衆生。《仏性論》云：二空真如，名應得因。以應得仏果故名應得因，故知有理性者定有行果。理既一切皆有行、果，故非少分。若謂《法花》二乘无滅，悉當成仏，此說不定二乘，非是定性者。不然，不定亦成仏。教起初轉法輪，今說与昔說若同，何故殷勤三請許說？增上慢人起誑驚怖，舍利弗等疑仏爲魔，良由今昔懸殊，有斯疑謗。故經云：所以未曾說，說時未至故。今正是其時，決定說大乘。故知先說非先說也。

二云，種性有五：一聲聞性，二緣覺性，三如來性，四不定性，五无種性。問云：何得知有无種性？答：四卷、八卷二《楞伽經》皆云，大悲菩薩、一闡提人畢竟不成正覺。若皆〔四一〕有性，衆生即應有成仏盡，如何大悲畢竟不作？又《勝鬘經》云：離善知識，无聞非法衆生，以人、天善根而成熟之。《善戒經》云：无種性人，无種性故，雖復發心，勤行精進，終不能得无上菩提。《地持》《瑜伽》亦同此說。又《涅槃經》云：三種病人，第三若遇、不遇一良醫，決定不差。若是有性，如何不差？又恒河七人，第一常没，七人各一，即无種性。《大莊嚴論》第一，說闡提有二種：一時邊，二畢竟。時邊有四：一者一向行惡，二者普断諸善法，三者无解說分善根，四者善根不具足。畢竟无涅槃法者，无因故，彼无般若涅槃性，謂但求生死，不樂涅槃。

然有釋云：畢竟者，一約所斷，兼善生得善，断三世因盡，名爲畢竟无涅槃法。兩約時，以有鈍根，長時流轉，不能生信，名爲畢竟无涅槃法，不言盡未來際決定无性名爲畢竟。此釋不然。諸断善根，但断生得[四二]，非方便善。又伏現行，非无種子，如何无因？又與時邊普断善法，應无差別。又断善根，大小經論，俱是利根，非鈍根[四三]者。畢竟之与盡未來際，文別義同。若不尔者，究竟如虛空，應非遍法界。又《瑜伽》第六十七，更有五難、六答，廣成无性，此應撿叙。

上來无性，次成定性。依《大般若》五百九十三，善[四四]勇猛請言：唯願世尊哀愍我等，爲具宣說如來境智。若有情類，於聲聞乘性決定者，聞此法已，速能證得[四五]自无漏地；於獨覺乘性決定者，聞此法已，速於[四六]自乘而得出離。乃至云：若有情類，雖未已入正性離生，而於三乘性不定者，聞此法已，速證无上正等覺心。既決定外別說不定，明知別有決定聲聞。又《瑜伽》七十六、《解深密》第二，皆說一向趣寂聲聞。《花嚴》第四十，說定性緣覺。《大莊嚴經》第一亦尔。《涅槃》第三十言：我於經中爲諸比丘，說一乘、一道、一行、一緣。乃至我諸弟子，聞[四七]是說已，不解我意，唱言：如來說須陁洹乃至阿羅漢，皆得作仏。若皆作仏、无決定性是解仏意，何須此說？若尔，如何《法花經》中，唯說一乘而爲究竟？答：如《攝論》中，以十義會《深密》，亦有會一乘文。惣依經論，仏性有三，聲聞有四，闡提有三。仏性三者：一理性，謂真如；二行性，謂无漏種子；三隱密性，即塵勞之疇。聲聞四者：一應化，二退菩提心，三增上慢，四趣寂。闡提三者：一大悲，二断善，三无種性。上來兩家所引教文，並有明說。其互[四八]釋難及會違文，一一研究，廣如別記。樂廣言論勤說法者，皆應叙之。

三云，此有種性及无種性，乃是如來秘密境界，散在諸經，仏不定說，如何前釋欲定是非？

此十力中，種種界力之所知故。唯仏与仏乃能知之[四九]證了。《涅槃》第十七云：三乘之法，説言一乘。一乘之法，随宜説三。乃至如來，明見衆生根故，終无虚妄，断罪過故。雖无虚妄，若知衆生因虚妄説得法利者，随宜方便，則爲説之。是則諸仏甚深境界，非二乘知。准此經文，豈可下凡，謬爲商略。又彼三十四云：善男子，如來世尊爲衆生故，廣中説略，略中説廣。乃至云：是故随人、随意、随時，故名如來知諸根力。善男子，我若當於如是等義作定説者，則不得稱我爲如來具知根力。三十五云：善男子，如是諍訟，是仏境界，非諸聲聞、緣覺所知。若人於是生疑心者，猶能摧壞无量煩惱，如須弥山。若於是中生決定者，是名執著。乃至：善男子，如是執著，不名爲善。何以故？不能摧壞諸疑網故。迦葉復言：世尊，如是人者，本自不疑，云何説言不壞疑網？善男子，其不疑者即是疑也。三十六云：善男子，我雖説言一切衆生悉有仏性，衆生不解仏如是等随自意語。善男子，如是語者，後身菩薩尚不能知[五〇]，况於二乘、其餘菩薩？又復文云：若有説言一切衆生定有仏性、定无仏性，是人皆名謗仏、法、僧。准此等文，推功歸仏，謹述而以[五一]。故於諸釋，随所愛樂，任情取捨。以有教理各齊均故，不應於中起用執心，強生偏見。謂契仏言，无有是處。然應具叙諸家教理，欲令學者知所在故。

問：理有一長，不應俱示。開釋教藏，須定指歸。今但和光作不定説，將令後學何所承稟？答：義有可定、不可定者。不決定義，理通多解，豈可[五二]一向要令定釋？仏尚不定，誰敢定乎？

問：秘密難知，誠如所道。此土衆生樂聞仏性，何故如來不作定説？答：誰言一向樂聞説有，然諸衆生，自有二類：一，聞仏性欣樂有憑，勇猛進趣；若聞无性，无所因託，息進求心。二者，若聞一分无性，恐墮此流，加功進[五三]習；若聞皆有，恃此仏性，卻生怠墮。由對機異，教不定明。

但應精勤，堅集行願，面奉金顏，當自知矣。

上來解釋根性不同。以經被者，若依初釋，更无異論。五性之家，應須料簡。約正所被，唯是上乘。經云：爲發大乘者説。故即餘經云：爲諸菩薩説應六波羅蜜，令得一切種智。若約兼被，通諸二乘及以无性，下列四衆及於八部无所簡故。《大般若》云：般若波羅蜜多，能辯聲聞及獨覺地。即前所引善勇猛文，亦被二乘。此下菩薩廣大之心，三界四生，俱令滅度。

无著菩薩問云：何故願[五四]此不可得義？答：生所攝故无過。至下當知。

第五，依文正[五五]釋[五六]者有二：初釋題目，後解經文。

釋經題者，秦、魏、梁本俱題「金剛般若」。唐、周兩本同號「能断金剛」。随朝所翻，准彼《論》後，乃名「金剛断割」。前三本略，後三具足。舉體攝用，但標法喻之名；體用雙彰，兼陳能断之因。廣略雖異，義則无違。初離釋，後合釋。

梵云跋闍羅，此云金剛。寶中㝡勝，體類多種。《正理論》云：帝釋有寶，名爲金剛，不爲餘衆生見。《真諦記》云：有六種寶，皆名金剛：一，青色，能除一切灾厄；二，黄色，能随人所須，出種種物；三，赤色，能令人遊行空中；四，白色，能出水，亦能清濁水；五，空色，能出火；六，碧色，能消諸毒。

上釋喻體，次舉義用。先依諸教，後據此論。先諸教，如《涅槃》第廿四，廣讚金剛三昧，譬如金剛所擬之處，无不碎壞，而是金剛无所折損。又云，如諸寶中金剛勝。依梁《攝論》，天親菩薩釋金剛定，四義爲喻：一能破煩惱，二能引无餘功德，三堅實不可破，四利用通達一切法。定既如是，准智亦然。《對法論》第十二，釋金剛定有四義：一，无間非世間行，所間缺故；二，堅固能壞一切障，非障所壞故；三，一味无分別性，純一味故；四，遍滿緣一切法，共相真如爲境界故。金剛亦四：一，體无間隙，非沙石所雜；二，可知；三，純一類，不變不異；四，遍滿世界，如金剛輪〔五七〕、金剛山、金剛座〔五八〕、金剛杵等。

惣攬諸文，金剛十義：一寂勝，二難見，三除灾，四堅實，五稱求，六能引，七利用，八无間，九一味，十遍滿。此經文義亦有十種：寂上第一，稀有法故；義及果報，不思議故；罪業障惱，爲消滅故；能破堅執，非彼破故；利生嚴土，得菩提故；能生諸仏，集善法故；通達无我，智見浄故；非住相心之所故；諸法如義，體无爲故；福恵如空，叵思量故。對前十喻，如此配釋。

此雖義具，非本《論》意。本《論》四義：一細，二罕，三能断，四相似。初三共義，觀照、實相，遍在諸教；後一不共，文字般若，唯在此經。《論》先標云：金剛能断者，此名有二義相應應知。如説入正見行，入耶見行。然釋此文，諸説不同。

慈恩解云：二義相應者，此顯金剛通能、所治，如説已下，是舉例釋。正見謂正定聚，耶見謂耶定聚。行善惡行，能入彼聚，名彼二行。或汎指言：如説善惡二人，行善惡行，此行入正見聚類，此行入耶見聚類。耶正雖殊，俱名見行。今者能治〔五九〕三恵，所治〔六〇〕二障，染善雖殊，俱名金剛。如《涅槃經》云：金剛極堅，萬物不能壞，除白羊角及〔六一〕以龜甲。意以二障，隨其所應。凡夫二乘所不能断，唯發大菩提心，三恵方能折伏或断。此以所断，喻於金剛，如入耶見行。又如玉石，性極堅牢，非物所壞，唯有金剛能摧破之，二障亦尔，非凡夫俗智、二乘真智之所摧壞，二乘不断惑障習故。大乘三恵，如彼金剛，方能伏断。究竟断位，金剛脩恵，故經唯説金剛喻定。即此能断喻金剛，如入正見行。故言二義：一所破義，二能破義。若唯能破，耶、正二見，喻不相應。然《論》文略，不解出所治金剛於能断中，菴含方顯。

何南又釋：金剛但喻三恵及教。所以然者，

《涅槃經》云：喻如金剛極堅，无能摧[六二]壞，除龜甲等。彼經亦尔，唯除闡提不能令立菩提之因，既羊角等以喻闡提，明非所断，名爲金剛。而言二義者：一，證真如理，如入正見行；二，断諸惑，如入耶見行。此金剛智能破，大乘有善根人，根熟之者，二重障惑不能除彼断善根人身中或故。

又有釋云：准此《論》，初金剛難壞句義聚，明非所断。雖有別處説，煩惱難断，猶若金剛，此處説其可断，不合以金剛爲喻。如説闡提難化，以燋穀爲喻。若説闡提可治，即不用此喻。而言二義相應者，金剛能断堅、不堅物，名爲二義。

演曰：初釋爲勝，順《論》文故。正以金剛喻能断[六三]智，兼喻所断障，顯智功能。《十輪經》第二云：云何破相續？如金剛煩惱。理有多途，喻亦何定？如説虛空以喻仏性，亦有以喻二障麁重。如正理門，門通理智，舉障難断。猶若金剛，以表智能。殊勝超絶，非喻所喻。誰要令觀煩惱堅硬，起觀行耶？若尔，《涅槃經》白羊角等，喻不相應，當云何通？答：《涅槃》文意，非釋此經。今借彼喻以顯金剛，是彼二物所[六四]對所导，而喻所治，非謂涅槃，障喻金剛。

上解金剛通能所断，《論》下別釋，唯就能断，乃有四義，如前所列。《論》云：細者智因故，牢者不可壞故。隋朝諱堅，故翻爲細，取堅密義。智因即種子，不可壞即現行。智超惑除，明暗不並，故不可壞。又釋：智能證如了因性，故名爲智因；以无間隙，非世間行所相雜，故名之細密。又以細妙非二乘等麁所緣，故亦[六五]名細密。言不可壞者，顯所治障性堅難壞。若依此釋，《論》中四義，通能、所断。

《論》又云：能断者，般若波羅蜜中聞、思、脩所断，如金剛断處而断。故此以智如金剛，可断二障，如玉石等，名爲断處。即舉所断，以顯能断。若作二障喻金剛解者，此舉能断，以顯所断。猶若金剛，謂聞、思、脩所断之障，乃如金剛断處而断。

然准《論》意，即釋題名金剛能断般若，以初標之金剛能断者，後又結云是名金剛能断。釋中亦尔，先釋金剛，後断釋能断，此順西域語。若言能断金剛，則順此方語，皆不相違。惣以能詮之教、所詮之理，智及所断障，喻於金剛。

《論》釋第四義云：又如畫金剛形，初後闊，中則狹。如是，般若波羅蜜中，狹者謂浄心地，初後闊者謂信行地、如來地。此顯示不共義也。演曰：依此經教，文字般若，初、後廣明，中間即狹，不同餘經，名不共義。是故此經獨名金剛。亦即餘分，不同所以。一如畫金剛神，髆跨則闊，在腰則狹，有動作故，喻令進趣；亦如畫金剛杵，兩頭闊，中腰狹，極堅勝故，令知深妙。

問：何故廣明信行、仏地，略浄心耶？答：此經意令發心脩行，仏種不断，廣談果德，勸彼欣樂而能發心。地前初脩有退轉故，廣示行相，令其進入；初地已去自證得故，非退轉故，不假多陳。故初、後廣，中間略說。又從凡位，紹继仏種，爰生仏果，不断義成，中間可知，何煩廣説？故經文義闊狹不同。雖如來地，釋者即是十地位收。然經不明十地行相，還指仏果所有功德名如來地，故作是釋，至下當知。

問：《勝天王般若》云，般若波羅蜜无有一法可爲譬喻，如何今説智喻金剛？答：彼顯智勝，超過萬法，无可全分相比况者；比約少分義用相似，故譬金剛，諸有智者以喻解故。法藉喻明，徵由顯著。舉已見邊，證未見邊，和合一處，令義平等。所有正〔六六〕説，名之爲喻。即以顯了分顯未顯了分也〔六七〕。

般若，梵音，此云智惠。惣有五種：文字，即是能詮教法；觀照，惠體；實相，真性；境界，即是空有二諦、三无性等；眷屬者，相應四蘊性，助伴五蘊性。随其所應，即定、道共二種戒故。然此般若，名寛通故，理該五種。就勝唯取實相、觀照，如宗中辯。

釋此智惠，初别後通。言别相者，具足梵音

應言波羅腎若，此翻爲惠；梵云若那，此翻爲智。體雖是同，俱別境惠。義用有異，故得名殊，擇法、決斷二種異故。即准《大品》《涅槃經》等，若字通目智、惠二義，此是[六八]智、惠二字界故；般、那兩字，是其字[六九]緣。以般助若爲惠，以那助若爲智。由是，諸經十度之中智、惠二別。《勝天王般若》云：菩薩具足般若，具足闍那。又云：得闍那門，能入衆生諸根利鈍；得般若門，分別句義。言通相者，由體同故，智處說惠，惠處說智，一切无違，即說第六名智度等。問：題名般若，何故行中乃明佈施？答：約前引後，即檀度收；後浄扵前，即智度攝。互舉一種，理實相似。又立名據勝，脩行約初，故檀、智二所舉各別。

言波羅者，此云彼岸。法有四種，理、教、行、果。但取扵果，菩提、涅槃以爲彼岸。教、理通因果，行唯在因故。未起苦、集，以爲河[七〇]流；現起集、苦，以爲此岸。六度爲舟舩。即以行人五蘊假者而爲所[七一]度。蜜多者，離義、到義。由脩施等，離出生死，達到[七二]彼岸。《唯識》第九：要七㝡勝之所攝受，方可建立波羅蜜多。一，安住㝡勝，謂要安住菩薩種性；二，依止㝡勝，謂要依止大菩提心；三，意樂㝡勝，謂要悲愍一切有情；四，事業勝，謂要具行一切事業；五，巧便㝡勝，謂要无相智所攝受；六，迴向㝡勝，謂要迴向无上菩提；七，清浄㝡勝，謂要不爲二障間雜。若非此七所攝受者，所行施等，非到彼岸。由斯，施等對波羅蜜多，一一皆應四句分別。《辯中邊論》第二：有十二㝡勝，是故皆得到彼岸名。《對法論》第十一，有五義。《解深密經》，由五因緣。此等相攝，如別章辯。

經者，梵音脩多羅、脩妬路皆訛也，正云素怛攬。乃目四義，衣、綖、席、經。猶如瞿名仙陁婆等。今[七三]取經義，亦取綖義。何者？《四分律》云：如種種花，置扵案上，風吹散落。以綖速持，則不散失。衆生根性如案，仏說教義如花，若不連持，耶見異風，或當飃散。今結集家連綴仏語，如綖貫花，如經持緯。《仏地論》云，以仏[七四]聖教貫穿、攝持所應説義及所化生，如次可配綖、經二義。然其經字，即與此方經誥名同。此方俗釋：經者，常也、法也、經也。古[七五]今不易爲常，揩定是非爲法，律通物理爲經。仏教同之，亦无有失。小乘論中，《雜心》五義，謂湧泉等義，如常所[七六]説。經雖在教，依《瑜伽論》出經體中，通取所詮，故惣言經通教及理。般若波羅蜜多亦通理、教，由此對經，綺互相望，惣有四句，謂金剛般若波羅蜜多即經等，持業、依主，隨應解釋。

解經文中，先科判，後解釋。依无著菩薩判[七七]釋，此經有十義句、十八住處。餘二論釋，无别科判。

真諦三藏，正宗分中分四：一護念付囑，二住，三脩，四断疑，兼序、流通，爲其[七八]六分。菩提流[七九]支依[八〇]《金剛仙記》，判爲十二，一一廣多，既非《論》意，今並不取。然晋朝道安法師，時人稱爲寶印手菩薩，科判諸經，以爲三分，序分、正宗、流通。後譯《仏地論》，親光[八一]菩薩釋《仏地經[八二]》，三分正同，是知妙理潛通，惠心玄合。彌天之稱，豈虚也哉！

言三分者：一教起因緣分，二聖教所説分，三依教奉行分。名雖少差，義理无别。即依此判[八三]，經文有三：「始從如是」至「敷坐而坐」，爲序分；「時，長老須菩提，在大衆中」至「應作如是觀」，爲正宗分；餘名流通。

序分又二：初通序，即「如是」等；後别序[八四]，「尔時，世尊」以下文是。然[八五]此二序，有五對名：一[八六]通、别對。諸經共有，當部别緣故。二，證信序[八七]、發起序[八八]。對初傳法者，引證令信。後説法者，别緣發起。三，經後序、經前序對。經後教置，經前自有故。四，阿難序、如來序對。從請得名，爲[八九]説方便故。五，未來序、現在序對。阿難後請，當時緣起故。雖有多名，初二對，名義理周盡。然各隨勝以立二名。不尔，證起豈不遍也。

將釋通序證信，先以三門分別：一起之因由，二建立所以，三開合不同。起之因由者，《摩訶摩耶經》《大悲經》《智度論》等，具述其事。然《大悲經》優波離教阿難問，《大術經》等阿泥樓豆教者[九〇]，二人共教，互舉其一。請問四事者：一，仏滅度後，諸比丘等，以誰爲師；二，依何住；三，惡性比丘，如何調伏；四，一切經首，當置何言。仏教之云：我滅度後，以波羅提木叉爲汝大師；依四念處住；惡性比丘，梵檀治之，梵默然故，不應打罵，但擯默故；一切經首，當置如是我聞等言。問：何故阿難但申四問，不增減耶？答：戒能止惡[九一]，可以爲師；念處破倒，依之脩學；梵法默然，能伏惡人。初明正行，次明正解，次明除障。此之三門，必依聖教。由斯所問，不增不減[九二]。又破生死病，要具四事：一須名醫，二求妙藥，三識觸犯，四善經方。四[九三]義如次。仏大醫王，滅度之後，此四爲要，是故問之。又此即是三寶不斷。以戒爲師，即當仏寶不斷；惡性比丘，既調伏已，衆得和合，即僧寶不斷；餘二法寶，念住即通理、行二法，結集教法，理等不斷，果法自成[九四]。是故四義，更无增減。後結集時，阿難依命，置如是等。

建立所以者，立如是等，自有四意：一爲除疑，二爲生信，三爲簡邪，四爲顯正。言除疑者，真諦引微細律，阿難昇高座，衆有三疑：一，疑仏大悲從涅槃起；二，疑更有仏從他方來；三，疑阿難轉身成仏，爲衆説法。如是等，三疑併斷。

二，生信者，《智度論》云：説時、方、人，令[九五]生信故。信爲能入，智能度故。問：信何功能㝡初令生？答：夫信體者，心净爲性。如水清珠，能清濁水，能与一切善而[九六]爲根本。故《花嚴》云：信[九七]爲道元功德母。且如發心趣向三乘，有善法欲，信爲欲依，故初令生扵大乘位。聖胎三十人，以信爲首。五根、五力及七聖財，皆信爲初。入聖即證四不壞信。信三寶故，能越惡道；由信戒故，離貧賤因。故《論》亦説，有信現觀。又《婆沙論》説：學仏法者，如大龍象，以信爲手[九八]，以捨爲牙，以念爲頸，以惠爲頭，於其兩肩擔集善法。象所飲噉，以鼻爲手，故學法者，寂初令生。又拔衆生，出生死泥，須舉信手[九九]。後陳正宗，爲仏教手；序令生信，爲衆生手。兩手相接，出淤泥故。《智度論》云：如人有手，至於寶山，隨意所取；若其无手，空无所得。有信心人，入仏法寶，能證道果；若无信心，雖解文義，空无所得。是故經初，令生浄信。

三，簡耶者，外道教初，皆置阿漚二字，云梵王有七十二字，以訓於世，衆生轉薄，梵王嗔怒，吞噉諸字，唯此二字，在口兩角。阿表於无，漚表於有。置彼教初，令置六句，爲簡於彼。故《智論》云：一切經首，當置[一〇〇]何言，簡異外道。

四，顯正者，三寶吉祥故。我經初説化，爲仏寶；我聞比丘，爲[一〇一]僧寶；如是一時及處，爲法寶。法寶三者：一所説法，二説時，三説處故。

第三，開合者，《真諦記》中開爲七事：一，如是者，標所聞法；二，我者，辯能聞人；三，聞者，親承音旨[一〇二]；四，一時者，顯所聞法[一〇三]，善合時宜；五，仏者，明能説主；六，住處者，顯説有處；七，大比丘等，顯非獨聞。《智度論》中，合我、聞爲一，惣説六義：一信，二聞，三時，四主，五處，六衆。世親菩薩《般若燈論》亦有六義，故彼頌云：前三明弟子，後三證師説。一切脩多羅，其事皆如是。

有引《法花論》云證信序中分六成就者，謬也。或惣分五，如《仏地論》：一惣顯已[一〇四]聞，二説經時分，三明説經主，四説經處，五同聞衆，即合如是、我、聞爲一。今又助釋，可分爲五，謂能説爲一。然仏説法，離四種失：一，无非法，即如是；二，无非根，即我聞[一〇五]、比丘；三，无非時，即一時；四，无非處，在舍衛等。或惣爲四。真諦三藏，所釋七事，惣唯有四：初如是者，明所聞法；次我聞者，辨能聞人；次二，證所聞法；後二，證能聞人。今又解云：能說、能受、所學、所〔一〇六〕依，故分爲四。仏，爲能說主；我聞、比丘，爲受教人；如是，爲所學法；一時及處，爲說所依。能〔一〇七〕受弟子有衆別故，說法所依有時處故。或合爲三，即前三寶。又依《仏地》，義可分三：一，惣顯已聞及說教時；二，別顯教主及說教處；三，教所被根。或合爲二：一人，二〔一〇八〕法。人稟法以成得〔一〇九〕，法藉人以弘宣，兩相資成，互爲因果。一仏，二我聞，三比丘衆，此三屬人；一如是，二時，三處，此三屬法。人有師資，資中傳證。法有假實，假中時處，故惣爲二。或合爲一，即證信通序。

經：「如是。」

演曰：自古多釋，今叙三門：一別解如是，二合解如是，三帶我聞解。初即如、是兩字各別訓釋，次即惣申二字之意，後將如是二字連我聞解，非釋我聞。

初別解者，唐梵道俗，惣有九釋：一，安法師云：有无不二爲如，如非有无爲是，如无所如，是无所是，故云如是。二，友〔一一〇〕公云：教能顯理爲如，智能照理爲是。三，智者禪師云：以文爲如，以理爲是，文以巧詮爲如，理以无非爲是。四，《注法花》云：如是者，感應之端。如以順根受名，是以无非立稱。衆生以无非爲感，如來以順根爲應。傳法者，欲顯名教出扵感應，故建言如是。五，《注无量義經》云：至人說法，但爲顯如，唯如爲是，故言如是。六，澤州法師云：所說之法，如扵前事，故云〔一一一〕如。說事如事，說理如理，因果亦尒。此所說言，皆當道理，故稱如〔一一二〕是。乖法爲非，如法爲是。此約法解，又約人解：阿難道仏所說之法，如過去仏，所說不異，故名爲如；正而非耶，故稱爲是。七，梁武帝云：如即指法，是即定詞。如斯之言，是仏所說，故言如是。八，長耳三藏云：如是有三：一，就仏。三世諸仏，共說不異，故〔一一三〕名爲〔一一四〕如，以同說故稱爲[二五]是。二，就法。諸法實相，古今不異，故名爲如；如如而說，故稱爲是。三，就僧。以阿難聞，望仏本教，所傳不異爲如，永離過非爲是。由此同說，稱理无謬，故經可信。九，相傳釋：真不違俗爲如，俗不違真爲是。順理爲如，遮妄爲是。攝福爲如，生惠爲是。教順扵理爲如，依教起行爲是。境如、智是等，歷法廣說，義乃无窮。

次合解如是，復有六釋：一，肇法師云[二六]：如是者，信順之詞，信則所言之理順，順則師資之道[二七]成。詞无繁約，非信不傳，是故經初建言如是。二，《真諦記》云：如是者，决定義，决定有二，一文，二理。三[二八]，興皇法師云：如是者，是[二九]無差異義。四，法智《注涅槃》云：如是者，阿難自明云詞也。金口所說，旨深意遠，非所仰測[三〇]，而章句始未正自如是也。五，瑶公云：以離五謗名爲如是。第一句如是此經離執，有增益謗；第二句如是此經離執，无損減謗；第三句如是此經離執，亦有亦无相違謗；第四句如是此經離執，非有、非无愚癡謗；第五句如是此經離執，非非有、非非无戲論謗。六，《智度論》第一云：如是義者，即是信也。不信者，言是事不如是。

後帶我聞，以[三一]釋如是。復有五釋：一，光宅法師云：如是者，將傳聞前，顯舉一部。如是一部，我親從仏聞，即爲我聞，作呼輒耳。二，惠朗云：如是者，直指之詞，謂如是之經，我從仏聞，非自造也。三，功德施《論》云：如是我聞者，顯示此經是世尊現覺而說，非自所作。四，《仏地論》云：如是，惣言依四義轉。一，依譬喻，謂當所說如是文句，如是[三二]我昔聞。二，依教誨，謂告時衆，如是當聽，我昔所聞。三，依問答，謂有問言，汝當所說昔定聞耶，故此答言，如是我聞。四，依許可，謂[三三]結集時，諸菩薩衆，咸共請言，如汝所聞，當如是說。傳法菩薩，便許彼言，如是當說，如我所聞。又如是言，信〔二四〕可審定，謂如是法，我昔曾聞，此事如是，齊此當說，定无有異。五，菩提流支依《金剛仙論》：一發心如是，二教化如是，三譬喻如是，四決定如是。發心如是者，自念我當如是發菩提心，脩諸善行。教化如是者，教示人言，汝當如是發菩提心，脩諸善行。譬喻如是者，是人如是，威德熾盛，如日光明，智惠深廣，猶如大海。決定如是者，我如是見，我如是聞等。今言如是，但取第四決定如是。演曰：此之四種，如次即當《仏地》所說，許可、教誨、譬喻、問答，思唯可知。惣別凡有二十家釋。

經：「我聞。」

演曰：第二，能聞。傳法菩薩，自指己身言，如是法親從仏聞，故名我聞〔二五〕。非謂〔二六〕我者定屬一人。所言聞者，且小乘宗薩婆多師，耳聞非識。經部翻此。譬喻師說，心、心所法，和合能聞；依大乘宗，根、識、心所和合爲聞。《雜集》第二：問：爲眼見色，爲識等耶？答：非眼見色，亦非識等。以一切法无作用故，由和合假立爲見，耳等亦尔。然諸聖教，就勝所依，或說根聞；以能分別，或說識聞；具前二義，說根、識聞。皆不相違。又依世俗，耳等能聞；依勝義理，耳非能聞，亦非識等。《瑜伽》五十六說：諸〔二七〕法自性，衆緣生故，刹那滅故，无作用故。《智度論〔二八〕》亦云：非耳及識、意等能聞。從多緣和合〔二九〕，故得聲聞。乃至云，仏法中无有一法能作、能見、能知等。又耳根識，唯聞於聲，而不聞教；若約名句，唯意識聞。故《瑜伽》言，聞謂比量。然由耳識親聞於聲，与意爲門，意方得聞。耳、意爲緣，重習在識，因聞所成，惣說名聞。廢別耳等，惣名我聞。故《仏地論》云：我，謂諸蘊世俗假者；聞，謂耳根發識聽受。廢別就惣，故說我聞。

一問：何須廢別，而就於惣？答：若不言我，不顯自他。耳通一切，是誰耳聞？又復聞時，非唯耳等，待緣極多，若一一陳，遂成煩廣。若唯說一，義用不周。顯和合聞，惣標假者。然我有三：一，妄所執我，謂外道等所横計我；二，假施設我，謂大涅槃，樂、浄、常、我，除二乘倒，强施設故；三，世流布我，謂世共傳天授、詞授等。今傳法者，隨順世間，自指稱我，不同前二，即是无我之大我也。遍計无體，圓成无相，无不可說聞。然就依他，亦无實〔一三〇〕聞，因緣和合假說名聞。

二問：諸仏說法，本除我執，何故不稱无我，乃言我聞？答：《瑜伽》第六，四義釋之：一，言說異〔一三一〕故。若說无我通藴、處、界，知此說誰？二，順世間故。三，除无我怖故。言无我者，爲誰脩學？四，爲宣說自他染浄，因果事業，令生决定信解心故，所以稱我。《智論》第一，四悉檀中，依世界悉檀，說我无過，即當《瑜伽》順世間故。又云：世間語言有三根本，一〔一三二〕見，二慢，三名字。前二不浄，後一通浄。一切凡夫，三種語言；見道學人，二種，除見。今依第三，說我无失。

三問：既依名字，何故不言阿難聞？答有五義：一，示不乖俗宗。雖顯真序，不乖俗理。雖顯妙言，不乖麁欲。顯真諦不離俗故。二，我聞者，主宰、自在之義。《仏地論》云：顯示聞者，有所堪能。《集法傳》云：有三阿難。一，阿難陁〔一三三〕，此云慶喜，持聲聞藏；二，阿難跋陁，此云喜賢，持獨覺藏；三，阿難伽羅，此云喜海，持菩薩藏。但〔一三四〕尒一人，隨得〔一三五〕名别。阿難於教，惣持自在。若稱名字，雖順正理，无於諸法，得自在義。由斯稱我，不道阿難。三，表親聞。世間共言，我見、我聞，此將爲親證。若言阿難聞，或非親聞，從他傳授。今顯親聞〔一三六〕，以破疑網。四，不識阿難者，謂言誰聞。五，有同名者，爲言彼聞。

四問：慶喜於時，親亦〔一三七〕見覺，何唯說聞？答：有四義：一，名等詮義，非色等故，欲證深理，要聞法故；二，此界以聲而爲仏事，聲爲所依，名等有故；三，希證菩提，要聞熏習，由聞熏習，成出世故；四，顯非現證故。有釋云：諂承有所，无自信之過。即推功歸仏，表己因位，未現見法，但聞而已。若言見覺，謂言同仏。

五問：爲仏說法言我能聞，爲仏不說言我聞耶？答：有二解。一者，龍軍、无性等，說諸仏唯有三法，謂大定、智、悲。久離戲論，曾不說法。由仏慈悲本願緣力，衆生識上，文義相生。雖親依自善根力起，而就強緣名仏說。譬如天等，增上力故，令於夢中得呪論等。仏地一師，亦同此解。二者，親光等言：仏身具有蘊、處、界等，由離[一三八]分別名无戲論，豈不說法[一三九]名无戲論。謂宜[一四〇]聞者善根本願緣力，如來識上文義相生，是仏利他善根所起，名爲仏說。聞者識心[一四一]雖不親得，然似彼相分明[一四二]顯現，故名我聞。應知[一四三]說此如是我聞，意避增減、異分過失。謂如是法，我從仏聞，非他展轉，顯是聞者有所堪能，諸有所聞，皆離增減、異分過失，爲令衆生，恭敬信受，文義決定，无所增減。是故聞者，應正聞已，如理思惟，當勤脩學。

六問：阿難是仏成道日生，二十年後方爲侍者，已前諸教，何得親聞？答：有六義。一，本願力故。過去作長者[一四四]，供養誦經沙彌，今得惣持。龍樹讚云：面如浄滿月，眼如青蓮華，仏法大海水，流入阿難心。二，展轉聞。《智度論》第二說，仏初轉法輪，尔時我不見，如是展轉聞。三，仏加持故。《報恩經》云：仏入世俗心，令阿難知。四，仏爲略說故。亦出《報恩經》，仏粗舉其端，而能盡解。五，三昧力故。《金剛花經》說，阿難得法性、覺性、自在性王三昧能憶[一四五]。六，聞法力故。《觀仏三昧海經》第五，阿難見仏聞法，說菩薩行，即憶過去九十億仏所說經藏。《法花經》第四云，自聞[一四六]受記等，即時憶念過去无量千萬億諸仏法藏，通達无㝵等[一四七]，而說偈言世尊甚稀有等。上來六緣，由本願力得成後五。

七問：有无量大菩薩，何[一四八]故唯付阿難持法？答：諸菩薩等，各各怱務，莊嚴眷屬，調伏自身，不能宣通。阿難寫瓶有寄，所以傳燈是屬。又復阿難常隨如來，人天所識，傳必生信；諸菩薩等，形異處疎，非衆皆識，或容不信〔一四九〕。

八問：諸經皆云〔一五〇〕如是我聞，何故《温室經》云阿難曰吾從仏聞，《藥師經》云聞如是等？答：随方置言，其意无别。如阿難昇座説經已，大衆難〔一五一〕言，无常力大〔一五二〕，如此等法，我於仏所，親自聽聞，今者乃言我聞如是。

經：「一時。」

演曰：第三，時成就，无非時失。初明如實義，次汎叙異〔一五三〕解，後問答分別。

初〔一五四〕明實義者，仏説衆經，前後多時，今者正指説此部時，於一時中，在其處説。如《涅槃經》云，我於一時在迦〔一五五〕屍國、我於一時在恒河岸屍首林等。功德《論》云：一時者，説此經時，餘時復説无量經故。《金剛仙論》意同此説。

問：字、名、句等，説聽多時，如何言一？答：《仏地論》云：此就刹那相續无断，説聽究竟，惣名一時。若不尒者，字、名、句等，説聽時異，云何言一？彼《論》意説，无問時之長短，惣説一期〔一五六〕，説聽究竟，名爲一時。以有勝人得陁羅尼，或浄耳根，於刹那頃，能説、能受，亦名爲一，非唯相續。《論》又釋云：或相會遇，時分无别，故名一時，即説聽共相會遇，同一時義。演曰：彼《論》二義，一説聽究竟爲一時，二説聽會遇爲一時。前簡説餘部時，後簡説聽前後時。

次叙異釋者，長耳三藏解有三種：一分段流轉時，二不思議變易時，上二即二種生死。三假名時〔一五七〕。假名時有三：一伽羅時，二三摩耶〔一五八〕時，三世流布時。伽羅時者，此云别相時。如制戒律，大戒時聞、小戒時不聞，出家時聞、在家時不聞，國王得聞〔一五九〕、餘人不得聞。三摩耶時者，此云破耶見時，謂五部阿含，九分達摩，不簡白黑，一切得聞〔一六〇〕，此二與《智論》同。世流布時者，即是世人語法，如言一時在恒河岸等。

今依破耶見，及世流布時，故[一六一]名一時。
　真諦三藏說，時有十義：一，仏出世時；二，說正法時；三，聽正法時；四，持正法時；五，思正法時；六，脩正法時；七，下善種時；八，成熟善根時，謂生中國[一六二]、脩四念處；九，解脫善根時，謂[一六三]聽法、說法、持法[一六四]、思法、靜心脩習，具此五事，得入解脫；十，心平等時，若下、若高，聽法不入，若作弃捨正法心[一六五]，此是无明[一六六]不平等心，聽亦不入，若能拔沈抑浮，念捨平等，得入正法，故名平等捨心時。具此十義，故名一時。
　後問答辨者。一問：一之与時，何法爲體？答：皆是假法，不相應行，依色、心立，即數与時二種爲體，法界[一六七]、法處，亦即數識、世識所收。
　二問：大乘過、未，既非實有，於三世中，如何立時？答：時有二義。一，道理時[一六八]，即約法體。五蘊諸行，剎那生滅，唯有一念現在之法。然有酬前、引後之義，即以所酬假名過去，即以所引假名未來，對此二種說爲現在。今說聽者，五蘊之法，剎那生滅，前後相續，事緒究竟，假立三世，惣名一時，非一生滅之一時也。二，唯識時[一六九]，識心之上變作三時相狀而起，理實唯有現一念心。今說聽者，随心分限，變作短長，事緒終說，惣名一時。如夢所見，謂有多生；覺位唯心，都无實境。
　三問：說聽一念，生已即滅，如何識上聚集解生？答：雖唯一念，然前前聞者，熏習成種，後識心上，連帶解生，是故文義聚集顯現。如言諸惡者莫作，至作字時，前之四字一時聚集，乃至一偈、一章、一品，連帶亦尔。雖无過、未，而說受義成因。此應明五心之義，如別章說。
　四問：如何不言四、八等時？答：一日一月照四天下，長短、暄寒、遠近[一七〇]、晝夜，諸方不定，恒二天下，同起用故。又除[一七一]已下上諸天等，无此四時及八時等。經擬上地諸方流通，若説四時，流行不遍故。亦不定約成道已後年數時節，由三乘凡聖所見不同，仏身報化、年〔一七二〕歲短長、成道已來近遠各不同故。經擬三乘，凡聖同聞，故不定説成道已後若干年歲。雖諸經典下别文中，有説四時、十二時等，即此經食時、著衣持鉢乃至敷座〔一七三〕而坐。日正午時，或説成道。近遠時等，皆隨一方，衆生聞見。結集之象，且作是説，然非一部，初惣明時。今初〔一七四〕總明，故但言一。

五問：時中凡聖、殊，今但惣言一。處中浄、穢别，如何説定方？答：處中唯浄穢，標處可定知。時中萬品差，不准唯言一。一會根宜，凡聖、勝劣、利鈍、長短，有多差别，不可定准。故處可定説，而時但惣言一。

經：「仏。」

演曰：第四，化主成就。《智度論》第二，五種能説：一仏，二聖弟子〔一七五〕，三諸天，四神仙，五變化。今明仏説，表可崇信。魏本名婆伽婆，梁本言仏婆伽婆，隋言世尊，貞觀名薄伽梵，周云仏婆伽梵。此但言仏，准經梵本，皆稱大師名薄伽梵，即十號中第十號也。《仏地論》云：仏〔一七六〕具十種功德名号，何故如來教傳法者，一切經首〔一七七〕但置如是薄伽梵名？謂此一名，世咸尊重故，諸外道皆〔一七八〕稱本師名薄伽梵。又此一名，惣攝衆德，餘名不尔，故置此名。准周、梁〔一七九〕本，加以〔一八〇〕佛名，爲簡外道，餘本略也。今翻譯者，更存省略，隨方生善，但標仏名。

梵云仏〔一八一〕陁，此名覺。覺者，具有三義：一，自覺，簡凡夫〔一八二〕；二，覺他，簡二乘；三，覺滿，簡菩薩。《仏地論》云：具一切智、一切種智，能自開覺，復能開覺一切有情。如睡夢覺，如蓮花開，故稱爲仏。一切智者，能自開智，如睡夢覺，智觀於空智、理智、真智、无分别智，如所有也。惣相而言，断煩惱障得。一切種智者，覺有情智，如蓮花開，智觀於有智、事智、俗智、後所得智，盡所有也。惣相而言，断所知障得。

又《真[一八三]實論》十義釋覺，《大般若》七義，應檢叙之。

薄伽梵者，唯《仏地論》以二義釋：一成德義，二破魔義[一八四]。就成德中，復有六義：一自在，二熾盛，三端嚴，四名稱，五吉祥，六尊貴。其義云何？謂諸如來，永不繫屬諸煩惱故，炎猛智火所燒練故，三十二大士相等所莊飾故，一切[一八五]殊勝功德圓滿无不知故，一切世間親近供養咸稱讚故，具一切德，常起方便，利益安樂一切有情无懈廢故。初一斷德，次一智[一八六]德，後得四恩德，如次配釋。二，破魔義者，彼《論》又云：或能破壞四魔怨故，名薄伽梵。《攝大乘論》云：能破四種大魔怨故，名薄伽梵。又自在等功德相應，是故説仏名薄伽梵。二義正同。《涅槃經》第十八，有七復次釋婆伽婆云：婆伽名破，婆名煩惱，能破煩惱，故名婆伽婆，又能成就諸善法故，又能善解諸法義故，有大功德无能勝故，有大名聞遍十方故，又能種種大惠施故，又於无量阿僧祇劫吐女根故。初一離障，後六成德。如次配前《仏地》六義。《瑜伽》八十三云：薄伽梵者，坦然安座妙菩提座，任運摧滅一切魔軍大勢力故。演曰：《仏地》《攝論》及《涅槃經》皆約二義。《瑜伽論》中，唯約破魔，廣略異故。由能離障，德自成故。涅槃離障，唯約煩惱。舉因攝果，即破四魔。

問：仏有三身，此説何者？答：據標穢土，爲聲聞説，即是化身。論其實義，具足三仏。由空无相[一八七]，即破四聞説，即是化身；論其相[一八八]，真如妙理，生智解故，名法身説；應化非真仏，亦非説法者，推功歸仏[一八九]本，即真報身。若約十地菩薩[一九〇]所見即他受用。《仏地論》云：如實義者，釋迦牟尼説此經時，地前大衆見變化身，居此穢土，爲其説法。地上大衆見受用身，居仏淨土，爲其説法，所聞雖同，所見各别，雖俱歡喜，信受奉行，解有淺深，所行各異。准彼《論》意，隨對根宜，所見有[一九一]别。理實三身，體示相離。

經：「在舍衛國祇樹給孤獨園。」

演曰：第五處成就，无非處失。《仏地論》云：若不説處及能説者，不知此法何處、誰説，一切生疑，故須具説。

舍衛，譯云聞物國，以多出勝大寶物，名流遠方。又有扵此脩學得仙，諸方知聞故。周本云名稱大城。正梵音云室羅筏悉底，此云豐德。一具財寶，二妙欲境，三饒多聞，四豐解脱，故以名焉。今言舍衛或舍婆提，皆訛略耳。

河南釋(一九二)云：此中印度境，憍薩國之都城，名爲別南憍薩羅，故以都城爲國之稱。今檢《西域記》，有兩憍薩羅國。《智度論》云：憍薩羅國主波斯匿王，住舍婆提大城中。《如來示教勝軍王經》亦云：憍薩羅主勝軍大王。《仁王經》第一云：舍衛國主波斯匿王。國城之名，隨舉其一。

問：據此土境名憍薩羅，城名舍衛，即體是一。若爾，何故《仁王經》列十六大國，第一憍薩羅國，第二舍衛國？答：彼是南憍薩羅，去此懸遠，故不相違。有人釋云波斯匿王是兩國主，又云憍薩羅、舍衛本是兩國合爲一國者，皆爲謬釋，由不能了南、北二處爲憍薩羅故。

問：准《智論》云：復次，憍薩羅國仏生身地，欲報地恩，多住舍婆提城。准此，故知舍衛城在憍薩羅國。若爾，仏生迦毗羅國，何故乃言此國生？答：准《西域記》，迦毗羅國與舍衛相隣，同中印度境，隨隣近説，言此仏生。《仙記》云：昔劫初有仙兄弟。弟名舍婆，魏云幼小。兄名阿婆提，魏云不可害。此二人住彼處求道，即國爲名，弟略去婆，兄略去阿，二名雙存，故曰舍婆提城。非但豐德，亦約仙名。城南五六裏，有逝多林，（此或云勝林，舊云祇陁，訛也。）是給孤獨園勝軍王之大臣，號蘇達多，（此云善施。）爲仏建精舍，善施長者，仁而聰敏，積而能散，拯乏施貧，哀孤恤老，時美其德，號給孤獨焉。尊重如來，願建精舍。仏命舍利子隨處瞻揆，唯太子逝多林園地爽塏，尋白太子。太子戲言：金遍乃賣。善施豁然，即出藏金，随言布地。有少未滿，太子請留曰：仏誠良田，宜植善種，而於空地，建立精舍。世尊即之告阿難曰：園地善施所買，林樹逝多所施。二人同心，式崇功業。自今已往，應謂此地爲逝多林給孤獨園。此舉化仏所居之土，由對聲聞，化彼地前，發心脩行，種性不断，故偏舉之理，實亦有報身浄土，劫盡火燒，常安隱故。

問：何故居此与説《般若》？答：般若，仏母，一切諸法從此經生故。《智論》云：仏生身地，願[一九三]報地[一九四]恩，多住舍婆提城等，故於此説。又復《般若》通貫五門，此舍衛城，豐其四德，風俗淳質，篤學好福，人土俱勝，故就此説。鷲池鷲嶺，其義又殊。隨對根宜，不可一准。

問：但舉城園，随一即得，何須雙舉？答：《真諦記》云：住處爲二，一境界處，二依止處。住境界處，爲化在俗之徒；住依止處，爲説出家之衆，是故雙舉。又《善見婆沙》云：先舉舍衛國，爲遠人令知國城境界住處。後舉祇園，爲近人令知依止別處故。又《傳》中説：於此城邊有二精舍，一是摩伽羅小堂，二是給孤獨。恐濫小堂，故標國處，今總八義：一化淄、素二衆，二爲遠近二人，三爲簡濫[一九五]，四爲諠寂兩忘，五爲悲智二事，六爲道體道緣，七爲利他、自利，八爲城无住道。随其所應，故舉二處。遊化居止，目之爲在。遊化在城，居止在園。在之與住，其義是一。因此應釋：聖天、梵、仏等住。恐煩不述，樂者叙焉。

經：「與大比丘千二百五十人俱。」

演曰：第六，同聞衆成就。唯魏、周本流通分中有菩薩摩訶薩，餘四本經並唯四衆、八部。初不列者，欲令聲聞、大乘中生疑者，除彼疑故。又解：不定種性菩薩生定信故。又復聲聞形同如來，常隨於仏，是故偏列。流通分中，列菩薩者，欲顯迴心，毕竟趣大，仏種不断。其不列者，自是文略。

諸經列衆，四句不同：一，唯小非大，如此經等；二，唯大非小，如《華嚴》等；三，大小俱列，《法花經》等；四，二俱不列，如《勝鬘經》《金[一九六]光明經》等。此[一九七]等不同，或隨廣略，或對所爲，或實有无，理非一例。《智度論》云，聲聞等藏中唯列聲聞，菩薩藏中大小兼列者，且隨多分，大能兼小，小不兼大，作如是說，理實不定，《華嚴經》等不列小故，即此大乘唯列小故。

來意有五：一爲證信，助成阿難，聞同可信；二爲顯德，如帝釋、梵王、諸天圍繞，顯仏法王，諸聖圍繞；三爲啓請，善現在衆起請問故；四爲當根，令彼聲聞迴心趣大故；五爲引攝，若无勝侣，浄信不生，引攝現、當，令同信學。所言與者，兼併共及之義。《智論》七義：謂與世尊一處、一時、一心、一戒、一見、一道、同一解脱，故名爲共義。

次言大者，三説不同：一者，《真諦記》釋有三義：一數大，如言大軍；二者量大，如言大山；三者勝大，如言大王。比丘亦爾，衆非一故，即是數大；德難測故，則當量大；脩菩提道，高極无上，即是勝大。二者，《仏地論》四義釋大：一者，利根波羅蜜多種性聲聞故；二者，无學果故；三，不定種性迴心向大故；四，衆數多故。三者，《智度論》五義：一切衆中冣爲上故，諸障断故，王等敬故，數甚多故，能破九十六種外道論故。雖有三説，今者詳之，總有八義：一數大，千二百等故；二名大，名稱遠聞故；三位大，大阿羅漢故；四離大，大障礙断故；五德大，功德智惠波羅蜜多種性故；六識大，大人所識故；七趣大，迴向大菩提故；八敵大，能破外道故。

梵云苾蒭，訛云比丘。由具五義，所以不譯。一曰怖魔，初出家時，魔宫動故；二云乞士，既出家已[一九八]，乞食自濟故；三名浄持戒，漸入僧數，應持戒故；四云浄命，既受得戒，所起三業，以无貪發，不依於貪耶活命故；五曰破惡，漸依聖道，滅煩惱故。衆者，僧也。理、事二和，得衆名也。三人以上，得名僧故。

千二百五十人者，律及《因果經》等說：仏初成道，度憍陳如等五人，次度優樓頻螺迦葉衆五百人，次度伽耶迦葉、那提迦葉二衆各二百五十人，次度舍利弗、目乾連二衆各一百人，次度耶舍長者子等五十人，總有一千二百五十五人。今舉大數，故唯爾所。

問：何不標餘，但舉此等耶？答：名德高故，常随仏故，皆先外道捨耶歸正故。《毗尼婆沙》四義故説：一以皆是婆羅門種性，浄行出家故；二以皆是上上，善來得戒故；三以皆是大阿羅漢故；四以皆是五師大門徒故。

又准《賢劫定意經》説：釋迦初會〔一九九〕説經，千二百五十比丘，皆得道證。經中且標初會所度，故无餘也。俱者，同一時、同一處義。若爾，對前與字，應重言失。答：以此兼彼爲與，將彼就此爲俱。又將此對彼，名之爲與；彼自同時，名之爲俱。問：此等聲聞，爲權爲實？答：准《智論》《攝論》《寶性論》，此等聲聞，皆是應化，常隨如來，影響正法。

經：「爾時世尊」至「大城乞食」。

演曰：下明發起別序。諸經發起，隨事不同，入定放光，雨花動地，《涅槃》面門以舒照，《維摩》合益以現奇，各有表彰，由來遠矣。今此乞食，還歸入定，顯脩般若，增長法身。

文分爲二：初外化表戒，後收衣鉢以〔二〇〇〕下内静入定。所以然者，發起正宗般若義故。云何發斯乞食威儀？離於耶命，故爲持戒，屍羅不清浄三昧不現前故。定爲所依，方生正慧，爲智慧水脩堤塘故。由斯次第，戒、定爲序，慧爲正宗，三學備矣。又解：此經无相福智，爲正所宗。序中二文，初以事化，爲世福田；後以理化，心凝妙定。如其次第，發生正宗福、智二種。又釋：初乞食資身，即表身戒；後依定攝心，即彰心慧。是明正宗，施正法食資於慧命，以无生心明无相理，故爲二也。

前文有五：一化主，二化時，三化儀，四化處，五化事。

爾時世尊者，明化主也。《成實論》說：具上九號，三德備足，爲物欽重，故曰世尊。即六義中，尊貴一義。

言食時者，第二化時。問：今言爾時，与此何別？答：前總控引，此別指陳，故无有失。梁本云於日前分，唐、周云於日初分，隋云前分時，唯秦、魏云食時。且一日之中，寅、卯、辰是初分，巳、午、未爲中分，申、酉、戌爲後分。食時有二：一出家人法，寅後午前總爲食時，以後非時，故諸本云初分、前分。二依俗法，唯別取辰，以爲食時。今言食時，意含總別。初成正食，求易得故，不惱自他故。此時乞食還至本處，辰後午前，不失時也。

著衣持鉢〔二〇二〕，此顯化儀。唐云：整理常服，執持衣鉢。隨云：上裙著已，起上絡衣持。餘本並云：著衣持鉢。如來三衣：一者，安多會五條衣，是下品服。亦名行道作務衣，亦名襯身衣。真諦云：今在彌提羅國。二者，欝多羅僧七條，中品服。又名入衆衣，亦名說法服。今在半遮羅國。三者，僧伽梨，謂九條、十五條、二十五條，是上品服。亦名入王宮聚落衣，亦名福田衣，並鉢、錫杖。在罽賓國，總名袈裟，云无垢穢，或云忍辱衣、消痩衣等。今入王城，則著僧伽梨衣。唐言常服者，即是入王城之常服也。真諦云：著初出家浄居，所奉袈裟。

有云：此衣未有田相，後方制三衣，豈仏入城不著田衣？今釋：真諦說是如白浄尼衣，變成袈裟，況仏神力變成田相，於理何失？如四天王鉢按成一故。不爾，如來不蓄長衣，豈浄居衣，三衣不攝。梵云鉢多羅，此云應量器。即初成道，四天王所奉獻者，青石爲之。然諸在〔二〇三〕家，華衣寶器，增長放逸，太著樂邊；出家外道，裸形无服，以手捧飡，致招訶醜，太〔二〇四〕著苦邊；仏處中行，故持衣鉢。《仙記》云：表出家人知足之相，唯三衣鉢，更无餘長出入隨身。猶如飛鳥不捨二翼，去住隨意，情无繫戀。又爲入城故著衣，爲乞食故持鉢。

經：「入舍衛大城。」

演曰：第四化處。准梁本云：入舍衛大國。餘並云城。已如前釋。園在城南，自外之内爲入。處廣人多爲大。《西域記》云：國週六千餘裏，内城故階，週二十餘裏。《智度論》云：居家九億。然《仙記》云，城縱廣十二由旬，居人凡有十八億家者，謬也。由旬舊釋是四十裏，城之縱廣，大爲遼闊。

經：「乞食。」

演曰：第五化事，於中有四：一爲世福田，二示平等，三明歸本，四顯事終。此即初也。仏不假食，爲世福田，故須乞食耳。《維摩經》云：爲不食故，應受彼食。爲懷和合相故，應取摶食。此餘假、觸、思、識四食之中，乞其段食，由共相故，可分段故，是以客[二〇四]乞；後三體是心、心所法，凡[二〇五]自内有，不可乞故。《瓔珞女經》等説：化仏身如全段金剛，无生熟藏等，豈資於食。而今乞者，即《對法論》四種依止食中，示現依止住食。《唯識》亦云：説爲有情依食住者，當知皆依示現而説。

依諸經論，乞食法有十三種事：一住正戒，二住正威儀，三住正命，四住正見，五依法，六依時，七依[二〇六]處，八依次，九離貪，十離瞋，十一離取著，十二離粗獷，十三離憍慢。此中初四住正乞食，次四住軌則，後五捨煩惱。依《瑜伽論》八十六説：由十因緣，如來入於聚落乞食。《瓔珞女經》説：仏爲成就世事，无過、未故，而行乞食。隨应叙之。

經：「於其城中，次第乞已。」

演曰：第二示平等也[二〇七]。有七：一，由内證平等理故；二，外不現貧富、貴賤等相故；三，内心離貪慢故，不貪美好，不慢粗鄙；四，慈悲普等无漏理故；五，表大威神，不懼惡象、沽酒、淫女等家故；六，息外猜嫌，若有所簡外道、惡人，謂仏愛憎，有所親踈，便生猜毁；七，破二乘故，即除迦葉、善現貧富之偏。

經：「還至本處。」

演曰：第三歸本。趣得支身，不令過分。又由知足故，乞不過量。知時，故還至本處。又如來食有二種，一受請，二不受請。今不受請，故須還歸。又表還源返本，歸真住寂，將説《般若》深妙理故。又釋：國城雙舉因緣，即是此中往還所以。

經：「飯食訖。」

演曰：第四事終。本行乞食，爲生福田，今若不食，施福未滿，故須飯食。《寶云經》説：隨所乞得分爲四分，一分擬施同梵行者，一分擬施貧下乞人，一分以施水陸衆生，一分自食。然以食供養諸仏及衆賢聖，然後自食，當懷食想，如食曠野子肉等想，願得法身，離諸過失，念報施主恩。如是想食，今者如來畢竟不食。常有大威德天，隱其形相，代仏受食。將詣餘方，如香積飯施作仏事。

經：「收衣鉢。」

演曰：大段[二〇八]第二，内靜[二〇九]入定，理化心慧，文分有三：一攝資緣，二浄身業，三入寂定。此即初也。將欲入定，須息攀緣。衣鉢不收，必增勞慮。爲後模軌，故須收置。即疊僧伽梨，還著欝多羅僧，隋本云器，亦絡衣收攝。《仙記》云：洗鉢已著常處也。

經：「洗足已。」

演曰：第二浄身業也。《仙記》云：諸仏常法，受戒行法。然如來行時，離地四指，下生蓮華，豈有塵垢？而言洗足，示出家人，威儀嚴浄，有可敬之相也。有六：一者，隨順世俗，以表從穢得浄，顯法身故；二，表戒足清浄，引生定故；三，爲敬故定；四，爲敬法故，將欲説法，諸仏師故；五，令人扵己，增敬生福故；六，作軌範故。律中先洗足後食，今此食後重洗足者，由前義故。

經：「敷座而坐。」

演曰：第三入寂定也。爲敬法故，自敷坐具。魏本云：如常敷座，結跏趺坐，端身而住，正念不動。唐云：敷如常座，結跏趺坐，端身正願，住對面念。餘文大同，此本寂略。《仙記》云：如來説餘般若，常自敷座具，敬仏母故[二〇]。今説此經，亦如常式，自敷法座，故言如常，即尼師檀。隨本亦云坐具世尊施設。

跏者，重也。《婆沙論》云：以兩足趺跏其兩髀，名結跏趺。本无跏字，傳寫謬也。《瑜伽》第三十，由五因緣結跏趺坐：一，由身攝斂，速發輕安；二，能經久時，不速疲倦；三，是不共法，外道、他論皆无有故；四，形相端嚴，令他見已，極信敬故；五，仏、仏弟子共所開許，一切賢聖同稱贊故。

无著菩薩《論》云：世尊何故以寂靜者威儀而坐耶？顯示唯寂靜者，於法能覺、能説故。由身端故，心離沉掉，正念不動。正住於定，心安真境，離耶分別，故名正念。念與定俱，故言不動。唐本云端身正願住對面念者，正願即是定前加行。住對面念，正在定心。面爲定境，即是真如。順向緣故，名爲對面。若望生死，亦名背面。雖復如來无不定心，示現審法，作後軌模，故須入定。《瑜伽》八十六：由八因緣，如來入定。此應具叙，餘本更有：爾時，諸比丘至退坐一面。今略无此，釋序分訖。

經：「時長老須菩提」至「而白仏言」。

演曰：自下第二，聖教所説分，是爲正宗。

无著菩薩以七義句科釋經肓：一種性不斷，二發起行相，三行所住處，四對治，五不失，六地，七立名。前六義句，顯示菩薩所作究竟；第七義句，顯示成立此法門故。演曰：前六正所明宗，後一釋經名字。就前六中，初三別配經文，後三住處通義。義爲所詮，句爲能詮，合名義句。

何故不言字名，而言句者？字非能詮，名

局自性。今以句寬，顯義周圓，能詮差別，故但言句義。若尔，何故不言七句義？答：若言七句義，恐句有七。今顯義七句，乃无量義之句，故依主釋也。而兩論初頌皆言句義者，以教詮義，總相而談，非顯七義，故无有失。有云七句義者，謬也。

就後三中，對治是所断邊執，不失是所脩中道，地是此二法之別位，總名爲住處。是發大乘者所依住處，故別名爲地。彼爲有漏、无漏諸法，順生勝法，能持、能長，故名爲地。總法所依，名爲住處。是二差別，經文有三：一，此文已去，種性不斷；二，世尊善男子下，發起行相；三，仏告下，行所住處。初明贊仏，爲請說之由；此問脩行，爲趣大之本；後仏廣說，辨脩伏之宗。

然種性不断，自是一部宗意。故《論》云：此般若波羅蜜爲仏種不斷，故流行於世。下六因中，亦有此言。今以經初護念付囑，其文顯明，不断義勝，故偏得名，理實通也。由此，善現偏歎此德，以生問端。若不尔者，何不別歎[二二]餘一切德？論主亦云[二三]，爲顯示此當得仏種不断義故，上座須菩提寂初說言等。若依天親亦爲三段：初，護念付囑；次，世尊善男子下，於大乘中，發行断障；三，可以身相見如來不下，明於教理[二三]，隨断所疑。古判此經兩同說者，雙違二論，不可依據。今者先依无著科判，餘逐便明，不假預科。

初仏種不断中，分二，初善現請儀，後正申不断，此初也。梵云須部吼底，亦云蘇補底。蘇者，善妙之義。補底，現也。初生之際，有善相現，相師瞻之[二四]，因以標號。周云妙生，隨云善實，以實善故。又云空生，以初生時，室皆空故。舊云善吉，初生，父母以問相師，相師答云唯善、唯吉，故名善吉。梵音含多義，各隨翻耳。《真諦記》云：是東方世界青龍化仏，於此影響，准《入大乘論》《攝論》偈等，皆證應化。

言長老者，是歎長壽之詞。亦云浄命、慧命，是彰戒慧之德。唐云具壽，福慧之命雙圓。在大衆中者，明混迹於聲聞。即從座起者，彰顯拔於羣輩，將申啓請，故(二五)易常儀，表聞法而信悟，趣大行以剋成，革彼先心，故從座起。袒肩以下，表敬相也。通肩披衣，不敬之相。袒其一膊，驅策之儀，表作大乘吉祥事(二六)故(二七)。右膝著地，表降昔執情。合掌者，表心冥妙理。恭敬者，遠離法慢，將發疑問，敬法重師。若不避席虔恭，卑躬屈己，何以表身心之俯順，明信向之深誠？故盡敬儀。然申所請，啓詞道意，而白仏言。

經：「稀有」至「菩薩」。

演曰：此正申不断，有二：初總歎稀有，後別歎勝能。

稀有有四：一，時稀有，曠劫難逢故；二，處稀有，三千世界唯有一故；三，德稀有，福慧超絶勝无上故；四，事稀有，神用慈悲極巧便故。雖有四種，經意唯在事之稀有。此爲總攝，下別釋故。又即述中，即釋文故。於十号中，如來爲初，世尊爲後，標陳後稱，釋舉初名，即舉初、後括中間也。故貞觀經説云，乃至即從於後，乃至於前。魏本等云如來、應供、正遍知，即貞觀云如來、應、正等覺。諸經多皆舉此三號：一，多陁阿伽度，如來也；二，阿羅呵，應供也；三，三藐三仏陁，正等覺也。由此三号，如其次第，彰仏法身、變化、受用。又表三種断、恩、智德，故偏舉之。

應具三義：一應害煩惱，二應不受生，三應受供養。舊云應供，唯得一義，釋中魏本同此。梁云：善護念諸菩薩摩訶薩，由无上利益故；善付囑諸菩薩摩訶薩，由无上教故。貞觀云：能以㝡勝攝受，攝受諸菩薩等；能以㝡勝付囑，付囑諸菩薩等。隋、周兩本，大同貞觀。《論》文遂開第一及善，二義有異。㝡勝之言，含第一、善二種義故。然(二八)《論》牒經云：何如來以第一善攝等，云何之言，經本皆无。又此歎仏稀有善攝，乃言云何，翻成問仏，非是歎詞，甚爲乖角。今釋：假令《論》本加云何言，乃是嗟呀之詞，非爲啓請之語。此中應釋菩薩摩訶薩名。廣如常説，講者叙之。

攝付義以七門分別：一釋名，二能攝付人，三所攝付者，四攝付之時，五所攝付法，六攝付行相，七問答釋疑。

第一，釋名者，如漸覆攝，是護念義。餘名攝受，名別義同。委託授與，是付囑義。委大訓小，託深化淺。善者，巧也、能也，故天親《論》名爲巧護。由多方便，慈悲攝付，勝上順益，故稱爲善。又護念得所，付囑有方，故名爲善。亦名勝，亦名第一，意義是同，惣是成熟有情行攝。无著菩薩，惣名建立。

二，能攝付人者，經説如來唯在果位。依《瑜伽》三十七云：能成熟有六，一勝解行地菩薩，二浄勝意樂地，三行正行地，四墮決定地，五決定行地，六到究竟地菩薩。此依㝡勝能善攝付，唯在法王，説一切位極深妙法，非餘能故。彼據因位，仏在世時及仏无後，隨分成熟，亦能攝付，故不相違。

三，所攝付者，謂仏菩薩所成熟中，通有四乘。然行二利，通化三乘，餘乘不能成熟勝，故唯言攝付菩薩。如《涅槃經》三子、三田等。又此經宗，爲大乘説，明紹仏種，唯就菩薩，實通餘乘。

問：菩薩既多，攝付何者？答：《論》云：於中善攝者，謂已熟菩薩，於仏證正覺轉法輪時，以五種義中菩薩法而建立故。付囑者，彼已得攝受菩薩等，於仏般涅槃時，亦以彼五義如是建立故。天親《論》云：善護念者，依根熟菩薩説。善付囑者，依根未熟菩薩説。問：上二論文，何者爲名根熟、未熟？已退、不退復有何別？答：《善戒經》第五説，性調伏者，能壞二障，如癰已熟，必得除愈。杯器任用，果堪食噉，並名爲熟。准彼經説，隨何位地，彼善根種，緣合變異，堪生勝果，名之爲熟，翻此未熟。天親《論》釋，善付囑者，依根未熟。又云：懼其退失，付授智者，明知未熟即是退者，返顯根熟，即是不退，故未熟、已熟，即退、不退。隨何行位。根熟生果，名爲不退；未熟不生，即名爲退。

然諸聖教大位而論，不退有四：一，信不退，十信初心，入僧祇數，不退墮惡道。《仁王經》云：習忍以前十千劫等，十善菩薩有退、有進，譬如輕毛，隨風東西。《大品》第三十八云：初發意菩薩，名爲畢竟空，從初發意以來，行佈施等，乃至断一切不善業，若墮惡道，若生長壽天、邊國、耶見家，无三寶名，无有是處。《起信論》云：脩行信心，經一萬劫，信心成就，故入正定聚，畢竟不退，名住如來種中。其一萬劫，即《仁王經》云：十善菩薩發大心，長別三界苦輪海。然有進退，入正定聚。習忍已去，方名不退。此等皆是十信初心。二，位不退，謂定求仏果，不墮二乘，即十住中第七住已去。《本業瓔珞經》云：諸善男子，若一劫、二劫乃至十劫，脩行十信，得入十住。從初住至第六住中，若脩般若正觀，現前諸仏、菩薩、善知識所護，故出到第七住，常住不退。自此住前，名爲退分。如浄目天子、法財天子〔二九〕、舍利弗等，欲入第七住，惡因緣故退入凡夫不善法中，即《大品》第十三：發心已去，遠離般若方便力故，若一若二，住阿毗跋致，多墮聲聞、辟支仏地。此等並是七住以前。三，證不退，在扵初地，所證真理，永得不失。四，行〔三〇〕不退，在第八地。相用煩惱，所不能動，刹那刹那，萬行〔三一〕增進，廣如經説〔三二〕。

問：《大品經》云，墮頂菩薩名之爲退，住頂菩薩名之爲不退。《智論》釋云，頂前未伏順道法愛，有退義，故名生。此之不退，四中何攝？答：非四所攝。彼以不伏順道法愛，不進脩故，名之爲退。故彼《論》云：有退義故，名之爲生，非謂實退。故依顯文，唯四不退。

隨其所應，辯熟、未熟。雖所護念通一切位，付嘱亦遍一切位中，上化下故，下稟上故。或復十地以前望後皆爲上下，随應護念及以付嘱。《攝大乘》云：異類菩薩，攝受付嘱，展轉相續，无間而轉。譬如一燈傳燃，百千燈燃。今論〔三三〕主多約地前凡住菩薩，明其攝付。所以然者，地上无漏，二利行強，親證法性，悲智雙運，自能行故，攝付義微。故有頌言：菩薩在法流，前後見諸仏。已去菩薩近，无難易得故。

地前障重，脩習是難。若不殷勤攝付，懼其退而不進。如父愛子，非不平等。其病重者，吾則偏憂。是以十八住處，前之十六總屬地前。餘二地上，天親菩薩，護念依根熟，付囑依未熟。乍觀无著，護念、付囑俱約根熟已，言付囑者，彼已得攝受菩薩等故。委細尋之，二論无別。何者？以付嘱中含有二義。一能化，即受付嘱人；二所化，即被付嘱者。具此二事，付嘱義成。天親唯約被付嘱者，故言未熟。无著亦約受付嘱人，總言已得攝受菩薩等，即等取被付嘱人，故護念中无其等字。若不尔者，天親未熟，付與何人？二論相成，義方具足。

四，攝付時者，准《論》，護念在仏證正覺轉法輪時，付嘱在般涅槃時。此中意説，根熟菩薩，仏初成道，仏自攝受，令依教行，稟於仏訓。仏入滅時，仏化既无，但以仏法，付根已熟。今根未熟，於彼受化。其根熟者，仏在所化當來之世，成能化故。雖根未熟，仏在之時，亦有付嘱，少故隱之。依於滅後，付嘱義增，作如是説。又解：遇仏蒙度，皆名已熟；滅後令度，是根未熟。此釋乃約逢仏、不逢仏，名熟、未熟。梁本經云：善攝受者，由无上利益故；善付囑者，由无上教故。《遺教經》云：所應度者，皆已度訖；其未度者，皆已作得度因緣。《法華經·壽量品》説醫師喻，其諸子中不失心者，即當根熟，見此良藥，色香俱好，即取服之，病盡除愈。當仏在時〔三四〕護念義。其失心者，皆不肯服藥，即根未熟，留藥令服。遣使還告，汝父〔三五〕已死，乃肯服藥。當涅槃時善付囑義。《涅槃經》中：臨般涅槃，以大乘教，付囑菩薩，不付聲聞，皆同於此説。

五，明攝付法者，《論》云：五種義中菩薩法而建立故。此有多解。

一云，即下諸住處中所説五義，依義、説相、攝持、安立、顯現，即是經中所明理、事二行，善、惡二門。菩薩脩断之法，是仏二時所攝付法。此解不然，无文證故。

二云，即《論》所辯也。七義句中，後五義句所明菩薩行法。前二門問，後五仏答。是正所明，能攝付法。此亦不然，第六義句无别體故，第七釋名亦非行體，又无文證，故不可依。

三云，以五乘法中菩薩法而建立。若直指五法，何[二二六]須言中者？此亦不可。《論》言五義，乃引五乘，名體全乖，非爲解釋。

四云，即《大莊嚴論》第十二頌云：心説行聚果，各有上中下。依此三品異，建立有三乘。

釋云：若聲聞，五事俱下。心下者，自求解脱；説下者，説自利法；行下者，行自利行；聚下者，福智狹小；果下者，得聲聞果。緣覺五事俱中，菩薩五事俱上，今謂以菩薩五事而建立也。若尔，大乘具有五義，即應五義俱取，何故言五義中？答：以三乘法皆有五義，今取菩薩五義，故云五義中，取[二二七]菩薩法。又彼《論》云：心上者，謂四恩心，如《金剛般若經》説。此由兩論，同一人造，並引爲證。此釋不然。此《論》上下，无有説處，如何闇指《莊嚴論》文？製作之端，无如此例。又言彼《論》引《金剛經》者，此不同例。彼有明文，引此經説；此无顯證，引彼《論》談。何不顯云，如《莊嚴論》説五義？既无此文，憑何作證？豈其論主迷謬後人？又復造論可引經證，此《論》釋經，引自論證，深誠可怪。更有異釋，别指經論，皆同此破。

應知此《論》自有明文，棄而不依，一何踈略。隨下《論》文配七義已，重料簡云：彼五種義句，上上依止應知，彼等皆依止地故。上上依止，是從劣向勝義，即從信行至淨心地，從淨心地至如來地，名爲上上。然尋《論》意，三處不同：一者，文義具説，有七義句。二者，就此七中名義差別，所釋有異。是故《論》云：於中前六義句，顯示菩薩所作究竟；第七義句，顯示成立此法門故。三者，就前六中，五句正是所脩行體，地是脩行所依之位，而无別體。故地與名，此中不取，彼所依位及與釋名非正行故。由是五義，即七句中前之五義，正所脩行攝付法故。

若尔，有難：護念付囑，通其餘經；前之五義，唯此經有。應詰彼言：且種性不斷，爲局此經，爲餘經有？若唯此經，不應《華嚴經》等明三寶不斷；若餘亦有，何得説言唯在此經？不斷既然，行所住等，其例皆尔。若尔，五義唯是大乘，既无餘乘，何用中字？答：五種乃是論主所判經中義門，其中別詮菩薩行等，惣中之別，何廢言中？離此五門中，更无菩薩法故。

問：准經，前二即是問詞，既非正明，如何建立？答：若如所難，《論》不應言，前六義句顯示菩薩所作究竟，以彼前二是問詞故。既問及答合名所作，明以建立，正契深宗。

問：種性不斷即攝付文，今釋攝付引初義句，豈非能釋即所釋耶？答：不斷是意，攝付是事。舉意證事，无同體失。

六、攝付行相者，《論》牒經云：善攝第一，善攝者，於諸菩薩所，何者善攝？何者第一耶？演曰：秦、魏、梁本但有善字，无第一言。餘之三本，皆云㝡勝。前《論》牒經云：云何如來，以第一善攝，攝受所有菩薩等，下開爲二，准第一、善，即是諸本㝡勝之義，以㝡勝言，含第一、善兩種義故。《論》又云：利樂相應爲善攝，第一有六種。准此，善是總釋之詞，第一乃是別釋其義。故付囑中，唯解第一。善義通故，更不別釋。六種者何？一，時，謂現見法及未來故。彼菩薩善攝中，樂者是現見法，利者是未來世，此謂通於〔三八〕二世益也。與現在世智、化二力，與未來世得菩提因。二，差別，於世間三摩鉢帝及出世聖者聲聞、獨覺等善攝中差別故。三者，高大，此善攝中无有上故。四者，牢固，謂畢竟故。五者，普遍，自然於自他身善攝故。六者，異相，於未淨菩薩善攝中勝上故。演曰：第一，由與二世益故勝；第二，與出世故勝；第三，住㝡上故名高，德㝡廣故名大；第四，若與世間二乘等樂，後皆可捨，與菩薩法畢竟不捨，名牢固；第五，既與㝡上之法，自然能行二利；第六，未淨菩薩，謂勝解行位未得淨勝意樂故，此意令與初地等淨勝之法，前第二義對凡夫、二乘爲事差別，今就大乘中對未淨菩薩爲異相，是故不同。

《論》又云：何者第一付囑？有六種因緣：一入處，二法尔得，三轉教，四不失，五大悲，六尊重。何者入處？於善友所善付囑故。謂將入涅槃時，根熟菩薩爲所入處，與根未熟作善友故。何者法爾得？已得善攝菩薩，於他所法尔善攝故。何者轉教？汝等於餘菩薩，應當善攝，是名轉教。謂仏教根熟，汝既得已，可轉教他。此等三種，如其次第，即是不失及大悲、尊重。演曰：由此未熟不失善友，所入之處，根熟法尔。悲根未熟，仏令轉教，令根已熟，轉生尊重，弘仏教故。又解：由入處故，令彼所化不失大乘。或由根熟化入處故，不失所化，應時攝引。復由悲故，法尔攝受。由尊重教，得已展轉，教化衆生。上依此《論》釋訖。

彼天親《論》頌云：巧護義應知，加彼身同行。不退得未得，是名善付囑。

演曰：上半護念。長行釋云：云何加彼身同行？謂菩薩身中與智慧力，令成就仏法故。又彼菩薩攝取衆生，與教化力，是名善護念。加者，護義，加被彼身，令同仏行。與智慧力及教化力，是加被彼身；令成仏法，攝取衆生，是同仏行。教化力者，惣即大悲，別即三輪及四攝等。言三輪者：一，神通輪，轉變能令捨耶歸正；二〔三九〕，記心輪，說實能令除疑生信；三，教誡輪，示理能令断惡脩善脩。上惣説成悲智二利，名爲護念。

下半付嘱。釋云：謂於得、未得功德中，懼其退失，付授智者。此惣申意。又云：得不退者，不捨大乘故；未得不退者，於大乘中欲令勝進故。且如根熟菩薩，在七住後不退位中，即是此中所善攝者；未熟菩薩，在六住前可退位内，即是此中所付嘱者。其六住前所得行願，名爲大乘，由有位退，令其不捨；其七位後所有功德，彼未得者，令其進求。故以未熟付根熟者，名不退得未得。其信不退，證行不退，亦有護念及以付嘱。退與不退，得、未得等，随應准知。前來具依四種不退大位而説，理實地前及於地上，随一一位，根熟未熟、退與不退、得未得等，護念付嘱，皆應准説。上化下故，劣稟勝故。若不尔者，如何得有能成熟人、通勝解行六種菩薩？又《菩薩地》説：已成熟有三品，初劫名下品，第二劫名中品，第三劫名上品。唯三品別名爲未熟。准此，乃是入劫已去，惣名根熟，即順於前信不退解。所望義別，俱不相違。

第七，問答分別者。一問：種性有多，不断何者？如《瑜伽論》有二種性：一本，二習。《仁王》有四：一習種性，二性種性，三道種性，四聖種性。據何者説？答：除本性住以恒有故，餘一切性皆令不斷。若不攝付，既不進趣，習種已去，一切皆[三〇]断；由善攝付，展轉相續，進成[三一]上位，仏種不断。又不断者，相继之義。仏教，根熟能紹仏位，根未熟者继嗣根熟，如世子孫，紹继不絶。又解：本性，若仏不説，人不知有，亦名爲断。故經説有，開仏知見。若人不信，毀謗此經，即断一切世間仏種。

二問：天親菩薩二種力中何无福耶？答：就勝偏明悲、智兩種，令利自他，理實與福。又福資於智，即是智攝。

三問：何故二論能成熟仏[三二]法，各説不同，彼教化力等，此五法等？答：彼此无別，以菩薩法具含二利故。

四問：何故彼《論》付囑之中〔三〕以根未熟付囑根熟，此《論》但云以五種法而建立之？答：彼《論》約人，此《論》約法。各據一説，理皆未盡。合二論者，義意方周。

五問：如諸經中皆約教法以明囑累，何故此中不約法付，而唯約人付囑菩薩？答：理實付囑有其二義。一，付囑教，謂仏世尊入涅槃時，以此教法付根熟者，今爲未熟，宣揚顯説，即轉教是；二，付囑人，以未熟人付大菩薩，然據大悲，本爲衆生，故説付人，以明不断。人不孤立，必有法付，意含兩種。

經：「世尊，善男子」至「降伏其心」。

演曰：第二，發起行相。言行相者，行謂般若，即是慧體。无相爲相，非謂相狀。又釋：有爲、无爲俱名行相，慧性、慧相俱名爲慧。如十六行，通能、所觀，慧勝得名，此亦如是。准下《論》説，欲願定等，非唯慧故。有爲行相，持業得名；无爲行相，行之相故，依主釋也。三問皆唯因慧行相，仏所廣答，通因及果，乘便明故。以其善現自分所行而爲問故，仏答乘便，令脩因行，上求仏果。爲廣因位，仰求仏位諸功德故，仏舉彼果，令如法求。又解：發起行相，但是總發行之相狀，何必唯囑无分別智？謂云何住心行相？云何脩行行相？云何降伏行相？啓發求趣大乘行相，名發起行相。故下《論》云：行所住處及彼發起行相所住處也。即是發心脩行，降伏之所住道理處也。

所言發起有其二種：一，請問發起，即善現問是；二，許説發起，即如來許宣是。若唯取初名發起者，如來許宣，是何文收？不應説爲行所住處，以《論》牒指發心住等取下文故。釋應住等，謂欲願等，正釋如來許説文故。問：及許俱名發起，若尔，所發行相與行所住處，爲別爲同？若言別者，如何前説仏廣答中有、无爲等皆是行相？又如何言願樂欲聞？仏已説訖，何言願欲？若言同者，不應分之爲兩義句。又復《論》

云：彼所住處者，謂彼發起行相所住處也。准此應別。其義如何？答：應説言同。分兩義者，謂許正説，略廣異故。如《法華經》，初歎，二略談疑起，後三請已，方便[三四]廣説，開示悟入，今此亦尔。即如種性不斷，唯初得名，豈不通後？而言謂彼發起行相所住處者，是別般若之總住處。處，謂道理能所緣等，展轉相依，廣爲住處，實无別體。由斯故説願樂欲開。

分文爲三：初善現發問，二如來印發，三善現敬承。此即初也。文中有三：初，標所爲，即善男子、善女人；二，彰其問本，即發无上心；三，正申所請。

彰問本者，如《華嚴經》善財童子問善知識：皆云我已發阿耨菩提心，未知菩薩云何學菩薩行？此亦如是。此言發心，明是入十信人，欲明種性不斷義故。若未發心，非此所問。

《論》云：何故唯問發行菩薩乘者？爲三種菩提差別故。一云，三乘皆有住、行及以攝伏，大乘勝故，不同餘二；二云，大乘中有三種菩提，謂化、報、法，即如次配住、脩、攝[三五]伏，餘乘所无，故約發趣菩薩乘問。然此欲明仏種不斷，就正所被，是故唯約菩薩乘問。若約兼説，亦被餘乘。《大般若》五百九十三：善勇猛文，即是其證發菩提心義。應依別章，如餘處辯。

三，正申所請，即是三問。餘本具三，謂云何住、云何脩行、云何降伏，此扵住中攝初二故，亦即三問所以。唯此三問者，意問發趣大乘菩薩，扵一切時安住何心？脩習何行？若有障垢如何降伏？脩學所要，不過此三，故爲三問。略有十意。

一者，初恩德因，次智德因，後断德因。

二者，爲三身因，如次化、報、法。

三，即逆次斷惡、脩善、度脱衆生。

四，即三聚凈戒，初攝衆生，次攝善法，後攝律[三六]儀。

五，依三種持：一，堪任持，即本種性；二，加行持，即發菩提心，能與加行[三七]作依持故；

三，圓滿持，謂即萬行與圓滿果作持因故。今此由有堪任持故。問云何住、住於何心，由有加行持故。問脩行，既得勝心，須起行故，由有圓滿大菩提持故。問降伏，以圓滿持即是萬行，若不降障，行不可成，故爲問也。

六，發菩提心，有三妙觀：一厭離有爲心，二求菩提心，三悲愍有情心。具此三事，名爲發心。發心已去，三念常起，故此逆次即彼三心。雖彰問本言已發心，未解廣脩，故須申問。

七，《論》云：彼應住者，謂欲、願等。又別解云：欲者，正求也；願者，爲所求故作心思念也。故㝡初發心，諸善法，欲爲根本。《論》名正求，爲簡耶故。或正怖求，以欲爲先方起故。願等，百法差別體性，此云思、念。《莊嚴論》頌云：思、欲共爲體。依《唯識論》，信、欲、勝解三法爲體。總三論文，五法爲體，謂思、念、欲、信、勝解[三六]。

《論》云：三摩鉢帝者，无分別三摩提也。梵云三摩鉢底，此云等至，唯定非散，通有、无心及分別、无分別。梵云三摩地，此云等持，通定、散地，唯有心，非无心，通分別、无分別。今此等至，簡取定及有心，諸无分別，正脩慧位，故言三摩提也。

《論》云：折伏散亂者，若彼三摩鉢底，心散制令還住也。若有放逸，及分別生，如實覺悟，令不得起。雖住散心，非无分別。尋當攝念，亦不生執。此通等持及等至位，名降伏心。初一聞、思，次一脩慧，後一若放逸生，尋還入定，制之一處，无事不辦故。然約初脩及七地前，可作是釋。八地已去，則不如是，唯在定故。住等三種，皆唯脩慧。或初是加行道，次是无間道，後是勝進道。但在因中，非仏位有。信行地中皆有三漏，七地以前通有、无漏，八地已去純是无漏。无勉勵加行，有任運加行。即於一念外起身語，一向勝進，而无散動，故此具三。或一刹那真俗雙運，刹那刹那皆具三種，任運進趣，內平等觀，外起化故。故此問意：住何欲樂？脩何等至？攝伏何障？

八，此《論》又云顯示三道：一，攝道，謂攝寂衆生釋欲願；二，成熟道，謂脩仏法，即釋脩行；三，不失道，折伏散亂，不起過故。釋降伏心，與天親合。

九，初二問能治道，第三問断所除障。治道之中，初、後住別，所依、能依，如次住、脩故。此經文唯二，云何住及脩行？同治道故合爲文也。

十，功德施《論》：云何住者，於何相果，心住願求；云何脩行者，當脩何行，而得其果；云何降伏者，降何等心，使因清净。彼《論》住心約所求果，此《論》能求故明欲願，各據一義，皆不相違。

十義，頌云：德身断於持，發慧道除果。

問：宗明般若，前釋行相，智勝得名，何故《論》解欲、願等法，皆不據智？答：如言念住，體皆是慧。故《論》云〔二三九〕：應脩行者，謂相應三摩鉢帝故。言相應者，與慧相應也。《論》云：何故上座須菩提作此問耶？答意有〔二四〇〕六因〔二四一〕緣，如前所列。然六種因所配位地，自古諸師，異釋云云。《論》意難知，今叙兩解：

一云：初若有疑者得断疑故，此令未入法人入十善位。次有樂福德而心未成熟諸菩薩等，聞多福德等，於般若波羅蜜起信解故者，此令十善菩薩得入十信。次已成熟心者，甚深義故者，此令十信得入六住以前。《本業瓔珞經》釋十住心，心住空理，名之爲住，由此故名入甚深義。次已得不輕賤者，由貪受持脩行有多功德，不復退轉故者，此令得入七住已去，不復退轉，入二乘故。由入甚深，位不退故，名不輕賤。次已得順攝及净心者，於法自入及見生歡喜故者，此令地前得入初地，已得順攝是加行位，加行名爲順決擇故。及净心者，即入道，分別二障永清净故。故此《論》中，净心地者，謂即初地。言於法自入者，謂入證真如。言及見者，謂得聖智。既得聖智，親證真性，生如來家，住極喜地，得法平等，自知不久得大菩提，故生歡喜。後能令未來世，大乘教久住者，得聖已去，盡未來際，弘益自他，宣傳教理，永不断絶。《論》又略攝六因爲四，謂扵六中：除㝡後因，傳教未來，略而不取；合第二、三，同名攝受。心未然者，聞多福德，攝受扵教；已成熟者，入甚深義，攝受扵理。故合二種，同爲攝受。是謂《論》中略説之意。

二云：初住法外，令信入法；次在六住以前，令入七住；次在地前，令入初地；次在七地以前，令入八地；後在因中，令入仏地。名[二四二]隨彼位，以釋其相。已得順攝，即是七地以前；及浄心者，即是八地已去。法久住故，衆生可得，入扵五因。由生得入五因故，法成久住。故發問者廣爲六因，略可爲二。然《論》但扵前六因，結略爲四，不説第六者，由前五因，所學教理即法久住，故不説之。其法外人疑者，令見因果等理，發生信心，入仏法内。如已發心而樂福德信未定者，能攝受信及勝解定；已信解定成就之人，攝受初地。入甚深義故，今此二名爲攝受，攝受信定及證定故，得入初地，知紹仏位，名得不輕賤，欣八地後勝品妙行，令精勤心，不生行退。八地以後，无漏觀心念念相續，名爲浄心，得入仏位，令生歡喜。此結次第，依行位説，但説浄心生大歡喜。前廣釋中，並説順攝，令生大喜，即入初地。順可世尊善攝受故。惣令作仏，故二合説。若説次第，應依結略，爲四因中，初一因爲法外入法，第二爲内凡入聖，第三爲七地前入八地，第四爲八地後入仏位。

尋此二釋，俱有行相。然據經論，仏種不断，多約地前，意如前説。若脩此經理，功釋爲長。

經：「仏言善哉」至「囑諸菩薩」。

演曰：第二，如來印發，有三：初明贊印，次敕聽許宣説，後正發起。此初之中，先贊，後印。

依此《論》云：以善問故，扵上座須菩提所，應稱善哉。有義：一，所贊稱德，護念付囑稱德故，印即印可，種性不斷，意趣玄遠；二，所請稱之根，由發三問，攝諸行盡，稱大根性，所應希學，即是印可，發趣行相。論主唯約善問者，據本意説。以因發請，贊仏德故。若依《智論》，此顯仏喜之極也。可別釋云：初一善哉，菩提智慧甚深，不壞假名，而談實相；次一善哉，令衆生信受所請、所説。依天親釋《文殊師利問發菩提心經論》及十有釋善哉文。

經：「汝今諦聽，當爲汝説。」

演曰：第二，敕聽許宣也。《瑜伽論》云：樂聽發者，聆音囑耳，掃滌攝持。《智度論》偈云：聽者端視如飢渴，一心入於語義中。踴躍聞法心悲喜，如是之人可爲説。

依《真諦記》，釋三種聽，離三過失，生三功德。言功德[一四三]。言三聽者，由彼《經本》云，汝今一心諦聽，次恭敬，後善思念之，故爲三種；離三失者，謂散亂、輕慢、顛倒，三障如次，猶如覆器、漏器、穢器；三功德者，如次能生聞、思、脩慧。當爲汝説，正是許宣，善現本請，非獨爲汝説，即爲一切。

經：「善男子」至「如是降伏其心」。

演曰：三，正發趣。如前已釋，言如是者，指陳控引，我當爲汝，如此如此委細宣説。

經：「唯然世尊，願樂欲聞。」

演曰：第三，善現敬承。唯然者，敬諾之詞；樂欲者，喜承之意。依《十地經》頌曰：如渴思冷水，如飢思美食。如病思良藥，如衆蜂依蜜。我等亦如是，願聞甘露法。

此喻四義：一受持，二助力，三途遠離，四安樂行。前三因，後一喻果。因中，如次即喻三慧：如水不嚼，隨得而飲，聞慧亦尔，初聞即受，隨聞受持；如食咀嚼，身力助成，思慧亦尔，嚼所聞法，智力助成；如服良藥，藥所除病，脩慧亦尔，隨順正義，如法脩行，遠離煩惱。如蜜能爲衆蜂所依，樂行住處，其三慧果，聖所依處，現法受樂行故。善現亦尒，願生三慧，趣大乘果，是故希聞，甘露妙法。

經：「仏告須菩提」至「降伏其心」等。

演曰：次下〔二四四〕第三，行所住處。《論》云：謂彼發起行相所住處也。彼謂三□……□住處謂即所依止處。別脩行相之所依止道理處所。總□……□行別名，廣分十八；文義相攝，勒爲八種；以行就位，略束爲三。言□……□此等經文，即是第一發心住處。

經：「復次，須菩提，扵法應无所住，行扵佈施」等。

第二，《波羅蜜經》相應行住處。

經：「須菩提，扵意云何？可以身相見如來不？不也，世尊。」

第三，欲得色身。

經：「須菩提白仏言，世尊，頗由衆生得聞如是言說章句，生實信不」等。

第四，欲得法身中第一欲行，言說法身。

經：「須菩提，扵意云何？如來得阿耨多羅三藐三菩提耶？如〔二四五〕來有所說法耶」等。

欲得智相法身。

經：「須菩提，扵意云何？若人滿三千〔二四六〕大千世界七寶以用佈施，是人所得福德寧爲多不」等。

福相法身〔二四七〕。第四處竟。

經：「須菩提，扵意云何？須陁洹，能作是念」等。

□……□第五，扵脩道得勝中无慢。

經：「須菩提，扵意云何？如來昔在燃燈仏所扵□□〔二四八〕所得不」等。

第六，不離仏生時。

經：「須菩提，扵意云何？菩薩莊嚴仏土不〔二四九〕？」

第七，願淨仏土。

經：「須菩提，譬如有人，身如須彌山王，扵意云何〔二五〇〕？是身爲大不」等。

第八，成熟衆生。

經：「須菩提，如恒河中所有沙數，如是〔二五一〕沙等恒河」等。

第九，遠離随順外論散亂。

經：「須菩提，於意云何〔二五二〕？三千大千世界所有微塵是爲多不」等。

第十，色及衆生身搏取中〔二五三〕觀破相應行。

經：「須菩提，於意云何？可以三十二相見如來不〔二五四〕？」

第十一〔二五五〕，供養如來，給侍如來。

經：「須菩提，若有善男子、善女人，以恒河沙等〔二五六〕身命佈施。若復有人，於此經中乃至受持四句偈〔二五七〕」等。

第十二，遠離利〔二五八〕養及疲乏熱惱故，不起精進及退失。

經：「須菩提□……□。」

第十三，忍苦。

經：「當來之世，若有善男子、善女人能於此經受持讀〔二五九〕誦，則爲如來以仏智慧，悉知是人，悉〔二六〇〕見是人」等〔二六一〕。

第十四，離寂滅。

經：「爾時，須菩提〔二六二〕白仏言：世尊，善男子、善女人發阿耨多羅三藐三菩提心，應云何住，云何降伏其心」等〔二六三〕。

第十六，求教授。

經：「須菩提，譬如人身長大」等。

第十七，證道。

經：「須菩〔二六四〕提，若菩薩作是言，我當莊嚴仏土，是不名菩薩」等。

第十八，上求仏地〔二六五〕住處。六具足中，國土浄具足。

經：「如來有肉眼」等。

第二，无上見智〔二六六〕浄。

經：「須菩提，於意云何？仏可以具足色身見不」等。

第三，隨形好〔二六七〕身具足。

經：「須菩提，於意云何？如來可以具足諸相見不」等。

第四[二六八]，相身具足。

經：「汝勿謂如來作是念，我當有所說法」等。

第五，語具足[二六九]。自此以下，明心具足。有六種心。一者，念處，經缺此文，謂彼非衆生、非不[二七〇]衆生等，魏本具有，至文當知。

經：「須菩提白仏言，世尊□□□□[二七一]爲无所得。」

第二，正覺。

經：「須菩提，於意云何？若三千大千世界中[二七二]所有諸須彌山王如是等七寶聚，有人持」等。

第三，施設大利法[二七三]。

經：「須菩提，於意云何？可以三十二相觀如來」等。

第四，攝取法身[二七四]。

經：「須菩提，汝若作是念，發阿耨菩提者，

說諸法斷滅相。」

第五，不[二七五]住生死、涅槃中，不住涅槃。

經：「須菩提，若菩薩以滿恒河沙等世界[二七六]寶佈施，若復有人知一切法无我」等。

第五，不住生死。合五義。

經：「若有[二七七]人言如來若來、若去、若坐、若卧」等。

第六，行住淨中第一爲威儀行住[二七八]。

經：「□……□須菩提，若善男子、善女人以三千大千世界碎爲微塵」等。

第二，名色[二七九]觀破自在。

經：「須菩提，若有人以滿无量阿僧祇世界七寶持用布施[二八〇]，若有善男子、善女人發菩提心者，持於此經乃至四句偈等，受持讀誦[二八一]，爲人演說，其福勝彼」等。

第三，不染行住淨中，說法□□□□故不染一切法相等，流轉不染。

文義相攝，勒爲八種者，《論》云：彼住處等，

略爲八種，亦得滿足。一，攝住處。二，波羅蜜浄住處。此二如次配故二處。三，欲住處，合前三四色身、法身爲欲住處。四，離障礙住處，謂次十二種住處，即從第五得勝中无慢，乃至十六等求□□〔二八二〕□□十二種，對除慢等十二種障，合爲第四離障住處□□□。五〔二八三〕，浄心住處，即第十七證道住處。六，究竟住處，即第□□□□〔二八四〕。七，廣大。八，甚深。此二住處，是故通義，故以行就住略成□□□二信行地攝十六住處。二，浄心地，即第十七證道地住處。三，如來〔二八五〕地，即第十八。然今且依三地科判。信行地中復□……□。初之四住，發心脩行，求果離障，故有四□……□知。此即初段。

准无著《論》，十八住處皆答□……□依彼《論》科者，從仏告，至即非菩薩，答初住問。□……□若无所住下，答脩行問。須菩提，菩薩應如是布□……□身相見如來不下，迄至經終，皆断疑重□……□阿僧〔二八六〕伽、婆藪，昆季師資，如何二論互相乖返□□□□□□□□是慈尊造而无量，但述自見，豈合違□□□□□天〔二八七〕親所釋，元是无著稟口，授與天親令□……□

（尾殘）

校勘記

〔一〕底本據伯二一七三。校本分別爲：甲本，斯一三八九；乙本，伯二三三〇；丙本，斯二七三八；丁本，伯二一八二；戊本，斯二六七一；己本，伯三〇八〇。「所見即他受用」至卷末，底本缺，據戊本補。

〔二〕「是」，底本脱，據甲本補。

〔三〕「事」，底本作「士」，據甲本改。

〔四〕「成」，甲本作「或」。

〔五〕「信」，底本作「住」，據甲本改。

〔六〕「分」，底本脱，據甲本補。

〔七〕「除」，底本脱，據甲本補。

〔八〕「此」，底本脱，據甲本補。

〔九〕「聽」，底本脱，據甲本補。

〔一〇〕「六」，底本脱，據甲本補。

〔一一〕「六明」，疑爲「明六」。

〔一二〕「標」，甲本作「名」。

〔一三〕「謂」，底本脱，據甲本補。

〔一四〕「得」，疑爲「导」。

〔一五〕「或」，底本作「惑」，據甲本改。

〔一六〕「如」，底本脱，據文意補。

〔一七〕「有」，底本脱，據乙本補。

〔一八〕「宗」，乙本作「乘」。

〔一九〕「空」，疑衍。

〔二〇〕「爲勝義」，底本作「勝爲意」，據文意改。

〔二一〕「一」，底本脱，據乙本補。

〔二二〕「无」，底本脱，據乙本補。

〔二三〕「過」，乙本作「通」。

〔二四〕「曰」，底本脱，據乙本補。

〔二五〕「解見」，乙本作「見解」。

〔二六〕「一」，底本脱，據文意補。

〔二七〕「異或一」，乙本作「一異或」。

〔二八〕「違」，乙本作「爲」。

〔二九〕「空」，底本脱，據乙本補。

〔三〇〕「而」，底本脱，據乙本補。

〔三一〕「勝」，底本脱，據乙本補。

〔三二〕「无」，底本脱，據乙本補。

〔三三〕「爲」，乙本作「謂」。

〔三四〕「道」，乙本作「導」。

〔三五〕「提」，底本作「薩」，據乙本改。

〔三六〕「種」，乙本作「爲體」。

〔三七〕「所緣能依」，底本脱，據乙本補。

〔三八〕「物」，底本脱，據乙本補。

〔三九〕「非」，底本脱，據乙本補。

〔四〇〕「道」，乙本作「導」。

〔四一〕「皆」，底本脱，據乙本補。

〔四二〕「得」，底本作「約」，據乙本改。

〔四三〕「非鈍根」，底本脱，據乙本補。

〔四四〕「善」，底本後衍「善」字，據乙本删。

〔四五〕「得」，底本作「問」，據乙本改。

〔四六〕「於」，乙本作「依」。

〔四七〕「聞」，乙本後有「我」字。

〔四八〕「互」，底本脱，據乙本補。

〔四九〕「知之」，底本脱，據乙本補。

〔五〇〕「知」，乙本作「解」。

〔五一〕「以」，乙本作「已」。

〔五二〕「可」，乙本作「其」。

〔五三〕「進」，乙本後有「德」字。

〔五四〕「願」，底本作「須」，據乙本改。

〔五五〕「此不可得義」至「依文正」，底本脱，據乙本補。

〔五六〕「釋」，乙本作「解」。

〔五七〕「金剛輪」，底本脱，據乙本補。

〔五八〕「金剛座」，底本脱，據乙本補。

〔五九〕「治」，底本作「持」，據乙本改。

〔六〇〕「治」，底本作「持」，據乙本改。

〔六一〕「及」，底本脱，據乙本補。

〔六二〕「摧」，底本作「損」，據乙本改。

〔六三〕「斷」，底本脱，據乙本補。

〔六四〕「所」，底本脱，據乙本補。

〔六五〕「亦」，底本作「二」，據乙本改。

〔六六〕「正」，底本作「政」，據乙本改。

〔六七〕「也」，乙本作「地」。

〔六八〕「是」，底本脱，據丙本補。

〔六九〕「字」，底本作「自」，據乙本改。

〔七〇〕「河」，底本作「阿」，據乙本、丁本改。

〔七一〕「所」，底本脱，據乙本、丁本補。

〔七二〕「到」，乙本、丁本作「至」。

〔七三〕「今」，底本作「令」，據乙本改。

〔七四〕「仏」，底本脱，據乙本補。

〔七五〕「古」，底本作「故」，丁本作「右」，據乙本改。

〔七六〕「所」，底本脱，據乙本、丁本補。

〔七七〕「判」，丁本作「断」。

〔七八〕「其」，底本脱，據乙本、丁本補。

〔七九〕「流」，丁本作「留」。

〔八〇〕「依」，底本脱，據乙本、丁本補。

〔八一〕「光」，底本作「先」，據乙本、丙本改。

〔八二〕「經」，丙本、丁本作「論經」，疑爲「經論」。

〔八三〕「即依此判」，乙本、丙本作「即德無別」。

〔八四〕「序」，底本作「叙」，據乙本、丙本、丁本改。

〔八五〕「然」，底本作「經」，據乙本、丁本改。

〔八六〕「一」，底本脱，據乙本、丙本、丁本補。

〔八七〕「序」，底本脱，據乙本、丙本、丁本補。

〔八八〕「序」，底本脱，據乙本、丙本、丁本補。

〔八九〕「爲」，丁本作「無」。

〔九〇〕「者」，底本脱，據乙本、丁本補。

〔九一〕「止惡」，乙本作「上進」，丁本作「止道」。

〔九二〕「不增不減」，乙本、丁本作「不減不增」。

〔九三〕「四」，底本脱，據丁本補。

〔九四〕「成」，底本脱，據乙本補。

〔九五〕「人令」，底本作「令人」，據乙本、丁本改。

〔九六〕「而」，丁本作「與」。

〔九七〕「信」，戊本作「依」，後三「信」字同。

〔九八〕「手」，底本作「首」，據乙本、丁本改。

〔九九〕「手」，底本作「首」，據乙本、丁本改。

〔一〇〇〕「置」，乙本、丁本、戊本後有「信」字。

〔一〇一〕「爲」，乙本後有「衆」字。

〔一〇二〕「盲」，底本脱，據乙本、丁本補。

〔一〇三〕「法」，乙本、丁本後有「者」字。

〔一〇四〕「已」，底本作「又」，據乙本、丁本改。

〔一〇五〕「聞」，乙本、戊本後有「此」字。

〔一〇六〕「所」，底本脱，據乙本、丁本、戊本補。

〔一〇七〕「依能」，底本作「能依」，據乙本、丁本改。

〔一〇八〕「二」，底本脱，據乙本、丁本、戊本補。

〔一〇九〕「得」，丁本、戊本作「德」。

〔一一〇〕「友」，疑爲「支」。

〔一一一〕「云」，乙本、丁本作「名」。

〔一一二〕「如」，乙本、丁本作「爲」。

〔一一三〕「故」，底本脱，據戊本補。

〔一一四〕「爲」，底本脱，據戊本補。

〔一一五〕「爲」，底本脱，據戊本補。

〔一一六〕「云」，底本脱，據丁本補。

〔一七〕「之道」，底本作「資道」，乙本作「之言」，據丁本改。

〔一八〕「三」，底本後衍「理」字，據乙本删。

〔一九〕「是」，底本脱，據乙本、丁本補。

〔二〇〕「測」，底本作「側」，據乙本改。

〔二一〕「以」，底本後衍「帶」字，據乙本删。

〔二二〕「如是」，底本脱，據乙本、丁本、戊本補。

〔二三〕「謂」，底本脱，據乙本、丁本補。

〔二四〕「信」，底本脱，據丁本補。

〔二五〕「聞」，乙本、丁本、戊本後有「非謂我聞」四字。

〔二六〕「謂」，底本作「爲」，據乙本、丁本改。

〔二七〕「諸」，底本脱，據乙本、丁本補。

〔二八〕「論」，底本脱，據乙本、戊本補。

〔二九〕「和合」，底本脱，據乙本、丁本補。

〔三〇〕「實」，底本脱，據乙本、丁本、戊本補。

〔三一〕「異」，乙本、戊本作「易」，丁本作「中」。

〔三二〕「一」，底本脱，據戊本補。

〔三三〕「陁」，底本脱，據丁本補。

〔三四〕「但」，乙本、丁本、戊本作「是」。

〔三五〕「得」，乙本、丁本、戊本作「德」。

〔三六〕「從他傳授今顯親聞」，底本脱，據乙本、丁本、戊本補。

〔三七〕「亦」，底本脱，據乙本補。

〔三八〕「離」，底本脱，據乙本、丁本、戊本補。

〔三九〕「名无戲論豈不説法」，底本脱，乙本、戊本作「名無戲論是不説法」，據丁本補。

〔四〇〕「宜」，底本作「從」，據丁本改。

〔四一〕「心」，疑爲「上」。

〔四二〕「明」，底本作「以」，據乙本、丁本、戊本改。

〔四三〕「知」，底本作「智」，丁本、戊本作「如」，據文意改。

〔四四〕「者」，底本脱，據乙本、丁本補。

〔四五〕「王三昧能憶」，底本脱，據乙本、丁本、戊本補。

〔四六〕「聞」，底本作「開」，據乙本、戊本改。

〔一四七〕「等」，底本脱，據丁本補。

〔一四八〕「大菩薩何」，底本脱，據乙本、丁本補。

〔一四九〕「不信」，乙本作「信一」。

〔一五〇〕「云」，底本脱，據丁本補。

〔一五一〕「難」，底本作「欲」，據乙本、丁本改。

〔一五二〕「大」，乙本、戊本後有「无常力大无常力大」八字。

〔一五三〕「異」，底本脱，據丁本、戊本補。

〔一五四〕「初」，底本脱，據丁本補。

〔一五五〕「迦」，底本脱，據乙本、丁本補。

〔一五六〕「期」，底本作「部」，據乙本、丁本、戊本改。

〔一五七〕「時」，底本脱，據乙本、丁本、戊本補。

〔一五八〕「耶」，底本脱，據乙本、丁本、戊本補。

〔一五九〕「聞」，底本脱，據乙本、丁本、戊本補。

〔一六〇〕「聞」，丁本後有「聞」字。

〔一六一〕「故」，底本作「改」，據乙本、丁本、戊本改。

〔一六二〕「中國」，乙本、丁本、戊本作「國中」。

〔一六三〕「謂」，底本作「爲」，據乙本、丁本、戊本改。

〔一六四〕「持法」，底本脱，據乙本、戊本補。

〔一六五〕「心」，乙本、丁本後有「時」字。

〔一六六〕「明」，底本作「時」，據乙本、丁本、戊本改。

〔一六七〕「法界」，底本脱，據乙本、丁本補。

〔一六八〕「時」，底本脱，據乙本、丁本補。

〔一六九〕「識時」，底本脱，據丁本補。

〔一七〇〕「遠近」，乙本作「近遠」。

〔一七一〕「除」，乙本作「漏」，丁本作「除四天」。

〔一七二〕「年」，底本後衍「與」字，據乙本、丁本、戊本删。

〔一七三〕「座」，底本作「坐」，據乙本、戊本改。

〔一七四〕「初」，底本脱，據丁本補。

〔一七五〕「子」，乙本作「果」。

〔一七六〕「仏」，底本脱，據乙本、丁本、戊本補。

〔一七七〕「首」，底本脱，據乙本、丁本、戊本補。

〔一七八〕「皆」，底本脱，據乙本、丁本、戊本補。

〔一七九〕「周梁」，丁本、戊本作「梁周」。

〔一八〇〕「以」，底本作「似」，據乙本、丁本、戊本改。

〔一八一〕「仏」，底本脱，據乙本、丁本、戊本改。

〔一八二〕「夫」，底本脱，據乙本、丁本、戊本補。

〔一八三〕「真」，底本作「成」，據乙本、戊本改。

〔一八四〕「義」，戊本後有「我」字。

〔一八五〕「一切」，底本脱，據丁本、戊本補。

〔一八六〕「一斷德次一智」，底本脱，據乙本、丁本補。

〔一八七〕「相」，丁本作「果」。

〔一八八〕「即破四聞説即是化身論其相」，底本脱，據丁本、戊本補。

〔一八九〕「仏」，底本脱，據乙本、丁本補。

〔一九〇〕底本下缺，據戊本補。

〔一九一〕「有」，乙本、丁本作「居」。

〔一九二〕「釋」，戊本作「譯」，據乙本改。

〔一九三〕「願」，乙本、丁本作「欲」。

〔一九四〕「地」，戊本脱，據乙本補。

〔一九五〕「濫」，乙本、丁本作「監」。

〔一九六〕「金」，戊本脱，據丁本補。

〔一九七〕「此」，戊本脱，據乙本補。

〔一九八〕「已」，丁本作「以」。

〔一九九〕「會」，戊本後衍「求」字，據丁本删。

〔二〇〇〕「以」，戊本脱，據丁本補。

〔二〇一〕「鉢」，丁本後有「隋云」二字。

〔二〇二〕「在」，戊本脱，據乙本、丁本補。

〔二〇三〕「訶醜太」，戊本無法辨認，據乙本、丁本補。

〔二〇四〕「客」，疑爲「容」。

〔二〇五〕「凡」，乙本作「各」。

〔二〇六〕「時七依」，戊本脱，據丁本補。

〔二〇七〕「也」，戊本脱，據己本補。

〔二〇八〕「段」，乙本作「義」。

〔二〇九〕「静」，戊本後衍「二内静」三字，據己本删。

〔二一〇〕「故」，乙本作「也」。

〔二一一〕「歎」，己本作「難」。

〔二一二〕「亦云」，己本作「言今」。

〔二一三〕「理」，己本作「行」。

〔二一四〕「瞻之」，己本作「上云」。

〔二一五〕「故」，己本作「我」。

〔二六〕「事」，己本作「而」。

〔二七〕「故」，己本後有「名」字。

〔二八〕「然」，己本後有「信」字。

〔二九〕「天子」，己本作「王」。

〔三〇〕「行」，己本作「門」。

〔三一〕「行」，己本作「門」。

〔三二〕「説」，己本作「住」。

〔三三〕「論」，己本作「經」。

〔三四〕「時」，己本後有「處」字。

〔三五〕「父」，戊本作「女」，據文意改。

〔三六〕「何」，己本作「而」。

〔三七〕「取」，戊本脱，據丁本補。

〔三八〕「於」，丁本作「與」。

〔三九〕「二」，戊本作「三」，據文意改。

〔三〇〕「皆」，丁本作「俱」。

〔三一〕「成」，戊本作「城」，據丁本改。

〔三二〕「仏」，戊本脱，據文意補。

〔三三〕「中」，戊本脱，據文意補。

〔三四〕「便」，丁本作「復」。

〔三五〕「攝」，戊本脱，據文意補。

〔三六〕「律」，戊本脱，據丁本補。

〔三七〕「加行」，戊本脱，據丁本補。

〔三八〕「解」，戊本後衍「三法爲體總三論文五法爲體謂思念欲信勝解」十九字，據丁本删。

〔三九〕「云」，丁本後有「彼」字。

〔四〇〕「有」，戊本脱，據丁本補。

〔四一〕「因」，戊本脱，據丁本補。

〔四二〕「名」，疑爲「各」。

〔四三〕「言功德」，疑衍。

〔四四〕「等演曰次下」，戊本缺，據文意補。

〔四五〕「耶如」，戊本缺，據《金剛般若波羅蜜經》（《大正藏》本，下同）補。

〔四六〕「滿三千」，戊本缺，據《金剛般若波羅蜜經》補。

〔四七〕「相法身」，戊本缺，據文意補。

〔四八〕「□□」，疑爲「法有」。

〔二四九〕「佛土不」，戊本缺，據《金剛般若波羅蜜經》補。

〔二五〇〕「何」，戊本缺，據《金剛般若波羅蜜經》補。

〔二五一〕「所有沙數如是」，戊本缺，據《金剛般若波羅蜜經》補。

〔二五二〕「於意云何」，戊本缺，據《金剛般若波羅蜜經》補。

〔二五三〕「衆生身摶取中」，戊本缺，據下文行文補。

〔二五四〕「如來不」，戊本缺，據《金剛般若波羅蜜經》補。

〔二五五〕「第十一」，戊本缺，據文意補。

〔二五六〕「以恒河沙等」，戊本缺，據《金剛般若波羅蜜經》補。

〔二五七〕「四句偈」，戊本缺，據《金剛般若波羅蜜經》補。

〔二五八〕「十二，遠離利」，戊本缺，據文意及下文行文補。

〔二五九〕「此經受持讀」，戊本缺，據《金剛般若波羅蜜經》補。

〔二六〇〕「是人悉」，戊本缺，據《金剛般若波羅蜜經》補。

〔二六一〕「是人等」，戊本缺，據《金剛般若波羅蜜經》補。

〔二六二〕「須菩提」，戊本缺，據《金剛般若波羅蜜經》補。

〔二六三〕「何住云何降伏其心等」，戊本缺，據《金剛般若波羅蜜經》補。

〔二六四〕「須菩」，戊本缺，據《金剛般若波羅蜜經》補。

〔二六五〕「第十八上求仏地」，戊本缺，據文意及下文行文補。

〔二六六〕「无上見智」，戊本缺，據下文行文補。

〔二六七〕「第三隨形好」，戊本缺，據下文行文補。

〔二六八〕「相見不等第四」，戊本缺，據《金剛般若波羅蜜經》補。

〔二六九〕「五語具足」，戊本缺，據下文行文補。

〔二七〇〕「衆生非不」，戊本缺，據下文行文補。

〔二七一〕「□□□□」，《金剛般若波羅蜜經》作「佛得阿耨多羅三藐三菩提」，此處疑爲「阿耨菩提」。

〔二七二〕「千世界中」，戊本缺，據《金剛般若波羅蜜經》補。

〔二七三〕「設大利法」，戊本缺，據下文行文補。

〔二七四〕「攝取法身」，戊本缺，據下文行文補。

〔二七五〕「第五不」，戊本缺，據下文行文補。

〔二七六〕「等世界」，戊本缺，據《金剛般若波羅蜜經》補。

〔二七七〕「經若有」，戊本缺，據《金剛般若波羅蜜經》補。

〔二七八〕「一爲威儀行住」，戊本缺，據下文行文補。

〔二七九〕「微塵等第二名色」，戊本缺，據下文行文補。

〔二八〇〕「世界七寶持用布施」，戊本缺，據《金剛般若波羅蜜經》補。

〔二八一〕「等受持讀誦」，戊本缺，據《金剛般若波羅蜜經》補。

〔二八二〕「□□」，疑爲「教授」。

〔二八三〕「五」，戊本缺，據文意補。

〔二八四〕「□□□□」，疑爲「十八住處」。

〔二八五〕「如來」，戊本缺，據上文行文補。

〔二八六〕「阿僧」，戊本缺，據文意補。

〔二八七〕「天」，戊本缺，據文意補。

御注金剛般若波羅蜜經宣演卷中〔一〕

敕隨駕講論沙門道氤集〔二〕

經：「我皆令入」至「无餘涅槃而滅度之〔三〕」。

演曰：此第二文，欲〔四〕願令生所得之〔五〕果，即彼《論》第一心。言第一者，其體即是无餘涅槃，寂靜殊勝，名爲第一。希願彼故，名第一心。涅槃，梵音，具足應云彼利根縛南，此云圓寂，圓滿寂靜，異生死宣，故得〔六〕此名。然此涅槃，諸教不同。《攝論》説謂[七]無住處。《大涅槃經》説有二，聲聞[八]之人以小涅槃而涅槃，大乘之人以大涅槃而[九]大涅槃。《十地論》二，謂[一〇]因相、别相[一一]。《勝鬘經》二，有餘、无餘。餘處[一二]復説二，謂自性浄、方便浄。《金光明經》説三，有餘、无餘，及无住處。又説四種，自性浄、方便浄、有餘、无餘。《唯識》及梁《攝論》説四，自性[一三]、无住、有餘、无餘。然《大[一四]涅槃經》説大涅槃具足三事，非是説有三種涅槃[一五]。今言无餘，即簡自性、有餘及无住處等。以自性涅槃不由断惑出障所顯[一六]，方便即是六行所得，有餘共果，其无住處唯大乘有，今通三乘，故言无餘。此所得果非更有餘，菩薩重等之所依附，名无餘依，即断苦盡，舍无常色，獲得常色等，今略依字。貞觀本云：我當皆令扵无餘依妙涅槃果而般涅槃。今言滅度，无滅障度，其義无别。

《論》有四重[一七]問答：初問不顯與餘法，而顯與涅槃；次問外生等得涅槃義；次問何不直言涅槃而言无餘；後問何故不説與有餘涅槃。且第一問答云：我皆令入涅槃者，何故願此不可得義？生所攝故无過，以皆是生故。慈恩釋云：樂果體通世、出世間，何故不願與世間樂果？出有二：一菩提，二涅槃。何故不[一八]願與菩提果？如《善戒經》第一及《菩薩地》説發菩提心，願[一九]令衆生[二〇]得大涅槃及如來智，此何不爾？依初義問，何故唯須[二一]與此涅槃不可得義，而不須與世間之樂可得之果？答云，生所攝等。前説四生，言生有死，以生爲苦，滅生爲樂。世間樂果，增生不滅。涅槃滅生，故須與之。故言，生所攝等[二二]故无過。以所度者皆是生攝，故與達生涅槃樂果，不與順生世間樂果。依後義問：何故唯須與此涅槃，而不須與常菩提果[二三]？其不可得義下，是答文攝。答云：以菩提者不可得義，二乘定性者，不可得菩提一切種智故。然所度者皆生所攝，故與涅槃，爲滅其生[二四]，與涅槃樂。同《華嚴經》，初發心者，意願[二五]普令入涅槃故，非三乘者皆得菩提。《瑜伽》初須與菩提者，一意樂普廣，二由未解故發願與之。此文據實，故不說與。

有義：此問意者，衆生既有四生、五性、可度不可度者，若令皆入无餘涅槃，此是不可得義，何故須此？《論》自答云，生所攝故无過。答意，以皆是衆生故。仏成道十年，說《如來藏經》，明一切衆生身中有如來藏。今此經說一切衆[二六]皆入无餘涅槃，亦无有過，生所攝故，明知皆有如來之藏。

演曰：問意以一切衆[二七]生，有性、无性，可度、不可度，於能化者有緣、无緣，非可一切皆令入滅，如何願此不可得義？答意：菩薩須樂心廣大，故生攝者我即度之，意須弘通，故无有過。凡發大之願，皆无所簡。不作此解[二八]，縱令云一切皆有仏性，豈一切菩薩能化爾許衆生盡耶？而言此等我皆令入。

《論》第二問答云：如所說卵生等生，併入願數者，彼卵生、濕生、无想及非有想非无想等則

不能[二九]，云何能令一切衆生入涅槃耶？此意：前答生所攝故，意願弘通，則知實理非皆度盡，唯獨有緣可度之者。然就有性、有緣之中，胎、化[三〇]二生，人、天所攝，可有令入得涅槃義；濕生、卵生，多分畜等，云何能令入涅槃也？境界三中，有想一種，可令入寂；餘之二種，云何可令入涅槃耶？依彼凡身，即初[三一]聖入涅槃義皆悉不得故。爲此問不依止[三二]得入聖位者：不爾耶，含生非想天，應不得有入涅槃義。又復卵生[三三]等，依多分說，而作此難：不爾，小山大川[三四]及鴿鬘比丘等，應不得聖。然得聖已，不受卵、濕等[三五]生。又言等者，等取[三六]所餘胎、化二生。亦有不能令入涅槃，如地獄等難處中生，皆此所問。

《論》答[三七]有三因緣：難[三八]處爲一，如八難處，要待彼没生於餘處，方爲說法，故言待明時。非難處生者[三九]，有二因緣：一，未成熟者，成熟之[四〇]；二，已成熟者，解脫之故。由前通約難與非難二處爲問，故答亦爾：八難處生，待時而

濟；出難根熟，必化之故。

《論》第三問答云：何故說无餘涅槃界，不直說涅槃？問意可知。答云：若如是，便與世尊所說初禪等方便涅槃不別故。彼自以丈夫力，故无仏亦得，但非究竟。演曰：若不言无餘，但惣涅槃，與仏所說凡夫、外道所[四二]得世間六行伏惑所得非擇滅攝涅槃不異，言中濫故。彼是五果中士用果攝，丈夫力得，故非離繫果收。劫初劫壞，无仏亦得，由非究竟，故不願與。亦名方便涅槃，世間六行之所得，故无餘不爾。

《論》第四問答云：何故不說有餘涅槃界？答云：彼共果故。言共果者，彼有餘涅槃，有苦所依身、无苦所依身[四二]皆共，所得之解脫果非如无餘。三乘聖人，要无苦依，方所能得不共之果，是故偏說，令入无餘。《論》又云：自以宿業，又值仏說，而得果故。慈恩云：謂此文釋方便涅槃，不但丈夫力果，而非究竟，亦由宿業數習爲因，而得現入。如劫壞時，任運而得。又如下地，曾習次上地定，退生次[四三]下地。生下地已，由宿習力，任運漸習，上定現前。豈无餘依亦宿業得？然方便涅槃，惣三因得：一，丈夫力六行所得；二，宿習；三，仏說。无餘不然，要由外緣聞法力等，仏說力得。演曰：此理甚佳，而文隔越。觀《論》文勢，此文但釋有餘涅槃。

又有釋云：自以宿業者，種獨覺，由百劫脩因，出无仏世，得有餘涅槃。聲聞之人，雖六十劫等脩因，而必因仏教而得入道，非自以宿業得也。演曰：此順文釋有餘涅槃，而理不盡。由不能聞无餘涅槃，獨覺无餘亦由脩因，出无仏世而證得故。又《法華經》獨覺亦言從仏世尊，聞法信受，不應聞教唯在聲聞。今別釋云：二乘有餘，三生六十劫、四生百劫，依故業身[四四]分限而得，名由宿業。又復有餘，近承仏說，脩行得果，而非究竟；无餘不爾，故業力盡，身[四五]智謝滅，任運而得，衆苦永息故，故爲究竟。由是勝故，此中令得。

《論》下雙結第三、第四兩問。答云：如是涅槃及有餘[四六]涅槃，丈夫力果故，結前方便；共果故，結前有餘；非究竟果故，重結方便；非一向果故，重結有餘。問：何故不説令得无住涅槃等耶？答：由度三乘，不説令得大般涅槃及无住處並大菩提。

問：《論》文何故唯簡二種方便有餘，不簡无住涅槃等耶？答：論主依經説，教發大心，所度衆生三乘通化故。唯簡二乘，以无住處大涅槃等唯大乘有，非遍三乘，義易可知，更何須簡。然前有餘，還約三乘通得者辯：有苦依在，名有餘依；滅苦依，故名无餘[四七]依。若依仏果，有漏身智无，名无餘依；无漏身智在，名有餘依。便非所簡。

問：唯此及《華嚴經》，初發心位，願令有情，皆得无餘。若爾，何故《善戒經》及《菩薩地》説初發心，願令有情得大涅槃及大菩提，與此有別？答：約令出苦，言得涅槃；就能治道，名得菩提。意樂想願，理實无別。又三乘通化，言得无餘，意想願求，令皆作仏，故彼説得大涅槃及大菩提。

問：若通化者，二乘涅槃何名第一？答：對生死法，此爲第一。如摩訶薩初發心位，亦得此名。然唯《論》文對簡方便及有餘依，明知經中通約三乘无餘果説。若唯説於仏果无餘，何須對簡方便有餘？又《論》不簡无住涅槃，以彼涅槃唯大有故，是不簡有説。唯約大乘无餘者，達此《論》意。

經：「如是滅度」至「得滅度者」。

演曰：第二，答脩行問。即彼《論》第三，常利益心。

《論》云：若菩薩我相轉，不名菩薩者，顯示應如是脩行中相應三摩鉢帝時也。以魏本常心下有：何以故，須菩提，若菩薩有衆生相，即非菩薩。是故二論，牒之以釋。何以故非下，方屬第四心，今略无徵，以下文但有標，前文其何以故下，屬第四心。言「如是滅度」者，牒前第一心。「无量等」者，牒前廣大心。實无以下，釋成常議。

《論》云：如是无量衆生入涅槃已者，顯示卵生等生一一无量故。此有三无：一无量，二无數，三无邊。《大般若》三百二十九卷云，說般若福无數等，言：言三(四八)無數者，數不可得，不可數在有爲、无爲界中故。言无(四九)量者，量不可得、不可量在三世法中故。言无邊者，邊(五〇)不可得，不可測度彼邊際故。色、受、想、行、識空故，亦无數、无量、无邊。今此三无，應依彼解。

《論》云：无有衆生得涅槃者，此何義？如菩薩自得涅槃，无別衆生。何以故？若菩薩衆生相轉，則不名菩薩者。此何義？若菩薩於衆生所他相轉，非自體想，不名菩薩。故彼《論》長行，大同此釋。此意，由得攝他同已想故，同體大悲，不見身外別有衆生，由无彼此，不生勞倦，故能常度。若身外有別衆生，无同體意，執生勞倦，便不能度，設度不常。故《辯中邊論》解十八空中畢竟空云：爲常益有情故，由觀有情畢竟離身爲空非有故，能常益顯揚。第三云：謂諸菩薩，於流轉寂滅，得无分別平等解，故利益有情，二俱不住。二謂自、他。此《論》又以在无分別脩慧相應定中，觀境相无自、他故，能常利益(五一)。答脩行問訖。

經：「何以故」至「則不名菩薩」。

演曰：第三，答降伏問，即彼《論》第四不顛倒利益心，先徵後釋。

徵意，實无衆生得滅度者，何以故也？《論》云：何以故，若衆生相、命相、人相轉，不(五二)名菩薩者，此何義？若以煩惱心取衆生、命、人相轉，彼則有我相，及衆生中有衆生相轉。菩薩於彼不轉，已断我見(五三)故，得自性(五四)平等相故，信解自他平等。彼菩薩非衆生、命、人取見者，此是其義。

演曰：諸法无我等，若菩薩以煩惱心，取所

度生，起三相者，彼能化菩薩，便有自、他二種相轉，乃起顛倒，云何名爲菩薩？又釋成云：彼菩薩〔五五〕於彼不轉，謂不自他有情相轉。一，已断我見，得无我故，人執无也；二，得自行平等相故，法執无也。行謂五蘊，此約證真。菩薩得平等想，勸新發〔五六〕心者，亦應如是。由諸菩薩无衆生相等能執取見故，无自他能所度想，是不顛倒義。若有如是，能取見心，乃名顛倒。彼《論》云，示現遠離依止身見衆生等相故，其意亦同。《論》屬當降伏云，若衆生相等轉，不名菩薩者，顯示應如是降伏心中攝散時也。如菩薩相應三摩鉢帝散時，衆生相亦不轉，如彼爾炎而住故。此意雖在散位，亦應折伏，勿令衆生相等轉。如在空定中，无分別智緣〔五七〕境之時，无自他別。爾炎者，此云智母。《婆沙論》第十云：動爾炎海。定名智母，能發智故〔五八〕。或在定中〔五九〕，智名爲爾炎。又復，爾炎亦云所知境界也。如彼境住，應增益彼境相故。

問：前釋常心无衆生，今第四心亦无我等，二心相似，何故别分？答：前依同體，故說常心，而答脩行；後遮二相，名不顛倒，以答降伏。理實二心无我相似。魏本〔六〇〕及此《論》說三，謂〔六一〕衆生、命、人，但約所化，有三界身、三世異故，而說於三。此本說四，順上下文。貞觀說八，種〔六二〕有情想等。以玉華宫所譯，依杜行顗梵〔六三〕本說有八故；後顯慶年，於玉華寺所翻《大般若》，勘四梵本，皆唯說四。然《瑜伽·攝釋分》中，亦解經八。以此唯知梵本自有廣略中異，但以先帝敕行，《能断》未客潤飾，已行於代，遂復隱於玉華。後譯覺者，應知其四種名，至下當釋。

依梁《攝論》，名四種恩，釋云：一，平等恩，謂遍緣一切衆生故；二，不施恩，謂施衆生无餘涅槃无極樂故；三，善意恩，謂舍自愛，攝一切衆生，令成自體故；四，真實恩，謂離一切虛妄顛倒真實平等，行利樂故。從初發心乃至成仏，不出此四。泛說恩德，二種：一，諸仏菩薩，於衆生有德；二[六四]，衆生於仏有恩，由有化境起行成仏，令説前恩。又《瑜伽論》説，菩薩有二奇特之法，不共世間：一，攝諸衆皆爲眷屬，上來解是；二，攝眷属過所不能染，由无增損染違[六五]順故，於彼衆生利益，安樂意樂，離惡進善，拔苦與樂故。此㝡初生其四意。頌云：廣大第一常，其心不顛倒。利益深心住，此樂功德滿。

上半正列四心，下半明心勝益，能住大乘。准長行釋，深利益故名爲深心。其初發心所有行相，廣如菩薩地説。

此《論》釋經，大門意趣，有四復次：一，答三問；二，七義句；三，八住處；四，依等五義。

初答三問，随文釋説，《論》更結云：此得成就彼欲願者，攝諸住處爲㝡勝故。彼相應行相行餘住處時，依止欲願決定得故。此欲願義，不復解釋。演曰：无分別定智，名相應行相，此依住處，一一行中，皆有欲願，希求思念，名爲㝡勝，進善滅惡之勝首故。脩行降障，欲願滿足。既定知有，下不復釋。

七義句中，何者對治？《論》云：彼如是相應行相，行諸住處時，有二種對治，應知謂邪行及共見正行。此中見者，謂分別也。於初住中，若説菩薩應生[六六]如是心，所有衆生等，此是邪行對治。生如是心，是菩薩邪行。若復説言，若菩薩衆生相轉等，此爲共見正行。對治此分別執，菩薩亦應断。

慈恩釋云：邪行是身、語、意行，二執所起，雖通三業，今論多説是意邪行，生如是心是意分別邪行業故。第二住處中，應行布施，亦是意業。其共見正行，對治方是。二執見，謂分別故。分別執著，是菩薩煩惱，正是所除。如第二地説断二愚，一所知障，二即依所起悮犯三業等，此中亦爾。然邪行對治，於彼彼位各各因行，彼行方起，不名爲共，但名邪行；共見正行體，是二障分別見體，諸位之中共所断故。此解雖通人、法二執，唯所知障名金剛，不説煩惱障，彼唯仏菩提智之所断故。又此《論》後卷上求仏地國土中言：若菩薩言我當莊嚴國主，則非菩薩。此義爲共見正行中轉，爲断彼故，安立第一義等。又云：若言我成就即爲人我等，取莊嚴國土者是法我取，故知二取俱名共見，障於正行。

有義：此中邪行者，障求无上菩提。自餘諸行，及取人、法二相，所有分別，惣名邪見。若安住菩薩法，發[六七]菩提心爲依止，悲道所起，名爲正行。行此行時，取此行相及我能行等，名共見正行，即是分別與正行俱義。演曰：准《論》，生如是心等爲邪行對治。生如是心，長讀此文，至實无衆生得滅度者，欲令衆生入涅槃等，豈非悲道爲依止耶？如何説是自餘諸行非悲道[六八]收？又説人、法二相，所有分別，惣名邪行，便與共見正行[六九]無別，以彼共見亦分別故，以《論》自説共見正行爲分別故。明是二障，故依前解。

問：共見可知，何名正行？答：有二義，一是正障體，二能障正行，惣名正行。上依慈恩作如此釋，今更詳審。生如是心，非无布施説是菩薩邪行所攝。謂生起心，見有衆生及見布施皆是邪行，菩薩不應生心動念起實解故，故[七〇]是邪行。即是[七一]對治此邪行，故不作生想及布施想。雖是正行，仍猶有見，我能度生[七二]，我能不住而行施等，是爲共見正行。前後二種雖俱見，前同凡夫、二乘解，故名爲邪行，後菩薩行，名爲正行。而與見俱，但除其見，非除正行，故皆説言此亦應断。

問：言此對治，爲所對治，爲能對治？答：七義句中言對治者，是能對治，顯金剛惠有勝能故。邪行共見，是所對治。今舉所治，意顯能治[七三]，即邪行共見之對治也。

問：經文何者是能對治？答：《論》云，相應行相，行諸住處，即真定惠，名曰相應。准《論》釋經，顯現文是，如説不住相想等，皆能治也。言不失者，不失中道，謂離[七四]增益、損減二邊。若於如言詞法中，分別執有自性，是增益；若於法无我事中而執爲无，是損減邊。從應生如是心，乃至而滅度之，是離減邊，依他、圓成二不无故；如是滅度，至則非菩薩，是離增邊，遍計所執，若我若法，皆是无故。若依清辯釋此文者：世俗諦中有度衆生，道无，是離減邊；真勝義中无可度者，道有，是離增邊。令无著宗不同於彼，《論》中約初二住處解對治，約餘住處解不失。影現諸住，悉皆具有。餘至文釋。

三，依八住處者，上解攝住處訖，謂攝取衆生故，又攝取菩提心故，其第七廣大，第八甚深。配此釋者，《論》云：若説菩薩，應生如是心，所有衆生如是等，此爲廣大；若復説言，若菩薩衆生相轉如是不倒心等，此爲甚深。

演曰：廣大，即與四心初同。言甚深者，以雖恒行利樂，而不有衆生相轉，由證真空甚深理故，行亦甚深。准《論》，釋經生如是心等，可證三義：一邪行對治，二離損減邊，三廣大。无衆生相轉等，亦具三義：一共見正行對治，二離增益邊，三甚深所聖義別。皆不相違。

第四，依等五義者，《論》云，自此後餘住處中，有五種隨所相應，而皆應知：一依義，二説相，三攝持，四安立，五顯現。住處對治爲依義，即彼住義爲説相，欲願爲攝持，住處第一義爲安立，相應三摩提爲顯現。

演曰：不言初住處有五義者，以初住處，論主配釋答三問文故，更不以五義釋之。非初住處中，此五義據增説故，影顯前後皆具有故。依義對治即所斷障，住處安立即所證理。初問欲願，即攝持。後二問相應三昧及攝散心，即顯現。即此所辯〔七五〕行相等，惣爲説相。三問但問能對治行，略无所對除障及所證理，影略問故。就勝問故，但有能治之行，必所除及所證，故答具明之，欲令悟解，斷障、脩習、證理三法皆具足。故如《對法論》，真如聖道生，煩惱不生等，此以所對治爲能依義，依其所對治方説能治。行能治行者，即欲願等，故所治者名爲依義。其惣所明住處之行，爲所[七六]説相。所説相者，即是欲願、等持、攝散三種行也。凡欲脩行，初生欲願，爲能攝持。能攝持故，所攝持行，等持攝散，方得圓滿，即攝後行以令生，持後行令不退。故住處之内，第一義諦，爲所安立。内證真際[七七]，名非安立，今以言説施設真如勝義諦理，故名安立。前所治之能對治无分别定，名爲顯現。正是經中所顯宗趣。无分别心，名爲顯現，現量顯了證真如故。攝伏散時，亦是此攝，如爾炎境制令住故。准《論》，亦名顯了顯示，顯示實相故。上釋義已。配初住者，生如是心等爲依義，顯示對治不生心故；即「發心住處」一段文，惣爲説相，以《論》説言彼住處爲説相故；令入无餘涅槃等欲願，是爲攝持；實无[七八]衆生得滅度者，此第一義，名爲安立；前《論》文云，若菩薩我相轉不名菩薩者，顯示應如是脩行中相應三摩鉢底時也，是故此文即爲顯現。上來依《論》四復次義訖。

應加第五配行爲[七九]門，准義相當，理爲如是。此發心住，當十住位；次三住處，當十行位；次十二種離障礙，合是十迴向位；證道住處，是入初地；上求仏地，即十地位。一一行相，皆至文釋。《仁王經》等，皆説伏忍唯三十人。《花嚴經》中，地前三十人及以十地，各開一品，无别十住、信。故十信者无别位地，即是十住，初心所攝。言十住者，一，發心住，創物發心；二，治地位，浄治自業；三，脩行住，脩勝理觀，起上妙行；四，生貴住，從諸聖法正教中生；五，方便具足住，所行善根爲救衆生；六，正心住，所聞贊發心定不動；七，不退住，聞説十法，心堅不動；八，童真住，心得安立，成童真行；九，法王子住，學法王十法，當成法王；十，灌頂住，如王太子堪受王位。行漸勝，故頌曰：發心與治地，脩行生方便。正心及不退，童真王灌頂。

初發心住，行十種法，第三護衆生心，第十爲度苦衆[八〇]生依。治地住中，行十種心，第六度脱，第七護念衆生，故此二住即攝發心住處中廣大、第一二種心也。第三住中知空无我，乃至第六，所聞贊毀，心定不動。合此四住，惣是常心，不見身外有衆生。故第七住中，知一切法无性、无相故。七住後，是不顛倒心。故此發心是十住攝。由十住中，解行尚淺，故略説之，攝多住行。十行已後，解行所知，皆漸勝故，亦漸廣説。

經：「復次」至「行於布施」。

演曰：自下般若密相應行，住處八中名波羅密浄。文分爲二：初明不住行施，以答三問；後「何以故」下，釋此疑難，勸勉令脩。若依彼《論》，初明施行答第二問〔八一〕，不住相下答第三問〔八二〕。答第三問中，乃分爲二，初正答，何以故下通釋疑情〔八三〕。彼隨相增以辯酬，此約義具而明答言，各據一義。故不相違。此《論》初答三問中，分二：初，三不住施，據依義等前四種義以答初問，即彼《論》答脩行問；後，不住相等，依顯現義，合答脩行及降伏問，即彼《論》答降伏問。三不住者，唯餘本經。一，不住於事，行於布〔八四〕施，《論》名不住於物，事、物相似，如所施物還聖得彼物果。此中意説无所願，總如《瑜伽論》三十九等。二〔八五〕，都无住行施。三，不住色等行施。此經合前二義爲一段文，惣言應无所住，義中含也。

《論》云：不住於物，應行布施等，此爲依義，顯示對治住著。應行施者，此爲説相。又應行布施者，即説攝持施之欲願也。不住行施者，即此不住爲安立第一義故。於中，以不住故，顯示如所有事，第一義不住物等是所有事。

演曰：无所住著，是如有家第一義。如所有者，謂即前説，一不住於事施，二都无所住施，三不住六塵施，如此三種，所有事中皆不住，故名第一義。上來四義，在答初問中不住於相，答後兩問方明顯現。

有義：不住迴向菩提，是行施中第一義者。不然。《論》云：不説迴向菩提爲第一義。文外浪加，故爲不可。

問：菩薩妙業八方四千，何故此中唯標[八六]布施？《論》云：六波羅蜜，初攝一切檀那體[八七]性故。謂六度中，初攝一切，由六皆是檀那[八八]體性，故唯說施度，一切已周[八九]。彼《論》頌曰：檀義攝於六，資生无畏法。此中一二三，名爲脩行住。

彼長行釋：資生攝一檀波羅蜜體名故。无畏攝於戒、忍[九〇]二度，於已作惡[九一]未作[九二]惡不生[九三]怖畏故。法施有三，不疲倦、善知心、如實說法故。演曰[九四]：已作惡者，謂於菩薩已打罵等。未作惡者，先无嫌隙。由忍辱故，於已惱者不起酬報；由持戒故，於无怨人不生惱亂。名施无畏。法施三中，由精進故，不告[九五]勞倦；由禪定故，知根器心；由般若故，如實說法。即此《論》云：若无精進，於受法人所爲說法時疲倦，故不能說法；若无定，則貪於信教供養，及不能忍寒熱等遍惱，故染心說法；若无智惠，便顛倒說法，多有過故，不離此三，得成法施，二論意同。而《對法論》第十二云，施度爲財施，餘五爲无畏施，一切六[九六]是法施者，此依相增，彼約隨順。以精進等三，隨順持浄戒、忍二度，同爲无畏；布施等三隨順引發精進等，同爲法施。亦不相違。

問：若如是此者，乃至般若亦攝六度，何不但說智慧亦以攝一切？答：施有萬行之初，麁而易習，就此明以度包一切。若[九七]言智惠，起[九八]懸崖想，不肯進脩。若爾，何故經題乃標般若，今說脩習，但明檀度[九九]？答：經名就勝，爲生尊重，標般若名；脩行就初，指陳檀度。各攝一義，理實皆齊。

此文今二，初不求未來果行施，後不住色下不求現在報。行施初中復二，初不求未來施果，後不[一〇〇]求未來餘之五報。何以然者？《論》云：彼諸波羅蜜，有二種果[一〇一]，謂未來、現在。未來果者，檀那[一〇二]乃至得自在等。現在果者，得一切信敬供養及現法涅槃等。於中若求未來果故行施，爲住物。如所施物，還望〔一〇三〕得彼物果，是故經言不住於物，應行布施。

演曰：未來果中，由施財故，得大福〔一〇四〕報，是增上果；由持戒故，離於惡道，得勝自體，是異熟果；忍辱，亦據增上果説；精進恒榮故果相續，亦增上果；由定攝持，離諸散亂，得身无損，亦增果；由智明了，受用法味，證涅槃理，諸根猛利，是等流果。悦樂有二：一，自悦樂，即无爲離繫果；二，悦樂他，即〔一〇五〕大人衆中，得自在士用果。意遮不令著此相求，離能所相，即非所遮。上解不住於事訖。

《論》又云：若求未來屍羅等果故行施，爲有所住行施，是故經言无所住，應行布施。屍羅等果有衆多，不可分別故，惣名有所住。演曰：此第二文，經本闕无，以未來果總合爲文云，於法應无所住而行布施，法名寛故。

經：「所謂不住色布施，不住聲、香、味、觸、法布施。」

演曰：第二，不求現在果行施。此言所〔一〇六〕謂，似釋前標。餘本皆无所謂之言，實非標釋。以三不住義各别故，色初麁顯，獨舉光明，餘五例同，共爲一段。如《般若心》，色即是空，受相行識，亦復如是。

《論》云：現在果者，得一切信敬供養及現法涅槃等。

演曰：現法涅槃者，法謂道理，現在滅麁重，得非擇滅理，是士用果，即前所云丈夫力得者。又即五現涅槃，一得現五欲樂，餘四即是色界四禪，與輕安俱少離麁重，亦復説名現法涅槃。随其所應，施等所得，《論》配文云：若求現在果信敬供養等故行施，謂住、色、聲、香、味、觸、法、行施，故經言不住色等；若求現法涅槃故行施，爲住法行施故，經言不住於法，應行布施。演曰：《論》離爲二，信敬等果名著五塵，現法涅槃名爲善法。法塵體寛，與五塵別，故離爲二。

彼《論》又別頌云：自身及報恩，果報斯不

著。護存己不施，防求扵異事。

演曰：斯猶[一〇七]此也。現在自身、報恩，及未來果報，此三皆不應著。一不著[一〇八]字，貫上三門。下之兩句，釋上所以。何故不著者，以防護扵存活自身、防求供養、及以報恩、防求未來果、防護相似，但五文耳。求之一字，局後二門。此有何過，須遮防耶？若著自身，不能行施，故經云，不住扵事。若著報恩供養恭敬及未來果，舍仏菩提名。求異事，如次即經都无所住、不住六塵、不著報恩、不著果報也。真諦釋云：著自身故，起不行障；著供養等，起僻行障；著來報故，爲倒行障。爲除障故皆不住。答第二問訖。

功德施《論》二復次釋，初同世親，後三不住，如次配扵資生、无畏及以法施。一，不著扵財。若著行施，心必生苦，或復追悔。二，无畏。脩戒、忍時不求彼果。三者，法施。法施二果，現生五塵、他生法境。故皆不著而行三施。經文巧約，盲趣无邊，由斯三論釋意各別。

經：「須菩提」至「不住扵相」。

演曰：此下答後二問。《論》云：經言，菩薩應如是布施，不住扵相想者，此爲[一〇九]顯示，謂相應三昧及攝散心，扵此二時不住相[一一〇]想。此意明，扵无分別定脩布施等，不住相想，正脩行也。若在散位，令其折伏，還如扵定，勿住相想，爲降伏也。含此二時，爲答二問，俱名顯現。言不住相想者，相謂境相，想即心所，除七倒中一想倒也。倒根本故，亦顯除餘。觀三事空，得三輪[一一一]净，故名不住。此无想字，以境及心俱名爲相，文少義通。若依彼《論》，此文但答降伏心，問頌云：調伏彼事中，遠離取相心。及断種種疑，亦防生成心。

演曰：上半正釋降伏，下半明次断疑。不見施物、施者、受者，名調伏彼事，中遠離取相心，答降伏問。

經：「何以故？」

演曰：自下第二釋此疑難，勸勉令脩，先徵

後釋。此徵意者，施本求福，今令不住，何所以耶？《論》云：如是遠立不住已，或有菩薩貪福德故，於此不堪，爲令堪故，世尊顯示不住行施福聚甚多。意云：貪福德人，謂无相施，全无功德，故不欲行，云不堪也。彼《論》次説布施利益。何以故，此中有疑：若離施等相想，云何能成施福彼人？如是布施，其福轉多。大同此《論》。

問：即謂除疑説布施福，何故彼《論》説此文，不入断疑分中？答：随次文生，但謂无福，非疑乖文，非断疑攝。又顯断疑之中，非一向断，以於降伏中亦有断疑故。且依一相説，與此《論》无違，是故。彼《論》下之半頌，惣明断疑。以下經文，疑非一故，名爲種種，非但断疑，亦防生成取相之心。即如説此所生福，令不生心。取斯福德，初起名生，後位名成。或取福德相，以自生成，起如此心，名生成心。新〔一二〕《論》頌云：後後諸疑惑，随生皆悉除。其文極顯示，不須異釋。

經：「若〔一三〕菩薩」至「不可思量〔一四〕」。

演曰：下釋分三，初標福廣，次喻校量，後勸脩住。此初也。若能三輪〔一五〕都无所住而行布施，所生福聚不可以意思慮量度，以无限故。即七寂勝中巧便寂勝，謂要无相智所攝受。雖得成度，具七寂勝，无相爲主。舉此攝餘，顯皆具有，不爾非度〔一六〕。

經：「須菩提〔一七〕，於意云何」至「不也，世尊」。

演曰：次喻校量，分二，初舉喻問答，後正顯校量。前中初東方，後例九例，各有問答，如文可知。

經：「須菩提，菩薩」至「不可思議」。

演曰：正顯校量。《論》云：猶〔一八〕如虚空，有三因縁：一，遍一切處，謂於住不住相中福生故；二，寛廣高大，殊勝故；三，无盡究竟，不窮故。且如虚空遍於礙不礙處，无相施福所感之果，通相无相。身財有相，法身无相。非如相福，但感相果，不招无相法身之果。又復處空，含容一切爲寬廣，周遍十方爲高大，不爲垢染名殊勝，无相之因所感漏勝浄法身，亦復如是。又復虚空體无故變亦无盡時，所感之福順无相故，成覺運生，窮未來際，无有休絶，故以爲喻。

經：「須菩提，菩薩但應如所教住。」

演曰：勸脩住也。既有如是无[二九]限之福，是故菩薩但應如我所説之教，住以脩行，勿謂无福，而住相想行布施也。問：无相之福，感无相之果，其義可爾，如何能感有相果耶？答：以脩因時，心雖无想，而實行施，理事俱脩，得果亦爾，理事但滿。上來随文辯答三問及五義訖。

七義句中，其對治者，《論》云：於第二住處中，若説應行布施，此爲邪行[三〇]對治。非无布施，是菩薩邪行。若復説言住於事者，此是菩薩[三一]共見正行對治者[三二]。此分别執，菩薩亦應斷，謂應行布施故。

演曰：非无布施，見布施相，即同初住。生如是心，起意分别，名爲邪行。是所對治，以不住相爲能對治。若復説言住於事等，爲共見正行對治者，即住三輪，謂我能不施[三三]，或謂我能不住行施等，皆爲住事，是爲執心，菩薩亦應断，謂我應行施故。雖无我字，准釋初住對治文中，理應合有。言不失者，不住於相想等，離增；而行布施等，離減。此爲不失中[三四]正行，八處中此爲波羅蜜浄住處。以无相故，名之爲浄。福聚如空，是爲廣大。雖行施等，利樂有情，而不住相想[三五]，故名爲甚深。《論》自属當，尋文可悉。

言行住者，《花嚴》第十一卷十住之後，説十行位。一，歡喜行。爲大施主，行惠施時，三時无悔，不聖果執，名譽勝處。二，饒益行。常持浄戒，不樂五欲，寧捨身命，不加惡法於一衆生。三，无恚行。常脩忍辱、謙卑、恭敬、和顔善語等。四，无盡行。假設多劫，受諸劇苦，爲後成菩提，亦常行精進。五，離癡亂行。常住正念，恒无散亂，乃至生死，入、住、出胎，无有癡亂，定惠二度，以難行故，未能別脩，故以合脩。六，善現行。成就三業，所現三業，无縛无脱，乃至解一切世間悉皆寂滅，世、出世法等无分別，乃至不舍化衆生心，我若不化，誰當化等。今此波羅蜜浄住處，是初六行。於中分二。初三不住施，是前五行；不住相想，是第六行。依清〔二六〕辯宗釋此文者：不住相想是勝義諦，以皆空故；應行布施是世俗諦者，爲求勝義，應行布施。若唯俗諦，其福可量；由依二諦而行施故，其福難量。或福難量，據俗諦説；勝義皆空，何福之有？三不住文，此是證得勝義諦者，能如是施，不住相想；應行施者，爲未證者，應學行施。

經：「須菩提，於意云何」至「見如來不」。

演曰：第三，欲住處。上已明發心脩行，此求仏果，故有斯文，於中分二，初欲色身，後欲法身。初願色身，即十行中第七无著行。經云，以无著心常念諸仏，於念念中見无量仏，於諸仏所，心无所著，於仏相好及聞妙法心，皆无著，乃至見諸菩薩大衆心无染著，見不浄刹心不增惡，平等觀故。是故此文即是彼行。於中分二，初問答如來法身非相，後結成前義以答三問。《論》配，依義、説相在前段中，攝等三義在後段内。初中分四，問、答、徵、釋，此即問也。

依此《論》意，釋經文者，初學菩薩未悟真身，執化相身以爲真實。雖行无相之施，而求化身有相之果，以爲真身，得少功德，執是真身〔二七〕功德體，已生於慢。故《論》云，對治如來色身慢故，即增上慢也。或可慢者是執著義，即法執相應慢也。今舍彼慢，令求法身无相之果，故寄問起：相謂相好，可以具足三十二相觀爲法身真如來不？魏云相成就，《論》及貞觀云諸相具足，具足即成就義。今略无之。

問：准此釋，意欲得色身是所對治，若爾，何不攝在離障住處中？又准欲得法身是正所求，今欲色身乃是所治，義不符順，以二同是欲住處故，又破色身令求法身，若爾，應是〔二八〕欲得法，與彼何別？答：前脩波羅蜜浄，次令求果。果中有二，色與非色。非色即法身，色〔二九〕即相好身。今〔三〇〕色相非真法身，故言雖慢，非謂得法身已，不成色身，欲令觀相非相，不令扵色起住著，故惣名欲得色身，不説在離障住内。

依彼《論》判：自此已下，一切脩多羅示現断生疑心〔三一〕。答一會之中，根有利鈍，樂有廣略，闻有單重，理有多轍，故兩論釋文〔三二〕，各就一義，皆不相違。此《論》釋教頌云，智者所説教及義，聞已轉爲我等説，明棄偈扵慈尊。彼《論》頌云，大智通達教我等，歸命无量功德身。彰通敬之，大意與此《論》同。俱棄偈文，理无乖返，如前已會。

彼《論》疑云：若不住扵法行扵布施，云何谓仏菩提行扵布施？断彼疑心。演曰：依彼《論》釋，得此已去，乃至經終，断二十八種疑，此即第一求仏住相疑。以初學菩薩，多有相脩，求有相果。乍聞无相三輪浄施，便生疑惑。且如釋迦仏身既有生滅異相，即是有相之施，感有相果，云何爲彼有相仏菩提，令行无相施耶？仏爲除彼謂有相果爲真仏身，不行无相浄清之施，故寄問起：可以具足生滅異相果〔三三〕身觀爲真如來不？此約執果以起慢，彼約觀果以疑因，除慢断疑，各據一義，大意相似，俱不令執色相之體爲真仏身故。

依彼《論》意，文分有五，問、答、徵、釋及仏即成。彼頌云：分別有爲體，防彼成就得。三相異體故，離彼是如來。

彼釋《論》〔三四〕云：若分別有爲體是如來者，不可也。爲防彼相成就得見〔三五〕如來身，故經言，不可以相成就得見如來，以第一句防初句也。頌第一句配經問詞，頌第二句配經答詞，頌第三句屬徵釋文。如來所説身相，即非身相。彼三相虛妄身相，非如來法身實相，是故言三相異體。故第四句屬如來重成文。若見諸相非相，則〔三六〕見如來，示現彼處三相无故，相、非相相對故。有相之處即是虛妄，明相盡處則見如來故，言相、非相相對也。

彼《論》又結云：菩薩如是知爲仏菩提行於布施，謂即如是知真如來，故應爲法仏菩提，行无相施。由化身有二種相：一者色相，二有爲相。如次此、彼兩論，各明上依。兩卷〔二三七〕若以義約三性爲問，爲除遍計，次定實有，諸相具足，故依寄問起。若依清辯，汝勝義諦中，可以諸相具足觀如來不？

經：「不也，世尊」至「得見如來」。

演曰：第二答也。以須菩提懸解仏意，答言不也。隨前諸解問詞以答，不可以三十二相，不可以生滅異相，不可以決定實有相，不可以勝義諦中諸所有相得見如來。

經：「何以故？」

演曰：第三徵也。何以故，不得以具足諸相而見如來？

經：「如來所說身相，即非身相〔二三八〕。」

演曰：第四釋也。如來說化身三十二相，即非法身實相，以其法身无相相故，是此《論》釋。若依彼《論》，如來所說，有爲身相即非法身相，法身相者无相爲相，非以三有爲相爲法身相，故行无相施因，還得无爲无相法身之果，非行无相之因而得有爲有相假化身報。故彼《論》云：何以故？如來名无爲法身故。依三性義及清辯解，准之可知。

經：「仏告須菩提」至「皆是虛妄」。

演曰：第二，結成前義，以答三問，於中有二，初答住問，後答脩伏。此初也。《論》云：爲成滿此義，故世尊說須菩提所有相具足者，後爲虛妄，此即顯欲願。於如是義中，應攝持故，及即安立第一義。於第一義中，相具足爲虛妄，非相具足爲不虛妄。

演曰：欲願攝持，答初住問。此言於如是義中應攝持者，顯有爲相既是虛妄，非真法身。翻明无相之相非是虛妄，是真法身，令其攝持，發生欲願，非是欲願攝持有相虛妄之法，以虛妄者帶戲論故。貞觀云：乃至諸相具足，皆是虛妄。餘本皆言，凡所有相。此中意言，非但仏身相是虛妄，諸異生等情与非情，凡所有相皆是虛妄，故有乃至、凡所有言，因知〔一三九〕遍遣一切相故。

經：「若見諸相非相，則見如來。」

演曰：答脩伏問。《論》曰：此爲顯現，謂相應三昧及攝散心時，扵彼相中非相見故。謂无分別定惠相，應觀相顯非相，現无相真法身仏。若在散時，亦如是定中，觀相非相，顯法身仏。

問：无漏有爲亦具三相體，是真智不倒圓成，如何說彼亦爲虛妄？答：《大般若》說，若有一法過涅槃者，我亦說爲如幻如化。此下頌云：應化非真仏，亦非說法者。

唯无相法身是真究竟，餘一切相，對彼法身皆爲虛妄。既尔虛妄，誰照法身？答：雖照法身得理，妄照即无照，還不存相也。无分別智證真如時，一切境相皆不現前，彼依他性亦復非有。若非虛妄，寧容不現？又解，此文約除遍計所執性所有相者，皆爲虛妄，非遣无漏依他起性。若約真俗二智境說，後釋爲長；依真智境，前解爲本。依彼《論》說，從仏告已下，皆是正解，行无相施，得无相身，相身非是法身仏故。既爲虛妄，非无相施所得之果。真仏法身離彼三相，是无相施所得之果。是故菩薩，應如是觀：无相菩提，行无相施。

此《論》五義者，《論》引經言，須菩提，扵意云何，應以相具足見如來不，此爲依義，顯示對治〔一四〇〕如來色身慢故。言相具足者，此爲說相，顯如來色身故。說此有相不見如來，及顯无无見真如來，是爲說相。是故《論》言，爲成滿此義故，謂成滿說无相義，爲說相也。餘攝持等，如前已引七義句中對治者，住有爲相以爲極果，而生扵慢，是菩薩耶行；知相非極，扵无相身，生欲願住，是能對治。謂我觀如來法身，是共見正行；諸相非相，能觀亦亡，是爲對治。不失者，不取諸相，爲離增邊，不滅法身，爲離減邊，妙契中道，是爲不失。

八住處者，此欲住中，欲得色身，色身不離无相色法身。法體周邊，名爲廣大。諸相非相，是爲甚深。今應因辯，五中依義，與七義句對治何別？七義句中攝通對治邪行、共見正行[一四一]通相故；五中依義，隨諸住處，一一別明所對除障法。如七中不失，約離二邊；五中安立，正顯中道。互舉一義，所聖各別。

經：「須菩提白仏」至「生實信不」。

演曰：第三欲住處中，第二欲得法身住處，分三：初明[一四二]欲得言說法身；次如來得阿耨菩提耶等，明欲得[一四三]智相法身；後若人滿三千下明，欲得福相法身。

此《論》前云：法身有二種，謂言說法身、證得法身。此證得法身，亦有二種，謂智相、福相。以言說是能詮之教，福、智二相是其所詮之法，故合爲一，亦不相違。此初第一，欲得言說法身，即十行中第八尊重行也。《花嚴經》說第八行云，成就尊重諸善根等，心常愛樂諸仏[一四四]妙法，專求菩提，分別深法，尊重善根，尊重仏法，利衆生事，名尊重行。今此文中，无量仏所，種諸善根，能生浄信，况生實相，正當彼行。惣說法身，諸功德法所依止，故名爲法身。四智及如，因果福惠，俱名法身，不同自性，別法身也[一四五]。今此言說，取能詮教，聲、名、句、文，名爲法身。如說般若實相，觀照正名般若。能詮文字，生詮般若，亦名般若。此亦如是，生詮法身，故名爲法身。彼舉文字，攝所依聲、能依名句。此云言說，惣攝說等。文字、言說，名別義同。

問：何故前說欲得色身之爲慢，今下文說欲得法身不名爲慢？答：欲得色身爲真身者，全不[一四六]順理，故名爲慢；欲得法身，不違道理，雖因前說而生疑起，非全不順，不與慢名。由此，欲得法身，不名離障，但名欲得，非極障故。欲得色身慢，雖是障法，由隔欲得法身非慢障法，故不與離障之名。本釋如此，今更釋云〔一四七〕：雖執實色及言説等並名爲慢，《論》據經文，欲色身中正破色〔一四八〕，故與慢名言説等中，非破言等，不名爲慢，理實相似。若知諸相非相，而求色身，亦爲稱理。即如言説福相等，皆順法身，况仏色身而不順也。《論》約此義，合名欲住處，非離障收。

就此文中，大分有二，初善現發問，次如來爲説。此即初也，先明問意，然後釋文。明問意者，須菩提以般若深妙，實相難生。仏在之時，主勝根強，易能生信。仏无之後，時根非勝，生信是難。以言説法〔一四九〕身，爲能證得法身之本，故欲願此言説法身，現在當來，俱流行世，故問當來〔一五〇〕惡世惡生能生信不，聖仏答有。雖於末代，尚能深信，况乎今者而不信耶？亦令後時聞仏，許有歡喜，信受勖勵，現、當皆令信學，故言欲得言説法身，以爲問也。

若依彼《論》，下破第二不信空説疑。《論》云：向説不住行於布施，説因深義；向依如來非爲有體，説果深義。若尔，未來惡世人不生信心，云何不空説〔一五一〕？爲断彼疑。

演曰：因深果遠，邃旨難知。後世惡生能信不？於前好世正法之時，信不須疑；末法惡生，不信无惑，但問像法欲滅之時，能生信不。不信有二因，一時惡，二經深。末法具二，以无持戒脩定惠等。信聽持説，行十法行，理然非有。唯像法季，有而非勝，疑彼信不，故有此徵。又解，亦問末法於彼時中，極難信故，彼《論》疑意：末仏所説經，現及未來，俱能受信，可不虚説；末代不信，即不稱機，豈非空〔一五二〕説？故頌答云：説因果深義，於彼惡世時。不空以有實，菩薩三德備。彼長行云：惡世菩薩，具足持戒功德智慧故，能生信。以此義故，名不空説。餘本問中皆約未來，此本問略答中具有上申意説。

次釋經文，頗有疑辭。魏本云脩多羅章句，此云言説章句。《論》云，於中脩多羅章句説者，謂所有義應知。何者爲句？如上所説七種義句。

演曰：句爲能詮，即七句是。説是句下所詮之義。依此經文[一五三]云，言説章句，即所言之能詮章句，於教於理，能生信不？如説文義，俱爲經體。貞觀云：聞説如是色經典句。色謂色類，非但問此，《金剛般若》《大般若》等咸在問中，故言色經典句。魏本[一五四]云生實相不，此云實信，貞觀實相，經稱正理名爲真實。於此經中，頗生真實相解。以不心名實相，從境爲名。若名實想，當體爲因。以取像之信心，緣真實之相。只相及信，皆不相遠。《論》前又云：於不顛倒義想，是爲實相應知。如言執義彼非實相，善現以惡代惡生，經義深妙，无能信者，故爲此問。

經：「仏告」至「莫作是説」。

演曰：下如來爲説，於[一五五]中有二，初正答前問，後以是義故下明法身要義。初答前問，有其二意：一近答生實信問，二遠答住脩伏問。於中分二，初正説无，後正答有。答有即是顯正之意。此文初也。《論》云：上座須菩提作是念，於未來世，无有生實想者，爲應此故，世尊言有。

經：「如來滅後後五百歲。」

演曰：下正答有，於中分二：初明生實相因，以答住問；後无復我相下，明能生實想，答脩伏問。何故尔耶？准《論》，配五義釋也。因中又二：初有時，後有因。此初也，魏本无後五百歲，但言於未來世末世。貞觀云：於當來世後時後分後[一五六]五百歲，正法將滅時、分轉時。本三後，與貞觀同。隋[一五七]及梁本，皆言五十功德。《論》云：後五十歲，即是仏法衰退之時，如人百齡後五十歲。亦有釋云，以一當十，還同五百。竿家有此差別門。故此《論》云：正法於滅時者，謂脩行漸滅時。依《大集經》，初五百年，解脱堅固；次五百，禪定堅固；次五百年，多聞堅固；次五百年，福德堅固；次五百年，鬥諍堅固。小乘不從五[一五八]百爲配，如記《法住經》及傳並《摩訶摩耶經》等仏所配事，但以一百一百而爲今配。今依大乘，此經及《法花》《仏藏經》等，皆言後五百歲，以五百歲爲分配故。且有教、有行、有得果證，名爲正法；有教有行，而无果證，名爲像法；唯有教在，无行无證，名爲末法。仏初記別正法一千年，像法一千年，末法一萬年。由度女人，正法滅半。然有兩説，一云由度女人，減五百歲。雖説八敬不滅正法，由彼不行，正法還滅，故經有説。及薩婆多等宗，皆唯正法但五百年。若依此論[一五九]，後五[一六〇]百歲，即當第三五百年中像法後分。而言正法將滅時者，是行正法欲滅之時，非證正法。釋三後云：言後時者，初五百歲；後分者，第二五百；後五百歲者，第三五百歲[一六一]。二云：正法一千，若不説八敬，全无行者；正法欲滅，既有行者，正法依定[一六二]。大衆部等，皆作是説。若依此釋，即是第四五百年時。言後時者，初五百年；後分者，次五百年；後五百歲者，第三五百年[一六三]；正法將滅時、分轉時者，第四五百年[一六四]，即是像季行法欲盡。已前好世有信无疑，末法惡時无信不惑，故唯問此像法末時。亦有解云：問末法時，正教正法將滅，鬪諍堅固已去，人多[一六五]建立像似之[一六六]法，滅没正法，故約此時以爲問也。若尔，何故《論》云，法欲滅時者謂脩行漸滅時故？有義：此是第五五百年，《大集經》説，五種五百年已去，於此之後，有无持戒比丘爲人説怖畏法，聞者得生[一六七]於忍地。何得第五五百歲中，聞般若无生實相者。

問：後五百歲，鬪諍堅固[一六八]，誰能信[一六九]經？答：《菩薩藏經》云，後五百歲，无量善人，脩禪定解及多聞等，故知五重堅固，從多分而説，非是越此時不得脩行。如初五百年，有无憂王，造八万塔，豈以是解脱堅固，不脩福德？又准《大集經[一七〇]》，法滅之時，有阿羅漢明亦有證，但少不論。

演曰：今又釋云：五種[一七一]五百歲[一七二]，俱在問中[一七三]。須菩提意：仏在之時，主勝根強，故能生信。恐仏滅後，法[一七四]主既无，衆生福盡，能聞是經生信心不？善現意在護念付囑，仏種不断，恐仏滅〔一七五〕後種性断，故憂而問之。故惣爲問，不須分別五百前後，經不説故。又准説諸經，引後五百是仏滅諸五百年，非定寂後五百歲也。若不爾者，經應直言，正法滅時，何須諸本具舉後時及後分等？而《論》釋正法滅時，逐難以釋，非謂爲已前不在問内。若尔，彼《論》何名惡時？答：不遇仏故，俱名惡時。如仏出於五濁惡世，仏在名惡，所聖義別。

經：「有持戒脩福」至「以爲實」。

演曰：下顯有因，文分爲四，一久脩三學行，二遇〔一七六〕佛集妙因，三爲仏爲所攝受，四離障得勝報。由此四緣，故能信受。《論》云：爲如是顯示脩行，如是集因，如是善友攝受，如是攝福德相應，如是實相中當得實想故也〔一七七〕。第四因者，雖无前三因，由與福德果報相應，故能生信。即彼人无法障故，福會生信。

依彼《論》意，大分爲二：初惣明具德能信，後別顯諸德生信差別，此即惣也。貞觀云，具足屍羅、具德、具惠。魏云持戒、脩福、智惠〔一七八〕者，此略无惠，准合有之。屍羅戒學，福德定學，智惠惠學。《論》云，有戒、有功德、有智惠者，此增上戒等三學，顯示脩行功德者，少欲等功德爲初，乃至三摩提等。

演曰：戒、惠二種，文顯易知，故《論》不解。唯彼功德庵〔一七九〕含惣言，故逐難釋，以彰定學。言少欲等者，即八大人學中前之六種，一少欲，二知足，三遠離，四精進，五正念，六正定。其後二種，惠及不戲論，是爲惠學。《顯揚》第七，戒學有五種〔一八〇〕：一，屍羅成就；二，守護別解脱律儀；三，軌則所行，悉皆具足；四，於微細罪，深見怖〔一八一〕畏；五，受學學處。然此三學有四法迹，无貪无嗔是戒學迹，正念定惠〔一八二〕迹，正定惠迹。

問：何故信因但標三學？答：聚行之本无不攝故，舉此影〔一八三〕餘。又對三根三藏，但説三學。又戒出惡道因，定出欲界因，惠出三界因。又聲聞多學於[一八四]戒，獨覺[一八五]多學定，菩薩多學[一八六]惠。又戒爲離惡因，定爲脩善因，惠爲利生因。説[一八七]三具三學者，知教順理，能生信心。以此經爲真實，稱理故言，以此爲實[一八八]。言實相者，從境爲名[一八九]。或即信心名爲實相，若言實相亦即是信。

經：「當知是人」至「而種善根」。

演曰：二，遇仏集妙因，分三：初非供少仏，次久事多尊，後[一九〇]舉劣況勝。此初也。餘本皆有脩行、供養。供養有二，謂財及行，今具攝二。承事，即財、善根、正行。又《大論》第三十四菩薩地説，供養有十，此[一九一]中供養即是初也，種諸善根即是第十。

若依彼《論》，自下別顯諸德生信差別，有三：初明由惑等；次无復我相下，明由智惠；後不應取法下，顯所生信之差別。前二爲因，後一爲果。初中復三，初明[一九二]有戒等德，次聞經生信，後明仏能知當成福聚。此等初也。頌云：脩戒於過去，及種諸善根。戒具於諸仏，亦説功德滿。長行釋云：此經文，明過去諸仏具足持戒，供養彼仏亦種諸善根。如是次第，彼持戒具足、功德具足故。演曰：脩行供養，謂即持戒。種諸善根，忍等四度，或即是定，同於此《論》。

經：「以於无量」至「種諸善根」。

演曰：久事多尊。

經：「聞是章句」至「生浄信者」。

演曰：舉劣況勝。《論》云：一心浄信，尚得如是業，何況生實想也。此意聞經一句一念浄信者，尚久脩勝業，況於此經，具生實想者。明必於過去，廣事多仏，久集妙因也。此正答住問，故《論》云：即彼當生實想也。中言當生者，是欲願攝持故，即住於經生浄信心也。彼《論》第二聞經生信訖。

經：「須菩提，如來悉知見是諸衆生。」

演曰：第三爲仏所攝受。《論》云：如來悉知者，知名身；如來悉見者，見色身。謂於一切行住所作中，知其心、見其依止故，此等顯示善友所攝。此意顯是勝人，仏所記録而攝受之，是故根熟而能生信。若不攝受、根未熟，故不能生信。名身，四蘊，以意識知；色謂色蘊，以眼等見。依貞觀經，更加悉覺。且耳等四識，耳識名聞，今名覺者，就三根說。三根證知，所以名覺；顯親攝受，故不言聞。又但明仏知心見色，合彼知〔一九三〕見名之爲覺者，隨麁相說。不爾，時仏識皆遍緣故。依彼頌云：仏非見果知，願智力現見。求供養恭敬，彼人不能說。

釋曰：如來非見果比知，以願智力而現見。彼問如來，悉知便是，何須悉見？答：若不說見，或謂如來以比智知。若爾，但言悉見便是，何須悉知？若不說悉知，或謂肉眼等見。其下二句，乍覽覺難知，新《論》易解，頌云：爲求利敬者，遮其自說故。長行云：彼具戒等，爲求利養恭敬，自說已德，便生念曰，如來既遥鑒我，爲此无宜自說。

經：「得如是无量福德。」

演曰：第四，離障得勝報也。《論》云：經言生取无量福聚者，此顯示攝福德，生者福正起時故，取者即彼滅攝持種子。故此中生者當起福時，即初見行時〔一九四〕；取者現福滅時，已熏成種，攝持在身。此合生、取，惣名爲得。此人雖无前戒定惠，由无法障勝報相應，或種餘福，故於此經亦能生浄信。故彼《論》云：生者，能生因〔一九五〕故；取者，重脩自體，果義成〔一九六〕故。与此《論》同。

問：此所生福爲是住時福業，爲是信經新所生福？答：二論雖无明文解釋，准此《論》意，是往福業，以說四種如是合爲能生實想因故。若尔，何故貞觀說當生言？答：非但往福，亦當生故，合而言之。乍觀經文，乃是浄心〔一九七〕當所生福。彼《論》牒經：是諸菩薩，明是浄信菩薩所生。當解兩論釋意所攝各別，合之方是。

問：准此惡時，有持戒等，能信此經，不是菩薩願生土。《法花經》中，行法行者是大菩薩，發願生此。豈《法花經》勝此《般若》，彼願生持，此實生持耶？答：此論像季，彼據末法。又此同彼願生，彼同於此實作，俱出〔一九八〕末法、像季二時，互影〔一九九〕顯故。又此說於教，起淨信，故實生；彼說證理行法行教，故化生。俱言非一百千，不言殑伽沙數等〔二〇〇〕。故无性《攝論》第五云：作如是言，若已逢事爾所殑伽沙等仏，於大乘法方能解義，極懸遠故。於大乘法，簡取聖者自內所證，簡隨言所解了義補特伽羅。此等問答，皆依往福。若現福解，无此問答。

經：「何以故？」

演曰：自下第二，明能生實想，答脩伏問。此明於經由生實想，不取我法，故能脩伏。《論》牒經言：是諸菩薩无我想、衆生想轉，乃至言若法想轉，即爲有我取，此顯示〔二〇一〕實想。文分有五，問、答、徵、釋、結。此初問也。何以要由三學等，能生實相耶？經：「是諸衆生」至「壽〔二〇二〕者相」。

演曰：第三答中，文分爲五。由前戒等有勝智生，治五耶取，故有實相。故《論》結云：是諸菩薩於彼皆不轉，此中顯了有戒，乃至當生无量福聚故。何者五耶取？一，外道；二，內法、凡夫及聲聞；三，增上慢菩薩；四，世間共想定；五，无明定。第一者，我等相轉；第二者，法想轉〔二〇三〕；第三者，无法相轉，此由有法取，有法取者謂取无法故；第四者，有想轉；第五者，无想轉。是諸菩薩，於彼皆不轉。此即初文，對治〔二〇四〕外道我等耶取。由外道等无戒等故，虛妄心中執我、人等，不能如實生於正想。菩薩翻此，能生實相。此我等四，准《論》釋云：取自體相續爲我，我相所取爲衆生想，謂我乃至壽住取爲命想，展轉趣餘趣取爲人想。

演曰：總執〔二〇五〕五蘊相續，爲我相；計前際我是今世我所執取，故爲衆生；現在之我一期住，爲命想；展轉取餘趣，爲人想，即執來世復生異趣，亦即餘本補特伽羅。惣執五蘊。餘三世別，與彼《論》同。彼《論》頌云：差別相續體，不斷至命住。復取於異道，是我相四種。差別者，我也；相續體不斷者，衆生也；不斷至命住者，壽者也；復取於異道者，人也。准長行釋，一不斷言，訪於上下，彼《論》引名，是譯家錯。所以然者，彼釋命相即當壽者，彼釋壽者乃當人相，義理定然。若不爾者，壽、命何別而列兩名？又闕人相一，故知謬也。故新《論》云：乃至壽存，作壽者想；命根[二〇六]既謝，轉求後有，作更求趣想。然此義同於阿賴耶，愛、樂、欣、喜，初總後別。外道所起，多唯分別。若於俱生義説无妨。如見道中眼智明覺有人。將人相配《論》命者，與壽何別？又違數取趣是人義也。

經：「无法想。」

演曰：第二，對除法想。即内法凡夫及聲聞人，由處下位，執法爲有。此凡夫者，謂趣二乘凡夫。若不命[二〇七]爾者，地前菩薩，豈聞此經不生實想耶？或可取大凡夫，非久脩者，執法爲有，未解相空，不能无相行[二〇八]，因然求有相之異，聞此因深果遠，不能住信，今並離此。

經：「亦无非法想。」

演曰：第三，對除非法想，即增上慢。菩薩頓悟大乘及不定性迴心向大，多執法空，名增上慢。聞讃相空，執爲了義，於此深經亦不能[二〇九]如實生於實相，撥无相真體法身故。今離之能生實想。上三依人以辯執取，初一我執，次二法執。法執有空，攝一切執。下二依境以辯執取，亦是法執。已下准依餘本，更有第四无相、第五亦非无想，今此經略，令彼无相入无无相，同遣相故；合彼亦[二一〇]非无相入[二一一]無非法相，同遣无相故。是故二句，能攝四種。上來随文釋前三訖。

第四，執取世間共相定者，名有相轉，即下三静慮。下三无色全[二一二]、第四静慮非想非非想各[二一三]少分，名有想定。欲界隱，有想不生，執取爲勝涅槃故，但説共想定，不説共想非定。

第五，无想定，即第四静慮及非想非非想

各〔二四〕少分，名无想。外道、小乘，隨應執取，以爲勝果。欲界離有睡等无心，以非定住，非勝不執，故此不説。但言无想定於法執中分別起者，多緣此二，勝故偏説，例影餘故。

今此菩薩，並无此等虚妄想，故聞深般若，生於實想。若依彼《論》，從无復我想以來，明由智惠能生實相。故彼《論》云：此義云何？復説般若，義不斷故。下文復云：所謂離人相、離法相，是故説有智惠。於中有二，初明離八執，次及顯重成，若心取相已下文是。初文即是明其智生，除此人法，各四例，故能生淨信。惣説頌云：彼壽者及法，遠離於取想。亦説知彼相，依八八義別。

演曰：初二句顯所離八，第三句明能離心，第四句釋八所以，由彼所執八，有能離八。然八相中，初離我四，已如前辯。離法四者，頌云：一切空无物，實有不可説。依言詞而説，是法相四種。

演曰：彼釋法四，初二與此《論》同，後二與此《論》別。惣説，由證法无我，如能離四執。故約如辯。一者，一切空无物，故言无法相，有可〔二五〕取、能取一切法无〔二六〕故。即遍計所取、能取，名空无物。二者，實有，故言亦非无法相。彼法相〔二七〕無我，空實有故。真如圓成，體不无故，彼撥爲无，今説爲有，性非詮无，故言亦非无法相，三者，不可説，故言无相。《論》云：彼空无物，而此不可説有无，故言无相。謂勝諦性〔二八〕離言説，非空非不空，執爲有空，名之爲相。今雙非彼，故言无相。真離此理，不可説爲有空相故。四者，依言詞而説，故言亦非无相。《論》云：已於无言處依言相説。意言雖不可説，故説爲无相，而爲未悟者於无言處以言相説。既〔二九〕有言相，故亦非无相。

經：「何以故？」

演曰：第三徵也。神我妄計，可説非有，於經生信，則法不无，而言无法相等者，何所以也。

經：「是諸衆生」至「衆生、壽者」。

演曰：第四釋也。彼《論》第二，返顯重成。由此法執是我執本，若有法執，我執必随，故雖生信，而不定執。問：如信此經，雖復執有法與非法，而不起我，如何説言，若心取相則著我等？《論》云：是中耶取，但法及非法相轉，非我等想，以相及依止不轉故。演曰：想及依止者，以執法時，我想及所依癡皆悉不起，麁易伏故，是此問意。《論[三〇]》答云：然於我相中，随眠不断故，則爲有我取。演曰：雖執法時，暫不起我，由有我執所依无明及彼種子，後必當起。故有法執者，則爲有我取。既无我執明，无法執故。

彼《論》云：但有无明，使无現行麁煩惱，示无我見故。演曰：无我見者，見行不起无明使者，謂五住中无明住地，即法執等。意云，雖无現行名无我見，有種子故後必當起，説有法執者必有我執，与此正同。

問：二乘无學，雖有法執，无我執種，如何説言有法執者必有我種？答：此中唯依惡時異生[三一]等説，不依有學等，聖説彼時无故。又解此中意，明大乘脩行，雙断二執，顯煩惱障法執爲本，如要迷杌方謂人等。断根本者，末執自亡，不同二乘偏觀生空，雖断我見，猶[三二]有法執。文分爲二，初惣明取相我執不亡，次别顯取於法非法相。此即初也。若心取相者，法与非法，俱名爲相。然依餘本，无此惣標。

經：「若取法」至「衆生、壽者」。

演曰：别顯之中，此先離法相，令不執法有。

經：「何以故？」至「我、人、衆生、壽者」。

演曰：後離非法相，令不執法无，先徵後釋。徵意：執[三三]法是有，過失重故，可有我等；若執法空，既順於理，應无我等。是故答言：若取非法，亦生我等。令於空相亦不取也。此何以故，於釋文中，曲有此徵，餘本並无。此離法相，即是離前第一、第三；此離非法法相[三四]，即是離前第二、第四。魏本此《經[三五]》但言有法相，与取法相何別？是故應言有非法相。

經：「是故不應取法，不應取非法。」

演曰：第五結也。餘本此上，更有一徵。梁、周〔二六〕二本，皆言〔二七〕是故而徵，詞与此本同。徵之意者：神我非有，可謂爲无；教法不无，理應是有。何所以故，聞經起信，不取有无。此即正是徵起於教。

若爲脩伏，《論》云：不應取法、非法者是顯了，謂相應三摩鉢底及攝散心時，不應取法、非法者，於諸體及法无我並不分別故。

演曰：不應取法者，不應分別法體爲有。不應非法者，不應分別法无我爲空。故言於法體及法无我並不應分別故。《論》本不同，依此爲正。謂在无分別定都无執者，法及非法，故於散位緣教起信，亦應如是，正答脩伏也。

彼《論》上來辯智惠訖。從此已去，即是第三辯信差別。於中有二，初問〔二八〕簡異，後以是義故下引證。此文初也。

《論》云：有智惠便足，何故復説持戒功德？爲顯〔二九〕示現生實相差別義故。云何示現？偈言：彼人依信心，恭敬生實相〔三〇〕。聞聲不正取，正説如是取。

演曰：上二〔三一〕句依戒等生實相，下二句依智惠生實相。彼釋意云：彼人雖无智惠，以有持戒功德，依信心恭敬，亦能生實相，是故不但説般若。釋下二句云：又有智惠者，不如聲取義，隨順第一義智正説如是取，能生实相，是以次言不應取法，非不取法。不應取法者，不應如聲取法。非不取法者，隨順第一義智正説如是取。彼菩薩聞説如是脩多羅章句，生實相故。

演曰：下不應取法者，不應如聲取法，除所執故，即前不可説也。非不取法者，隨順第一義智正説如是取，以非離言説外可求第一義智，第一義智順教生故，即前依言詞而説也。此言實相差別者，初持戒等，雖未解理，能信於教，乃至一念生淨信是；其智惠者，由能隨順第一義故，扵教及理並能生信，是差別義。有言，初生此信，後生證信信者，不然。惡世末時，豈容得有初地證信。

經：「以是義故」至「何況非法」。

演曰：大段第二，明法身要義，亦可攝屬荅終脩伏問中。《論》云：法尚〔三二〕應舍者，實相生故；何況非法者，理不應故。向說法与非法，俱不應取，引教爲證，故言以是義故。如欲渡海，假筏而渡，渡已舍之。未生證智，籍教爲緣，證已得便須舍教，不定執故，何況非法不應理者而舍之？教外別求，此名非法，由背真理，故〔三三〕應舍之。依貞觀本，言密〔三四〕意說，顯扵教法，舍如言執，非全舍教而不依取，故言密意。

《論》總攝結一段經意云：略說顯示，菩薩欲得言說法身，不應作不實想。演曰：今扵經教，生清浄信，則普流通。彼《論〔三五〕》頌云：彼不住隨順，扵法中證智。如人舍舩筏，法中義亦然。

釋云：示脩多羅法中證智不住故。以得證智舍彼法故，如到彼岸舍筏故。隨順者，隨順彼證智法，彼法應取故，如人未到岸取筏故。演曰：魏本經言，是法應舍，非舍法故，彼《論》依之。初二句法，第三句喻，第四句合。彼不住者，已得證智，不住扵教，即是法應舍也。隨順者，未得證智，隨順真教，即應取之，即非舍法也。准此，法上應舍者，證前不應如聲取法，不可說也。非舍法故者，證前隨順第一義正說如是取，依言詞而說也。是故經言：以是義故。若不爾者，何成引證？意顯扵教有取捨義，今應先辯諸本不同。餘之五本皆有，何況非法。此《論》釋云：理不應故。唯魏本云，非舍法故。彼《論》釋云：未到彼岸取筏故。何得五經本是同，二文乖異，論釋又別，依何爲正？又准此經云，以是義故，即爲引證。二文即別，何所證成？演曰：引證之意，各隨兩論生起解釋，謂此《論》釋證法、非法兩俱舍義，依彼《論》釋證前不應取非法，非不取法。餘本皆云：不應取非法。唯魏本云：非不應取法。良以梵本不同，教含多意，翻譯者各随一義，論釋者取解又殊，文雖少[二三六]差，理无乖返。諸文惣取，義乃圓融。獨見一邊，未[二三七]爲通无。

問：若回心无學，我執先无，法執今伏；若餘有學、一切異生，雖有持戒等業，云何人、法二執俱无？答：實相之經，明无我理。若執我法，不順此經，豈能生信？故雖異生、有學聖等，執種未断，然由折伏，能信此經。七中對治者，如言執實及背教求真，是[二三八]爲邪行。執我乃法，爲共見正行。不失者，无法相是離增，无非法相是離減。又不應取法、不應取非法，扵有及无並不[二三九]分別，是爲甚深。得如是无量福德，爲廣大。能生信心，以此爲實，爲依義，顯示對治不實想故。言説章句等，爲説相，顯示言説法身故，即生浄信心。言當生者，是攝持，欲顯所住故。菩薩无我想轉等，爲安立第一義，以此言教安立无我理故。不應取法等，爲顯現，謂定、散二位，扵法、非法不分別故。行位中即是第八尊重訖。

經：「須菩提」至「有所説法耶」。

演曰：自下，欲得法身住處中第二證得，證得中第一欲得智相，至得法身住處，當第九善法行。善法行者，謂[二四〇]諸衆生，作清涼法池，守護仏法，仏種不断，得陀羅尼四无礙辯等，故此智相即是彼行。且證得法身，通因、果位。仏位真證果圓滿身，十地位中亦分證。彼地前菩薩，熏習彼種，仍未現行，雖未證真，然其福、智，以能顯起十地仏位真法身故，亦名法身。前之言説，近爲因中法身之因，遠爲仏果法身之因，亦名法身。其福智身，雖通因果，然准經文，智相約果，福相就因。所以言[二四一]者，地前異生及十地位，因聞四句爲他人説勝福，便生名福想，法身可樂，故名福恵劣，故[二四二]不名智。若至仏果，名智相身，理随從説，无非福智。故《論》前説，證得法身，分爲智、福，地前勝證得因故，十地已上正證得故。

由此，經文分之爲二：初明智相，顯在仏

位；後明福相，顯在因位。此即初也。依彼《論》釋，斷第三仏有得説疑。《論》云：向説不可以相成就得見如來，如來非有爲相故。若如是，云何釋迦仏得阿耨菩提説名爲仏？云何説法？爲断此疑。疑意：以執化身爲真仏故，有得有説，既有得説，即是有爲，如何前説非有爲想？仏今時[二四三]牒彼妄情爲問，令知化身非是真仏，亦无説法，於真理中雖説无説，雖得无得，是故如來非有爲相，断彼疑情。此名欲得智相。至得法身者，智性智相[二四四]。理事雖殊，對福相故，俱名智相。此之智相是功德法及依正故，惣名法身。言至得者，即證得義，是脩行人所證得故；言欲得者，是希求義，希求仏果，説法度生。今説勝義[二四五]，无得无説，世俗[二四六]諦有[二四七]得説，是故[二四八]真智滿彼希願。

文分爲二，初問，後答。問得菩提即自利，問説法不即是利他。《論》釋問意云：如來於阿耨多羅三藐三菩提正覺耶？此爲依義，顯示翻於正覺菩提取故。此即對治。取菩提心故爲依義，以菩提内證非外取故。又云阿耨菩提[二四九]者，是爲説相，顯示至得法身故。

演曰：能得所得，至極真覺，皆是阿耨菩提攝，故名至得法身。説此法身，名爲説相。即於問中，具二種義：一依義，二説相。《論》又云：説法者，正覺所攝故。此釋由正覺故能説法也。惣問意者：真勝義中頗有少法可證可説耶？又離心外有少實法可證實可[二五〇]説耶？然今論主依三性中，約遍計性説此爲无。四重勝義，依真勝義，説此非有，亦順《深密》三无性義。皆依初性，會釋契經。依彼《論》説，謂仏説化身實[二五一]能證説不，故牒爲問。

經：「須菩提」至「如來可説」。

演曰：下答，分三，初正答，次徵起，後釋成。依《論》分二：初惣答，即是攝持；後徵起下，別答脩伏，即是安立及顯現。此初也。

《論》云：无有定法者，上座須菩提尊仏意

故，世諦故，有菩提乃得，是爲欲願攝持。以方便故，二俱爲有。若如世尊意説者，二俱无有。爲顯此故，言如我解等。演曰：尊者取仏意告，彼答據方便世俗道理，有證及法〔二五二〕，以爲證真之方便故。又依他、圓成體不无故，是爲欲顯所攝持，即答住問，於世俗及方便道理，有欲願故。若如世尊今意所問，約正證真，非方便故，廢詮談旨，除虚妄執，无有少法可得可説，爲顯勝義諦及除所執故。貞觀云：无有少法与此相似。故《瑜伽》説，若勝義諦已立爲諦，何須復説安立諦耶？爲後證得之方便故。若安立諦已立爲諦，何須復説非安立諦耶？若不爾者，已得世間第四浄慮，應断二執，不應後時二執還起。轉引此文，應撿卷數。意言：由世俗故，爲證真之方便；由勝義故，能断虚妄以證真。正與此經同。

彼《論》云：釋迦牟尼仏非仏，亦非説法者。偈曰：應化非真仏，亦非説法者。説法不二取，无説離言相。

演曰：上之二句，正釋此文。此釋迦仏非真仏，故不證菩提，亦不説法，以是化相，非實成道轉法輪故。

經：「何以故？」

演曰：第二徵起，即是別答脩伏，明安立及顯現義。有何所以，无得无説？

經：「如來」至「非非法」。

演曰：下釋，有二：初依徵釋，即安立〔二五三〕第一義；後轉徵釋，即顯現義〔二五四〕。《論》牒此段經文云：是安立義，由説法故，知得菩提，故於説法中，安立第一義。此意，由仏内證離言絶相，不可説法，故能方便演説深妙。若不内證，不能起説。故言由説法故，知得菩提。然所説者，説彼内證勝義諦法，故言於説法中安立第一義。

《論》又云：不可取者，謂正聞時。不可説者，謂演説時。非法者，分別性。非非法者，法无我故。演曰：既由安立第一義，故雖説无説；性離言故，雖聽无取。不可如言離心執取。此遮定執實能所證及勝義中有。此説聽即同《浄名》，其説法者无説无示，其聽法者无聞无得。非法者，分別性故，離執於有；非非法者，法无我性，離執於空。卻成於前无得説義。

依彼《論》釋云：有人謗言，如來一向不説法。爲遮此故。偈言：應化非真仏，亦非説法者。此意，聞説如來无得无説，便謂如來都不説法，故引偈云，雖无真説，化説无妨。又離説法而不取，故名爲无説。彼《論》又云：説法不二取，无説離言相者，聽者不取法、非法故，説者亦不二説法、非法故。何以故？彼法非法、非非法。依何義説？依真如義説。非法者，一切法无體相。故非非法者，彼真如无我相實有故。大同此《論》。貞觀本云：如來所證、所説、所思惟法，皆不可取等，所證即證身，所證説即語，所思即意。三業所履之法皆不可取等，餘本略无。證乃《思惟梵經》，自有廣略本耳。

經：「所以者何？」

演曰：下轉徵釋，即明顯現答脩伏義，先轉徵，後轉釋。前徵意者：以何義故不可得説？故經答云：以所説法依彼内證，不可取説非法非非法。故今轉徵云：其説法（二五五）、證法，皆不可取説非法非非法之所以者，何謂也？又若所證不（二五六）不可説取，何所以故名爲聖人？依彼《論》徵：説聽二人，何所（二五七）以故俱不取二？又何所以故唯言説不言證？

經：「一切賢聖」至「差別」。

演曰：轉釋也。由能證得无爲故，无爲之法不可取説非法非法法。又只由證彼不可取，説无爲法故，得名聖人。以答前徵。

《論》云：无爲者，无分別義也，是故菩薩有學得名。无起、无作中，如來轉依，名爲清浄，是故如來无學得名。演曰：爲（二五八）不生滅擇真如名无分別義。義謂義理。以諸菩薩，分證真如，猶有脩故，名爲有學。又真如理體，无生故无起，无造者故名无作。故此理中，如來已舍有垢障法，得此无障垢法，名爲轉依。離垢清浄，是故如來名爲无學。其无分別、无起、无住，理實皆通，然隨脩義增別。配因果答脩伏者，《論》云：於中初无爲義者，三摩鉢帝相應及折伏散時顯了故。第二无爲唯第一義者，无上覺故。此意：有學因位尚有定散，過失時生，由脩上定以證无爲，折伏散位，故初无爲名爲等至，攝伏散時而生，取得如是脩伏，此即顯現，謂於方便道中，有欲得智相身，不可如其見〔二五九〕無定，執於真理中即无取得諸分別故。若於如來，唯第一義〔二六〇〕故，无上覺故，具足清浄，故无折伏。廣大、甚深、對治等義，隨准可〔二六一〕知。

依彼《論》云：何故唯言説，不言〔二六二〕證？有言説者即成證義故，若不證者則不能説。如經：何以故？一切賢〔二六三〕聖，皆以无爲法得名。此句明何義？彼法是説因故。演曰：以經中唯言如來所説法不可取等，故《論》難言：何故唯言説，不言所證不可取等耶？是故答言：有言説者，即成證義故。若不證者，則不能説，故言一切賢聖人，皆以无爲法〔二六四〕得名，彼无爲法是説因也。亦同此《論》，由説法故，知得菩提。二論並依略本以釋。依貞觀本，即有證等，便无此妨。問：若依貞觀，如何有此文生？答：即依釋轉徵中，就前諸解，以釋此意。故彼《論》云：一切賢聖，依真如无爲法得名，故彼聖人説彼无爲法。又云：如彼聖人所證法，不可如是説，何況如是取。何以故〔二六五〕？彼法遠離言語相故，非不可説事故。此等皆答前徵，説聽不二，取之所以，即是釋頌第四句也。

彼又問云：何故不但言仏，乃説一切聖人？以一切聖人依真如清浄得名故，如説具足清浄，如分清浄故。演曰：此无爲非仏獨證，勸勵行者，脩智證真，即《浄名經》舍利弗、優波離，以心相得〔二六六〕，故得解脱，无得无證等，一同於仏。

此《論》又云：自此以後，一切住處中，皆顯以无爲，故得名聖人應知。前諸住處中，未説无爲得名，於此説故，阿耨菩提中无爲已竟。此意，下諸經文皆解无爲得名聖人，所以上諸住處，雖説无爲，未説取聖〔二六七〕人以无爲得名，此方便説故。然唯於一住處，説聖人无爲得名者，舉一住處，顯前後也。

問：如何下經解无爲得名等？答：准彼《論》，下斷諸疑，多約无爲以起疑情，准知下經即釋无爲之所以也。此及貞觀言賢聖者，賢即是聖，如言二十七賢聖也。有賢處賢與聖別，非此所明。

經：「須菩提」至「寧爲多不？」

演曰：下解欲住處中，第三欲得福相〔二六八〕法身，即證得中第二文也。亦當第十真實行攝。《花嚴經〔二六九〕》真實行中：成就第一誠諦之語，如説能行，如行能説。作是念言，我見衆生，受无量苦，若未度此，先成正覺，是所不應，乃至我於一切寂爲殊勝。語行相應，色心皆順，名真實行。此等，皆是福德〔二七〇〕之相，故知此行當福相身。十行，頌曰：歡喜與饒益，无虚盡離癡。善現及无著，尊貴善真實。

前説諸法不可取説，一切聖人无爲得名，持説此經應无有福，以不可取故。爲欣彼福，故名欲得。釋：法身名，已如前釋〔二七一〕。因雖有智，智劣福強；果雖有福，以智爲主。由此增果名智相，因名福相。非在果因，无福智也。

彼《論》釋伏疑云：既不可取説，應空无福。答云：雖不可取説而不空，故説有勝福。譬喻校量，有此文起，即於第三仏有得説中曲釋此疑，故不别開。或若别開，即是第四。且依前解脱，此文中有三，初問，次答，後校量顯勝。此初也。此約住相布施，不爲七寂勝所攝者，爲問：若不爾者，應到彼岸，何故彼《論》云福不趣菩提？又財、法等三種施中，但約財施。若法施者，與持説經有何差別，而言福劣耶？三千世界及七寶名，如常分別。

經：「須菩提言，甚多，世尊。」

演曰：答中有三，謂標、徵、釋。此初標。

答甚多世尊，此十号中舉第十号。准魏本云婆伽婆即世尊，脩伽陀即善逝。然正〔二七二〕梵音，薄伽梵者是第十号，具六〔二七三〕種義。而言世尊者，六中一義也。問：何故不但言善逝等一，而説二語耶？答：《論》云：顯示攝心持心。以攝自心，故言受持；爲他演説者，解釋句味故。演曰：初言甚多世尊，顯示攝心故。以攝自心，令不散乱，即顯自利，故説受持一四句偈，復言甚多。善逝者，顯示自持心〔二七四〕，令他持心，不外散乱。故言爲他演説，未即是文，顯名句故。欲顯持説二勝福〔二七五〕聚，今自令於經中攝心持心，專意求學，不散亂故。由此，二論，秦、魏、梁、隋、周〔二七六〕五經，皆唯受持演説二行，唯貞觀本説有五種，一受持，二讀，三頌，四爲〔二七七〕他演説，五如理作意。初三自利後，二利他，令他於經，如理作意。計有十行〔二七八〕，略言二五。諸經頌本，各各不同，不須和會。亦由諸本説四我執，貞觀説九，論中且解一，本略者不解廣故。

問：此二甚多乃答財施，何故无著約法施明持説二種，釋甚多耶？答：令舉施福，擬對持〔二七九〕經。持經之中既有二種，故財施中先有二答。

經：「何以故？」

演曰：第二徵也。六度之内，五資非道〔二八〇〕，又法非取説，何所以故云施福多？

經：「是福德」至「説福德多」。

演曰：第三釋也。魏本云：是福德聚，即非福德聚，是故如來説福德聚福德聚。貞觀云：福德聚福德聚者，如來説非德聚，是故如來説名福德聚福德聚。《論》以非福德聚爲五義中安第一義。然貞觀初重言者，雙持説及布施福。如來説爲非福德聚者，約真諦理，安立第一義〔二八一〕，故云非福德聚〔二八二〕，據俗爲資道，是〔二八三〕故雙經爲福。

問：向舉施福，未明持經，如何善現，預明經福？答：由仏先説持戒脩福，種諸善根。又説〔二八四〕諸如來悉知悉見〔二八五〕生，取如是无量福德〔二八六〕

等，故此答中，不但施福真无俗有，持信經福亦復如是。又釋：然世俗云福德非福德，仏亦如是，於諸經中，數數宣説福德非福德。今牒數説福聚非福聚，結亦如是。此經文略，義意无闕。即答前徵：雖於真諦，不可説多；依俗能資，故説多也。此《論》釋不失中，指此文云：若福聚非聚者，此遮增益邊，以彼福聚分別自性故。若復〔二八七〕説言，是故如來説福聚〔二八八〕，此遮損減邊，以彼雖不如言辭有自性，而有可説事，如來説福聚故。

演曰：非福聚，有二意：一，安立第一義諦；二，除分別執有説名。福聚，亦有二意：一，世俗説有；二，離言法有，依他、圓成體不无故。彼《論》聚義有二種：一者，積聚義，如擔重；二者，進趣義，如收質。施如重擔〔二八九〕，名爲福聚。无進聚義，名非福聚。持説福德，進趣利益，猶如收質，故與聚名。依彼《論》釋，非福聚者，准在施福，雙〔二九〇〕同前，一布施福，二持説福〔二九一〕。

經：「若復有人」至「其福勝彼」。

演曰，第三，校量顯勝，有三：初明勝福，二結所由，三釋所以。此初也。《論》云：福相至得法身住處，云何顯示即彼所有言説法身，出生如來福相至得法身？於彼乃至説一四句偈，生福甚多，況復〔二九二〕如來所有福相至得法身。

演曰：由在因位，受持乃説一四句偈，生福尚多，況在果位所有至得福相法身。引《中邊》頌云：勝故无盡故等。一四句偈，諸釋不同，今説各取當經所明正宗之處，顯義周圓，名之爲句。依梵本中，不長不短處中八字爲句，一偈三十二字。其餘長短，字數不定。顯説極少，名爲乃至。一偈尚爾，況復多耶？領受文義，憶持在心，即是自利。演説，利他。十法行中偏舉此〔二九三〕者，二利勝故。

餘本有云：无量不可數。《論》云，无量者，過譬喻故。阿僧祇者，顯多故，《花嚴》第二十五《心王菩薩問阿僧祇品》，有一百二十數，无一十百千萬五數。以百千爲首，百千百千名一拘梨數。如是倍倍積數，至第一百三名阿僧祇，至第一百五名无量。无量阿僧祇者，即以无量數阿僧祇。阿僧祇者，傳云无數，應審勘之。彼《論》頌云：受持法及説，不空於福德。福不趣菩提，二能趣菩提。上二句明持説二福，以釋疑情；下二句釋其所以，以布施福不趣菩提故劣，持説二福能趣菩提故勝。

經：「何以故？」

演曰：二經所由言説之法，聲名爲體，實非法身，何故於此非身之中説能生福？故《論》云：以何因緣，於言説法身中，如是説一四句偈，能生多福？即是徵問勝於施福多之所以。

經：「須菩提[二九四]，一切諸仏」至「皆從此經出」。

演曰：三，釋所以，於中有二，初正釋，後轉釋。正釋即是釋持經福勝之所以，轉釋即是釋此經能出生仏之所由。此初也。以能爲仏因故福勝[二九五]。

彼《論》云：如來阿耨菩提從此出者，於中善集十法行阿含故。諸仏世尊從此生者，世諦故言仏出生，以有菩提故。

演曰：餘本，阿耨菩提法從此經出，諸仏如來從此經生，此合爲文，惣言從此《經》[二九六]出，出兼生故。阿耨菩提從此出者，但説真名无覺，於此經中，普十法行阿含故。十法行者，《辨中邊論》頌云：謂書寫、供養、施他、聽、披讀，受持、正開演，諷誦及思、脩。初八聞惠，次一思惠，後一脩惠，於此經中普皆集。故由自利十行，經説受持皆已集故；利他十行，經稱演説亦現[二九七]集故。互相資助，无不攝盡。阿含者，此翻爲傳，此經是三世十方諸仏，共傳説故，即顯此經諸仏傳説。十法行具足，故能顯出諸仏法身，能生報、化。惣顯意云：然此出生，依俗方便；真理泯相，故无此事。故《論》言：世諦故言仏出生，以有菩提故。法、報即成，外化斯備。但問三種爲三身之因，答中具三説三問之果，故説般若爲諸仏母，諸仏三身依出生故。彼《論》頌云：於實名了因，亦爲[二九八]餘生因。唯獨諸仏法，福成第一體。

演曰：上二句釋此經文，第三句釋下經文，第四句惣結勝。實者，法身无爲體實。餘，謂[二九九]化、報。了出法身生報、化身，配文可知。

經：「須菩提，所謂仏法者，即非仏法。」

演曰：下轉釋。依貞觀本，此有徵詞所以者何，徵意：一切聖人，皆无爲顯，无取无得，今言此經出能出生仏之所以者何也。若依彼《論》，何故此經能爲仏因？此无徵詞，但有其釋。《論》云：即此二並名爲仏法，以菩提及仏故。所言二者：一，无上覺，即法身菩提；二，及仏，即報、化。此之二種並名仏法，是故餘本重言[三〇〇]佛法仏法，言即非仏法者，非真諦中亡言絶相，有此出生二仏别，故云非仏法。方便道中，能順无爲了生二仏，可説爲有。是故如來説名仏法仏法。此但單牒，亦无結詞，文略故尔。

《論》前又云：須菩提仏法仏法者，如來説非仏法者，此遮增益邊。是名仏法者，此遮損減邊。於中如來説非仏法者，顯示不共義。是名仏法者，顯示相應義。何者是相應？若仏法如説有自性者，則如來不説仏法。以雖不説亦自知故，是故无有自性。爲顯世諦故，如來説名仏法。演曰：遮於勝義，增益説有；遮於世諦，損減説无。不共者，不共世情[三〇一]；相應者，随順世俗[三〇二]。《論》又云：如是，於一切處顯示不共及相應義應知。復次，仏法者，攝波羅蜜事及念處等菩提分法。此意，非但果德[三〇三]，亦攝因、行，能爲仏因，惣名仏法，皆在此經。

彼《論》長行牒頌下二句，屬此經文。言仏法仏法者，雙牒生、了二因所得仏果，涅槃、菩提，三身之法。説非仏法者，彼諸仏法餘人不得，謂此仏法非二乘等共得仏法，名非仏法。唯獨仏得，第一不共義。故經云：是故彼仏法，名爲仏法。上解頌第三句，配經文訖。又釋頌第四句，惣結福勝，云以能作第一法，因是故彼福德〔三〇四〕中此福爲勝，如是成福多故。此《論》五義：所生福勝彼无量等，爲依義，對治福不生故；於中其福者，此爲説相，顯示福相法身故；勝彼者，顯示欲願攝持故；即非福聚，即非仏法等，爲安立，爲随順无爲得名故。相應三摩鉢帝及折伏散亂，不復〔三〇五〕顯了。此意，但明順於无爲以解經文，不約脩伏。然准文義，即答脩伏，准之可知，舍分別心即脩伏故。或可不復顯了者，明已，後《論》更不復説也。

經：「須菩提」至「須陁洹果不〔三〇六〕」。

演曰：就初信行地中，有四，一攝住處，二波羅蜜浄住處，三欲住處，四離障礙住處。已解前三訖，此下第四，離障礙住處。攝十八中十二住處，爲對〔三〇七〕治十二種障礙故也。然十二住處〔三〇八〕，雖即實行，離障爲首，從勝立名，且如發心及脩度行，雖皆離障，但以勝德而爲其名。

問：發心住等，如何離障？答：大菩〔三〇九〕提心以善根爲自體，降伏所治障故。六度能制慳乃至癡，故皆能除障。然由發心攝受大菩提果，六波羅浄諸行故，各勝爲名，此亦如是，隱行不説故，但惣名離障住處。十二障名生起次第，具如《論》列。初離慢障住處，即十八中第五脩道得勝无慢。

又依此《論》，上來明彼十行之位，下令進入十迴向位。以前十行多脩勝行，恐恃生慢，障入勝位，第一迴向，故説小果，非求遍智。度一切生，断一切障，尚不起慢，况乃菩薩爲度多生，求智断障而起慢邪？故令除慢，入初迴向。此脩无慢，即是第一救護衆生離衆生相迴向，行六度四攝，悉爲救攝諸衆生故。

二，不壞迴向。於三寶所得不壞信，名不壞迴向。故離少聞障〔三一〇〕，令脩不離仏出時行，是第二迴向，常得見仏聞深法故。

三，等一切仏迴向。學三世仏，以脩迴向，雖有四事什物，妻子眷屬，而不住著，不離菩提心，不著五藴等一切法，故名等諸仏迴向。故離小攀緣作念脩道障，令脩顯浄仏土行，是第三迴向。

四，至一切處迴向。脩善根時，以此善根如是迴向，令此善根功德定[三二]力至一切處，譬如實際際，乃至共見，无仏不生，无生不至，神足説法，令一切衆生悉歡喜等。故此第四離舍衆生障，脩成熟衆生行，是第四迴向。

五，无盡功德藏迴向。脩悔過，種善根，離一切業障，扵諸如來尊重恭敬禮拜供養，仏所説法聞持惣念，如説脩行，乃至如來般涅槃已，受持守護諸仏正法，諸仏發心，終至涅槃，所有[三三]善根皆悉随喜，及三世生一切善根亦悉随喜。由随喜[三三]故，得十種无盡功德藏。今此第五離随順外論散乱障，是彼迴向，諸過皆悔，業障皆離，仏諸正法，愛樂守護，聞持憶念，如説行故。

六，随順一切堅固善根迴向。若爲王時[三四]，舍七寶土，救護獄囚，乃至令一切衆生得如來法，諸仏歡喜，扵一一行皆不違逆，善根堅固，迴向彼岸，一切所施皆令彼得一切正法真功德，故名随順一切堅固善根迴向。

七，等心随順喜一切衆生迴向。普覆衆生，閇惡趣門，善調諸根，扵一切身皆得自在，亦扵諸行得自在，智遍至一切仏刹，耳聞一切仏刹聲，眼見一切仏，以平等心随順一切衆生，迴向諸善根，名此迴向。今此第六離影像相自在中无巧便障，脩色及衆生身摶取中觀破相應行，是第六、第七二迴向。令他得巧便自在是第六，自得巧便神通自在是第七。

八，如相迴向[三五]。成就念[三六]智安住不動，扵一切智境得不退轉，能嚴土度衆生，空无所依，所脩善根皆順随如相，而爲迴向。今此第七離不具足福資糧障，脩供養給侍如來行，是第八迴向。雖觀法身，入法實相，不壞仏之三十二相，然不應以爲真仏身。

九，无縛无著心迴向。所脩善根，魔不能動，悉有聞持三世仏法，常无染著，得普賢行，諸願滿足，所脩功德不謂[三七]自己及以他人，以无縛著解脱心迴向一切衆生，名此迴向。今此第八離懈怠利養等樂味障，是第九迴向。

十[三八]，法界无量迴向。離垢繒結[三九]繫頂，受大法師記，能廣法施，成大慈悲，乃至調伏法界等[三〇]無量衆生，嚴浄法界等无量仏土，如法界出生智恵，亦[三一]如是凡有善根脩於迴向，悉等法界，名法界无量迴向。故此第九離不能忍苦障，脩忍苦行，是第十迴向。

頌曰：救護及不壞，仏、至處、无盡，堅固、與衆生，如、无縛、法界。當知從初發心至第十迴向間未脩滿位，合是資糧[三二]道，順解脱分。第十迴向得脩滿位，是加行道，順抉擇分。第十二中：前九離障，是前九迴向全，第十迴向一分；後三離障，是第十迴向一分。如行位攝，一一至文，要當配釋。

《論》自下，爲断第四諸聖得説疑。疑云：向説聖人无爲法得名，彼法不可取説者，云何因果聖人皆能自知[三三]我得彼果，如證而説？即是无爲，可取可説，以成疑意。爲断此疑，明諸聖人，於正證時，无取无説，有此文生。彼《論》約見他得説以生疑，此論依恃此自勝德而生慢，各據一義，故不相違。今説此文，疑、慢俱遣。又復彼《論》，因仏前説无爲之法，无得无説，故有疑生；此《論》，正明證无爲者，无德无説，而无我慢。將正證之无慢，遣於教之疑心，兩論相成，固无乖異。即約四果正證之時，即无取説，明取説慢皆應離之。於中分二。

初問答四果，以釋離慢。彼尊者善現引已爲證。問答四果，即分爲四，一一又四，問、答、徵、釋。四果如别章。此問初果正入觀時，頗作是念，我得果不，以明離慢。《論》云，此爲依義，顯示對治我得慢故。又即説相，顯示无慢故。亦即是欲願攝持。

經：「須菩提言：不也，世尊。」

演曰：二答。諸預流者，正證果時，不作是

念，我能證得預流之果。

經：「何以故？」

演曰：三徵。何所以故不言我證？

經：「須陁洹名爲」至「是名須陁洹」。

演曰：四釋。梵云須陁洹，此翻預流，亦名入流，預入聖人之流類。故准彼《論》，亦名逆流，逆生死流故。餘本，四果皆言无有少法、實无有法等；此及梁本，前之三果，牒名以解，義意大同。今顯預流，雖名預流，而无所入。諸預流者，住在觀時，不見有果及以自身而可得説。此惣説已，重復釋云：以不味六境，能除見惑，由證无爲，得入聖流，依順无爲，故不可取味等[三四]説。餘皆准此。此爲影顯正離慢也。雖於觀中正緣法境，而无取説。非但不取法，亦不取色等。此即安立第一義，无取説中安立果故。

經：「須菩提，於意云何[三五]？斯陀含」至「名阿羅漢」。

演曰：解釋三果，准前科配。於正觀中无往來相，又不來者，即不還義。由對來故，説爲不來。於正觀中來，既實无不來，寧有餘文可解。

經：「世尊，若阿羅漢」至「衆生、壽者」。

演曰：第四釋，中有二，初順釋，復返顯。此返顯也。隨及二[三六]能断，初果亦有，返顯[三七]中二皆具有之。彼《論》頌云：不可取及説，自果不取故。依彼善吉者，説離二種障[三八]。

演曰：上二句釋四果文，下二句釋引已爲證。又[三九]彼長行云：然聖人非不取无爲法，以取自果故。《論》意，聖人正證无爲，離无少法，然得自果，亦名爲取。既无所得，故而得也。

彼《論》又云：若聖人起如是心，我能得果，即爲著我等者，此義云何？以有使煩惱，非行煩惱。何以故？彼於正證時，離取我等煩惱，是[三〇]故无如是心，我能得果。演曰：使者，種子。行，謂現行。前三果人，正證之時，分别我断，不言我得。雖有俱生我執種子，以无現行，不起是見，我能得果。第四果人，分别、俱生二我俱无，亦於證時不言我得。由法執種所随逐故，後時還起我能得解。此所知障，亦名煩惱。惣顯四果正證之時不取少，出觀已後容起彼心。

此《論》云：若作是念，我得此果，即云有我想。若有我想，即爲有慢。演曰：我想即是薩迦耶見。慢即我慢，倨傲爲性，恃我能證生高舉故。正顯煩惱，理通二障。然有釋云：正在觀中不作是念者，其言大局，一切聖人出觀、入觀，皆離如是分別我故。此釋不然。於分別我雖不起念，出觀已後，前三果人豈无俱生，第四果人豈无法執，寧容不作我能證解？經文惣含，不言此中唯約分別。又无學人，得果之後，起四種智，言我之〔三二〕生也已盡等，豈非法我？况復《論》言，彼於證時，明出觀後，起我等相。又《唯〔三二〕識論》聖位我慢既得，現行慢類由斯起，亦无失。

經：「世尊，仏説我得」至「離欲阿羅漢」。

演曰：大文第二，引己爲證。貞觀此有徵文所以者何，謂入觀中，无取説及慢之所以者何也。此但有釋，文分爲四，一明仏印許，二表无心，三卻釋仏言，四順成前義。此即初也。

无諍三昧，貞觀云无浄住者，如八解脱中第三，第八，言身作證具足住，餘六更便无以色、无色界寂居勝故，此亦如是，顯三昧中此爲寂勝。又仏多住，以此二義，名无諍住。

問：何故於得无諍三昧人中，説善現爲第一？答：由行增故。如《涅槃經·梵行品》説，今顯仏説，有二種德。一，无諍行，第一德；二，離欲阿羅漢是第二德。《論》中説名共有功德，此有二釋。一云，由離欲故，顯得无爲，无爲體是共證法，故名共有功德。二云，无諍三昧，是俱解脱所得功德，非爲共有。離欲得果，无學皆然，故名共有。

問：何名離欲？答：欲謂貪欲。理實无學断諸惑盡，就勝而談，唯言離欲。於三有生貪愛勝故。何故有此文者，《論》云，自顯无諍行第一及阿羅漢共有功德者，以己爲證爲令生信故。於彼

《論》亦云：爲於彼義中生信心故。又云：何故唯説无諍行？爲明勝功德故，爲生深信故。

經：「世尊」至「我謂離欲阿羅漢」。

演曰：第二，表自无心，即障離慢。令他生信，由離貪欲，内證无爲，不作是念，我離貪欲。

經：「世尊」至「阿蘭那行者」。

演曰：卻釋仏言。若有取得，仏應不記，起得无諍，寂爲第一。如若有法，則燃燈仏，不受記別。阿蘭那者，即无諍也。

經：「以須菩提」至「阿蘭那行」。

演曰：順成前義。由我正證，即行无諍，无取得故，如來[三三]説爲无諍第一。貞觀云，以都无所住，是故如來等。諸本重言无諍无諍者，此《論》釋云：以无有法得阿羅漢，及无所行，故説无諍无諍行，此中即爲安立第一義。演曰：以内證真，離我所諍，住无諍理；无有少法，得阿羅漢，外住无諍，都无所行，行无諍行。由理及行二種无諍，是故重言彼偈。二種障者：一，煩惱障；二，三昧障。由脩九次第[三四]定，伏此定障。定障即是所知障攝，二乘不斷，未證法空故。然由脩定故能折伏，无諍三昧。廣如別章。

經：「仏告須菩提」至「有所得不」。

演曰：離障中第二，離少聞障，即當第二不壞迴向，十八之中第六不離仏出世時住處。雖於前文，除得勝慢，而猶少聞，故今治之。地前發趣進脩諸行，要由多聞熏習增長。故《攝論》云，多聞熏習是出世間心之種子。《大涅槃經》，四親近行，近善知識，聽聞正法等，由不遇仏有少聞障，爲令遇仏離分別障，而學多聞。《大寶積經》第五十偈云：多聞解了法，多聞不造惡。多聞捨无義，多聞得涅槃。善聽增長聞，聞能增長恵。恵能脩浄義，得義能招[三五]樂。聰恵得義已，證現法涅槃。聞法浄黠恵，證得第一樂。

若尓，何故説《華嚴》第六《明難信品》中毀多聞耶？答：即《攝論》等四秘密中對治秘密。爲唯多聞不脩行者，對治彼故，密意毀之。即

《華嚴》中自有問答。不爾，多聞應不攝在七聖財内。

彼《論》自下爲断第五仏有説受疑。《論》云：復有疑，釋迦如來昔於燃燈仏所受法，彼仏爲此仏説法若如是，云何彼法不可説不可取？爲断此疑。演曰：以仏昔住八地，逢燃燈仏爲其受記，彼仏有説，此仏有受，云何言法不可取説？今明燃燈雖説，无説无示；釋迦雖受，无聞无得。故此文來，與此《論》意：説由少聞故，疑有取説；若常不離仏出世時，廣學多聞，即於諸法知无取説。彼《論》直明於法有疑，此論並舉疑之所因，由此少聞，若断少聞，疑心自息，各據一義。若作此解，自餘諸疑亦由[三三六]少聞，何不断疑，皆令多聞？由此更解：此《論》約説緣以樂聞，親近善友，聽[三三七]聞正法故；彼《論》依所聞法之妙理，繫念思惟，如説行故。此約依人以聞教故，彼相悟理而爲證，各不相違。文分爲二，初問後答。但問答不可取，影知不可説。此問也。欲明仏及諸聖，同證真如。前約四果以除疑，今依菩薩以遣惑，故問善現謂我如何。

經：「世尊」至「實无所得[三三八]」。

演曰：答也。由方便道，離執寄詮，言有説受；真實義中，无少可得。《論》云：謂彼仏出世，承事供養時，有法可取，離此分別。彼《論》頌云：仏於燃燈語，不取理實智。以是真實義，成彼无取説。

演曰：謂釋迦仏於燃燈仏教王下，不取所證之法。然内證法有理有智，今顯能所平等，俱離分別，名爲不取理實智。餘文可解。

經：「須菩提，於意云何」至「菩薩莊嚴仏土不」。

演曰：下離第三小攀緣作念脩道障，即十八中第七願浄仏土住處，第三等一切仏迴向。此以願嚴度色聲浄土，是小攀緣作念脩道障。於真理无相真嚴體，通二障：執有色聲而脩浄土，即是法執；言我當莊嚴貪愛生故，亦是煩惱。前雖多聞，而猶小念。今爲離此小念，修道應修无相，應念莊嚴，故有此文。

彼《論》爲断第六嚴土取相疑。疑云：若聖人无爲得名，是法不可取説，云何諸菩薩取莊嚴浄仏國土？爲断此疑。有此文來。問：此中除彼作念攀緣，如何前云願浄仏土？答：此約取相莊嚴名爲離障，前依无相真嚴故云願浄，故不相違。即説此文，有三種益：一，爲除障，即小念攀緣；二，爲進修，即无相嚴土；三，爲断疑，成前无爲不可取説。前二義在此《論》明，後一義於[三三九]彼《論》説。故二論主，各随義釋，互相助顯，理味圓成。上下文中，多具此三，智者當悉。

文分爲二：初應問答，令舍有相莊嚴；後勸生心，當修无相清浄。前中有四，問、答、徵、釋，此問也，餘本直告云：菩薩若言我當嚴土，非真實語，此言不也，乃爲問答。文雖有異，理則无差。仏依无相真嚴，以問善現：頗有菩薩，住於色相，莊嚴仏土不？

經：「不也，世尊。」

演曰：答。以初學菩薩不識真嚴，希求色聲以爲浄土，小念修道行有相等；久修菩薩，知仏法身，法性真主，无形无相，无相理土既圓，无相報土斯修備，不可智知，不可言説。外爲[三四〇]利生，方現他受及變他土。如是功德，因无相修。仏約久修真嚴以問，故此答言不也世尊。

經：「何以故？」

演曰：徵。不嚴之所以。

經：「莊嚴仏土者」至「是名莊嚴」。

演曰：釋也。貞觀重牒莊嚴仏土。莊嚴仏土者，雙舉有相、无相二嚴，即彼《論》，一形相莊嚴，二第一義莊嚴。言即非莊嚴者，以真莊[三四一]嚴土无相而修，云非莊嚴。又以有相修，非真嚴，故云非莊嚴。《論》云：是名莊嚴者，若能如是无相心中修浄土者，名真莊嚴也。貞觀雙結以有相、无相二嚴別。故彼《論》頌[三四二]云：智習唯識通，如是取浄土。非形第一體，非嚴莊嚴意。

演曰：初二句令无相脩，第三句觀舍有相，第四句雙結形嚴非第一嚴，意爲第一。尋彼釋意，諸仏无有莊嚴國土事，唯有真實，智惠習識通達。是故彼云不可取等〔三四三〕，意明諸仏所習真智，以識爲主，通達无相，故能如是真嚴浄土。《仏地經》云勝出世間善根所起廣大自在浄識爲相，《維摩經》欲得浄土當浄其心等，皆同於此。言莊〔三四四〕嚴意者，即浄心也。識性識相爲土體故。

經：「是故，須菩提」至「生清浄心」。

演曰：後勸生心，當脩无相清浄。文分有三，初惣今發意，次不住六塵，後都无所住。此初也。由是前説色相莊嚴非真嚴故，諸菩薩等應當如是生清浄心，即以相心名爲雜染，色聲求我不見仏故。欲求浄土，但自浄心。

經：「不應住色」至「味觸生心」。

演曰：第二〔三四五〕，不住六塵。然浄土者，外器世間及彼有情俱爲主體故。此勸於六塵不住而習真智，是爲真嚴，由是貞觀云〔三四六〕於色、非色皆令不住，即通五蘊、十八界等。

經：「應无〔三四七〕所住而生其心。」

演曰：都无所住。又復前言不住六塵、五蘊等，恐彼住於不住之相，故重遣言，都无所住。

經：「須菩提〔三四八〕，譬如」至「是身爲大不」。

演曰：第四，爲離舍衆生障，即今脩習成熟衆生行，是第四至一切處迴向，十八之中第八成熟衆生住處。

彼《論》爲断第七法王取身疑。且此《論》云：此何所顯示？爲成熟欲界衆生故。彼羅睺阿脩羅王等，一切大身，量如須彌，尚不應見其自體大，何况餘者。然釋此文，自有二解：一云，自此中妙大，顯仏報身，然仏慈悲，爲化欲界諸衆生，故現身如山，即於欲界取其喻况。如彼羅睺阿脩羅王等，現身如彼妙高山量，尚不分別見其自體我爲大身，以自知幻化〔三四九〕，况仏證於无爲无相所現之身而分別耶？又何况爲化十地菩薩所現大身，而起分別見自體？由雖受身而无分別，故有利益衆生事成，由此名離舍衆生障。

問：何以得[三五〇]知脩羅現身如妙高山？答：《花嚴》第五頌云：如阿脩羅化作身，金剛地上安其足。海水至深僅半身，其身廣大如須弥。

問：初地菩薩所見化身，坐百葉花，身稱花座，化身不定，此中所説顯示何身？答：説他受用以破他疑。若爾，如阿弥陀仏身長六十萬億那由他由旬，眼如四大海水，眉間豪相如五須弥山，又有經説爲初地現，既喻他受，如何但舉一須弥量？答：據實如是。今化地前欲界衆生，且舉一小量身。若舉大者，无喻，或可喻於四善根位所見化身。二云，所化有情身如山王。《論》説此文爲成熟衆生住處，所成熟中且成就欲界，縱脩羅身大如山量，我今不應見彼自體而生分別，取於爲寶身，何況其餘一切衆生？如《净名經·觀衆生品》，又如幻士爲幻人説法，无實衆生。《大品經》等，不見衆生，能常利益，由斯善順成熟有情。演曰：俱不違理，復釋順文。

若尔，何故彼《論》喻於仏身？答：能化所化，俱離分別。彼約能化，此喻所化，身明一義，何所相違。若不尔者，何故不言仏如山王，而言有人？彼《論》云：若聖无爲法得名，是法不可取説，云何受樂報仏取自法王身？云何餘[三五一]世間人知復取彼是法王身？爲除此疑，説報仏體同須弥山王，鏡像義故。演曰：身及山王同是識影，如鏡中像，體非實有，離分別故。

偈云：如山王无取，受報亦復然。遠離於諸漏，及有爲法故。

演曰：上二句釋如山王體无分別，下二句釋徵以下文。問：何故彼《論》仏如山王，此《論》乃云成熟住處？答：彼爲疑生，顯仏无取；此有仏身，能化衆生。各據一義。如梁《攝論》，唯説法身无利生事，故説報身動用化生。二論同意。説三益者：一，除障，離舍衆生；二，進脩，即能成熟；三，斷疑。如彼《論》明。

文中有四，問、答、徵、釋。此初問也。言

譬如者，是指法詞。故貞觀云：如有丈夫具身大身，其色自體假使譬如妙高山王。若如餘本，有重言失。言有人者，舉仏報身如妙高山，顯身勝大也。即順彼《論》及此初解。或此初解，明仏譬如脩羅之身如妙高山，无重言失。若依後解，言有人者，乃所化生。蘇迷盧者，此云妙高山。四寶所成，下攝金輪，入水八萬，出水亦然，六萬諸山而爲眷屬，故舉爲喻。今依《論》及貞觀經，説身爲體，體依聚義，惣説名身，體同名異。彼云具身大身，梁本云體相勝大。具，即勝義，具足丈夫相故；大者，形量大故。餘本有大而无勝義。彼《論》云：須弥山王，勢力高遠，故名爲大。而不取彼山王體，我是山王，以无分别故。受樂報仏亦如是，以得无上法王體，故名爲大，而不取彼法王體，我是法王，以无分别故。此《論》意説，雖由如來證法身无我，不取身相，而受用身利生，二事不无，故今惣問：雖无分别，而彼如山王之身，爲勝大不？

經：「須菩提言，甚大世尊。」

演曰：答。尊者取仏之意。无漏勝大體，勢力高遠，故名甚大。於俗諦中，受身、利生，體、用甚大。所化衆生，相甚大。

經：「何以故？」

演曰：徵。何所以故，如來受用身及利衆生如彼山王，无取説而復言大耶？

經：「仏説非身，是名大身。」

演曰：釋也。魏本此云：更有彼身非身，是名大身。餘本皆有下之兩句，文雖稍異，義意大同。唯此本略，今依廣解。

《論》云：如來説爲非體者，顯示法无我故。彼體非體者，顯示法體无生无作故。此即顯示自性與相及差别故。演曰：《論》釋仏説非身，云顯示法无我故。雖於俗諦説有色身，於真勝義法无我中无色身相，故説非身。而俗諦有，是名大身。此離增減，成不失義。言彼體非體等者，釋下二句。顯示法體无生无作者，彼色相體非生作體。雖復俗諦有生有作，而據真性，无作无生。俗不離真，即説色身名无生作。本无今有名生，有起造故名作。又云此即顯示自性與相及差別者，惣結前義。言自性者，法无我。自性與相者，色相之身。及差別者，如上所辯，體與非體名爲差別，真諦、俗諦二差別義。依此釋經，上之二句顯法无我，下之二句表无生作，遮有生作。由執著者不悟法空，執實色相，體有生滅，故此破相，即色觀真，入无生理，是經深意。相雖有色，性乃都空，真諦、俗諦兩差別故。異此云云，皆非正[三五二]釋。能化所化，一切皆通。

彼《論》云：何故无分別，以无分別故？此惣是問詞。何故无分別，而前言以无分別故不取彼體耶？如經何以故仏説非身等。偈云：遠離於諸漏，及有爲法故。

受樂報仏體離於諸漏，若如是即无有物。演曰：釋經上二句，報仏體離諸漏分別，名爲非身。非漏身故，亦名无物。

又云：若如是者即名有物，以唯有清浄身故，以遠離有爲法故。演曰：釋下二句。彼身非身，彼清浄身，非有爲身，故名大身。非有爲者，以非惡業之所爲。故惣結之云：以是義故，實有我體，謂有報身真清浄體。若是有爲有漏之身，依他業煩惱因緣而住，可破壞故，名爲不實；今翻於彼，故名實有。故云：以不依他緣住故。惣意言：非是有爲有漏之身，名爲非身；而有清浄勝妙之身，名爲大身。

答前疑云：山王勝大，而不自取我是山王，衆人自謂彼是山王；法王勝妙，而不自取身是法王，世間自謂仏是法王，由證无爲无取説故。又山王雖不分別，而體用不无；法王雖不自取，而清浄離漏无爲之身，體用常在，利樂无盡。上來有漏、有爲，各配一文。或不別配，二義並通。上下二句，即前句標，後重釋成。今但有標，與无有釋，以文略故，義理別故。

經：「須菩提，如恒河中」至「寧爲多不」。

演曰：第五爲離外論散動障，即第五无盡功德藏迴向中脩離此障，十八之中第九遠離隨順外論散乱住處。由外論便生散乱障，持此經生出世福，爲二仏因，除樂外論所有散動。前雖不舍衆生，而猶散動，今爲治此，故此文生。

問：住處多以勝行爲名，何故此中二名相似，不名持經生福住處？答：理實應尔，但立名不定，以隨外論障持此經，生過重故，爲令深防，故重立名。

彼《論》自下，重明校量持經脩福，攝屬第七断疑文中，即攬此《論》第五離外、第六觀行施、第七供養，第八精進，合四爲一文。彼以校量勝福同故，合而爲一；此以觀行轉深別故，開之爲四。此初文二，初明離散乱障，後破如言執。初中又二，初布施福多，後持經福勝。初中又二，初問答沙數，欲以定界；後以界持財，正明行施。初中又二，初問後答。此初問也。

舉恒河者爲喻，一由沙多，二仏常近説法，三雖經劫壞，名字恒定，四由世人呼爲福河。故今舉之，仍取初出阿耨遠池口方四十里爲喻。彼《論》校量，大分爲二：初約外財校量，即此三文；後恒河沙身命布施下，内財校量，即此精進。前中初舉劣顯勝，後釋勝所以，随説是經以下文是。餘判同異，至文當知。問：准何得知此下諸文皆校量攝？答：准下《論》文㝡後惣結云，彼珎寶種等无如是功德，是故彼福得中此福德爲勝。既通結前文，故爲一段，並是校量。

經：「須菩提言」至「生何况其沙」。

演曰：答。意可知。

經：「須菩提，我今實言」至「甚多，世尊」。

演曰：以界持財，正明行施。此中有三，初明行廣施，次問福多少，後善現答多。將明持經福勝，動物數信，故言：我今實言告汝。故貞觀加開覺扵汝。餘本施中言施如來，彰福勝此。答不[三五三]言得福多不，問福多少，答文可知。

彼《論》云：前已説多福德譬喻，何故復

説？偈言：説多義差別，亦成勝校量。後福過於前〔三四〕，故重説勝喻。

准彼釋意，前説三千世界，今説无量三千世界，雖俱説多，而義差别也。成勝校量，有二因勝：一，衛化義故，爲衛化衆生，從小至多，令生信心，入上妙義，一往説多，或生不信。二，前未顯以何等勝功德能得大菩提，故以此喻成彼勝功德，故重説勝喻。此意誰説，能爲生了二因，未顯能生之因有何殊勝，今爲廣明，故重説喻，外財内財，如是校量。

經：「仏告」至「勝前福德」。

演曰：下明持經福勝。此《論》自此以下，四種因緣顯示此法勝異：一攝取福德，二天等供養，三難作，四起如來等念。此即初也。世人多有不習内經，随順世俗外道書論而起散乱。今爲破之，於此經中一句持説生福无量。外論不尔，德長散亂，故應舍之。同《法花經》，世俗文筆〔三五〕，贊詠外書，皆令舍離。又復鈍根冥學之人，多脩施福，名随外論，不持此經，内脩智惠。今爲除此，説施雖多，不如持經一四句福。《迦葉經》偈云：若恒河世界，珎寶滿其中。以施諸如來，不如一法施。施寶雖无量，不如一法施。一偈福尚勝，況多難思議。又有經校量財、法二施，五種因緣，所謂：財施不出欲界，法施能出三界；財施唯伏貪愛，法施能断无明等。撿《金光明經》。

經：「復次」至「如仏塔廟」。

演曰：第二，天等供養。此諸經本，説行多少，有廣有略。此但持説，貞觀受持、讀誦、作意、生福，皆然。《論》云：若説，若受，若解釋，於中説者，爲他直説故。受者，教受他故。梵云制多，或云支提，此翻靈廟，或云窣堵波。時是高顯義。今言塔廟，俱二義，塔顯高勝，廟安化像，如王繫居衆敬其處，身舍利於此居止，故處可尊。如《大品經》《法花》等，説天、人、脩羅，舉三勝趣。貞觀有等立无餘趣。

彼《論》自下，釋勝所由，文有四段，一處所可尊，二諸仏同説，三能離煩惱，四德浄勝報。由此四緣，故經成勝。施福不尒，是故爲劣。至文一一皆須對釋。彼《論》合此後之三段文，惣爲一處所可尊，然分爲二，一説處，二説人。第三起仏等念，雙談二處，故不別開。頌曰：尊重於二處，因習證大體。彼因習煩惱，此降伏染福。四句如次即釋四因，尋長行自悉其意。四段皆是外財校量。言二處者，一器世界處，二有情處。此初也。

經：「何況有[三五六]人」至「稀有之法」。

演曰：第三，難作。一偈尚尊，何况盡受？難作有二意：一者，以多對少，多持難故；二者，能契深理，稀有名難。故《論》云：當得具足寂上稀有者，是難作。以財施等不會於理，故非難作。能趣菩提上无過者，名爲寂上。勝出諸乘，下超諸地，名爲第一。世、出世間无與等，故名爲稀有。彼《論》此文，有情處尊。

經：「若是經典」至「尊重弟[三五七]子」。

演曰：第四，起如來等念。謂於此處念有仏等。若有持讀此經處所，則有大身法身在此。或報化仏在於此處，説法相似，若我住世，无有異也[三五八]。此故尊重弟子，即起菩薩、聲聞等想，故《論》言：等同《法花經》，諸仏於此轉法輪，起塔僧坊，供養衆僧，乃至行普賢行等。魏本言，尊重似仏者，即弟子義。彼《論》此之雙結二處地及説人，今皆有仏弟子想，是故此《論》起仏等念。貞觀有三：一，大師所住；二，隨一一尊重處，即是祇恒精舍等，如造僧坊；三，若諸有智同梵行者，有人以有仏配於地處，尊重似仏。配説人者，理不可也，由前説故。今此令離外論散乱，令持此經，故此段中，明經有[三五九]處則爲塔廟，及有仏等，外論不示。天等供養四段經文，一一皆對外論以辯。

經：「爾時，須菩提白仏」至「云何奉持」。

演曰：下破如言執實相中，分三，初問名清

持，次告示今學，後正破執。此初也。經問名皆在經末，此相中問者，因聞勝福，遂申問請，兼破執者，是故居中。

經：「仏告」至「汝當奉持」。

演曰：告示令學。金剛妙惠，能到彼岸，依此名義，當勤奉持。

經：「所以者何？」

演曰：正破。破執有三，初徵，次破，後問答重成。此初也，何所以故，今以此名而奉持耶？又仏常説不應如名耶〔三六〇〕著於法，而今乃言以是名字，汝當奉持，何所以者？

經：「須菩提説般若」至「波羅蜜」。

演曰：次破。勿以依名持，即執般若如名實有。《論》云：於如是法中，或起如言執義。爲對治彼未來罪故。以聞般若，恐當起執，故言未來。由對未解，離執寄詮，説名般若。若得其意，名言可忘，以真理中无言説故。若言如執，不得般若。

經：「須菩提，於意云何？如來有所説法不？」

演曰：問答重成。先問後答。此問也。非但此經，雖説般若真勝義中，更有餘法是可説不？欲明一切同於般若，皆不可説，故有此問。是故《論》云：如般若波羅蜜非波羅蜜，如是亦无有餘法如來説者。

經：「須菩提白仏」至「无所説」。

演曰：亦无餘法仏可説者。《論》云：此顯示自相及平等相法門第一義也。言〔三六一〕相者，謂即非般若自相也。平等相者，餘一切法之非可説相也。如是自相、平等相，言即非故，破如言執，是爲法門第一義也。彼《論》第二，諸仏同説，故成殊勝。

《論》云：此法門與一切諸仏如來證法作勝因故。此義云何？无有一法，唯獨如來説，餘仏不説故。演曰：即頌因習證大體也。此顯般若能爲三世一切諸仏證菩提因，是故諸仏如證而説，皆説般若。經言如來无所説者，顯无此仏獨説之法。

既仏同説，故法可尊。施福不然，不可爲比。

經：「須菩提」至「所有微塵，是爲多不」。

演曰：第六，離影像相自在中无巧便障，即是第六随順一切堅固善根迴向，第七等心随順一切衆生迴向。令他得神通巧便自在是第六，自得是第七。若十八中，第十色及衆生身摶取中觀破相應行住處。此説所變五蘊，是識心上影像相貌，由執蘊相爲實有故，法執即起，煩惱随生，造業受苦。所謂所應證理神通等，不得自在，名无巧便。无巧便者，不順扵理，无智惠方便義。若觀身境，假合非實，知是識心之影像相，不生執惑，所縁、所作皆得自在，是惠有能，名爲巧便。《瑜伽》五十四云，説極微有五勝利，即解此中説極微義，今爲離此，扵影像相身境之中无巧便故，有此文來。前云：色及衆生身摶取中觀破相應行者，色謂根、塵，衆生體者即是四蘊，愚夫取此五蘊和合爲一，摶聚而生，執著我常净等。今説世界極微不實，令知虚幻，无有常我，亦入法空。

相應行者，證二空也。前約能治功德，今約有治所得名，各據一義。若依彼《論》釋勝所由中，當第三能離煩惱，意説施福能生當染[三六二]，經能離惑，故福勝彼。《論》云：珎寶布施，福德是染，是煩惱因，能成就煩惱事故。此因示現遠離煩惱因，是故説微塵。

問：何故二論釋意不同？答：彼《論》以布施福但感財位，不種智因，不解觀破摶彼相故，因生惑染；持經能種智惠因故，即能觀破彼摶聚相，不生煩惱，故持經勝，能降彼福。二論无邊。又解：塵有二義，一分廣義，二細分義。彼取坌染以喻惑生，此約細生以明破析。界有二義：一者因義，二者性義。彼據[三六三]喻能生染，此依性義即四蘊體。彼《論》意取塵界爲喻，以明施福；此《論》塵界體即名色，以明破析，而非是喻。此即別法以生智，彼就相喻以彰福。經合兩意，各就一明，同契至真，故无乖返。

文爲三，初問，次答，後告。此初也。問：

何故不據一身一境，令觀初障，説三千耶？答：以其執心，執於身境，逢境即緣，遇塵便執，觸處惑起，无定分齊，故舉三千。又爲菩薩，欲於法界所有衆生，皆現神通，往彼齊度，故不簡別，惣舉爲問。故《論》云：彼不限量攀緣作意菩薩，恒於世界攀緣作意脩習，故説三千大千世界。經舉世界，通器、有情。及問微塵，即唯色蘊，以四蘊身非可辯故。貞觀惣據云大地塵，理實徵塵，非唯外器。《論》惣言觀色，色通内外故。

經：「須菩提言，甚多，世尊。」

演曰：答。文可知。

經：「須菩提」至「是名微塵」。

演曰：下告，有二：初告令觀色身非實，後告令觀名身之假。此初也。

《論》云：爲破色身影像相，故顯示二種方便。一，細作方便，如經三千大千世界，所有微塵，寧爲多不等。二，不念方便，如經，所有地塵，如來説非微塵，是名地塵故。

演曰：愚夫皆謂實有色身一合相故，一執便生。今破此實，故説地微，明此聚身用多微成，虚假不實，令悟我空；復令觀色[三六四]微上非實有，悟入法空。《二十唯識》云：「依此教能入，數取趣无我，所説法无我，復依餘教入。」言方便者，是巧便智，故説此破色无巧便障。言細作者，是析義，分析麁色爲細塵故，即問答文。故《唯識》云：爲執麁色有實體者，仏説極微，令其除析，瑜伽師漸次除析者等。言不念者，是不取義，即是此文，勿以觀爲細微塵故，即不微塵是實有，以諸極微无實體。《唯識》亦云，非謂諸色實有極微。細作方便，觀粗非實；不念方便，觀細之假。經言諸微塵者，是説也。如來説非微塵者，明无實微塵。是名微塵者，結假塵。或可説：非微塵，真諦无故；是名微塵，俗諦有故。前離增執，是不共義；後離減執，是相應義。合此二種，名爲不失，契會中道。

經：「如來説世界」至「是名世界」。

演曰：下告令觀名身之假。

《論》云：爲破衆生身影像相故。於中世界者，顯示衆生世也。但以名身，名爲衆生世。此顯唯破四蘊名身。雖世界言通器、衆生，然此唯取衆生世界，由外〔三六五〕器世界前已破故。雖衆生言通色、非色，然此唯取四蘊名身，由彼色身前以觀故。如或更論，便成繁重。言説世界，亦是惣論。言非世界，即是不念，以彼四蘊，現在不住，過去已滅，未來未至，四大假合，三相遷流，故非實有，起巧便智，不生執著。上説名爲不念方便，是名世，結假可知。真俗二諦，不失等義，並如前説。

問：何故色身具二方便，今觀名色唯一不念？答：色相兼顯，故可分析；心无形相，不可細分。故唯不念，而无細作。《論》云：不念名身方便，即是顯示破彼影像，不復説細作方便也。彼《論》意説，世間布施感有漏報，所生煩惱亦甚衆多，如因世界間而有微塵，以感當來有漏五蘊，因蘊生惑。所緣相應，二縛起故，名煩惱事。此即施福爲感近因，如彼世界爲微塵因。持經福德，非但近能治諸煩惱，正之能作仏菩薩因。是故爲勝。

問：大乘極微，非實有體，如何今説世界爲因、微塵爲果？答：雖大乘宗極微无實，就相説，故不相違。又復世間小乘外道，多説極微而爲實有，且隨彼説。如世界壞，析破麁色，歸於極微，言因世界而有微塵。如《法花經》，點與不點，後盡末爲塵等，亦復如是。

問：即以微塵喻於煩惱，以體衆多及汙坌故，又以世界喻於布施，福體能爲因生塵果故，何故復言即非塵界？答：本以界塵，喻施因果。又言非者，顯差別義。何者？《論》云，彼微塵非貪等煩惱體，以是義故名爲地微塵，彼世界非煩惱染因界，是故説世界。

演曰：此顯經云是諸微塵者，謂器界果无記塵也。即非微塵者，非如施福所生煩惱度也。是名微塵，卻結界塵。諸世界者，謂器世界。即非世界者，謂深廣之因，施福界也。是名世界，卻結外器。

《論》云：此明何〔三六六〕義？彼福德〔三六七〕煩惱塵染因，是故於外〔三六八〕無記塵，彼施福德善根爲近，何況此經福德能成仏菩提故。演曰：雖以此施福能生多惑，喻彼界塵，而又言非。顯施福果，與外界塵，有其差別。然外塵无記，雖坌色身，不污法身。施福近能生諸煩惱，坌污法身，彼比外塵，施福爲近，近生惑故，何況能比持經勝福？

經：「須菩提」至「三十二相見如來不」。

演曰：第七，明離福資根不具障，即第八如於迴向第一供養，給侍如來住處。菩薩脩行，福惠雙嚴，鳥翼車輪，闕一不可。故闕福德，非具資糧。

《論》云：顯示爲福資糧故，親近供養如來時，不應以相成就見如來。云何見？第一義法身故。演曰：由有法執，慳貪等故，不樂善友，不脩供養，便不遇仏。嚴福德因，設遇供養，取色相故，不順无上菩提之行，令離彼障，令遇仏時，不取色相，觀於法身，而脩供養，生无相福，故有此文。前約脩行以明住處，名供養給侍如來，今約除障名離此障。彼《論》第四，得浄勝報，故住福勝，謂持説福得仏菩提非想之身，施福不然，故此爲勝。此《論》以脩福因時，於所遇仏，不取色相，當觀法身；彼《論》以持説經福，當成无相真法身果，由此因中觀无相故，成彼當來福身之果。各據一義，而互相成。文分爲四：問、答、徵、釋。此問也。可以三十二相觀見如來真法身不？説三答者：一，除障，謂資糧不具；二，進脩，謂供養給施如來；三，斷疑，謂得勝果，故經福勝。

經〔三六九〕：「不也，世尊。」

演曰：答言不也，以色見我行耶道故。

經：「何以故？」

演曰：徵。不以相觀仏所由。

經：「如來說」至「是名三十二相」。

演曰：第四釋也。彼三十二相，如來說爲非真仏相，以仏妙體即是法身，不應取相以爲真仏。故此《論》云：應見第一義法身故。是三十二相者，是名應化，非真仏相。

彼《論》云：及成熟大丈夫相福，福中勝故。是故持說此法門，能成仏菩提，勝彼福德。

演曰：乘前文起，故有及言。此意，非但經福勝布施福，及勝三十二丈夫相福，謂餘經說三十二相所有因行。《論》自徵云：何以故。釋云：彼相於仏菩提非相故，以彼非法身故。此釋經文即是非相，非是菩提法身相。故《論》又云：是故說丈夫相，以彼相故。此釋經文，是名三十二相身，以彼應化身相。故惣意以約果而談，法身真仏色相非真，故知約因而說，持經福德勝丈夫相，因行福德，由所感果故非真仏，二種異故。《論》又云：又彼福德能降伏珎寶等福，何況此福，故能降伏，是故此福㝡近㝡勝。如是彼檀等福德中，此福㝡勝，成已。言彼福者，相因福也，彼相因福感仏身故。已能降伏施珎寶福，何况此持經福，故能降伏二種福德，㝡近菩提，㝡爲殊勝。結言檀等，等相福也。

經：「須菩提，若有男子」至「其福甚多」。

述[三七〇]曰：自下第八，爲離懈怠利養等樂味[三七一]障，第九无著无縛迴向，第十二住處文。故前供養不離仏，備德資粮，持說經時，應須捨離懈怠放逸、利養供敬等，而常精勤以脩福因，現在當來常遇諸仏，福惠速滿，當證菩提。若於懈怠及利養等，而生耽樂悅及受味者，即便不能行勝持說，不得親近供養如來，資粮不備，菩提難證。今爲除彼，故[三七二]此文。前言遠離利養疲乏熱惱，於精進若退若不發，俱約障名，令生厭斷。此舉懈怠，等取於精進若退不發。舉利養中生樂味緣，等取疲乏及熱惱緣。此由樂味利養等，及脩行時身有疲乏、心有熱惱爲緣，故不發精進及發起退。或復脩行，而非勝行。准《論》下釋，復有无慚、无愧及以放逸，并在其中。惣有三緣六障。三緣者：一，利養；二，攝恭敬二身疲乏；三，熱惱。六障者：一，懈怠；二，退，即非得；三，放逸；四，樂味，即貪；五，无慚；六，无愧。一、三、五、六是隨煩惱，二不相應，四根本惑。翻爲五善，一得成就，故有此文。

彼《論》利校量有二：初約外財，後就内財。上外財訖，自下内財。校量福勝，意爲令具福惠資粮，應於此經持説脩習，勿生懈怠。二論无邊。文分爲三：初如來校量以告勝，二善現領悟以悲對，三仏印可以重成，如是如是以下文是。依此《論》中，分之爲五：初，對捨身福，破著身懈怠；二，破聞福已生如義想執；三，令小菩薩生慚愧策勤；四，破二乘入驚怖不精進；五，生不放逸。至下第二慚愧處。今依《論》科，初文又二，初如來校量，後善現悲對。此初也。《論》云：舍爾許自身所有福不及此福，云何以一身著懈怠等而爲障礙？顯拾爾許自身之福，尚不及持經，何以未著一身利養等故，生於懈怠，而不持説，與此福智菩提妙因而作障礙？

彼《論》校量，先財後身，漸次漸勝，以彰經福。上外財訖，已下内身。偈曰：苦身勝於彼，稀有及上義。彼智岸難量，亦不同希〔三七三〕法。堅實解深義，勝餘脩多羅。大因及清浄，福中勝福德。

演曰：初之一句，頌此初文，以明福勝。稀有以下六句，舉七種因，釋勝所以。後一句結。初長行云：彼捨身命，苦身心故，何况爲法舍故。此意，但捨身命苦身心故福尚无量，何况爲法舍多身命而福不多？其福雖多，亦不如持經説之福，无上菩提之正因，故彼爲法捨助福故。又解：爲法捨身功德，雖勝前捨，然實〔三七四〕及持經，以苦身心故。何况有漏心拾，更求來福，苦法果報而得比於持經无漏？故新《論》云：由彼自身是苦性故，何况爲彼而行其施？二解懸別，由新、舊《論》二文異故，更應思審。

經：「爾時，須菩提」至「如是之經」。

演曰：善現悲對。此中文二，初生悲泣，後贊希文。《論》云：何故此中上座須菩提流淚而言，我未曾聞如是等法門〔三五〕耶？以聞此福甚多，過於舍无量身，更不論餘福。故彼《論》云：念彼身苦，惠命須菩提尊重法故，悲泣流淚。

演曰：聞舍多身，不如經福，領解此經爲菩提因深妙理趣，法喜之極，感激生悲。二論意同。又云念彼捨身苦故悲者，不然。捨身假説，何勞悲泣？况《論》自云：尊重法故。又聞法寶，悲喜交生。若悲捨身，不開經事，何成聞法以領悟耶？是故此釋太爲疏遠。

問：善現離欲，寧有憂悲？答：悲有二種。一，因憂生，善現即无；二，因喜生，无學容有。贊希聞中言得惠眼者，謂昔見道，從世第一生无漏智，若得惠眼。問：此説聞教，何故不言所得法眼？答：以五眼中，二乘无漏唯得惠眼，彼智不能廣緣於法，非得法眼，是故不言。貞觀云，生智已來，依同此解。若爾，何故見道得法眼净？答：彼法名寬。又苦法智，從見道前教理所生，故名爲法。若五眼論，實唯惠眼聞，謂意相應之惠，依身爲門，聽受聖教，顯得勝智，其來自久，今方聽此，故是希聞。彼《論》，第一法門稀有，由斯故勝捨身之福。

魏本此下更有：何以故，須菩提，仏説般若波羅蜜，即非般若波羅蜜。梁本云：何以故，世尊仏説般若波羅蜜，即非般若波羅蜜。周本前問名持，乃在此處：仏告妙生，此住名爲般若波羅蜜多，如是應持，何以故，仏説般若波羅蜜多，即非般若波羅蜜多。秦、隋、唐本，都闕此文。自餘三本，有而不同。譯説者既殊，不可和會。且依《論》釋，徵之意云：惠眼既得不聞者，何仏謂釋言非般若等？即以第一難量，非餘境界，故雖惠眼而希得聞，釋徵意也。

《論》釋第二義云：又此法門第一，以説名般若波羅蜜故。此云何成？以上義故。如經，何以故，須菩提，仏説般若波羅蜜，即非般若波羅蜜故。何故如是說？彼智岸故。彼智岸无人能量，是故非波羅蜜。演曰：以上論文，並是頌中第二法門。言第一即頌上義，是及至難量，同是一義。六度之中，由是智岸，故成第一寂上之義，説名般若波羅蜜也。即由第一，故无人能量，故説般若波羅蜜。或准下釋忍度中，言非忍度，是難量義，别開難量，即由八種。雖有此解，准《論》長行，七義爲勝。

經：「世尊，若復有人」至「稀有功德」。

演曰：第二，破彼聞福已生如是義想執。《論》云：若聞如是勝福故，發起精進已，若於此法中，生如是義想。爲離此過，故經言實想等。此意，由聞持經勝捨身福，故破懈怠，發起精進，特説此經不應如言，執有實義。所以然者，實相之智，證法離言。若執如言有其實義，便非實相。諸經及論，有言實想，即能緣智；若言實相，即所緣理。而於能緣説實想者，隨所緣説，此能緣智緣實相故。若爲實相，有財釋也。即如此本言生實相。若約真理，不可生故，或相名寬，心亦名相，已如前解。文中有二：初標勝能，後拂情想。此初也。第一稀有，即是逆次勝前兩文，由經具足二功德故。能持之人，亦成二德。彼《論》第三，不同餘法。《論》云：又此法門不同。何以故？此中有實相故，餘者非實相故，除仏法餘處无實故。以彼處未曾有、未曾生信。演曰：无相法身名真仏法，亦是實相，此經詮故。故持此經，能生實相。

經：「世尊，是實相者」至「説名實相」。

演曰：此拂情想。言實相者，非相爲相。若以相取，即非實相。《論》云：即於如是實相中，爲離實想分别故。此中貞觀雙牒，但非雙結。魏本單牒，非雙結。其雙勝結者，能緣、所緣，俱名實想。

經：「世尊，我今」至「不足爲難」。

演曰：第三爲令小菩薩生慚愧策勤。文分爲二：初，今逢仏説，信受不難；二，未來信持，方是稀有。此初也。
《論》云：爲令味著利養過懈怠諸菩薩，生[三七六]慚愧故。於未來世正法滅時，尚有菩薩於此法門受持故，无人等執[三七七]取及法取，云何汝等於正法興時，遠離脩行，不生慚愧也。
演曰：由親逢仏，以非煩惱極惡時故。亦非行法降滅時，故信解不難。翻此信持，是爲奇持。故梁本云：此事相我非爲稀有，正説法時我信解故。今明異者，激令精進，勿失好時。明後希者，贊勤未來，不應生退。《論》云：此等經文，爲離退精進故説。是故此文現、當俱益。
《論》又云：於中若分別若信解者，後句釋前句也。受者，受文字。攝者，攝義也。謂由信解故，分別解説。應言持者攝義也，似傳寫錯。
經：「若當來世第一稀有。」
演曰：未來信持，方是稀有。於中分二，初標，後釋。此初標也。多障難時時能持解，故成[三七八]稀有。

彼《論》第四：堅實深妙。何以故？受持此經，思量、脩習，不起我等想故。演曰：受持、思量及以脩習，如次三惠。由經所詮堅實深妙，故使聞者，於惡世中，生金剛惠，断伏我見。若非堅妙，无此勝能。
經：「何以故，此人无我」至「壽者相」。
演曰：釋其所以。文分有三，初違我空，次悟法空，後順諸仏。三文之初皆有徵，徵詞展轉釋故。此先徵意：有何所以，名爲稀有？經答：以能断伏人我相故。《論》云：是諸菩薩，无復我等想轉者，顯示无人取也。
經：「所以者何」至「即是非相」。
演曰：次悟法空。徵意：何以无我相者？答：以悟法空故，由彼我執依法執生，法執尚除，我見寧有？諸相非相，是法空故。
《論》云：所有我想，即非我想者，顯示法无我也。彼《論》云：不起我等相者，示所取境界不倒相故。我等相即非相者，示能取境界不倒相。

故此二明我空、法空，无我智故，如是次第。

演曰：彼說二空，此《論》无別。又加我相爲所取境，法相即是能取之心，能、所俱(三七九)亡，二空斯證。雖復我法俱通能生，且隨相增，作如是說。

經：「何以故」至「名諸仏」。

演曰：第三順諸仏。惣徵前云：何以能離所取能取我法相耶？答：以諸仏如來離一切相，此諸菩薩順仏而行，故能如是。《論》文可知。

經：「仏告須菩提」至「甚爲稀有」。

演曰：第四爲彼破二乘人驚怖不精進。一退不發起，二无惣不發，生驚怖等，皆此所除。《論》云：以驚等故，不發起精進。扵聲聞乘中，世尊說有法及空相，聽聞此經時，聞法无有故驚，聞空无有故怖。扵思量時，扵二不有理中不能相應，故畏。

演曰：此中但說，二時法輪，一小二大。大即國王調御駟馬，小即驢車，往說半字。空彼我◇◇後所有法體。今化聲聞，令其迴心，而說法空，空其遍計。故此經意，不空依他、圓成二性。往說有法，即三科等。及說有空，空无我行，我、我所空，皆密說有。今說此經，有空俱泯，乍聽聞時別生驚怖，後思惟時惣生畏憚。故二乘人不驚畏等，寂爲稀有。《論》更有別釋，約三无性，謂相、生、第一義无自性，如次不驚、怖、畏，配釋可知。

彼《論》釋云：驚者，非處生懼，以可訶故，如非正道行故。怖者，心體怖故，以起不能斷疑心故。畏者，一向怖故，其心畢竟驚怖墮故。

演曰：非處生懼◇坑谷等，即謂此經，爲非正道。次謂此經不能断疑心，是故爲怖。此別說畏、驚、怖轉盛，一向不迴，恐成墜墮，故名爲□□。此之三種，俱名恐懼。由有輕重，惣別異故，分爲驚、怖、畏、憚。

經：「何以故」至「是名第一波羅蜜」。

演曰：第五令生不放逸，第二慚□……□

三我已勸味著利養懈怠諸請菩薩等，生慚愧已□……□不斷菩薩，生於慚愧，名第二處。意言，此法如是勝上，汝等不應放逸不學。此微意者：有何所以，不生驚怖，爲稀有耶？答：有二緣上勝〔二八〇〕，故爲第一。初諸定中勝，後仏不同説勝。此經闕无仏同説文，唯有初勝，謂於六度教行等中，此詮惠度，唯无分別爲勝，爲道爲生諸仏，餘所不及，故名第一。

依彼《論》釋，第五勝餘脩多羅，如經，如來説第一波羅蜜，非第一波羅蜜，是名第一波羅蜜故。第六大因，如經，如來説第一波羅蜜者故。第七清淨，以无量仏聞説故。演曰：初勝餘經，故名第一。言非第一者，破取相心。問：《法花》亦云第一，與此何別？答：《法花》亦説智度，而爲彼一乘運載種智，意取彼辭，此據真智，故説爲勝。彼利他第一，此根本第一。又解：《法花》智度，會二歸一；此中智度，破執忘相。故各第一。彼《論》第五、第六兩義，合是此《論》諸度中勝。第七清淨，即是此《論》仏同説勝。言清淨者，是離過義，自性淨義，由仏同證清淨勝法，如證而説□離諸過故。同説者，是清淨義，由此對於舍財命等，此福爲勝。魏本初非，後仏共説。此本有非，而无共説。梁有共説而闕非。文廣略故□依此釋言，如來説第一波羅蜜者，謂諸度中勝，及勝餘脩多羅，能爲大因。大謂法身體常故，此能招顯名爲大因。言即非等者，不如言取破執著爲勝因。是名等者，惣以結勝。

御注金剛般若經宣演卷中第二部

校勘記

〔一〕底本據伯二〇八四，校本據伯二一一三。

〔二〕「敕隨駕講論沙門道氤集」，底本缺，據校本補。

〔三〕「无餘涅槃而滅度之」，底本缺，據校本補。

〔四〕「演曰此第二文欲」，底本缺，據校本補。

〔五〕「所得之」，底本缺，據校本補。

〔六〕「死宣故得」，底本缺，據校本補。
〔七〕「謂」，校本作「一種」。
〔八〕「聲聞」，底本缺，據校本補。
〔九〕「以大涅槃而」，底本缺，據校本補。
〔一〇〕「謂」，校本作「種」。
〔一一〕「相」，底本缺，據校本補。
〔一二〕「處」，底本脱，據校本補。
〔一三〕「自性」，底本缺，據校本補。
〔一四〕「大」，底本脱，據校本補。
〔一五〕「涅槃」，底本缺，據校本補。
〔一六〕「顯」，底本缺，據校本補。
〔一七〕「重」，校本作「種」。
〔一八〕「不」，底本脱，據校本補。
〔一九〕「願」，底本脱，據校本補。
〔二〇〕「生」，底本脱，據校本補。
〔二一〕「須」，底本作「何」，據校本改，下同。
〔二二〕「攝䓁」，底本缺，據校本補。
〔二三〕「菩提果」，底本缺，據校本補。
〔二四〕「其生」，底本缺，據校本補。
〔二五〕「願」，底本作「何」，據校本改，下同。
〔二六〕「衆」，底本脱，據校本補。
〔二七〕「衆」，底本脱，據校本補。
〔二八〕「解」，校本作「釋」。
〔二九〕「能」，校本後有「入」字。
〔三〇〕「化」，底本作「生」，據校本改。
〔三一〕「初」，底本後衍「入」字，據校本删。
〔三二〕「依止」，校本作「已依」。
〔三三〕「生」，底本脱，據校本補。
〔三四〕「川」，校本作「山」。
〔三五〕「䓁」，底本脱，據校本補。
〔三六〕「䓁取」，底本脱，據校本補。
〔三七〕「答」，底本脱，據校本補。
〔三八〕「難」，校本作「解」。
〔三九〕「者」，底本脱，據校本補。
〔四〇〕「之」，底本後衍「後」字，據校本删。
〔四一〕「所」，校本後有「説」字。

〔四二〕「无苦所依身」，底本脱，據校本補。
〔四三〕「次」，校本無。
〔四四〕「身」，校本作「力」。
〔四五〕「身」，校本作「力」。
〔四六〕「餘」，底本脱，據文意補。
〔四七〕「餘」，底本作「簡」，據文意改。
〔四八〕「三」，疑衍。
〔四九〕「无」，底本脱，據校本補。
〔五〇〕「邊」，底本脱，據文意補。
〔五一〕「益」，校本作「他」。
〔五二〕「不」，校本無。
〔五三〕「見」，校本作「等」。
〔五四〕「性」，底本作「行」，據文意改。
〔五五〕「彼菩薩」，校本作「何」。
〔五六〕「新發」，底本作「断」，據校本改。
〔五七〕「緣」，校本作「解」。
〔五八〕「故」，底本後衍「我」字，據校本删。
〔五九〕「中」，底本脱，據校本補。

〔六〇〕「本」，校本後有「經云」二字。
〔六一〕「謂」，校本作「種」。
〔六二〕「種」，底本作「謂」，據校本改。
〔六三〕「梵」，底本脱，據校本補。
〔六四〕「二」，底本後衍「種」字，據校本删。
〔六五〕「違」，底本作「爲」，據校本改。
〔六六〕「生」，底本脱，據校本補。
〔六七〕「發」，底本脱，據校本補。
〔六八〕「道」，底本作「導」，據文意改。
〔六九〕「行」，校本作「見」。
〔七〇〕「故」，底本脱，據校本補。
〔七一〕「是」，校本作「爲」。
〔七二〕「我能度生」，底本脱，據校本補。
〔七三〕「治」，底本作「除」，據校本改。
〔七四〕「離」，底本作「利」，據文意改。
〔七五〕「辯」，校本作「釋」。
〔七六〕「所」，底本脱，據校本補。
〔七七〕「際」，校本作「理」。

〔七八〕「无」，底本脱，據校本補。
〔七九〕「爲」，校本作「位」。
〔八〇〕「度苦衆」，校本作「苦」。
〔八一〕「問」，底本作「門」，據校本改。
〔八二〕「問」，底本作「門」，據校本改。
〔八三〕「疑情」，底本作「情疑」，據校本改。
〔八四〕「扵布」，底本脱，據校本補。
〔八五〕「二」，底本作「一」，據校本改。
〔八六〕「標」，底本脱，據校本補。
〔八七〕「體」，底本作「禮」，據校本改。
〔八八〕「那」，底本脱，據校本補。
〔八九〕「周」，校本後有「正同」二字。
〔九〇〕「忍」，底本作「所」，據校本改。
〔九一〕「惡」，底本脱，據校本補。
〔九二〕「作」，底本後衍「演曰」二字，據校本删。
〔九三〕「生」，底本後衍「故」字，據校本删。
〔九四〕「演曰」，底本脱，據校本補。
〔九五〕「告」，校本作「生」。
〔九六〕「六」，校本後有「皆」字。
〔九七〕「若」，底本後衍「若」字，據文意删。
〔九八〕「起」，底本脱，據校本補。
〔九九〕「檀度」，校本作「聖義」。
〔一〇〇〕「不」，底本脱，據校本補。
〔一〇一〕「果」，底本脱，據校本補。
〔一〇二〕「那」，底本後衍「云」字，據文意删。
〔一〇三〕「還望」，校本作「還聖」。
〔一〇四〕「福」，校本作「初」。
〔一〇五〕「即」，底本脱，據校本補。
〔一〇六〕「所」，底本脱，據校本補。
〔一〇七〕「猶」，底本作「由」，據校本改。
〔一〇八〕「著」，疑衍。
〔一〇九〕「爲」，底本作「謂」，據校本改。
〔一一〇〕「相」，底本作「於」，據校本改。
〔一一一〕「三輪」，底本作「轉」，據校本改。
〔一一二〕「新」，底本作「雜」，據校本改。
〔一一三〕「若」，底本脱，據校本補。

〔一四〕「量」，底本脱，據校本補。

〔一五〕「輪」，底本作「論」，據校本改，下同。

〔一六〕「度」，底本脱，據校本補。

〔一七〕「提」，底本作「薩」，據《金剛般若波羅蜜經》改。

〔一八〕「猶」，底本作「由」，據校本改。

〔一九〕「无」，底本脱，據校本補。

〔二〇〕「行」，校本後有「故演曰」三字。

〔二一〕「菩薩」，底本脱，據校本補。

〔二二〕「者」，疑衍。

〔二三〕「能不施」，底本作「施能」，據校本改。

〔二四〕「中」，校本作「道」。

〔二五〕「想」，底本脱，據校本補。

〔二六〕「清」，底本作「請」，校本無，據文意改。

〔二七〕「身」，校本作「多」。

〔二八〕「是」，底本作「爾」，據校本改。

〔二九〕「色」，底本脱，據校本補。

〔三〇〕「今」，校本後有「觀相」二字。

〔三一〕「心」，底本後衍「師」字，據校本删。

〔三二〕「文」，底本脱，據校本補。

〔三三〕「果」，底本脱，據校本補。

〔三四〕「釋論」，疑爲「論釋」。

〔三五〕「見」，底本脱，據校本補。

〔三六〕「則」，校本作「即」。

〔三七〕「卷」，校本作「論」。

〔三八〕「相」，底本脱，據《金剛般若波羅蜜經》補。

〔三九〕「知」，底本作「之」，據校本改。

〔四〇〕「治」，底本脱，據校本補。

〔四一〕「正行」，校本作「是」。

〔四二〕「初明」，底本脱，據校本補。

〔四三〕「得」，底本脱，據校本補。

〔四四〕「仏」，底本脱，據校本補。

〔四五〕「也」，校本作「者」。

〔四六〕「不」，底本脱，據文意補。

〔四七〕「更釋云」，底本作「釋」，據校本改。

〔四八〕「色身中正破色」，校本作「得色身正破色相」

〔一四九〕「法」，底本脱，據校本補。

〔一五〇〕「當來」，底本作「來世」，據校本改。

〔一五一〕「空説」，底本作「説空」，據文意改。

〔一五二〕「空」，底本後衍「空」字，據文意删。

〔一五三〕「文」，底本脱，據校本補。

〔一五四〕「本」，底本脱，據校本補。

〔一五五〕「扵」，底本脱，據校本補。

〔一五六〕「後」，校本作「説」。

〔一五七〕「隋」，底本作「隨」，據文意改。

〔一五八〕「五」，底本作「百」，據文意改。

〔一五九〕「論」，校本作「説」。

〔一六〇〕「五」，底本作「百」，據校本改。

〔一六一〕「歲」，底本脱，據校本補。

〔一六二〕「定」，校本作「第」。

〔一六三〕「年」，底本作「四」，據校本改。

〔一六四〕「年」，底本脱，據校本補。

〔一六五〕「多」，校本後有「羅」字。

〔一六六〕「之」，校本作「言」。

〔一六七〕「生」，底本脱，據校本補。

〔一六八〕「固」，底本脱，據校本補。

〔一六九〕「信」，底本脱，據校本補。

〔一七〇〕「經」，底本脱，據校本補。

〔一七一〕「種」，底本脱，據校本補。

〔一七二〕「歲」，校本作「年」。

〔一七三〕「中」，校本後有「復」字。

〔一七四〕「法」，底本後衍「法」字，據文意删。

〔一七五〕「仏滅」，底本作「後仏」，據校本改。

〔一七六〕「遇」，校本作「邊」。

〔一七七〕「也」，底本脱，據校本補。

〔一七八〕「惠」，底本脱，據校本補。

〔一七九〕「庵」，底本作「奄」，據校本改。

〔一八〇〕「種」，底本脱，據校本補。

〔一八一〕「怖」，底本脱，校本作「布」，據文意補。

〔一八二〕「惠」，底本脱，據校本補。

〔一八三〕「影」，校本作「攝」。

〔一八四〕「於」，底本脱，據校本補。
〔一八五〕「覺」，底本作「學」，據校本改。
〔一八六〕「學」，校本作「習」。
〔一八七〕「説」，校本作「故但説」。
〔一八八〕「實」，校本作「實相若」。
〔一八九〕「境爲名」，底本作「憶爲若」，據校本改。
〔一九〇〕「後」，校本作「三」。
〔一九一〕「此」，底本作「次」，據校本改。
〔一九二〕「明」，底本脱，據校本補。
〔一九三〕「知」，底本後衍「心見色合彼知」六字，據校本删。
〔一九四〕「時」，底本脱，據校本補。
〔一九五〕「因」，底本脱，據文意補。
〔一九六〕「成」，底本脱，據校本補。
〔一九七〕「心」，校本作「信」。
〔一九八〕「出」，底本作「生」，據文意改。
〔一九九〕「互影」，底本作「五部」，據校本改。
〔二〇〇〕「等」，校本後有「佛」字。
〔二〇一〕「示」，校本後有「能生」二字。
〔二〇二〕「壽」，底本作「受」，據校本改。
〔二〇三〕「第二者法想轉」，底本脱，據校本補。
〔二〇四〕「治」，底本後衍「我」字，據校本删。
〔二〇五〕「執」，底本脱，據校本補。
〔二〇六〕「根」，校本作「相」。
〔二〇七〕「命」，疑衍。
〔二〇八〕「行」，校本作「彼」。
〔二〇九〕「不能」，底本作「不」，校本作「了能」，據文意改。
〔二一〇〕「彼亦」，底本脱，據校本補。
〔二一一〕「入」，校本後有「亦」字。
〔二一二〕「全」，底本作「合」，據校本改。
〔二一三〕「各」，疑衍。
〔二一四〕「各」，疑衍。
〔二一五〕「可」，校本作「所」。
〔二一六〕「无」，校本後有「我」字。
〔二一七〕「相」，疑衍。

〔二一八〕「諦性」，校本作「義佛性」。
〔二一九〕「既」，校本作「蓋」。
〔二二〇〕「論」，校本後有「回」字。
〔二二一〕「生」，底本作「時」，據校本改。
〔二二二〕「猶」，底本作「楷」，據文意改。
〔二二三〕「執」，底本後衍「意執」二字，據校本删。
〔二二四〕「相」，底本後衍「若爾」二字，據校本删。
〔二二五〕「經」，底本作「政」，據校本改。
〔二二六〕「周」，底本作「週」，據文意改。
〔二二七〕「言」，底本脱，據校本補。
〔二二八〕「問」，底本脱，據校本補。
〔二二九〕「顯」，疑衍。
〔二三〇〕「相」，底本脱，據校本補。
〔二三一〕「上二」，底本脱，據校本補。
〔二三二〕「尚」，底本作「上」，據校本改。
〔二三三〕「理故」，底本作「故理」，據校本改。
〔二三四〕「密」，底本作「蜜」，據文意改，下同。
〔二三五〕「論」，底本作「説」，據校本改。
〔二三六〕「雖少」，底本作「少雖」，據校本改。
〔二三七〕「未」，底本脱，據校本補。
〔二三八〕「是」，底本脱，據校本補。
〔二三九〕「不」，校本作「无」。
〔二四〇〕「謂」，校本作「爲」。
〔二四一〕「言」，校本作「然」。
〔二四二〕「故」，底本脱，據校本補。
〔二四三〕「時」，底本脱，據校本補。
〔二四四〕「智性智相」，校本作「智相智性」。
〔二四五〕「義」，底本脱，據校本補。
〔二四六〕「俗」，底本脱，據校本補。
〔二四七〕「有」，底本脱，據校本補。
〔二四八〕「故」，校本作「名」。
〔二四九〕「提」，底本後衍「内證非外取故又云阿耨菩提」十二字，據文意删。
〔二五〇〕「實可」，底本脱，據校本補。
〔二五一〕「實」，校本作「真」。
〔二五二〕「法」，校本作「説」。

〔二五三〕「立」，底本脱，據校本補。
〔二五四〕「顯現義」，底本脱，據校本補。
〔二五五〕「法」，底本脱，據校本補。
〔二五六〕「不」，校本作「不法」，疑爲「之法」。
〔二五七〕「所」，底本脱，據校本補。
〔二五八〕「爲」，校本作「謂」。
〔二五九〕「見」，校本後有「聞」字。
〔二六〇〕「義」，底本脱，據校本補。
〔二六一〕「可」，底本脱，據校本補。
〔二六二〕「言」，底本作「可」，據文意改。
〔二六三〕「賢」，底本脱，據校本補。
〔二六四〕「法」，底本脱，據校本補。
〔二六五〕「故」，底本脱，據校本補。
〔二六六〕「得」，底本脱，據甲本補。
〔二六七〕「聖」，底本作「且」，據校本改。
〔二六八〕「相」，底本作「明」，據校本改。
〔二六九〕「經」，底本脱，據校本補。
〔二七〇〕「德」，底本脱，據校本補。
〔二七一〕「釋」，校本作「弁」。
〔二七二〕「正」，底本脱，據校本補。
〔二七三〕「六」，底本作「言」，據校本改。
〔二七四〕「心」，底本脱，據校本補。
〔二七五〕「福」，底本脱，據校本補。
〔二七六〕「周」，底本作「週」，據文意改。
〔二七七〕「爲」，底本作「謂」，據校本改。
〔二七八〕「行」，校本作「法」。
〔二七九〕「持」，底本作「治」，據校本改。
〔二八〇〕「道」，底本作「導」，據校本改。
〔二八一〕「義」，底本脱，據校本補。
〔二八二〕「德聚」，底本脱，據校本補。
〔二八三〕「是」，底本脱，據校本補。
〔二八四〕「説」，底本脱，據校本補。
〔二八五〕「見」，疑後脱「衆」字。
〔二八六〕「德」，底本脱，據校本補。
〔二八七〕「復」，底本作「伏」，據校本改。
〔二八八〕「聚」，底本作「德」，據校本改。

〔二八九〕「重擔」，校本作「擔重」。

〔二九〇〕「雙」，校本後有「經」字。

〔二九一〕「福」，底本脱，據校本補。

〔二九二〕「復」，底本脱，據校本補。

〔二九三〕「此」，校本作「其」。

〔二九四〕「須菩提」，底本脱，據校本補。

〔二九五〕「勝」，底本作「德」，據校本改。

〔二九六〕「此經」，底本脱，據校本補。

〔二九七〕「現」，校本作「已」。

〔二九八〕「爲」，底本作「謂」，據校本改。

〔二九九〕「謂」，底本脱，據校本補。

〔三〇〇〕「言」，底本脱，據校本補。

〔三〇一〕「情」，校本作「諦」。

〔三〇二〕「俗」，校本作「諦」。

〔三〇三〕「德」，校本作「位」。

〔三〇四〕「德」，底本作「得」，據文意改。

〔三〇五〕「復」，底本作「伏」，據校本改，下同。

〔三〇六〕「不」，底本脱，據校本補。

〔三〇七〕「對」，底本脱，據校本補。

〔三〇八〕「處」，底本脱，據校本補。

〔三〇九〕「菩」，底本後衍「薩」字，據文意删。

〔三一〇〕「障」，底本脱，據校本補。

〔三一一〕「定」，底本作「文」，據校本改。

〔三一二〕「有」，校本作「説」。

〔三一三〕「由隨喜」，底本脱，據校本補。

〔三一四〕「時」，底本脱，據校本補。

〔三一五〕「向」，底本脱，據校本補。

〔三一六〕「念」，底本作「令」，據校本改。

〔三一七〕「謂」，校本作「爲」。

〔三一八〕「十」，底本後衍「方」字，據校本删。

〔三一九〕「結」，校本無。

〔三二〇〕「法界等」，疑爲「等法界」。

〔三二一〕「亦」，校本無。

〔三二二〕「糧」，底本作「良」，據文意改。

〔三二三〕「知」，底本作「智」，據文意改。

〔三二四〕「味等」，校本無。

〔二五〕「於意云何」，底本脱，據校本補。
〔二六〕「二」，校本作「三」。
〔二七〕「顯」，校本後有「文影顯」三字。
〔二八〕「障」，底本脱，據校本補。
〔二九〕「又」，底本作「文」，據校本改。
〔三〇〕「是」，校本作「行」。
〔三一〕「之」，底本脱，據校本補。
〔三二〕「唯」，底本作「違坐」，校本作「違唯」，據文意改。
〔三三〕「來」，校本後有「諍」字。
〔三四〕「次第」，底本脱，據校本補。
〔三五〕「招」，底本作「超」，據校本改。
〔三六〕「由」，校本作「有」。
〔三七〕「聽」，底本脱，據校本補。
〔三八〕「得」，底本脱，據校本補。
〔三九〕「於」，底本脱，據校本補。
〔四〇〕「爲」，底本後衍「生」字，據校本删。
〔四一〕「莊」，底本脱，據文意補。
〔四二〕「頌」，底本脱，據校本補。
〔四三〕「等」，底本脱，據校本補。
〔四四〕「莊」，底本脱，據文意補。
〔四五〕「二」，底本作「一」，據校本改。
〔四六〕「云」，底本脱，據校本補。
〔四七〕「无」，底本脱，據校本補。
〔四八〕「提」，底本作「薩」，據文意改。
〔四九〕「化」，底本脱，據校本補。
〔五〇〕「得」，校本後有「故」字。
〔五一〕「餘」，底本作「與」，據校本改。
〔五二〕「正」，校本作「證」。
〔五三〕「不」，疑衍。
〔五四〕「後福過於前」，底本作「彼辯於前過」，據文意改。
〔五五〕「筆」，底本作「華」，據文意改。
〔五六〕「有」，底本後衍「有」字，據《金剛般若波羅蜜經》删。
〔五七〕「弟」，底本作「第」，據文意改。

〔三五八〕「異也」，底本作「也異」，據文意改。
〔三五九〕「經有」，疑爲「有經」。
〔三六〇〕「耶」，疑爲「取」。
〔三六一〕「言」，疑後脱「自」字。
〔三六二〕「染」，底本作「深」，據文意改，下同。
〔三六三〕「據」，疑後脱「因義」二字。
〔三六四〕「觀色」，底本作「色觀」，據文意改。
〔三六五〕「由外」，底本作「外由」，據文意改。
〔三六六〕「何」，底本作「可」，據文意改。
〔三六七〕「德」，疑後脱「是」字。
〔三六八〕「外」，底本作「説」，據文意改。
〔三六九〕「經」，底本脱，據文意補。
〔三七〇〕「述」，疑爲「演」。
〔三七一〕「味」，底本作「未」，據文意改，下同。
〔三七二〕「故」，疑後脱「有」字。
〔三七三〕「希」，疑爲「餘」。
〔三七四〕「實」，疑後脱「不」字。
〔三七五〕「問」，疑衍。
〔三七六〕「生」，底本後衍「懈」字，據文意删。
〔三七七〕「執」，疑衍。
〔三七八〕「成」，底本作「城」，據文意改。
〔三七九〕「俱」，底本後衍「所具」二字，據文意删。
〔三八〇〕「上勝」，疑爲「勝上」。

金剛般若經宣演卷下〔一〕

勑隨駕講論沙門道氤集

經：「須菩提，忍辱」至「説非忍辱波羅蜜」。

演曰：第九爲離不忍苦障，即第十法界无量迴向，第十三忍苦住處。前希當福，以脩勝因，勸勵雖成，須能忍苦。若脩道時，不耐他害，不能安受寒、熱、疲、乏、生、老等苦，雖勤脩道，便捨衆生，又无福果，亦不長時，便同二乘早入寂滅。若无諦察法忍，於无相理不能證悟，亦无前二，以諦察法與前二忍作依止故。又若不能忍流轉苦，便樂涅槃，不發大意。若不能忍衆生相違苦，便生恚心，不能攝化，亦无相好、四衆、八部、一切眷屬。若不能耐乏受用苦，不能精進，數生退敗，於无上果如何克成？今爲對除，有此文起。其不能忍，即是嗔恚、懈怠、愚癡，通二障攝。能忍即是无嗔、精進、審惠三種。忍流轉苦及乏受用皆精進故，脩勝福因之良助也。前約能忍，名忍苦住。今約断障，離不忍苦，准前通釋。

彼《論》爲断第八經成苦果疑。《論》云：向説彼身苦，以彼捨身，苦身果報，而彼福是劣。若爾，依此法門受持演説，諸菩薩行彼苦行，行彼苦行即是苦果，云何此法門不成苦果？

演曰：前説苦身以得苦果，故福是劣。依經，苦行亦是苦果。若爾，此經應成苦果，如何福勝耶？下文意説：前捨身命，有我法相，或有嗔恚，不能忍苦，有疲懈故，感於生死，而福是劣。今有忍度及以慈悲，能趣菩提，故福爲勝。舉彼能治不忍正行以答前疑，不違此《論》。

依此《論》判，文則有四：一如所能忍，即是忍體；二明忍相，及生忍處；三如忍差別，即種類忍；四對治不忍因緣。此初也。

《論》云：何者能忍？謂達法无我故。此《論》問略，意言，何者如所證境而爲能忍？謂如其所證真境之能忍體，即无瞋勤惠，无嗔勤惠如其所證法无我理境，而方能忍。境既无我，忍心如何有我？故无瞋等得彼无我，如所境也。又解：如所對境之所行能忍[三]，對能行名所，對諸境名能，是脩行者，如所對境之所行能忍，即忍體也。經言説忍辱波羅蜜者，正明此體。又言非波羅蜜等者，以无我等想，及不着度想，於非度中，不住无想，如是行忍，即安立第一義，故名非波羅蜜。貞觀有結，是故如來説名忍度，餘本皆无。彼《論》頌云：能忍於苦行，以苦行有善。彼福不可量，如是寂勝義。離我及恚想，實无於苦惱。苦樂有慈悲，如是苦行果。

釋云：雖此苦行同於苦果，而此苦行不疲倦，以有忍度，名爲第一故。彼岸有二種義：一者，波羅清淨善根體，二者，彼岸功德不可量。如經即非波羅蜜故。非波羅蜜者，无人知彼功德岸故。

演曰：經言如來説忍辱波羅蜜者，以有清淨善根體故；又言非者，不可量故。由此二義名第一。餘意可知。

經：「何以故？」

演曰：自下第二，明忍相及生忍處。初徵，後辨。此初也。以何等處，故能生忍？又行忍度，而復言非，何所以故？

經：「須菩提」至「割截身體」。

演曰：下辨分二，初明生忍處，後正明忍相。此初也。即此他處，忍度非度，及餘一切法而爲生處。謂於他處生耐怨害忍，即无嗔。於忍度及諸法中不生有无想，即諦察法忍，是審惠故。略无安受苦忍生處。此即耐怨害忍生處。言歌利者，此云忍害。以能安忍行損惱事，故名忍害。《西域傳》云鬬諍王，餘本音殊而名不異。説此因緣，廣如餘處。

經：「我於爾時」至「壽者想」。

演曰：正明忍相有二，初順釋，後返顯。順釋有三：初他害不瞋，无人我想；二精勤行忍，不着有想；三於非度等，不着无想。初一耐怨，後二諦察法，略无安受苦，或非勝不辨，或初中攝。此文初也。

《論》云：云何應知忍相？若他於己起惡等時，由无有我等想，故不生嗔想。《菩薩地》説，若遇他害，應作是思，此我先業，應合他害，今若不忍，更增苦因，便非愛己，成自苦縛。又自他身，性皆行苦，彼无知故，增害我身，我既有知，寧增彼苦。二乘自利，尚不苦他，我既利他，應忍他害。作是思已，應脩五想：一親善想，二唯法想，三无常想，四有苦想，五攝受想。此於他害不生我想，即五想中唯法想也。由脩无我，唯有法故，不報彼怨，生初忍也。唯此餘忍應有起緣，略故不辨。又解：即前割截及耐怨忍，是餘二種之所起處，不離此故。由斯貞觀「我於爾時，都无有想，亦非无想」，此本經中闕无此文。准《論》釋者，亦不於羼提波羅蜜中生有想，於非波羅蜜中生无想。

演曰：即餘二想，於忍度中不執法有，及非忍中不起无執，而常脩習，合是諦察法忍想。若執法无，惣撥无體，不断不脩，不欣不厭，不慾利樂，是故復令不住无想。《維摩經》云：但除其病，而不除法。又非度者，即前非忍辱波羅蜜，非有別法。

彼《論》云：此苦行勝彼捨身，何況離我相、嗔恚想故？又此行无苦，不但无苦，及有樂，以有慈悲故。如經，我於爾時，无我想乃至无相亦非无相故。此明慈悲心相應，故如是說。

演曰：彼離我相、嗔恚相，釋經无我相等。又此行无苦等，釋經无相。雖爲苦行，不見苦相。不但无苦，及有樂等者，釋經非无相。以有慈悲，共樂和合。故与此《論》別。又解：彼文不於忍度生有苦想，故言无想。不於非波羅蜜外衆生中起於无想，不救不化，由見生苦，而行拔濟，与樂相應，而起慈悲，云非无想。正當此同。又此三想，如次能生彼三種忍。无相者安受苦忍，以不見苦有寒熱等想苦故。又此三相，初一離我執，後二離法執，法執之中，有无別故，皆令離之。非全執无即爲真忍，故言亦非无想。

經：「何以故」至「應生嗔恨」。

演曰：返顯也，先徵，後釋。何所以故，知於彼時无有我等想耶？具徵三想，釋但顯初，以影略故。嗔由我見生，若有我見，應生嗔恨。恨依嗔立，懷惡不捨，結怨爲性，即随煩惱。嗔恨既无，明无我想。由如是故，行忍度時，无我想等。

經：「須菩提，又念」至「无壽者相」。

演曰：第三明如忍差別，即種類忍。《論》云：何者種類忍？謂極苦忍、相續苦忍。此意，極苦忍者，謂割截身分。相續忍者，謂於五百世作忍辱仙等。非唯一忍，名爲差別。生生常行，前後相似，名種類忍。《論》中欲辨忍差別故，更舉割截，理實屬前。言忍辱仙者，慈悲人也。

經：「是故須菩提」至「三菩提心」。

演曰：第四對治示忍因緣。忍因緣由三想生：一住流轉苦想，二住衆生相違苦想，三住乏受用苦想。由初想故，不發菩提心，即不能忍生死流轉，不起安受苦忍及諦察法忍。住衆生相違想故，見怨害苦，不起耐怨害忍。住乏受用苦想，亦不能起安受苦忍，不能忍受寒熱飢乏等故。今爲對治此三想故，令生勝忍。初流轉苦通三界，是行苦。後二苦唯欲界，色界已上无寒熱乏少等故。然依相增，衆生相違是苦苦，乏受用是壞苦。又流轉攝五苦，謂生、老、病、死、五盛陰苦；衆生相違，攝怨憎會苦、愛別離苦；乏受用攝求不得苦。

前明忍相中，《論》解有二：耐怨、諦察。今明對治不忍因緣，方解安受苦忍。或初流轉苦相，雖亦不能起安受忍，而今意即不起諦察法忍。由不諦察二空道理，住流轉想，或一向厭求自滅度，或由住着流轉苦生，皆障菩提故，正對治令不住着。以下第三，别解對治之受用因安受苦故。問：准《論》下解明暗喻中，唯據當果名乏受用，亦无安受苦忍之相，如何説是安受苦忍？答：下有二意，一令當果不乏，二雖乏受用而不生苦，不住相故，故《論》説爲忍苦住攝對治。此三即爲三段。初對流轉苦因緣中分四：初惣標，二别釋，三重成，四結勸。此初也。

《論》云：發菩提心者，以三種苦想故，則不欲發心，故説應離一切相等。此中一切想者，爲顯如是等三苦想也。

演曰：夫發大心，要起慈悲，救濟含識，觀諸法空，解苦无苦，方於生死長時救度，共證菩提，永出流轉。若見三苦，起逼迫想，如人畏時，非人得便，如是菩薩畏生死故，六塵得便，自受流轉，安能救人？或見苦想，自求涅槃，不能息他流轉之苦。或見苦相，相縛轉深，復增麁重。或全誹撥，邪見流迷，常處生死，不能自息流轉之苦。是故發心不起三想，免受流轉，名爲對治。其不發心，是流轉苦之因緣也。

問：此言耶三苦相障發大心，勸離三相，發菩提心，若爾，應是三苦對治，如何唯説對治流轉苦因緣耶？答：理實發心能治三苦，由發心者起三妙觀。一厭生死，即除流轉。二湣衆生，即除相違。三求菩提，即除乏受用。況此説爲離三想，故應治三苦。而言唯治流轉苦者，惣別異故，謂發心是惣離一切相，餘二是別各離相故。所治亦然，流轉是惣，餘二苦別。以惣除別，惣以別除，故不相違。

問：不發心障，以何爲體？答：即法執三想，及癡貪等一切二障以爲體性。近流轉因，正是无明，无明緣行，故受流轉。癡之根本，即是智障，三相心是。由此離相發菩提心，癡等自滅。无明滅故，乃至老死亦復隨滅，流轉自息故。

彼《論》云：若有菩薩不離我相等，彼菩薩見苦、行苦，亦欲捨菩提心。爲彼故説，應離一切相發心等。偈言：爲不捨心起，脩行及堅固。爲忍波羅蜜，習彼能學心。

演曰：准長行釋，上二句問，下二句答。一問，爲何等故，心得不捨菩提相。二問，爲何起行相而脩行。下二句答。爲忍等者，謂以无我等相而發心脩行也。然准彼《論》，初地以去，證第一義，所得忍度，名不住心。舉此爲證，勸彼地前菩薩發心，亦離一切相。故云，未生第一菩提心者，有如是過，爲防此過等。

經：「不應住色」至「味觸法生心」。

演曰：二別釋不住扵相，令離相縛及麁重縛。由執相故，使爲境相之所拘礙，扵生死中，生麁重縛。麁重縛者，不安隱性，不調柔性，无堪任性，身心勞倦疲之性故。有經頌云：相縛縛衆生，亦由麁重縛。善雙脩止觀，方乃得解脱。

如觀戲調，境相拘心，耽嗜不已，便生勞倦，後休息已，方覺疲乏。此想拘心，生乏亦爾。此相縛者，體通一切三世、三性有漏境相，所生麁重亦通一切有漏之性，故説三界皆是行苦。或此文意，由執色等以爲實有，便起希求，追戀慳惜，於流轉苦更憎疲乏，永處生死，安能發心？爲遮此等，故勸不住色等生心。《論》云：若着色等，則於流轉苦中疲乏，故菩提心不生。釋文如前願浄土解。

《論》文云：不住非法者，謂非法、无我也。於非法及法无我中，皆不住故。

演曰：貞觀不住六塵及非六塵。梁本及此《論》，但有不住前五塵，无不住非五塵。其法非法即皆不住，故《論》逐難，先解非法。然准《論》意，經言法者，謂法无我。言非法者，謂非法无我，即有法我。故惣結云，於非法及法无我中皆不住故，謂於法无我及非法无我中，皆不住也。

經：「應生无所住心。」

演曰：第三重成。《論》云：爲成就彼諸不住，故説遮餘事，如經，應生无所住心。何以故？若心有住，則爲非住等。此意遮餘事者，遮心有住也。文分爲二，初順成，後返遮。此初也。上説不住色非色、我无我等生心，爲成此義，住空、住有皆不應故，故云，應生无所住心。

經：「若心有住，即爲非住。」

演曰：返遮也。餘本先徵无住所以。若心有住，便是執着，非爲真住，真如理中无所住故。發心亦應順理，无住故住。《浄名經》云：无住即无本，從无住本立一切法。彼《論》云：示不住生心義故。若心住於色等法，彼心不住仏菩提。仏菩提者，即真理也。

經：「是故仏説」至「不應住色布施」。

演曰：第四結勸，引前所説諸菩薩心不住布施。此及魏經略舉於色，貞觀六塵皆稱不住。此舉經中，初不住心，起行方便，以勸久學。或舉十地真行方便不住布施，以勸地前不住脩行，如勸離相發菩提心。問：何故引施證忍，勸發心耶？答：彼《論》釋云，以檀波羅蜜攝六波羅蜜故。

經：「須菩提，菩薩」至「應如是布施」。

演曰：第二對除衆生相違苦因緣。雖復發心，不住流轉，若爲衆生相違之時，便起勞倦，不能濟度，而生退轉，故爲除此。問：准此應言流轉苦因緣對治等，或應言流轉苦不忍因緣對治等，如何《論》言流轉苦忍因緣對治，乃至乏受用苦忍因緣對治等？以忍非所治故。又《論》第二云，顯示對治衆生相違苦忍，即似以忍爲所對治，其義如何？答：《論》惣説此爲對治不忍因緣故，非以忍爲所對治。然惣相言，此忍因緣之中而爲對治。謂於此忍，種種因緣而不能忍，故對除之。文分有三：初正對除，以令信受，後遣執着。初中復二，初惣標對除，後別釋所以。此初也。

《論》云：既爲一切衆生而行於捨，云何於彼應生嗔也？捨即布施。菩薩發心及行施等，本爲衆生，既爲利樂，應當如是不住衆生相違苦想，不生瞋恚，而行布施。

彼《論》疑云：云何爲利衆生脩行，而不名住於衆生事？疑意脩行利生，應住生想，如何不住？偈云：脩行利衆生，如是因當識。衆生及事相，遠離亦應知。

演曰：初二句脩因所爲，下兩句令除我法執。彼意，只由不住能利衆生，故除二執，衆相生違時，便能忍受，正与此同。彼曲生疑，屬第八攝，更不別開。

經：「如來説」至「即非衆生」。

演曰：別釋所以，初法无我，後人无我。《論》云：由不能无衆生想，以此因緣故，衆生相違時，即生疲乏，故顯示人无我、法无我。此意，既无實法及實衆生，何故於无妄生有想，而行布施？又亦不應起相違想，而生疲乏。故應不住而脩布施。魏云：一切衆生相，即是非相，一切衆生，即非衆生。梁、隋、唐、周，並初衆生想，後但衆生。唯此本中，初无衆生，但言相即非相。彼《論》頌云：假名及陰事，如來離彼相。諸仏无彼二，以見實法故。

演曰：准彼釋意，衆生事有二：一衆生名，二五陰事。即彼衆生能詮名相，非實體相，以名自在，无實體故，由是一切衆生相即非相。衆生名相，无實體相，故能詮名成法无我。餘本云，想者由想起名，即顯名相。又以五陰假名衆生，於五陰中无衆生體，以无實故，由是一切衆生即非衆生，明人无我。故《論》結云：如是明法无我、人无我。若依此經，初法、後我，文更明顯。梁、周二本此下云：何以故者？諸仏如來遠離一切相故。餘本並闕，准彼《論》引，應合有之。《論》云：此句明彼二相不實。若彼二實有者，諸仏如來應有彼二相，何以故？諸仏如來實見故。

演曰：顯仏説无，由自内證，如證而説。或前二无，仏自證達，令爲汝説，勸彼發心脩行之時，有衆生相違，觀二我无，勿生嗔恨。

經：「須菩提，如來」至「不異語者」。

演曰：次令信受，而行於忍。世善賢良猶无諸誑，况乎大聖？對誘天龍，有四諦語，而爲詭説。《論》云：真語者，爲顯世諦相故。實語者，爲顯世諦脩行，有煩惱及清浄相故。於中實者，此行煩惱，此行清浄故。如語者，爲第一義諦相故。不異語者，爲第一義諦脩行，有煩惱及清浄相故。演曰：初惣説俗諦，二别説俗諦，三惣説真諦，四别説真諦。别説俗中，此有爲行煩惱，此有爲行清浄。或此行生煩惱，如爲名利行。此行增清浄，如捨名利行。别説真中，依真脩行，有所断煩惱，有能断清浄。或依真諦而脩行時，此行生煩惱，如有住心施，此行增清浄，如无住心施。今勸菩薩依真諦脩，應信生忍。此不誑語者，即屬不異。約口名誑，約心名異。

彼《論》自下，爲断第九道非作因疑。《論》云：此中有疑，於證果中无道，云何彼於果能作因？頌云：果雖不住道，而道能爲因。以諸仏實語，彼智有四種。

此有二釋。一云，謂諸聖人以无爲法而有差別，即无聖道，云何觀二无我，利益衆生道能爲彼因？爲破此疑，故說四語。以仏真智，證理无言，後得如證，而起言說。真无取得，俗諦離妄，方便因緣，脩二无我，非不爲因得仏果也。顯仏能知彼道爲因，故說四語，以断情疑，即令生信，順脩无我。果之因道而生於忍，与此同也。二云，證无爲時，但用真智，不用言說之道，即謂，仏說持經功德爲法身因，是其虚妄。故說四語，除彼疑謗。前解疑從忍起，後解疑從經起。觀彼《論》意，後釋爲長。此由境四，故有四智。由智有四，故起四語。頌云：實智及小乘，說摩訶衍法。及一切受記，以不虚說故。

一實智，即菩提，二小乘，三大乘，四受記，如次四境，皆不妄說，以配四語。除此已外，或假設說。於小乘等說苦諦等，大乘中說法无我，如受記即是說三世事，決定无謬，如彼義而說，不顛倒故。今說菩提及以大乘，勸信仏語。

經：「須菩提」至「无實无虚」。

演曰：後遣執着。《論》云：說此真語等已，於此中如言說性起執着。爲遣此故，經言：如來正覺法及說，於中无實无妄。无實者，如言說性非有故。无妄者，不如言說自性有故。此意，以見仏證二无我理，說二諦語，便執此言詮着彼法，定實相屬，故今破之。可言之法无，故名无實。離言智證不可名法有，故名无虚。魏云，所得法、所說法。貞觀有三，所證、所說、所思。智所契證，言所詮說，心所思慮。此中惣云所得，即所得法名爲此法。彼《論》頌云：隨順彼實智，說不實不虚。如聞聲取證，對治如是說。

演曰：上二句正釋經文，下二句明遣執着。准彼釋者，以所說法不能得彼證法，故无實。以所說法隨順彼證法，故无虚。說此意者，不應如所聞聲而取證法，又亦不應離所說法而求證法，以随順故。

經：「須菩提，若菩薩」至「則无所見」。

演曰：大段第三，對治乏受用苦因緣。由着未來果事行施，心有相故，果有限量，受用便乏。即心住着是乏受用因緣，所乏受用是外資具增上果攝。依此《論》解，前不住於事行施，是布施度，今於未來果説，不依彼《論》自身名事，此中説是乏受用故。若不住施，因乏与果，翻前可知，故爲對除，有此文起。

彼《論》自下，爲断第十證如不證疑。《論》云：若聖人以无爲真如得名，彼真如一切時一切處有，云何不住心得仏菩提？仏菩提則非不住。若一切時一切處實有真如，何故有人能得，有不得者？此中得仏菩提四字，通上下用。依彼《新論》云：如何仏果以无住心方能證得，非有住心也？此有二問，一問有得不得，二問不住心得、住心不得。惣舉一頌，以答二疑，云：時及處實有，而不得真如，无智以住法，餘者有智得。彼釋意云：真如雖復遍於時處，无智者住法故不得，有智者不住法故得。此答初問。又心住法者，不清浄故不得，不住法者，清浄故得。此答後問。彼惣結云：以是義故，諸仏如來清浄真如得名，是故住心不得仏菩提。彼破疑心以生文，此約脩行以起説。既以不住得彼真如，當果无限，不乏受用，二論无違。文中有二：初法喻，明无智不得；後法喻，明有智證得。

若依此《論》，初明有相着果報施，即是所治乏受用因。後明无相不着事施，即能治行施。此初也。初法，後喻。《論》云：若爲果報布施，便着於事，而行捨施，彼於異施欲樂苦受中，不解出離，猶如入闇，不知我何所趣，彼欣樂欲樂亦爾。

演曰：欲樂苦受，是當來果。与施異時，名爲異施。彼當欲樂，是勝義苦。有漏皆苦，故名苦受，非是三受之苦受也。經言如人，喻无智者。由无智故，着果行施，名爲入闇。无所見者，喻不見真理故，不求出離，如在闇室，无所見故，盤旋在中，莫知所趣。无智亦爾，由着相施，當果有限，受用匱乏。

經：「若菩薩心不住法」至「見種種色」。

演曰：有智證如，不着事施，即能治行。初法，後喻。《論》云：彼无明夜過，惠日出已，種種爾涅槃，如實見之。喻言如人，即有智者。言有目者，惠俱心等。日光明照，即喻智惠。種種色者，喻真如等種種理事。所除闇相，即前无智。餘本説，爲夜分已盡，由不住施，得无限果，受用无乏。又釋，若住於事，執有實境，不見過患，而受用之，於中生忍，如人入闇。若不住法，不執境有，於中行忍，如目得日，見種種物。由見過患生知，是故雖乏不苦，故能對治乏受用苦，起安受苦忍。前釋據當果受用不乏，此解據現雖乏不苦。彼《論》頌云：暗明愚无智，明者如有智。對法及對治，得滅法如是。

頌初二字，惣舉明暗喻也。故長行云，彼暗明喻者，相似法故。已下別釋，闇喻无智，明喻有智。對法即是能對除惠，目喻惠體，日喻惠用，雖俱是惠，體用不同，分爲二喻。頌言對治及滅法者，即所對治闇相滅也。故云，夜分已盡者，如所對闇法盡故。

經：「須菩提，當來之世」至「受持讀誦」。

演曰：第十爲離闕少智資粮障，即第十四離寂靜味住處。前福資糧有三住處，初親近仏，行供養因，次脩因時，少欲勸進，後勸行忍。所以然者，由供養等故，值仏聞法，當得浄土，珎饒樂備。由少欲等故，麾空出寶，果報不断，所作究竟，好爲勝事。由諦察忍故，爲他説法，所言誠諦，他皆信受。由耐他害故，眷属圍繞，相好莊嚴。由安受忍故，生死不拘，随類化物，无苦逼惱。皆福德相，故有三文。下脩智因亦三住處，初捨定味，次離喜動，三求教授。初勤依經，而捨靜味，持讀爲因，發生脩惠。前資粮道，雖復惣爲无相理觀而脩等至，由耽定味，尚未別脩。

從此已下，是加行道，别脩理觀。初得脩惠，在煖位中。次由得智，名位既高，我慢便增，遂生喜動。爲離此故，有第二文。喜動除已，入扵頂位。後爲得入忍、第一法，然外求良緣，以希教授，此後隣近即入初地證道住處，非求第一法後更求教授，唯一刹那即入見故，故求教授在見位前。煖、頂兩位觀所取无，初作難故。今至忍位，即所取无，順觀能耶。世第一法，二空雙印，因成滿故。前脩福德，在四位前諸迴向位，今脩惠正入四位，即是第十迴向末心。由此准前，文亦三段。初文之中，大分爲二：初明五種殊勝功德，勸捨味定，以脩脩惠；後我念過去下，重釋五中第二福聚。前離少聞，多是聞思障，雖已令離，猶有分别二障微起，俱生二障多數現行，未能别脩无相脩惠，由闕此故，不得證真。今爲令扵脩惠位中，别觀真理，令分别障一向不行，俱生二障亦能漸伏，速入見道，故有此文。前言寂静味者，愛味禪定，體即是貪。由愛定故，不肯脩惠，此名智障，即彼貪也。或此正邪所知障體，名爲智障。前煩惱障故，此所除通二障攝。

彼《論》爲断第十疑中，大分有二：初正断疑，後挍量顯勝。前断疑訖，自下挍量。彼先問起，頌云：扵何法脩行，得何等福德。復成就何業，如是説脩行。

演曰：初句問脩法，次句脩益，次句脩用，後句惣結。即扵此經讀誦受持，以生脩惠。脩惠功德，所作勝業而生。下文正与此同。

先依此《論》，惣申經意云：此中爲離三摩提攀緣，顯示与法相應，有五種勝功德。演曰：三摩提者，等持義。攀緣者，作意義。《對法論》云：得定心者，名得作意。与法相應者，法謂經教。此中令離不順教法，一向專脩等持作意，貪着禪味，是菩薩縛，故勸令離之。与經相順而脩作意，能除乱障，有五功德，發生脩惠，以愚断癡，非是惣令不脩扵定。意欲令其順法脩定，定生脩惠故，行者必須止觀雙運故。五功德者，

《論》云：一如來憶念親近，二攝福德，三讚歎法及脩行，四天供養，五滅罪。明此五種，即分爲五。初中分二：初所脩法行，後仏念親近。此初也。

彼《論》於何法脩行，即此如來憶念。次得何等福德，即此攝福德。後成就何業，即此歎法脩行，乃至重解前福德文，皆属第三。彼先答於何法脩行。頌云：名字三種法，受持聞廣説。脩從他及内，得聞是脩智。

謂於此經名字教中，三種脩行，得成聞恵，一受，二持，三讀誦。即頌中受持聞廣説，如次配之。三皆聞恵，前二聞恵依惣持生，第三聞恵依廣聞生。彼云，廣多讀習，亦名聞恵。此簡有部，彼宗讀誦十二部經是生得恵。大乘異彼，故言亦名聞恵。即顯少讀不解義理，生得恵攝。雖依名字，而生三行。復問：脩行云何而得恵？即頌下二句答，謂外從他聞，内持不忘，數數思惟，便生脩恵。此中具足三恵四親近行。依《中邊論》，十法行中，開讀誦爲二，合受持爲一。与彼《論》不同者，彼《論》云：受持脩行，依惣持法故；讀誦脩行，依廣聞故。意以受持之行體即惣持，初受後持，故開爲一。讀之与誦，但一廣聞，故合爲一。《中邊》約惣持爲依，故合爲一。對文背句，讀誦分二。

又依此《論》，法行者四：一受，二持，三讀，四攝。《論》云：受者習誦故，持者不忘故，若讀若攝者，此説受持因故，爲欲受故讀，爲欲持故攝。又復讀者習誦故，攝者惣攬義故。演曰：此《論》前文釋受者，受文字，攝者，攝義也。准釋此者，於文字中，先讀次誦後受，於義中，初攝後持。三論不同，各據義別。

彼又頌云：此爲自淳熟，餘者化衆生。以事及時大，福中勝福德。

上之二句，釋前脩行爲自他利。《論》云：此義云何？彼名字聞恵脩行，爲自身淳熟故，餘者化衆生，廣説法故。下之二句，釋得何等福德。

經：「則爲如來」至「悉見是人」。

演曰：後仏念親近，文如前釋。

經：「皆得成就无量无邊功德。」

演曰：第二攝福德，分二，初標福多，後校量顯勝。此初也。以此持經之福，在於地前，有漏熏習資无漏種，遠与仏果四智而爲踈緣，近与十地无漏亦爲增上緣，与十地位十王果報爲異熟因故。彼《論》下解何福業中云，所謂攝受四天王、釋提桓因等成就勢力故。此中應叙十王果報所生之處，故言功德无量无邊。

經：「須菩提，若有善男子」至「恒河沙等身布施」。

演曰：下校量顯勝，於中有二，初舉捨身多，後校聞經福。初中復二：初施廣，後時長。此初也。彼《論》得何等福德，示現勝挍量故。頌云，以事及時大。此即事大，以一日中捨多身故。

經：「如是」至「以身布施」。

演曰：時長，即彼《論》時大也。

經：「若復有人」至「其福勝彼」。

演曰：校聞經福有二，初舉劣校量，後况福勝行。此初也。於捨法行各起四行，一自作，二教他，三讚勵，四慶慰。慶慰即随喜，即是此中信心不逆。逆者，謗也。餘本有勝彼无量无數。釋云：以第一百六數名无量數，數一百四。又解，但言无量无數，何必即是彼之數也。上來至此，四重校量。如彼《論》説，漸化義故，直聞説多，或生不信故。彼《論》云，漸化衆生令生信心上妙義故。依此《論》中，所對位地轉勝轉上，故校量福漸以深勝。是故已下，不約身財，但依然燈行等而爲校量。

經：「何况」至「爲人解説」。

演曰：况福勝行也。由此勝故，不可將彼捨身功德用爲校量，故舉信心不謗少福，彼尚不如，况心正法行。

經：「須菩提，以要言之」至「无邊功德」。

演曰：第三讚歎法及脩行。初讚歎法勝，後

讚脩行人。初中復二：初正讚，後重成。此初也。《論》云：不可思議者，唯自覺故。不可稱者，无有等及勝故。此非十地菩薩所思，即《法花經》，唯仏与仏乃能究盡。彼經《論》云：等現難思故。思謂世間尋伺心等法，非彼境名不可思議。今經更加无邊功德，即通兩處，爲不可思議无邊功德，不可稱量无邊功德。

彼《論》自下，釋復成就何業。頌云：非餘者境界，唯依大人說。及希聞信法，滿足无上界。受持真妙法，尊重身德福。及遠離諸障，復能速證法。成種種勢力，得大妙果報。如是等勝業，於法脩行知。

兩行半頌，有九種義，備在經文，下二句結。此即第一，非餘者境界。彼云，不可思議者，示不可思議境界故，不可稱量者，謂唯獨大人，不共聲聞等。亦同此《論》。

經：「如來爲發」至「冣上乘者說」。

演曰：此重成也。《論》云：此成就不可稱義，於中餘乘不及故冣上，煩惱障、所知障浄故，名爲冣勝。此經名爲大乘，簡小爲稱，小乘不能浄二障故。

問：何須說二？答：雖體无別，此中意說，爲頓悟大乘根性所說之法，名冣上乘，希求此人，名發趣冣上乘者。爲不定姓中大乘根性所說之法，名冣勝乘，離二障故。若離惑障，未離智障，名爲劣乘。今學一乘，離二障盡，名冣勝乘。希求此人，名趣冣勝乘者。體雖无別，依所被根，分爲二種。此約正被，不爲二乘，兼亦无失。《解深密經》第二時中，唯爲發趣大乘者說，亦同此會。今釋，大乘及冣上乘，但是義分，未必對根分爲二種。不爾，一乘、无上乘等種種多名，更對何根？由是依《論》，餘乘不及故冣上，二障浄故冣勝，不煩異解。

彼《論》不可稱量及此唯爲大乘者說，並是第二，唯依大人說也。第三及希聞信法，《論》云：以信小乘等，則不能聞此，示希聞而能信法。

又云，希聞者，謂不可思議等文句。《新論》説爲難可得聞。

經：「若有人能」至「不可思議功德」。

演曰：讚脩行人有四：一舉脩行，二成勝德，三荷正法，四簡非根。此初二也。如來悉知已下，是第二文。

問：前説仏知，与此何别？答：前約憶念親近，如説記念如此人等。今約唯仏能知行法行人所成福等，餘不能知，故二意别。釋文如前。即是彼《論》第四句滿足无上界，界者因義。

經：「如是人等」至「三菩提」。

演曰：三荷正法。无上菩提，不過理智，以此教法詮菩提故，亦名菩提。今持妙法，藴積在心，即爲以肩荷擔菩提。或以念恵而爲兩肩，惣持體故，令經文義集之扵彼。此爲如來二種菩提生了因故，亦名菩提。以念恵二，荷仏菩提。彼《論》第五句，受持真妙法。

經：「何以故？須菩提，若樂小法」至「爲人解説」。

演曰：四簡非根，先徵後簡，惣徵前意，何所以故，法行可歎，成大福聚，爲荷菩提。答中有二。一樂小乘法者，謂二乘人，唯信人空，不信法空，有法執故，志意狹劣，不堪聞大。《論》云：不能聞者，謂聲聞、獨覺乘者故。二着我見等外道凡夫，先執有我，自謂菩薩，人法執縛，不求二空，亦不能受。返顯能受是大乘人，无人我者，故能成就如前功德。彼《論》不釋此段文者，以前釋冣上乘中，因解信小乘等，則不能聞，前已釋訖，故不重釋。理必如是，不爾此文何故不解？

經：「須菩提，在在處處」至「而散其處」。

演曰：第四天等供養。《論》云：扵中以花鬘等供養恭敬，禮拜右繞，故名支提。舉此意者，説聽之處，地尚可尊，况持經者，必成勝德。彼《論》第六句，尊重身德福。釋云：在在處處供養者，當知是人必定成就无量功德。

經：「復次」至「若爲人輕賤」。

演曰：第五滅罪。初標輕毁，後釋所由。此初也。言輕賤者，謂陵辱毁罵。餘本更有極輕毁，謂拘執朽縛。《論》云：此毁辱事有量門，爲顯示此，故復言甚輕賤。

經：「是人先世」至「則爲消滅」。

演曰：釋所由中，餘本有徵，説經之處，八部尚且虔恭持讀之人，理應凡聖稱讚，返被輕毁，有何所由？釋中文二：初明滅罪，後得菩提。此初也。彼《論》第七，及遠離諸障。釋云：何故爲人輕賤，而離諸障？以有大功德故。

演曰：經言先世，則過去世。一過去世生，二讀誦經前，亦名先世。依前先世，轉後報業。依後先世，通轉生、後及現報業。於此諸業之中，由持經力，轉不定業，輕罪皆滅，重罪令輕。被人罵等，便爲先當三惡重苦。業有四種，順現、生、後，第四不定。不定有三，謂時定報不定，報定時不定，時報俱不定。此中所轉，是第二句。所以者何？由報定故，轉重令輕。由時不定，墮惡道業，人間受故。其餘二句，一切都滅。《對法論》云：若作不增長，不必受異熟。乃至業有五種，一他所教勑，二他所勸請，三无所了知，此之三業，持經力故，一切都滅，以業非是受報定故。四根本執着，五顛倒分別，此二業重，作必增長，定受異熟，由持經力，轉此二業，令成輕受。

問：現後生業，時報俱定者，得轉以不？

答：由持經故，一切皆轉。不爾，如何速證菩提？若爾，既皆得轉，何故名定？答：據不發心，若發不定故。《涅槃經》云：未入我法，名決定業；若入我法，則不決定。又解：准闍王造五逆罪，時報俱定。見仏懺悔，聞小乘經，初懺悔故，應入拍毬地獄，轉重令輕。後聞大乘，至誠懇悔，逆罪消滅。故入仏法，名不定業。若准此義，此中且説中庸受持，轉重輕受。若心精懇，一切都滅。

問：准《大般若》，唯除決定，惡業應熟，如何今言定業亦轉等？答：彼據定受，受有輕重，此轉令輕，非全不受，与彼无違。与《涅槃經》亦无乖返，持經即是入仏法故。此依前解。若依後解，彼亦據其中庸受持。任意取捨。

問：注云，業若先定，應墮惡道，即是鈍根，聞必驚怖，安能信奉而讀誦此經耶？若後五百歲，聞是章句，能生信心者，此人已於千萬仏所種諸善根，復若爲人輕賤乎？如何會釋？答：遽盲天貌，叵難雲興，自非聖心玄鑒，何以發斯幽賾？有難而无釋者，蓋欲推功歸論，表仏意之深微耳。今依論宗，奉宣其趣。此《論》五種殊勝功德，即當第五滅罪所收。彼《論》九種成就業因，即當第七遠離諸障。故長行云：示現遠離一切諸障故，何故爲人輕賤，而離諸障？以有大功德故。周本經云：此爲善事。《新論》云：此爲善事者，謂遭輕辱時，顯被辱之人有福德性故，言此爲善事。准此，罪福各別有種，由福德故，能信此經，令罪業滅。自下經文，不但罪滅，亦得菩提。

經：「當得」至「菩提」。

演曰：此得菩提。《論》云：當得菩提者，顯示罪滅故。由前罪滅，故得菩提。

經：「須菩提，我念過去」至「无空過者」。

演曰：上來別釋五種功德訖，自下大段，重釋前第二攝福聚。於中准論，分之爲三：初顯經威力，次辨福德多，三何人能說。初中復二：初舉餘福德，後校量顯勝。此初也。《論》初標云：應知威力者，成熟熾然故，多者，具足勝大故。配釋此文，即是福聚威力，以彼所有福聚遠絶高勝故。此中阿僧祇劫者，乃至燃燈仏故。應知過阿僧祇者，更過前故。

演曰：明經威力，所有福聚遠絶高勝。言過去无數劫者，謂金剛定乃至七地滿心，爲一阿僧祇，逢燃燈仏，非此所論。今取燃燈仏以前二僧祇劫所脩供養，除持經外，以用校量故。餘本經皆有兩重僧祇，燃燈〔三〕前爲一重，燃燈仏後爲一重。故貞觀本云：先復過先。此言无量阿僧祇劫，是惣言也。以有經言，未逢燃燈仏，心有所得，不蒙受記，將入八地，逢燃燈仏，得无生忍，无所得心，方蒙受記。據《仏藏經》。是故不以燃燈仏後功德校量，以无相脩即惠度故。以前雖有學无相時，而不相續，猶有加行，故功德劣。故有論言，入第八地，一刹那中所有功德，勝前兩劫。正同於此。又說，兩劫所脩供仏色相功德，不如其中持經勝福。彼順世間有爲之相，還招色身，故福爲劣。此生三惠，断惑證理，速證法身，故福爲勝。然彼劣福，皆七地前。八地已去，純无相脩，福惠通故。所逢仏數，經本不同，數有大小，不相違也。那由他者，准《法花經》，即是諺數。依此方數，億兆京諺十二而數，即爲極少。依《花嚴經》，從一百洛，又爲一俱胝，俱胝俱胝，爲一阿庾多，阿庾多阿庾多，爲一那由他。而《法花經》以此方大數目那由他，理實應依《花嚴經》數。然此仏數，且舉一位所逢之仏。據二僧祇，非唯爾所。此古釋云：通舉因位三僧祇劫，以用校量。若爾，即但應云，我念過去无量劫等，何須別舉燃燈仏前？亦有釋云，由供養仏，但是福因，持經智因，故不爲比者，不然。若但智因而非福者，何故持經二論解爲攝福德聚？故知持經福智俱生，但順无相法身，故爲殊勝。若爾，何故頌云福不趣菩提？答：以施等有相福不趣菩提，非爲持經无相不趣，以福智二菩提正行感法身故。問：餘本燃燈皆言前先，何故梁經乃言仏後？答：彼譯經主取意有殊，以在過去，故名爲後，如說未來，名之爲前，約向背說未來，向前背過去故。《論》云：親近者，供養故，不空過者，常不離供養故。即以常供養釋不空過。

經：「若復有人」至「所不能及」。

演曰：校量顯勝。下位有情，惡世持說，勝仏兩劫，脩因勝福，顯經威力所以如前。彼《論》第八，復能速證法。釋云：此是速證菩提法故，以多福德莊嚴，速疾滿足故。与此意同。

經：「須菩提，若善男子」至「狐疑不信」。

演曰：第二辨福德多。以福廣多，非情計境，若具説者，新學菩薩、二乘凡夫即便迷悶，心發狂亂。《論》云：此顯示多故，或爲狂因，或得乱心果。應知一爲狂因，生狂病故，二設不狂，亦生乱心果，故不具説。彼《論》可解。

經：「須菩提，當知」至「不可思議」。

演曰：第三何人能説。《論》云：此之威力，及彼多等，何人能説？是故經言等，此顯示彼福體及果不可測量故。此意，是經文義，福因之體，及所得果，皆離心言，不可思議，難可了解，誰能演説？唯仏能知，非餘所測，勸但持宣布當勝果。彼《論》第九，成種種勢力，得大妙果報。釋云：所謂攝受四天王、釋提桓因、梵天王等成就勢力故。惣是復成就何業訖。由如是事，故持經勝。

問：前説經力能断有漏，感得法身，如何今説得人天果？答：如无漏業資變易生，爲断於彼，前断有漏處究竟説，何妨疎緣能感世果？

經：「爾時」至「降伏其心」。

演曰：下第十一遠離自取障，第十五遠離喜動住處。煖、頂二位觀所取无，作四尋思觀，時節稍長。前文爲入煖位人説，彼位依脩，已得脩惠，觀所取无，安立有情而作利益，分别二執雖皆折伏，俱生二執猶有少起，我能住心脩行伏障，度衆生等，名爲自取。今爲治此，故有斯文。《論》云：何故復發起此初時問耶？將入證道，菩薩自見得勝處，作是念，我如是住，如是脩行，如是降伏，我滅度衆生。爲對治此故，須菩提問，當於彼時，如所應住，如所脩行，如所應降伏及其心，世尊答，應生如是心等。

演曰：所住、所行、所降者，是所取，及心者是能。所取未全除，能取全未伏，於執心中，二取皆起，有我能等。前卷名爲於證道時喜動者，由能脩惠下品尋思，觀无所取，遂生我能我得之慢，自恃高舉，喜躍掉動，正在煖位。断此喜動，即入頂位。此卷初名離不自攝，以煩惱生放逸，其心不自脩攝，攝持謹攝，令入頂位，重觀所取无，能作上品尋思觀，即名自攝。

彼《論》云：何故前説三種脩行，今復重説，此有何勝？頌曰：於内心脩行，存我爲菩薩。此則障於心，違於不住道。

釋意，菩薩於自身脩行，生如是心，我住大乘等，有此分别障於菩提行。又云：障何等心？偈言：違於不住道故，近違頂位，遠違初地不住之道。即由煖位猶存我，心生如是慢，障入聖道，故今破之。故《論》偏指，實无有法名爲菩薩發阿耨菩提等。此文正破我能如是，与此《論》同。然彼略无别起疑文，謂有疑云：前説菩薩都无所住脩行施等，若爾，則應一切无住，如何初説，應如是住，如是脩行，如是降伏？爲断此疑，再興三問答。以雖説住，不言我住，即是爲断第十一應无住脩疑，而有此文。

問：觀此下經，問之与答，一同前文。既爾，即應是兩周説，如何前云非兩周耶？答：文雖似重，所爲對治，其意全别。且如三問，依此《論》説，通凡聖位，答亦如之，文皆有，不名重説，所爲别故。又如於十行位多行勝行，遂有動生，我能如是。故將入十迴向，先除彼慢，爲説脩道得勝无慢，令其進入，令得煖位，亦復生慢，故令除之，而進入頂。以此准知，經初問者，未入仏法，先有慢等，我能如是住作業等故，初問答勸發勝心，先教无相，令其發趣。今將入聖，彼得勝道，斯慢更生。將欲革凡，爲障既重，故再興問，令断進脩。彼《論》初問，除其所度中慢見，及所度无同已樂，非恒救濟，今問除其我能度心。又前於所住、所脩、所伏中不住，今於能住、能脩、能伏中不住。故文似重，意義全别。若謂彼《論》判二周者，何故經文唯有能答住，而无脩行降伏？答處又准兩論，皆唯問此一段經文，再説所由，答云，以除我能住脩等，兩論相似。若從此去，迄至經終，爲第二周，即應惣相生起第二周意，何故唯問此一段文？是故經文非兩周説。

文分有二，初問，後答，此問也。《論》云：將入證道，菩薩自見得勝處，更作是念，我如是住，如是脩行，如是降伏心，我滅度衆生。准此應問，云何能滅度衆生？若别開者，三爲自利，一爲利他。若合説之，三種俱通二利所攝。經據合説，論據别開。此中問意，菩薩住脩降伏三心，既能如是，爲作我能住等脩，爲不作我能住等脩？以居煗位尚有二取，今令除之，故發此問。彼《論》意同。

經：「仏告須菩提」至「滅度一切衆生」。

演曰：下答分二：初答所住等三，對治所取；後辨能行者无，正治能取。待所立能，所亡能滅故。初中答三，即爲三段。此初答住，仏引十地菩薩勝行，爲欲除破彼能所執，令進入頂故，以爲答也。

經：「滅度一切」至「實滅度者」。

演曰：答脩行問。即不見有所度衆生，所取既无，能取寧有。

經：「何以故」至「則非菩薩」。

演曰：答降伏問。若住真道，得无所得，則无我、人、衆生等相，是真菩薩。今勸地前，既欲趣證彼真无住，應當如彼真无住者，不有此想，而爲降伏。《論》云：若菩薩衆生等想轉者，爲顯我執取，或随眠故。此意，衆生想轉者，顯是我執分别現行。設无現行，由有種子，亦名我執。二乘无學至此位中，雖无人我，而有法我現行種子。由此等故，非真住道，故應降伏而入真住。

經：「所以者何」至「三菩提者」。

演曰：此正對治能取心也。真住菩薩，不見有少法是能行者，亦不見有少法而是可取，生扵喜動，我爲能得，彼爲所得故。若有此能住所得心等現前，應觀无有少法可名能發趣者。故此對治我是能住、我能脩伏等而生喜動。

經：「須菩提，扵意云何」至「三菩提不」。

演曰：下第十二離无教授障，第十六求教授住處。既住頂位，觀所取无，將起忍及世第一法中，即无所取，觀能取无，及單雙印，入於真聖證道之位。若无教授，不能進成，故引燃燈以顯教授。我住八地，尚遇燃燈，以求教授，進入上位，況猶住頂，不求教授，規上法耶？不求教授，是所知障。爲離此障，說此經文。前據正行，名求教授。今約所除，離无教授。互舉能所，亦不相違。

彼《論》斷第十二菩薩脩因疑。《論》云：此中有疑，若无菩薩，云何釋迦如來於燃燈仏所行菩薩行？爲斷此疑，以次前文，實无有法發菩提心者，若實无菩薩，云何於燃燈如來所昔脩因行？明燃燈所亦无有法，以答此疑。此《論》令求能教授人，以希教授，引生勝智。彼《論》約明教授之法无少可得，以破前疑。各據一義。文分爲三：初問，次答，後仏印成。此初也。於彼仏時，實道理中，頗有少法爲勝脩行，而能取證仏菩提不？

經：「不也」至「三菩提」。

演曰：答准問可知。

經：「仏言如是」至「菩提」。

演曰：下仏印成，文二：初惣印，後別成。此初也。

經：「須菩提」至「牟尼」。

演曰：下別成中，依此《論》科，展轉釋疑。文分有六：初无法得授記，二真如不可說，三仏不得菩提，四遮止增減執，五真如遍諸法，六安立第一義。初中有二：返釋、順成。此初也。依彼《論》科有二：初法說斷疑，後譬如人身長大下，喻說斷疑。初中有六，即前六段，其有異同，至文對辨。

《論》云：此有何意？若正覺法可說，如彼燃燈如來所說者，我於彼時便得正覺，燃燈如來則不授記，言汝當得等。以彼法不可說故，我於彼時不得正覺，是故与我授記。

演曰：若正覺法如言可説，有實體者，我於彼時有實勝行，何故不得？良爲正覺无如言體，我於彼時无實勝行，是故彼時不得正覺，但与我記，當得菩提。

彼《論》亦同。彼頌曰：以後時授記，燃燈行非上。菩提彼行等，非實有爲相。

釋云：此義云何？於燃燈仏時，非第一菩薩行。何以故？我於彼時所脩諸行，无有一法得阿耨菩提。若我於彼仏所已證菩提，則後時諸仏不授我記，是故我於彼時行未成仏。

演曰：意同此《論》。然釋中云：則後時諸仏不授我記者，譯家倒錯。應言，則不與我授後時記。故《新論》頌云：授後時記故，燃燈行非勝。

問：前言八地无所得故，蒙仏授記，如何今言行非勝上，不得菩提？答：所望義別。前以八地得无生忍相續現前，无所得故，而蒙授記。今據无生真實理中，无勝上行。若實有者，何故當時不得菩提，而蒙遠記？即是釋通前所疑問，以不得菩提故，明非第一菩薩行也。

經：「以實无有法」至「号釋迦牟尼」。

演曰：順成。此有二意：一者以實无有執着心故，行順於理，故蒙授記。二者以實无勝行，无實菩提可證得故，但蒙遠記。言釋迦牟尼，此云能寂。餘本有如來，此中文闕。又餘本呼摩納婆，此云儒童。梁本云婆羅門，此云浄行，據姓呼耳。

經：「何以故？如來者，即諸法如義。」

演曰：第二真如不可説。《論》云：又何故彼法不可説？如經，須菩提，如來者，即是真如故。如清浄故，名爲如來。以如不可説，故作此説。清浄者如，名爲真如，猶如真金。

演曰：先徵意者，何故當授記時，无法而言不可説耶？答：意所授如來記者，如來即是法身真，真如清浄，而不可説，是故彼時无法可得。表如清浄，无有垢染，是故諸教多以真如喻如真金，以性浄故。

彼《論》云：若无菩提，即无諸仏如來，有如是謗，謂一向无仏。爲断此疑，如經言等。實者，非顛倒義故。真如者，不異不變故。

演曰：若准彼徵，何故菩提无實法耶？若无菩提，仏亦非有。意云，既无能證之行，所證菩提亦无耶。經答，由離相執，稱之爲无，不可如言即撥非有。所以然者，實者，非顛倒義。此簡所執人法二我，彼顛倒故。真如者不異，簡无漏有爲，彼生滅故，此即如義。不變簡有漏有爲，可對除故，此即真義。此經云諸法如義者，謂真如性遍一切，故名諸法如義。義謂義理。此《論》明如不可說。彼《論》明如不倒變等，非一向无。各辨一義。

經：「若有人言」至「三菩提」。

演曰：第三仏不得菩提。《論》云：或言，燃燈如來所，於法不得正覺，世尊後時自得正覺，爲離此取故，經言等。或者以法不可説故，燃燈仏時，不證菩提，唯得遠記者，後成仏時，既證菩提，應有實法得正覺耶？故破此疑，得後菩提亦无有法。

彼《論》頌云：菩提彼行等，此義云何？彼菩薩行，若人言有實者，此則虚妄。如是如來阿耨菩提，若人言得者，此亦虚妄，故言菩提彼行等。演曰：前説无實菩薩能行行者，今菩提亦然，无有實法故，言菩提与彼行等，正同此《論》。以有難言，因非勝上，不得菩提，果位殊勝，得菩提耶？故有此文。又由次前云：真如非一向无故。若爾，仏有得耶？有此文起。

經：「須菩提，如來所得」至「无實无虚」。

演曰：第四遮止增減執。《論》云：顯示真如无二故。云何不實？謂言説故。不妄者，謂彼正覺不无世間言説故。演曰：言无二者，謂虚實二也。於真如中，无實言説，遮增益執。不无随順世間言教，遮損減執。此由前説，仏得菩提，爲不實語，即執一切言皆是妄，故有此文，亦非虚説。

彼《論》云：若如是有人謗言，如來不得阿耨菩提。爲断此疑，如經言等。此義云何？以如來得彼菩提故。演曰：此之謗言，乘前文起。以前文言，若得菩提，不實語故，便謂如來不得菩提，故有此文。亦同此《論》。彼又成立仏得菩提，頌云，非實有爲相故。有爲相者，謂五陰相。彼菩提法无色等相故。此復云何？頌云：彼即非相相，以不虚妄説。是法諸仏法，一切自體相。

上之二句，正明菩提雖非色等五陰之相，而有實相，故不虚説，明得菩提。言非實有爲相者，釋非實。彼即非相相等，釋非虚。

經：「是故如來」至「皆是仏法」。

演曰：第五真如遍諸法。《論》云：顯一切法，法如清浄故。如者，遍一切法故。由前文云，仏得菩提，文外有疑，仏脩滿故，能證法身，餘无勝道，不得正覺，便謂仏法唯在仏身故。此釋云：真如遍有，由前菩提是真如故有。是故言，真如之體既遍一切故，一切法皆是仏法，欲令衆生知有仏性，而進脩習。

彼《論》云：以如來得如是法，偈言，是法諸仏法，一切自體相故。自體相者，非體自體故。此明何義？一切法真如體故，彼法如來所證，是故言一切法仏法故。演曰：非體自體者，如言非相爲相。此顯如來能遍知法，以一切法即真如故。

經：「須菩提，所言」至「名一切法」。

演曰：第六安立第一義。《論》云：又彼一切法，法體不成就，爲安立第一義。前説一切皆是仏法真如遍，彼恐存一切法體實有故，今遣之體不成就，破相證真，安立勝義。所言一切法者，謂俗諦法。即非一切法者，約真而談，无實體法。是名一切法者，卻結俗諦。彼《論》云：彼處色等相不住故，彼一切色等諸法非法。如是諸法非法，即是諸法法，以无彼法相，常不住持彼法相故。

演曰：彼真如處无色等相故，彼色等非常住

法，此解即非一切法。言如是諸法非法，即是諸法法者，此解是名一切法。如是諸法非常住法故，即顯真如是諸法家之常住法。餘本雙牒一切法。一切法者，一謂世間妄取一切法，一謂如來所證一切法也。上依此《論》，明求教受，說八地行及仏果中，菩提无得，真如離相，遮增減執，无能所得，令從頂位脩无相觀，引生忍及世第一法，雙印二空，趣見道智。若依彼《論》，法說斷疑。

問：前後三處說燃燈仏，有何差別？又唯說燃燈，不說餘仏，有何所以？答初問者，依此《論》釋，初說燃燈，在不離仏出時住處，離少聞障，爲第二迴向人說。次說燃燈，在離寂靜味住處，除智不具障，爲煗位菩薩說。今說燃燈，在求教授住處，除不求教授障，爲頂位菩薩說。若依彼《論》，初在斷第五仏有說受疑中，仏於燃燈語，不取理實智，以是真實義，成彼无取說。次在第十證如不證疑中，復能速證法，校量福勝。復在第十二菩薩脩因疑中，法說斷疑，以後時授記，燃燈行非上。是故不同。答後問者，此經多說无相无生勝義之法。仏於燃燈，任運相續，以得此道，布髮散花，超於八劫，掩涅髮迹，今現由存。生信既多，故唯稱說。

上來已說信行地中，合十六處、八住處中，來之爲四：一攝住處，即是發心，二波羅蜜淨，三欲住處，四離障住處，合十二種以爲第四。若據位地，惣爲三文。初攝住處，是十住位。次波羅蜜及欲住處，是十行位。離障住處，是迴向位。行相配屬，如前應知。

經：「須菩提，譬如人身長大。」

演曰：下第十七證道住處，三地之中，是淨心地。已於地前，无生而不願度，无行而不徧脩。復以難得福身智身，故伏二障，俱生漸除，分別頓盡，於煗頂位，希求教授，觀无二取，作安、非安二諦无相唯識等觀。資粮加行，二因具足。今爲辨說初地之理，令求證道，入真聖位，發无漏智，斷分別障，親證二空，得无住道，故此文來。彼《論》喻顯於前真如法身，亦不違此。

此《論》文二：初明證道得智，後明證道離慢。《論》云：如是顯示入證道時，得智惠故離慢。前中有二：初如來喻告，後善現答成。此初也。真如妙理，唯内證知，非其言相即稱彼體，然諸智者因喻得明，故况大身以通玄旨。譬如人身，洪滿端偉，而无實體，假名爲身。所成理智，攝領成就，故名爲身，如彼俗身。然在纏名如來藏，出纏已去，與其法身名，仍寄喻顯。魏云，其身妙大。貞觀云，具身大身。周及此云長大，長即具妙。梁云遍身大身。依此《論》説，得智之中，别釋妙大，分爲兩義。《論》云：云何得智？有二種智故，謂攝種性智及平等智。若得智已，得生如來家，得決定紹仏種，此爲攝種性智。得此智已，能得妙身，若於此家長夜願生，既得生已，便得彼身，是名妙身。

演曰：此有二義：一得智、二證理。若得智已，至能得妙身已來，是爲得智，顯智功能。若於此家已下，爲證理，理爲妙身，智能得故，亦名妙身。如來家者，謂即真如，畢竟空寂，以爲舍故。於中證會，名之爲生。未證如時，長夜願證。既得智已，便得真如，是名妙身。雖身与家同是真如，而法性身依法性土，故有差别。謂真見道正智起時，能證真如，名爲得已。若細分别，无間、解脱，正得、已得。上解妙身。

《論》又云：平等智，復有五種平等因緣，謂麁惡平等，法无我平等，断相應平等，无悕望心相應平等，一切菩薩證道平等。得此等故，得爲大身，攝一切衆生大身故。

演曰：此釋大身，以智能證五平等理，五平等理遍攝一切，故名大身。理即真如。平等分五者，從詮以辨。《大莊嚴論》亦説，平等有五，而名稍異。一无我平等，二有苦平等，三所作平等，四不求平等，五同得平等。此中第一麁惡平等，真如遍在善惡之法故，无自他别，即彼第二，以於自他身所有諸苦无差别故。二无我平等，諸法无我性，即彼第一。三断相應平等，離二取故，又断自他，如如无二。相應者，相似義，他性相應非自性故。今断自他，故名平等，即彼第三。四无悕望心相應平等，悕望者，攀緣義，行利他時，不求返報，相應同前，即彼第四。五一切菩薩證道平等，共所證故，即彼第五。《仏地論》説，十地菩薩證得十種平等性理，名平等性智。與此相攝，思唯可知。

若依此《論》前卷科釋證道住處中云：妙身者，謂至得身、成就身，得畢竟轉依故。大身者，一切衆生身攝身故。

演曰：由脩二智，乃至十地，所應證理皆悉圓證，能得法身，名至得身，報化二身，名成就身。或自受用及真如理合名至得，依《金光明經》，俱名法身故。他受、變化，名成就身。即攝四仏，惣名妙身。言大身者，由得五平等故，攝一切生，与己无別。以己自體能攝一切，故名大身。妙身通攝理智二種，大身唯在平等真理。然非圓滿，滿在仏地。此説分得能名畢竟得，非是已滿。

彼《論》頌云：依彼法身仏，故説大身喻。身離一切障，及遍一切境。功德及大體，故即説大身。非身即是身，是故説非身。

演曰：已前説言，一切諸法即是仏法，彼真如體如來所證，今顯如體即是法身。譬如有人其身妙大，即彰果位所證法身。此《論》證道能分得故，亦通因位。兼能證智，名妙大身。具義而論，因果理智俱法身故。彼《論》因前諸仏能證，而有此喻，唯説果位真如法身。各據義明，不相違也。其釋頌文，如彼長行，文易可解。

上二句説喻之意，下六句正釋經文。於中分二：初四句釋大身。大身有二義，一者遍一切處，二者功德大，此二種義，由離障證。後二句釋非身。非身者，无有諸相。大者，有真如體。

經：「須菩[四]提言，世尊」至「是名大身」。

演曰：善現答成。《論》云：於彼身中，安立非自非他故。此意，據相而説，唯是菩薩所得之妙大身，非餘能得此妙大身。然於真理，不可説是菩薩之身，非餘人身，以真如理遍一切故。言非身者，非自他身故。故《論》云：於彼身中，安立非自非他故。上釋非身。言是名大身者，以隨順世間施設言説，名妙大身。彼《論》云：非身者，无有諸相，是名非身。有真如體，如是即名妙大身。問：此与山王何別？答：依此《論》，前約報化成熟衆生，此約證道，通明理智。彼《論》前約報身，明无取説，今依法身，喻顯真如。

經：「須菩提，菩薩亦如是」至「不名菩薩」。

演曰：自下離慢。非證真者，尚随於真，无有能所。有能所者，即障證真。得聖證真，理應随真，不起我能行菩薩行及度生等。若起此者，必不見真如，以顛倒故，障後真理。由彼菩薩得真理已，於後散心起俱生慢，云，我能行得證真理。今爲断故，有此文生。然此慢者，是所知障，以煩惱名説。第六識俱，八地以上方永不起。第七俱者，至金剛喻方永不行。此所説慢，且約第六，起我能等，非七行相故。前七地起慢之時，必不證真，自謂證真，爲非菩薩，非不起時亦非菩薩。《唯識論》等皆説，十地断所知障，不断煩惱故。

彼《論》自下，爲断第十三行願不成疑。《論》云：若无菩薩者，諸仏亦不成大菩提，衆生亦不入大涅槃，亦无清浄仏國土。若如是，爲何義故，諸菩薩發心，欲令衆生入涅槃，起心脩行，浄仏國土？明雖脩行，而无顛倒。以釋前疑，故有此文。此約除慢，彼除顛倒。倒即想倒，亦所知障。既除慢倒，以破疑情，同是一義。

文分有四：初告，二徵，三釋，四結。此初也。前説如來能證真如，具妙大身，非身名身。菩薩亦應稱彼真如，不起慢倒，故言亦如是。若言我能滅度衆生，不稱真理，非菩薩也。

經：「何以故？」

演曰：徵非所由。

經：「須菩提，實无有法名爲菩薩。」

演曰：釋云，以菩薩名聖教假說，无有一法別名菩薩，攬五藴成。又真如理中无菩薩相，恃何起慢？

經：「是故仏説」至「无壽者」。

演曰：結。非但菩薩无其實法，乘明一切諸法亦然，人法二我二俱无故。《論》云：若菩薩有衆生念，則不得妙身大身故。彼《論》頌云：不達真法界，起度衆生意。及浄仏國土，此心即是倒。

演曰：由起倒故，非真菩薩。此頌通釋浄國土文。

問：上依此《論》，證道住處訖。其此證道，定是何位？答：此有二釋。一云，此通十地，說妙大身通十地故，其所離慢，諸地所断所知障故。又五平等與十相攝，非唯初地有此行相，平等遍在十地中故。若爾，如何前說浄心地狹初後

闊耶？答：地前行願弘廣，仏果亦爾。十地位中，近求後地，有分齊脩，一如一行，分分脩證，故名爲狹。其究竟地，唯在仏果。一云，浄心唯是見道，如來地者是脩道，從果爲名，名究竟地，如圓滿持。爲證道故，起加行、資粮，爲究竟故，脩六具足。如見脩俱見理，見道得見名，十地皆浄心，唯初浄心地。若十地皆是浄心，浄心地後更何所作？又應浄心闊信行地，浄心二劫，信解一劫故。三地闊狹，非唯說教，亦兼行故。評曰：後釋爲勝，以究竟地浄仏國土等，多約菩薩以顯其行。若唯仏果，何論菩薩？又既名爲上求仏地，如何說是仏果位收？又准三問唯在因中，不應答中爾許經文唯在仏果。仏果圓滿，非所勸化，因何廣說？故廣説者，對誘十地，雖談果德，約所被人，乃居因位。若不對因，唯談果者，起懸崖想，何所造脩？若爾，平等通諸地有，及說離慢，如何通會？答：以初所證与後體同，言得平等，非浄心地可通於後。其所離慢，在見位中

理然非有，經文指説見道无慢，令前後位諸菩薩等，同證真位，不起於慢故，文但是見道位收。

問：何故此經廣明地前及以仏果？既對十地，何不廣明十地行耶？答：經宗爲明種性不斷，果是所紹，發心已去是能紹繼，舉果令求，地前難脩，廣辨令學，不断義成，故略十地而不廣辨。由此名爲金剛般若，以初後中闊狹異故。

經：「須菩提，若菩薩」至「不名菩薩」。

演曰：自下第十八上求仏地，住處八中究竟，三地之中，是如來地。上明地前及浄心地，今辨果德，令欣求趣。十八之中，據能行人，名爲上求。八及三中，據所求果，名爲究竟及如來地。唯《論》下文，有六具足。一、國土浄具足，此等文是。二、明五眼等，爲无上見智浄具足。三、仏可以具足色身見等，名隨形好身具足。四、如來可以具足諸相見不等，爲相身具足。五、勿謂如來作是念，我當有所説等，爲語具足。六、仏得阿耨菩提，爲无所得耶等，訖至經終，爲心具足。以此六種攝仏身中轉依具足，自利利他无不皆盡。將欲求仏，先嚴浄心。嚴浄心故，則仏土浄。仏土浄故，則智見浄。境能生心，故先明土。心爲土本，故次明心。由心内浄，外嚴色身，得好及相。此四自利，自利德圓，云可利他。利他之中，先麁後細，語先心後。又解，此六皆爲利他，即由利他還成自利。此釋爲勝。理應先辨仏之身心，方明浄土。先明土者，以諸菩薩多欣浄土，願求生故，寂初明之。爲衆生故，願取仏國依境，令生能見之智。見智既滿，現妙色身。身不徒然，爲生説法。爲他演説，須運慈心，攝取法身，施設大利，還令有情展轉證悟。種姓不断，義在於斯，是故仏地分之爲六。如是次第，上求之中，應辨離障，少故不明，但明於行。又六具足，初一依報，後五正報。正報之中，三業隨智惠行故，以見智爲先，即所随智惠。後四如次身語意業，即是能随，相好二具同身業故。有義，雖此所被通於十地，然六具足對八地已去三地以明。所以然者，純无相脩，順經宗趣。是故前舉燃燈仏等，正對三地，令七地前趣向脩證。即有兩重，一對三地，令學仏地，二令已前，學彼三地。若不爾者，果德極多，何故偏明六種具足？謂前四具足對第八地，相土自在在此地故。其見智淨是能受用語，對第九地，具四无礙法師位故。心對第十地大法智，云金剛心故。

初國土淨，文分有四：初舉執顯非，二徵非所以，三正釋嚴土，四結真菩薩。此初也。《論》云：爲淨國土三摩帝故，經言乃至則非菩薩。此義，爲於共見正行中轉故，爲断彼故。

演曰：即是正脩无分别智相應等至，除彼二執，而作真嚴。言我當者，是人我執。莊嚴仏土，是法我執。二執既起，不證於真，則非心淨，豈能嚴土？故非菩薩。依貞觀本，此云菩薩亦如是。謂既一切法无我故，菩薩亦如是，應无我相也。

經：「何以故」至「是名莊嚴」。

演曰：第二徵，何所以故，非菩薩耶？第三，正釋嚴土。貞觀雙牒單非雙結，魏本雙牒單非單結，此三皆單。其雙舉者，謂有相、无相二嚴，或能所嚴故，仏重牒。无相爲真，有相爲妄故，仏單非。於无相中言説安立，令莊嚴故，雙牒結之。《論》云：安立第一義。俗諦可嚴，真中无嚴，名第一義。是名莊嚴，卻結俗諦。此中通嚴四身淨土，名具足故。前仏淨土文，爲居因位，不名具足故，願淨仏土，爲地前故，説除小攀緣作念脩道是。今在地上，前障已除，但有俱生我法二執，復令除断，而求仏地，故與前别。

經：「若菩薩通達」至「真是菩薩」。

演曰：四結真菩薩。不言我能，是達生空，无土可嚴，是達法空，如來説爲是真菩薩。返顯有執不達二空，非真菩薩。依餘本經，有二无我及二菩薩。准此《論》釋者，一者人无我，二法无我。即由二无我，故顯二菩薩。今但惣舉彼《論》云，生心即是倒，非菩薩者，起何等心，名爲菩薩？即指此文。又頌言：衆生及菩薩，知諸法无我。非聖自智信，及聖以有智。

演曰：詳新舊論，釋此意者，一知所度衆生无我，二知能度菩薩自无我，故言无我、无我聖及非聖二種菩薩，以有智故。能以自智信解於彼二无我故，名二菩薩。即彼凡天亦名世諦菩薩，聖人亦名出世諦菩薩，是故重説菩薩菩薩。問：彼《論》前説，嚴浄仏土，亦是断疑，今亦断疑，二文何別？答：前除无所取浄土疑，今除无能嚴浄土者疑。此等諸文，由聞前説无菩薩故，應无利生嚴土等事，即執有能行，返疑説无能行。今答令知實我是无，假我脩行緣和方便，此即是有，然不見身土爲能所嚴，以順无相，當成仏果，真嚴浄土。與求仏地亦不相違。

經：「須菩提」乃至「如來有仏眼」。

演曰：下第二无上見智浄具足。前求仏土，仏土體通情与非情，如説衆生之類是菩薩，浄土七珎八寶是所受用，其中衆生是所化利，若无知見，誰能受用及能化度？故浄智見爲能受化。由達一切色与非色、理事等法，亦能了知浄非浄土，所有衆生八萬四千心行差別而爲濟利，故有此文。見即五眼，智即六通。

《論》云：如來不唯有惠眼，爲令智見浄勝故，顯示有五種眼。若異此，則唯求惠眼，見浄故。演曰：令其求仏見及智浄，即是四智一切妙用，略舉照境及他心智，利他中勝，所以偏舉。其福自在具足，雖非是智，因智所成，與智爲依，明智必有所依之福故，合福惠名智見浄。又仏三身具攝福智故，前令種福智資粮，今説果圓，令欣求趣。彼《論》爲断第十四仏非能見疑。《論》云：前説菩薩不見彼是衆生，我爲菩薩，浄仏國土，以不見諸法，名爲諸仏。若如是者，或謂諸仏如來不見諸法。自下經文，爲断此疑故，説五種眼。此《論》意説，浄土之中，有能受化，令起欣求。彼《論》有此能知見故，勿謂諸仏都无所見，以遣疑意。疑除智有，即是上求，二論无違。

文分爲三：初明見浄具足，次明智浄具足，三明福身具足。鑒照名見，決断名智，可受名福，離障圓明名浄具足。見浄五眼，即分爲五。一段中先問後答。初中問云：頗同凡下，見障内故，有肉眼不？答言有者，雖以肉眼通見一切，且順淺知，故答言有。又即諸仏利他德中，亦有化身父母所生，清浄四大報得肉眼。其天眼中，准例可知。二並色質，《涅槃經》云，捨无常色，獲得常色者是。問：肉、天二體爲同爲別？答：在因有別，處果无差，皆唯无漏，非實業感及脩生別，不可仏身有麁細眼。照理名恵，觀教名法，緣真緣俗，一智義分。或時別起仏眼，即前四眼爲體，遍緣一切，惣名仏眼。然《唯論》中，束五爲四，謂色攝、第一義諦攝、世諦攝、一切種一切應知攝。色攝復有二種，謂法果、脩果。此爲五眼麁境界故，是初色攝。演曰：此四皆從所緣得名。以有難言，如來五眼得一切境，如何此中但言色攝？故《論》釋言，此五眼中，具依麁顯同類境說，言初色攝，理實亦能取非色境。由是業感，故名法果，由彼業體是法塵故。法名雖通，此肉別稱，如言色處，別得惣名。天眼依定起，故名脩果，因脩得故，如言脩恵。若爾，如何得有報得天眼？答：阿那律等，名爲脩得，設生彼天，報所得眼。因中亦由脩定而得，惣名脩得。《論》又釋恵法二眼次第云：第一義中智力故，世智不顛倒轉，是故第一義諦攝在法先，非不見如了諸行故。《論》又釋法仏二眼行相，如文可解。准《論》下釋智浄中云：於此智浄中，說心住，即非心住。如是見浄中，何故不說眼即非眼？以一住處故，見智浄後，安立第一義故，初亦得成就。演曰：以後例前，應言，如來說肉眼，即非肉眼，是名肉眼。由安立第一義故，彼法无實體故，无如其名有自體故，名之爲非。隨順世間，爲令脩證，強立其名，是名肉眼。餘四准此。而不說者，同一住處，寂後說故，例前亦爾。

彼《論》頌云：雖不見諸法，非无了境眼。

諸仏五種實，以見彼顛倒。釋意，以見顛倒故，名非顛倒。何者顛倒？偈言：種種顛倒識，以離於實念。不住彼實智，是故説顛倒。

經：「須菩提」至「如來説是沙」。

演曰：下明智浄。前之見浄，鑒照於境。此隨彼起，決擇有情心行差別，染与非染，倒与非倒，皆悉了知，令彼彼心離諸散亂，證真境故，名智浄住。《論》云：爲應知中證，故安立見。爲教彼彼衆生寂靜心，故安立智。演曰：見爲令知，智爲利益故。彼《論》不分見與智别，但由五眼見彼衆生種種心住。即是前明能見之智，後明所見之境。是故頌云：諸仏五種實，以見彼顛倒。餘同此《論》。

文分爲三：初舉智所緣境，次明仏能知，後徵釋所以。初中有四：初因河辨沙，二依沙數界，三因界説生，四依生説心。此初也，先問，後答。如來依俗有此言説，故説是沙。善現知心，故説如是。

經：「須菩提，於意云何？如一恒河」至「甚多，世尊」。

演曰：依沙數界。

經：「仏告須菩提」至「若干種心」。

演曰：第三因界説生，第四依生説心。

經：「如來悉知。」

演曰：大文第二，明仏能知。一則數多，二心法難見，仏智明了，悉能知之。

經：「何以故」至「是名爲心住」。

演曰：第三徵釋所以。於中有四問答徵釋，此初徵問，多心難見，而悉知者，有何所以？答中，魏本云：如來説諸心住，皆爲非心住，是名爲心住。貞觀云：心流注心流注者，如來説非流注，是故如來説名心流注心流注。《論》云：心流注者，謂三世心。若干種心者，應知有二種，爲染及浄，即是共欲心、離欲心等。世者，謂過去等分。於此二中，安立第一義故。

經：「言心住者，即爲非住」乃至「過去心

不可得」等。

演曰：此初所知心，通染及浄。染心共欲，与欲俱故，浄心離欲，言非心住等。以住三世，住染及浄，名之爲住。據第一義，説爲非住，真勝義中，无有染浄心住相故。此意，由仏見心非心，得真實理故，故能遍知。若取心相，觸途生礙，不能遍知衆生心也。是其答前問，不爾疎略，无所結歸。彼《論》重約能知染心，説顛倒故。何所以者？以彼染心能爲障礙，正是所度，是故偏説，不違此《論》。彼云，如來説諸心住，皆爲非心住者，此句示現遠離四念處故。此以何義？心住者，住彼念處，以離彼念處，故云不住。演曰：汎論心住，自有二義。一者，愚夫扵境染着名住。二者，賢聖觀四念處住，亦名爲住。今説染心離彼念住，故云不住。是名爲心住者，惣結凡愚住扵顛倒也。彼又云：又住、不動、根本，名異義一。《金剛仙釋》云：以四念處栖心真如理中，故名爲住。不爲五欲所壞，又不爲二乘所壞，故曰不動。能与菩提爲基，故名根本。演曰：三名雖異，然其所詮同目念住，故云名異義一。此即汎解念住異名也。《新論》稍别，應勘彼文。

經：「所以者何？」

演曰：第三徵。既名心住，復名非住，有何所以？

經：「過去心」至「不可得」。

演曰：第四釋。《論》云：過去心不可得者，以滅度故，未來者未有故，現在者第一義故。彼《論》大同，然云，現在心虚妄分别，故不可得。如是示彼心住顛倒，諸識虚妄，以无世觀故。此《論》現在真无分别，彼《論》現在忘有分别，皆不可得。言无世觀者，以彼妄心无三世法爲所觀境故，能取心成虚妄性。《新論》云：此顯流轉之心，是虚妄識性，所緣无有三世性故。演曰：非但心扵三世不可得，其三世境亦不可得。

經：「須菩提」至「以是因緣，得福多不」。

演曰：智見浄中第三，福自在具足。所以智

後明福身者，智爲能導，福爲所導，福爲能資，智爲所資，以二相須，故次明之。又顯見智別有物依，福若不具，見智无惣所依處故。有以此文屬下好身、相身者，不然。以前卷科配无上見智净云，乃至若此三千大千世界如是等。又科随形好身具足，但牒應以色身成就見如來等文。《論》自配屬，故知此文定屬智見。

彼《論》自下，爲断第十五福得非善疑。《論》云：向説心住顛倒，若如是福德亦是顛倒，若是顛倒，何名善法？爲断此疑，示現心住雖顛倒，福德非顛倒。頌云：仏智惠根本，非顛倒功德。以是福德相，故重説譬喻。

演曰：意明有漏福聚有所住故，可是顛倒。无相福聚唯住念處，不住染相，能与仏智作根本故，非爲顛倒不遣。

此《論》文中有三：初問，次答，後仏釋成。問，以寶供仏，生无量福，當得成仏，福身自在，可爲多不？貞觀云，奉施如來。

經：「如是」至「甚多」。

演曰：答也。問既惣問，通真俗諦，答亦如之。

經：「須菩提」至「福德多」。

演曰：如來釋成。魏及貞觀，但有上返釋文，无以福德无故下順結文。《論》云：於中亦安立第一義故，經言，須菩提，若福聚有實等。此意，三輪體空，不見實故，説福德多。若住三輪，見實施等，有限量故，不福福多。如是名爲安立勝義。彼《論》意説，有漏福聚，是其顛倒，由住三輪，得有漏果，但積聚義，而非進趣，是故如來不説彼是進趣福聚。其无相福，以是諸仏智惠根本故，説彼爲進趣福聚。依彼釋經，如文可解。

經：「須菩提」至「具足色身不」。

演曰：第三随形好身具足。前來既説有净見智及无相福，必有所變所生圓滿相好之身，故此明之。又前嚴土，學仏見智，求福身已，此須嚴仏所有形相。然雖上求，不能稱實除彼局執，但謂仏有八十随好、三十二相，即爲圓滿。然法身體具恒沙德，報仏相好，如所證性，无量无邊，不可形相求，不可執心取故。有經云：文殊師利菩薩云：如來相好，无窮无邊，説不可盡。順世間法，是以略説三十二相、八十種好。是故今者，欲令真嚴及以真觀，須无分別，稱實相嚴，意如嚴土，故有此文。彼《論》謂，断第十六相好非仏疑。若諸仏以无爲法得名，云何諸仏成就八十種好、三十二相，而名爲仏？是故説，非成就色身，非成就諸相，得見如來。此《論》觀无相以上求，彼《論》中即法身而是仏，二論俱明法報二身，義不相違。文分爲四，問、答、徵、釋。此問也。可以色身即究竟圓實，觀如來不？准上諸文，皆説真如以爲如來，以相求真，失真而不得，故舉爲問，欲令断執，稱實求也。

問：若爾，云何名好身具足？答：由内真圓，外好自滿故也。又欲令其即色觀空。若也唯見色身，執形相而不融真理，唯觀空理，住寂滅而闕利衆生。除其執情，獲彼常色。此如欲得色身住處中解。

問：地前化身，相好可爾，爲化地上，何唯爾所？答：正爲地上，兼爲地前，随麁且爾。又解，經論惣言相好，不顯别説，随其位地，應見不同。然依彼《論》，説八十等，随淺識疑，故无有失。

經：「不也，世尊」至「色身見」。

演曰：善現據真理以答。

經：「何以故」至「具足色身」。

演曰：徵及釋也。言即非者，非稱執情而是實有，據真理中无色相故。《論》云：亦以安立第一義故。此言色身，雖通相好，而《論》以好別屬色身，猶如色處故。

彼《論》云：色身攝得八十種好、三十二相，如經等。偈言：法身畢竟體，非彼相好身。以非相成就，非彼法身故。不離於法身，彼二非不仏。故重説成就，亦无二及有。

演曰：初二句顯法身非相好身，次二句顯相好身非是法身，次三句顯相好身不離法身，亦得名仏。言彼二者，一色身，即隨好，二諸相具足。言重説者，謂色身成就，諸相成就。後一句顯相及好亦有亦无。尋彼釋意，色身相好，報化成就，不離法身，亦得名仏。若推入真，爲真如觀，二亦非有，性相別觀，可有相好，故云，亦无二及有。法身不爾，一向无相故。《論》云，而法身不如是説，以身非彼體故。

經：「須菩提」至「是名諸相具足」。

演曰：第四相身具足。問答徵釋，一准於前。但相好別，分之爲二。若依彼《論》，同是一文，釋前疑故。

經：「須菩提」至「莫作是念」。

演曰：第五語具足。前明相好，求仏身業，依身説法。次明語業，既離執以求身，亦亡銓而學説，故有此文。

彼《論》断第十七仏有所説疑。疑云：若如來色身相好不可得見，云何言如來説法？演曰：以情見仏宣説於法，謂有所説法義離如，今聞所緣相好不離法身，不可得見，若爾，所説文義不離法身，不可得聞，既現可聞文義之相，明有所説，故有此疑。答意，相好不離如，俗見真无見，文義不離如，俗説真无説，故約无説以断疑情。彼約无説以破疑，此據上求而遣執。

問：与前如來有所説法耶，何別？答：此《論》前爲地前，約智相法身，明无得説，今爲地上，上求仏語，離執而求。彼《論》前約能説生疑，故《論》答言，應化非真，仏亦非説法者等。今約所説法疑，故《論》答言，所説二差別，不離於法界等。

文分有五，問、遮、徵、釋、成。此初、二也。初言勿謂，又言莫作是念，文言似重，尋義不爾。以准餘本，上是問辭，勿應是頗，汝頗謂如來作是念，我當有所説法耶？此《論》問意，謂我真中及以俗諦有實説耶？彼《論》問意，我有離如所説法耶。言莫作是念者，第二遮心，以真无説，俗諦假説，離如无法，故遮莫作有實説念。

經：「何以故？」

演曰：徵。

經：「若人言」至「所説故」。

演曰：釋以真中絶相，俗幻非實，若言如來扵真有説，實能所詮，如言爲實，即爲謗仏，增益謗也。依彼《論》頌，釋此文云：如仏法亦然，所説二差別。不離扵法界，説法无自相。

演曰：以仏法身，體即真如，法亦如是，不離真如，故言亦然。二謂文義，以所説法離扵真法界，不可得自相見故，故言説法无自相。釋經文云：若言如來有離真如所説法者，亦增益謗，不解我義。

經：「須菩提，説法者」至「是名説法」。

演曰：第五成。餘言説法説法，依彼《論》釋，即由所説二差別故，重言説法，无法可説者，以真中无可説法，俗中无實有法，无名義定相属法，无離真如可説法。二論随應釋此文意。是名説法者，俗有説故。

此《論》自下，明心具足，是第六文。扵中分六：一念處，二正覺，三施設大利法，四攝取法身，五不住生死涅槃，六行住浄。然此經中，闕念處文，餘本皆有。魏云：爾時，惠命須菩提白仏言：世尊，頗有衆生，扵未來世聞説是法，生信心不？仏言：須菩提，彼非衆生，非不衆生。何以故？須菩提，衆生衆生者，如來説非衆生，是名衆生。《論》云：此處扵諸衆中，顯示如世尊念處故。彼非衆生者，第一義故。非不衆生者，世諦故。演曰：此顯衆生是仏慈悲所念之處，故名念處，如三念住，對衆生立。然仏常緣衆生之時，依真俗理，非有非无，勸諸菩薩亦如是觀，故言如世尊念處故。

問：此中善現問有衆生生信心不，應答有无，何故乃言非衆生等？乍似問答兩不相應。答：准離懈怠中云，後五百歲，衆生信持，是人則爲第一稀有。此中亦應作如是説。由前既説，今但約真諦，顯非衆生，是不共義。又約俗諦，非不衆生。是相應義。是故《論》云，此文如前説，指離懈怠中説也。即顯能如仏念處者，信受此經。問：欲得言説中，亦明後世能信，離懈怠中亦明，今此又説，三文何別？答：初顯言説法身，次勸發精進，此令求仏地，故有差別。

若依彼《論》，初破能説人不説法疑，次挍量經勝，堅實解深義，後破无能信人疑。是故此文，爲断第十八何人能信疑。《論》云：復有疑，若言諸仏説者，是无所説法，不離於法身，亦是其无，有何等人能信如是甚深法界？偈曰：所説説者深，非无能信者。非衆生衆生，非聖非不聖。

准彼《論》釋意，能説所説雖復甚深，亦有大乘種性能信。非衆生者，非凡夫體故。非不衆生者，以有聖性故。彼人非凡夫衆生，非不是聖體衆生。此《論》約真俗諦釋，彼《論》據凡聖釋，地上菩薩能深信故，所望義別。或約无性、有性以解，言聖體者，通種及現。或約發心、未發釋，以發心者方名聖胎故。

經：「須菩提白仏」至「爲无所得耶」。

演曰：心具足中，第二正覺。所以明此者，前明念處，大悲爲首，愍念衆生，故先明之，欲得利生，須自成覺，故次明。又此前浄土智見身相語等，若非行圓果滿，必无斯德故，具明仏行无上行，證无上果。言正覺者，法報二仏，覺性覺相，俱名正覺，能所覺故。欲令菩薩覺仏具因，及圓於果，故有此文。

彼《論》爲断第十九有得證果疑。《論》云：若如來不得一法，得阿耨菩提者，云何離於上上證，轉轉得阿耨菩提？演曰：以前聞説然燈仏等无得證等，遂執於中无有一法可得，而无一行可脩，能得菩提。復見如來三劫脩因，不无得行，遂復疑云：云何如來離无所得，无所行，此上上證，取於菩提，而依展轉，行有得行，而證正覺？下顯真理雖无一法可得可脩，若離俗諦脩行方便，无由獲證，明仏方便脩行具足，證彼平等无上之法。方便善法，即報身圓滿。无上平等，即法身圓滿。即是顯仏行圓果滿意，令知已随仏求證，与此无違。

准餘本經，下文分四：一仏問善現，頗有少法得菩提不；二善現答，无少法得；三如來印言，如是如是；四仏廣釋。此經乃二：初善現問，後如是如是下，如來印答。梵本不同，廣略故爾。此初問也。依此《論》，問所成正覺爲有所得，爲无所得。彼《論》意，問三劫脩因所得菩提，豈无得耶？准《論》，此中雙問因果，謂仏行因得果之時，爲以有所得因，得有所得果，爲以无所得因，得无所得果。下答，因果俱无有得。《論》云：於中无有法者，爲離有見過已，顯示菩提及菩提道故。《論》先惣標菩提及菩提道。又下釋文，果配菩提，因配於道。故知此中惣問因果。

經：「如是，如是」至「乃至无有少法可得」。

演曰：下答有二：初明菩提果无所得，二脩一切善法下，明菩提道因无所得。初中復二：初法身果，後復次下，明報身果。《論》云：彼復顯示菩提有二種因緣，謂阿耨多羅語故，三藐三仏陁語故。於中經言，微塵許法不可得，不可有者，此爲阿耨多羅語故，此顯示菩提自相故，菩提解脱相故。

演曰：二種因緣，如次法報二菩提也。所言語者，明法離言，非上无上，約於別義，言假安立，故名爲語，如言增語。此中二仏俱名菩提，菩提、菩提断俱名菩提，説智及智處，皆名爲般若。雖此二語通法報身，然随相增，各配其一，此文即是阿耨多羅語法身菩提。於中復三：初印，次釋无得，後結名。此初、二也。乘前問詞，无所得耶，故今印言，如是，如是，實无所得。釋文可知。此《論》云：彼中无微塵許法有體，是故亦无可得，亦无所有。

經：「是名阿耨」至「菩提」。

演曰：後結也。由證真理无所得法，障盡理圓，名得菩提。若有所得，不名證得。若依彼《論》，如來答中，大分有二：初標法身无得无證，後一切善法下，明報身方便脩生。初中復二：初明法身无得，以釋前疑，後釋成前无上之義。此等初也。

經：「復次，須菩提」至「三菩提」。

演曰：下報身果。《論》云，爲三藐三仏陁語故顯示菩提者，人平等相者，謂假者即報仏也。於中有二：初明菩提平等，後釋平等所由。此初也。《論》云：於中平等者，以菩提法故，得知是仏。此中經言无有高下者，顯示一切諸仏第一義中壽命等无高下故。演曰：若凡若聖，无我真如平等之理雖皆齊有，由仏能證此平等理，故名爲仏，故名以菩提法故，得知是仏。又由同證平等理故，諸仏平等，是故説爲人平等相。又由諸仏證此平等无高下理第一義故，得壽命等亦无高下。雖他受化身壽等不齊，據自受用真仏而説，故无高下。或攝化歸真，他受變化亦无高下。

彼《論》頌云：彼處无少法，知菩提无上。法界不增減，浄平等自相。有无上方便，及離於漏法。是故非浄法，即是清浄法。

演曰：初頌法身非證而證，後頌報身脩生。初中，上之二句，解前經標无所得文。下二句，釋成前无上之義。於中法界不增減句，正釋此文。彼長行云：不增減者，是法平等，是故名无上，以更无上上故。此以法界中功德起非增，煩惱滅非滅，更无有法能過此，故名爲无上。若有增減，即非无上。彼《論》攝相歸性，故屬法身，此《論》性相別論，故屬報身，亦不相違。

經：「以无我，无人，无衆生，无壽者。」

演曰：此釋平等所由。准餘經本及《論》，應言，以无我、人、衆生、壽者，得平等阿耨多羅三藐三菩提。此文中略此。《論》云：顯示菩提於生死法中平等相故。演曰：所證真如，具恒沙德，在纏名如來藏，出纏名法身，位別名殊，體无差異。我、人、衆生是生死法，无彼我等，是名法身。故云，於生死法中平等相也。彼頌浄平等自相，釋意，由法无我清浄平等真實自體，无有勝者，故名无上。

經：「脩一切善法」至「三菩提」。

演曰：下第二明菩提道，即因无所得。若依彼《論》，下明報身方便脩生。釋曰有二：初直明，後料簡。此初也。一切善法，六度萬行，若望法身，能爲了因，若望報身，即爲生因。故此《論》云：顯示菩提道也。此初明具脩一切善法，方證菩提，非如二乘少脩善法故。貞觀《能断》云：一切善法，无不現證，一切善法，无不妙覺。彼《論》唯約報身明方便脩生。彼云：又彼法有无上方便，以一切善根滿，是故説阿耨菩提者，餘菩提善法不滿足，更有上方便。演曰：明仏報身，因无上故，果成无上。又釋，彼《論》唯明法身。頌初二句，惣標无上。下釋无上，別有三義：一不增減，二浄平等，三无上因。由此六句三種義故，得成无上。此釋爲優。以彼長行初惣釋云：示現非證法，名爲得阿耨菩提。後釋因中，猶解无上。亦无分明釋報身文，故唯法身，於理爲勝。若依此判，如來答中，大分有二：初惣標无上，即當此《論》法身菩提三段文是；二別釋无上，後諸文是。於中有三：一不增減，二浄自相，三无上因。前二當體无上，後一由因无上，果亦无上。随應配頌，文易可知。

經：「須菩提，所言善法」至「是名善法」。

演曰：下料簡。貞觀雙牒單非雙結，魏本雙牒單非單結，此三俱單。其雙牒者，福智二因，事理二智，随應爲二。言非善法者，真勝義中无實法故。是名善法者，於方便道寄言安立，令證得故。故《論》云，安立第一義故。彼《論》下三句釋此經文，長行云：偈言，及離於漏法，是故彼漏非是浄法故，此即是清浄法故。依彼釋經，善法善法者，雙牒有漏、无漏善法。即非善法者，非有漏善。彼有漏法望无上果不能爲因，故此不取。雖爲遠緣，非親證故。是名善法者，結无漏善故。《論》云：以决定无漏善法故。貞觀雙結者，以福智、理事二門別故。此約同善，故合爲一。

經：「須菩提，若三千」至「持用布施」。

演曰：下第三施設大利法。前已學仏，證得正覺法報二身，次當學仏，以所得法施与羣生，設大福利。前語具足，但令扵語不執定能詮着扵法，未教被生，今此令自得勝覺已，廣爲餘生施大法利，故有此文。

彼《論》爲断第二十无記非因疑。疑云：若一切善法滿足得阿耨菩提者，則所説法不能得大菩提。何以故？以所説法无記法故。演曰：小乘師等執聲名句等性无記故，故有此疑，云何脩學无記教法，得大菩提？頌曰：雖言无記法，而説是彼因。是故一法寶，勝无量珎寶。

准釋，上二句随他義答，雖是无記，而能爲彼大菩提因，以遠離所説法，不能得大菩提故。下二句據自義答，汝小乘等教法无記，而我大乘性是其善故，一法寶勝无量寶。令知教善，爲菩提因，成大勝利，亦与此同。

此文分二：初施設法利，後安立第一義教授。初中分三：初舉劣，次明勝，後校量。意明持經既有勝福，應將此法以利羣生。此初也。問：何故地前四重校量，捨身命等，所况極多，此中唯説三千須彌，所校卻劣，有何所以？答：有三釋。一云，對所化生，随舉爾所。地前難化，不舉勝福而作校量，難以發心希求持學。地上根勝，少聞即悟，知經福勝而行法施。是故不同。二云，前後文中随舉勝劣，爲顯經福非彼世福所能校量故。彼偈言，一切世間法，不可得爲喻。下更校量，皆應准知。三云，承前校量，不分經福，以爲多分，後爲少分，此分經福故，與前文亦无勝劣。

經：「若人以此」至「爲他人説」。

演曰：次明勝，文准前釋。

經：「扵前福德百分」至「所不能及」。

演曰：此正校量。分持經福，以爲百分，全舉施福，不及其一。千等亦爾，此中文略。魏本云：百分，千分，百千萬分，歌羅分，數分，憂波尼沙陁分，乃至算數譬喻所不能及。貞觀等本廣略有異，教法不同，不可一准。

彼《論》偈云：數力无似勝，无似因亦然。一切世間法，不可得爲喻。

准彼釋意，上之二句，明四種勝，下之兩句，由四勝故，非喻所喻。一者數勝，如經百分不及一，乃至算數譬喻所不能及故，以數无限齊故，攝得餘數應知。演曰：由无漏福无盡法故，數亦无限。《論》以譬喻等數文同，所以合舉，理實譬喻非數勝攝。此乃百千萬億等數不及，是爲數勝也。二者力勝，如經不及一歌羅分故。流支釋云：梵音歌羅，如折一毛以爲百分，一分名一歌羅。此義翻爲力勝，《新論》名勢勝，勢即力義。以无漏善斷惑證理，非有漏善力所比並，故云力勝。三者无似勝，《論》指如經數不能及，以此福德不可數故。演曰：准此數字，應上聲呼。故《新論》云，由品類別，言此福類元不比數前之福類，如貴賤人不相比數。故梁本經説爲品類，此言无似，即品類勝。四者因勝，《論》云，因果不相似，以此因果勝彼因果故，如經乃至憂波尼沙陁分不及一故。梵云鄔波尼殺曇，義譯爲因，舉因攝果。施因能招三界果報，因果俱劣，經福出世，因果俱勝，故言因勝。《論》云：因果不相似，此因果勝彼因果故。問：力、類及因，此三種勝，何故經中皆云不及一耶？答：謂以初百千等數，數彼勢力、品類及因，以爲多分施福勢等，不如持經一分勢等也。《論》釋譬喻，文易可知。梁本經云：窮於算數，乃至威力、品類、相應，譬喻所不能及。言相應者，謂因果也。

經云：「須菩提」至「我當度衆生」。

演曰：下安立第一義教授。謂設法利度衆生時，勿起生見，依第一義教授。地上諸菩薩類，應如如來，度諸衆生，无實生想，故有此文。彼

《論》爲断第二十一仏能度生疑。疑云：若是法平等相，无有高下者，云何如來名爲度衆生？疑意，仏及衆生不離真如，真如平等，説无高下，如何説仏度彼下類諸衆生耶？頌云：平等真法界，仏不度衆生。以名共彼陰，不離於法界。

釋意，衆生假名，與五陰共，謂於五陰共立假名，一名爲衆生，名及五陰，不離法界故，法界中无生可度。此依久機以教授，彼約初根以断疑。此論二諦，彼唯真諦。皆不相違。文分爲四：問、遮、徵、釋。此問也。

經：「須菩提，莫作是念。」

演曰：遮止。

經：「何以故」至「如來度者」。

演曰：三徵，四釋。釋中有三：初順成，次返顯，後簡異。此初也。真如理中，一相不存。若依俗諦，但有五藴，无實衆生。以无我故，无實可度。依彼《論》解，如次前引問：設謂實有而生度想，有何過失而遮止耶？

經：「若有衆生」至「我、人、衆生、壽者」。

演曰：返顯也。此中雖无執字，意顯則有我人等執。故《論》云：如來如爾炎而知，是故若有衆生，如來則爲有我耶？此意，仏一切智，稱理而知，无中謂有，即爲妄執，違爾炎境。既无妄執，是故不見有少衆生如來度者。彼偈云：取我度爲過，以取彼法是。取度衆生故，不取取應知。

演曰：上之三句，正釋此文初句，五陰中有衆生可度者，此是取相過。次句以取五陰是衆生故，次句欲令衆生得解脱，有如是相。即初句標，餘二句釋，故爲過也。

經：「須菩提」至「爲有我」。

演曰：第三簡異，有三：初仏知无，次凡執有，後破凡愚。此初、二也。言有我者，即是有我執。如來説爲非執者，若實有我，可有執取，我體既无，故非實執。即是我无之執，名爲非執。而諸凡愚，見道以前，起分別見，妄謂爲有，横生實執故。貞觀云：善現，我等執者，如來説爲非執，故名我等執，而諸愚夫強有此執。此《論》云：若實无我，而言有我取，爲離此着故，經言，須菩提，我取者，即爲非取，如是等。彼《論》偈言，不取取應知故。此以何義？以彼不實義，是故彼不取，以不取者，即是毛道凡夫取，而即是不取故，言不取取故。演曰：无實可取，名爲不取，即當非執。又言取者，凡愚取故。二論意同。

經：「須菩提，凡夫者，如來説即非凡夫。」

演曰：此破凡愚因辨妄執，勿謂實有起執之人，故便破之。真諦无生，何凡之有？俗諦幻有亦非實，故名非凡夫。此略无結，餘本結云：是名凡夫。魏、唐本云：如來説爲非生。彼《論》釋云，不生聖人法，故言非生。若依彼釋，即非凡夫者，即是非生聖法之凡夫也。梁經、此《論》俱云：小兒凡夫。魏本云：毛道凡夫生。流支釋云：毛道，領法心小，如毛孔道，即愚小義。此譯者謬。梵云縛去聲。羅，此云毛，梵云婆去聲。羅，此云愚，以二聲相近，遂錯云毛。正應云，婆羅畢栗託魚訖反。那，婆羅云愚，畢栗託云異，仡那云生，惣云愚夫異生。此言凡夫，順方俗耳。問：此非凡夫，与前衆生即非衆生何別？答：前是能信經人，此是法利所化，破執義同。

經：「須菩提」至「觀如來不」。

演曰：第四攝取法身。前正覺處，雖明法身，而非正明，具顯報仏是无上覺，因顯无上，故明法身。又前雙明法、報二身，以法身是本，今令攝取，正觀正證，故此明之。其欲得色身住中，雖明法身，因求色身，令欣真理，而不取相説，是欲得色身住處，非欲法身。其欲得法身中，所明三種言説及福，与此懸殊。智相法身，爲明智相，兼辨无爲，非正明理。其供養給侍如來住處，雖明无相，彼約所供仏身而説，非明自得。今明自得，亦明上求仏地法身，令自攝取，及明法身，非以相比知，非相福因得，故有此文。

彼《論》意同，爲断第二十二比知法體疑，及断第二十三相福成因疑。《論》云：復有疑，雖相成就，不可得見如來，以非彼體，以如來法身爲體，而如來法身以見相成就比知，則知如來法身爲福相成就。自下經文，爲断此疑。演曰：此叙二疑。一者，如來法身，雖不可以相成就現證，應言可以相成就比知。二者，如來法身，應由福相成就所得。此下論文，有三行偈。初後兩偈，答第一疑。中間一偈，答第二疑。然中一偈及諸長行，應在後明，以此偈文釋經頌後，可以相成就得阿耨菩提文故。而作論者，以此二疑義相連帶故，前叙疑合一處問，逐便釋之，後引經文，遂更不釋，前已釋故。又轉輪王爲例相似，故一處明。古今諸德謂翻譯錯，理未必然，以前後譯次第皆尔。菩提流支譯文依《論》，論主意然，何謂翻譯錯？如下文中，真化一異疑，長行及頌隔越而解，至下當知，此亦如是。

文中有二：初明觀相不可識真，後明相因非得真體。即是如次答前二疑。初文又二，長行及頌故。長行文四，問、答、質、領。此即仏問，可以三十二相比知如來法性身不？

經：「須菩提」至「觀如來」。

演曰：第二答。然准供侍如來住中，善現答言，不應相見，何故此答与前不同？又餘五本經皆言，不應以諸相觀如來，何故此文獨異餘本？答：梵本有別，義則无違。何者？前實理答，今假設答，顯發如來真妙義故。又理有二，一俗二真，真雖无相，於俗諦中，可以分明三十二相觀如來故，仏依真問，此據俗答。

經：「仏言，須菩提」至「則是如來」。

演曰：第三質，由轉輪王亦具相故。彼《論》頌云：非是色身相，可比知如來。諸仏唯法身，轉輪王非仏。

彼《論》長行，但釋頌意，不釋其文，相易故。意謂，約果而説，既不可以色相比知如來，約因而談，亦不可以福相因得菩提果。若以感相福因得菩提者，轉輪聖王亦有相福，能感相好，即彼輪王應是如來。因果雖殊，爲難相似。細尋論文，其意弥遠。

經：「須菩提白仏」至「觀如來」。

演曰：第四領悟。

經：「爾時世尊」至「不能見如來」。

演曰：偈頌重成，此中文略。貞觀云：諸以色觀我，以音聲求我。彼生履邪断，不能當見我。應觀仏法性，即導師法身。法性非所識，故彼不能了。

魏經初頌即此經文，後頌云：彼如來妙體，即法身諸仏。法體不可見，彼識不能知。

《論》云：初偈顯示，如所不應見，不可見。演曰：謂若求見法身而尋色聲，乃是所不應見，依彼色聲求見法身不可得故。《論》云：第二偈顯示，如彼不應見及不見因緣，謂初分、次分。演曰：後偈之中，上二句爲初分，如彼不應見，謂是彼前行偈之所不應見法，即法身是也。下二句爲次分，即不見因緣，由以麁識不見細境，是爲因緣。因緣者，所以也。由此依《論》，分之爲三：一如所不應見，不可見，二如彼不應見，三不見因緣。

初中《論》云：云何不可見？諸見世諦故。謂見色力，聞説法聲，是見俗諦。法身真諦，故不得見。履謂遊履，即此行義。断謂禪定，即此道義。依其事定，見色聞聲之時，非緣扵理故，不見我真實法身，名之爲邪，非同外道所有邪定。《論》云：是人行邪靜者，定名爲靜，以得禪者説名寂靜者故，又復禪名思惟脩故。扵中思者，意所攝，脩者，識所攝。言寂靜者，即説意及識。此意明依世間禪定，以思量分別故，名之爲意，了別麁境故，名之爲識，但依世俗，見色聞聲，不能見真。或可断者，即有漏觀，以有漏中定彊惠劣。此《論》云定，理實有智故。秦、魏、梁本物名爲道，周本名勤，隋名邪解脱，名別義同。

彼《論》云：不能見者，謂凡夫人，即地前

菩薩、小乘、異生，皆此所攝。言應觀仏法性，即導師法身者，此如彼不應見也。觀色聲心所不得見者，即法身是。謂有問言，既色聲心不能見我，如何可見？是故此中令起真觀，應觀法性。法性即真如，真如即是導師法身。何以故？以真如體衆德所依，即是出纏清浄法身故，仏真身不可相見故。《論》云：以如爲緣故，出生諸仏浄身。此不可見，但應見法故。

言法性非所識，故彼不能了者，此第三不見因緣也。《論》云：彼不應見，復何因緣故不可見？以彼法真如相故，非如言説而知，唯自證知故。不如言説者，非見，實不能知故。演曰：以彼真如非是分別思量識之所了，非言説説，唯内證知故，彼緣色等識不能解了。彼偈云：唯見色聞聲，是人不知仏。以真如法身，非是識境故。

長行云：以何等人不能見？謂凡夫不能見故。

經：「須菩提，汝若作是念」至「莫作是念」。

演曰：上明觀相不可識真訖，不明相因非得真體，彼断福相成因疑也。《論》結前云：於此住處中，得顯示以法身應見如來，非以相具足故。又生起此文云：若爾，如來雖不應以相具足見，應以相具足爲因，得阿耨菩提。爲離此着，故經言等。彼《論》引經，文雖在後，義属於前。然准餘本，須菩提，於意云何？可以相成就得阿耨菩提耶？須菩提，莫作是念，不以相成就得阿耨菩提等。諸本經文雖少有異，大意皆遮以相成就得彼菩提。唯此經文加其不字乃遮，不以相成就得，便與二論意不符會。故初文中賸一不字，譯家誤耳。或可此中意言不以者，謂豈不以具足相得菩提，即以相得菩提，莫作是念，亦不須除不字。

文中有三：初問，次遮，後結示正義。此初、二也。《論》初卷釋攝取法身中，指此文云：此義明相具足體非菩提，亦不以相具足爲因也，以相是色自性故。演曰：相爲色性，自招色身相好之報。法身菩提，體性非色，如何乃以相爲因也？

彼《論》頌云：非相好果報，依福德成就。而得真法身，方便異相故。

釋云：此明何義？法身者，是智相身；福德者，是異相身故。演曰：智爲了因，得法身果。福爲生因，成相好報故，説相好爲異相身。仏問善現，汝作是念，如來豈不以相具足得阿耨菩提耶？謂以具足福相而得。次遮止云，莫作是念，約情破也。此中亦應云：若以相具足因故，得无上覺，轉輪聖王亦應得證，以具相故。以前影後，經不重言。彼《論》因解轉輪聖王在前文釋，此亦不解。

經：「如來不以」至「三菩提」。

演曰：第三結示正義。但由具无相智，現證菩提。不以福相具足爲因，證无上覺。梁本云：如來不由具相得阿耨菩提。雖彼福業爲證疎緣，非親了因，故不説得。

經：「須菩提，若」至「説諸法断滅」。

演曰：心具足中，自下第五，不住生死涅槃，即无住涅槃也。向説法身非福因得，便捨於福，而求涅槃。若爾，便同二乘寂滅。或樂取福，不求涅槃，便於生死受諸苦惱。爲除此着，令成仏德无住涅槃，故此文起。《論》云：此中爲遮一向寂静故，顯示不住涅槃。若不住涅槃，應受生死苦，爲離此着等。彼《論》爲断第二十四失福及果疑。《論》云：有人起如是心，若不依福德，得大菩提，如是諸菩薩則失福德，及失果報。此意，既以福一相非法身之因，則證法身時，福德應失。福德既失，應无所感果報之身，故成断滅。尋彼釋意，雖不得法身菩提，而亦不失福德及彼果報，以能成就智惠莊嚴、功德莊嚴，得報身菩提故。由有報身，非同二乘一向寂滅，即不住涅槃。由受无漏福，不取有漏福故，不住生死。彼因断疑，亦顯不住，与此无違。

文分爲二：初不住涅槃，後不住流轉。初文有四，問、遮、徵、釋。此問也。此雖教誡十地菩薩，令求仏果无住涅槃，然説一切發趣大乘初心菩薩，尚不欲住生死涅槃，況於如來？故令菩薩知仏果德，而以願求。然諸菩薩意願，虚空法界等盡，我願方盡，故不可説同於二乘，有其断盡，况同外道，撥无因果，起於断見、空見等耶？

經：「莫作是念。」

演曰：第二遮止。莫作是念，趣菩薩乘无餘涅槃，得真法身，諸勝无漏，一切皆滅。《論》云：於法不説断滅者，謂如所住法而通達，不断一切生死影像法，於涅槃自在，行利益衆生事。此中爲遮一向寂静故，顯示不住涅槃。演曰：所住法者，謂即真如。真如雖在生死，不爲苦逼，雖處涅槃，不同惑断。故云，如所住法而通達也。不断一切生死法者，非如二乘厭苦欣滅，從初發心，多劫生死，廣行妙行，若至仏果，示現生死，以利羣生，即是不住无爲，不盡有爲。此應料簡，无住涅槃菩薩得不？

經：「何以故」至「不説断滅相」。

演曰：徵及解釋。相謂狀貌，體相行相，餘如上釋。彼《論》頌云：不失功德因，及彼勝果報。得勝忍不失，以得无垢果。示勝福德相，是故説譬喻。是福德无報，如是受不取。

初頌説断疑，即當此《論》不住涅槃。後頌廣釋所以，即當此《論》不住生死。彼初長行，文易可解。此《論》生下云：若不住涅槃，應受生死苦惱，爲離此着故。

經：「須菩提，若菩薩」至「七寶布施」。

演曰：下明不住流轉。文分有二：初明受福德，非苦所惱。次明受報，而不住着。初中又二：初舉劣，後顯勝。此初也。貞觀云：奉施如來應正等覺。明凡夫人施仏勝因，感得輪王釋梵等報，尚非苦逼，况仏菩薩勝福德耶？《浄名經》云：轉輪聖王以少福故，尚无病等。

經：「若復有人」至「所得功德」。

演曰：顯勝也。《論》云：无我、无生法忍者，何義？如來於有爲法得自在故，无彼生死法我，又非業煩惱力生，故名无我、无生者。此中云何得顯示？如説攝取餘福，尚於生死中不受苦惱，何况菩薩，於无我、无生法中得忍已，所生福德，勝多於彼。演曰：此中且以菩薩校量，意顯仏果所受福報定无有苦，勸令攝取。彼《論》釋无我得无生，云有三種：无我不生者，謂本性无生忍，自然无生忍，惑苦无生忍。言二種无我相者，謂人无我、法无我也。問：若福田不滅，雖感果報，不受苦迫，如梵釋等，應處生死，不住涅槃？

經：「須菩提」至「不受福德故」。

演曰：此明受報而不住着也。雖福因不滅，由不取着，不住生死。若取着福，住生死故。亦是釋前福勝所由，只緣不着，所以成勝。文分爲三：初標，次問，後釋。此初也。

經：「須菩提白仏」至「不受福德」。

演曰：正申問也。善現以仏前説，求福資粮，次前復言，福勝於前，今後説言，不受福德，故問所以。《論》云：以世尊於餘處説應受福聚故。

經：「須菩提，菩薩所作福德」至「不受福德」。

演曰：第三爲釋。魏本云：言須菩提，菩薩受福德，不取福德，是故菩薩不取福德。《論》云：以方便故應受，而不應取。受之与取，通名相似。若依別義，受謂領受，取謂貪着。故經論中随舉取、受，或別或通故。貞觀云：所應攝受，不應攝受，是故説名所應攝受。演曰：与魏本經文別義同。雖受福德，而不取着，取着福德，即同有漏沈淪生死故。受福德故，不住涅槃，非如二乘永寂滅故。不取福德，不住生死，不同凡夫增染着故。前卷《論》釋此云：受者，説有故，取者，脩彼道故。如福聚及果中，皆不應着。更勘餘論。彼《論》頌文：是福德无報，如是受不取。取者彼福德，得有漏果報。以有漏果故，彼福德可訶。

如是取者，名之爲取，如取非道故。此福德无報，无報者，无彼有漏報，是故此福德，受而不取。演曰：因取福德，而生有漏，故是可訶。无漏福德，不招漏果，是故可受。大意同此。

經：「須菩提，若有人」至「不解我所説義」。

演曰：心具足中，第六行住浄。爲化有情，往來行住，神通方便，説法流轉，有爲之事，此勝惠行，名之爲行安處，如是名之爲住，而无諸染，故復名浄。前第五心，惣明不住生死涅槃，而未别明方便化用，今爲明之，有此文起。於中有三：一威儀行住，二破名色身自在行住，三不染行住。明随感應，似有往來，往來之中，觀性不執，成大神通。復於説法及生死法，而无染着。今具足説，令諸菩薩上求學故。次第如是。初文來者，以諸菩薩上求仏地所有事業，化衆生等，乃謂如來實有來去，而生習學故。今爲説實无去來，令知脩學，故有此文。

彼《論》爲釋第二十五化无受用疑。疑云：若諸如來不受彼果報，云何諸菩薩福德，衆生受用？疑意，既云是福德无報，无有漏報，云何得於十方世界出没往來，現身説法，令生覩見而受用耶？既爾，法身應有來去。由不悟化，而迷於真也。文言菩薩，意説如來，從因爲名。解中云仏，就果爲語。不爾，問答文不相應。釋此疑者，化有來去，不妨受用。然據真理，本无去來。此《論》除報已上求，彼《論》遣疑而識化，亦不相違。

文分爲三：初牒報顯非，次徵非所以，後釋義所由。此初也，先牒後非。此《論》但云：於中行者謂去來，住者餘威儀。餘威儀者，攝餘三種，謂住坐卧。餘本有住，此中略无。彼《論》偈云：是福德應報，爲化諸衆生。自然如是業，諸仏現十方。

釋云：明諸仏化身有用，彼法身諸仏不去不來故。依彼釋經，若言真身如來有來去等，彼不解我所説義也，而化有用，不妨往來，衆生受用，以釋前疑。

經：「何以故」至「故名如來」。

演曰：徵及釋也。何故說爲不解我意？以真法身无所從來，无所至去，湛然常住，故說來去，不解我意。彼頌云：去來化身仏，如來常不動。於彼法界處，非一亦非異。

釋云：若如來有去來差別，即不得言常如是住。常如是住者，不變不異義故。演曰：頌初句化有去來，次句真无去來，後之二句明化与真不一不異，性相別論故不一，攝相歸性故不異。

問：自受用身，由遍滿故，亦无來去，何故不約自受用說，唯據法身？答：彼《論》前後多依法身，具約真如，說无來去，不障自受亦无來去。又无去來，約法報化，因緣唯識，无相真如，此等觀門，皆來去。經中且依法身真如，理實報化、唯識等門，皆可通說。

經：「須菩提，若善男子」至「寧爲多不」。

演曰：下第二破名色身自在行住。以諸菩薩見仏化身有去來像，執爲實有。前且約真言无來去，於形相身未得自在惠行而住，離真見有去來之相。今令觀折諸仏相身，五蘊无實，故无所見。所見者妄，謂有來去。除所見已，即證於真。真无去來故，於名色得自在惠行住。今爲明此，故斯文起。又前明威儀實无去來，以顯法身常住不動，而未廣顯神通化用，巧便自在，今令學仏，觀彼五陰，細末不念，空无所得，發起神通，所化自在，故有此文。問：前第十住處，色及衆生身摶取中觀破相應行，與此何別？答：前化地前，令除法執，自不造業及生死輪迴。今化地上，令求仏地利他事中神通作用，故有差別。

若依彼《論》，前明施福生染如塵，以辯校量，今断第二十六真化一異疑。謂聞前說，化有去來及說法等，真无此事，有二疑生，一疑真化爲一、爲異，二疑化仏非真，所說之法應不得益。《論》无疑詞，准釋合有。爲断初疑，有此文來。以見有化，不了相无，方疑一異。說塵界喻，曉法无我，悟證於真，不見實相，何有一異？故於名色得自在行住。與此不異。人界喻法性，塵喻化身，喻中塵界既非一異，法中真化亦非一異。此《論》據法以生智，彼《論》約喻以除疑，不相違也。

依此《論》科，文分爲六：一无所見方便，二如所不分別，即无能見，三何人无分別，四於何法不分別，五何方便不分別，即何智證，六云何不分別，即何行相。初一惣明破折方便，後五別釋意義所由。初中有二：初明蘊非實，後約二諦辨。初中復三：初破色，二破名，後雙破。依彼《論》科，大分爲二：初舉喻，後須菩提若人言下，法合。喻中復二：初如來以微塵喻告，後善現以世界喻領。初文即此折破色身，就中有六：一問，二答，三徵，四釋，五難，六通。

此初仏問，但以三千世界碎爲微塵。依魏本經，乃有兩重，復以尒許微塵世界碎爲微塵阿僧祇。貞觀亦尒。自餘四經，皆唯一重。其兩重者，顯折塵多，更无別義。《論》云：於中細末方便，无所得方便。无所得如前說，此即細末方便。《成唯識》云：於麁色相漸次除折，至不可折，假立極微。梁本微塵，亦名隣虛，即極微也。彼《論》云：碎微塵喻，示現何義？偈言：世界作微塵，此喻示彼義。微塵碎爲末，示現煩惱盡。

釋意，示彼義者，示彼前偈，於是法界處，非一亦非異義故，彼諸仏如來，於真如法界中，非一處住，亦非異處住，爲示此義故。演曰：微塵碎爲末者，即是碎末爲微塵，謂破麁色以作細塵，非謂折塵以成其末，塵不可折，如何成末？此之喻意，惣聚麁色以况真如，折爲細塵以喻化相，法身一而喻惣，化身多而比塵，起化之能，要由障盡，故云，微塵碎爲末，示現煩惱盡也。文言煩惱，亦攝所知。《新論》云：應知諸仏世尊，於法界中煩惱障盡，非一處性，亦作異性，此問善現，數量多不。

經：「甚多，世尊。」

演曰：第二答多。准餘本經，自下三段，並善現說，成仏塵喻。此《論》，既有多塵，何有其實色身之體？彼《論》，由煩惱盡，證真如理故，起化弥多。然此名衆，餘本名聚故。貞觀云：彼微塵聚甚多，世尊。此及魏經，聚名爲衆。餘四本經，衆名爲聚。明知衆、聚其義是同。

經：「何以故？」

演曰：第三徵云，微塵若實有，便同外道，既无實體，何故言多？

經：「若是微塵衆」至「仏則不說是微塵衆」。

演曰：第四釋也。《論》指此文是爲无所見方便。此說有何義？若微塵聚第一義是有者，世尊即不說非聚，世尊說微塵聚非聚，是名微塵聚者，以此聚體不成就故。若異此者，雖不說亦自知是聚，何義須說？演曰：此明仏說微塵与外道異。若同外道是實有者，不說自知，何須仏說？今既仏說，明微无體，但令折觀非實故也。故《唯識》云：爲執麁色有實體者，仏說極微，令其除折，非謂諸色實有極微。彼即正釋此等文意，此約觀行勝道理，故名第一義，非據真諦。又解，依真名第一義，以彼極微依俗觀察，入真无故。若依此解，便與《唯識》意稍不同，思之可解。彼《論》釋云：若實有一物聚集，如來則不說微塵聚集。演曰：釋喻同此，法合意者，化身假相，非真仏故，還同假塵。

經：「所以者何？」

演曰：第五難。微若无實，仏何故說之？所以者何謂也？

經：「仏說微塵」至「是名微塵衆」。

演曰：第六通。仏雖說塵，但假非實。非實之理，依俗依真，已如前解。結假名微。彼《論》頌云：非聚集故集，非唯是一喻。聚集處非彼，非是差別喻。

上二句喻非一義，下二句喻非異義。彼長行釋非一云：如微塵碎爲末，非一處住，以无有聚集物故。演曰：麁聚體无，而微是有，各各別住故，望惣聚名爲不一。又釋非異義云：以聚集微塵差別不可得故，以差別不住故。演曰：即攬極微以爲惣聚，離微无聚故，不可説異處而住，名爲不異。餘文可知。

經：「世尊，如來所説」至「是名世界」。

演曰：下破名身，如前文釋。言世界者，亦是爲明衆生世故。彼《論》自下，善現以世界喻領。於中有二：初善現説喻，後如來釋成。前文有四：一標，二徵，三破實，四存假。此初標也。前説微塵喻，以化對真，辨非一異。今説世界喻，以真對化，辨非一異。言三千大千世界者，謂惣聚世界，積微所成。言即非世界者，以彼所成无實體故。言是名世界者，結成如來假説相也。故彼《論》云：如是三千世界一合相喻，非聚集故。《新論》亦云：此即兼述三千大千世界，不是聚性，及是聚性，其喻亦同。演曰：由所成无體，望彼極微非一非異。即喻真如望彼化身，非一異耳。

問：准彼《論》，世界喻法身。此《論》此文世界乃是名身所攝。而經前文，以三千界折爲微塵，豈以心法折爲色耶？答：不爾。前世界者，器及衆生惣在其内，謂取其中根塵色蘊而破折之。此文世界，唯是名身。其下雙破名色之中云：若世界實有，則是一合相。亦是名色兩種惣名世界惣相，爲破色及名相實。

經：「何以故？」

演曰：此《論》自下，雙破名色，先徵後釋。此即雙徵，色及名身皆説无實，有何所以？彼《論》徵云：世界无實，何所以故？

經：「若世界實有者，則是一合相。」

演曰：雙釋所由。《論》云：若世界是實有者，即爲有摶取者。於中爲並説若世界、若微塵界故，有二種摶取，謂一摶取及差别摶取。衆生類、衆生世界有者，此爲一摶取。微塵有者，此爲差别摶取，以取微塵聚集故。演曰：四蘊无形，執爲是實，冥然一故，但名一摶。微塵衆多，執爲一摶，實有差别，故名差别摶取。一及差别，此中惣名爲一合相。經言世界，似唯名身，其一合相，即兼微塵，是故雙破。問：執彼五蘊爲一合相，有何過耶？答：便同外道數勝論等，執器身等積微所成，而是實有。亦同小乘，心心所實。皆是法執，是故爲過。彼《論》第三，破界實有，故《論》云：若實有一世界，如來則不説三千大千世界。問：彼以世界喻真法身，今説界无，有何所以？答：法身无相，惣界亦无，法喻相似。又界若實有，可喻塵異，今既非實，便成与塵非一非異。

經：「如來説一合相」至「是名一合相」。

演曰：此《論》第二，約二諦辨。初善現辨，後仏重成。此初也。梁、唐本名一合執，據能執心。此但言相，依所執境。言如來説一合相者，於俗諦中有言説故。即説彼情名一合執，情所執境名一合相。又釋，此執行相，相執无別。言即非一合相者，以勝義中，情有理无，成真諦中情亦非有故。《論》云：此上座須菩提安立第一義故，結文可知。彼《論》第四，存假。謂顯如來説一合相，大千界等非有實體，但相无差，名一合耳。

經：「仏言：須菩提，一合相者，即是不可説。」

演曰：後仏重成有二：初明勝義无，後明俗諦有。此即初也。謂仏了達色及名身摶取之相，勝義中无，不可以言説説，及分別戲論心之所分別，以心言路絶故。貞觀云：不可言説，不可戲論。此《論》云：世尊成就如是義故，説摶取者，即是不可以言説説等。此何所顯示？世諦言説故，有彼摶取。第一義故，不可説。彼《論》第二，如來釋成，有二：初體實无，後妄執有。此初也。以聚集相无實體性，故不可説。

經：「但凡夫之人，貪着其事。」

演曰：明俗諦有，凡夫不了法體无故，妄生法執。法執起故，我執亦生，增愛貪等。《論》云：彼小兒凡夫，如言説取，非第一義。彼《論》妄執，意亦同此。頌云：但隨於音聲，凡夫取顛倒。釋意，以彼聚集，无物可取，但隨於聲，虚妄分別，故是顛倒。若有實者，即是正見。上來彼《論》非但喻顯真化一異，亦是因破我、法二見所緣境无，即同此《論》。此《論》第一，无所見方便訖。

經：「須菩提，若人言」至「所說義不」。

演曰：下第二，明如所不分別，即无能見。前破我法所緣之境，令知不實，今破能緣我法見心，見心乃是所起分別，今翻令作无分別心故，言如所不分別也。《論》云：已說无所見方便，破義未說。无所見等，入相應三昧時不分別，謂如所不分別等。云何得顯示？如外道說我，如來說爲我見故，安置人无我。又爲說有此我見故，安置法无我。若有彼我見，是見所攝。如是觀察，菩薩入相應三昧時，不復分別。即此觀察爲入方便。演曰：由執我者，說彼爲見，明人无我名无我見也。執有此見，名爲法執，明見亦是法无我。

彼《論》自下，明其法合。文亦爲二：初離我執，後離法執。所以然者，前喻中云：微塵碎爲末，示現煩惱盡。雖言煩惱，亦兼所知二障，乃以二執爲本。今明断執，障盡理圓，證真起化，非一非異故，說此文名爲法合。頌云：非无二得道，遠離於我法。釋云：非无我无法，離此二事，而得菩提。云何得菩提？遠離彼二見故。偈言遠離於我法者，意令不起我法見也。

又復此經承前唯破我法等想，息我等見，令起正見，未明我見體非實有，今經將終，明起邪見亦非實見，於真理中无邪无正。此文有四，問、答、徵、釋。此初也。餘本此上徵云：何以故？若一合執云不可說，凡夫妄者，何所以故，如來說有我見等耶？然仏爲遮外道我故，說有我見等，仏亦不說我見實有故。仏卻問，有人謂仏說實我見，解我意不？

經：「世尊，是人」至「所說義」。

演曰：第二答。仏爲利生，說假我見，非如凡夫說有真實，故說實見，名不解意。

經：「所以者何？」

演曰：徵意，无實我見，有何所以而仏説耶？

經：「仏説我見、人見」至「壽者見」。

演曰：釋也。此文有三：初牒，次非，後結。初牒，仏説我見等者，随順世俗，爲欲對除，令息虚妄，是故説也。次文非者，非如外道及諸凡夫，説有實我，而起實見。亦異小乘，雖无有我，而有實見。今大乘宗説，我等見无始世界虚妄分別，扵真理中本无實見，是故非也。後結可知。

彼《論》頌云：見我即不見，无實虚妄見。此是微細障，見真如遠離。釋云：是故如來説彼我見，即是不見，以其无實。无實者，即是无物。以是義故，説我見即是虚妄見。演曰：准彼釋，經説我見等者，説虚妄見。即非等者，非實見也。是名等者，結虚妄見。上依此《論》，以彼我見是人无我，即我見體虚妄不實，是法无我。一我見言，具含二義。今者非之，明二我見一切都妄，令息分別，即是如所不分別，破能見心。然《論》説此名入方便，因觀二妄，能證真理，故名方便。以證如時，不作我无我解故。彼《論》上來唯破人我見，下破法我見。

經：「發阿耨多羅三藐三菩提心者。」

演曰：此《論》第三，何人无分別。此簡凡夫外道、二乘有學，我、法二見，俱是實有。二乘无學，雖无我見，法見未亡，不能悟入二空之理。唯菩薩者，有勝智能，欲趣大覺，断二障故。

經：「扵一切法。」

演曰：此《論》第四，扵何法无分別。二乘之人，非扵一切而求遍智。菩薩異彼，扵一切法觀无我法，以除二見。

經：「應如是知」至「如是信解」。

演曰：第五，何方便不分別，即何智定。前第二文翻彼能見，惣无分別，今此別明所有智定。《論》云：若智依止奢摩他故知，依止毘鉢舍那故見，此二依止三摩提故勝解。以三摩提自在故，解内攀緣影像，彼名勝解。演曰：因止生智名知，因觀生智名見，如次即本後智。止之與觀，皆依等持。由智離障，觀彼影像，有勝惠解。定爲此依，故名勝解。故《論》云：以三摩地自在故，解内攀緣影像，彼名勝解。

彼《論》云：如是示現我見不見故，見法者亦是不見。如經發菩薩心等者，乃至不住法相故。此復何義？以見法相即不見相，如彼我見即非見故。何故此二見説名不見？偈云，此是微細障，見真如遠離故。此復云何？彼見我見法，此是微細障。以不見彼二故，是以見法而得遠離，偈言，見真如遠離故。演曰：言不見彼二者，以於无我法處妄起其見，是以見真而得遠離。彼《論》又釋知、見、信三。偈云：二智及三昧，如是得遠離。長行云：示現世智、第一義智，及依止三昧，得遠離彼障。与此《論》同。

經：「不生法相。」

演曰：第六，云何不分別，即何行解。《論》云：而不住法相者，此正顯示无分別。彼《論》意説，若生法相，亦是見真所遠離法。文分有二，謂標及釋。此初也。

經：「須菩提，所言法相」至「是名法相」。

演曰：釋也，有牒、非、結。《論》云：此顯示法相中不共義及相應義。如前已説，法即是境，相即是心，雙牒能所緣。説非相者，於勝義中，説爲非相。是名等者，於俗諦中，説有能所相也。彼《論》以見法相即不見相，如彼我見即非見故，法合已訖。

經：「須菩提，若有人以滿」至「持用布施」。

演曰：下明不染行住。於中復二：初説法不染，復流轉不染。此初也。前語具足，不取言説所詮體義与名相屬，真俗雙明，明所取无。今此處明不取教法，取教法者，即爲法取，法取即染。此能取心，令不染彼體故。又不令求供養信敬等，復云不染。其施設大利法，惣明法施，未明不染，今此明之，故与前别。文分爲二：初校量説勝，二正明不染。前文又二：初舉施福，後正校量。

彼《論》爲断第二十七化説无量福疑。疑云：前説化身有去來故，既非真仏，又前頌言，非説法者，既爾，化仏所説之經，持説无福故。爲断此疑，而有斯文。明化雖示現，所説之法，持説經等，非无无盡福故，重以喻而爲校量。《論》雖不叙疑起所由，准頌及釋，當知定爾。故頌云：化身示現福，非无无盡福。何故得福？以得二智三昧，能遠離障而起化身，是故獲福。文乘前起，有是故言而別破疑，説非无福。扵中有二：初示現有福，後明有敬信。既由敬信，是故福生。此初舉劣。

經：「若有善男子」至「其福勝彼」。

演曰：正校量。《論》云：以有如是大利益故，決定應演説。如是演説，而无所染。彼《論》云：雖諸仏自然化身作業，而彼諸仏化身説法，有无量无盡无漏功德故。

經：「云何爲人演説？」

演曰：正明不染，一問，二答。問：如何演説而得生福？彼《論》自下，明有敬信。問意，既是化説，非正實故，无人敬信，何能生福？

經：「不取扵相，如如不動。」

演曰：此答也。准餘經本云：而不名説，是名爲説。貞觀云：如不爲他宣説開示，故名爲他宣説開示。此經无結不取扵相，即是餘本不宣説義，更加如如不動。釋此所由，《論》云：此有何義？顯示不可言説，故不演説。彼法有可説體，應如是演説，若異此者，則爲染説，以顛倒義故。又如是説時，不求信敬等，亦爲无染説法。演曰：一无可言説體，故名不演説。二不求信敬等，无染説故，亦名不説。

彼《論》頌云：諸仏説法時，不言是化身。以不如是説，是故彼説正。釋云：若化身諸仏説法時，不言我是化身，是故彼所説是正説。若不如是説者，可化衆生不生敬心。何以故？不能利益衆生故，即説彼是不正説，是故不説我是化仏。演曰：釋經意不言我是化仏故，名而不演説，是故彼説正故，是名爲説。

問曰：諸小乘經不説是化，然大乘經仏皆自説我是化仏，如何不言？答：雖説是化，不言離真迥然別有，皆是真説，是故爲正。又解，對不生敬信者，言非化身，若生敬信，亦説我化。梁本亦有如如不動，謂不取實能所詮相，心如真如而不動故，名爲不染，而是正説。

經：「何以故」至「應作如是觀」。

演曰：言何以故者，准此《論》，生下經文，何以説法能不染者？以諸有爲如幻等故，非如所見有自性故，故説法時能不染也。非但説法不染，亦即是流轉不染。彼《論》答徵意，以諸有爲如幻等故，即真而説，不言化相離真而有也。准彼《論》，疑即何以故。

釋九喻，略以七門分別：一説意，二開合，三次第，四屬當法喻，五建立，六問答，七説喻勝益。初説意者，此《論》流轉不染，明仏示現受扵生死，常在三界化利衆生，以了有爲如幻等故，不爲所染，故有此文。彼《論》爲断二十八仏涅槃疑。《論》云：若諸仏如來常爲衆生説法，云何言如來入涅槃？爲断此疑，是故説彼偈。此義云何？偈言：非有爲非離，諸如來涅槃。九種有爲法，妙智正觀故。上二句明无住道，以答前疑，下二句釋此所由，正觀故示。初文《論》云：以諸仏得涅槃，化身説法，示現世間行，爲利益衆生故。此明諸仏以不住涅槃，不住世間故。此意非有爲故，不住生死，不離有爲故，不住涅槃。何故能示耶？以觀有爲如幻等故。疑意以仏受生説法，應拘生死，云何言仏入涅槃耶？若入涅槃，應同二乘，如何復言受生説法？答以仏般涅槃非有爲法，亦不離有爲法。何故能然？得无住道。由何得无住道？以正觀有爲故。

二開合者，惣名有爲，由滯三相，表是有爲緣起之法。此《論》爲四：一自性相，謂初三喻；二着所住味相，謂次一喻；三随順過失相，謂露泡二喻；四随順出離相，謂後三喻。彼《論》爲三：一觀相，謂初三；二觀受用，謂次三；三觀三世事，謂後三。故頌云：觀相及受用，觀於三世事。合此第二、第三，爲觀受用。彼以能受身及能受用並所用境，能受所受，同名受故。此以能所性別，故離爲二，亦不相違。故彼長行云：一觀有爲法，以觀見相識。二者觀受用，以觀器世間等，以何處住，以何等身，受用何等。三者觀有爲行，以何等法，三世差別轉。

三次第者，且自性相，惣談世間外道邪妄所執能執一切自性，及二所依。次明由有自性，而生味着。次明由味着故，過失随起。後明除彼過失，而脩出離。彼《論》爲三，開合雖異，義与此同。

就初自性相中，有其三喻：一星、二翳、三燈。此《論》初相如星，次見如翳。彼《論》初見，次喻於相。何故爾耶？法喻義多，而作論者所取意別。謂此《論》中，境心次第，先相後見，是故第二着所住味，以境爲初，方說能受。彼《論》生起次第，見爲根本，依心變境，故相爲後。問：法中可爾，在喻如何？答：喻亦多義。且星在夜中，爲他所見，亦能明照，晝則俱无。此《論》取爲他所見義，彼《論》取能照明義，俱有隱顯。翳有二義。一者，由翳體故，實无見有，此喻於見。二者，由翳見毛輪等，彼喻於相。若爾，彼相應喻毛輪。答：毛輪无體，不離於翳，故但喻翳。

四屬當法喻者，《論》云：於中自性相者，共相見識。

演曰：此爲惣標三喻所喻：一共相、二見、三識。

一星。《論》云：此相如星，无智闇中，有彼光故，有智明中，无彼光故。演曰：未見真如，彼相可有，真智既起，都不現前。彼《論》云：譬如星宿，爲日所映，有而不現。能見心法，亦復如是。

二翳。此《論》云：人法我見如翳，以取无

義故。彼《論》云：如目有翳，則見毛輪等色。觀有爲法亦復如是，以顛倒見故。

三燈。此《論》云：識如燈，以渴愛潤取緣故熾然。彼《論》亦云：依止貪愛法住故。演曰：此明報識由業所引，愛潤熾然而生。

四幻。此《論》云：於中着所住味者，味着顛倒境界故，以顛倒見故。彼《論》云：又如幻所住處，亦復如是。以器世間種種差別，无一體實故。問：彼《論》如幻，唯器世間，此《論》境界，與相何別？答：相通一切，染浄俱論。此中境界，唯顛倒境。

五露。此《論》云：於中随順過失相者，无常等随順故。彼露譬喻者，顯示相體无有，以随順无常故。彼《論》云：又如露身亦如是，以少時住故。演曰：彼論唯身，此論通喻有爲无常。

六泡。此云，顯示随順苦體，以受如泡故。若有受，皆是苦故，随有應知。彼苦生故，是苦苦；破滅故，是壞苦；不相捨離故，是行苦。復於第四禪及无色中，立不苦不樂受，以勝故。演曰：彼釋行苦，由与生滅不相離故。又依捨立，四禪以上，依增勝故，理實捨受亦通下有。問：若爾，无漏智應名行苦，由有生滅及捨受故。答：性非順染，故不立苦。由有生滅有漏性者，順於染着，方立苦故。彼《論》云：又如泡，所受用事亦如是，以受想因三法不定故。演曰：以假者能受，故説受體名所受事。所言三法，謂根境識，由三易脱，速起速滅，受亦如是。

七夢。此《論》云：於中随順出離相者，随順人、法无我，以攀緣故，得其出離，故説无我以爲出離。演曰：攀緣者，作意義者，此言屬下，意觀三世遷流不定，除人、法執，而得出離。此惣釋也。《論》文云：彼過去行，以所念處故如夢。演曰：過去无體，如夢所見，唯有其念，而无實法，唯自心故。

八電。《論》云：現在者，不久時住故。

九雲。《論》云：未來者，彼麁惡種子似虛空，引心出故如雲。演曰：種子在識，但是功能，而无體相，故喻虛空。所生現行，即有相狀，故喻於雲。彼《論》云：以於子時阿梨耶識，与一切法爲種子根本故。亦与此同。空本无雲，雲在來，設至現在，須臾變滅，觀未來法，亦復如是。有云，雲能含雨，雨在未來者，若爾，即應舉雨爲喻，故爲不可。

五建立者，問：何故唯立九種譬喻，不減不增？答：由法有九，故唯九喻。何者？依此《論》說，自性有三，謂相見識；着所住味有一，謂顛倒境界；隨順過失有二，謂无常、苦隨順；出離有三，謂即三世。是爲九法。若依彼《論》，觀相有三，謂見相識；受用有三，一器、二身、三能受用；約世有三。《論》惣名爲九種境界。頌云：見相及於識，器身受用事。過去現在法，亦觀未來世。功德施《論》觀察有爲九種體相，頌云：觀自在境物，遷動及體性。少盛壽作者，觀心並有无。

觀察自在，譬如星等，着像於空，隨方運行，光色熾盛，假令久住，終隨劫盡。如是人天受諸福報，豐財重位，衆所瞻仰，雖久自在，會亦歸空。觀察境物如翳。譬如翳目，於浄空中，見有毛輪、飛花、二月。无明翳識，亦復如是，於真實理无物之處，而見內外世出世間種種諸法。觀察遷動如燈。譬如燈焰，即生處滅，不至餘處，然因此焰，餘處焰生，如有遷動，諸蘊亦爾。觀察體性如幻，變作女人，容貌可觀，體性非有，不了之者，取爲真實，諸法亦爾。觀察少盛如露。露見日晞，盛年容色，一遇无常，已從遷謝。觀察壽如泡。譬如水泡，或有始生，未成體相，或纔生已，或暫停住，即歸壞滅。壽生亦爾，始生胎藏，乃至衰老，歸於滅壞。觀作者如夢。夢中隨先見聞憶念分別熏習住故，雖无作者，諸境現前。无始時來諸煩惱業熏習住故，雖无有我是能作者，而現无涯生死等事。觀心如電，生時即滅，刹那必謝。觀有无如雲，如空中雲，先无後有，須臾變滅。有爲亦爾，體性本空，從妄緣有，有緣既散，還復歸无。功德更有多復次釋，煩不具引。

六問答者，問：遍計等三性之中，此喻何性？答：此喻依他，言有爲故。由觀依他如幻等故，能除遍計執實有心，所顯真理即圓成實故。由此觀悟，入三无性。問：亦有經中，色如聚沫乃至識如幻化，與此何殊？答：法有多途，喻亦多義，随舉爲喻，不可一准。亦有水月、光影、谷響、變化，或惣喻有爲，或别喻諸法。此中所舉，是其別喻。然據二論，説九喻爲正。此經闕四，星翳燈雲，而加影喻。梁本闕星，而加於暗，彼以星光暗中現故。或譯者意別，或梵本殊，不可和會。

七説喻勝益者，依此《論》説，作是觀故，於有爲流轉生死而无染着，故得出離。若爾九觀皆得出離，何故後三獨名出離？答：理實俱能得於出離，然於前喻別顯餘義，此无人法，出離義增，又順滅諦，即彼所觀出離相故，是故言之。彼《論》頌云：觀相及受用，觀於三世事。於有爲法中，得无垢自在。

上料簡訖，次釋經文者，初一句法，次二句喻，後一句勸。

經：「仏説是經已」至「信受奉行」。

演曰：流通分有三：初標仏化畢，次明衆同聞，後歡喜信奉。優婆塞等義如常説。准魏、周經，有菩薩摩訶薩，貞觀具引八部，此中文略。

此《論》頌云：若聞如是法，於大乘无覺。我念過於石，究竟无因故。下人於此深大法，不能覺知及信向。世間衆生多如此，是以此法成荒廢。演曰：初偈明不悟解者无菩提因，後偈明不信向故，法成湮滅。前令人發心，後希法久住。

彼《論》頌云：諸仏稀有惣持法，不可稱量深句義。從尊者聞及廣説，迴此福德施羣生。上二句歎仏法殊妙，次一句继軌傳燈，下一句發願迴施。

歡喜奉行者，《智度論》云：爲生智也。《文殊師利所問經》云：有三種義，歡喜奉行。有云，《伽耶山頂經》亦同，此説應檢之。一説者清净，以於諸法得自在故，意明不爲取執利養所染。二所説清净，以如實知清净法體故，意明説彼所證實理，離虚妄執説，教理、根性皆相應故。又初中後善，等十種净勝故。三得清净果，意明受者随所聞説境行果三，起行得果，證彼境故，所以歡喜。以其聽者根器宜聞，仏正爲説，无不信悟，領納在心，敬順脩學。由斯故説，歡喜奉行。

妙理非愚測，憑論略敷宣。福善共含生，速證无所證。

建中四年正月廿日，僧義琳寫勘記。

貞元十九年聽得一遍，又至癸未年十二月一日，聽第二遍訖。庚申年十一月二十八日，聽第三遍了。義琳聽，常大德法師説。

金剛般若宣演卷下

校勘記

〔一〕底本據伯二一三二。

〔二〕「忍」，底本後衍「忍」字，據文意删。

〔三〕「燃燈」，底本作「燈燃」，據文意改。

〔四〕「菩」，底本後衍「薩」字，據文意删。

（卷上、卷中肖自强、許偉整理，卷下洪艷麗整理）

○二二五

金剛暎卷上〔一〕

京地清發道場沙門寶達集

「贊揚經注，略啓五門」者，此疏宣演□《御注般若》故之經。「啓」者，開也。「略」，則簡要之義也。五門生起，次第可知。於中前四，懸談經義。第五，正釋經文。准《疏》中各開二，則爲十門亦得。

第一、漸教興由門。

「先依《論》釋」者，《疏》中依兩論明教意，雖各不同牒，是宣明此經之興也，簡要故爾。然准諸家疏牒，有總別之意。

「總」者，即明如來出現，一代説法之大意也。則如《法花經》，唯以一大事因緣故，出現於世。謂令衆生開佛知見，使得清浄故，示佛知見故，悟〔三〕佛知見故，入佛知見道故等。准《法花論》自釋之：「開」者，無上義，除一切智智，□無餘事故。「示」者，同義。「悟」者，不知義。「入」者，爲令證得不退轉地，示現與無量智業。故慈恩釋云：一切智者，佛也。又云：智者，根本、後得知也。此二是智用，此二智性，即是真如。若用若性，合名爲智。一切智人云智故，名一切智智。又一切智者根本智，重言智者後得智。舉此二智，攝於智性，真如妙理。又一切智者，智用菩提，重言智者性涅槃。今顯此二，悉皆無上。此即雙開菩提、涅槃，名二無上。除此二種，更無餘事。勝過二法，故名無上也。「二示」者，別開涅槃也，以聲聞、辟支佛、佛三乘法身，法身平等。「平等」者，佛性法身無差別故，此意説言三乘法身，本來平等。衆生無智，不肯修證法身圓滿。諸佛出世，欲示衆生，此佛知見之性，三乘同有，平等無二，會同證滿如來法身，故名同義也。「三悟」者，別開菩提也，以一切聲聞、辟支佛不知彼真實處故。不知真實處者，不知究竟唯一佛乘故，欲令衆生悟於究竟唯一乘佛菩提智，令修生長，故云不知義也。「四入」者，上三總別，雖顯佛果，菩提涅槃，未知如何可能獲證，今顯能證之因，故名爲入也。總而言之，諸佛出世，轉於法輪，雖即大小，徵謂不同，其本意也，皆欲普令一切衆生，悉當成佛，故説法也。二別意中，亦有通別。通者則明説諸部般若之意。如《解深密經》説，謂欲令於生無自性性〔三〕等中，如實了知相無自性性及勝義無自性性等，所以説般若。廣如彼説，恐繁不録。

「無著菩薩釋三問意」等者，問曰：得六因緣者，乃釋善現問意，何以將明佛説意耶？答：如疏。「且一部宗旨」已下，釋通此意也。故知問意有六，依問而答，佛意必同也。「其六者何」已下，並除論文，則「是般若波羅蜜令佛種不斷」者，總結六因意也。別雖有六，總令佛種不斷也。「云何以此」已下，《論》自徵釋不斷所以。則前五因，始從「斷疑」，至於「歡喜」，利益有情，令行增進，後一則令正教久住。行進則必證於果，教住則真理恒明，由此能令佛種不斷。

然隨此論文，謂依位地。《疏》中自指下文故，此無勞繁述。初，「佛法外人」等者，准下配位地中，《疏》有兩釋，此依前解意也。則十信已前，未入三僧祇數，名佛法外人也。「以有疑惑〔四〕不生定信」者，則所爲二類人也。有疑惑者是未發心人，令其斷疑，入十善位，則是第一爲斷疑故，而説此經。「不生定信」者，即是十善菩薩。意云：既已斷疑，即必生信，然信未定故，此第二令生信者，則令入十信位，生決定信也。生定信已，則名佛法内人，入三劫數也。「次二」乃至「未解進修」者，則是爲令入佛法者解進修故。「入甚深」者，令入六住已來。「不退轉」者，令入七住已去。故此二種，皆名進修。「後一已進修者未能證達」者，即地前人，令入初地已去，親證法性，生如來家，住極喜地，名證達也。故第五云「爲生歡喜故」。此則雖有五因，束爲三位也。「由教但爲」已下，釋三位所以，尋之可知。

「若已證悟言教都亡」者，問：若入初地，名爲證達，豈不藉教而言都亡耶？答：據增勝説。由在地前未證於理，必由信教方能入證。若入初地，親證真如，依理觀證真如。依理觀修，非全漸教，故下《疏》釋攝付中言多依地前以明攝付。初地已去，親證法性，二利行强等，故有頌云：菩薩在法流，前後見諸佛，已去菩提近，無難易得故等。此中之意，當知亦然。「生智攝福對」者，入甚深是生智也。「攝福」者，《論》云：由貪受持修行有多功德，不復退轉故，故是攝福也。「其配位地至文當釋」者，即此卷末釋三問中説也。

「佛所説法咸歸二諦」者，准此説意，雖通諸教論，而但配説此經意，則是以通釋別也。「謂即於此都無所得」者，即此前所説俗諦之中離能所相，不見差別，終於真性第一義理，名無所得。「是諸聖種性」者，一切聖人皆由證此真諦無相之理而成於聖也。「如有頌言」等者，《成唯識論》引經頌也。初句，明真諦；下三句，明俗諦。意云：要由證真，方能了俗。「諸行」者，則有爲法也。「非是不證真」者，而能了俗如幻等也，證成上説二諦意也。「略有六對」者，則真俗二智有六對差名也。第一對、證理之智真，勝事之智俗。第二對、知一切法真性故名一切智，知一切法差別相故名一切種智，則種類差別而知，故以種言而簡別也。第三對、從喻爲名。如蓮花開敷，衆見咸悦，喻後得説法，令生喜也。「如所有智」者，真如所有智也。故《對法論》云：如所有者，三脱、四諦、十六行等也。「盡所有」者，謂後得智中遍緣諸境也。故《對法論》云：盡所有者，蘊、處、界等攝事盡故。

「次總料簡」者，有其二意：一、料簡兩論不同所以；二、總對經文及論，以明説意多少不同。如《疏》可知。「依教起行」者，由説教故除疑生信等，即是起進修行也。「依境生智」者，境即二諦，由依二諦，生真俗等六對之智，如上《疏》

說。「悟教理之深微」者，令悟大乘教深理妙也，不同外道、二乘等教從我、法二執分別所起，不勉生死。二乘教等雖斷我執，法執仍存，住著涅槃，闕利他行等，皆不名深妙也。「佛說般若波羅蜜」等者，准無著《論》釋意，即：雖說無，說離執正者，名非般若，故《論》云：顯法門第一義也。若准天親《論》意，說般若者，諸佛真實之惠也。「即非般若」者，即非二乘等所得般若也。已上兩論釋意，皆顯教深之義也，故爲令悟教深而說此經。

　此教興門一一義中，皆須結歸。說經之意，下皆准知。

「未曾得聞如是之經」者，善現惠眼，得之既久，當未曾聞，故知大乘教法深也。「持說功德勝以無量身財布施」等者，則受持四句爲他演說所得功德，下經文中以財及身各兩重教量，不如持說之福。初則福相法身中，舉一三千大千世界七寶布施，不如持說四句之福。第二、離外論散亂中，舉多恒河沙等三千大千世界七寶布施，亦不如四句持說之福。第三、遠離懈怠住處中，舉恒河沙等身命布施，不如四句持說之福。第四、離寂靜味住，舉於一日中分爲三分，各捨恒河沙命，如是無量爲千萬億劫以身布施，不如聞經信心不逆所得功德。不逆者不謗也。故功德〔五〕施《論》「依經判名」等者，「功德施」者，《論》主名也。彼《論》題云「金剛般若破取著不壞假名論」。「破取著」，是真諦。「不壞假名」，名是俗諦。今意云：由經論二諦故，所以能釋之論，經立名也。

「依初入法〔六〕論說斷疑」等者，意云：此論六因中，初一爲斷疑故，即是所斷之障；後四生信等，並是所修攝也。釋其所以，如《疏》應知。「障有二種，煩惱、所知」者，「障」者，覆義、礙義，名之障。故《成唯識論》第九云：煩惱障者，謂執遍計所執實我，薩迦耶見而爲上首，百二十八根本煩惱，及彼等流諸隨煩惱，此皆憂惱有情身心，能障涅槃，名煩惱障。「所知障」者，謂執遍計所執實法，薩迦耶見而爲上首，見、疑、無明、愛、恚、慢等，覆所知境無顛倒性，能障菩提，名所知障。「尋其根源二執爲本」者，即上論文遍計所執實我、法二見及相應法，邪恵爲二執體性，此界與二障爲本也。問：若爾，二障、二執爲同，爲異？答：總相而談，二障必以二執爲本。然細分別，則有寬狹。且護法論師釋云：煩惱障中相應我見，亦執亦障，障涅槃故，計我執故；獨超貪等，不計我故，障而非執。又障通前七識，唯除第八；執唯六、七，除五、八也。所知障中亦有差別，障通前七，執唯六、七等，則障寬執狹也。若據安恵師釋：煩惱障通前七識，唯除第八，我執唯六、七也。所知障與法執體無寬狹，總通前六識及第八識。除佛已外，菩薩已還，諸識自體不證實故，通三性心，皆有法執，唯除末那，《論》說「但與四惑相應」，故無法執也。

「又障有三」等者，即煩惱、業、報等障，亦名三雜染，如常所說。「果報亦不可思議等是除報障」者，依天親《論》釋云：得釋梵等，即感十王果報，離三惡趣，是除報障也。又《寶性論》四障中，前二是煩惱障攝，後二是所知障攝。若約轉行位，明伏斷者。河南釋云：十信第六心，伏初障，信不退故。十住第四住，伏第二障，分別我見、不共無明麁此伏故。《花嚴經》說：第四〔七〕生貴真佛子，從諸賢聖正法生，有無諸法無所著，捨離生死出三界。故分別我，彼位能伏此二種子，入初地斷。第三所知障，在五地斷，障於下乘般涅槃障。五地斷故，緣覺捨心。所知障七地方斷，六地猶觀十二因緣故。「四恩之心」者，是梁《攝論》說，即天親《論》所說廣大等四心之文。如其次第，名平等恩、不施恩、善意恩、真實恩也。釋其名字，至下當知。「及無住涅槃文」者，准無著《論》，釋下經文心具足中，有六種心，第五名爲不住生死真心，即下經文「須菩提，汝若作是念，發阿耨多羅三藐者，說諸法斷滅相，莫作是念」等文是也，即不住涅槃故，通除聲聞、緣覺二障也。

標六度攝戒。「六等」者，意顯答修行中具説六度所修之行也。「又捨身財」等已下，散指經文，別配六度也。「又離一切相等爲攝律儀戒」者，三聚净戒中，離一切惡，名攝律儀戒，凡是所斷，皆此中收。今《經》云：離一切相，發菩提心等，即所離相等，皆是所斷之法，所以名攝律儀戒也。「是三聚净戒乃至三種發心」等者，一、厭離有爲心，即諸有漏法是勤斷諸惡，勤斷諸惡者，即別解脱戒，乃定道律儀戒等，是攝律儀戒也；二、求菩提心，即普修諸善。「普修諸善」者，二空真智及於二乘生空之智，乃至凡夫所能隨大乘有漏善心身語等業，若不爾者，地前一劫，純有漏修，及七地前有漏者，應非大行，即是攝善法戒；三、悲愍有情心，謂於晝夜十二時中普觀三界，法有情類，深心非[八]愍，思求濟拔等，此即攝衆生戒。如其次第，即爲斷德、智德、恩德三種之因。又智、斷二德是自利行，恩德是利他行。此之三種，若在地前，名信行地；若在地上，名净心地；若在果位，名如來地。皆此三攝故，十八住處束爲三地等，不離此故。「《論》判以爲三摩跋提[九]」等者，無著菩薩《論》釋下經文「應如是知、如是見」等云：智依止奢摩他，故知；依止毘鉢舍那，故見；此二依三摩提，故信解。又云「如是一切住處中，相應三摩提方便亦爾應知」等，即諸住處中，釋顯現義，皆是止觀，爲定、惠二度也。《大經》最後六分明度[一〇]者，即《大般若經》十六會中最後六會，如其次第，廣説六波羅蜜相。分者，即六會也，即以六度因標會名。今意云：此經是第九會説，且略標舉六度之義，明無相修，引生後六會廣説義也。

「三識果德之真化」者，即佛三身等，名果位也。豈令識果位者，故知説此經。若爾此經之奥，在乎三問。三問既置，問：戒因如何爲果而説經也？答：如《疏》云「善現三問雖在因中」等已下，即釋此妨也。然准兩論意，於果位中但説真、非真二種佛也，即：法身及自受用身，合爲真佛；他受用身及變化身，合非真佛。雖隨地上十地所感各應不同，名爲應身；地前三乘所見麁身及隨類身，名爲化身。然對真身，此之兩種，皆名爲化，故真、化言攝四佛盡也。「諸法先因而後果」等者，彼論自徵釋也。「中間三因理包行果」等者，即前利樂有情中除斷疑。一、是所斷故，第五歡喜唯是果故，此依下配位地中。第二、解歡喜在於佛果，故生信等。三、通行果也。「具如經説，應尋引之」者，如下文云「説法者無法可説，是名説法」，「若有人言如來説法，即爲謗佛」等，是無説至教也；「一切賢聖皆以無爲法而有差〔二〕别」，「菩薩通達無我法者，如來説名真是菩薩」等，即是無生勝理也；「若有法得阿耨菩提，然燈佛即不與我授記」等，又「我於阿耨菩提」乃至「無有少〔三〕法可得」，即是無得妙行也；「若以色見我」等，及「若見法相非相，則見如來」等，是無爲極果也。更爲同别隨應准説。

「自漢明感夢，摩騰振錫」者等。後漢明帝，永平二年代，□歲即位。至永平五年夜，夢丈六金人。至十年丁卯之歲，爲西域僧迦葉摩騰遊化至于漢地。又至十一年，歲次戊辰，後有比丘竹法蘭，來至此土也。「世高赴洛之後」者，即後漢桓帝時，有三藏安世高於洛陽飜譯也。「僧會遊吳之前」者，有康居國丞相長子棄俗出家，殿名僧會，神儀剛正，遊化爲任。吳主孫權（權，漢末魏初，是白去也。）赤烏四年，至於吳國，于時三國鼎立。（魏曹操等，蜀劉備，吳孫權等也。）自明帝永平十年，佛法至漢，至吳赤烏四年，凡經一百七十年。佛法東至江表者，爲永平十四年。五岳道士與摩騰較力，不如南岳道士結〔三〕善信、費升〔四〕才等，在舍自感而死，不預出家，無人流通。復遭漢正陵遲，兵戎不息。遂經多載，佛法未行。今以四年，初達南國，營立茅茨，設像行道。吳人初見，謂爲妭異。有司聞奏，吳主曰：佛有何靈驗耶？會曰：佛晦靈立，出餘千載；置骨舍利，應現無方。吳主曰：若得舍利，當爲起塔。經三七日，遂獲舍利，五色曜天，剖之逾堅，燒之不燋，光明出炎，作大蓮花，照曜宫殿。吴主驚嗟：希有瑞也！信情大發，因爲造塔，度人立寺。以其所住爲佛陀果，又以教法初興故，名建初寺也。舉此三人者，並是漢吴國初傳佛法之導首也，故偏舉之。已上即是明佛法來時也。徵言：雖備於中洲已下，明此經初來時也。然約計從孫權至苻秦時，經一百三十餘年，并前晉一百七十年，即佛法至漢三百餘年，方有此經也。

「震域」者，即是梵語呼此漢國爲震旦國也。正梵音云：支那摩訶。義翻云：大漢國也。「鳩摩羅什法師」者，此是譯此經主。應略徵因由。然《晉書》第六十五、費長房《三寶記》第八，及《高僧傳》等具説，所由大意相似，廣略有殊，今且依《三寶記》説。彼云：沙門鳩摩羅什婆，此云童壽，本印度人。公明聰慜見稱，龜茲王聞以女妻之，而生於什。《晉書》及《傳》云：父鳩摩羅炎，聰惠有大志節，將嗣相位，乃辭避出家，東度葱嶺。龜茲王帛純聞其名，郊迎之，請爲國師。王有妹，年二十，方悟明敏，體有赤黶，後生智子。諸國交娉，並不許之，及見炎，心欲當之。王乃逼而妻焉。餘文大同也。

法師居胎之日，母增辨惠。七歲出家，日誦千偈，義旨亦通。至年九歲，與外道論義，失邪止解，感聞愧伏。年十二，有羅漢奇之，謂其母曰：常守護之。若年三十五，不破戒者，當大興佛法，度無數人。又習五明論、四韋陀典、陰陽星算，必窮其妙。後傳習大乘，數破外道，遠近諸國，威[一五]謂神異。母生法師之後亦即出家，聰拔衆尼，得第三果。法師受具，母謂之曰[一六]：方等深教應大闡秦都，於汝自身，無利如何？法師曰：菩薩之行，利物亡軀，大作必行，鑪鐙無垠。從此已後，廣誦大乘，洞其祕典。西域諸王，每請法師講説，必長跪座側，命法師踰而登焉。

苻堅建元九年，歲在丁丑，七處奏云：有星現外國，當有大德智人入輔中國。堅曰：朕聞西有羅什，襄陽有道安，將非此耶？復遣將軍呂光等，承兵七萬，西伐龜茲。光與羅什同來。法師在道數言：應受光盡用之。光於是即據西涼，亦請師留。《晉書》云：光還至涼州，聞苻堅已死，爲姚長所害，於是竊號河石也。至姚秦弘始三年，興滅西吕，方入長安。秦主興存加禮之，延入西明閣及逍遥園別館安置，勅僧珞等八百沙門，以受法師義旨。興卑萬乘之心，尊三寶之教。於草堂寺，共三千僧，手執舊經而纂定之，上莫不精究，洞其深旨。時有僧叡，興聞加焉，法師所譯經，叡並參正。法師以姚秦弘始四年，歲次辛丑，起譯經論也。然前云與秦之曰口。據法師初至以説，亦不相違。《晉書》云：法師臨終，覺四大不愈，乃誦出三番神呪，令外國弟子誦之。以自救未及，致力轉覺危殆，於是力疾與衆僧告別：由因法相遇，殊未盡心，方後没世，慚愧何言。死於長安。姚興於逍遥園，依外國法以火焚尸，薪滅形碎，唯舌不爛也。

「草堂寺」者，今在覇縣東南，終南山陰是也。准《三寶記》云：先吴長安，自前漢廢改，苻秦興，其間三百三十一載。曠絶都市，民俗荒蕪。雖數伽藍，歸信斷寮〔一七〕。三千德僧同止一處，共受姚秦天王供養。世稱大寺，非是本名。中構一堂，摧以草苫，即於其内及逍遥園二處翻譯。魏末周初，微漸稍整，大寺因爾成四伽藍。草堂本名爲一寺。草堂東，常住。南，京地王寺，復改爲安定國寺。安定國寺西爲大乘寺。邊安定即天街東畔八偶大井，即舊大寺之東厨供三千僧之甘泉也。今此非現在。

「元魏」等者，是後魏，本姓託跋，後改爲元也。意骨〔一八〕前魏故，以姓標別也。「菩提留支」者，魏云道希，新云覺愛也。「名婆伽婆」等者，是名隨經。初時俗呼名，非謂是經題目名也，下皆准知。

「陳太康」等者，即上表陳羅時也。問：若爾，何故下六梁經？答：准《譯經圖録》等。「真諦三藏」者，梵云波羅末陀，梁云真諦，本西印度優禪國人。風神英拔，悠然自遠，群藉廣部，罔不精通。以梁太清二年閏八月，屆于梁部。武帝西申禮敬，安置於寶雲殿，令翻譯經論。未久之肯，屬國喪亂。至陳初，復出經論。所以或言陳本，或説梁經，皆不相違。

「俗則昆季」等者，《世親本傳》云：世親，梵名婆藪盤豆，本北天竺富婁沙富羅國人。此云丈夫國也，具爲國師，姓憍尸迦。兄弟三人，無著處長，世親第二，佛滅度後九百年中出也。又云：無著得神通，往兜率[一九]天以問彌勒，請説大乘。世親初習小乘，後因無著教化，方始發心歸大、廣讚大乘等。廣如彼説，恐繁不録。

「大智通達教我」等者，「大智」者，即是彌勒菩薩也。「無量功德身」，亦是讚彌勒也。「應當敬彼如是等」者，即等取無著菩薩。問：彼論歸敬，何不説教主？答：彼意開釋經義，且敬釋義之勝具，略不論説教之主也。故彼頌初云：法門句義及次第，世間不解離明惠，大智通達教我等等，意云，大智通達法門句義，明是但説釋義之主也。此即録主本釋，如有人釋通佛者，恐非《録》意故。《録》自結云「即是通敬本論大師」等。

「法歸分別」者，如有頌言：獸歸林藪，鳥歸於空，聖歸涅槃，法歸分別。羲舒去，日月也。

第二、明經體性門。

「先體後性」者，汎明體性，有通有別。通者，體即性。別者，性體各殊。如慈恩總章中約通義説，如言此人體性善惡等，體無別也。今此録中，約別義説。體即五重，名句等不同；性即圓成三門，辨別五種之性也。即體麁性細，義各細也。

「能詮性用體」者，聲是能詮性，名、句、文三是能詮用。「假實合明」者，名等三是假，聲是實。以名、句等依聲上屈曲假立，離聲無體，其猶忿等依嗔假立，即嗔爲體，此二亦如是。即聲爲體，此依大乘宗説也。若准小乘薩婆多宗，即名、句、文三離聲實有也。「亦不即聲」者，以假實別論名、句、文三知聲有別，所以名等是行蘊、法處、法界所收，聲是色蘊、聲處、聲界所攝，各不同也。「由此法詞」乃至「詞緣於聲」等者，四無礙解，今依《識論》，略列名義。一、義無礙解。《論》云：即於所詮，總持自在，於一義中現一切義故。二、法無礙解。即於能詮，總持自在，於一名、句、字中現一切名、句、字故，此即緣名、句、文身爲境。三、詞無礙解。即於言音展轉訓釋，總持自在，於一音聲現一切音聲故，此即緣聲而爲境也。已上兩釋，配《録》可知。四、辨無礙解。善達機宜，次爲説故。述曰：既聲與名等，別爲法、詞二境，明知名等非無體也。

「二隱假談實體」者，即攝假歸實，離聲之外，無別名等也。故「對法有成所引聲」者，《對法論》聲有十一種：一、因執受大種聲，藉能覺受，執四大種之所發故；二、因不執受大種聲，即外風鈴等聲；三、因俱聲，即内外合發，如擊鼓吹貝等；四、可意聲；五、不可意聲；六、順相違聲；此三但約順、違、俱非説故，即好、惡、非好非惡三種也；七、世所共成聲，世謂世間，世間成立言教之聲也；八、成所引聲，謂諸聖者成就無漏所引〔三〇〕之聲，此聲成立聖教道理即三藏教是；此即《録》中所引也，意云：但説成所引聲爲教體，不説成所引名等爲體，故知位用，聲爲教體也。九、遍計所起聲，即諸外道等妄情計度成，即矯言所起之聲也；十、聖言所攝聲，即見言見、不見言不見等八種净語；十一、非聖言所攝聲，即見言不見、不見言見等八非净語是也。「應如色等非實能詮」者等，取香、味、觸也，以聞是離聲實有體故。此意破薩婆多名、句、文三離聲實有。若是實有，應非能詮。比量云：汝實名等，應非能詮。是宗中法。因云：離聲實有故。同喻云：猶如色等。並例准知。

「三能所詮顯體」者，能詮是文，所顯是義，故《録》云「由能詮文義得顯」等，此示舉一色象，理實能詮所詮、能顯所顯，如次是文、義，兩種合爲教體也。前二後二，此之四法，約能詮以明教體。今此一門，兼説所詮義等爲體故。彼論云：謂契經體，略有二種：一、文；二、義。文是所依，義是能依，如是二種，總名一切所知境界。由文顯義方能解生，生解究竟必由文義，故説二法合爲經體。又云：然文差別，略有六種：一、名身；二、〔三〕句身；三、文身；四、語；五、行相；六、機請。此與《唯識》説文不同。可知。義差別者，乃至無窮，略説十種：一、地義；二、相義；三、作意義；四、依處義；五、過違義；六、勝利義；七、所對治義；八、能對治義；九、略義；十、廣義。一一指文，恐繁且止。

「四攝法從心體」者，即攝境歸心也。「法」者，即且聲、名、句、文等能詮之法，若假若實，皆不離心。「三界唯心」者，彼云：三界虚妄，唯心所現。又云：諸佛常身知一切從心轉，若人如是解，是人真見佛等。又「契經説」等者，即《密嚴經》云：我説識所緣，唯識所現故。《楞伽》亦云：一切諸法皆是自心現量所作等。「論説心心」乃至「皆不離心」等者，《瑜伽》《成唯識》等皆作此説，以色、心等五位法即是大乘百法，皆唯識攝也。如其次第，是識自體門、識相應門、識所變門、識差別門、識實性門，故攝五位皆唯一心，故此教體不離心也。《二十唯識》者，是天親所造，有二十行頌，名二十行頌，名《二十唯識論》也。「二識成決定」者，准彼論文，有其兩義：一、自他爲二；二、善惡爲二。今取自他二也。「相續」者，即是身之異名也。

「五攝事歸如」者，即攝相歸性也。慈恩釋云：諸教廣説，雖復不同，以類而言，不出四種。一、約緣論實性，以妄習真，於際法中有其情，如人言氷有等。二、□□論實性，直談真如，性非染净。三、以實從緣性，即此真性由隨染净二緣，即能成彼生死涅槃。其猶氷體，水自性不殊，由遇炎涼，氷水成異故。《涅槃經》云：佛性一味，以煩惱故，出種種味。四、以緣從實性，即染净法體即真如。今此《録》中，依第四義，即攝末歸本，唯以真如爲體，猶百川之趣海，同一味鹹，萬法歸於一如，並皆真性。「無有文字」者，文字即真如故。

「圓成等者」，三性義，略以二門辨釋：一、列數，釋名；二、出體性。就初門中，先列次釋。言列數者：一、遍計所執性；二、依他起性；三、圓成實性。次釋名者：周通計度，故名遍[三]計。性者，體也。此遍計以所執實我、實法即空性故，持業釋也。依他因緣之生起性，名依他起性，依主釋也。圓謂圓滿，成即成就，實者，諸法實性，故名圓成實性。「圓成實性」，圓成即真如性，持業釋也。二、出體。「遍計所執性」，據護法師義，即有漏六、七二識所執蘊等，起自心相，計爲實我、實法，如兔角等，其體即空爲體性也。問：體既空無，如何立性？答：情有理無，隨彼妄情，教所詮故，立爲性也。問：有漏第六，通緣諸法，可名遍計。有漏第七，唯緣第八，如何名遍？答：是此類故，且名遍計。理實言之，計而非遍，由此應作四句分別：有遍非計，謂無漏識、有漏善識等，能遍廣緣而非計執也；有計非遍，謂有漏第七；有亦遍亦計，謂有漏第六我、法二執；有非遍非計，謂有漏五識及賴耶識也。「依他起性」者，即衆緣所生心、心所體及見、相分，有漏、無漏諸有爲而爲體也。「圓成實性」者，謂依他起，且彼妄執實我、實法二空，所顯真如爲體故。《唯識》云：二空所顯圓滿，成就諸法實性，名圓成實也。「攝事歸如即圓成」等者，此下約上五重教體以辨性也。第五門是真如故，是圓成性攝也。「亦依他性」者，亦圓成故，意云：攝法從心門中有其圓成，兼亦有依他。以是因緣法故，據性相二種，爲二性所收也。下皆准知。

「據本質教」者，如來所説聲、名、句、文，名之爲本。聞者識變，名之爲影。謂由聞者善根增上緣力，引佛利他無漏種子，於佛識且文義相生等，名本質教，此唯無漏。聞者識變，通有漏、無漏，是影像教也。「隨小乘宗」者，以薩婆多宗説，佛身，十八界中，唯意界、意識界、法界，此三通無漏，餘並唯有漏。然大乘宗中《對法論》説十五界有漏者，是且隨小乘宗義。《佛地論》《成唯識》等，皆説十八，唯無漏故，聲、名、句、文皆無漏也。

「菩薩第八有漏性收」者，即第八識也。一切菩薩要至金剛喻定，爲菩提時，方轉第八異熟識，成大圓鏡智故。十地已還，一切菩薩生第八識，皆是有漏，故所變相分五塵等亦是有漏。「若於無漏心説神通第六七」者，即六、七二識也。准《成唯識論》等説：菩薩八地，見道已去，即許轉六、七二識成妙觀察智、平等性智，故通無漏。「此顯像教之唯無漏」等者，即六二識所變相分，聲、名、句等，名影像教也。以六、七二識見分是無漏故，所變相分必無漏也。以唯識道理，諸識起時，必自實相而緣，即：能變爲見分，所變爲相分。其見分是無漏所變，相分亦是無漏，有漏亦然，故《録》云「由見、相分性類同故」，即漏、無漏性也。問：何故不言前五識耶？答：轉前五識，諸論有二師釋。一云：菩薩修道位中，後得智引眼等諸識得成無漏故，成事智亦得初起。一師云：要成佛位，方得現起。以十地中眼等五識依異熟根，彼根即是異熟識變，非無漏故。依有漏根，發無漏識，不應理故。故《攝大乘論》云：平等[二三]性智、妙觀察智，於初現觀，最初現行修道位中，縛後清净。大圓鏡智、成所作智，佛果始證，一得已後，無有增減。諸論皆取後師爲定，皆至佛果方縛五識，故説菩薩無漏，唯通六、七也。

「二乘[二四]雖有遊觀無漏入滅盡定」等者，以二乘人入滅盡定時，要依遊觀無漏爲加行入。言遊觀者，意簡根本無分别智，顯是後得智所攝，即取遊履觀察之義也。故《唯識論》云：此定初起，必依有頂，遊觀無漏，爲加行入。次第定中，最居後故。下文又云：隨應後得所引發故等。今此意顯二乘人後得所攝無，唯有此入滅定時，加行左有餘位即無，故云「少不足言」也。以力劣故，法智、類智等，但能斷惑證理，不能緣事以說。謂教時是緣事，知後得所攝，故二乘無。若准小乘滅定是有漏所攝，不同大乘也，是性境故者。

慈恩《極[三五]要》，總攝諸境，有其三類：一者，性境。諸真法體，名爲性境，色是真色，心實是心。真實法不定隨心，三性不定，如實五塵唯無記性，不隨能緣五識通三性故等，此即見、相二分各別種生也。二者，獨影之境。唯從見分，性、繫、種子皆定自故，如第六識緣亂色、空花、石女兒等，皆定隨心，無別體用，假境攝故，名爲獨影。三者，帶質之境。謂此影像有實本質，如因中第七所變相分，得從本質是無記等，亦從見分是有覆所攝，亦得說言從本質種生，亦得說言從見分種生，義不定故等。如彼頌曰：性境不隨心，獨影唯從見，帶質通情本，性種等隨應。性謂三性，種謂種子，等即界繫等，隨應者，是不定義也。

「以許見相雜引生故」者，《識論》第十云：善等識相，不必皆同，三性因緣雜引生故。述曰：此約有漏位說，見分識等雖是其善，所變相分聲等是無記也。「論說色聲非善惡性」等者，《顯揚論》第十八說也，即：大乘五塵，皆唯無記。經部亦體。薩婆多宗色聲通善惡，餘三唯無記。由大乘等以思爲業體故，色聲無記，薩婆多以色聲爲業體，故通善惡，宗不同也。「名等如何」者等，句、文也。此已下，唯問名、句、文三也。「汝小乘師聲界有漏」等者，汝薩婆多宗執佛聲是有漏，雖通善惡，名、句、文三，離聲實有，唯是無記。我大乘宗，佛聲無漏，名等三種，依聲假立，攝假歸實，名等即聲故，唯是善也。

第三、攝歸宗旨門。

「藏有三種」者，藏者，是攝持義。以教攝義，或攝於人，皆名藏也。二、藏約人以立。言聲聞者，因聲悟道，名曰聲聞。故《法花》云：

從佛世尊聞法信受，經勤精進，欲速出三界，自求涅槃，是名聲聞乘也。釋菩薩名，如下所說。此之二藏，皆依主釋。「獨覺教少」者，唯觀十二因緣，不假多說也。

「又藏有三」者，約能詮教分爲三也。「毘奈耶」者，或云毘尼那耶，皆梵音梵發也，此或翻爲滅。《母論》第一云：毘尼名滅，滅諸惡法故。滅翻調伏，天親《攝論》第一云：調者，和御。伏者，制滅。調和控御身語等業，制伏除滅諸惡行故。此通調伏。身等三業離三惡行即調伏，是所詮行。調伏之藏，依主釋也。「素怛纜」者，或云修多羅、修妒路等，亦梵音不同也，此云契經。釋此名者，如下釋題目中說，契經即藏，持業釋也。「阿毘達摩」者，或云何毘曇等，此云對法藏也。法謂涅槃或四聖諦，對謂淨惠或隨行等，以無漏惠對向涅槃、對觀四諦，故名對法。此是勝義對法也。又能詮無漏惠等所有教法，亦名對法，故《俱舍》云：及能得此法惠論等也，釋藏名可知。

「各據增說」等者，《婆沙》第一，廣說其相，今略說者。彼云：如是三藏，有何差別？或有說者無有差別。所以者何？一切佛教從一智海之所生故，隨一覺池之所出故，等力無畏所攝受故，同大悲所等起故。復有說者亦有差別。且名即差別，謂此名素怛纜等。復〔二六〕次依處亦有差別，謂若依增上心論，道是素怛纜。餘二准說。問：於一切中一切可得，謂於經中亦詮戒、惠，餘二准說。如是三藏應無差別？答：依增勝說，謂於經中雖詮戒、惠，唯詮心勝故，但名契經。餘二准說。《録》中所說同此義也。「又十二分有論義」等者，等取因緣經也。意云：論議是論藏，因緣者，即因事制等，是律藏也。十二分經既無別部帙，故知三藏非必別卷也。此義即同《婆沙》第二師說，故彼〔二七〕論云：有作是說，素怛纜中，依增上心論，道是素怛纜，依增上戒是毘奈耶等。餘二准說。此意隨經、律、論中，但詮心處，即是經藏；詮制處，即是律藏；詮惠處，即是論等，非要別部帙也。

「十二分教具如章」者，今依主位章門等，略以五門分別：一、釋名辨相；二、總明體性；三、相攝有無；四、大小具不具；五、配入藏。

就初門中，先釋名，次隨配辨相。釋名中，先總，後別釋。

總名者，舊譯名十二部經。部有二義：一、部類義；二、部帙義。今取部類，即所説法義類差別，有其十二，名十二部也。此濫部帙之義故。大唐三藏法師譯爲十二分教。分，即於十二不同；教謂能詮；十二通自，即帶數釋也。

次，別名者。隨《録》便釋。

一、契經者。梵云修多羅，義翻契經也。如下釋題目中廣釋。能契即經，持業釋也。或契物之經，亦依主釋也。「通即十二俱名契經」者，如《涅槃經》云：從如是我聞至歡喜奉行，如是一切，名修多羅。「別謂長行」等者，此《雜集論》文也。

二、應頌者。梵云祇夜，舊名重誦偈。此有二義：一、爲利益後成之説，應爲重頌；二、爲長行義不了故，應更頌釋。應字，並平聲。或爲後成，應物之頌，去聲亦得。《瑜伽》《雜集》並顯兩義，《録》中總相説也。故《雜集論》云：即法中或後以頌重頌。述曰：爲後成。又不了義經應更頌釋。述曰：此即長行不了，應更頌釋也。英法師云：應云頌故，唯依主釋。後有釋者，應有彼頌，即有義釋也。

三、記別者。梵云和羅那。記別即經，記別之經，通二釋也。「一記大人當成佛事」者，如《涅槃》云：何等名爲授記經？如爲經律，如來説時，爲諸人天授佛記別：汝阿逸多，未來爲王，名曰穰佉，當於時世而成佛道，號曰彌勒。是名授記經。「二記弟子」等者，《雜集論》云：謂於是聖弟子等，謝往過去，記別得涅槃、生處無〔二八〕別也。「三記別諸法」者，《雜集》云：又了義經説名記別，記別開示深密意故。

四、諷頌者。梵云伽他，舊云不重誦偈。結

頌諷誦，故名諷頌，唯依主釋。此唯有一相。《顯揚論》云：謂諸經中非長行直説，然以句結成，或二句乃至六句等，名諷誦經也。

五、自説者。梵云直陀那。自説之經，唯依主釋。此唯有一相。如《涅槃》云：如來明旦，從禪定起，無有人問，即自説言：比丘當知一切諸天壽命極長。汝等比丘，善哉，爲他不求自利。善哉，少欲。善哉，知足。善哉，寂静。如是諸經，無問自説。

六、緣起者。梵云尼陀那，亦名因緣。因緣之經，依主釋也。「此有三相」者，《瑜伽論》云：謂依有請而説法法(二九)，如經説言，世尊一時，依鹿子五，爲諸比丘宣説諸要。述曰：此即依請説。又依別解脱因起之道，毘奈耶攝所有言説。述曰：此即因犯戒也。又於是處，依如是如是因緣，依如是如是事，説如是如是語。述曰：此即因事説法。

七、譬喻者。梵云阿波陀耶。釋名可知。《雜集》云：謂諸經中作以説等也。

八、本事者。梵云伊希(三〇)曰多伽。本體即事，本世云(三一)事，通二釋也。謂除自身者，除佛自身，本生攝故。故《瑜伽》云：謂除佛本生，宣説前際若人若法，諸所有事也。

九、本生者。梵云闍陀伽。本體即生，本世之生，亦通二釋也。此有二相：一、説過去受生死身；二、説佛過去行難行行。《録》中所説，即《顯揚論》文也。

十、方廣。梵云毘佛略。西明法師釋云：理正，名方。廣陳，名廣。方理之廣，依主釋也。「二法廣多」者，《瑜伽論》云：又復此法廣故、述曰：唯爲大乘，極廣甚深。多故、無邊法門，無有盡也。極齊大故、果超衆聖，非二乘及也。時長遠故，經三無數劫，長時修。名爲方廣。

十一、希法。梵云阿浮陀達磨，舊名未曾有經。希有之法，名爲希法，依主釋也。「謂説八衆者」，即佛及比丘等七衆爲八也，此出《顯揚論》文故。彼第六云：未曾有經者，謂諸經中宣説諸佛，及諸弟子、比丘、比丘尼、式叉摩那、沙彌、沙彌尼、鄔波素迦、鄔波利迦等共不共功德，及餘最勝殊、特驚異、甚深之法，是爲未曾有。已上論也。《涅槃》云：如彼菩薩初生之時，無人扶侍〔三二〕，即行七步，放大光明，遍照十方；亦如彌猴，手捧聲器，以獻如來；如白頭狗，佛邊請法；如魔波旬，變爲青牛，行瓦〔三三〕鉢間，令〔三四〕在棠觸，無所傷損；如佛初生，入天廟時，天像禮敬等，名未曾有經也。

十二、論議者。梵云優波提舍。談論□議，故名論議。英法師云：論體即議，唯持業釋也。此有二相者：一者，佛自説，如《録》所釋，即《瑜伽論》文也；二，弟子所〔三五〕説，如《瑜伽》云，又聖弟子已見諦者，依自所證，無倒分别諸法體性，亦名摩怛理迦也。已亦隨《録》釋名。辨相訖。

第二、總明體性者，即如上明經體性中所説無異。

第三、明相攝有無者，謂十二分展轉五相攝也。今略示法隅，不可繁廣。且契經中，若據通相，即攝十二，如《涅槃》説，皆名契經；若據别相，唯除二頌，以長行、偈頌相差别故。二頌之中亦無契經，義准可知。又二頌相望，亦互無也，以重不重别。本事之中定無本生，本生之中定無本事，以師資别故。由此義准，總分爲三，謂契經、應頌〔三六〕，此三皆容攝十部；本事、本生，此二名攝士部；餘之七部，皆具十二也。

第四、大小隱顯者。若就顯説，大小乘各有九部，無三部也。小乘説九帶三三者，如《法花》云：我此九部法，隨順衆生説等。釋云：以小乘中未求佛果，故無授記。又小乘人根性狹劣，必待請説，無自説也。又小乘中理義廣，無身廣也，故除此三。大乘説九三者，如《涅槃》云：護大乘者受持九部。釋云：菩提上根多不犯戒，又不待請，故無因緣經。又不假譬喻，能曉於法，故無譬喻。又非徵詰身，方生惠心，故無論議。故無此三，具餘九部。若據隱顯通論，盡理而說，即大小皆具十二分也。具十二諸經皆說，不言可知。小乘具十二，如《瑜伽》二十一云：哀愍一切諸[三七]聲聞故，依四聖諦宣說真實苦集[三八]滅道，所謂契經，乃至方廣。又《四分律》等，皆說十二，故並通也。

第五、配入三藏者。諸論所說，有少不同，今且依《顯揚》第六、《瑜伽》二十五。十二分中，緣起一部，因事制戒，毗奈耶攝；論議一部，徵詰深義，阿毘達磨攝；餘之十部，皆修多羅藏收。

「乃至立五乘」等者，有立四等，即三乘外加人天乘爲四也。故《勝鬘經》云：既無非法衆生，以人天善根而成熟之，求聲聞者，授聲聞乘；求緣覺者，授緣覺乘；求大乘者，授以大乘也。五乘者，《智度論》中開人天爲二，加三乘爲五也。又《楞伽經》等合人天爲一，開不定種性爲一，并三乘定性爲五。通別異故種異，故爲五乘也。

「古[三九]立教時多少不定」等者，自空諸位，有五說不同。初略制其義，後明破意。

第一、後魏菩提留支三藏，立一時教。意云：諸佛聖教，但唯一時，無有世間大小乘別，亦無半滿頓漸等異。所以然者，由佛本願，欲令有情證大果故，道成正覺，轉正法輪，曾不起心說有大小，隨所演說，究竟大乘，隨諸衆生根性有異，稟教不同，教成差別故。《經》云：佛以一音演說，此衆生隨類各得解等。《法花經》云：佛平等說，如一味雨，隨衆生性，所受不同。《花嚴經》云：如來微妙音，如空無有異，隨應受化者，所聞各不同。此即教唯有一實，由能聞者隨受不同，而成差別。即同《法花》，一地所生，一雨所潤，三草二木，生長不同也。

二、宋朝北涼曇無讖三藏，立教二時。依《楞伽經》等以立：一、頓教，即爲諸菩薩上根種性說二空智，證二空如，大不[四〇]由小，稱爲頓也。二者、漸教，始從道樹，終至鶴林，從淺至深，漸次演說，名爲漸教。初說人天施戒等法，令離惡趣，以於爾時未有出世善根器故，即《提謂》等經是也。次説生空無我之教，令出生死，即《阿含》等經是也。次説法空之教，破有疑故，即《般若經》等。次説一乘無二之教，令知佛法唯一無二，即《法花經》等。最後宣説諸佛法身常樂我浄，佛性體常，一切有情皆當作佛，令欣大果，即《大涅槃經》也。此等諸教，藉淺至深，名爲漸教。又依涅槃亦有二，謂半、滿二教也。彼云：云何半字及與滿字義等。

三、依梁朝真諦三藏，立三時教。第一，如來成道，七年已還，唯説四諦法輪，名轉法輪，即四《阿含》等也。第二時者，即七年已前[四一]後，三十八年已前，説《般若》等顯法，空理照破前有，名照法輪。三時，三十八年已後，未涅槃前，説《深密》等，餘遺邊疑，住持中道，不失自相，名持法輪也。

四者，隋朝笈多三藏，立四時經。一者，四諦教，即小乘經；二者，無相大乘，即般若教；三者，法相大乘，即《楞伽經》；四者，觀行大乘，即《花嚴經》，廣明三十二賢聖行位等也。

第五、南二向居士劉亂[四二]，立五時教。第一時者，佛初成道三七日中，爲提謂波利等五百價人，但説三歸五戒，以彼未有出世器故。第二時者，三七日外，十二年中，唯説三乘有行之教，未爲説空，即《阿含》等。第三時者，十二年後，三十年中，説彼三乘同行空教，即《般若》等。第四者，即三十年後，四十年前，破權顯實，唯説一乘，以爲究竟，亦未顯説常住佛性，當説無常佛性，明一乘佛果以爲真實，即《法花》等。第五時者，四十年後，未涅槃前，顯説常住佛性常等四德，即《涅槃經》等。

略明破意者。且第一師一時教者，若癈事談理及同一會，有大小機別可如。所説若通一切，即爲不可，如《勝鬘經》等唯被大故，《遺教經》等唯被小[四三]故，又違《解深密經》三時文也。破第二師，意説有，於理雖可然，定制諸經爲漸頓者，義即難解，皆不定故等。第三師説三時教者，義即可然，約年數定，即爲不可，如《花嚴經》等最初説故等。破第四師，意觀行無想貫通諸經，義即可爾，局定於教理，即不然等。第五立五時義，亦約年數，准同前破，又無文説，故義不可依等。恐繁不録。

判正義中，《録》有二：初、總立教時；二、合者，此經已下，別名此經何時中攝。立教時中，初引文，後釋義，即《録》可知。

「波羅痆斯」者，即波羅奈國也。《婆沙》一百八十三釋云：是河名。去此不遠，造立王城，因以爲名也。「仙人墮處」者，昔有一王，將諸採女，在園遊戲，有五百仙，乘空欲度，見生染，並失神通，一時墮落，從此爲名施鹿林者。《智度論》云：波羅奈國梵摩達王，遊獵於林，見二群鹿各有一王，一是提婆達，一釋迦菩薩。鹿王身七寶色，見彼人王大衆殺其部黨，起大悲心，直往王前。諸人恣射，飛矢如雨。王見此鹿直進於前，勅諸從人，令攝弓箭。鹿王既進，跪向人王：「王以遊嬉逸樂小事，群鹿一時皆受死苦。若以供膳，當自著次，日旦一鹿，以供王厨。」王遂然許。乃至後時，於提婆達多群中，有一白鹿，次當送王，腹中有兒，訴云：「兒不合死，請且差替。」彼王不許，鹿母來向菩薩鹿王。菩薩鹿王言：「汝雖有理，越行差他，又爲不可。我自替汝去。」既至王所，人王怪問鹿王：「何得自來？」遂具陳其事。人王聞已，大生慚愧，而説偈言：「我實是畜獸，名曰人頭鹿；汝雖是鹿身，名曰鹿頭人。以理而言之，非以形爲人；若能有慈惠，雖獸實是人。我從今日始，不食一切肉；我以無畏施，且可安汝意。」遂將此林以施群，因事名焉。

「是諸諍論安足處所」者，即諍起處也。第一時，唯爲小乘説四諦有，言遍計是空，意在依、圓密談於有，既非至極，名有上容，是未了義，故諍與也。第二時中，唯爲大乘除其有，廣説遍計所執是空，不言依、圓是有，相密説空，亦爲未了。第三時中，普爲一切乘者通大小也，説遍計爲空，依、圓是有，顯説性遍計空故，不著於有，依、圓有故，不著於空，遠離二邊，契合中道，是真了義故，無上無容也。

「《涅槃》初教服乳」等者，彼《經》第二，初喻外道説一切有我，如愚醫師，但教服乳，意云：雖説我名，如虫食木偶成字等，非常我也。二、總教斷乳，即是相望，喻佛總説無我教也。第三、隨病論執有服、不服，即《涅槃》等教分説也。「無我者，名爲生死」，惑業在，不自在故。「我者，名爲如來」，有大智惠，得自在故等。彼文本意，雖不説三時教，今據義取文，即：彼初執一切有，第二説一切空，第三分別，即同有無□説，是三時義也。雖外道所説，不同小乘，然且據執有義邊相似而説，是慈恩意，非謂奘引也。

「三[四四]種法輪」者，如上真諦所立三時教中釋也。《信解品》亦有明説者，彼云：「我等内滅，自謂爲足，唯了此事，更無餘[四五]事」，初時教也。「我等若聞，净佛國土，教作衆生，都無欣樂」，第二時也。「佛亦如是，現希有事，知樂小者，以方便力，調伏其心，乃教大智。我等今日，得未曾有，非先所望，而今自得」等，第三時也。

「若唯頓悟大不由小」者，謂定性大乘，或不定種性，始從凡位員義，發大心修行大行，名爲頓也。問：此立三時，知上真諦三時何別？答：即由約漸頓二義，及云亦非年月定制後先等，此即正簡不同真諦三時之所以也。「釋不驚不[四六]怖等，約三無性」者，聞相無自性性，不驚；聞生無自性性，不怖；聞勝義無自性性，不畏，皆爲希有也。意云：説三無性，是第二時教也，故約此義以釋經文。

「河南法師」者，淄州法師也。「據乘[四七]以辨名爲了義」等者，河南總以四重簡了不了。一、法印非印門，即：小乘經説諸行無常、諸法無我、涅槃寂静，有此三印，名之爲了，無者不了。二、說佛身常無常門，即：大乘說常，名爲了義；小乘說無常，名不了義。三、顯了非顯了門，即：隱密、顯了二相說也。四、言廣語略門，即：廣略二說爲了不了也。如其次第，初簡外道，次簡小乘，次簡第二時，後簡略說義。《録》中所引，當第二義也，即約大乘名了義了也。《涅槃經》第六云：聲聞乘法，猶如初科，未得果實，是故不應依聲聞乘，如名爲不了義。大乘之法，即應依止，是名了義，故知大乘皆名了義也。又「彼約漸悟」者，「彼」，《深密經》也。安國法師釋云：由二乘人不能了此經，名爲不了，非謂此經於義不了也。「五位修習」者，即資糧、加行、見道[四八]、究竟位也。無著《論》三科制等，應知其相。

「王舍鷲峯山」者，據《西域記》云：是摩揭陀國正中，十八先君王所都之處，出勝且吉祥茅草，謂之茅城，崇山四周，以爲外廓等云云。鷲，止在城之正北十四五里，接北山之陽也，山頂形如鷲鳥，故爲名。「竹池[四九]園」者，即迦蘭陀竹園，在城北門可一里餘也。「白鷺池」者，多居此鳥，故以爲名。「那伽室利」者，此云龍志譯[五〇]也。又舉四處攝十六會者，初之六會及第十五會，此七並在鷲峯山說；從第七會至第十四會，餘[五一]十會，此亦有七，並在給園說；第十會在他化天宮；第十六會即鷺池說也。

《經》十八說「有八部般若」等者，十八，《論》相傳有兩種八部：一、此土深行八部，即《録》中所列者是；二、菩提留支《金剛仙論》所說八部：一、十萬偈部。二、二萬五千偈部。已上二部，此方未有。三、一萬八千偈部，即《大品》是。四、八千偈部，即《小品》是。五、四千偈部，此方未有。六、二千五百偈部，即《天王問般若》。七、六百偈部，即《文殊問》是。八、三百偈部，即《金剛般若》也。真諦《般若記》中亦說八部，與上並同，然云第六部，此方未有。西明法師云：問日[五二]照三藏、于[五三]闐三藏，皆云：彼方未聞八部之名。又慈恩三藏亦云：西方不限八部。是以《録》中不記也。「鍵」者，鍵字。奇寒反也。《字書》云：鍵，牡簡、鑰牡也者。所以關司□不可開也。揚雄《方言》云：關東謂之鍵，關西謂之鑰也。

通辨宗中，分録爲二：一、判昔辨非；二、「由此應説[四]」已下，述今正義。

判昔中，遠述二師別也。一、「立性宗」者。性者，體也。即薩婆多宗立一切法皆有實體，即：色、心、心所、有不相應及無爲，此五位法，皆有實體也。「破彼三科所有實性」者，即前蘊、界、處是三科諸門也。彼宗蘊等，但是假相，無其實性，故《成實論》中立五種假：一、相待假，如長餘等；二、相續假，如色業等；三、因成假，如從因生法等；四、緣成假，如待緣成位，即瓶盌等。所以皆是假法，無有實性，名破性宗也。「非但性無，相亦非有」者，依勝義門，性相俱遣改。《仁王般若》云：相非相皆遣，法非法皆空，用心乘於群身之身，滋涌住於無住之住，是般若宗也。問：若般若宗名破相者，何故《大品經》及《智論》等立三種假？一、法假，謂即所依五蘊等法；二、受假，謂能依假依者；三、名假，謂能詮教法既存假法。何名俱遣？答：據世諦門，安立三假；據勝義門，假立非有。故皆破也。「明一切法真實道理」者，即有、空二理變説也。

「然立四宗攝義非盡」等者。四宗中，前二是小乘，後二是大乘。已下是就小乘中別指出三部，計宗不同，非前所攝，以明收宗不盡。「又復[五]小乘二十部計」已下，類准諸部，宗計既多，明收不盡也。故慈恩法師總立二十二宗，謂小乘有二十部別，大乘有二宗不同，即：中宗、邊宗，清辨、護法等也。又《十八論》又別，義類同邊，束二十部。總有六宗，恐繁不述。

然應略判二十部名，如《宗輪》云：佛涅槃後百有餘年，立聖時淹，如日久没。摩揭陀國俱蘇摩城，王號無憂，統攝贍部，感二一白蓋，化洽人神。是時，佛法大衆初破，謂因四衆共議大天五事不同，分爲兩部：一、大衆部；二、上座部。彼即於此第二百年，大衆部中流出三部：一、一説部；此部所計，如《録》所説。二、説出世部；亦如《録》説。三、鷄胤部。上十八有仙染鷄生子，是此之族。次復，大衆部中後出一部，名多聞部。多弘深義，稍以大乘，《成實論》等從此出也。次復，更出一部，名説假部。所計如《録》。第二百年滿時，又分出三部：一、制多山部；此云靈廟山也。二、西山住部；三、北山住部。制多山西及北，從此爲名。此三皆部之所在。如是，大衆部四破或[五六]五破，後根本四義，根本五也。本末别説，合成九部：一、大衆部；二、一説部；三、説出世部；四、鷄胤；五、多聞；六、説假；七、制多山；八、西山住；九、北山住部也。

其上座部，經爾所時，一味和合。三百年初，分爲兩部：一、説一切有部，亦名説因部；二、即本上座部，轉名雪山部。謂因從居雪山從處爲名也。復即於此第三百年，説一切有部流出一部，流出一部名犢子部。上十人有仙染犢出子。次復，於此犢子部中流出四部：一、法上部；有□可上，故以爲名焉也。二、賢胄部；謂部主是賢徒。胄[五七]胄者，苗也。三、正量部；刊正無語。四、密林山部。山有密林，部主居之。次復，於説一切有部後出一部，名化[五八]地部。部主曾化國已，化行承出，後捨出家，從本爲名也。次復，於此化部，流出一部，名法藏，或云法密。慈恩云：是部主名福，先云是法名。次至三百年末，從説一切有部流出一部，名飲光部。上十八有仙，身光捨成一，是此云同也。或云此部主身光飲餘光也。至第四百年，初從一切有部復出一部，名經量部，亦名説轉部。立名依經故，又執有種子，墮在相續，轉至後世，故名説轉也。如是，上座部或七破，或八破，本末别説，成十一部：一、説一切有部；二、雪山；三、犢子；四、法上；五、賢胄；六、正量；七、密林山；八、化地；九、法藏；十、飲光；十一、經量也。

「又有法師立三宗義」者，崇聖法師義也。彼以八門分别，一列名，二辨相，三立，四指教，五本末，六同異，七了不了，八問答。《録》中所判，略要而述也。「一法相宗」者後，列名門也。「謂深密等經」已下，彼第四指教門也。「乃至立一味之理」等者，是彼第三建立門也。彼云：諸法實相，本唯一味，如何聖教得有三別？答：諸法實相，本唯一味，一味之理，「非言不顯」等，如《録》所引，即除彼第三門。《録》文盡也。「艤」者，正船向岸，曰艤也。「聊爲質問」等者，此已下，《録》中出其七妨，以質難也。一、聖言非量妨；二、諸佛同凡妨；三、宗不盡妨；四、無久孤立妨；五、教理互違妨；六、違一中道妨；七、制教違文妨。約尋《録》文，其相皆顯。

「不爾聖教應非定量」者，是初妨也。總有三量：一、比量；二、現量；三、聖言量。諸大乘經是真教量，今意云：若言諸佛，下至凡夫，言教無異，皆墮二邊，則諸教何成定量也？「表蘊等法」等者，是《唯識論》第三文也。彼云：諸大乘經皆順無我，違數取趣，棄背流轉，趣向還滅，贊佛法僧，毁諸外道，表蘊等法，遮勝性等。樂大乘者，許能顯示無顛倒理，契經攝曰〔五九〕述曰：言「表蘊等」者，等，處、界也，即表詮門，顯三科爲有也。「遮勝性等」者，遮外道所立冥性、神我等爲無，即遮詮門也。表有定有，遮無定無，依言生解，誦凡成聖，豈同凡説也？「又諸凡夫」等者，第二妨也。「説空定空」者，遍計所執也。「説有亦爾」者，依、圓二性也。「若以不稱實故」已下，第三妨也。「又分三宗」已下。第四妨也。「又云法相存依圓」已下，第五妨也。於中先明義，後出妨。乃至「了不了」者，明彼第六、第七，三義也。彼設第六門，皆約勝義門中辨三宗不同也。「法性或存破」者，彼云：若就相空，三性俱遣。釋云：三性皆是如來藏假相，故須遣也。若就性空，二俱不遣。釋云：三性皆以法爲性，從本已來性自空寂故，無可遣故。《起信論》云：此真如體無有可遣，以一切法悉皆真故。云「了不了」者，彼第七門云：三宗相對，一一之，有了不了義。且法相宗以三性門分別諸法，名爲了義；以餘二門，名爲不了。餘二宗義，准此應知。「便令教理遞〔六〇〕相乖違」者，正出妨也。「各爲究竟」，即理相違。云「了不了」，則相違也。「亦違究竟」已下，第六妨也。「又依深密」已下，第七妨也。餘一一義，有多妨者。且依彼云：門中□申七妨。餘門義中，一有多妨，不能繁舉。

「故彼《論釋》歸敬頌云」等者，謂《瑜伽論釋》有一卷，是最勝子等菩薩造，是彼釋中歸敬偈及判造論之意也。「證法光定」者，無性釋云：謂於此中證希有定，能發智光，照了法故。或云日光明定等，從喻爲名也。「得三菩提」者，乘菩提也。

「由此應説」已下，明正義也。《録》中有二：初、明二宗不同；二、問答和合。

明二宗中，有二：初、略標二宗空二〔六一〕有不同；次、問答漸詰，定其優劣，尋《録》可見。

「於大乘中宗分有二」者，簡小乘也。以小乘部計多種不同，今明大乘，故略不説。然就大乘中諸菩薩等解釋不同，有兩宗別，如《録》所引。

「真性有爲空」等者，約真勝義性，説一切空也。簡於世諦，亦兩句比量，破依他性也。有爲是宗法，真性故空是宗中法。因云：似從緣生故。同法喻云：猶如解作〔六二〕。順結頌法，故因、喻不次。下兩句，破圓成性。無爲是宗法，無有實是宗中法。因云：似不起故。起者，生也。同法喻云：猶如空花。遍計是無，兩宗共許，故不破也。

「虚妄分別有」者，即是有三界虚妄心也。即：能分別分別境故，能起執故。《唯識論》云：即現識等，總名分別，虚妄分爲自性故。此即除分依他有也。「於此二都〔六三〕無」者，「此」，依也。此依他，且無能取、所取二，或我、法二，即遍計所執無也。「此中唯有空」者，此依他中唯有空性真如，如依空門顯，名爲空也，即有圓成性也。「於彼亦有此」者，彼空性中亦有此依妄分別也，法性不相離故。「故説一切法」者，即有爲、無爲，此二攝法盡故。有爲，即虚妄分別；無爲，即性空也。「非空非不空」者，依圓有，故非空；遍計無，故非不空也。「有無及有故」者，「有」，謂妄分別有故；「無」，謂二取、我法無故；「及有」者，謂於妄分別中有真空故，於真空中亦有妄分別故。此中應有三故字，結頌云法有略言也。「是則[六四]契中道」者可知。

「所言勝義及世俗諦其相如何」者，二諦深妙，非可盡言，今是略釋總名，次隨《録》辨相。言「勝義」者，勝謂殊勝義，有二種。一、境界名義，即依、圓二性，隨其應根本、後得二智境故。勝之義，故名爲勝義，依主釋也。此即前三勝義。二、道理名義，即第四勝義，廢詮談旨，非境界故。勝即是義，持業釋也。「諦」者，實義。理事不謬，名之爲諦。勝義即諦，勝義之諦，持業、依主兩釋皆通此，約應理宗釋也。若約勝空宗釋，真性名勝，勝即義故，名爲勝義，諦義同前。言「世俗」者，護法釋云：世謂隱覆，可毁從義；俗謂顯現，隨世録[六五]義。此諦理應名隱顯諦，隱覆空理，有相顯現，如結手巾爲菟等，物隱不[六六]手巾菟相現故，此亦如是。今隨古名，名爲世俗。又復性墮起盡，名之爲世；體相顯現，目之爲俗。世即是俗。

曇無讖，此云法豐，天竺人也。六歲，丁巳夏，隨母庸，讖見沙門達摩耶舍，道俗宗教，豐於利養。其母羨之，遂以讖爲弟子十年，而同學教人誦呪。聰慜出群，誦經日得萬言。初學小乘，兼攬五明，諸論講精妙，莫能酬對。後遇白頭禪師，而讖論義習業既異，交争十旬。讖雖攻難鋒起，而禪師終不肯屈。讖精理，乃謂禪師曰：頗有經典，可得見不？禪師即授以樹皮《涅槃經》。無讖尋讀驚悟，方自慚伏，恨以坎井之識，久迷大方。於是集衆悔過，遂專大乘。年二十，所誦大小乘經，二百餘萬言。

讖從兄，善調象，騎殺王所乘白[六七]耳大象。王怒誅之，令曰：敢有視者，夷三族。親屬莫敢往，讖哭而葬之。王怒欲誅讖，讖曰：王以法故殺人，我以親而葬之，不違大義也，何爲見責？傍人謂寒心，其神色自若。王奇其志氣，留供養焉。讖明解神呪，所向皆驗，西域呼之爲大呪師。後隨王入山，王渴，三從求水不得。讖乃密呪，山出水，因讚曰：大王惠澤所感，遂使枯石生泉。隣國聞者，皆歎王德。于時雨澤甚調，王悦其道術，深加優寵。頃之，王意稍歇，待之漸薄。讖怒曰：當以瓶水諸[六八]龍，呪令入瓶，令天下大旱，王必請呪，然後放龍降雨。有人密告於王，王怒捕讖。讖懼，乃齎《大涅槃經》前分十二卷并《菩薩戒》，奔龜茲國。

龜茲國多信小乘，不信大乘。遂至姑臧，止於傳舍。恐失經本，枕之而寢。有人牽之在地，讖驚，謂是盜賊。如是再三，乃聞空語曰：此是如來解脱之藏，何以枕之？讖乃漸悟，別置高處。夜有盜者，舉不能昇。明日，讖持經去，不以爲重。盜者見之，謂是聖人，悉來拜謝。

北凉王蒙遜聞名，召其相見，接待皆厚，素奉遵大法，志在弘通，請出經本。讖以未參土言，恐乖於理，於是學語三年，方共翻譯。是時，沙門惠嵩、道朗，獨步河西，值其宣出，深相推重。嵩公筆授，道俗數百人，疑難縱横。讖臨機釋滯，未曾留礙。更出《大乘菩薩戒經》二十餘部。讖以《涅槃經》本品數未足，還國尋求。值其母亡，遂留歲餘。於于闐，更得經本，還復姑臧譯之，續爲三十六卷。甞告蒙遜曰：有鬼入聚落，必多災疫。遜不信，欲躬見爲驗，即以術加遜，遜見而驚怖。讖曰：宜潔誠齋戒，神呪驅之。乃誦呪五日，謂遜曰：鬼貝北去矣。既而，北境之外疫死百餘萬，遜益敬讖，禮遇珍重。

□魏主託跋聞其道術，遣使迎請，且造

遜曰：若不遣，便即加兵。遜自揆國弱，難以拒命，兼慮讖多述，或爲魏謀，乃密計除之。初讖出。《涅槃》卷數已定，有沙門云：此經品未足。讖常慨然，誓必重尋。蒙遜因其行志，乃僞資發，厚贈寶貨。未發數日，乃流涕告衆曰：讖業對將至，衆聖不能救焉，以本誓心，義不可停。行四十里，遜遣刺客害之，時年四十九。衆咸慟惜焉。

重答三問。

依無著十八住八住[六九]處、三地仍横三問，多是定位，文隱或重。天親豎[七〇]答三問，亦名單答三問。天親文顯，顯答仍斷疑。

波羅呢斯者，即波羅柰也，梵語輕重不同。此是河神名之也。

有王遊獵原藪。

十支：一、略録名數支，即《百法論》是；二、粗釋體支，《五蘊論》是；三、總句衆義支，即《顯揚論》是；上三論，世親造。四、總攝大義支，《攝大乘論》是；無著造，無性菩薩及世親各造釋十卷。五、分別名數支，《集論》是慈氏釋；六、離僻彰中支，《辨中邊論》是，慈氏釋；七、指破耶山支，《二十唯識》，世親是；八、高建法幢支，《三十唯識》是，世親、護法等；九[七一]、莊嚴體義支，《大莊嚴論》，慈氏造；十、攝數歸覩支，《分別瑜伽論》是，慈氏造。

此云十支，淄州沼法師造。

沙門玄奘法師，河南洛陽人，俗姓陳氏，潁川[七二]陳仲弓之後。鳩車之年落綵，竹馬之齒通玄，墻刃千霄，風神朗月，京洛[七三]名德，咸用器之。但以隨歷云湮，四郊多壘碩德，高僧第如西蜀。三藏以志學之歲，即□問道至止。未久，半滿洞徹，二江鑒徒，莫不驚駭。戒具云畢，偏[七四]肆毘尼，儀止祥寂，妙式群範。洎武德定鼎，文軌攸同，沿江徇友，途經鄔郢。于時，漢陽王以盤石之寄，蕃鎮荊楚，先聞高譽，殷請敷揚，爰於荊府天皇寺，講《攝大乘》及《阿毘曇》等論。江淮名僧，欽風雲萃，王及公卿，親詣法莚。三藏折微通質，妙盡理源，王公碩學得未曾有。其時，大德智琰等，並江下英靈，解窮三藏。既覩妙辯，泣而歎曰：豈期以桑榆末光，得遇太陽初耀？遂以從心三年師之，卒禮。

三藏自是厥後，閲筌蹄於九丘，探幽旨於八藏，常慨教缺傳受，理味譯者。以如意寶(七五)寶不全，雪山之偈猶半，遂杖錫西域，履陰(七六)若夷。既學盡五明，解窮三藏。然彼小乘及外道，各搆異論，誹毀大乘。因造《制惡見論》，制十八部小乘，破九十五種外道。并造《會中論》，融會《瑜伽》《中論》之微旨，以静大乘之紏紛。于時，中印度戒日王總領五印度諸國，内外博綜，十藝俊越，觀乎斯論，歎而泣曰：雖有顯大摧邪之殊益，然彰我大夏之蔑人。吾方九旬大施，可因此會，定其臧否。遂散馳衆，傳告萬里，令論者畢萃，大衆咸集。召以所造二論，六十餘頌，書於大施場門，云：其有能碎一偈，當截舌謝之。日日捊鼓命之，凡一十八日，莫敢當者。于時，戒日王等内外，莫不駭忸。

在彼一十七年，遊攬百有餘國。以貞觀十九年，迴見帝於洛陽。帝大悦，即命所司，將梵本六百五十七部，勅於西京弘福寺翻之。仍勅左(七七)僕射房(七八)玄齡，并碩學沙門惠明等五十餘人，助光法化。至二十二年，已譯之經聞奏太宗，以悟達之懷，而爲聖教序。天文絢發，冠日月而揚輝。又爲文德皇后，敬造大慈恩寺。東西兩宫，大出幡像，勅九部樂，京城諸寺，奇妙幡花，寬車衆伎，送所將經像至慈恩寺。

四百年後，八百年來，諸衆生等著有非空，不達無相。時有菩薩，名爲龍樹，出興於世。初時，同伴總有四人，唯龍樹天聰，事不再告。在乳餔之中聞法梵志，一誦韋陀典，各四萬偈，偈三十二字，皆諷其文而領其義。弱冠馳名，獨步諸國，天文地理及諸道術無不該綜，亦是一時之傑也。相與議曰：天下義理，可以開神明、悟深旨者，吾等知之矣。亦若恣極情欲，最爲一生之樂。遂至術師宗〔七九〕，求隱人云〔八〇〕法。術師念曰：此四人者，擅名一代，草介群生，今以賤術，屈辱就我。今若與三〔八一〕，即不渡來也。且去其藥而祕其方，便而用之，不知其味，即永以我師也。遂各與青藥一丸，而告之曰：汝可於静處，以水磨之，用塗眼瞼，汝形必隱，世尊〔八二〕能見。龍樹摩藥，聞其氣，即皆識之，數分多少，還告師曰：向所得藥，有七十種分數。多少皆如其方。師聞驚歎：何以知之？答曰：藥必有氣，如何不知？師曰：若斯人者，聞之尚難，況乃相遇？會我賤術，何足惜之。乃與其方。

四人得之，縱意自在，隱身入宫。數月之後，宫女有娠。王遂問臣。臣曰：請於宫門，置以細灰。若有是迹，即是妖人。若無是迹，即是鬼。鬼媚可以呪力遣之，妖人可以利劍除之。王如其言，果有人迹。王令壯士揮刀，遍宫亂斫。餘之三人無智，並被刀損。唯龍樹有智，當隨王後一步之内，免被損傷。即便發心出家，入於深山。隱九十日中，備用三藏，自是一切智人。

西方諸寺，例有三門。兩邊門者，比丘出入；其中門者，唯以往來。自佛滅度後，中門常同〔八三〕。龍樹息具一切智，開門出入，因被神打，悶絶而死，亦得蘇息。遂往名室，於彼不久，恐門大怪變石室皆作琉璃，仍謂解佛法總畫。龍王知已，化作僧人，即請龍樹就□□供養。既至龍宫，於九十日讀釋迦所説經教目録不畫。龍王更引示過去三世佛經藏，龍樹□涯際龍生曰：今我宫中□分天一帝釋宫中，有過去七佛經藏，數若塵沙。

龍樹得生慚愧，指我慢心，遂造《智度論》、《中》《百》《十二門論》等。更有餘義，不繁廣敘。

鳩摩羅什法師，此云童壽。後秦姚興時，至長安。什，天竺人也。王聞其棄榮位，自出郊迎之，家國相。什祖父達多，倜儻不群，名重於國。父鳩摩羅炎，聰惠有懿節，將嗣國相，乃辭出家，度葱嶺。龜茲王聞其棄榮□，自出郊迎，請爲國師。王有妹，年始二十，才識明慜，過目必能，一聞召誦：體有赤黶，法生智子。諸國娉之，並誓而不許，及見炎，欲當之。王聞大喜，逼炎妻之。遂生什。什之在胎，其母惠解倍常，往寺誦經，忽自通天竺語，衆咸敬異。有羅漢僧記之：必懷智子。以舍利弗之事證之。既而生什，岐嶷若神。什生之後，還忘前語。頃之，其母出家，遂證初果。

什年七歲出家，口授日誦千偈。偈有三十二字，凡三萬二千言。誦毘曇，師授其義，即自通解，無幽不暢。時國以其母王女利養甚多，携什避之。什年九歲，至罽賓國，遇師受業。其師即罽賓王之從弟也，亦日誦千偈。什誦雜藏中《長阿含》，凡四百萬言。其師與什論議，推服之聲徹於王。王召請入，集外道外道(八四)諸師，卒共攻難。輕其幼稚，言頗不順。什果(八五)其隙而挫之，莫不愧伏無言。王益敬異，日給鵝腊一雙、粳米及麵各三升、蘇六升，此外國之上供也。所經寺，差大僧五人、沙彌十人，以爲給侍。

至年十二，其母將什還龜滋。次至沙勒國，頂戴佛鉢。以自念言：鉢形皆大，何其輕也。召覺皆重不可勝，失聲下之。母問其故。答曰：我心有分別，故鉢有輕重耳。什於是誦《阿毘曇》《六足論》《增一阿含》等。及還，名蓋滯國。時龜茲僧一萬餘人，疑其非凡，莫敢居其上，由是不説燒香之次。遂博攬四韋陀、五明論、外道經書、陰陽星算，莫不究達，妙辨吉凶，於是更求要義。誦《中》《百論》，又得《放光般若》，始欲披讀。魔弊其文，唯見空牒。什知魔作，誓心逾固，魔去字顯，習之不已。後讀大乘經，忽空中有言曰：汝是智人，何以讀此？什曰：汝是小魔，宜時遠去。我心如地，不可轉也。後往其師所，説一乘妙義。師感悟心，伏其神俊。每至講説，諸王長跪高座之側，令什踐其膝以登。

什道振西域，聲被東國。符氏建元十二年，丁丑之歲，正月，太史奏曰：有星見外國。呂光西伐，謂光曰：帝王應天而治，以子愛蒼生爲本，常貪其土地而伐之，正以懷道之人故也。賢哲，國之大寶，卿宜必得什遇。光軍未至，什謂其王帛純曰：小國運衰矣。當有日下人來，其鋒不可當，勿抗之。純不從而戰，敗績。光破歸茲，殺純得什，以其年少，不甚珍之，乃妻以龜茲王女。什拒而不受，辭理甚切。光曰：道士之賢，不逾先父。乃閉之以密室，飲之醇酒。什被逼既，納之。初，其母試之曰：汝若不毁净戒，當作辟支佛。至是，什歎曰：今遭此人，宜非緣也。光聞符氏已斃，有欲留之意。什曰：此凶亡之地，不可久居，宜還東中路，自有福地。遂還。光既至涼州，或飲之以醇酒，令倒騎牛，以捶打三[八六]，或令乘馬，鞭三[八七]墮落。或裸其形，染其頭，無理戲論之。什怡然自若，曾無異色，光慚而止。

至龍飛[八八]二年，張掖盧水人沮渠南城，及從弟蒙遜反，推建康太守段業爲主。光令其子太原公纂，率[八九]衆五萬討之。光以問什之[九〇]，曰：令觀此行，未見其利，宜且止之。光不從，既而纂遂敗債，僅以身免。

光中書監張資，文雅之士也，寢痰彌篤。有外道[九一]國道人羅叉云：我能治之。光喜給賜甚豐。什謂資曰：又不能差疾耳。乃以五色絲作繩結，燒爲灰，投水中。灰若出水，還爲繩者，病亦不可須臾。灰聚浮出後，繩又治無効。少日，資亡。

光薨，子纂襲以爲位。有猪生子，一身三頭。龍出東廂井中，殿前蟠臥，比且[九二]失之，纂以美號爲龍翔殿。又有龍升於當陽九宫門，纂改爲龍興門。什奏曰：潛龍出遊，豕妖表異，必有下人謀上之心。宜剋己修德，以答天誡。纂不納，與什博戲殺。纂曰：斫胡奴頭。什答曰：人不能斫胡奴頭，胡奴斬人頭。此言有意，修不能悟。後纂弟超，小名胡奴[九三]，果斬纂頭。言未然之事，皆此類也。

至弘始三年，姚興遣使，迎什至長安，待以國師之禮。乃考挍先所譯經與梵本不同者，皆正之。什嘗歎曰：吾若著大乘論，非迦旃延之所比也。今在此地，深識寡，折翮於秦，可然[九四]。而[九五]爲神人映徹，傲岸出群，亦任縱誕，不以小節自拘，修行者頗復非之。什自得於心，不以介慮。然其性仁厚，任愛爲心，虛己善誘，終日忘倦。又坏度比丘在彭[九六]城，聞什居長安，乃歎曰：吾與此子戲別三百餘年，杳然無期，有遇於來生。什臨終力疾別衆曰：因法相遇，未盡伊心，方趣異世，惻愴何言。自以闇昧，謬充傳譯。若所譯不虛，焚身之後，以舌不燋爲驗也。既卒於長安，依外國法，逍遥園以火焚之。薪滅，形化爲灰，唯舌不變耳。

校勘記

〔一〕底本據《大正藏》。

〔二〕「悟」，底本脱，據《妙法蓮華經》（《大正藏》本，下同）補。

〔三〕「性性」，底本作「姓姓」，據文意改。

〔四〕「惑」，底本作「或」，據《御注金剛般若波羅蜜經宣演》（《大正藏》本，下同）改。

〔五〕「德」，底本後衍「布」字，據文意删。

〔六〕「法」，底本作「位」，據《御注金剛般若波羅蜜經宣演》改。

〔七〕「四」，底本作「一」，據《大方廣佛華嚴經》（《大正藏》本）改。

〔八〕「非」，疑爲「悲」。

〔九〕「提」，底本作「帝」，據《御注金剛般若波羅蜜經宣演》改。

〔一〇〕「度」，底本作「摩」，據《御注金剛般若波羅蜜經宣演》改。

〔一一〕「差」，底本作「若」，據《金剛般若波羅蜜經》（《大正藏》本，下同）改。

〔一二〕「有少」，底本作「爲小」，據《金剛般若波羅蜜經》改。

〔一三〕「結」，疑爲「緒」。

〔一四〕「升」，疑爲「叔」。

〔一五〕「威」，疑爲「咸」。

〔一六〕「曰」，底本作「日」，據文意改。

〔一七〕「斷寮」，疑爲「尠寡」。

〔一八〕「骨」，疑爲「異」。

〔一九〕「率」，底本作「卒」，據文意改。

〔二〇〕「引」，底本後衍「成就無漏所引」六字，據文意删。

〔二一〕「二」，底本作「一」，據文意改。

〔二二〕「遍」，底本作「邊」，據文意改。

〔二三〕「等」，底本作「寺」，據文意改。

〔二四〕「乘」，底本作「我」，據《御注金剛般若波羅蜜宣演》改。

〔二五〕「極」，疑爲「樞」。

〔二六〕「復」，底本作「後」，據文意改。

〔二七〕「彼」，底本作「波」，據文意改。

〔二八〕「無」，疑爲「差」。

〔二九〕「法」，疑衍。

〔三〇〕「希」，疑爲「帝」。

〔三一〕「云」，疑爲「之」。

〔三二〕「恃」，疑爲「持」。

〔三三〕「行瓦」，底本作「以凡」，據《大般涅槃經》（《大正藏》本，下同）改。

〔三四〕「令」，底本作「今」，據《大般涅槃經》改。

〔三五〕「所」，底本作「何」，據文意改。

〔三六〕「頌」，疑後有脱文。

〔三七〕「諸」，底本作「法」，據《瑜伽師地論》（《大正藏》本，下同）改。

〔三八〕「苦集」，底本作「者舉」，據《瑜伽師地論》改。

〔三九〕「古」，底本作「十八」，據《御注金剛般若波羅蜜經宣演》改。

〔四〇〕「不」，底本作「小」，據文意改。

〔四一〕「前」，疑衍。

〔四二〕「亂」，疑爲「虬」。

〔四三〕「小」，底本作「不」，據文意改。

〔四四〕「三」，底本作「二」，據《御注金剛般若波羅蜜經宣演》改。

〔四五〕「餘」，底本無，據《妙法蓮華經》補。

〔四六〕「不」，底本無，據《御注金剛般若波羅蜜經宣演》補。

〔四七〕「據乘」，底本作「標我」，據《御注金剛般若波羅蜜經宣演》改。

〔四八〕「道」，疑後脱「修道」二字。

〔四九〕「池」，底本作「佛」，據《御注金剛般若波羅蜜經宣演》改。

〔五〇〕「志譯」，疑爲「吉祥」。

〔五一〕「餘」，疑爲「除」。

〔五二〕「日」，底本作「曰」，據文意改。

〔五三〕「于」，底本缺，據文意補。

〔五四〕「應説」，底本作「説應」，據《御注金剛般若波羅蜜經宣演》改。

〔五五〕「復」，底本作「後」，據《御注金剛般若波羅蜜經宣演》改。

〔五六〕「或」，底本作「戒」，據文意改。

〔五七〕「胄」，疑爲「賢」。

〔五八〕「化」，底本作「作」，據文意改。

〔五九〕「曰」，疑爲「故」。
〔六〇〕「遞」，底本作「違」，據《御注金剛般若波羅蜜經宣演》改。
〔六一〕「二」，疑衍。
〔六二〕「解作」，疑爲「幻化」。
〔六三〕「都」，底本作「部」，據《辯中邊論》（《大正藏》本）改。
〔六四〕「則」，底本作「界」，據《御注金剛般若波羅蜜經宣演》改。
〔六五〕「録」，疑爲「流」。
〔六六〕「不」，疑爲「而」。
〔六七〕「白」，底本後衍「象」字，據文意删。
〔六八〕「諸」，疑爲「儲」。
〔六九〕「八住」，疑衍。
〔七〇〕「豎」，底本作「堅」，據文意改。
〔七一〕「九」，底本作「七」，據文意改。
〔七二〕「川」，底本脱，據文義補。
〔七三〕「洛」，底本作「落」，據文意改。
〔七四〕「偏」，底本後衍「賜」字，據文意删。
〔七五〕「寶」，疑爲「之」。
〔七六〕「陰」，疑爲「險」。
〔七七〕「左」，底本作「尼」，據文意改。
〔七八〕「房」，底本作「方」，據文意改。
〔七九〕「宗」，疑爲「家」。
〔八〇〕「人云」，疑爲「身」。
〔八一〕「三」，疑爲「之」。
〔八二〕「世尊」，疑爲「無人」。
〔八三〕「同」，疑爲「閉」。
〔八四〕「外道」，疑衍。
〔八五〕「果」，疑爲「乘」。
〔八六〕「三」，疑爲「之」。
〔八七〕「鞭三」，疑爲「使之」。
〔八八〕「飛」，底本作「朔」，據文意改。
〔八九〕「率」，底本作「卒」，據文意改。
〔九〇〕「之」，疑衍。
〔九一〕「道」，疑衍。

〔九二〕「且」，疑爲「旦」。
〔九三〕「胡奴」，底本作「奴胡」，據文意改。
〔九四〕「可然」，疑爲「將何所論」。
〔九五〕「而」，疑爲「什」。
〔九六〕「在彭」，底本作「彭在」，據文意改。

（鄭友潔整理）

○二三六

金剛般若經旨贊

金剛般若經旨贊卷上[一]

京西明道場沙門曇曠撰

夫實際言，必即言以弁實；真宗匪相，要假相以顯真。言即實故，雖説而無説；相即真故，現形而無形。無説而説，何言説而不盡？無相之相，何形相而不周？故説非□……□名具□無法可説是説法焉，斯乃般若之真宗，覺者之師母也。故使四生□……□積之有惑，二乘漸悟，斷深密之無明，諸佛體會成不壞之四身，菩薩契修□□斷之三慧，顯斯妙用迥拔群經，喻金剛以彰妙智。既前佛後佛由如是住，大聖小聖應如是修，故善現啟迪於真筌，如來式揚於奥旨，三問九喻終始發明，八執五邪心言蕩成，乃真護念付囑佛種不斷者歟！既爲方廣之關樞，大經之鈐鍵，言約而義遠，文密而理該，開闡者莫得其宗源，誦持者但修其章句，故我補處慈氏創釋頌以贊幽、作宣唱之指歸爲論者之規矩，乃使初聖無著列諸住於行門，隣地天親遣群疑於真際，《金剛仙記》會一實於有空，《功德施論》生二智於真俗，各申雅趣共釋兹文。雖曰異端，咸階至妙，若不會融諸説，何以委贊幽宗耶？纂殊途□遵同□用通理以闢玄關。題言金剛般若波羅蜜經者，即到彼岸能斷慧教。融理事於行位，故稱智慧；碎堅積之疑執，假喻金剛；出生死而至涅槃，云到彼岸；貫法義而攝群品，目以爲經。故言金剛般若波羅蜜經。

贊釋此《經》，五門分别：一敘教興由；二述經宗趣；三顯經威力；四明經所被；五贊經本文。

初叙教興，依《經》及《論》總開四義：一爲拔苦，二爲與樂，三令起行，四令得果。言拔苦者，爲除衆生老、病、死苦。《無常經》云「由此三事，如來[二]應正等覺出現於世，爲諸衆生説所[三]證法」等。此雖總言，於别亦轉，佛所證法唯真般若，故除三事而説。此《經》令四生等皆入無餘，但滅其生，無老等，故不住色等而生其心，心念不生，離生因故。言與樂者，謂與衆生佛知見樂。知見即是菩提涅槃，在果在因能所知見，爲開示故而説此《經》。故《法華》云：諸佛唯一大事，故出現於[四]世，開示悟入佛知見等。「諸佛及法從經出生」「如來即是諸法如義」「見相非相，即見如來」「離一切相，即名諸佛」，如次[五]即爲開示悟入。經文非一，應尋引之。言起行者，隨其所應，法外人等起行住故。故無著《論》説六因云「爲斷疑故，爲起信解故，爲入[六]甚深義故，爲不退轉故，爲生歡喜故，爲正法久住故，即是般若波羅蜜令佛種不斷。」云何以此種不斷耶？斷二乘等自无分疑，令入大法故，名斷疑；初入取相而心未定，生定信故，名起信解；已定信等者，令入二空无爲理故，名入甚深；謂得勝處便樂住寂，令進修故，名不[七]退轉；既進修已，无得而得，自慶悦故，名生歡喜；因法慶慰，轉爲他説，遍流通故，名法久住；由此法故，益遍自他故，説般若佛種不斷。隨配引文，釋廣論義。言得果者，爲依二諦得无住果故。《功德施菩薩論》云：佛所説法咸歸二諦，一者俗諦，即人及法差别假相；二者真諦，即此人法无自性空。此真及俗體不相離，俗即真故有而不有，真即俗故空而不空，非有非空是中道理。得中道故不住二邊，由此不住流轉寂滅，成无住處大般涅槃。故佛説經令悟二諦，即俗觀真離諸相，故有正智起；即真觀俗无不達，故有後智生。由後智而興悲，故四生三界皆令滅度；由真智而无住，故實无衆生得滅度者。生智而无住，故不住生死；兴悲而度生，故不住涅槃。即成无住大涅槃果。下文皆尔，應尋引之，敘興由竟。

顯宗趣者復分爲二：初顯所宗，後明所趣。所宗有三，即三般若，雖餘處説有其五種，令順《智論》及論喻故。一者實相，即是真如无相妙理；二者觀照，依真所起无相妙智；三者文字，即能筌此名句文等。初即是性，次即是相，後即是因。説智及智處皆名般若，故更加竟界、眷屬爲五，既非《經》宗，如餘處説。雖有三種，今所宗者正唯前二兼通文字。非實相，觀照之智不生；無觀照，實相之理不顯。是故境、智爲正所宗，其文字者但是假筌，得證亡教非正明故。既爲證因，兼所宗也。所趣有四：一教般若，謂説无説，能筌名等是實巧筌，契真實故；二理般若，謂得无得，所筌妙理如能筌，證无倒相故；三行般若，謂行无行，无相六度能感、能證无上因故；四果般若，无得而得，菩提涅槃是所筌，證无上果故。如是四種所[八]趣般若，教淺、理深、行分、果滿。此所説者，正唯理、果，是所筌趣深圓法故；兼通教、行，雖云淺分，亦是假者所歸趣故。顯宗趣竟。

言威力者，略顯此《經》有十威力，猶如金剛，故得此名。一最勝威力，最上第一希有之法所在之處皆應敬[九]故，如彼金剛勝諸寶物，故《涅槃》云「如諸寶中金剛最勝」，随彼寶暎成彼寶故。二難見威力，經義果報皆不思議，樂小法者不能受故，如彼金剛非餘能見，故《正理》云：帝釋頂寶名曰金剛，非餘能見，光赫奪故。三除灾威力，下品持經爲人輕賤，先世罪業尚消滅故，如彼金剛能消灾毒，如真諦記：有六種寶皆名金剛，青碧二色除灾毒故。四稱求威力，有目能見，普利衆生，能嚴淨土得菩提故，如彼金剛滿人所願，如六寶中其餘四色黄赤白空，随須、遊空、出水火故。五堅實威力，能摧我、人、衆生、壽者，法非法相非彼破故，如彼金剛非物所壞，故《涅槃》云：金剛擬處物无不碎，而是金剛无折損故。六利用威力，通達无我得成於忍，以佛眼等悉知見故，如彼金剛穿通諸物，故梁《攝》云：譬如金剛其體鋒利，悉能穿割一切物故。七无間威力，不住行施，生无住心，相即非相，无所得故，如彼金剛非物所雜，故《對法》云：譬如金剛體无間隙，非沙石等所相雜故。八一味威力，皆以无爲而有差别，諸法如義皆佛法故，如彼金剛其體純一，故《對法》云：譬如金剛其體一類，純一无雜不變異故。九能引威力，諸佛及法從此出生，成不思議无邊福故，如彼金剛能引諸寶，故梁《攝》云：金剛能招一切寶物，有金剛處寶物集故。十遍滿威力，福廣如空，利益一切，離一切相，度一切故，如彼金剛遍滿一切，故《對法》云：譬如金剛遍一切處，金剛輪等遍世間故。更有諸文，随應引説，顯威力竟。

所被根宜於中有二：初弁根性，後明教被。弁根性中復分爲二：一者正因究竟遠性，二者緣因差别近性。所言正因究竟遠性者，即是豎通真如本覺。凡聖本來實无二體，衆生及佛平等一因，由此實无種性差别，但由无明厚薄不同，所聞教法邪正有異，佛法因緣大小頓漸，故説衆生有種種界。由其一體正因佛性，内外因緣薰習力故，究竟皆得无上菩提，故説衆生皆有佛性。所言緣因差别近〔一〇〕性者，即是横剋近薰五性。一无種性，謂有无明厚重之類，染邪教等因緣力故，誹謗正法，撥无因果，焚燒一切善根種子，未可記彼出世時故，謂阿闡提名无種姓。二聲聞性，謂曾聞説四諦之教，欣樂力故薰成識種，因種力故深厭生死，求自解脱不願利他，由此當得聲聞小果，即説此種爲聲聞性。三緣覺性，謂曾聞説十二緣教，欣樂力故薰成種子，由種力故樂自寂靜，觀緣起理捨説聽心，由此當成緣覺中果，即説此種名緣覺性。四菩薩性，謂曾聞説同體真如悲利自他大乘滿教，欣樂力故薰成種子，因緣力故能發大心，由此當成究竟佛果，即説此種名菩薩性。五不定性，謂聞三乘出世正教，於三乘出世正教、於三乘果俱有欣求，於三乘法悉樂修習，於三乘果不定趣求，由此應得三乘聖果，即説此種名不定性。明種性竟。次教彼者，若據正因究竟遠性，此《經》通被一切衆生，用大外緣薰内體相，令從无明而顯出，故无云信謗，皆使得聞，豈簡五乘有无定性？大悲依體无別異故。若據緣因差別近性，此《經》正爲大乘者，由説滿字教被大性故，令起大行成大果故，樂小法者不能受故，佛所説法无虚設故。若約兼被，亦通四乘，般若能辨二乘地故，感不思議人天果故，令不定性迴趣大故，初後別衆非唯大故。依兼正通被五乘，明教所被。

次下第五解經文者，於中有二：先釋題目，後釋經文。釋題有五：一解金剛，二明般若，三明波羅，四顯蜜多，五弁經字。

言金剛者，有惣別釋。惣言金剛，顯能断義，然断二障要具理(二)智，謂若无理智必不生，因理生智方能断惑。是故《論》言「二義相應」，恐謂能断唯屬於智，故言二義，顯兼於理。如彼邪正二行雖殊，既俱名見，故此理智性相雖異，皆如金剛，既許所宗通於實相，不應金剛唯喻觀照，故通理智。稍近論宗所言別者，有其三義：一者細牢，二者能断，三者相似，如次即喻實相、觀照、文字般若。言細牢者，所喻實相而爲智因不可壞故。謂此實相其體真實，因證能生真實正智，故説實相名爲智因。非有爲相之所間雜，如彼金剛非沙石等所相雜，故名之爲細；又非二障所能損壞，如彼金剛其體堅硬非物所壞，故名爲牢。《論》以細牢義殊故各別釋，今以所喻體同故合爲一，是則深契《論》之本意。言能断者，謂即般若波羅蜜中聞思修慧，所断之障乃如金剛断處而断，即此觀照聞等三惠，所断之障如彼玉石即是金剛之所断處，而爲觀照智所断故，故説觀照名爲能断。言相似者，謂即如彼盡金剛像。若金剛杵，兩頭則闊在中即狹，有堅勝用；若金剛神，膊胯即闊在腰乃狹，有動作義。文字般若亦復如是，前後即闊在中乃狹，前後闊者信行佛地，中間狹者謂淨心地，是勝所依進趣處，故此即顯示不共義也。謂前二義名金剛者，即餘般若皆得此名，實相、觀照通諸部故；若依後義，唯在此《經》，文字闊狹非餘經故，不同餘經，名不共義，是故此經獨名金剛。

言般若者，即是梵音，華言譯云无分別慧。此有二種：謂生法空，皆通加行、根本、後得，随其所應有漏无漏。然慧与智而有通別，通謂智慧其體无別，皆別境中慧數攝故，故説第六名智慧度；別謂智慧其用不一，擇法決断用各異故，故説十度智与慧別。前以相從，通三五種；今據剋性，翻爲智慧，以能断伏二重障故，故以金剛而爲喻也。問：題稱般若既曰所宗，何故行中乃舉其施？答：約前引後，即檀度收；以後淨前，即智度攝；五舉其一，理實皆齊。若尔，應名金剛布施。答：施爲萬行之初，麁而易習；智爲百法之極，勝而難成。題令企敬，標般若之勝名；行引初機，舉檀那之首号。故題与行所舉有殊，皆喻金剛，无理乖返。

言波羅者，此云彼岸，即是佛果菩提涅槃，由對此岸得彼名故。即已起苦集爲此岸，當起苦集名中流，六度妙行爲舟船，佛菩薩等是能度，修行人是所度者，既超生死得至菩提，故説佛果名爲彼岸。

言蜜多者，離義、到義。要由修習最勝施等，離出生死此岸、中流，達至菩提涅槃彼岸，故説施等爲離、到焉。今此所説，无住六度。故《深密》云：施等一无染著故，无顧戀故，无罪過故，无分別故，正迴向故，由斯方得到彼岸名。

所言經者，梵云素怛攬。乃目四義，謂衣、綖、席、經，今取綖義及取經義。如綖穿花，風不能散；以教貫義，邪不能除。如經持緯方織物成，以教攝生令得聖果，故以教法目乎綖經。若《真實論》説有五種：一曰涌泉，二稱繩墨，三名結鬘，四謂出生，五号顯示。若准此方，經者，常也、法也、逕也，古今不易故，指定正邪故，津通物理故，佛教同之亦无有失〔三〕。

惣云：今此所筌，如金剛智慧能斷二障，達到彼岸。以其教法貫穿攝持，是其凡聖常行之道，故云金剛般若波羅蜜經。

經：「如是我聞」至「五十人俱」。

贊曰：上釋題目，次解經文。依《佛地論》，弥天法師大判經文以爲三分。初從「如是我聞」至「敷座而坐」，教起因緣，説經由致，名爲序分。次從「時，長者須菩提」至「應作如是觀」，聖教所説，正談經體，名正宗分。後從「佛説是經已」訖至經終「依教奉行，歡喜弘通」，名流通分。

序中文二，此段經文諸經共有，故名通序。「尔時」已下當部別緣，名爲別序。初傳法者引證令信，亦名證信序；故説法者別緣發起，亦名發起序。釋此三門分別：一起之因由，二説之所以，三正釋其文。

起因由者，佛化緣畢，將歸涅槃，侍者阿難親愛未除，悶絶擗地不能自醒，時阿那律以水灑面而語之曰：佛付汝法，今迷悶失所受時事，豈得名爲護正法者？大師世尊今日則在明日則无，設有疑者當於何問？汝依我語當問於佛，如來在世以佛爲師，世尊滅後以何爲師？如來在世依佛而住，世尊滅後依何而住？世尊在世自調惡人，滅度之後云何共住？如來在日自能説經，滅度之後一切經首安置何言令衆生信？尒時阿難如從夢覺，即〔三〕問如來。世尊告曰：我涅槃後以戒爲師，断一切惡，修一切善，設我在世无異此故；依四念處專心而住，觀身不淨、觀受是苦、觀心无常、觀法无我，由此能除常等四倒，既出生死得成聖道，是故常應依之而住；諸惡比丘梵檀治之，但莫与語，自當調伏；一切經首當置「如是我聞」等語則衆生信。因阿難請，而置此文，即是此中起因由也。

明所以者，略有四義：一爲除疑，二令起信，三爲簡邪，四爲顯正。言除疑者，微細律云：於結集時，阿難昇座，以法威力，形忽如佛，衆起三疑。一疑大悲從涅槃起，二疑別佛從他方來，三疑阿難轉身成佛。説「如是」等，三疑併断。言生信者，《智度論》云：説時方人，令生信故。佛法大海，信爲能入；又是道源功德母故；又拔衆生出生死泥，須舉信手，授於教手，序生信手，正宗教手，兩手相接，出於泥故。如人有手至山取寶，若无手者空无所得；有信心人入法得證，若无信心者雖解无益。是故經初令生淨信。言簡邪者，但无「如是」六句經文，當知皆是外道教收。如有外道，一切教初皆必安置阿漚二字，阿表於无，漚表於有，言其教旨不離有无。今置六句，爲簡於彼。故《智度》云：一切經首當置何言簡異外道？言顯正者，《真實論》云：三寶最吉祥，故我經初説佛，爲佛寶；我聞阿難及比丘衆名，爲僧寶；如是一時舍衛國等，所説時處皆爲法寶。以茲四義，置「如是」等，立所以竟。

正釋文者，准《智度論》分六成就：一信，

二聞，三時，四主，五處，六衆。

言「如是」者，舉所聞法令衆生信，名信成就。今括諸説以三義釋，初以二字各別訓釋，次乃惣申二字之意，後帶「我聞」以解「如是」。

言別釋者，自古多解，大意不離教、理、行、果，故今依此四義釋之。教能顯理爲如，文不乖義爲是；理順教顯爲如，義不差文爲是；依教起行爲如，順理亡相爲是；依願得果爲如，果稱於因爲是。

言惣申者，顯説此《經》離四種過，故言「如是」。一離自説，佛所説法正「如是」故；二離差異，文義決定皆「如是」故；三離不信，若有信者言「如是」故；四離非法，若正法者言「如是」故。

後帶「我聞」釋「如是」者，依《佛地論》及諸釋意「如是」，惣言依四義轉。一依問答，顯離自説傳聞過失。謂結集時，衆咸問言：「汝當所説昔定聞耶？」故即答言：「如是我聞。」二依譬喻，顯離增減異分過失。謂當所説如是文句如我昔聞，齊此當説定无有異。三依許可，顯有自在堪能功德。衆咸請言：「如汝所聞，當如是説。」便許彼言：「如是當説，如我所聞。」四依教誨，顯起恭敬信受功德。謂告結集説時，衆言：「如是當聽，如我所聞，應正聞已，如理修行。」《功德施》等所説諸義，應知皆是此四義攝。言「我聞」者，舉能聞人顯自親聞，名聞成就。謂傳法者自指己身，言：「如是法，我自親聞。」「我」謂諸藴和合假者，有主宰用，故稱爲我；「聞」謂耳根發識聽聲，意随耳識而取於聲，所發名等薰習在識，聚集顯現，惣説名聞。癈別就惣，答顯藉衆緣故，謂聞法要，故名「我聞」。問：何須如是癈別就惣？答：顯藉衆緣故。謂聞法時要具八緣，若一一陳遂成繁廣，但舉其一義用不周，顯假具緣言「我聞」矣！若尔何不言无我聞？答：除怖畏心故。恐諸外道及凡夫等聞无我聲，既言无我誰聞誰學？怖畏佛法，不肯入故。若尔何不言阿難聞？答：顯自在德故。我謂主宰自在之義，顯傳法者有所堪能，惣持三乘廣大教法，若稱名字无是義故。若尔何異凡愚妄執？答：随世流布故。世間皆説自他彼我染淨因果所作事業，今傳法者雖无妄執，随順世間，令生決定信解之心入正法故，而順世俗假稱我焉。若尔何獨指阿難邪？答：是傳法者故。過去供養誦經沙弥，今得多聞惣持第一，佛法海藏流入其心，如彼寫瓶无有遺失；又親侍佛二十餘年，人天所識，傳必生信，故佛以法而付嘱之。既傳教主自指己身，故「我聞」者嘱阿難矣！若尔，亦有傳聞之失！答：佛爲重説故。阿難請佛説已前經，然諸聖者理无重語，佛粗舉其端，則悉通一切，况聞授記菩薩所行得覺法性自在三昧，諸佛法藏尚能憶持，况已前經而不通悟？雖二十年後方侍佛聞經，稱「我聞」者理亦无違。若尔，應言我見覺！答：推功歸佛故。此所傳教屬佛世尊，是諸如來現覺而説，阿難因位覺道未圓，若稱知見，謂言自説，恐餘不信，故但言「聞」；况乎此界聲爲佛事，名等詮法不依色香，希證菩提要聞深法，多聞薰習爲出世因，故但言「聞」，不云見覺。更有問答，如餘處明。

言「一時」者，顯所聞法善合時宜，无非時失，時成就也。謂明説此一部經時，於一時間在某處説，則顯説此一部經時，餘時復説无量經故。衆生根熟爲感如來逗機，而應藥病相應，随言得益。説者聽者時分无差共相會遇，名一時矣。外道世典无如是[一四]能，故我佛教名「一時」也。前簡説聽餘部經時，後簡説聽前後之時，顯佛教勝，令生信也。若尔，諸法應非唯識，説「一」及「時」心外法故！答：雖言「一時」，不離心識。謂此識心随色分齊，妄想[一五]建立「一」之与「時」，若離色心則不可得，故不應行蘊所攝。《攝論》說爲世識、數識。所聞之法尚不離心，况「一」及「時」而别有也？若尔，三世應皆是有，説「一時」者，對過未故。答：五蘊諸法生已即滅，生則酬前，滅而引後；所酬爲過去，所引爲未來；已滅未生雖不可得，假對此二說現在焉；如知往因應觀現果，知未來果當觀現在因。豈則一人有三身也？但是現在一念妄心，今說聽者随心分限變作短長，事緒終訖，惣名「一時」。如夢所見謂有多生，覺後唯心，都无實境。若尔，何不同下經等言四、八時、十二時等？答：顯佛教勝，簡外道故。如諸外道皆是凡愚所說，諸法悉是顛倒虚妄，説者聽者根缘不同，雖有教旨，不成藥石，徒增惡業，虚長邪心。既无證悟，寧階[一六]聖道？故彼教首不言「一時」。今欲簡邪言「一時」矣！若言四、八，何異邪經？不言四時、十二時等，更有問答，非要不明。

所言「佛」者，顯說經主是最勝尊，表經可信，无非主失，主成就也。若不言「佛」，不知此《經》是誰所說，一切生疑。又《智度論》說：能說有五，一佛世尊，二聖弟子，三天龍等，四神仙等，五變化等。若不言「佛」，恐謂餘說。今言「佛」說，表可崇信。「佛」者，梵語應言勃陀，自覺、覺他、覺行圓滿、具三覺人，故名覺者。謂從煩惱而得開覺，具一切智永出生死，如從夢寤，故名自覺；断所知障而得種智，説自覺法令他開覺，如蓮華開，故名覺他；諸障遍断、諸行遍修、諸境遍知、諸果遍證，出過衆聖，故名覺滿；初勝人覺賊異凡夫，次覺勝天鼓異聲聞，後覺勝千日異菩薩，三者備矣受佛名焉。然佛世尊有其三身，今此《經》者是何身說？若對地前則化身說；若[一七]對地上即應身說；若法報身亦无説法，自受法樂不説法故，佛佛不相爲説法故，非諸菩薩所見身故。既三身者其體不殊，是則三身无説不説。諸經有言薄伽梵等，依梵本譯；今言佛者，随方生善；亦有經説佛婆伽婆，爲簡辟支及外道故。

言「在舍衛國祇樹」等者，是説經處，顯説此《經》必有其處，无非處失，處成就也。若不説處，未知此《經》何處而説，一切生疑；爲令生信，故説其處。「舍衛」，梵音；此云豐德，謂豐財寶女色，多聞解脱四德，故名豐德；亦名聞物，以多寶物及以人物諸方聞故；正云室羅筏，謬云舍婆提，是憍薩羅國之都城名，以是王都而言「國」也。「祇」謂祇陀，此云戰勝，即勝軍王之太子也。太子生日，王破敵軍，因而立名，謂之戰勝。祇陀有園，地周十里，在於城南五六里餘，花卉滋繁，泉池交影，於園囿中特爲殊勝。「給孤獨」者，國之大臣，本名藉達多，此云善德，施仁而聰敏，積而能散，拯乏濟貧，哀孤恤老，時美其德号「給孤獨」焉。有七子男，六已婚娶，因爲小兒耽室，遂至王舍大城，佛初成道正在彼國，見佛聞法，果證預流，遂請世尊降臨舍衛，如來既許，願造僧坊，佛命鶖子随而瞻揆，唯有此處堪造僧坊，遂詣太子殷求貨買，太子戲言：「金遍乃賣」，須達聞之心豁如也，即出藏金随言布地，太子感念而告之曰：「若佛，非是良田，寧使輕金貴土！我植善種亦(二八)是其時，地任卿收，樹當自施」，須達得地大建僧坊，崇飾已周，遥請佛降，大(二九)聖懸監乘通而來，既至伽藍謂大衆曰：「林樹祇陀自施，園地須達買施，二人同心，式崇功業，君上臣下，世典格言，自今已後應謂此地爲祇陀樹給孤獨園」。遊化居心，目之爲在；遊化在城，居心在園。雙舉城園，顯斯二義，二義雖異，俱名在焉，故名「在舍衛國」等。此舉化佛所居化土，爲對小根令生信故，顯佛慈悲救重障故。理實亦有二身實土，淨穢之方无別質故。

言「与大」等，舉同聞衆，顯説此《經》必稱根宜，无非衆失，衆成就也。若不列衆，不知此《經》与誰同聞，一切生疑；爲生信故，舉同聞衆。「与」者，兼、并、共、及之義。謂与阿難同在一時、同集一會、同无漏心、同離諸惡、同无學見、同我空道、同断煩惱，具此七義，故名爲与。此同聞衆而言「大」者，衆數多故，名稱高故，皆羅漢故，離重障故，德難測故，王等敬故，向佛果故，破外道故，惣忝[三〇]諸釋，有斯大義。「比丘」，梵言，具含多義：一曰怖魔，初出家時魔宮動故；二稱乞士，乞食及法資身心故；三謂淨戒，離身語意諸過惡故；四名淨命，離五邪求惡活命故；五云破惡，能破見修薰煩惱故。言含五義无以譯之，但存梵語顯斯五義，由此五義故曰「比丘」。「衆」者，僧也，四人已上，理事二和，得僧名故。同戒見等，名曰理和；同布薩等，名曰事和；以和合故，名之衆也。「千二百五十人」者，即優樓頻迦攝五百弟子，伽耶迦攝、那提迦攝[三一]各有二百五十門徒，舍利弗、目乾連共有二百五十弟子，此等五師外道門徒共有一千二百五十人。佛初成道，初會度之，常隨如來影響正法，故諸經律多皆舉也。理實亦有餘比丘衆，以此皆是淨行出家故，五師門徒故，邪捨歸正故，初會所度故，善來得戒故，得二解脱故，人天所識故，具斯七義，故偏舉之。「俱」者，同時一處義。前以阿難對彼，名之爲「与」；此以自同時處，名之爲「俱」。故与前説无量言失，故惣説言「千二百」等。佛説經時應有菩薩，而今但列聲聞衆者，惣依經論，略顯二義。一令餘聲聞趣大果故，見爲聲聞説如是法，便生念言「彼尚聞此求无上果，我亦應然！」，已迴心者更不退轉，未迴心者亦發心故；二令小菩薩不退轉故，彼見聲聞尚能聽此求无上果故，便生念言「彼小乘人尚發勝進，况我今者而生退耶？」便勵其心不退轉故。由斯二義，但列聲聞。

經：「尔時，世尊」至「敷座而坐」。

贊曰：上明證信，下顯發起。言發起者，即表彰也，欲明内真，先兴外化，表正宗之意義，行發起之事相。然釋此文，惣分二義：先別明化相，後惣顯其意，於中則顯十種化相。

「尔時，世尊」者，即化主也。指陳控引，名曰「尔時」，當尔世尊説經時也；具足六義，備有三德，更无与等世所欽重，名曰「世尊」，即十号中第十号也。故《佛地論》六義頌云：自在熾盛与端嚴，名稱吉祥及尊貴。具此六種最勝義，成薄伽梵功德名。婆伽婆名与此无別。

言「食時」者，即化時也。謂即辰時，以此時中人家饌食或即初熟或當正飯，求之易得，不惱自他；若乞得已，還至本處，正時齋前，不失時節。若過於此，即是外道諸惡鬼神畜生食時，今顯出家清淨勝法，故於此時而行乞也。

言「著衣」等，顯化具也。著初〔二〕出家淨居之衣，初无田相，後變成故。然出家法皆畜三衣，若於行道作務之時著安多會五條之衣，若於大衆及説法時著欝多羅僧七條之衣，若入王宫乞食等時著〔三〕僧伽梨九條等衣。總名袈裟，依色立稱；亦名功德衣，成勝功德故；亦名消瘦衣，衰損諸障故；亦名福田衣，是世福田故；亦名涅槃印，要服得度故；亦名佛標相，諸佛儀服故。持四天王所奉石鉢，及三衣并錫杖等各有所在，如來懸記，展轉隨緣至於漢地，非如儒道唯有虛名。此即爲入城，故著衣；爲乞食，故持鉢。

言「入舍衛大城」者，顯化處也。城過十延，居家九億，處廣人多名大，自外之内名「入」。

言「乞食」者，顯化緣也。然佛身者，金剛爲體，豈資於食而行乞耶？有多因緣示行求食，《纓絡女經》説二十益，《瑜伽論》説由十因緣，今惣參揉有其十意。一爲引攝已乞未乞，令住頭陀功德法故；二爲未來作大照明故，免生譏毀乞食事故；三爲救引麁鄙[二四]外道，既不歸伏因行化故；四爲正彼承聲起謗，現妙相儀令驚信故；五爲處中未信衆生，以其少功獲多福故；六爲雖信放逸衆生，令生愧恥而修行故；七爲六根不具衆生，種種災患皆靜息故；八爲六種有障苦人，見佛植福離苦障故；九以八部導從世尊，令世間人深歸學故；十令八部羨仰，世人勤加護故，賓衛无灾害故。

「於其」等者，明化等也。謂由内證平等理故，慈悲之心无偏濟故，不簡貧富貴賤人故，而於美惡无愛憎故，具大威德无所懼故，永離諸過无猜謗故，降二乘人之偏濟故，止外道之嫌疑故。具斯八義故。

「於城中次第乞已，還至本處」，明化終也。前已知足，乞不過量，此以[二五]少欲顯其樂靜。本自祇園入城乞食，既等乞已故還本處。

「飯食訖」者，顯化滿也。本欲利生入城乞食，今若不食事涉憑虚，爲滿福田故示飯食，雖金剛身實无食事，爲成滿福故食訖焉。

「收衣鉢」者，顯化息也。本以入城乞食，故藉著衣持鉢，今既事終食訖，迺須併攝資緣，衣鉢不收攀緣心起，既增勞慮豈得安禪？雖復佛无散心，爲後軌模，故須收置。即疊僧伽梨大衣，還著欝多羅僧七條，洗滌其鉢，著常著處，故言「收衣鉢」也。

「洗足已」者，顯化淨也。由諸如來受步行法，途跣而行，故須洗足。然佛行時下生蓮華，豈有塵垢而須洗邪？表清淨義，故言「洗足」。

「敷座而坐」，顯化儀也。謂將説法自敷座具，敬佛母故不使人敷。即於此座結跏趺坐，端其身正其念一心不亂，對真境也。雖四威儀，佛常在定，爲後軌模，故敷座而坐。

前來已顯發起事相，既發起者，表彰之義，即表衆生本淨而後染，因説經，故返動而歸寂。謂衆生心本來清淨，具恒沙德是真法身，无明覆染遂入生死，味著五欲輪轉四生，六道巡環八苦更受，因佛説經返照心本，永離貪著除滅无明，顯淨法身常住安樂。「尔時，世尊」者，即表衆生真法身也；「食時，著衣持鉢」者，即爲无明覆染時也；「入舍衛大城」者，入於生死大苦趣也；言「乞食」者，染著世間六塵境也；「於其城中次第乞已」者，於六道中備受輪轉也；「還至本處」者，由般若力照心本也；「飯食訖」者，永離貪著也；「收衣鉢」者，除滅无明也；「洗足已」者，顯淨法身也；「敷座而坐」者，安樂无爲也。從始至終表彰斯意，是故現此發起事焉。

經：「時，長者」至「而白佛言」。

贊曰：上明序分，下顯正宗。准无著《論》有七義句：一種姓不斷，二發起行相，三行所住處，四對治，五不失，六地，七立名。應知前六義句正所明宗，第七義句釋經名字。就前六中，初三別配經文，後三住處通義，既前三句別配經文，後正宗分分之爲三。初從「時長者」至「善付嘱諸菩薩」名種姓不斷；次「世尊！善男子」至「願樂欲聞」名發起行相；後從「佛告須菩提」至「應作如是觀」名行所住處。即初明讚佛，爲請説之由；次問修行，爲趣大之本；後佛廣説，弁修伏之宗。天親等論既无科文，但逐便明，不假預述。

初種姓不断中分二：初善現請儀，後正申不断，此文初也。將申讚問先整儀形，若處座居，然匪諮承之礼，故表虔奉而現敬儀。

「須菩提」者，梵語訛也，梵語典音云蘇步位，此云善現，或云善吉。以初生時家物皆空，父母驚怪以問相師，相師答言：善相現耳，唯善唯吉。因斯瑞相而以名焉，十弟子中解空第一。言「長老」者，歎其德命。故有釋云：德長年老。故餘經本名爲具壽，謂即具與福惠命故。此即東方青龍陀佛，爲弘般若正法影響正法，示處下乘爲佛弟子。「在大衆中」者，明混迹於聲聞。「即從坐起」者，彰顯拔於群輩，通肩披衣不敬之相，袒其一膊驅策之容，右膝著地降今昔之執情，合掌恭敬奉冥合於妙理，將發疑問，敬法重師。若不避席虔恭卑躬屈己，何以表身心之府順，明信向之深城？故盡敬儀方申請問，啟辞道意「而白佛言」。

經：「希有！世尊」至「付囑諸菩薩」。

贊曰：此正申不斷也。前以身行肅敬表自恭勤，此乃語盡虔誠述其尊德。「希有！世尊」者，惣談妙德；「善護念」等者，别稱勝能。「希有」有四：一時希有，曠劫難逢故；二處希有，大千唯一故；三德希有，福惠起絶故；四事希有，救護巧便故。雖有四種，今者唯取事之希有。此爲惣標，「善護念」等是别釋故，「護念付囑」巧便事故。由能「護念付囑」，菩薩未成熟者而成熟之；已成熟者，轉復增進當成正覺。紹佛菩提展轉相續佛種不断，故「護念」等是佛勝能。善現欲表佛説此經能令衆生佛種不断，偏舉此德以歎如來，即因讚佛顯經意也，故説此經名種姓不断。加衛覆攝是名護念，加被、擁衛、覆陰、攝受即是此中護念義故；委託受与是名付囑故，委大訓小、託深化淺、委杖憑託是付囑故。謂佛世尊断一切障，心歸本源，名曰如來，由此方能護念付囑。雖菩薩等亦能攝付，今就最勝唯説「如來」，乘如實道來成正覺，説一切位極深妙法，能遍攝付，非餘能故，故説「如來善護念」等，如彼師父勝昆友等。雖佛大悲普皆饒益，然行二利、求三菩提餘乘不能，唯大乘者故。菩提者，智所求果；言薩埵者，悲所度生。具此智悲名爲「菩薩」，由此就勝而遍[二六]攝付，猶如三子及三田等。然「菩薩」者有大有小、根熟未熟、可退不退，若佛在世轉法輪時以菩薩法而爲護念，若入滅時以菩薩法及未熟者付大菩薩，如父在日悉陰諸子，及臨終時而付囑故。菩薩法者，即下所説依等五義，於中別詮菩薩所行名菩薩法，以是菩薩三種轉道、斷惑、證理、生智義故。是故《論》言「以五義中菩薩法而建立故等。」雖所攝付皆菩薩法，然其行相各有差別，謂各六種第一義故。且護念中六種義者：一時，二差別，三高大，四牢固，五普遍，六異相。所言時者，顯菩薩法是二世勝得，現世安樂，當來利益故；言差別者，顯菩薩法是超過勝，

不同世間二乘法故；言高大者，顯菩薩法是最上勝，非餘護念所能及故；言牢固者，顯護念法是究竟勝，乃至成佛非可捨故；言普遍者，顯護念法是廣大勝，得護念者成二利故；言異相者，顯護念法是清淨勝，異於地前未淨法故。言付囑中六種義者：一入處，二法尔得，三轉教，四不失，五大悲，六尊重。云何入處？謂[二七]佛以法付囑，根熟与未熟作入學故。云何法尔得？謂根熟者得佛付囑，於未熟者法尔攝故。云何轉教？謂現以法付囑根熟，令其轉教根未熟故。此三如次即是後三。云何入處而名不失？謂前根熟作入處，故不失而化，應時攝引令根未熟不失行故。云何法尔得名爲大悲？得付囑者於未熟人法尔生悲，又由悲故於未熟人法尔攝故。云何轉教而名尊重？謂佛付囑令其轉教，由尊重佛及尊重教於未熟人能轉教故。由佛最勝護念力故，乃令根熟諸菩薩等得智惠力成就佛

法，得教化力成熟衆生，初即大智，後即大悲，得此二身固於佛行，故佛付囑，名爲善巧。由其最勝付囑力故，令根未熟諸菩薩等，於已修得大乘行願而不退失，於未修得大乘行願而能進求，故佛付囑亦名善巧。故天親《論》頌此義云「巧護義應知，加彼身同行。不退得未得，是名善付囑。」

經：「世尊」至「降伏其心」。

贊曰：次下第二發起行相。於中有三：初善現發問，次如來印發，三善現敬承，此初也。言行相者，謂即般若，行謂行解(三八)所修行法，相謂體相所行相狀，即行所住其所修，行能住修伏般若行相。善現創爲啟發，如來重垂印發，由斯廣説行所住中所修智惠名發起行相。即因問而許宣，亦因許而廣説，故問及許俱發起焉。此文三節：初標所爲，善現所問非自有疑，爲善男子善女人故。次彰問本，謂因發心而爲發問，若不發心不爲問故。「阿」之言无，「耨多羅」云上，「三藐」言正，「三」者言等，「菩提」云覺，惣云无上正等覺。謂顯諸佛三身覺智，超因三乘故言无上；正覺離二邪障，故謂之正；遍達真俗，故稱爲等或无上覺。二處明之，无上正覺即正體智，无上遍覺即後得智，諸釋有此開合異故，若人發心求此菩提，故言發阿耨多羅三藐三菩提心。

後正申所問，即「應住」等。此問意云：善男子等發心求此最勝菩提，必有所修及有所断，安住何行而成修行？降伏何障使行清淨？由斯當得所求菩提修覺所要，故申二問。然修行中有初後位，初住加行，後正修行，故餘本經開爲三問。謂云何住？云何修行？云何降伏？即發心者求佛果時安住何心？修行何行？若有障垢云何降伏？餘經以其初後位別，開住爲二，即有三問；此《經》以其同所修，故合爲一住，故唯二問。故此彼本亦不相違。由此諸論依三問解，故无著《論》釋三問，云：「彼應住者，謂欲願也。」欲謂希求，願謂思念，凡欲修行，先住欲願，希求思念方修得故。即發心者欲修行時，云何住於欲願心也？「彼應修行者，相應三摩鉢帝時也。」三摩鉢帝，此云等至，即无分別等持真定，由修此定發生般若。即發心者正修行時，云何修行此三昧也？「云何降伏者，折伏散時也。」若有散乱執著心生，如實覺悟令不得起，即伏執著散乱之心，令還入定，名降伏心。即發心者若時散乱執著心生，云何降伏？即由三問，顯發三道。初成攝道，攝取衆生成加行持，成攝生戒，攝取化身，恩德因故；次成熟道，修成佛法大圓滿持，成善法戒及成報身，智德因故；後不失道，折伏煩惱不起諸過，使行清淨爲律儀戒，成其法身，斷德因故。修學所要不過此三，故爲三問不增不減。其《功德施論》所釋三問意，

乃令經意問答乖違，既非應理，此中不敘。

問：般若深宗正被菩薩，何故大人緘默而小聖問耶？由此《論》云「何故上座須菩提問耶？」答：般若以无相爲宗，善現以解空成德，既冥至理可以對揚，將欲引攝聲聞及以進持菩薩，由斯善現而發問焉，如衆成就所説之相。是故《論》云「有六因緣」。若二乘者，於大乘中恐自无分懷猶豫者，便得斷疑向大乘故；初心菩薩樂著福德，於无相教心未成熟，聞多福德起信解故；雖得定，信心得成熟，然拘二執未入二空，便勵其心住真理故；雖得勝理能不自輕而樂住寂，便能受持有勝福資不退轉故；雖已進修順佛攝受，然未真證尚取相者，便能證悟極慶慰故；雖能證悟樂觀法流，弘教利生未能發起，便於現當能久傳故。然此六因或略爲四：合第六因入前五中，即是前五所學法故；合第二三同名攝受，信解甚深，皆稱理故。是故《論》

言：疑者令見樂福，已熟而攝受故。得不輕賤者令精勤心故，已淨心者令歡喜故。

經：「佛言，善哉！」至「囑諸菩薩」。

贊曰：次下如來印發。於中有三：初明讚印，次勅聽許宣，後正發起，此初也。重言「善哉」，《智度論》云：此顯佛喜之極甚也。善現所陳有其二意：一所讚稱德，護念付囑稱佛德故，既因歎佛兼顯經宗種姓不断，意趣玄遠實爲善哉。二所問稱根，住修降伏攝諸行盡稱大根姓，所應希學發起行，行之相狀故亦爲善哉。由所讚問稱德稱根，深[二九]善其辭故重贊印，印述等文文易可解。

經：「汝今諦聽當爲汝說。」

贊曰：此勅聽許宣也。汝今諦聽，即是勅聽；當爲汝說，即是許宣。諦，謂審諦，顯離三失，謂即散乱、輕慢、顛倒，如次猶如覆漏穢器，而即能生三種功德，謂聞思修勝三慧也，由此方堪聽受正法。故《智度論》所說偈云：聽者端示如飢渴，一心入於語義中。聞法踊躍心悲喜，如是之人[三〇]可爲說。故先勅聽，方復許宣。

經：「善男子」至「降伏其心」。

贊曰：此正發起也。言「如是」者，指陳控引，我當爲汝委細宣說，「如是」注心修行降伏。既爲控引行所住文，故說此文爲正發起。

經：「唯然，世尊！願樂欲聞。」

贊曰：此善現敬承也。「唯然」者，敬諾之辭；「願樂」者，喜承之意。既蒙勅聽未可安然，況復許宣寧得緘默？故申唯諾承奉尊言，故《十地論》樂法偈云：如渴思冷水，如飢思美食。如病思良藥，如衆蜂依蜜。我等亦如是，願聞甘露法。善現亦尔，言「願樂」等。

經：「佛告須菩提」至「降伏其心」。

贊曰：次下第三行所住處。是前所發住

心修行降伏三種別修行相，云惣所依道理處所，名行所住處。謂依此中歷行別明，廣分十八所應住法，文義相攝勒爲八種，以行就位略束爲三。

言十八者：一發心，如《經》「佛告須菩提[三一]」至「即非菩薩」。二波羅相應行，如《經》「復次，須菩提」至「如所教住」。三欲得色身，如《經》「復次[三二]，須菩提，於意云何？」至「則見如來[三三]」。四欲得法身，曲分爲三，初言說法身，如《經》「須菩提白佛言，世尊」至「何況非法？」；次智相法身，如《經》「須菩提於意云何？」至「而有差別」；後福相法身，如《經》「須菩提於意云何？」至「即非佛法」。五修德勝中无慢，如《經》「須菩提，於意云何？須陀洹」至「阿蘭那行」。六不離佛出時，如《經》「須菩提」至「无所得」。七願淨佛土，如《經》「須菩提於意云何？」至「而生其心」。八成熟衆生，如《經》「須菩提，譬如」至「是名大身」。九遠離隨順外道論散乱，如《經》「須菩提，如恒河中」至「如來无所說」。十色及衆生身摶取中觀破相應行，如《經》「須菩提，於意云何？」至「是名世界」。十一供養給侍如來，如《經》「須菩提，可以三十二相」至「是名三十二相」。十二遠離利養及疲乏熱惱故不起精進及退失，如《經》「須菩提，若善男子」至「是名第一波羅蜜」。十三忍苦，如《經》「須菩提，忍辱波羅蜜」至「見種種色」。十四離寂靜味，如《經》「須菩提，當來之世」至「報果亦不可思議」。十五於證道時離喜動，如《經》「尔時，須菩提」至「三菩提者」。十六求教授，如《經》「須菩提，於意云何？」至「是名一切[三四]法」。十七證道，如《經》「須菩提，譬如人身長大」至「无衆生无壽者」。十八上求佛地，已下文是。於中分爲六種具足：一國土淨，如《經》

「須菩提，若菩薩作是言」至「説名真實菩薩」。二无上見智淨，如《經》「須菩提，於意云何？」至「如來説得福德多」。三隨形好身，如《經》「須菩提，佛可以具足色身見不？」至「是名具足色身」。四相身，如《經》「須菩提，如來可以具足諸相見不？」至「是名諸相具足」。五語[三五]具足，如《經》「須菩提，汝勿謂如來」至「是名説法」。六心具足，已下文是。於中復開有六種心：一念處，《經》闕此文，餘本即有，謂「彼非衆生，非不衆生」等，至下當知。二正覺，如《經》「須菩提白佛言」至「名善法」。三施設大利法，如《經》「須菩提，若三千大千」至「即非凡夫」。四攝取法身，如《經》「須菩提，於意云何？」至「不可以具足相，故得阿耨菩提」。五不住生死涅槃，如《經》「須菩提，汝若作是念」至「説不受福德」。六行住淨，已下文是。於中顯有三行住淨：一威儀，如《經》「須菩提，若有人」至「故名如來」。二破名色身自在，如《經》「須菩提，若有善男子」至「是名法相」。三不染，已下文是。於中顯有二種不染：一説法，如《經》「須菩提，若有人」至「如如不動」。二流轉，如《經》「何以故？」至「應作如是觀」。

文義相攝勒爲八者：一攝住處，即前發心，於此文中攝取菩提心攝取衆生故。二波羅蜜淨，即前波羅蜜相應行，由无相智与行相應得清淨故。三欲住處，合前三四色身法身，皆是所求佛果身故。四離障礙，合前十二惣爲一住，始從第五修道得勝乃至十六求教授文，皆能離彼所除障故。五淨心，即前證道，由證道時淨心故。六究竟，即前上求，是所上求究竟果故。第七廣大，第八甚深，是前十八住處通義，皆有廣大甚深行故。

以行就位束爲三者：一信行地，即十八中前十六住，皆是地前所依行故。二淨心地，即第十七證道住處，是无漏心所依位故。三如來地，即第十八上求佛地，求如來果所依地故。

雖以廣略三種科經，然今且依三地科判，依位起行寬攝狹故，故行所住惣分三地。信行地中分之爲四，即八住中前四住處，以信行地三十心中皆有發心、修行、求果、離障四行，无不起故。若依无著十八住處，住住文中皆答三問；若依天親，别以三文單答三問，餘皆斷疑。經文是一而論異者，一會之中根有利鈍，樂有廣略，行有定散，障有執疑，是故聖教文有單重，義有横竪，理有隱顯，治有破遣。由斯二論各據一明，具顯深宗不相乖背。无著第一發心住處即是天親答住問文，顯以四心而明所住。一廣大利益心，謂能遍緣一切衆生，而起悲心思拔其苦，由无所簡，名平等恩。二第一利益心，謂起慈心思与其樂，令得涅槃第一樂果，由唯与此，名不施恩。三常利益心，離衆生相不取度相，而常喜度一切衆生，由心无著，名善意恩。四不顛倒利益心，不見我、人、壽者等相，其心住於，平等捨相，由无妄取，名真實恩。正是菩薩所應住處故，明四心而答住問。

若依无著，此及諸住皆顯三義而答三問。言三義者：一七義句，二八住處，三即五義。

七義句者，文如前列，前六正所明宗，第七釋經名字。此一義句題中已顯，就前六中初三别配經文，其義句相已随文釋；後三住處通義，諸住皆有能治、能證、所依地故。就後三中對治顯行相爲能治，不失顯行相爲能證，正是諸住所應住修降伏之法，地是此二法之别位而无别體不離此故。對治有二：一邪行，二共見正行。若生起心「我能如是行如是行」是名邪行，菩薩雖行不生心故；若謂對治此邪行，故雖行諸行不作行相，此即名爲邪行對治。雖名正行仍有見，謂「能如是不住行」，不住行与見俱，名共見正行；爲離此見，行不行相皆應不住，即名共見正行對治。若有二見障，无相心雖行諸行，不稱般若，故諸住處皆應住修此對治道而降伏之。不失是離增損二邊，謂一切法皆歸二諦。一者俗諦，因緣假有；二者真諦，无自性故空。如是二諦其體不異，俗即真故有而非有，真即俗故空而不空，非有非空是中道理。若執法有是增益邊，若執法无是損減邊，離此二邊是真般若，故諸住處皆應住修降二邊心，不失中道。

次八處住者，有文有義已如前列。前六別配經文，後二住處通義，廣大甚深通是諸住，住心修行降伏處故。度一切衆生，修一切善法，離一切諸相，名廣大行。雖行廣大之行，不見能行之相，由證真空甚深理故，行亦甚深名甚深行。

後五義者：一依義〔三六〕，即諸住處所對治法，謂不住修行〔三七〕降伏等障，依此所断方説能治住心修行、降伏行故，故所治者名爲依義。二説相，即一住處，能所断證，依義、攝持、安立、顯現所有文義，名所説相。三攝持，即諸住處欲願住心，凡欲修行，初生欲願，修行降伏，勝行方成，即攝後行以令生，持後行令不退，故説欲願亦爲攝持。四安立，即諸住處第一義諦内證真理，名非安立，今以言説而施設故，故説真如名爲安立。五顯現，即諸住處所修无相相應定惠，現量顯了證真如，故名爲顯了，折伏散心亦是此攝，如尔焰境制令住故。即初依義是所断障，第四安立是所證理，攝持〔三八〕、顯現是能治行。

前之三問但問能治，就勝問故，影略問故，須佛廣答，具明三種，欲顯断障、證理、修習。若有一時必有餘故，前七義句及八住處通顯住修降伏之處，今則別顯断修證法，故説五義而答三問。如是三義既遍諸經，此亦三義而答三問。於中有二，初惣標，後別顯，此文初也。此中應言「諸菩薩等，應如是住，降伏其心」，舉終括始但言降伏，謂「應如是住其心」等，即五義中初依義也，顯示所治不降等故。

經：「所有一切衆生之類。」

贊曰：次下別顯。准天親《論》，別顯四心即分爲四：「所有」已下名廣大心，「我皆」等者名第一心，「如是」等者名爲常心，「何以故」下不顛倒心。若依无著，顯答三問即分爲三：初答住問，即前二心；次答修行，即前常心；後答降伏，即不顛倒心。初答住問復分爲二：初欲願所度之生，即廣大心；後欲願令生所得之果，即第一心。初中復二，初標舉，後差別，此初也。所言衆生有其三義：一，衆多念生，謂本一心，實无動念，而爲无明所薰染，故五意意識衆多妄念而生起，故名曰衆生，即此依於《起信》意解。二，衆多緣生，謂因五蘊及十二處十八界等衆多因緣而生起故，名曰衆生，此即依於《智度論》解。三，衆多類生，謂有四生、三界、五趣多生類故，名曰衆生，此即依於无著意解。由初種種妄念生故，即有蘊等衆多緣生，遂受趣等衆多類生[三九]，始終三義，名曰衆生。今言「一切」，遍舉此等；復言「之類」，意簡非情。謂外道等邪教邪思亦説草木名爲衆生，而佛教中不同於彼，具前三義有情識者，方是佛教衆生之類。

經：「若卵生」至「非无想」。

贊曰：次辨差別也，謂以三類顯受[四〇]生差別。「卵生」等者，受生別故；「若有色」等，依正別故；「若有想」等，境界別故。受生別者，卵等異故，五蘊初起名之爲生，依觳方出名爲卵生，含藏而起名曰胎生，假潤而興曰濕生，无而忽有稱化生。由內思業、外觳、胎藏、濕潤四緣而蘊生起，於四緣中，卵生具四，胎生具三，濕生具二，化生唯一，謂內思業藉緣多少如是次第。以此四生攝五趣者，如《俱舍論》頌此義云「人傍生具四，地獄及諸天。中有唯化生，鬼通胎化二。」

多少勝劣，如餘處明依止差別，即身異也。身通五蘊及四蘊成。若具五蘊而成身者，名爲「有色」，即欲界二十處、色界十七處，皆有形質故；若唯四蘊而成身者，名爲「无色」，則空處等无色四天，厭色生彼，无形質故，雖有定果色而无業果色，由此但名无色界耳。境界差別，即心異也。若有分別境界相者，名爲「有想」，即欲界地除睡悶位、下三靜慮、第四靜慮除无想天、三无色全，並緣麁境，心想分明，故約有境，名爲「有想」；若都无境，名爲「无想」，即第四禪无想一天，諸外道等計爲涅槃，修无想定，生彼天中，於五百劫全无心相，不緣境界，故名爲「无想」；若雖有境而不分明，則彼心想亦復昧劣，名「非有想非无想」也，謂有頂地以次，下地心心所法而爲所緣境，既微細心亦闇劣，不同於前諸有想地心想分明，名「非有想」，亦不同前无想有情全无心想，名「非无想」，謂此一天雖无明想而有闇想，是故雙非。如是遍舉三類生者，意顯普攝衆生界盡，並是欲願所度之生，菩薩皆以大悲[四二]之心而濟度，无所簡故名廣大心。

經：「我皆度令入」至「滅度之」。

贊曰：此欲願令生所得之果，即第一心。如前所説，三類衆生爲生死苦之所煎迫，菩薩發心希求思念皆願度脱与第一樂。第一樂者即是涅槃，寂靜殊勝，名爲第一，希願彼故，名第一心。涅槃，梵音，此云圓寂。圓謂圓滿，具足三德故；寂謂寂靜，異生死喧故。涅槃不同，有其四種：一自性清淨，謂諸衆生本淨心體，此體即是諸法真如，具恒沙德，常恒安樂，雖爲二障之所覆染在二生死處，於輪迴而亦不失本清淨性，其體本寂，故名涅槃。二有餘依，謂即真如出煩惱障，此有二種。若二乘人，雖斷煩惱，餘苦依身猶未棄捨；若諸如來，雖无煩惱所感苦身，而有无滿功德依身，雖實无苦而有示現苦所依，所依身皆名有餘，而障永寂，故名涅槃。三无餘依，謂即真如出生死苦，此有二種。若二乘人先断煩惱，令捨分段麁苦之身；若諸如來永離生死，是故皆得名无餘依，而苦永寂，故名爲涅槃。四无住處，謂即真如出所知障，大悲般若常所輔翼，由斯不住生死涅槃，利樂有情窮未來際，用而常寂，故名涅槃。一切有情皆有初一，二乘无學容有前三，唯我世尊可言具四。今「无餘」者，即前第三，離生死苦永安樂故。言「滅度」者，滅障度苦，即滅二障度二死苦，寂靜安樂，故名爲滅度。唯得无餘滅障度苦，故入无餘而滅度之。

問：衆生既廣，六道類多，亦五乘性別，有緣无緣，可不可度，若一人而能遍救，則諸聖何置劬勞？故令皆入涅槃，此乃非所應！得：何故而願此不可得義耶？答：菩薩發心希成佛果，資乎福智，本乎慈悲，願行之興依坐以立，若有所棄豈曰弘慈？凡起大心皆无所簡，生所攝者我皆度之，性類雖多皆是生攝，但念普救勝行剋成，度生无多，速自成佛，覩斯妙益勸發其心，是故《經》言「我皆令入」。若尔，則是意願弘通，故知實理非皆度盡，然應度者亦通四生，其胎化生多，人天攝有色有想或具身心，既非難處可容滅度；卵濕二類固則不然，既居難處又未成熟，如何亦使入涅槃耶？答：若在難處要待其時，若未成熟而令成熟，已成熟者而解脱之，皆入涅槃，亦何疑難？若尔，涅槃言諺四種，足令滅苦果昭宣，長言无餘起非煩迂？答：但言涅槃，恐濫方便，凡夫外道六行所成，未免輪迴尚拘苦網，爲簡於彼，要舉无餘，是故不但言涅槃也！若尒，有餘亦能滅障，既非方便，聖者方成，何故不言有餘滅也？答：由三義故，不言有餘。一是共果故，有苦无苦所依身者，皆共所得解脱果故；二宿業得故，謂二乘者要依故業分限之身而證得故；三佛説得故，謂近聞法修行所得，苦依未滅非究竟故，非如无餘是其究竟，要无苦依，故業身盡任運謝滅而方證得，是故不説令得有餘。若尒自性即是真如，諸佛所師、衆聖所趣，何不令入自性涅槃？答：自性涅槃，衆生本有，但未離障，尚處輪迴，衆生无明，不能契悟，真樂本有，失而不知，妄苦本空，得而不覺，拔苦与樂，是曰慈悲。願与本性，何所利益？况皆本有，豈願与之？是故不願与其自性。若尒，菩薩有大悲心，應願与其最勝之果，何不願与无住涅槃？答：无住涅槃唯大乘有，而今般若通被三乘，能辨聲聞、獨覺、佛地，故舉三乘通得之果，是故但説无餘涅槃，故亦不是佛无餘也。若尒，不應名[四三]第一心，二乘无餘非第一故。答：對生死苦亦名第一，希願此故名第一心，如摩訶薩初發心位亦得此名，此亦尒。故即此无餘是第一果，是諸衆生皆所應得，是故菩薩發大慈悲，四生三界一切衆生，皆以无餘而令滅度，正是菩薩廣大之行令一切生得滅度故，亦是菩薩離損滅邊能度衆生不執空有，亦是欲願能攝持心、攝持修伏度生行故。既是應住願樂之心，故説此文，名答住問。

經：「如是滅度」至「得滅度者」。

贊曰：此常利益心，答修行問也。「如是滅度」者，牒前第一心。「无量」等者，牒前廣大心，三世言之則「无量」，十方求之乃「无邊」，種類言之即「无數」，故言「无量无邊」等也。「實无」等者，釋成常義。二論意云：由依无相相應定慧，觀一切法平等真如，生死涅槃本來不異，衆生諸佛性自无差。由妄想故，菩提爲煩惱；若了悟也，生死即涅槃。由此言之，凡聖一如，衆生我身實无别體，豈我身外别有衆生？由得如是同體大悲，他縛即我縛，他度即我度，由无彼此，不生勞倦，故能常度一切衆生。如是皆因得无相慧，悟无相理，此即菩薩。菩薩邪行對治，遠離執著我能度故。亦是遠離增益之邊，不執實有衆生度故；亦名安立第一義諦，第一義中无生度故；亦則名爲甚深之行，廣度衆生无度相故；亦名顯現，現量顯了，證真如理无度相故。既爲菩薩常利益心，亦即名爲大喜无量。无相定慧既有此能，是故菩薩應如是修相應定慧无相之行。

經：「何以故？」至「即非菩薩」。

贊曰：此不顛倒利益心，答降伏問。前令修行无相定慧，起同體相而常度生。此恐散乱起顛倒心，取自他相，故相爲遮止。於此文中有徵有釋，徵之意者：何所以故滅度衆生不取度相？釋之意云：若有自他二相不亡，則於自身而起我相，亦於他身起人等相，是有顛倒之心，寧得名爲菩薩？既无同體悲智，豈能常度衆生？且身本无我，孰爲能度？衆生本空，曷爲所度？妄生取相，見自他耶？故《淨名》云：譬如幻士爲幻人説法，當達是意。夫真菩薩者，一於自身无其我相，二者於衆生離其法相，故能常度一切衆生。汝今發心欲度衆生，故應不起自身我相，亦不於他起人等相。若能如是，名真菩薩，方能濟度一切衆生。則是共見正行對治，遠離我能不住相故；亦即同前是顯現心，除自他相了真如故；亦是所住不顛倒心，遠離我等顛倒相故。又是菩薩大捨无量，能離自他，住平等故離自他相。既有此能，菩薩應當如是降伏，勿起妄念而見自他。若能如是，菩薩則能攝菩提心，攝取衆生，正是菩薩四利益心别修行相之惣住處，豈唯别答前之三問？

及是物答云何住義。故天親《論》頌此義云：廣大第一常，其心不顛倒。利益深心住，此乘功德滿。

經：「復次，須菩提」至「行於布施」。

贊曰：次下第二明其修行，八住處中波羅蜜淨，即十八中波羅蜜相應行住處。前令發心以希佛果，次令修行爲菩提因行，若不修果不成故。故説万行爲圓滿持，能持佛地圓滿果故。若尔，妙業八万四千，何故此中但言其施？答：以施爲万行之初，且麁而易習，況言包於六度，亦舉此而統餘。其義者何？施有三種：一資生施，謂以資財資彼生故；二无畏施，謂以慈愛令彼安故；三者法施，謂以善法濟其苦故。以此三施攝彼六度，初資生施攝初施度，施彼資財資益彼故。次无畏施攝彼戒、忍，由持戒故，不損惱他，於菩薩所未加惡者，知不行惡、不生怖故；由忍辱故，能忍他害，害菩薩者知能忍耐，終无返報，亦不怖故。後善法施攝進、定、慧，若爲衆生説法之時，由精進故，不憚寒熱，不告勞倦，常勤説法；由禪定故，不貪利養，能善知心，稱根説法；由智慧故，解了於法，无有倒錯，如實而説。既以三施具包六度，施言通三，即六度也。故天親《論》頌此義云「檀義攝於六，資生无畏法。此中一二三，是名修行住。」由行如是六度行，故一一皆得二世果報，現在報恩恭敬供養，當謂六度諸別異果：施得大財富，戒成大尊貴，忍招善眷屬，進獲果不絶，定感身无損，慧根利悦樂。然其修行有其二種：若求此果，名住相行；不求此果，名不住行。若不求報而行施者，便与七種最勝相應，既皆得彼到彼岸名，近成此報，遠成佛果；若求果報而行，行者心有垢故，行不精[四三]淳，既不得到彼岸名，焉感菩提極果？爲遮住相之施，故令不住其心。

又文中分二：初明不住行施，以答三問；後釋此疑難，勸勉令修。初文復二：初明三不住施，答其住問；後令不住於相，合答修伏問。初中復二：初不住於法施，後不住六塵施，此初也。准餘本經有三不住，是故諸論依三以解。三不住者：不住於事施，都无所住施，不住六塵施。初中事者有其三義：謂於現生自身體事，於彼資生所施物事，於當來世施物果事。若於現在愛著自身，爲存已故起不行障；設不獲已而行施時，或復生苦，或復追悔，或由住著，求當來果，由此不成所求勝體；設得當果，而不圓常。爲遮此故，是故《經》言「不著於事，而行布施」。既離三事説此經文，是故三論各明一義。下二不住，亦准此知。

此中所住有其二義：初住現在，報恩供養，成僻行障，爲邪僻因。後住當來邪僻之果，此復有二：或无畏施戒忍二果，或除財施餘五度果，皆是通別當來果故。若求此等，心既邪僻，名求異事，勝果不成。爲遮此等，是故《經》言「都无所住，應行布施」。戒忍等果不可別分，故惣説言「都无住」也。財及五果皆當果法，自身報恩皆現在法，資生无畏皆世道法。是故此經惣合兩文，名爲住法。既皆不住，故惣説云「於法无住」。雖与此本作此道理，終成譯主咸文妄耳。

經：「所謂不住」至「觸法布施」。

贊曰：此不住六塵施也。文言「所謂」似釋前標三不住施。文義既殊，前文非標，此亦非釋，又是譯者妄加文耳。此文亦通或物或別六度所得二世果報。二世之果皆有二種：現二報者，外得供養世間五塵樂，內成適悦現法涅槃；當二報者，近得美妙五欲之樂，遠得法身万德之果。此二世果，或通六度，或別法施之所成就。若求現當五塵果者，名住色等而行布施；求現涅槃當法身者，名爲住法而行布施。若住此等而行施者，心不順故名倒行障，不契菩提名求異事。爲遮此等，是故《經》言「不住色、聲、香、味、觸、法布施」。《經》以麁細有殊，别開其色；《論》以寬狹有異，别釋其法，《經》、《論》開合理不相乖。爲顯如此三不住義，故天親《論》而説頌云「自身及報恩，果報斯不著。護存已不施，防求於異事。」如是於三不住行施，正是菩薩邪行對治，以无所住治住著故；亦是不失中道正行，不住於相而行布施故；亦是廣大甚深二行，以无住心行大行故；亦名依義，依所住著，顯示无住能持法故；亦名説相，説一住處，所治能治所證相故；亦是欲願能攝持行，攝持无住清淨行故；亦名安立第一義諦，順第一義无所住故。菩薩若時在散位中，應觀如是殊勝道理，應行如是三不住施，故天親説答修行問，即是无相定前加行。菩薩欲入无相定慧，得成真實无相施者，應如是住欲願心也，故无著判爲答住問。《經》有二意，《論》随一明，所顯似殊，理極相順。

經：「須菩提」至「不住於相」。

贊曰：此即合答修伏問也。一切諸法其體皆空，何有施者、受者、財物？不應於中強生分别，起住著心而行布施；若能離相而行布施，行既清淨，心又稱理，乃是共見正行對治，離住不住取相心故，又是顯現不住於相，現量顯了證真如故。既達彼岸，當感菩提，故諸菩薩應修无相相應定慧而行布施，勿起散心而住於相。由修定慧能不住相，故无著説答修行問。若心散乱，取相心生，亦應如是而爲降伏，如尔涅槃境不取於相，由於散住有取相心應可降伏，是故兩論亦説此文答降伏問。故天親《論》障伏頌云「調伏彼事中，遠離取相心。及断種種疑，亦防生成心。」上半顯降伏義，釋此經文；下半明断諸疑，釋徵已下文。然准无著，乃至下文，皆答三問。若天親論，略答三問，下皆断疑。所以如是兩論異者，修行之人有二種障：既生取相，或復懷疑，由有疑故不肯修行，由取相故行非稱實。然《經》爲断而起勝行，廣答問略答問而多断疑，令離執而行稱真，廣答問而明正行。《經》文既有二種，論者各據一明，同契至真，共彰妙旨。天親前來，已答問訖，下淨前義而断諸疑。

經：「何以故？」

贊曰：此亦第二釋此疑難。勸勉令修，於中有二，先徵後釋，此徵也。以諸菩薩心有相，故貪於福德，疑無相施功德是无，於无相行心不堪樂。今佛將欲断彼疑心，堪樂修行无相行，故以彼疑情而徵問之云：夫行施行爲住福田，今令不住何所以也？不存施相豈有福乎？

經：「若菩薩」至「不可思量」。

贊曰：下釋疑情。於中分三：初標福廣，次喻校量，後勸修住，此初也。夫善以順理爲義，若取相則乖背於真乘，必能離相而修行，乃玄契於如義。法性之體，既自无邊，順性而修，福乃无量，亦何必取相而有大福耶？故應捨儒末之小心，從江海之大志，勿謂无福固滯相迷，是答前徵，断疑意也。故下半頌釋此經文，謂於此中非但降伏，及下諸文断種種疑。下文所断二十九疑，疑非一故，故云種種，其下諸文亦如此中，防其初後取相之心，故言「及断種種疑，亦防生成心」。

經：「須菩提」至「可思量不？」

贊曰：此下喻顯校量。於中有二，初舉〔四四〕喻問答，後正顯校量。前中有二：初舉東方，後例九方。初中復二：初如來問，後善現答，此初也。虛空无像，其際叵量，施而不住，其福无限，故以施福借喻虛空。西國尊人坐於東面，且隨所向偏指東方，故問善現：於汝之意爲云何耶？東方虚空，應可以意思慮度量得邊際不？

經：「不也，世尊！」

贊曰：此善現答也。虚空之體无際无涯，不可以意思慮度量得其邊也。

經：「須菩提」至「可思量不？」

贊曰：此下重例餘九。文亦分二，此初佛問也。前舉東方足彰福廣，重問餘九顯利尤多。然虚空者，无礙爲名，實不可説，有其方所，且随色相假説十方，若无其色无虚空故。言「四維」者，即四隅也。餘文易解，不繁廣釋。

經：「不也，世尊！」

贊曰：此重答也，文准前知。

經：「須菩提」至「不可思量」。

贊曰：此正顯校量也。然以虚空惣有三義，故无著説有三因緣。若具而言有其六義，与无相福正爲校量。一周遍礙非礙，无住施福通感色法有相无相二身果故；二含容色非色，无住施福所有因果含有爲无爲一切德故；三該通情非情，无住施福所有因果通於凡聖染淨心故；四不爲塵垢染，无住施福所有因果淳淨无有業惑染故；五畢竟无變異，无相施福所有因果究竟常住无變異故；六无有窮盡時，无住施福所有因果所成利樂无盡期故。《論》以義類同，故合之爲三；此以具義别，故開之爲六。由此諸義猶如虚空，亦復不可意思量得邊際也。故《勝天般若經》云：若此福德有形相者，空界不受，且以虚空爲少分喻，然无住福出過虚空，不舉虚空无所喻故。

經：「須菩提」至「如所教住」。

贊曰：此勸修住也。无住布施，順法性修，既如虚空其福无量，因之与果福德如斯，是故菩薩作應如我所説之教，於无相施住心修行，勿疑无福。

經：「須菩提」至「見如來不？」

贊曰：次下第三明其求果，即八住中欲住處也。前既發心，次修諸行，若不求果，心行无依，顯行所依則明求果。然果有二，謂色、非色。色相果者，即相好身；非色果者，即真法身。故於此中分之爲二，初欲色身，後欲法身。

初欲色身，即十八中第三欲得色身住處，断其第一求佛住相疑，令修稱真，求色身行，謂佛色身依真而起，欲成色果，要見法身。若執色相爲真，迷法身而不成色果；若能不執色相，得真體而成色身。故欲求佛色身，先觀无相法體，然初學菩薩未悟真身，執化相身爲真究竟，既懷慢執，遂有疑生：寧求有相佛菩提令行无住之施？由執，故不成所求之果；由疑，故不修感果之因。故執与疑爲果之障，今佛欲断疑執之心，令成所求色身之果，故顯佛體非相好身。既爲二意而説此文，是故兩論各明其義。无著約其破執，判爲欲得色身；天親就其断疑，名断求佛住相。文分爲二，初問答如來法身非相，後結成前義以答三問。初中又四，問、答、徵、釋，此初也。將欲断彼疑執之心，令其離相而觀法體，故寄與問起：此義云何？以有爲生住異滅三十二相，觀爲如來真法身不？

經：「不也，世尊！」至「得見如來」。

贊曰：此答也。以須菩提懸解佛意，答言「不也」，不可以有爲生住異滅三十二相觀爲如來真法身也。

經：「何以故？」

贊曰：此徵也。何所以故，不以有爲生住異滅三十二相觀見如來真法身耶？

經：「如來所説」至「即非身相」。

贊曰：此釋也。如來所説有爲諸相，非是法身真實之相，以法身者即是无爲无相，爲相非有爲故。是故化身有爲身相，即非法身真實相也。若能如是觀於如來，是即名爲邪行對治，離執有爲邪行心故；亦是遠離增益之邊，不執化身爲實相故；亦是依義，以依所治色身之慢顯能治故；亦名説相，顯説欲得色身住處文義相故；亦是安立第一義諦，第一義中无色相故。由是義故，菩薩但行先住之施，得无相果，勿執化身爲真佛體，返疑所修无相之行。

經：「佛告須菩提」至「皆是虛妄」。

贊曰：亦顯結成前義，以答前三問。於中有二，初答住心問，後答修伏問，此初也。將欲成滿善現所言，令於无相而住修伏，故復遍遣一切相也。非但在佛諸相非真，若凡若聖、情与非情、有之与空、相与非相，凡所有相皆虛妄焉。由達諸相皆虛妄故，即是欲願能攝持心，攝持離相觀真行，故諸菩薩應如是住。

經：「若見諸相非相，則見如來。」

贊曰：此答修伏問也。既執諸相是其虛妄，不見如來；明知離相是其真實，則見如來。故天親《論》頌此義云「分別有爲體，防彼成就得。三相異體故，離彼是如來。」既能觀相皆是非相，即是共見正行對治，相、非相見皆遠離故；亦是不失所修中道，離虛妄相見真佛故；亦是廣大甚深二行，觀相非相見如來故；亦是顯現離相觀佛，現量顯了見真理故。由如是義故，諸菩薩應修无相相應定慧，離一切相而觀法身。若心散乱，執相復生，還應如是降伏其心，亦拘執相而爲真佛。若能如是見真如來法身，既成色果，亦備依體起相，理恒數故。問：諸佛身相悲智所成，豈得説爲虛妄相也？答：佛之色相圓智所成，既遍十方亦无分限，随其根性所見不同。然非是佛本真實體，若執爲實，自爲虛妄，豈於佛相有虛妄耶？但除其病，非除法也。

經：「須菩提」至「生實信不？」

贊曰：下明法身，即十八中第四欲得法

身住處。於中顯有三種法身，謂即言說、智相、福相。欲三法身，即分别爲三。第一欲得言説法身當断，第二不信空説疑，令修稱實持説之行。前文既言，欲得如來色身果者，當觀法身，故此令其欲得法身。然夫法身有其二種，謂佛菩薩福之與智。此福及智是功德法及依止，故皆名法身。此依言説教法而生，故此言説亦名法身，由能生詮福智身故，猶如實相、觀照二種正名般若，能詮文字能生詮故亦名般若，故此文字亦名法身。既此言説是法身因，若欲希求福智身者，應先欲得言説法身，現在當來俱流行世。若欲流行，不應取爲法非法相而爲持説，既令希願當現流通，故即於此而生疑念：向説无相行於布施，是因深義；又説如來非有爲相，是果深義。因深果遠，邃旨難知，佛在之時尚難信解，况佛滅後時惡根微，豈更離相而爲信解？云何令我當現流通？既无信者，寧非空説？

此即由先欲得，有此疑生，疑念既興，便不希願。今者欲断彼疑念心，令其希求現當持説，故説惡時有信持者。既爲二意説此經文，由此兩論各明一義。无著約令希願，名欲得言説法身；天親就断疑心，名断不信空説。文中有二，初善現發問，後如來爲説，此初也。善現意欲断彼疑心令希求故，而發問云：於當後世，豈有衆生聞此言説法身章句，而生真實信解以不？

經：「佛告須菩提」至「莫作是説」。

贊曰：次下如來爲説。於中有二，初正答前問，後明法身要義。初中復二，初止説无，後正答有，此初也。勿謂當來无信受者而作是説。

經：「如來滅後，後五百歲。」

贊曰：下正答有。然此答有有其二意，近答生實相問，遠答住修伏問。於中有二，初明實相因，以答住問；後明能生實相，答修伏問。初中有二，初有時後有因，此初也。即佛滅後，五[四五]五百歲。《大集經》説：佛滅度後，第一五百年解脱牢固，樂行聖行，多得聖果故；第二五百年禪定牢固，雖不得聖，深樂禪定故；第三五百年多聞牢固，不習禪定，多持文義故；第四五百年福德牢固，又捨多聞，樂修塔寺故；第五五百年鬪諍牢固，又捨福德業，多樂忿諍故。如是五種牢固之時，出家之人於彼行增多少而説，非越此時不修餘行。如初五百解脱堅固，然亦有人修餘四行，如阿育王廣造塔等故。於後後時亦有前前行，但約多少而作是説。此望佛在，皆名爲後，故《經》説言「後五百歲」，皆佛滅後惡世代故，或可偏指第五五百，以是極惡鬪諍時故，明於彼時有信經人，況於好時而不信也？

經：「有持戒」至「以此爲實」。

贊曰：次明有因。於中有四，一久修三學行，二遇佛集妙因，三爲佛所攝受，四離障得勝報。由此四因，故能信受，此初因也。言三學者，謂戒定慧。以此三學備攝諸行，具三學者知教順理，故具三學能信此《經》，以此《經》爲真實稱理。既有信者，亦不空説。故天親《論》頌此義云「説因果深義，於彼惡世時。不空以有實，菩薩三德備。」言三德者，即三學也。然此文中闕其智慧，若准餘本，應合有之。以譯經者随此義云，謂信經者有教理，别此戒定因，但信於教，下由智因而信於理。故天親《論》隱智不論，離我相中方明智慧，故於此中隱智不舉。雖有此理，終譯者失，佛豈不解而説之耶？持戒戒學福修定學，謂有持戒修定慧者以此《經》爲實，而生信心也。

經：「當知是人」至「而種善根」。

贊曰：此遇佛集妙因。於中有三，初非供少佛，次久事多尊，後舉劣况勝，此初也。

言善根者，即前戒定，謂非少佛修戒定慧，非謂財供而種善根，財供養時不以爲喜，正行供養方歡喜故。

經：「已於无量」至「種諸善根」。

贊曰：此久事多尊也。顯於多佛具修三學，故言「无量千万佛所種諸善根」。故《論》頌云「修戒於過去，及種諸善根。戒具於諸佛，亦説功德滿。」

經：「聞是章句」至「生淨信者」。

贊曰：此舉劣況勝也。意説「一念生淨信」者，尚於多佛久種善根，況不取相而爲持説，當知必有廣大功德。是故菩薩應住欲願之心，而爲攝持持説之行，故諸菩薩應如是住。

經：「須菩提」至「是諸衆生」。

贊曰：次爲佛所攝受也。此顯信經是根熟者，佛所記録而攝受之，故能於經而生實相。言「悉知」者，知其心；言「悉見」者，見其身。顯佛世尊以其願智三昧之力，於一切時現知現見，非比智知，非肉眼見，是故雙説「悉知悉見」。如來知見有五勝益，不爲魔惱壞其道行，修斷事中有勇猛力，不敢懈怠〔四六〕作諸非法，常自慶慰修行不倦，雖入三空門不墮二乘地。由此不敢自説己德，求於供養及求恭敬，便能清淨信受、持説、勤於斷修、喜无倦等。故天親《論》頌此義云「佛非見果知，願智力現見。求供養恭敬，彼人不能説。」

經：「得〔四七〕如是无量福德。」

贊曰：此離障得勝報也。顯持經人雖无如前戒定慧等三種勝〔四八〕因緣，但由過去无法障故，得是无量福報之身，故能不謗而信持説；即復由此持説經故，當得如是无量福德。顯斯二意惣説「得」言，非准信經當生福故。

經：「何以故？」

贊曰：上明生實相因，答住〔四九〕問竟。次明能生實相，答修伏問。於中分五，問、答、徵、釋、結，此初也。此問意云：何以要由修三學等，前四種因方能於經生實相耶？

經：「是諸衆生」至「非法相」。

贊曰：此第二答也。文中二節，初我，後法。然初我相有惣有別，總謂四種皆名爲我，皆執諸藴有主宰故；别謂四藴於三世藴惣別分別執我等故。若於三世差別五藴，惣執主宰，名爲「我相」；執過去我是今世我，多生不斷，名「衆生相」；執現在我一期命住是我之壽，是名「壽者相」；執我當來復生異道數取趣故，名爲「人相」，以梵語云補特伽羅，俗語目人，典數取趣。《經》依俗譯，《論》依典文，故生異道，以釋人相。故《論》釋此四相頌云「差別相續體，不斷至命住。復取於異道，是我相四種。」

如是我相，若随惣別，行相不同乃有四種。若随能起，此我相人合四，惣名外道邪取，多是外道妄所起故。然其法相亦有惣別：惣則四句，皆名法相，皆是迷真，四種謗故；別謂四種，所執有殊法非法等四種別故。一者法相，即諸聲聞及大乘中内法凡夫，由處下位，不了法空，執有二取實法相體，即增益謗。《經》随執[五〇]相，名之法相；《論》依起執人，名聲聞内法邪取。二非法相。即增上慢菩薩聞遣相空，便撥真如及諸功德皆是空无究竟理，此即損減謗。《經》随執[五一]相，名非法相；《論》依起執人，名增上慢[五二]菩薩邪趣[五三]故。三者相，即外道等聞非有无，便執諸法亦有亦无，二相違相，即相違謗。由此執故迷真滅理，執有想定爲勝涅槃。《經》随執行，故名爲相；《論》随執心所求之境，亦名世間共相邪取。四者非相，即二乘等不了諸法非非有无，便執諸法定非有无取，既非遮表，言成戲論，即戲論謗。既執諸法非有非无，便樂滅心，離有无相，執滅定等爲勝果等。《經》随執行，名爲非相；《論》約執心所求之果，名爲无相定邪取。

此依人境或合爲五，故无著《論》名五邪取；若依行相乃有八種，故天親《論》開爲八執；若以類分惣爲二種，所謂我相、法相異故。由依執八，有能離八〔五四〕，是故《經》言「无我相」等，故天親《論》惣别頌云「彼壽者及法，遠離於取相。亦説知彼相，依〔五五〕八八義别。」初句惣顯我法二相，壽者亦是我惣名故；次句顯離我、法二相；其第三句明能離心，即釋《經》言「无我相」等；其第四句釋八所以，由依執八，能離八故。

「无我相」者，謂无我性，以三世藴皆无實體，非主宰故；「无人相」者，其未來藴未生无體，非今至後可當得故；「无壽者相」者，現在諸藴念念不住，无有壽命性可得故；「无衆生相」者，其過去藴已滅无體，无有自性可至今故；「无法相」者，謂真如上遠離能取所取二相，以真空无一切物故；「亦无非法相」者，謂真如理雖无二取而體不无，真如實有功德體故。

言「无相」者，謂真如理性離言説，非有非无，不可説爲有空相故；「亦非无相」者，謂真如理雖不可説，而爲迷者以依言辭而演説故。而此本經但有二者，合彼无相入无法相，同遣相故；合亦非无相入亦无非法相，同遣无相故。是故二句能攝四種，雖有此理，終譯者失。无著具釋我法二相，而不别顯无我相等；天親但顯四種我相，不顯无我及四法相，而但解釋无法相等，皆是影〔五六〕略，互顯其義。故天親《論》法空頌云「一切空无物，實有不可説。依言辭而説，是法相四種。」然諸外道、内法凡夫及二乘等无戒等故，随應不離五邪八執，既无智慧，不生實相，今此菩薩由前四因能離我法，有智慧故，故能於《經》而生實相。是故要由三學行等，方能於《經》而生信解，故以此文答前問也。

經：「何以故？」

贊曰：此第三徵也。我相多是外道所起虛妄執故，故信《經》者可无外道所起我等。然此經教法體不无，於《經》生信應有法體，无法等者何以故耶？

經：「是諸[五七]衆生」至「衆生、壽者」。

贊曰：次第四[五八]釋。於中有二，初惣明取相我執不亡，後別顯取於法、非法相，此初也。然諸我執依法執生，如要迷杌方謂人等。若取教法既爲法執，由此亦生我人等相，二執既起，實相是迷，由如迷淨空過由翳目。既有法相，即我等生，故雖信經而亦不取，以取經時暫伏我相，由有法執我執種存，根本不亡，枝葉當起。是故《經》言「若心取相，即著我等」。

經：「若取法相」至「衆生、壽者」。

贊曰：次下別顯。於中有二，初明取法相，後顯取非法相，此初也。然前惣云「若心取相」，即前所説四種法，相四種不離法与非法，故此別明法非法相。若執教法，既爲法執，由此便生我等相也。

經：「何以故？」至「衆生、壽者」。

贊曰：此顯取非法相也。「何以故」者，曲問辭也。執教爲有，是法執故，可有我生；撥教爲无，既稱實相，應无我等。而前所言「无非法相」何以故耶？故即答云：夫實相者，離有離空，若執法无，不稱實相，既爲法執，我執亦生，故取非法相，亦即著我等。

經：「是故不應」至「取非法」。

贊曰：此第五結也。是前取於法非法相，皆是法執，著我等故，不應於經取法非法。然夫信經，有其二種：一者信教，謂雖无智而有戒定，以恭敬心而生實相，即前所説一念淨信；二者解理，即因智慧，不如言聲而取於法，亦不撥教，能順於理，即是不取法非法相，契證於真，而生實相。故天親《論》頌此義云「彼人依信心，恭敬生實相。聞聲不正取，正説如是取。」上半顯由戒定信教，下半明由智慧解理。若離信教而不悟理，由此不能廣大持説。諸菩薩等若欲得此言説法身現當流轉，應亦於理而生實相，是解理者故。不如聲取法，爲有法離言故，亦不棄撥法順真故。不如聲取法，故能離法相順教而修。故離非法相、離相非相，契證於真，由此便能現當持説，故諸菩薩應如是修離相非相持説之行。若心散乱，取相復生，亦應如是降伏其心，如前不起法非法相。

經：「以是義故」至「何况非法？」

贊曰：上來惣明，正答前問。此即第二法身要義。欲令遠離前法非法，故引昔説筏喻之義，令於教法離有无相，如於船筏離取捨心；如已到岸捨筏故，當知[五九]可捨不應先著；未到彼岸取筏故，知憑而渡不應捨棄。教亦如是，不應取捨。知法離言，但假詮故，當得證智。既捨不住，故雖未證，亦不執著。順第一義之正説故，必因此法而得證智，故未證者依之而修，故於教法不應取捨。然佛所説皆離有无，執法非法不契中道，執法爲有尚應捨之，况執非法而不捨也？故天親《論》頌此義云「彼不住随順，於法中證智。如人捨船筏[六〇]，法中義亦然。」若能了達筏喻之義，離法非法契證於真，便能經廣大持説，故判此文法身要義。其依義等三種大義，住住文中既皆具有，如前應知不能煩述，但約答三問義，解經文義耳。

經：「須菩提」至「有所説法耶？」

贊曰：次下第二欲得智相至得法身住處，断彼第三佛有得説疑，修无得説真智相行。前明欲得言説法身，以爲證得法身之因，次明證得法身之果，然所證果通福及智，皆因果位所證法身。智爲福依，福田智起，是故先辨智相法身。然智性相理事雖殊，對福相故，惣名「智相」。理智无別，是功德法及依止故，皆名「法身」。言「至得」者，即證得義，是修行人所證得故；得此身故，便得佛果。説法度生希求此故，故言欲得智相至得法身。雖於俗諦有德有説，據勝義諦得説皆无，由達勝義无得説故，方於俗諦能有得説。然諸菩薩未達勝義，執有得説，求智相身，既有執心便生疑念，若如前説。「不可以身相得見如來」，如來非有爲相者，何故釋迦證得菩提而名爲佛？云何説法以度群生？有得有説非无爲故。由執，故迷智相之正行；由疑，故不修智相之行因。今欲令得智相法身，故説佛身无得无説。既以此文斷其疑執，是故兩論各明一義。无著約遣執而修正行，名欲得智相法身；天親就斷疑而修行因，名斷佛有得説。文分爲二，初問後答，此初也，真實理中可有少法是能證得有所説邪？

經：「須菩提」至「如來可説」。

贊曰：下答有三。初正答，次徵起，後釋成，此初也。然佛説法常依二諦：一者俗諦有法，諸法緣生故；二者真諦空法，緣生无性故。如是二諦，既不相離，空而不空，有而不有，故佛所説遠離二邊。今於此中顯斯中道，若約俗諦，有應化身、有得菩提、有可説法；若就真諦，應化非真、非得菩提、非説法者。既彼真俗自性无差，得而无得、説而无説，爲顯是義，故言「如我解佛所説」「无定法」等。《論》依是義，而説頌云：「應化非真佛，亦非説法者。説法不二取，无説離言相。」上半釋此經文，下半釋徵已下文，則謂佛果无得而得、无説而説，是智相身，真實得説，正是菩薩所應希願，故諸菩薩欲成如是智相法身，真實得説。於无得説，應如是住。

經：「何以故？」

贊曰：此徵起也。有何所以不得菩提？不説法耶？

經：「如[六一]來所説」至「非非法」。

贊曰：次下釋成。於中有二，初依徵釋，後轉徵釋，此初也。分別性非有，故非法；法无我性真實，故非非法。既所説法離有无相，非法非非法，故説者不可以言，顯示法非法相；聽者不可如言，執取法非法相。故前半頌顯此義，云「説法不二取，無説離言相」，此即顯説内證之法不可取説非法非非法，以成於前无得説也。

經：「所以者何？」

贊曰：下轉徵釋。於中有二，初轉徵後轉釋，此初也。此有二意，前徵意云：以何義故不可得説？而《經》答云：以何説法，依彼内證不可取説非法非非法？故今轉徵云：此所説法得如是者，何所以耶？又前所徵无得无説，而但答云：如來所説不言所得，所以者何？

經：「一切賢聖」至「而有差別」。

贊曰：此轉釋也。由能内證无爲法故，得名聖人及能説法。然无爲法既不可取説非法非非法，故所説法亦不可取説非法非非法也。又彼无爲是能説因，由證此故，方能説法。故雖但言説，亦顯其證得，若不證者不能説故。然无爲者，真如理也，由證此理得成聖人，随證滿分。聖有因果，諸佛圓證，无學智成；餘證随分，名[六二]爲有學聖。既因轉釋，兼顯无爲非獨佛證，故言一切賢聖皆以无爲而有差別。既由内證无爲，方得成於聖智，故諸菩薩應如是修无分別定，以證无爲。若分別生亦應降伏，順於智相以住无爲。是釋前徵，答修伏問。

經：「須菩提」至「寧爲多不？」

贊曰：次下第三福相至得法身住處，断彼第四持説无福疑，令依經修勝福身行。前令修證无爲，當成智相之果，智不孤立，必假福資，故次相明其福相之果。然其福身通因果位，果謂所感万德佛身，因爲所修持經〔六三〕之福。因中少持四句，福尚多而難量，況廣持説？此經當感法身福果，故應希求當果，而專持説此經。然諸菩薩未悟深宗，聞前所説「不可取説非法非非法」故，遂疑無福，不能持説〔六四〕。今者將断彼疑惑心，令持此經希當福相，故以施福校量持經。既爲二意，説此經文，是故兩論各明一義。无著約令希願，名欲得福相法身；天親就断疑情，名断持説无福。文分爲三：初問，次答，後校量顯勝，此初也。此舉不爲七種最勝所攝受施，而爲校量；若七最勝所攝受施，与持經福差別故。

經：「須菩提」至「甚多！世尊」。

贊曰：次答有三。初標、次徵、後釋，此初也。餘本更有「甚多！善逝」。論釋顯示攝心持心，謂經福中有其二行：一者受持，二者顯説。今自令他攝心持心，不外散乱成勝福聚，故於此中預舉二相。

經：「何以故？」

贊曰：此徵也。據真諦理，物我皆空，施尚不存，寧有其福？設就俗諦，施福不亡，但招生死，不趣菩提，而言福多何以故也？

經：「是福德」至「説福德多」。

贊曰：此釋也。若就真諦，法皆空故，不可分別執有福德，況此不能招感菩提，非如收質進趣福德，説福德性即非福德。今於俗諦，施福不亡，又能感招多生死果，譬如擔重押溺福德，是故如來説福德多。

經：「若復有人」至「其福勝彼」。

贊曰：次顯校量。於中有三，初明福勝，次詰所由，後釋所以，此初也。以彼施福但招生死，不趣菩提，故福爲劣。若於此《經》受持演説，當感菩提，其福勝彼。是故菩薩應断疑情，勿謂无福而不持説。故天親《論》断疑頌云「受持法及説，不空於福德。福不趣菩提，二能趣菩提。」所言偈者，梵云伽他。

伽他不同有二種：戍路迦，戍路迦者，此云數字，不約顯義，但數字，數八字爲句，四句爲偈，即如此方數紙言等。嗢陀南者，此云攝散，不限字數，但依顯義，顯義周圓即名爲句，四句成偈，如詩頌等。今四句偈但取前義，異此云云皆爲謬説。言「乃至」者，顯就少説極，少受持一四句偈福尚勝彼，况能盡持所成佛果福相法身！故於福相，應如是住。

經：「何以故？」

贊曰：此詰所由也。文字之法非是法身，况所説法不可取説！受持福勝何以故耶？

經：「一切諸佛」至「皆從此出」。

贊曰：下釋所以。於中復二，初正釋，後轉釋，此初也。謂即正釋福勝所由，以能爲彼二種佛因，故持經福勝施[六五]福也。一切諸佛即報化身佛也，由報化身各自差别无數量故，故言「諸佛及諸佛」。「阿耨菩提法」者，即報化佛所依法身，法身是彼二佛所依无上正等菩提法故，故言「諸佛阿耨」等也。故天親《論》頌此義云「於實爲了因，亦爲餘生因。唯獨諸佛法，福成第一體。」上之二句釋此經文，以持此經福相殊勝，於實法身而爲了因，於餘化報而爲生因，是故皆言從此經出。

經：「所謂佛法者即非佛法。」

贊曰：此則轉釋，通外難也。何故佛法從經出生是則應説經？先佛後佛既未有，誰説此經？如何乃言佛從經出？故餘本有「何以故」，顯通此難，故有斯文，兼顯出生佛之所以。言「佛法者」，即佛三身，報、化名佛，法身名法。約俗有故，假名佛法；就真空故，佛法則无。既此真俗自體无差，空而不空，有而不有。空而不空故，「所謂佛法」；有而不有故，「即非佛法」；非有非空，是真佛法。此理深妙，性相常存，要證此理，方得成佛。既成佛已，皆發大悲，爲未悟者如證而説。此所證説並得名經，故説教理俱爲經體。若約理經，經先佛後，故説佛師所謂法也，佛從經出「所謂佛法」；若論教經，佛先經後，故説佛出方轉法輪，佛非經出「即非佛法」。理既无始，佛亦无初，依證而説，教亦无始，依教悟理，亦得成佛，教理相應亦名佛法。唯獨佛説不共二乘，顯不共義，即非佛法。既説理教皆從出生，故説諸佛從此經出，由能爲彼第一法因，故福德中此福爲勝。故下半頌顯此義云「唯獨諸佛法，福成第一體。」故諸菩薩於此佛法應如是修，若有疑惑，執著心生，亦應降伏。

經：「須菩提」至「須陀洹果不？」

贊曰：上明求果，下明離障。八中第四離障礙處，十八之中十二住處，謂從第五至第十六，於中修行十二種行，對治慢等十二種障，故合名爲離障礙住。十二障者：一慢，二少聞，三小念攀緣修道，四捨衆生，五樂随外論散動，六於影像相自在中无巧便，七福資糧不具〔六六〕，八於懈怠等樂味，九不忍苦，十闕少智資糧，十一喜動，十二无教授。離十二障，即分十二。

第一離慢，即是第五修道得勝中无慢住處，断其第五諸聖得説疑，令修无慢真實勝行。前既發心普攝衆生，次能修行遍起諸行，後求佛果希色法身。由此便生得勝之慢，既懷高舉，爲障已深，更迷无相，返生疑念：若説聖人无爲，得名无爲之法，无取无説，何故四果皆能自知？我得彼果如證而説，若无取説，何要修行？由慢故，雖修而不進趣；由疑故，復不欲修行。今者將断疑慢之心，令修得勝无慢之行，故説小果智得至微。尚於證時无取无説，况尔菩薩而懷慢心，返疑聖人有得有説？既以二意而有此文，是故兩論各舉其一。无著約除其障，名離慢住處；

天親就断疑情，名断諸聖得説。文分爲二：初問答四果，欲明離慢；後尊者善現引己爲證。初問答四果即分爲四，四文皆四問答徵釋。

所問「意」者，正證果時叵作是念：我能證得預流等不？答之意云：正證果時不作念也。徵之意曰：不作證念，何以故邪？所釋意云：梵云須陀洹，此云入流，亦名預流，能除見惑而證无爲，得成初果，預入聖人之流類，故名爲預流。既證无爲，離一切相，於内不見入流之相，於外不受六塵之境，由亡内外，復離能所，故正證時不作是念。「斯陀含」者，云一往來，謂断欲界修惑六品而證无爲，成第二果，由下三品令其聖者於其欲界一往天上、一來人間而般涅槃，名一往來。「阿那含」者，此云不來，亦名不還，謂断欲界九品惑盡以證无爲，成第三果，生上二界便般涅槃，更不還來欲界生故，故説此果名不來等。「阿羅漢」者，此云无生，謂断三界見修惑盡而證无爲，成第四果，更不復受三界之生，故第四果名曰无生。

此文有二，同前順釋，影前返顯。「實无有法名羅漢」者，此順釋也。雖得聖果名羅漢等，於正證時離一切相，實不有彼无生等念，故言「實无有法」等也。於阿[六七]那含中，應言「而實无不來」，但言「而實无來」者，少其「不」字，譯者忓耳，非經意也。要由无得乃證无爲，是故得名阿羅漢等。「世尊」等者，是返顯也。若正證時有「我得」念，即同凡夫未證真者著我見等，豈名聖人？既无如是我、人等見，故得果時不作念也。於此羅漢有返顯文，影前三果有此義也。此約入觀正證時説，若出觀時，前三果人尚有俱生我見未盡，第四果人法見猶存，既有「我生已盡」等語，亦應作彼我得果解，今就正證故，不作念故。天親《論》頌此義云「不可取及説，自果不取故。依彼善吉者，説離二種障。」上之二句釋前經文，即顯聖人正證之時，不取无爲法，以不取自果故。

經：「世尊！佛說」至「阿羅漢」。

贊曰：上舉四果以明離慢，下顯善現引己爲證。於中有四：一明佛印許，二表自无心，三却釋佛言，四順成前義，此初也。於中顯得二種功德。一不共有，无諍三昧，唯俱解脱方能得故；二者共有，離欲羅漢，雖慧解脱亦成就故。然「諍」与「欲」皆煩惱名，於生貪勝，故偏舉欲，諍因惑起，舉果顯因。若得第四靜慮，邊際勝定，觀他惑諍。令不得生，名「无諍三昧」。由得金剛喻定，斷諸惑盡，得无生果，更不受生，名「離欲阿羅漢」。善現既是利根无學，能得如是共、不共德，而所得中行增於人，故我世尊於諸經中，偏說須菩提「得无諍三昧」及「是離欲阿羅漢」矣！

經：「我不作是念」至「阿羅漢」。

贊曰：此表自无心也。由離煩惱内證无爲，不作是念「我能得相」，欲令他人信无得說，故舉自身不作念也。

經：「世尊」至「阿蘭那[六八]行者」。

贊曰：此却釋佛言也。若有取相我得之心，内有惑纏，外起他諍，佛即不說我是能行无諍行者。

經：「以須菩提」至「阿蘭那行」。

贊曰：此順成前義也。以无起念「我得羅漢」及「无諍行」，離煩惱障及三昧障故，我世尊名「須菩提是樂修行无諍行者」，故下半頌顯此義云「依彼善吉者，說離二種障。」離煩惱障故，說爲離欲阿羅漢；離三昧障故，說得无諍三昧。善現雖得，既无得相，故四果人亦无取說，故汝諸菩薩不應妄生得勝之慢，返於聖人所證无爲，疑有取說。

經：「佛告須菩提」至「有所得不？」。

贊曰：次下第二離少聞障。十八之中不

離佛出時住處，斷其第六佛有説受疑，令修圓滿真多聞行。然諸菩薩信行地中既未親證，應學多聞，然其多聞，惣有二種。求外善友，數聞正法；内自思惟，離所得相。要具二種，是真多聞。故《涅槃》云：聞《涅槃經》不作字相不作句相，若各偏住，非真多聞。是故《花嚴》及《本事經》皆以偈頌而爲呵責。此二相即是四親近行，近善知識，聽聞正法，如理思惟，如法修行。由此便能薰出世種，常不離佛，近大涅槃。前雖令離我得之慢，若不能修二多聞行，由此便成少聞之障，由少聞故，便生疑念：若説无爲无取无説，何故過去然燈佛所釋迦有受、燃燈有説？既有説受，寧説聖人由无爲故无取説耶？既由疑故，不修多聞，由此便成少聞之障。今欲断彼疑執之心，故説過去然燈佛邊雖住八地都無所得法，駃流中任運而轉，相用煩惱都不現行，尚近然燈聽受正法，況信行地諸小菩薩不近善友聞正法耶？然所聞法本自无相，然燈雖説，无説无示；釋迦雖受，无聞无得。寧不思惟而執文字、不如法修乃取相乎？返疑如來有於説受，既以二意而説此文，由是論者各明一義。无著約其離障，名離少聞住處；天親就其遺疑，名断佛有説受。文中有二，初問，後答，此初也。我於往昔然燈佛所，於真實法有所得耶？

經：「世尊」至「實无所得」。

贊曰：此答也。以真實法无得无説，以真實智證此理時，既不見有所得説相，故於往昔然燈語下於真實法實无得説。故天親《論》頌此義云「佛於然燈語，不取理實智。以是真實義，成彼无得説。」此頌意密，今略釋云：佛於昔日然燈語下，不取證理，有實智故。以是理智平等離相真實義故，成彼前説，无爲之法无得説義。

經：「須菩提」至「莊嚴佛土不？」

贊曰:次下第三離小念攀緣修道障。即十八中第七願淨佛土住處,断其第七嚴土取相疑,令修无相真淨土行。前令多聞生出世果,當果必有所依淨土,故次令修願淨土行。然其淨土有其二種。一真淨土,嚴飾无涯,即以智如爲其自體;二應化土,淨穢有限,随彼根宜,依真變起。若修无相,随順无爲,此即名爲真嚴淨土。真土既成,化土亦就,是故《經》言「欲得淨土,當淨其心」,乃至廣說。然諸菩薩未識真嚴,希求色聲以爲淨土,行有相行,小念攀緣,既懵真嚴,返生疑念:若如前説「无爲得名无爲之法,无取説」者,云何菩薩莊嚴佛土?由執,故設修不成真土;由疑,故復不欲修行。今説此文,断其疑執,令修无相真嚴淨土,故説應生清淨心等。既以二意而説此文,是故兩論各明一義。无著約其除障,名離小念攀緣;天親就彼遣疑,名断嚴土取相。文中有二,初興問答,令捨有相莊嚴;後勸生心,當修无相清淨。初中有四,問、答、徵、釋,此初也。久修菩薩於真理中見有莊嚴有相土不?

經:「不也,世尊!」

贊曰:此答也。久修菩薩證第一義,不以形相而莊嚴也。

經:「何以故?」

贊曰:此徵也。何故不嚴有相土〔六九〕耶?

經:「莊嚴佛土」至「是名莊嚴」。

贊曰:此釋也。然淨土者,智如爲體,但習真識,通達真如。真土既成,相土自得,豈執色聲爲實而嚴形相土耶?是故形相莊嚴者,即非真實莊嚴,若能離相自淨其心,是名第一莊嚴佛土。故天親《論》頌此義云「智習唯識通,如是取淨土。非形第一體,非嚴莊嚴意。」言嚴意者,即淨心也,即以形嚴非第一,意嚴爲第一。

經:「是故」至「生清淨心」。

贊曰：下勸生心當修无相清淨。於中有三，初惣令發意，次不住六塵，後結都无住，此初也。既其有相是爲雜染，非真莊嚴；則知无相是清淨行，爲真莊嚴。是故菩薩應生如是清淨心也。

經：「不應住色」至「味觸生心」。

贊曰：此不住六塵也。既以形相非真嚴土，不應著於六塵境界，生有相心求淨土也。

經：「應无所住，而生其心。」

贊曰：此結都无住也。既其取相非真莊嚴，故於无住真如理中應生无住，契證心也。雖復无住，何有生心？乃是淨心不取相也。

經：「須菩提」至「是身爲大不？」

贊曰：次下第四離捨衆生障。即十八中成熟衆生住處，断其第八法王取身疑，令修成熟衆生妙行。前令遠離小念修道，随順无爲修淨土行，土不虛設，必有衆生，故次令離捨衆生障，而修成熟衆生真行。然雖度生，應觀空理，離衆生相而成熟之。故《大品》云：不見生相，方於衆生常利益。縱於欲界成熟衆生，大如修羅，量如須彌，尚不分別爲大身[七〇]相，由證无爲无取説故，何況其餘一切衆生？而諸菩薩不順无爲，執實身相，返疑報佛有其自取。若順无爲无取无説，不見衆生大身相者，何故受樂？報佛取自法王身，世間復取彼是法王身，既見能化、報身，應見所度生相，云何不見所度生耶？既因執著而起疑心，由此便是捨衆生障。今欲断彼疑執之心，故説大身如山王喻。既以二意而説此文，由是論者各明一義。无著約除所度之執，名離捨衆生障；天親就遣能度之疑，名断法王取身。文中有四，問、答、徵、釋，此初也。所化能化身如修羅，其量如彼高山王，是身爲大不？

經：「須菩提言：甚大，世尊！」

贊曰：此答也。能化所化身如山王，其

量甚大。

經：「何以故？」

贊曰：此徵也。能化所化俱離分別，而言「甚大」，何以故耶？

經：「佛説非身是名大身。」

贊曰：此釋也。然能所化俱離有空，雖緣生故，約俗假有；而无性故，就真是空。若就緣生，世情所見假有義説，可是大身；若約性空真理而説，无實身相，即是非身。如彼山王，其體性空，又不自取「我是山王」，世人妄取是實山王；況佛報身非可分別有爲[七]有漏自取身故，而乃自取我是法王？既於自體尚无取心，況於所化了達空相，而可取爲大身相也？《經》言「非身」，非有實體有爲有漏分別身故。言「大身」者，是其假有，无爲无漏離取身故。而佛所問「身大不」者，説彼妄情所取身相，我随所問，答言「甚大」。若據實理悉是非身，即説非身爲大身耳。若能了達身非身相，即能成熟一切衆生，故諸菩薩應知報身无爲无漏不自取故，亦於所化不應取爲大身相也。故天親《論》頌此義云「如山王无取，受報亦復然。遠離於諸漏，及有爲法故。」

金剛般若波羅蜜經旨贊卷上

校勘記

〔一〕底本據斯二七四四，首殘、尾殘。校本分別爲：甲本，斯二七八二；乙本，伯二〇三四，首殘。
〔二〕「如來」，甲本脱，據《佛説無常經》（《大正藏》本，下同）補。
〔三〕「所」，甲本脱，據《佛説無常經》補。
〔四〕底本首殘，文自此始，以上據甲本補。
〔五〕「如次」，底本殘，據甲本補。
〔六〕「爲入」，底本殘，據甲本補。
〔七〕「不」，底本脱，據甲本補。
〔八〕「種所」，底本脱，據甲本補。

〔九〕「敬」，底本脱，據甲本補。

〔一〇〕「緣因差別近」，底本作「因緣遠近別」，甲本作「緣因近別」，據文意改。

〔一一〕乙本首殘，文自此始。

〔一二〕「失」，底本作「夫」，據乙本改。

〔一三〕「即」，底本、乙本作「既」，甲本不清，據文意改。

〔一四〕「是」，底本後衍「名」字，據甲本、乙本删。

〔一五〕「想」，底本作「相」，據乙本改。

〔一六〕「階」，底本作「揩」，據甲本、乙本改。

〔一七〕「若」，乙本作「如」。

〔一八〕「亦」，底本作「今」，據乙本改。

〔一九〕「大」，底本後衍「悲」字，據甲本、乙本删。

〔二〇〕「忝」，底本脱，據甲本、乙本補。

〔二一〕「優樓頻迦攝五百弟子，伽耶迦攝、那提迦攝」，底本作「優樓頻迦攝葉五百弟子，伽耶、那提」，據乙本改。

〔二二〕「初」，底本後衍「三衣」二字，據甲本、乙本删。

〔二三〕「著」，底本脱，據甲本、乙本補。

〔二四〕「鄙」，底本、甲本、乙本作「弊」，據文意改。

〔二五〕「此以」，底本作「次」，據甲本改。

〔二六〕「遍」，底本、甲本、乙本作「偏」，據文意改。

〔二七〕「謂」，底本作「爲」，據甲本、乙本改。

〔二八〕「解」，底本作「相」，據乙本改。

〔二九〕「深」，底本作「甚」，據乙本改。

〔三〇〕「之人」，底本脱，據乙本補。

〔三一〕「提」，底本後衍「至即非菩提」五字，據甲本、乙本删。

〔三二〕「復次」，底本脱，據甲本、乙本補。

〔三三〕「則見如來」，底本作「即非菩薩見如來」，據甲本、乙本改。

〔三四〕「切」，底本後衍「佛」字，據甲本、乙本删。

〔三五〕「語」，底本後衍「語」字，據甲本、乙本删。

〔三六〕「依義」，底本作「義依」，據甲本、乙本改。
〔三七〕「行」，底本、甲本、乙本脱，據文意補。
〔三八〕「持」，底本作「治」，據甲本、乙本改。
〔三九〕「類生」，底本、甲本、乙本作「生類」，據文意改。
〔四〇〕「受」，底本、甲本、乙本脱，據文意補。
〔四一〕「悲」，底本作「慈」，據乙本改。
〔四二〕「名」，底本作「爲」，據乙本改。
〔四三〕「精」，底本作「進」，據乙本改。
〔四四〕「舉」，底本作「摽」，據乙本改。
〔四五〕「五」，底本脱，據乙本補。
〔四六〕「懈怠」，乙本作「懈慢」。
〔四七〕「得」，底本作「德」，據乙本改。
〔四八〕「勝」，底本脱，據乙本補。
〔四九〕「住」，底本脱，據乙本補。
〔五〇〕「執」，底本後衍「執」字，據文意删。
〔五一〕「執」，底本後衍「著」字，據乙本删。
〔五二〕「上慢」，底本脱，據乙本補。
〔五三〕「趣」，底本脱，據甲本補。
〔五四〕「八」，底本後衍「一」字，據甲本删。
〔五五〕「依」，底本及乙本作「彼」，據甲本改。
〔五六〕「影」，底本作「彰」，據乙本改。
〔五七〕「諸」，底本脱，據乙本補。
〔五八〕「四」，底本脱，據甲本補。
〔五九〕「當知」，底本、甲本、乙本作「知當」，據文意改。
〔六〇〕「如人捨船筏」，底本作「如人捨筏喻」，據甲本、乙本改。
〔六一〕「如」，底本後衍「是」字，據乙本删。
〔六二〕「名」，底本脱，據乙本補。
〔六三〕「經」，底本脱，據乙本補。
〔六四〕「説」，乙本作「經」。
〔六五〕「施」，底本脱，據乙本補。
〔六六〕「具」，底本後衍「於」字，據乙本删。
〔六七〕「阿」，底本、甲本、乙本脱，據文意擬補。
〔六八〕「那」，底本脱，據甲本補。

〔六九〕「相土」，底本、甲本、乙本作「土相」，據文意改。

〔七〇〕底本尾殘，此下據甲本補。

〔七一〕「有爲」，甲本脱，據乙本補。

金剛般若經旨贊卷下〔一〕

京西明道場沙門曇曠撰

經：「須菩提」至「寧爲多不？」

贊曰：次下第五離樂随外論□動障，即十八中第九遠離随順外論散乱住處，天親自下以其命□□校量顯經福勝，攝屬第八断疑分中即攬□□〔二〕住處文以爲一段，令知教勝起於離乱觀行供養精進行故。初財校量，顯四勝德起前三行；後身校量，顯七勝因起後一行。初顯依經成。二勝德起離亂行。謂前令離捨衆生障成熟衆生，化衆生時須明内外所有教法。故《瑜伽》云：菩薩當於五明處求。既爲化生時尋外論，便爲耽樂教乱心生障，持此經出生二佛，令捨離外論散動，令持此經出生世福，故重舉喻，而爲校量。文分爲二，初明離乱障，後破如言執。初中又二，初布施福多，後持經福勝。初中又二，初施福多，後持經福勝。初中有二，初問答沙數，欲以空界，後以界持財正爲行施。初中復二，初問，後答，此初也。言「恒河」者，即四大河之一數也，本出阿耨達池，南面深而且闊，細沙□流布〔三〕，佛常近住〔四〕，故偏舉也。文相易知，无煩解。

經：「須菩提」至「何況其沙！」

贊曰：此答也。

經：「須菩提」至「甚多，世尊！」

贊曰：此以界持財正明〔五〕行施文中三節。初明行塵施，次明福多少，後善現答多實言告汝者，將明施多顯經福勝，恐起疑惑，勸生信也。然前已説多福校量，今復過前重校量者，謂爲二種差別義故。一漸化義，欲令衆生漸次信解，入上妙義故，復漸以勝福校量。二成勝德，前説此經能爲佛因，未顯有何殊勝功德，今爲明此，故重校量。故天親《論》頌此義云：「説多義差別，亦成勝校量。後福過於前，故重説勝喻。」

經：「佛告」至「勝前福德」。

贊曰：下持經勝。於中有四：一攝弘〔六〕福德，二天等供養，三難作能作，四起佛等念，此初也。以其法施有五殊勝，故雖四句，勝捨多財，如金光明五種意云：无窮盡〔七〕故，能利自他故，能出三界故，能断无明故，能淨法身故，施福不然故，福爲劣故。《迦攝經》而説頌言：若恒沙世界，珍寶滿其中。以施諸如來，不如一法施。施寶雖无量，不如一法施。一偈福尚勝，况多難思議。既攝勝福，故持四句，所生福德勝施福也。

經：「復次」至「如佛塔廟」。

贊曰：此天等供養也。塔〔八〕者，梵語是高顯義，廟即唐言，是形貌義，即高顯處置佛像也，天龍八部所應恭敬。以經乃是法身舍利，三世諸佛從此經出生，故説此經随於何處，即是諸佛舍利塔廟。天、人、修羅三種勝趣有智惠，故應供養也。既説經處是可尊崇，故持經福勝施福也。

經：「何况有人」至「希有之法」。

贊曰：此難作能作也。乃至一偈福尚勝前，况盡受持實爲希有！四句受持尚不可得，若盡能持頌爲難作，既於難作而能作之，當知是人能顯法身、成就報身、得起化身。以得如是三身果法，故言成就最上第一希有之法。既受持人是可尊崇，故持經福勝施福也。

經：「若是經典」至「尊重弟子」。

贊曰：此第四起如來等念。若有持説此經典處，則是大師，是〔九〕法身在此，或報化身。於此說法，故於此處起有如來菩薩等念。既說受持、憶念、解說，當知是人行普賢行，故於是人起佛菩薩聲聞等念。既施財處无如是德，故持經福勝施福也。故天親作頌此義云「尊重於二處，因習證大體。彼因習煩惱，此降伏染福」。初句釋「復次隨說是經」，已下諸文惣別顯其二處尊重，餘三句釋如來无所說。已下經文皆是校量顯持〔一〇〕經福勝。内經既有如是勝德，非彼外德而於此對，徒長散乱爲障極多。是故菩薩不應樂著，但應依經修行離障住處之行。

經：「尔時，須菩提」至「云何奉持？」

贊曰：次下第二破如言執。於中有三，初問名請持，次告示令舉，後正破彼執，此初也。既聞勝福生希有心，未暇經終，且申啟問：既有斯德，當是名？又恐聞福多而隨言執實言，令知說而无說，離執而依受持，生福方多，故勝外論，顯斯二意特異諸經，是故居中而請問也。

經：「佛告」至「汝當奉持」。

贊曰：此告示令學也。金剛妙恵能到彼岸，依此名字當勤奉持。

經：「所以者何？」

贊曰：下正破執。於中有三，初徵、次破、後問答重成，此初也。然佛當說不應如名計著於法，而今乃言「以是名字，汝當奉持」何所以耶？

經：「須菩提」至「波羅蜜」。

贊曰：此破也。佛說般若，破迷假說，即非所證真實般若，以真理中離言說故。故雖說而无說，但是假詮般若，是故不應如言執實。

經：「須菩提」至「說法不〔一一〕？」

贊曰：下答成。先問，後答，此初也。爲但此經真實，般若離言相，故說而无說。真勝義中更有餘法是可說不？

經：「須菩提」至「无所説」。

贊曰：此答也。非但般若是无所説，亦无餘佛法是佛説者，以一切法其體平等，无非般若第一義故，故一切法亦无所説。此平等理，諸佛同證，如證而説，亦説般若。既非此佛獨説之法，是故亦言如來无説。既同證説，故法可尊，施福不然，不可爲比。是故前頌第二句云「因習證大體也」，因習般若而成大體，同説同證而福勝也。然《楞伽經》云佛不説法有其二義：一内證之法離言説故，二〔二〕本住之法諸佛同故。既有二意，兩論各明，同契至真因，无乖返。

經：「須菩提」至「是爲多不?」

贊曰：次下第六離影像相自在中无巧便障，即十八中第十色及衆生身摶取中觀破相應行住處。財施校量，顯經勝中第三明經能離煩惱，令其依〔三〕經起觀破行。前令遠離樂外論障，依經受持發生勝福，然應契證二空真如，發起神通，化導群品。若欲發起殊勝神通，應觀五藴爲空非有。既无罣礙，便能发通，以五藴身是心影像，雖有假相，體非真故。然諸菩薩不了藴空，執爲實有藴和合相，法執既起，煩惱随生，造種種業，受諸苦果，由此拘了不能發通。既由此執，不得巧便，即是无恵巧方便障。今爲破此无方便障，令其折觀五藴摶相，故説「世界所有微塵」藴假合，如界假塵，塵界既空，藴相寧有？故舉塵界以况内身，破彼五藴摶取相也。既依經故能離煩惱，故前頌云「彼因習煩惱」。經能離障，福爲勝故。故諸菩薩應依此經發巧便恵，觀破五藴摶取之相，而發神通。然世界言通内及外，内謂衆生五藴身相，外謂山河器世界相。《經》言「世界所有微塵」有其二意：一喻顯施福能生多染，如界起塵；二爲令觀破衆生内藴和合身相。既有二意而説此文，是故論者各明一義。天親就喻以顯經，名彼因習煩惱；无著約法而起行，名離无巧便障。文中分三，初問、次答、後告，此初也。色身世界所有微塵，施如世界所生染塵，此二界塵寧爲多不？

經：「須菩提言：甚多，世尊！」

贊曰：此答也。折觀身界以爲微塵，施如世界所生染塵，此二界塵皆甚多也。

經：「須菩提」至「是名微塵」。

贊曰：下告有二，初告令觀色身非實，後告令觀名身亦假，此初也。然其内蘊惣有二類：一者是色，即初色蘊，以有形質可表示故；二者是名，即餘四蘊，以皆是心法不可表示故。此名及色似爲一摶和合身相，愚夫不了，執爲實有一合相，故二執便生。今欲破彼摶取執，故顯色及名皆不可得，是故此初破色身也。然破色身有二方便：一分析[四]方便，即析麁色以爲細塵；二不念方便，即説微塵亦不可得。前言「三千世界所有微塵者」，即是第一分析方便，明此身此界用多微塵成，虚假不實，令悟我空也。此文所言「微塵即非微塵」等者，是其第二不念方便，令觀微塵於心内外皆非實有，令悟法空也。佛令析觀彼麁色故，假説微塵衆，但是觀者心量所現，即非實有心外微塵，但是假名微塵衆矣。能成微塵既不可得，故所成身爲非實有，即是破其色身相也，故《瑜伽》説：佛説微塵有五勝利。應撿叙之。

經：「如來所説」至「是名世界」。

贊曰：此後告令觀名身亦假也。言名身者，即餘四蘊，受想行識非可表示，皆但名顯，故惣云名，《經》云世界即此名身。雖世界言通色、非色，令此但取名身四蘊，以彼色蘊前已破故。然此名身皆非實有，四緣假合，三相遷流，過現未來皆不可得，故知无實四蘊名身。今佛所説衆生界者，爲破衆生虚妄執故，隨世流布而説世界，即非實有名身世界，但是假名名身世界，此即以其不念方便，破彼名身爲非實有。前之色身可分析，故具二方便；今此名身不可分析，故唯不念。既以依經修二方便，破彼五藴和合摶取，發巧便智，契證二空，起勝神通，化導群品，正是修行離障之法，故名色及衆生身摶取中觀破相應行住處，故亦説經能離煩惱，非如施福能生煩惱，如彼世界能起微塵。亦以界塵喻施因果，又界起塵不生煩惱，塵但坌色不汙法身，施福因果尚劣界塵，何況得此持經功能勝福？有斯别義，言「即非」等，以此釋經義可知也。

經：「須菩提」至「見如來不？」

贊曰：次下第七離福資糧不具障，即第十一供養給侍如來住處，財校量中當其第四降伏染福。修真供養福資糧行，諸菩薩等爲趣菩提，信行地中修二資糧，鳥翼車輪闕一不可。若欲成就福德資粮，无過供養給侍於佛，以福田中爲最勝故。若行供養，應觀法身是无限礙真實體故，故行給侍成福資粮。前雖令離藴識影中无巧便障，發起神通，而猶未離法執，貪著取色，分齋供養如來，故不能具廣大福德，即是不具福資糧障。今佛欲令觀於法身而行給事侍，破其執障，故説如來非以相見。既因經故成福資糧，當感法身无相真體，故持經福勝布施福。顯斯二意説此經文，是故兩論各明一義。无著約其離障，名離不具福資糧障；天親就其校量，名爲持經得淨勝報。文分爲四，問、答、徵、釋，此初也。爲顯法身无相真體，故問善現：可以色身三十二相觀爲如來真法身不？

經：「不也，世尊！」

贊曰：此答也。不以色身三十二相觀爲如來真法身也。

經：「何以故？」

贊曰：此徵也。不以色相見如來者，何以故耶？

經：「如來所説」至「三十二相」。

贊曰：此釋也。如來説彼三十二相，即是非真化身假相，以佛真體即是法身，法身乃是无相故[一五]，故三十二即是非相，是名應化假身相也。然相好果別，福因招真佛法身，持經福感，既以約果而談法身真佛；色相非真，即知約因而説持經之福勝相因福。其布施福感有漏報，尚不如彼色相福因，何況得此持經功德？故《論》頌云「此降伏染福」，是故菩薩應當受持，成福資粮，感法身果。

經：「須菩提」至「其福甚多」。

贊曰：次下第八爲離懈怠利養等樂味障，即第十二遠離利養疲乏熱惱於精進若退若不發住處，於彼第八斷疑分中内財校量顯經福勝，令其依經發起精進。前爲令其福資糧，故依經修學，供養如來，修福因時應須捨離懈怠利養，而常修行持説等行。答：修行時愛味利養，身有疲乏，心有熱惱，故生懈怠，不發精進。即便不能行勝持説，不能親近供養如來，資粮不具，菩提難滿。今爲對持此諸過障，令勤依經修勝福行，故舉内財而爲校量。既由經故能離此障，是故兩論各明一義。无著約所除之障，名離懈怠利養；天親就能除勝教，名内財校量。

文分有五：一對捨身福破著身懈怠；二破聞福已生如義想執；三令小菩薩生慚愧策勤；四破二乘人驚怖不精進；五令生不放逸第二慚愧處。初中又二，初如來校量，後善現悲對，此初也。此中意云：捨多身命雖復勝前施實功德，不及持經四句偈福，以現捨身苦身心故，何況更求當苦法果而行捨施，因果俱苦而得比於持經勝福？以此經有七種勝，能持説經時因果俱樂，是故勝彼捨身功德。故天親《論》頌此義云「苦身勝於彼，希有及上義。彼智岸難量，亦不同餘法。堅實解深義，勝餘修多羅。大因及清淨，福中勝福德。」

初一句釋此經文，明經福勝；次六句釋下經文，舉七種因釋勝所以；後一句惣結福勝。

經：「尔時，須菩提聞說是經」至「如是之經」。

贊曰：此善現悲對也。聞捨多身不如經福，領解此經爲菩提因，深妙理趣，法喜之極，感激生悲，謂：我昔得見道真智，契證无爲，雖名惠眼，未曾聞是希有之法。即七義中法門希有，准餘本經此下更有「何以故佛說般若波羅蜜，即非般若波羅蜜」，即七義中法門第一，頌中「上義」「智岸難量」，釋此文也。「何以故」者，徵不聞之所以；「佛說」已下，釋不聞之所由。以此「智岸」有二種義，故雖惠眼而未聞也。一是智岸勝上義故，故云「佛說般若波羅蜜」；二以智岸難測量故，故云「即非般若波羅蜜」。由斯二義特異餘經，故惣說爲法門第一。

經：「世尊」至「希有功德」。

贊曰：次破聞福已生如義惣執。於中有二：初惣標勝能，後拂彼情想，此初也。爲欲破彼懈怠利養，令發精進，故說持經勝捨身福，不應如言執實功德。若能依此實相之經，生實相智，而發精勤，當知是人即爲第一希有也。

經：「世尊」至「說名實相」。

贊曰：此拂情想也。言「實相」者，无相爲相，爲令離於虛妄執故，非謂即有此實相也。若離虛妄，契乎无相，是故佛說爲實相耳。既於此經詮實相理，餘經未說，不同餘經，即頌七義中「亦不同餘法」。

經：「世尊」至「不足爲難」。

贊曰：次令小菩薩生慚愧策勤。於中有二：初今逢佛說信受不難，後未來信持方是希有，此初也。一類菩薩而懷懈怠，令生慚愧而策勤故，故說惡時尚有持說，况佛在好世而不發精勤？將欲激，令慚愧發生勉勵之心，故云「我今信解受持，不足難也。」

經：「若當來世」至「第一希有」。

贊曰：未來信持方是希有。於中有二，初標，後釋，此初也。多障難世，主劣機微，若但生信心，或深解義理，領文在口，攝義在心，當知「是也第一希有。」

經：「何以故？」至「壽者相」。

贊曰：下釋所以。文復分三：初達我空，次悟法空，後順諸佛，然其三文皆有徵釋，此達我空也。何所以故，信解受持，是人則爲第一希有？以能斷伏人我相故。

經：「所以者何？」至「即是非相」。

贊曰：此悟法空也。无我等者，何所以耶？以能依經悟法空故。由彼我執依法執生，法執尚除，我見寧有？諸相非相，是法空故。

經：「何以故？」至「即名諸佛」。

贊曰：此順諸佛也。何故能離我法見耶？以持經人順諸佛故。佛離妄相，其智堅實，能契深妙，而說此經。故《經》所詮堅實深妙，而受持者順佛而行，發堅妙智能除二執，故當來世信解受持第一希有，即頌七義中「堅實解深妙也」。

經：「佛告」至「甚爲希有」。

贊曰：次破二乘人驚怖不精進。如來昔於二乘教中，說有諸法，即蘊處等，及說空法，即无我等，有爲无爲皆說爲有，今說此經有空雙遣。於聽聞時乍聞有法是无，恐謂此經爲非正道，如坑谷等非處行，故遂生驚懼；又聞空法，亦无其心，猶豫不能断疑，故多恐怖；後思惟已，驚怖轉深，一向不迴，惣生畏懼。今此經者兼被二乘，令其迴心趣无上覺。既由驚等不能策勤，故今破之，令發精進。謂真實理遠離二邊，若執有空，不契中道。爲破執相，故說二无，非謂都无有空等法，故二乘等能悟此理不驚怖等爲希有也。又復此經顯三无性，爲破遍計，空有執心，非謂撥无依圓二性故。二乘等聞相无自性性，故不驚；聞生无自性性，故不怖；聞勝義无自性性，故不畏。皆爲希有也。

經：「何以故？」至「波羅蜜」。

贊曰：次令生不放逸第二慚愧處。文中徵、釋。有何所以，不驚怖等即説此人爲希有耶？謂由此經有三勝上故，使聞者不驚怖等爲希有也。一勝餘契經故，謂於六度所詮義中唯詮惠度爲導等故，即頌七義中「勝餘修多羅」。二能爲大因故，大謂佛果菩提涅槃，由此所詮无分別惠以能出生法報佛故，即七義中「大因」義也。依斯二義，故《經》説言「如來説第一波羅蜜」等，能詮所詮皆殊勝故。言即非者，破取相心。三世諸佛同説故，即餘本言「彼无量諸佛亦説第一波羅蜜」，即七義中「清淨」義也，由佛同證此清淨理，如其同證亦同説故。此經即有如是勝上二乘，尚〔一六〕能不驚怖等而爲信持，汝等菩薩云何放逸不勤修也？前第二文已勸味著利養懈怠諸菩薩等生慚愧已，今此復令不起精進放逸，菩薩生於慚愧，名第二處。既説此經有七種因勝捨身福，是故菩薩應當捨離懈怠利養，而常精勤修勝因。

經：「須菩提」至「忍辱波羅蜜」。

贊曰：次下第九離不忍苦障，即第十三忍苦住處，斷其第八經成苦果等，斷三種疑心，依經修行忍辱之行。前供養處，令依此經而行供養，成福資糧；離懈怠處，令起精進，舉《經》勝益而爲勸勉。勸勵雖成，須能忍苦，若修行時不能忍苦，即〔一七〕有退轉，便成障礙。忍有三種，能除三苦：一諦察法忍，於二空理審觀察故，不見生死流轉苦相，能發大心，求无上果；二安受苦忍，由能安受寒熱等故，不見疲乏老病等等苦，能發精勤，尅成上果；三耐怨害忍，由能忍耐他怨害故，不捨慈悲无苦惱相，能廣攝化，速成大果。即由初忍能起後二，由察空理无怨等故。若心起於我法等相，見有苦想，不起此者便樂流轉；或樂住寂，不發大心，不耐疲乏，不起精進，見怨害苦而生嗔心，便於佛果而成障礙。而諸菩薩不能依《經》離我人相，起三忍故，返疑此經能招苦果：若謂捨身苦身心，故因果俱苦，故福劣者依《經》行，行遭寒熱等，亦又苦身心，云何福勝？由執，故不能依《經》而起忍；由疑，故不樂起忍持《經》。今欲断彼疑執之心，令其依《經》成忍行故，故説割截无我人等。无著約除執障，名離不忍苦障；天親就断初疑，名断經成苦果。故依无著，離不忍中文分爲四：一如所能忍，即是忍體；二明忍相及生忍處；三如忍差別，即種類忍；四明對治不忍因緣。此初也。文中二句，初句令如所證真境而行能忍，謂如所證法无我理，起前所説三種忍度皆依真境而能起，故忍體即是无嗔勤恚，如所證境无嗔等故，故前標云「如所能忍」。由依真境而行真忍，即是波羅蜜清淨善根體，是故《經》云「忍辱波羅蜜」。後句令如所證真境離其忍相，由離相故即是彼岸，德不可量是最勝義，能離我相及嗔恚相，无苦惱相，不但无苦，并有慈悲，共樂和合，由是等故，《經》言「即非忍辱」等也。既如所證，行離相忍，是故《論》云「如所能忍」。既由有此離相忍，故依《經》苦行而是其善，故天親《論》頌此義云「能忍於苦行，以苦行有善。彼福不可量，如是最勝義。離我及恚相，實无於苦惱。共樂有慈悲，如是苦行果。」如前彼福不可量等，皆是此中依《經》苦行所得果故。故雖行忍而有忍度，不同捨身而有苦果。

經：「何以故？」

贊曰：下明忍相及生忍處。於中有二，初徵，後釋，此初也。於何處故而生忍相？既令生忍而復言非，何以故也？

經：「須菩提」至「割截身體」。

贊曰：下釋有二，初明生忍處，後正明忍相，此初也。然生忍處有其三種：謂於他處起怨害苦忍，於寒熱等起安受苦忍，於法我等起諦察法忍。此中應明三忍生處，下忍相中應明三忍而能所起，唯耐怨害者，以文略故，舉初顯後，顯於昔時作忍辱仙人，被鬪諍王割截身體，能忍此苦，不生嗔心，故但他人所惱害處，即是耐怨忍所生處也。

經：「我於尒時」至「壽者相」。

贊曰：下明忍相。於中有二，初順釋，後返顯，此初也。由於彼時无我等故，身相既離他相，亦无不見苦惱而可嗔恚，故能起彼耐怨害忍。如《瑜伽論》菩薩地云：若遇他害，應作是思「此由我先業應合他害，今若不忍更增苦因，既爲苦縛，豈成自愛」，作是思已，應修五想。一攝受想，二親善想，三唯法想，四有苦想，五无常想。此於他害不生我相，即五相中唯法相也，由修无我唯法相，故不報彼怨，生初忍也。

經：「何以故？」

贊曰：下返顯中文復分二，初徵，後釋，此初也。何所以故，知於彼時无我等相？

經：「我於往昔」至「應生嗔恨」。

贊曰：此釋也。嗔由我生，若有我見，應生嗔恨，恨依嗔立，懷惡不捨，結怨爲性。嗔恨既无，明无我相，故行忍時无我等相。

經：「須菩提」至「壽者相」。

贊曰：下明忍差別，即種類忍。言種類忍者，此五百世相續苦忍，是前割截極苦忍類；或五百世生生常行，前後相似故名種類忍。非一故名爲差別。忍辱仙人者，即慈悲仙人也。

經：「是故」至「三菩提心」。

贊曰：下顯對治不忍因緣。不忍因者，即三苦想也，由有苦想便不忍故。三苦想者：

一住流轉苦想，二住衆生相違苦想，三住乏受用苦想。由初想故，見流轉苦，不忍生死，不發大心，便不能起諦察法忍；由次相故，見怨害苦不能忍耐衆生相違，便不能起耐怨害忍；由後想故，見有所乏，不能忍受寒熱等苦，便不能起安受苦忍。今爲對治此三想故，生諦察等三種勝忍。對治三想，即分爲三。初治流轉苦因緣中文復分四，惣標、別釋、重成、結勸，此初也。然三苦忍有惣有別，惣苦謂初流轉苦想，由不諦察二空理故，見生死苦、見相違害、見乏受用，由此不能發菩提心，常處生死忍流轉苦，故彼《論》云「未生第一菩提心者，有是過」等；惣忍謂初諦察法忍，由能諦察二空理故，不見生死、不見疲乏、不見他害，由此乃能發菩提心，共證菩提，同出流轉，故彼《論》云「以无我相，而能發心修忍行」等；別苦忍者，謂即此餘二想二忍，各依境生，各離相故。今此欲令離惣苦想故，以惣忍而爲對治，故說應離一切諸相，發菩提心。即以諦察无我理故，能離我等三種苦想，發心修行忍波羅蜜。故天親《論》而作頌云「爲不捨心起，修行及堅固。爲忍波羅蜜，習彼能學心。」上二句問，下二句答。「爲」者，依也。依何等故心不捨菩提想？依何等起行相而修行？依无我等忍波羅蜜而能發心，亦以无我而能修行，行得堅固，是釋經言「離一切相發心」義也。

經：「不應住色」至「觸生心」。

贊曰：此別釋也。若執色等以爲實有，便起希求追戀慳惜，更流轉永處生死，安能離相而發菩提？爲遮此等，故勸不住色等生心。

經：「應生无所住心。」

贊曰：次重成中文復分二，初順成，後返遮，此初也。既住色等而生其心，增流轉苦，不能發心。若欲發心出生死者，是故「應生无所住心」。

經：「若心有住，即爲非住。」

贊曰：此返遮也。前令不生色等心故，故勸「應生无所住心」，非謂更住无住心相。若有住无住相者，亦是生心，即爲非住，以真住者都无住故。若无住者契真理故，即此真理是佛菩提；若心住於色等相者，彼心不住佛菩提也。

經：「是故」至「色等布施」。

贊曰：此結勸也。是有住者，即非忍故，故佛前説「諸菩薩心不應住色而行布施」。既住色等，而行布施，非真布施；故住色等，亦非真忍。是故其心應无所住。

經：「須菩提」至「如是布施」。

贊曰：次顯對治衆生相違苦因緣中文有其三：初正對治，次令信受，後遣執著。初中復二：初惣標對治，後别釋所以，此初也。雖復發心不住流轉，若有衆生相違苦想強生忍時，便起勞倦而生退轉，不能常度。菩薩發心行施等行，本爲利益一切衆生，應當如是不住衆生相違苦想而行施，生相違時，勿生嗔恨，而強行忍，當生退轉。只因不住能利衆生，故於此事相皆應遠離，故《論》依此義而作頌云「修行利益生，如是因應識。衆生及事相，遠離亦應知。」

經：「如來説」至「即非衆生」。

贊曰：此别釋所以也。文中四句，初二句明无我相，後二句明无法相。由諸菩薩不了衆生實无我法，見相違害，今欲治彼，故説二无，既无相違，寧生苦相？《論》依此義而作頌云「假名及陰事，如來離彼相。諸佛无彼二，以見實法故。」言「假名」者，即是我相，衆生我相但假名故。言「陰事」者，即是法相，五陰體事爲法相故。由佛證實，故説二无。无我相故，説一切相即是非相；无法相故，一切衆生即非衆生。如此釋《經》，順《論》意故。

經：「如來」至「不異語者」。

贊曰：此令信受也。即断第十道非作因疑，令信此經，依而行忍。前令作依《經》修供養行當成福果，持説經時應離懈怠及須忍苦，以是佛因應勤受持速成佛故，故説應无我法等相、忍彼衆生相違苦等。而諸菩薩未離執心，不堪依《經》行忍行，故不欲信受，離相違行，返疑此經非爲佛因：若證果時有言説道，可説此經爲佛正因，令我忍苦而持行之；既證果時離言説道，云何令我忍受勤苦而爲持説非因經耶？今爲令知《經》是佛因，断彼疑心，令修忍行，故説四語令其信受。《論》依此義而説頌云「果雖不住道，而道能爲因。以諸佛實語，彼智有四種。」謂證果時，雖復不住言説之道，而言説道亦能爲因得佛果也。則以諸佛有四實智，依實而語，无虚妄故。言「真語」者，惣説俗諦，爲顯世諦是虚妄相，唯修實智是真實故。言「實語」者，别説俗諦，謂説小乘四諦之行，此苦集是煩惱行，此滅道行是清淨故。言「如語」者，總説真諦，謂法无我，第一義諦是説大乘平等法故。言「不異語」者，别説真諦，授記三世，依真修行所得之果記，住无住行及當果淨非淨故。不作是釋，兩論相違，名有義者，寧成會釋？其「不誑語」，譯者妄加，《論》及餘經皆不舉故。故天親《論》而説頌云「實智及小乘，説摩訶衍法。及一切妄記，以不虚説故。」既於世境如義而説不顛倒，故應信修行。

經：「須菩提」至「實无虚」。

贊曰：此遣執著也。聞前所説「真語」等，故雖生信受而名爲得，如言執故，返成其失，顯佛所説雖无虚妄，而亦不可如言執取。爲遮顯此説无實等，謂言説者但是假詮，法本離言，言非是法，但是随順彼證實智如言可取。法非有，故无；離言智，證法不无，故虚。

法既離言，言非法，故无實，而能随順得證智，故无虚。《論》依此義而作頌云「随順彼實智，説不實不虚。如聞聲取證，對治如是説。」

經：「須菩提」至「則无所見」。

贊曰：次顯對治之受用苦因緣，即断第十證如不證疑，令依《經》起安受苦忍。前雖令離相違苦相，若心住捨乏受用想，亦不精勤，數生退轉。而諸菩薩心有所住，不契真如，有苦想故，返疑真如不遍時處：聖人若以真如得名，此一切時一切處有，而人何故有得不得？而證真者如何要以不住心得住者？不得由住故，雖修而契修。由疑，故不修无苦之因。今欲断彼疑住之心，令其證如而起真忍，故説心住爲入闇等。无著約令不住，名治乏受用苦想；天親就遣疑情，名即證如不證疑。文中有二：初法喻明无智妄住，後法喻明有智不住，此初也。謂真如理万德皆圓，无住内證則无所少，有住外念即爲所之由。諸菩薩心有所住，无明染故，不見真如。由此便於現在世中，見乏受用，而生苦想。凡所修行，求當樂果。若尔，豈唯現乏生苦，當果亦乏，苦想不亡？真如既實遍於時處，智人不住，心淨故得；愚者住法，染故不得。如人入闇，則无所見。不見真故，而見現乏，設於當果，寧免苦耶？如彼愚人投闇覓物无所見，得始終乏故。故心住著，而是所治乏受用因，應當離之。故天親《論》遣疑頌云「時及處實有，而不得真如。无智以住法，餘者无智得。」

經：「若菩薩」至「見種種色」。

贊曰：此有智證。如不住於相即能治行，若諸菩薩不住於相，出无明夜，心清淨故，便證真如種種德用，既於現在无乏苦相，所行施等不求當果，當果不乏，何所苦耶？如有智人而有慧目智，日光照見種種物，随見而用，始終何乏？即心无住是能對治故，諸菩薩應无所住，而能發生真安受忍，勿於受用生乏苦想、所行施等求當來樂果。《論》依此義故說頌云「闇明愚无智，明者如有智。對法及對治，得滅法如是。」頌初二字惣舉二喻，「對法」即是能對治慧，如目及日；「對治」即是所對治障，如所入闇；「得滅法」者，證真如理，如破闇已，見種種色。餘文可解。

經：「須菩提」至「受持讀誦」。

贊曰：次下第十爲離闕少智資糧障，即第十四離寂靜味住處，斷第十疑中校量經勝，令持生慧勸捨味定。前三住處滿福資糧，初行供養正修福因，次修因時少欲勤進，後精勤時忍而无退，故前三文成其福行。下修智因亦三住處，初離靜處，勸捨定味持續爲因，發生三慧；次離動處，恐證道時生喜動慢而爲智障；後教授處，外求良緣，除所得心，得成證智。由此唯前文亦三，假信行地中多修禪定，恐生味著成所縛故，而不能修智慧資糧，如何剋成无上大果？故爲除此寂靜味故，而顯持《經》殊勝功德，令其修行離味著障。无著約其除障，名離寂靜味；天親就能除法，名校量顯勝。文分有二：初明五種殊勝功德以生三慧，後「我念過去」已下，重釋五中第二福聚。初中有五：一佛念親近，二攝取福德，三歎法修行，四天等供養，五能滅罪障。初中復二：初所修法行，後蒙佛憶念，此初也。謂有菩薩一向專修等持作意，不欲持經，返疑持經得何福德，成〔六〕就何業。故《論》依此疑起頌云「於何法修行？得何等福德？復成就何業？如是說修行。」前三句問，後一句結，爲答初問。故《經》說云：當來之世，於此經等法行有十。此略舉五：一受，二持，三讀，四誦，五爲人說。謂文字中以其惣持，初受後持；於義理中以其廣聞，初讀次誦。爲持故受，爲誦故讀。然讀与誦，二論開合：對文背句，无著文二；俱廣聞故，天親合一。此前四法行爲自淳熟，故外從他聞慧，内持不妄得生思慧，數數思惟乃生修慧，第五法行爲化衆生。故天親《論》而説頌云「文字三種法，受持聞廣説。修從他及内，得聞是修智。此爲自淳熟，餘者化衆生。」

經：「則爲如來」至「悉見是人」。

贊曰：此蒙佛憶念也。若能捨離樂味禪定，能於此經具修三慧、四親近行、自他利者，佛知見之常親近也。

經：「皆得成就」至「无邊功德」。

贊曰：次標福。於中有二，初標福德多，後校量顯勝，此初也。以信行地持説經福雖是有漏，聞熏習故〔一九〕而能資長本无漏種，遠与佛果圓滿四智而爲疎緣，近與十地二无漏智亦爲增上，亦与十地十王果報爲異熟因，能成此因，得此等果，故言「成就无邊功德。」

經：「須菩提」至「身命布施」。

贊曰：下校量顯勝。於中有二，初舉捨身多，後校聞經福。初中復二，初施廣，後時長，此初施廣。即天親《論》明事大也。

經：「如是无量」至「以身布施」。

贊曰：此顯時長。即天親《論》顯時大也。

經：「若復有人」至「其福勝彼」。

贊曰：下校量經福。於中有二，初舉劣校量，後况復勝行，此初也。於十法行各起四行，自作、教他、讃勵、慶慰。其慶慰者是随喜，由随喜故信心不迷，迷者即是不随喜義，既能随喜故心不迷。

經：「何况有人」至「爲人解説」。

贊曰：此况復勝行也。不謗少福彼尚不如，况盡受持行五法行？不可將彼事大、時大、捨身功德用爲校量，即是答前「得何福田」。《論》依此義而作頌云「以事及時大，福中勝福德。」

經：「須菩提」至「无邊功德」。

贊曰：次歎法修行。於中有二，初讚歎法勝，後歎修行人勝。初中復二，初正讚，後重成，此初也。天親自下顯九種義，答前「成就何業」，頌云「非餘者境界，唯依大人説。及希聞信法，滿足无上界。受持真妙法，尊重身得福。及遠離諸法，復能速證法。成種種勢力，得大妙果報。如是等勝業，於法修行智。」頌初十句顯九種義釋諸經文，其後二句惣結勸智。前中初句釋此經文，此勝功德唯[二〇]佛与佛乃能自覺，云不可思无前及勝，能非彼聲聞菩薩所測，名「不可稱」。以此功德无邊際故，是故頌言「非餘者境界」。

經：「如來爲發」至「上乘者説」。

贊曰：此重成也。爲成此前「不可稱」義故，説「爲發大乘者等」，大乘上乘皆菩薩，體雖无別，約義下二能淨二障，故名大乘。餘乘不及，復名「最上希求此人」。名爲發者，發大心者，《論》名大人，即是前頌「唯依大人説」，爲大人説，故「不可稱」。

經：「若有人能」至「思議功德」。

贊曰：次讚修行人勝。於中有三：一歎行德，次荷正法，後簡非根，此初也。此法行人所得功德，唯有如來能悉知見，餘不能知，以是能成極果因故，即頌滿足无上界也。

經：「如是人等」至「三菩提」。

贊曰：此荷正法也。无上菩提不過理故，此經詮故，亦名菩提，今以念慧藴持在心，即是以肩荷菩提法。即頌受持真妙法也。

經：「何以故？」至「聽受讀誦」。

贊曰：此簡非根也。先徵，後釋。何以故，法行可歎成大福聚爲荷菩提？答中有二。「樂小法」者，謂二乘人唯信人空，不信法空，有法執故。志意狹劣，不堪聞故，著我見等，即諸外道未離我執，自謂有人。故法執縛，不求二空，不能受故。返顯能受是大乘人離二見者，故能成就如前功德，即前及「希聞信法」与「爲大乘者」義相違滯[二]，故在第三，而義屬此。

經：「須菩提」至「而散其處」。

贊曰：此天等供養。以花鬘等恭敬供養，右繞礼拜，故名是塔，説聽之處地上可尊。況持經人，身可尊重，必生无量殊勝福德，即前尊重身得福也。

經：「復次，須菩提」至「爲人輕賤」。

贊曰：下顯滅罪。於中有三：初明輕賤，次彰滅罪，後得菩提，此初也。輕賤有二：一謂罵辱，二謂打縛。故无著云：輕賤甚輕賤。

經：「是人先世」至「則爲消滅」。

贊曰：此彰罪滅也。餘本此文即「何以故」竟，四持經被經所以，即以威嚴釋所由。「先世」有二，一過去生，二持經。其罪業有四：一順現受，二順生受，三順後受，四不定受。若前先世，有順後受及不定受；若後先世，通現生後不定四業。罪業既尔，福業亦能。除謗正法，即善根人及登地上諸聖菩薩，餘无一向偏善。惡者具二業者，随其善惡有勝劣，故受罪福報，彼業盡已，受彼業果。而持經人具二業者，由福勝故得持此經，有罪業故被人輕賤。若不持《經》，善業勢盡，惡業不亡，當随惡道，由持《經》故，輕受毀辱，罪業消滅。故説輕賤是其善事。若唯一向有癡業者，當随惡道，豈合聞經？若唯一向有福業者，受極樂果，豈被輕賤？妄迷此理，妄興色難，未融妙理趣，妙而不通，若作斯解，何或不遣？此中且據中處受持，令持經人遇輕勿退。若心邈到淳，正持[三]長持者，雖无輕賤，重罪亦除。

經：「當得阿耨三菩提。」

贊曰：此得菩提也。得菩提者，顯乎罪滅。由前罪滅，故得菩提。即前頌云「及遠離諸障。」

經：「須菩提」至「无空過者」。

贊曰：上明五種殊勝功德勸捨靜味，次

下重釋五中第二攝福德聚。於中唯論分之爲三：初顯經威力，次辨福德多，後何人能説。初中復二，初舉餘福德，後校量顯勝，此初也。「我念過去阿僧祇」者，謂成佛前，從金剛定七地滿心，然燈佛後爲一僧祇，非此所論，今取已前二僧祇劫，所修供養，除持經外，有所得行，以用校量，故言「過去阿僧祇劫」，然燈佛前、然燈佛後能无相修，福惠廣大不可校量，一刹那福悉勝前故。所言「八百四千」等者〔三〕，此順西方倒陳其數，順此方者，即那由他億万四千八百諸佛，西方數法与此不同，亦譯法經數各差別，但可惣言燃燈佛前供諸佛福不如於此，不須於中強生，下別二祇逢佛非唯尔。故經中随舉，顯校量故。

經：「若復有人」至「所不能及」。

贊曰：此校量顯勝也。下位有情，惡世持説，勝佛二祇修因勝福，顯燃燈前雖行供養心有所得，未蒙授記，是故不如持説經福，无所得因，速成佛故，即前復能速證法也。是故説爲顯經威力。

經：「須菩提」至「狐疑不信」。

贊曰：此辨福德多也。以福廣多，非情計壞，若今説者，新举菩薩、二乘、凡夫即便迷悶，心發狂乱，返生狐疑而不信受，故但略説，不具言耳。

經：「須菩提」至「不可思議」。

贊曰：此何人能説。是經文蒙福因之能及所得果皆離心言，不可思議，難可解了。雖人能説，唯佛能知，非餘所測，但勸持宣，希當勝果。故前《論》頌顯此義云「成種種勢力，得大妙果報。」由是菩薩應懃受持，勿耽定味而爲智障。

經：「尔時」至「降伏其心」。

贊曰：次下第十一離自記障，即第十五歡喜勸住處，斷第十一應非无住疑。令修真實无住之道，謂信行地雖未證得真无住道，而持比觀似无住道亦得相應，數修此故，能離二取，證真見道，即伏二障。由證以觀，似證道故，自見得勝，起我能念而生喜躍掉動之心，尚不能處證似无住道。況復得入真无住道，故自取心深成障礙，故《論》依此義而説頌云「於内心修行，存我爲菩薩。此則障於心，違於不住道。」由住自取，返疑无住：若説菩薩都无所住，是則應言一切无住如何前云「如是住等」？既勸住伏，非不住故。由自取故，雖修而不契真住；由生疑故，復不修无住之道。今欲顯彼疑取之心，令其漸順契无住之道，是故善現再興前問，問雖似重，所爲意别，是故此文非兩周説。无著約除住障，名離喜勸住處；天親就顯住疑，名即應非无住疑。文下爲二，初問，後答，此初也。菩薩如前住心降伏爲有。我能自取之心，爲復不起我能心耶？是故問言「云何住」等。

經：「佛告須菩提」至「實滅度者」。

贊曰：下答分二。初明无所取，後明无能取。初文復二。初明无所住，後明无所伏。此初也。菩薩所住，爲度衆生。妄心取相謂有所度，及其度已，實无衆生，如夢生界，覺乃无故。

經：「何以故？」至「則非菩薩」。

贊曰：此顯无所伏也。先徵，後釋。所住若无，妄心寧有？若亦无妄，所伏亦无。既有所伏妄心，明有所住生相，而言无所度者，何以故耶？故即答云亦无所伏。若諸菩薩謂有我等是所伏者，明非菩薩。見有我等，則不能伏，不伏我等是凡夫故。

經：「所以者何？」至「三菩提者」。

贊曰：此明无能取也。先徵意云：既有發趣菩提心人，明意必有所住、所伏，无所住伏之所以者爲何謂耶？故即答云：勿謂實有能發趣者，能發趣心本无起故，依所住伏說能發趣，所取本无，能取无故。二取既无，都无所得，云何菩薩趣自取心而乃障於真无住義？然《宣演》中強以此文配屬頂位，深成不可，頂位未離能取心故。

經：「須菩提」至「三菩提不[二四]？」

贊曰：次下第十二離无教授障，即第十六求教授住處，即第十三菩薩修因疑，令修勝進求教授行。前雖令離自取之障，依无二取，住无住道，而諸菩薩謂爲究竟，不欲離此處求勝進，豈求教授規上法耶？由自不能求教授故，返疑釋迦妄有所行：既真實理都无所得，无發取人，亦无菩薩，云何釋迦於燃燈所布髮散花而求教授？妄有所作，何所益耶？既尔，彼時應有所得。既由疑執，不求教授，由此便是无教授障。將欲断彼執疑之心，故舉昔於然燈佛邊求教授行，我於彼略得住八地至无功用，能无相修，雖都无得，尚於燃燈以求教授，進成上位，況信行地未得真住，不求教授觀上法耶？既顯疑執而說此文，是故兩論各明其義。无著約除其執，名離不求教授障；天親就顯疑念，名顯菩薩修因疑。文分爲三問答，即成此問也，於彼佛時真實理中頗有取證佛菩提不？

經：「不也，世尊」至「三菩提」。

贊曰：此答也。准問應知。

經：「佛言如是」至「三菩提」。

贊曰：下佛印成。於中有二，初惣印，後別成，此初也。

經：「須菩提」至「釋迦牟尼」。

贊曰：下別成中展轉釋疑。文分爲六：一无法得受記，二真如不可說，三佛不得菩提，四遮正增減執，五真如惠信法，六安立第一義。初中又二，初返釋，後順成，此初也。菩提若實是可得者，我於彼時實行勝行，應於彼時便得正覺，燃燈便不与我授記，以於彼時便應得故。釋迦牟尼，此云能寂，既自能寂、能寂他故。

經：「以實无有」至「釋迦牟尼」。

贊曰：此順成也。良以實无勝行可行，亦无如言菩提可證，復於彼時心无所得，行順於理，使无退轉，是故然燈授「我當記」。故《論》依此而頌義云「以授後時記，然燈行非上。菩提彼行等，非實有爲相。」

經：「何以故？」至「諸法如義」。

贊曰：此真如不可説也。文中徵、釋。何故菩提无有實法？若无菩提，佛亦非有，言於彼時菩提之法无可得者，何以故耶？彼時所授如來記者，如來即是諸法真如，而此真如實不可説，以離戲論顛倒心故，非有爲有漏實異性故，故於彼時无説无得。

經：「若有人言」至「三菩提」。

贊曰：此佛不得菩提也。文中二節，舉執遮遣。若有人言，然燈佛時因行非上不得菩提，後成佛時果德殊勝，應有實法得正覺耶？故遮正云，非但彼時不得菩提，後成佛時亦如因行實无所得，故前頌云「菩提彼行等」。

經：「須菩提」至「无實无虚」。

贊曰：此遮正增減執也。恐聞因果，皆无所得，便謗如來都无菩提，説菩提者言皆虚妄。爲遮此故，言无實虚。佛菩提者即是真如，真如无有虚實。二相，以實无有有爲五藴言説相故，故言无實，故前頌云「非實有爲相」；不无證修世間言説真實相故，故説无虚，故《論》依此復説頌云「彼即非相相，以不虚妄説」。

經：「是故如來」至「皆是佛法」。

贊曰：此真如遍諸法。由前菩提是真如，故真如即是佛自體法，亦是諸佛所證之法。真如遍爲一切法性，故一切法亦是佛法，《論》依此義而作頌云：「是法諸佛法，一切自體相」。佛无所得能得是法，菩薩亦應无得而得。

經：「須菩提」至「一切法」。

贊曰：此安立第一義。前以真如遍諸法，故説一切法皆是佛法，恐彼妄執能所下別色等諸法以爲佛法，故今遣之，言「即非」等。所言一切是佛法者，以无所得契證真如，能見色等而不分別，故説一切皆是佛法，即非妄起有所得心分別，一切名爲佛法。若離能所下別之心，即色觀真，即真觀色，故一切法是名佛法。我於彼時，蒙佛教授，知一切法皆佛法故，故授我記當得作佛。故諸菩薩亦求教授，悟諸佛法，速成佛果。釋迦過去亦逢諸佛，而經三文，舉燃燈者，此經正以无相爲宗，然燈佛時，萬方契證，功超八地，行入三祇，是故此中而偏舉也。

經：「須菩提，譬如人身長大。」

贊曰：已顯地前信解行地，次下第二明淨心地，即第十七證道住處，喻説断疑，同入真見。前爲信行三賢菩薩顯説地前四種妙行，無生而不遍度，無行而不遍修，無果而不遍求，無障而不遍断。四弘願行已備於前，二真見道將開於後。今爲辯説，故此文生，則爲顯説法身理智，合此菩薩即分別障，發無漏心，親證體會，而諸菩薩不離所得分別心，故雖聞前説，以無所得證真法身，仍未断疑，恐謂法身亦有所得，遂更以喻顯，而断所疑，故説「譬如身長大」等。无著約所喻之理智，故説淨心證道；天親就舉喻而断前疑，故名喻説断疑。文分爲二，初得智令顯，後離慢令證。前中又二，初如來喻告，後善現答成，此初也。真如理智唯内證真，非其言相可稱彼體，然諸智者因喻得明，故況大乘以通玄旨。譬如有人，洗[二五]滿端緯，標彼德皃，名長大身；所成理智，名之爲法；攝領成就，故謂之身。而此法身名長大者，謂入證道所顯法身，以得二智而顯證故。所言證得二種智者：一標種姓智，始從初地得此智，已生如來家，定紹佛種，先於此家長夜所生，既得生已，畢竟縛依，便能得彼，至得成就三功德相妙身相，故名爲長身。三功德者，即報、應、化三妙身也。二平等有始，從初地能證五種平等理故，成平等智。五平等者：一麁惡平等證智，不見苦樂異故；二无我平等證智，不見有我異故；三断相應平等證智，不見自他異故；四无希望心相應平等證智，離他不求報故；五一切菩薩證道平等證智[二六]，此能發同體智故。得此智已，普攝衆生，是攝身故名爲「大身」。既從證道得此智，故下顯法身當名長大，况至果位所顯法身離一切障、遍一切境、大功德體最名長大！故《論》約果法身頌云「依彼法身佛，故説大身喻。身離一切障，及遍一切境。功德及大體，故即説大身。非身即是身，故即説非身。」上之二句説喻之意，下之二句釋次經文，中間四句正明此義。

經：「須菩提言」至「是名大身」。

贊曰：此善現答成也。如來説身爲長大者，安立非自非他相故。若有自他異身相者，即爲非大身；若離異相，有彼真如同體相者，是名大身。故前頌云「非身即是身，故即説非身」，於彼身中安立非自非他相故。

經：「須菩提，菩薩」至「不名菩薩」。

贊曰：次下離慢令證，断第十三行，佛不成疑，令修清净證道之行。由從初地離我得慢，得二智故，乃至成佛能顯清淨妙大法身，欲令信行終滿，菩薩速入證道而證會，故説長大身，令離自他我慢相心而爲體證。而諸菩薩不能離慢而證道故，返疑无我則无菩薩，若无菩薩即亦无佛，雖度衆生嚴淨國土，若如是者，何要發心修行，行法而求法身？由慢，故无智而不證道；由疑，故有慢而不契真。今欲断彼疑慢之心，故説應如淨心菩薩離顛倒慢，成妙大身。无著約除慢執，名離慢令證；天親就遣疑情名，断行願不成。文分爲四，告、徵、釋、結，此初也。由汝不達真如法界懷妄慢故，謂度生等，聞説實无有故，故返疑行願都无所成，疑慢若生，豈成行願？如諸佛等得智、離慢、无我能等，成長大身，嚴土度生，自然成就故。諸菩薩亦如佛等離慢證真，成長大身，故言「菩薩亦如是」。若言「我當度衆生」者，由起我故，是自慢倒，如何能得攝種姓智？見衆生故於他妄倒，如何能得平等姓智？既由慢倒不得智，故无妙大身，何名菩薩？《論》依此義而説頌云「不達真法界，起度衆生意。及淨佛國土，生心即是倒。」

經：「何以故？」

贊曰：此徵非所以也。

經：「須菩提」至「名爲菩薩」。

贊曰：此釋我義所由也。以於俗諦攬五蘊成，若於真諦都无名相。若俗若真，何有一法名菩薩者？恃何起慢言「我度」耶？

經：「是故佛説」至「无壽者」。

贊曰：此結會諸法。非但菩薩无真實法我，明一切諸法亦然。人、法，二乘二俱无故。人俱无故，人法既空，不應生念。若不盡此，起衆生會，則不得成妙身大身，是故不得名菩薩也。即由初地入見道時，離上別慢，名爲淨心，心淨得智，名爲證道。而《經》廣明信行、佛地，略説初地見道淨心，不明十地證淨心者：《經》宗爲明佛種不斷，佛果菩提是其所紹，發心已知是能紹继舉果，令求廣明佛地前；雖修廣身令學，若入見道，十地自成，剋紹佛果，成種不斷，故略十地而不廣明。由此名爲金剛般若，以初、後、中闊狹異故。

經：「須菩提」至「不名菩薩」。

贊曰：上明第二淨心地竟，次下第三顯如來地。即十八中上求佛地，八中第六究竟住處。前明地前及淨心地，今辨果位令欣求趣。

即舉佛身六種具足，令十地位菩薩上求。據能求人，名爲上求佛地住處；約所求果，名爲究竟及如來地。六具足名如前配列，惣顯佛果依正二報。佛果必有依正報，故初一依報，後五正報。爲成依報，先明淨土。正報之中，三業必以智爲尊，故先明智見。三業之中身爲所依，故先明其相、好二具。相爲表德，令人敬德而念佛；好爲嚴身，令人愛慕而親近。利他中勝，先明好身。相爲好依，故後顯相。謂利他勝，故先明之；心爲益本，故爲後辨。且初第一國土淨具足，即在断前行「願何不成疑中令修佛果圓滿土行」。文中分四：一舉執願非，二徵非所以，三正顯嚴土，四結真菩薩，此初也。菩薩若求佛果依報，應正修行无相定慧，除彼二執而依真嚴。若言「我當」是人我執，「莊嚴佛土」是法我執，二執既起不證於真。即非心淨，何能嚴土？言我嚴者，非菩薩也。故前頌云「及淨佛國土，生心即是倒。」

經：「何以故？」

贊曰：此徵非所以也。

經：「莊嚴佛土」至「是名莊嚴」。

贊曰：此正顯嚴土也。此中若欲真嚴土者，即非有相能所莊嚴。若離能所，无相嚴者，「是名莊嚴」。是真莊嚴故，便能具足四身淨土，是故此文名土具足。前餘地前小念修道，今入地上求佛具足。故文似重，与前別也。

經：「若菩薩通達」至「真是菩薩」。

贊曰：此結真菩薩。不言「我能」是達生空，无所嚴相是達法空，「如來說爲是真菩薩」。《論》依此義而作頌云「衆生及菩薩，知諸法无我。非聖自知信，及聖以有知。」真菩薩者，能知自身及衆生身皆无有我。非聖菩薩，尚以自智信无我法。次及聖位，以有聖知，不通達耶？即顯有執，不達二空，非真菩薩。

經：「須菩提」至「有肉眼不？」

贊曰：次下第二无上見智淨具足，斷第十四佛无能見疑，令稱實求具足見知。前令求佛依報，依報淨土，體通情与非情，即是菩薩所用所化。七珍爲實，是所受用；其中衆生是所化利，若无知見誰受化耶？是故必由見淨五眼、智淨六通及所依福，方能了達色非色等而爲受用，亦知衆生心行差别而爲利濟，亦能无盡令他愛乐常寧化導。而諸菩薩志乐求佛无上見智，聞前所説「不見諸法名爲諸佛」，遂疑如來恐无見智。今説佛有見智具足，下彼疑心，令欣求趣。无著約有所求之果，名見智浄具足；天親就遣疑令求，名即佛无能見。文分爲三：初明見淨具足，次明智淨具足，後顯福德具足。鑒照名見，既顯名智，可愛名福，離障圓明名淨具足。見淨五眼即分爲五。一一又二，初問，後答，此初也。問肉眼也。形膚四塵名之爲肉，清淨色根依照名眼。若諸凡夫未得通者，除轉輪王，唯見近處麁相在明障内之色，離業報障，方能成就。若諸菩薩，自爲導養此身心故，見衆生苦生怜愍故，初修成之。然随大小見百由旬乃至三千大千世界，由有障故，不見他方。若在佛身，色即是智，理即是事，一即一切見，因法界无障礙故，以是清淨无漏色根，利他善根之所生起，見障内邊亦名肉眼。今欲顯佛具此見淨，故問善現「如來有不？」

經：「如是世尊，如來有肉眼。」

贊曰：佛離諸障，能益自他，示同凡夫，亦有父母，所生淨色无漏肉眼。若无此者，非具足故。

經：「須菩提」至「有天眼不？」

贊曰：此問天眼也。先潔淨慮名之爲天，因天而照，故名天眼。然此天眼有報、修得：若順静慮，引色界中所造淨色，名爲修得；若生天中，業因所生清浄色根，名爲報得。

此二天眼皆能徹見麁細，明障内外色而其遠近，即有差别。若凡夫所得，見四天下。羅漢、辟支，小大漸次見小、中、大三千界色。菩薩爲離前肉眼過欲遍知彼六趣。諸苦須修天眼，其最小者見百由旬，乃至最大見十方界諸天二乘所不見色及見三世染淨因果。若在佛身，是真天眼，以无二相，見一切故。顯亦具此，故問「有否」。

經：「如是世尊，如來有天眼。」

贊曰：此答也。以佛過去具足離修，於現果德常在三昧，能利自他，觀无盡境，有報、修得真天眼也。

經：「須菩提」至「有慧眼不？」

贊曰：此問慧眼也。簡釋染淨名之爲慧，能照真理即名爲眼。三乘聖者随證二空解真之智以爲慧眼。前之天眼未離虚妄，菩薩欲知諸法實性，成就真故，出生死道，及欲令生離虚妄者爲救濟故，次修慧眼。若至佛身，一即一切，雖以一智[三七]見通理事，約照理邊亦名慧眼。將顯具此，故問「有不」。

經：「如是世尊，如來有慧眼。」

贊曰：此答也。由佛離相，即色觀空，遍證諸法真如理性，故佛世尊有慧眼也。

經：「須菩提」至「有法眼不？」

贊曰：此問法眼也。衆生根性名等稱法，後智照達名之爲眼。大乘因果照二空如，由此便能發俗後智，能知衆生報性差别，及能照解名句等法，從所觀法名爲法眼。若唯慧眼，於法无知，便同二乘不能普利；菩薩爲知衆生根，欲及度生法，故修法眼。若至佛身，雖即照理，約達俗邊，亦得言有。將顯具此故爲問起。

經：「如是世尊，如來有法眼。」

贊曰：此答也。佛既體真通達諸法，何根欲而不了？何名句而不知？利他之最有法眼也。

經：「須菩提」至「有佛眼不？」

贊曰：此問佛眼也。覺道圓明故稱爲佛，普觀理事故名爲眼。佛眼有二，一惣，二別。惣謂攬前四眼所成，如四河流，惣聚名海；別謂佛身以一切種无功用智而爲體性，前之四眼名別。因位未通，離障見境未周，自利利他尚猶賤劣等，令圓勝故修佛眼。今將顯佛具此見淨，故先問起「如來有不」。

經：「如是世尊，如來有佛眼。」

贊曰：此答也。超前因位，通顯无知理事雙融，故有佛眼。前諸住文不立勝義，此皆言有，不言非者，此与智淨既同住處，以後彰前，亦同餘也。

經：「須菩提」至「説是沙」。

贊曰：下明智淨。前之見淨能照慧體，此之智淨能照智用。體用別故，无著分二；用不離體，天親合一。即由見淨能發淨智。既釋衆生心行差別，令彼彼心離諸散乱證真境，故名智淨住。文分爲三：初舉智所緣，次明能徵釋所以。初中復四：因河辨沙，因沙數界，因界説生，因生説心，此初也。如來依俗，欲顯數多事理智心，故説「如是」，此如《起信》空无邊也。

經：「須菩提」至「甚多，世尊」。

贊曰：此因沙數界也。如《起信論》空无邊故，界无邊也。

經：「佛告須菩提」至「所有衆生」。

贊曰：此因界説生也。亦如《起信》世界无邊故，衆生无邊也。

經：「若干種心。」

贊曰：此因生説心。亦如《起信》衆生无邊故，心行差別亦復无邊。「若干種」者，應知二種。一者染心，即是凡夫共欲之心，不能修初四念處，故於非常樂我淨體上，而妄執爲常樂我淨，而生愛染。二者淨心，即二乘者離欲之心，不能修真四念處，故於自佛性常樂我淨真實體上，而倒執爲非常樂等，以求出離。天親《論》依真念處更名爲住、不動、根本，名異義一，皆依真説，故四念處有其二種。

經：「如來悉知。」

贊曰：上明所境，此顯能知。悉知有二：一於染淨而悉知之，二於染淨悉知是倒。故《論》依此義而作頌云「雖不見諸法，非无了境眼。諸佛五種實，以見彼顛倒。以離於實念，不住彼實智，是故説顛倒。」

經：「何以故？」

贊曰：下釋所以。於中有四，問、答、徵、釋，此初也。非但境多而心難見，能悉知者，何以故耶？

經：「如來説諸心」至「是名爲心」。

贊曰：此答也。如來説此染淨諸心於俗諦門，皆爲非住四念處心，於真諦門，住非住心不可得故，但是俗諦假名染淨顛倒之心，若心取相，觸念生礙。於一心念尚不能知，由見諸心不爲非心，得真理故能通知也。此同《起信》，應引説之。

經：「所以者何？」

贊曰：此徵也。既説爲心，復説非心，何所以者？

經：「過去心」至「不可得」。

贊曰：此釋也。然心能變境，境復生心，心境相因而成緣相。若緣過境名過去心，若慮來境名未來心，若取現境名現在心。三世之境既離心无，已滅未生妄无住故，故三世心已滅未生亦妄无住，皆不可得，故説諸心爲非心矣。

經：「須菩提」至「得福多不？」

贊曰：智見淨中福德具足，斷第十六福德非善疑，令修佛身具足福德。智爲能導，引生福故；福爲所依，能資智故。若无福者，知見何依？既不能居前之淨土〔三八〕，亦不能感後相好身爲本，前後必假真福，而諸菩薩不能了心皆爲非心，離顛倒故，返疑福德亦是顛倒，作是疑云：若説染淨心皆倒者，依心修福亦是離倒，倒既非善何要修行？由執，故不離顛倒之因；由疑，故不修離倒之福。今欲断彼疑執之心，令其修行離倒之福，故顯離相福德甚多。无著約離執而修福，名福德具足；天親就遺疑而知真，名断福德非善。文分爲三，問、答、釋成，此初也。以離顛倒无住之心，而以七寶奉施諸佛，當得佛身福德自在，以是因緣，福寧多不？

經：「如是」至「得福德多」。

贊曰：此答也。以如是等无住施緣，當感佛身其福甚多。

經：「須菩提」至「得福德多」。

贊曰：釋成也。若住三輪，執實有福心，既顛倒福有限量，不感佛身，不説福多。以无相心所修福德，能与佛智而爲根本，非是有住顛倒心故，故我如來福德多。故《論》依是義而説頌云「佛智惠根本，非顛倒功德。以是福得相，故重説譬喻。」

經：「須菩提」至「具足色身」。

贊曰：次下第三随形好身具足，断第十七相好非佛疑，令修佛身圓滿身業。前既學佛嚴淨佛土，修勝智見鑒照理事，次須嚴佛所有相好。然佛相好從法身起，真德无限，相好无邊，皆如真體周遍法界，由此名爲相好具足。故説身有无量色等欲成就者，應觀法身，法體若成，相好亦就。然諸菩薩於出觀時有執心，故随其行位所見相好執爲定實，既示體真，返生疑念：既説佛以无爲得名，云何諸佛成就相好？既成相好，應非无爲，佛若无爲，相好非佛，寧求相好觀法身耶？不觀真故，雖修而不具足；由懷疑故，復不修相好。今欲断彼疑執之心，令觀法身，成相好體。得真體已相好自成故，顯不以相好見佛。无著約體真而修學，名相好具足；天親就遣疑而上求，名断相好非佛。天親以同是身業故，合説断疑；无著以相好有殊，乃開二具足。此随好中文分爲四，問、答、徵、釋。初問意者，欲具随好，應觀法身。身心随從應化具足随好色身見不？答、徵可見，不煩再舉。釋之意云：如來所説應化随好以爲具足佛色身者，但随彼位散心而見，即非法身。恒沙性德所起随好具足色身，若能離相觀佛法身，所成圓滿真随好者，是則名爲具足色身。雖相及好皆是色身，而以随好配色身者，別德惣名。猶如色處，以非秉著，但名爲色；如彼四藴，非表示故，但惣稱名。此亦應尔。

經：「須菩提」至「諸相具足」。

贊曰：次顯第四相身具足。好非秉著，但名色身；相既秉著，故別標舉生起義，意断彼疑情。問、答、徵、釋。一准随好，但相好殊，而文別耳。此相及好既依真起，雖不離真，非即真體，性相別觀不可爲无，即性而觀不可爲有。以離法身既无相好，故此相好非不是佛。既對法身非无非有，是故不應定執求也。《論》依此義而説頌云：「法身畢竟體，非彼相好身。以相好成就，非是法身故。不離於法身，彼二非不佛。故重説成就，然无二及有。」

經：「須菩提」至「莫作是念」。

贊曰：次下第五明語具足，断第十八佛有所説疑，令修佛身圓滿語業。前明相好求佛應身業，身不徒然，爲生説法。既離執以求，方身具足，亦亡詮而學證説，説而方圓。若執有説而求具足，有所説故有所不證，何能圓滿佛之語業？由佛无説，无所不説，故於一語言中演説无邊契經海，「一切衆生語言法，一言演説盡无餘」。衆生所有諸言音，莫非如來法輪攝，能如是者，名語具足，皆由了説而无説故，而諸菩薩於散位中不能契真无説而説，返疑如來有實説法。不契真故，雖學而不具足；由有疑故，不觀无説之理。今断彼疑執之心，令知无説而求具足，故言説法者无法可説等。无著約令順无説而上求，名語具足；天親就断義而契理，名佛断有所説疑。中分爲四，遮、徵、釋、成，此初二也。如頗謂佛若真若俗，即如離如有所説耶？便遮止云「莫作是念」。

經：「何以故？」

贊曰：此徵也。

經：「若人言」至「我所説故」。

贊曰：此釋也。若言如來於真於俗，即如離如而有所説，即言離言能詮所詮實體法者，有所説，故者有所不説，是即如來語不具足，以不解義故，豈非謗佛耶？

經：「須菩提」至「是名説法」。

贊曰：此成也。以所説法不過文義，離法界外即无自相，如前求佛即相无相，説法亦然，説而无説，无所説故无所不説，能以一言盡説諸法，離所説外更无可説，語具足故，「是名説法」。《論》依此義而説頌云「如佛法亦然，所説二差別。不離於法界，説法无自相。」

次下第六明心具足，於中准論有六種心。一念處，二正覺心，三施設大利法，四攝取法身，五不住生死涅槃，六行住淨心。於中第一念處心，《經》断第十九何人能信疑，修佛大悲三念處行，而此本經闕此段文，餘本既有，故《論》引釋之，如魏本云：「尔時，須菩提白佛言：世尊，頗有衆生於未來世聞説是法，生信心不？佛言：須菩提，彼非衆生非不衆生。何以故？衆生者，如來説非衆生，是名衆生。」此中意云，菩薩如佛常念衆生，若善不善，若信不信，常應利益而不捨離。而諸菩薩不能如佛起平等念，恐諸衆生有惡不信，難可悲念，便生疑云：既此前説，能説所説皆是其无，有何等人信是深法？故於无信者，如何悲念。由執，故不已相而興悲？由疑，故不以法。而悲念將欲顯彼疑執之心，令起无解大悲念處，故説衆生若真若俗、非有非无、若信不信、非凡非聖，於中不可定執是非，但平等念，如三處不捨衆生。无著約等念而令悲，名念處心；天親就有信而令念名即何人能信疑。故《論》依此而作頌云：「所説説者深，非无能信者。非衆生衆生，非聖非不聖。」

經：「須菩提」至「所得耶？」

贊曰：次下第二明正覺心，断第二十有得證果疑，令修菩提勝因果行。前明念處大悲爲首，大慈之智必由果圓果滿，滿來順成正覺。願成正覺，應具修行有爲无爲无上妙行。而諸菩薩不離我法，不能如佛具行二行，返於佛行而起疑心，若説无得，是妙行者。何故如來離无所得及无所行？此上上證於三祇劫，乃依展轉行、有得行取證菩提，而今令我行二行耶？由執，故雖行而乖正覺；由疑，故復不欲修行。今断彼疑執之心，故説於真理。雖无一法可修，離俗方便修行，别无何由獲證。无著約除執而令學，名正覺心；天親就断疑而令修，名断有得證果。文分爲二：初善現發問，後如來即答，此初也。三僧祇劫二諦雙修所成正覺，若因若果，豈非爲彼无所得耶？

經：「如是如是，須菩提。」

贊曰：下答。有二，初明菩提果无所得，後明覺道因无所得。初中復二：初法身果，後報身果。初中復三，謂即，釋，結，此初也。承前問辭「若因若果无所得耶」，故今即言「如是如是，須菩提也」。

經：「我於」至「少法可得」。

贊曰：此釋也。我於菩提若因若果，无微塵許所取法體，无少法故，心无可得。

經：「是名阿耨」至「三菩提」。

贊曰：此結也。由證真如无所得理，无有少法是可得故。障盡理圓而成法身，是名阿耨无上菩提。是故《論》言：「阿耨多羅語故。」即依此義而説頌云：「彼處无少法，知菩提无上。法界不增減，淨平等自相。有无上方便，及離於漏法。是故非淨法，即是清淨法。」前之二句釋此三文，彼法身處无少法可得，故知即是菩提无上。

經：「復次」至「三菩提」。

贊曰：下報身果。於中有二：初明菩提平等，後釋平等所由，此初也。若凡若聖，无我真如平等之理雖皆齊有，由佛能證此平等理得成報身，名正等覺。故《論》説：「爲三藐三佛陀語故，顯示菩提者人平等相。」相謂假者，即報佛也。以法界中功德起而非增，煩惱滅而非滅，由非增減，即名平等。由佛同證此平等理，故得壽命功德身相悉皆齊等，名无高下。由證平等成无高下，是故説爲人平等相，即是前頌「法界不增減」也。

經：「以无我」至「无壽者」。

贊曰：此釋平等所由也。餘本及論此下皆有「得平等、得阿耨菩提」，此文闕者，譯者忤耳。所證真如具恒沙德，在經名如來藏，出經名法身，位別名殊，體无差別。我人衆生是生死法，无彼我等是名法身。故《論》説爲於生死法中平等相也，即是前頌「淨平等自相」。由法无我清淨平等自體相故，顯其報身平等相也。

經：「修一切善」至「三菩提」。

贊曰：下顯菩提道因无所得。於中有二：初直明，後料簡，此初也。一切善法六度万行，若望法身，能爲了因；若望報身，即爲生因。故《論》説爲菩提道也，即明具修一切善法方得菩提，非如二乘少修善法，而便得也。即是前頌「有无上方便」。餘菩提者，善法不滿足，更有上方便故。

經：「須菩提」至「是名善法」。

贊曰：此料簡也。「所言善法者」，即彼无漏福德智惠理事等行；「即非善法」者，非是有漏，我我所執世俗善法；「是名善法」者，即離取相，順第一義諦无漏善法。即是前頌：「及離於漏法，是故非淨法，即是清淨法。」如次釋經牒非結也。雖法報身互融其義，皆名无上正等菩提。性相別觀，随義增勝，法身菩提得名无上，報身菩提名正等覺。攝相歸性惣名法身，皆名无上不增減等，是釋法身无上所以。由斯兩論，各據義明。

經：「須菩提」至「持用布施」。

贊曰：次下第三施設大利法心，断第二十无記非因疑，及二十二佛能度生疑，令修如佛大法利行。前已學佛證得正覺，次當學佛法施群生，以所得法施大福利。施福利時不應見有我，爲能説彼、爲能受以法及人，皆非有故。而諸菩薩不能學佛无所得心施法利故，返疑所施文字教法是无記，故非菩提因，何要施設？由執，故雖施而不廣大；由疑，故復不欲施行。令欲断彼疑執之心，令其學佛，設大法利，故説受持得无量福，實无衆生如來度等。无著約除執而廣利生，名施設大利法；天親就断義而行廣利，名断二種疑。文分爲二：初施設法利，即断无記非因疑；後安立第一義教授，即断佛能度生疑。顯断初疑故《論》頌云：「雖言无記法，而實是彼因。是故一法寶，勝无量珍寶。」上之二句假設而答，雖是无記亦爲佛因，以離所説不成佛故；下之二句據實理答。言无記者是小乘義，豈大乘者執无記耶？以所説法從真流故，衆生但聞成出世故，「故一法寶勝无量寶」。令知教善爲菩提因，断彼疑心行法利故，故以財施而爲校量。此文復二，初舉劣，次明勝，後校量，此初也。地前持説功德應少，所舉較量財命極多，地上持説功德應廣，所校財施都少者，何以施多少皆劣持經？地前難化，多以勤勉；地上易知，少亦自達。随舉並得，據理皆齊，地上縱多，无所喻故。

經：「若人以此」至「爲他人説」。

贊曰：此明勝也。文准前釋。

經：「於前」至「所不能及」。

贊曰：此正校量也。分持經福以百分，全舉施福不及其一千万億分，亦復如是，算數譬喻所不及者。准《論》，由有四勝故：一者數勝，即是此中算數不及，經福雖少，性无限故數亦无限，非彼施福有限數法所能及故；二者力勝，即餘本言歌羅分也，如析一毛、百分之一，名爲歌羅，義釋爲力，以无漏福少分力契，非有漏善力所及故；三无似勝，即餘本言數不能及，以持經福全不比數施福類故，如貴賤人不相比較；四者因勝，即餘本言鄔波尼煞曇，此譯爲因，舉因攝果，施福招苦，因果俱劣，經因雖少福，成佛果因果勝故。由四勝故譬喻不及。故《論》頌云：「數力无似勝，无似因亦然。一切世間法，不可得爲喻。」論具四義，此經闕者，譯者好略減佛言耳。

經：「須菩提」至「我當度衆生」。

贊曰：此下安立第一義教授，斷第二十二佛能度生疑，令其修行真利樂行。謂設法利度衆生時而起生見，依第一義教授，地上諸菩薩類應如如來度諸衆生，无實生相。而諸菩薩不能學佛依第一義而度生故，返疑如來有實度生，非是依於第一義諦。若説真如是法平等，諸何更有度衆生？既有度生，明非平等。由迷，故雖度而不成真利；由疑，故惣不欲度生。今欲断彼疑執之心，令其依真而度生故，故説无實衆生可度。无著約遣迷而真度，名第一義教授；天親就遣疑而體真，名顯佛能度生疑。文下有四，問、遮、徵、釋，此初也。勿猶頗也。汝頗作念義於真理有度生耶？

經：「須菩提，莫作是念。」

贊曰：此遮止也。

經：「何以故？」

贊曰：此徵也。

經：「實无有衆生如來度者。」

贊曰：下釋有三，初順成，次返顯，後簡異，此初也。真法界中一相不存，若依俗諦但有五蘊，即於蘊體假名衆生，名及五蘊不離法界，故法界中无生可度。故《論》依此義而説頌云：「平等真法界，佛不度衆生。以名共彼陰，不離於法界。」

經：「若有」至「壽者」。

贊曰：此返顯也。佛一切智稱理而知，无中謂有即爲妄執，既无妄執，是故不見有少衆生如來度者，故《論》云「如來如尔炎而知」，故即依此處復説頌云「取我度爲過，以取彼是法。取度衆生故，不取取應知」。於中三句釋此經文，初五陰中有生度者，是取相過；次顯以取五陰之法，是衆生故；後令衆生而得解脱，有度生相。即初句標，下二句釋。

經：「須菩提」至「即非有我」。

贊曰：下簡異中復有三，初佛知无，次凡執有，後破凡愚，此初也。言「有我者」，是有我執；「非有我」者，是无我執。有所執我，可有我執，所我既无，何有所執？即本无我而妄生執也，名爲我執；既无我執，佛何故説？

經：「而凡夫之人以爲有我。」

贊曰：此凡執有也。佛知我无，都无我執。而諸凡愚起心别見，妄説爲有，横生實執。如來欲顯无所取我，但妄執故，説爲我執。於无所取而妄執故，故前頌云：「不取取應知。」

經：「凡夫者」至「即非凡夫」。

贊曰：此破凡愚也。豈唯无彼所起之我勿謂實有，能起執人，真諦无生，何凡之有？俗諦幻化，亦非是真，故「凡夫者即非凡夫」。餘本有言「愚夫異生」，即稟異見而更生故。

經：「須菩提」至「觀如來不？」

贊曰：次下第四攝取法身心，斷第二十三比知法體疑，及二十四相福成因疑，令離相修，攝法身行。前來諸文雖明法身，未顯攝取，故与前別。而諸菩薩法執未亡，不能離相攝法身故，返於法身而生疑念：法身雖非相成就見，應以見相而得比知，既尔，法身應以所修相好福因而能證得。由執，故雖修而不能攝取；由疑，故不修能攝之因。今欲断彼疑執之心，令離執相而觀法體，修離相行，攝取法身，故説不以相觀佛等。无著約離執而自契證，名攝取法身；天親就断疑而修正因，名断佛比知相因疑。文分爲二：初明觀相不可識真，即断比知法體疑；後明相因非得真體，即断相福成因疑。初中復二，長行頌故。長行文四，問、答、質、領，此初也。可以觀見三十二相比知如來法性身不？

經：「須菩提言」至「觀如來」。

贊曰：此答也。今須菩提將導佛質，故以菩薩疑執之心答言，觀相以知真也。

經：「佛言須菩提」至「即是如來」。

贊曰：此質也。由轉輪王亦具相故。故《論》依此義而説頌云：「非是色身相，可以知如來。諸佛唯法身，轉輪王非佛。」

經：「須菩提白佛」至「觀如來」。

贊曰：此領也。如我先來解佛所説，應不可以觀見諸相比知如來覓〔一九〕真法身也。

經：「尔時，世尊」至「不能見如來」。

贊曰：此顯成也。餘本此後更有一頌云：「應觀佛法性，即導師法身。法性非所識，故彼不能了。」釋此經者，妄略斯文，由此兩論，依廣而解，初欲顯示如來所不應見。謂若求見真佛法身，而尋色聲行耶？定故但見世諦，非契於理，則不能見如來法身。如此法身所不應見，故色聲心不可見也。既尔，法身如何可見？故次半頌答此義云：應觀佛體真如法性。性即是導師法身。化報得法，名曰導師，導引凡聖於真理故。導師必以法性爲德，是彼色聲心所不應見也。何故色聲心而不能見色聲？又中頌答此義云：見色聲者，是分別識，以此法性由唯内證知，非是分別識所識，故彼色聲心不能見也。故《論》依此義而作頌云：「唯見色聞聲，是人不知佛。以真如法身，非是識境故。」

經：「須菩提」至「莫作是念」。

贊曰：下明相因非得真體，断第二十四相福成因疑。文分爲三，問、遮、示正，此初二也。恐諸菩薩復作是執：若不以相以比知如來，寧以相因得法身果？説相好因得作佛故。爲離此著，故復答言也。汝更作念：如來豈不以相具足爲因證得？便遮止云「莫作是念」。若以相因得菩提者，轉輪聖王亦應證得，此中亦應作是例難，以前影後，《經》不重言。

經：「如來」至「三菩提」。

贊曰：此結示正義也。謂佛身者理智爲體，但由發起真无相智，觀證法性名得菩提，不以具足福相爲因而能證得无上正覺，方便因相各差别故。《論》依此義而説頌云：「非相好果報，依福德成就。而得真法身，方便異相故。」

經：「須菩提」至「莫作是念」。

贊曰：次下第五不住生死涅槃心，断第二十五失福及果疑，令其學佛无住妙行。前令學佛以无相智正觀正證攝取法身，非得法身便永寂滅。次令學佛起報化身，不断福業，不住涅槃，不著福業，不住生死。而諸菩薩不能學佛行无住道契大涅槃，返疑福業有捨有取，作是疑云：既説如來唯智，如來非福因得，則應證得法身之時所修相好福德應失，福德失故，无所感果，豈非證寂爲断滅耶？若非断滅不住涅槃，則取福德應住生死。若證寂滅，便同二乘住生死，故則同凡夫，如何能得无住涅槃？由執，故不契无住之理；由疑，故不修无住之因。今欲断彼疑執之心，令成无住大涅槃果，故説發心，不説断滅，所作福德不應貪著。无著約除執而成无住，名不住生死涅槃心；天親就遣疑而修行因，名断失福及果疑。文分爲二：初不住涅槃，後不住流轉。初文復四，問、遮、徵、釋，此初也。發趣大乘初心菩薩尚不欲住寂滅涅槃，况我如來得无住道！故令菩薩智佛果德而以願求，速成大果。然諸菩薩意願虚空法界等盡，我願行方盡，故不可説。同於二乘捨大悲心而求断滅，便遮止云「莫作是念」。

經：「何以故？」

贊曰：此徵也。

經：「發阿耨」至「断滅相」。

贊曰：此釋也。發菩提者能住真如，真如在纏不爲苦逼，雖處涅槃不同惑断。故發心者得勝忍智，如所住法，而能通達，不厭生死，不欣涅槃，從初發心多劫生死廣行妙行，若至佛果，示現生死以利群生，利衆生時必憑勝福。福於佛果雖非親因，於能證智而有助力，故得法身不失福業，由是不説「断滅相」狀。《論》依此義而作頌云：「不失功德因，及彼勝果報。得勝忍不失，以得无垢果。」

經：「須菩提」至「七寶布施」。

贊曰：下明不住流轉。文分爲二：初明有福非苦所惱，後明受報而不住著。初中復二：初舉劣，後顯勝，此初也。恐諸菩薩生如是心：若不住涅槃，應生死苦逼。爲離執著疑惑之心，説有福德而无苦惱。故舉凡人施寶福因，感得輪王釋梵等報，尚非圓勝，尚无苦逼，况佛菩薩勝福德乎！如《經》說云：轉輪聖王以少福故，當得无病等。

經：「若復有人」至「所得功德」。

贊曰：此顯勝也。如前凡人施寶功德，雖在生死，尚非苦逼，况若復有[三〇]佛殊勝人，知一切法无彼二我，得成三忍，於有爲法而得自在，非苦業煩惱力所生起，所有福德勝過於前，而更有苦所逼惱耶？二无我者，一人无我，二法无我。言三忍者，由知二種无我理故，能於三性如次起於苦性无生忍、自然无生忍、惑苦无生忍。

經：「須菩提」至「福德故」。

贊曰：下明受報而不住著。於中有三，初標，次問，後釋，此初也。即是釋前福勝所由，由知无我得成於忍，於所作福而不受故。

經：「須菩提白佛」至「不受福德」。

贊曰：此中問也。以前佛說求福資糧，次前復云福勝，於前即是菩薩應受福德，云何復云不受福德？

經：「須菩提，菩薩」至「不受福德」。

贊曰：此爲釋也。受有二種：一者无貪領受，二者貪著取受。若是无貪无漏福德，即應領受，不住涅槃；若是貪著有漏福德，則應不受，不住生死。前令領受，故說菩薩求福資糧福勝於前。今說所作「不應貪著」，故說菩薩「不受福德」，非是惣令弃捨於福，故《論》依此義而作頌云：「身勝福德相，故重說譬喻。是福德无報，如是受不取。」

經：「須菩提」至「我所說義」。

贊曰：次下第六行住淨心。爲化衆生，往來行住神通，方便說法，流轉所作殊勝有爲之事。此勝惠行名之爲行，安處如是名之爲住，而无諸染故復名淨。前雖惣明无住寂用，而未別明方便作用，今爲明之有下文起。於中有三：一威儀行住淨，二破名色身自在行住淨，三不染行住淨。隨感應緣似有往來，觀語不執，成大神通，於說法等而无染著，今具足說，令其上求。所學之相，如是次第。初威儀行住淨，即断第二十六化无受用疑，令修佛果淨。以諸威儀行，菩薩上求佛地所有事業化衆生等，未亡執，故乃謂如來實有去來而生習學，由不語化而迷真故，返疑法身有去來相，作是疑云：既如前說是福德无報无有漏報，云何得於十方世界出没往來現身說法，令生覩見而受用乎？有往來故，即是漏果，又如何得无苦惱耶？由執，故雖求而不成就；由疑，故不修成就之因。今欲断彼疑執之心，令其欣樂勝感應用，故說實无去來之相。无著約除執而上求，名威儀行住淨；天親就断疑而真化，名断化无受用疑。文分有三：初牒執顯非，次徵非所，次後釋義所由，此初也。先牒後非。此中應有四種威儀。言來去，即謂行也。餘本有住，此中略无。此四威儀，但随感應不化所作意任運而成，若化若真皆无來去。若言實有四威儀者，當知是人不解我意，故《論》此義而說頌云：「是福德應報，爲化諸衆生。自然如是業，諸佛現世間。」

經：「何以故？」

贊曰：此徵非所以也。

經：「如來者」至「故名如來」。

贊曰：此釋義所由也。謂智如如及如如智，真如來者，湛然常住，其應化身示現无亘，与真法界非一非異。若随感應，非一門說，雖似去來攝相歸性，非異門說，則无來去。况是如來大悲願力，但依心現是淨威儀，豈得說有去來之相？故應契理稱實而求，故《論》顯斯義而說頌云：「去來化身佛，如來常不動。於彼法界處，非一亦非異。」

經：「須菩提」至「寧爲多不？」

贊曰：次下第二破名色身自在行住淨，

斷第二十七真化一異疑。修佛依真，起勝通行。前明依真，隨感而應，離往來相而現威儀，而未廣明神通化用巧便自在諸勝慧行。若无此者，難起威儀。而諸菩薩未離執心，不能學佛起發通行，返疑：化身所有神通与真法界爲一爲異？若是異者，真既无動，離真起通即應見妄，如外諸通不應發起；若是一者，此即真如，不應離真别有動用，如何令我强發起耶？由執，故雖修而不能發起；由疑，故不修發起之因。今欲斷彼疑執之心，令其依真發无相惠，故説世界作微塵喻。舉界与塵非一異義，顯化与真非一非異。无著約除執而能起，名破名色身自在行住淨；天親就斷疑而修一因，名斷真化一異疑。文分爲六：一无所見方便，二如所不分别，三何人不分别，四於何法不分别，五何方便不分别，六云何不分别。初中有二：初如來以微塵喻告令析觀蘊相，後善現以世界喻顯令知五蘊相是空。

初中又六：一問、二答、三徵、四釋、五難、六通，此初也。然世界言通喻二義：一喻真如惣體法身，二喻所執諸蘊惣相。其微塵衆亦喻二義：一喻所起无數化身，二喻分析蘊和合相。由執蘊相不分析故，不能契真而起於化因。以世界喻其蘊相，令其觀破碎如塵衆，法執煩惱皆斷盡故，便能證真，依真起化。真之与化非一非異，如碎世界而起多塵，惣界与塵非一非異。顯斯二義，故問善現：「三千世界碎爲微塵，其微塵衆寧爲多不？」《論》顯斯義而説頌云：「世界作微塵，此喻示彼義。微塵碎爲末，示現煩惱盡。」

經：「甚多，世尊！」

贊曰：此答也。既有多塵，何有實界？多色心等，寧有實身？觀外了内，无身相故，執惑都盡，證真法身。即依真身而能起化，化别真惣，真化非一；化不離真，真化非異。故内身相，如外界塵惣别異故，非一无别體故非異，顯斯喻義，故言「甚多」。故《論》顯斯義而作頌云：「非聚集故集，非唯是一喻。聚集處非彼，非是差別喻。」「非聚集」者，顯所集塵體各別故；言「故集」者，顯多別塵集成惣界。惣別既異，是非一喻。「聚集處」者，顯微塵處即是惣界；言「非彼」者，非離惣界而有別塵。惣別无差，是非異喻。

經：「何以故？」

贊曰：此徵也。微[三]若實有，便事執相；塵无實，不應言多。言「甚多」者，何以故耶？

經：「若是」至「微塵衆」。

贊曰：此釋也。明佛説塵非謂實有，若是實者，佛雖不説，世情自知，佛何須説？

經：「所以者何？」

贊曰：此難也。塵若无實，佛何故説？説之所以者爲何謂耶？

經：「佛説」至「微塵衆」。

贊曰：此通也。佛説微塵以喻析身相，不見色心和合相，故能離惑執，依真起化。如界起塵，非一非異。顯如是義，假説微塵，即非實有。内外塵衆但是假相，分析麁蘊色心心所假名微塵衆，以喻化身依真而起，真之与化，非一異義，而乃説是微塵衆耳。

經：「世尊」至「是名世界」。

贊曰：此下善現以世界喻顯，令知惣蘊是空。於中分三：初標舉、次徵起、後解釋，此初也。「如來所説三千界」者，惣聚世界積微所成，喻彼内身、衆生、世界惣攬五蘊多分所成；「即非世界」者，以彼所成无實體，故内身如外亦无自體；「是名世界」者，但聚他塵假名世界。内身如來但假名故，由以外界喻，觀内身无實相，故能離惑報。又如外界攬衆塵成，无有體相，但能起彼微塵衆，故名世界耳；所顯法身攬万德成，无有諸相，以能起彼化身相，故名法身耳。

經：「何以故？」

贊曰：此徵起也。外界内身及与法身皆无相者，何以故耶？

經：「若世界」至「則是一合相」。

贊曰：下釋所由。於中有二，初正破，後顯空，此初也。若説外界内身實者是一合相，相者，執也，謂執内外都无體相，假聚集惣爲一轉合，既有執心，便生煩惱，如何能顯无相法身？

經：「如來説一合」至「名一合相」。

贊曰：下顯空中文復分二：初善現辨，後如來成，此初也。如來常説外界内身一合相者其體都空，以於勝義情有理无，而真諦中情亦非有，但順彼情名一合耳。

經：「佛言須菩提」至「是不可説」。

贊曰：下佛重成。於中又二，初體實无，後妄執有，此初也。謂佛自知外界内身无實自體是可説者。

經：「但凡夫之人貪著其事。」

贊曰：此妄執有也。凡夫不了體空无故，但随音聲妄生法執，法執起故，我執亦生，增貪愛等諸煩惱也。故《論》顯此義而作頌云：「但随於音聲，凡夫取顛倒。」

經：「須菩提」至「義不？」

贊曰：下明如所不分別，即无能見。前破我法所緣之境，今破能緣我法見心。見心乃是所起分別，今翻令作无分別心，故言如所不分別也。文中分四，問、答、徵、釋，此初也。佛〔三〕説我見有其二意：一爲安置人无我理，謂顯无有所執我相，但有虚妄我見心故；二爲安置法无我理，謂我見體亦非實法。所見既无，能見无故，如是觀察實无二見能取心者，即是相應三摩鉢帝之方便也，非謂知无所取我法故能見心爲入方便。故《論》明此義而説頌云：「非无二得道，遠離於我法。」佛欲破彼有我見疑，故問善現：有人謂佛説實我見，解我意不？

經：「世尊」至「所説義」。

贊曰：此答也。爲破二執，解説我見，非謂實有此我見體。若言佛説實我見者，則是彼人不解佛意。

經：「何以故？」

贊曰：此徵也。既無[三]實見，佛何故説？説我見者，何以故耶？

經：「世尊」至「壽者見」。

贊曰：此釋也。文中有三，謂牒、非、結。「世尊説有我見」等者，爲欲除彼我法執障，令息虚妄而假説也，即非實有。此「我見」等以无所，我豈有能見？无始熏習，妄分别起，於真理中本无見故，是名細障。令見真如二无我理，得遠離故，而假説爲「我見」等也。《論》明此義而説頌云：「見我則不見，无實虚妄見。此是微細障，見真如遠離。」

經：「發阿耨」至「菩提者」。

贊曰：此顯何人不分别也。此所簡者，凡夫外道及二乘者有學无學，随應二見俱是實有，未能悟入二空之理。唯菩薩者有勝智，能欲趣菩提，斷二障故，是可名爲不分别者。

經：「於一切法。」

贊曰：此明於何法不分别。二乘之人不求遍者，非於一切而不分别；菩薩異彼，於一切法觀无我法而不分别。

經：「應如是」至「信解」。

贊曰：此顯何方便不分别，即何定智必以此緣无分别故。然此方便惣别有三：若依止寂諸境義邊，名奢摩他，是爲止品；若依鑒照諸境義邊，名毗鉢舍那，是爲觀品；若此二品齊均之位，名三摩提，是爲等持。體雖无别，而義有異。依止生智，即是根本第一義智，名之爲知；依觀生智，即是後得世俗智，故名之爲見；若依等持所生之智，融照真俗，名爲信解。由此知、見、信解三種惣别寂照无分别之心，即无分别之方便也。

《論》彰此義而作頌云：「二智及三昧，如是得遠離。」

經：「不生法相。」

贊曰：此顯云何不分別，即何行相。於中有二，初標，後釋，此初也。法即是境，相即是心，依真定智，離能所相，即无分別之行相也。

經：「須菩提」至「是名法相」。

贊曰：此釋也，有牒、非、結。言「法相」者，但是虛妄能取所取分別之心，即非有此虛妄法相。如彼見我即不見故，但欲破彼虛妄分別，假説妄情名法相耳。

經：「須菩提」至「布施」。

贊曰：次三明不染行住淨。於中復二，初説法不染，後流轉不染。初説法不染，即断第二十八化説无福疑，令學清淨説法之行。前令觀察五蘊體空，發起神通，利濟群品，若不説法，利濟不成。必欲利生應无染説，謂於文義无取著染，亦於説時无名利染。菩薩不能學无染説，返疑佛化所説之法非真説，故无所利益。若謂去來説法等事皆是化現，非真法身，既非真實，何能利物？人知化説，不生信心，設我持説，豈成利益？由染，故雖説而不成勝利；由疑，故不願説而被生。今欲断彼疑執之心，顯雖化説亦是真説，能爲衆生廣大利益。謂佛法者，自真而流，能成衆生出世之種，不信聞者尚爲佛因，若信聞者寧非大益？况无染説与佛濟功，但當精勤，勿疑真化，顯斯妙趣，啟發其心，故重舉施，校量經福。无著約持説而離著，名説法不染；天親就断疑而勸持，名断化説无福疑。文分爲二：初校量顯勝，後正明不染。前文復二：初舉財福，後正校量，此初也。將顯持説經福廣多，是故先舉多財施也。

經：「若有」至「福勝彼」。

贊曰：此正校量也。以得二智及正三昧

能遠離障而起化身，化身所説即是真説，故所説法功德无邊，能令聞者獲大勝福。《論》明此義而説頌云：「化身示現福，非无无盡福。」

經：「云何爲人演説？」

贊曰：正明不染。於中有二，初問起，後釋顯，此初也。既是化佛所説之法，非真實故，无人信敬，云何演説而成勝益？既令説法應取文義，不取文義説法不成，云何爲人不染説法？

經：「不取於相，如如不動。」

贊曰：此釋也。化身所説不説於相，如所證如无動念故。既不取相，不言是化，但依正證正念而説，則所説法而名爲正，故能普遍利益衆生。汝諸菩薩亦應如是不取佛身。化非化相，不取於法；説非説相，不取聽者；信非信相，但如所證。无動真如，其心湛然，无所動念，取相動心即是染故。《論》明此義而説頌云：「諸佛説法時，不言是化身。以是如是説，是故彼説正。」

經：「何以故？」至「如是觀」。

贊曰：次下顯其流轉不染，斷第二十九佛入涅槃疑，令修流轉不染之行。前令學佛无染説法，次令學佛常在世間示現流轉世法不染。而諸菩薩未盡執心，執實有，生厭離故，便欣寂滅，不樂世間，不能如佛處世説法，由此返疑佛入涅槃，作是疑云：若説諸佛常在世間説法利者，云何説言佛入涅槃？若常處世應流轉故。由執，故雖處世而染著；由疑，故復不樂處世。今欲断彼疑執之心，令常處世而不染著，説「觀有爲如星幻〔三四〕」等。无著約除疑而不著，名流轉不染；天親就遣疑而住世，名断佛入涅槃疑。又中徵、釋。徵之意者：若説諸佛常在世間説法利者，何所以故云般涅槃？若般涅槃則不處世，而言諸佛常住涅槃，復常處世，何以故耶？以彼疑執而作此徵，故以斯偈遣彼疑執。佛涅槃者非同二乘，以非即有爲、非離有爲故。非即[三五]有爲，故不住世間；非離有爲，故不住寂滅。始可名爲佛涅槃矣，何故能尔耶？得无住道故。如何能得无住道耶？以了有爲如幻等故。佛既由此得无住道，雖處流轉而不能染，故諸菩薩應於有爲如星翳等，如是觀察。《論》明此義，故説頌云：「非有爲非離，諸如來涅槃。九種有爲相，妙智正觀故。」

言「有爲」者，謂緣起法，由帶四相之所表示，顯是遷流造作法故，然有惣別開合之相。惣合相者或總爲三：謂初三喻顯自性相，相即見、相、識有爲自性，一切有爲不離此故；其次三喻顯受用相，即器、身、受能所用，器爲所受，身、受是能，必以此三成受用故；其後三喻顯三世相，即過、現、未三世之事，必以此三事世法故。或惣爲四：一自性相，即前初三，義如前釋；二著所住味相，即前所受器世界相，於中境界是所住味，顛倒境故；三隨順過失相，謂前能用身、受二法，身是无常過失随逐，受爲苦過所随順，故前同受用故合爲一，今能所别故開爲二；四随順出離相，謂前三世，由觀三世遷流不定成出離故。《論》依前義，而説頌云：「觀相及受用，觀於三世事。於有爲法中，得无垢自在。」

言别釋相者，别以九喻喻九「有爲」。一觀相如星，星在夜有，晝日則无，相分亦尔，无明夜有，智日无故；二觀見如翳，翳於淨空妄見毛等，二見亦尔，妄於真理見我法故；三觀識如燈，燈以油注潤而得住，報識亦尔，由業所引愛潤住故；四觀器如幻，幻以倒見妄生味著，器境亦尔，尔无實體妄著用故；五觀身如露，露少時住不得久停，身亦如是，无常過失常随逐故；六親受如泡，泡速起滅是不安隱，受亦如是，随順三苦故；七觀過去如夢，夢唯是念都无實體，過境亦尔，唯是心念无實體故；八觀現在如電，電忽有无非久時住，現法亦尔，適生即滅不暫停故；九觀未來如雲，淨空无而忽有，未法於種本无相狀，忽生起故。《功德施論》觀察有爲九種體相，如星翳等，与此異同而義无越彼。彼《論》所喻觀察頌云：「觀自在境物，遷動及體性。少盛壽作者，觀心兼有无。」彼《論》長行廣釋頌意，恐繁不敘，樂者述之。謂以妙智觀諸有爲如星等故，於有爲法得无垢染自在而住故，前半頌顯此義云：「於有爲法中，得无垢自在。」然《經》偈中有其三節，即初一句舉所喻法，其次二句舉能喻相，其後一句惣結勸觀。餘本及論皆有九喻，此本唯六，仍加影喻，列喻次第又前後者，不知羅什別有何意而譯此文，深成可怪，加減佛言，極過失耳。

經：「佛說」至「信受奉行」。

贊曰：上來已釋正宗分竟，此即第三流通分也。文中三節：初標佛化畢，次明衆同聞，後領受遵奉。「須菩提」等，義如前已釋；「優婆塞」等，此言近事，謂授五戒，近事三寶，并前「比丘、比丘尼」者，以男女聲，別分四衆矣；天、人、修羅，如常所說。《智度論》云：如是我聞者，令生信也；信受奉行，爲生智也。由佛所說有三淨勝，故使聞者歡喜奉行。一說者清淨，以法得自在故，顯无取執、妄相、愚癡，之所覆障，不爲名譽、利養、我慢之所染故；二所說清淨，明如實知清淨體故，謂即說彼所證實理教理根性皆得相應，初中善等不淨勝故；三得果清淨，以離諸障成法器故，謂彼受者隨所宜聞境、行、果三，遠離疑謗，起行得果，證彼境故。以其聽者根器宜聞，佛正爲說，无不信受，領納在心，敬順修學，由斯，故說「歡喜奉行」。若聞此德不生歡喜不樂奉行，當知此人如无情物，則无種性。故无著《論》流通頌云：「若聞如是義，於大乘无覺。我念過於石，究竟无因故。」由法深廣信受亦難，故使此德不能流布，无著《論》復頌云：「下人於此深大法，不能覺知及信向。世間衆生多如此，是以此法成荒廢。」

金剛般若經旨贊卷下

廣德二年六月五日釋普遵於沙州龍興寺寫訖〔三六〕。

校勘記

〔一〕底本據伯二〇八二，首殘。校本分別爲：甲本，斯二四三七，首尾皆殘；乙本，斯七二一一，首殘；丙本，傅斯年圖書館三三背。首題據底本卷末尾題補。

〔二〕「□□」，疑爲「无著」。

〔三〕「□流布」，丙本作「随流」。

〔四〕底本首殘，文自此始。前文據甲本補，甲本殘缺之處參照丙本補全。

〔五〕「此以界持財正明」，底本殘，據丙本補。

〔六〕「弘」，底本脱，據丙本補。

〔七〕「盡」，底本脱，據丙本補。

〔八〕乙本首殘，文自此始。

〔九〕「是」，底本脱，據甲本補。

〔一〇〕「持」，底本、甲本、乙本、丙本脱，據文意補。

〔一一〕「不」，底本後衍「耶」字，據甲本删。

〔一二〕「二」，底本脱，據甲本補。

〔一三〕「其依」，底本不清，據甲本、乙本、丙本補。

〔一四〕「析」，底本、甲本、乙本、丙本作「拆」，據文意改，下同。

〔一五〕「故」，底本、甲本、乙本、丙本後衍「相」字，據文意删。

〔一六〕「尚」，底本作「上」，據丙本改。

〔一七〕「即」，底本、甲本、乙本、丙本作「既」，據文意改。

〔一八〕「成」，底本作「本」，據甲本改。

〔一九〕「故」，底本作「收」，據甲本改。

〔二〇〕甲本尾殘，文至此止。

〔二一〕「滯」，底本、乙本作「帶」，據文意改。

〔二二〕「正持」，底本脱，據乙本補。

〔二三〕「者」，底本、乙本後衍「者」字，據文意删。

〔二四〕「不」，底本脱，據乙本補。

〔二五〕「洗」，底本不清，據乙本補。

〔二六〕「智」，底本、乙本脱，據文意補。

〔二七〕「智」，底本脱，據乙本補。

〔二八〕「土」，底本作「度」，據乙本改。

〔二九〕「覓」，底本脱，據乙本補。

〔三〇〕「復有」，底本作「有復」，據文意改。

〔三一〕「微」，底本作「徵」，據乙本改。

〔三二〕「佛」，底本脱，據文意補。

〔三三〕「無」，底本脱，據文意補。

〔三四〕「幻」，底本、乙本作「約」，據文意改。

〔三五〕「即」，底本、乙本脱，據文意補。

〔三六〕此句題記底本無，據乙本補。

（司冰霜整理）

〇二二七

金剛般若經依天親菩薩論贊略釋秦本義記〔一〕

西京崇聖寺沙門知恩集

將釋此經五門分別：一弁教因緣，二定經宗旨，三明雰會，四叙翻譯，五正釋文義。

第一弁教因緣者，於中有十。

一爲宣説菩薩行故。如《經》：汝今諦聽，當爲汝説。善男子善女人，發阿耨多羅三藐三菩提心，應如是住，如是降伏其心等。

二爲〔二〕隨順諸佛法故。如《經》：須菩提，於意云何？如來有所説法不？須菩提言：世尊，如來无所説。解云：諸佛説同，名爲无説。

三爲對除我法執故。如《經》：若當來世後五百歲，其有衆生得聞是經信解受持，是人即爲第一希有。何以故？此人无我相、人相、衆生相、壽者相。所以者何？我相即是非相，人相、衆生相、壽者相即是非相等。解云：此文初何以故？對除我執。後所以者何？對除法執也。

四爲遮断種現疑故。言種疑者，謂遮彼未來。如《經》：不可以身相得見如來，乃至下文莫作是念等。言現疑者，爲防其已起。如《經》：佛告須菩提，莫作是説等。

五爲發生比證信故。言比信者，如《經》：當知是人不於一佛二佛三四五佛而種善根，已於无量千万佛所種諸善根。聞是章句，乃至一念生淨信等者。言證信者，如《經》：何以故？是諸衆生，无復我相、人相、衆生相、壽者相，无法相亦无非法相等。

六爲成就自利利〔三〕他故。言自利〔四〕者，如《經》：須菩提，菩薩應離一切相，發阿耨多羅三藐三菩提心，乃至佛説菩薩心不應住色布施等。言利他者，如《經》：須菩提，菩薩爲利益一切衆生，應如是布施，乃至如來説一切衆生即非衆生等。

七爲轉滅輕重業故。如《經》：須菩提，若善男子善女人，受持讀誦此經。若爲人輕賤，是人先世罪業應墮惡道，則以今世人輕賤故，先世罪業則爲消滅，當得阿耨多羅三藐三菩提。

八爲解脱見修惑故。如《經》：我於尒時，无我相，无人相、衆生相、壽者相。乃至我於往昔，節節支解時，若有我相、人相、衆生相、壽者相，應生瞋恨等。

九爲顯示福慧因故。如《經》：善男子善女人，以滿恒河沙等世界七寶布施。若復有人知一切法无我得成於忍，此菩薩勝前菩薩所得功德。解云：知一切法无我得成於忍者，即是智度，名爲慧因，顯法身故。此菩薩勝前菩薩所得功德者，即是五度，名爲福因，生報化故。

十爲發明真應果故。如《經》：若有人言，如來若來若去、若坐若卧，是人不解我所説義。何以故？如來者，无所從來，亦无所去，故名如來。解云：若來若去等相，明應身果。亦无所去等，明真身也。

第二定經宗旨者。此經上明智慧，即以般若爲宗。然般若不同，有其三異：一實相，二觀照，三文字。如是三種，義該諸慧。實相顯般若之境，觀照彰般若之體，文字即般若之詮。无詮不可以會旨故，文字得智慧之名。无境不可以摽真故，實相同般若之位。是知相從而説，慧包文理，尅實而言，宗唯觀照，觀照即此經之義。金剛有断割之功，法喻相明，宗斯在矣。然觀照般若，依《莊嚴論》，以六義釋：一以慧爲性，以能正擇諸法故；二以定爲因，依定生故；三以解脱爲果，於染污法得解脱故；四以命説爲業，菩薩以智慧爲命，以正説爲業故；五以上首爲相應，於一切法爲上首故；六以三種爲品，謂世間、出世間、大出世間故。

第三明霚會者。依《大般若經》，惣有四霚十六會説。言四霚者：一在王舍城鷲峯山中，二在室羅茷城給孤獨園，三在他化自在天摩尼寶藏殿，四在王舍城竹林園白鷺池側。言十六會者，具如彼説。問：此經四霚之中當何霚説？十六會中於何會説？答：四霚之中當在給孤獨園説，十六會中第九説也。

第四叙翻譯者。此經前後凡經六譯：第一，後秦時鳩摩羅什法師於長安譯，文云舍衛國；第二，後魏時三藏法師菩提流支(五)於洛陽譯，文云婆伽婆，并譯天親菩薩《論》三卷，《金剛仙記》十卷；第三，陳梁間真諦三藏於廣州譯，文云祇樹林，并出本、記四卷；第四，隋大業中笈多三藏所譯《金剛能断》，并譯无著《論》兩卷；第五，大唐三藏玄奘法師所譯，名《能断金剛》。又有日照三藏《功德施論》兩卷；第六，周義靜三藏所譯，文云佛薄伽梵在名稱大城，并重譯天親《論》三卷。如上諸本大况相同，於中文質遂成廣略故，使讀持之者偏仰秦經，義學之徒多從魏本。今所釋之者，即當第羅什法師所譯秦本經也。

第五正釋文義者。於中有二：一釋經題目；二科文解義。初釋題目者，經金剛者，舉能喻之寶也。金中之剛，故名金剛。此寶殊勝，體類衆多，今略取其堅利二義。堅即就體，利即就用。體堅，故物不能壞。用利，故能摧万物。般若者，即所喻法也。梵音般若，此名淨慧，亦云无相智。以三種智即名慧，如是智慧同彼金剛。波羅者梵語，此翻云岸。岸有二種：一此岸，二彼岸。蜜多者梵語，此云能到，亦云能離。即以三界生死爲此岸，菩提涅槃爲彼岸，二障煩惱爲中流，妙用般若爲舡筏。故發心者，乘妙用舟，捨生死岸，度煩惱海，登涅盤山。是故名爲波羅蜜也。經者，以貫穿攝持爲義，即貫穿所應説義，攝持所化衆生。上之七字所詮，下之一字能詮。能詮所詮及法喻等，是故題曰金剛般若波羅蜜經。已上釋題目訖，自此已下科断經文。

經：如是我聞。一時佛在舍衛國祇樹給孤獨園，與大比丘衆千二百五十人俱。

依道安法師，經无大小，例開三分：謂初序、正、流通。今判此經亦爲三分：初名序分；次時長老須菩提下至應作如是觀，即正宗分；後佛説此經已下至信受奉行，是流通分。就初序分中復分爲二：初名證信序分；後尒時世尊下，名發起序。

前證信序中，依真諦三藏《般若記》中開爲七事：一如是者，摽所聞法。阿難云佛所説經，如於諸法，故名爲如。如諸法言，契理非謬，稱之爲是。二我者，弁能聞人，傳法弟子阿難比丘五蘊假者，稱之爲我。三聞者，即親承音旨，謂耳根發識，聽受曰聞。四一時者，明所聞法，善合時機。謂説者聽者共相會遇，非前非後，名曰一時。五佛者，彰能説師。梵音佛陁，此名覺者，具真俗智，自他覺滿，故名爲佛。六在舍衛國等者，顯説有雾也。遊化所居，目之爲在。舍衛國者，此云聞物也。祇樹者，謂祇陁太子所施樹也。此云戰勝，即波斯匿王之太子也。給孤獨園者，須達長者所買園也。此云善施。其人内慈外富，賑貧恤寡，鄉人美之号給孤獨也。須達布金買園，祇陁施樹，共立精舍故，於此雾雙舉二人之名，以弁伽藍之目矣，故曰祇陁樹給孤獨〔六〕園也。七與大比丘衆等者，明非獨聞也。与者，共也。大也，勝也。此諸比丘，皆是大阿羅漢，勝前有學，故名爲大。言比丘者，此云乞士，清淨活命故。衆者四人已上，和合名衆。千二百五十人俱者，《智度論》云：優樓頻螺迦葉，并門徒五百人。伽耶迦葉、那提迦葉，并門徒各二百五十人。舍利弗、目犍連并門徒共二百五十人。此等多是應化聲聞，常隨逐佛，是故經中往往别列。俱者，同霧同時之義。即是阿難或是如來，与諸比丘及四部衆，同在給孤獨園時也。

經：尒時，世尊食時，著衣持鉢，入舍衛國大城乞食，於其城中次第乞已，還至本霧。

自下明第三發起序也。發起之義，多種不同，廣如諸經。而今此經偏明智慧故，以戒定而爲發起。發起序中，文分爲二[七]：初示以戒化，明三昧有因；後示以定攝，明智慧爲果。

此文初也，文中有七句。第一，尒時世尊者，明化主也。《成實論》云：具上九号，故曰世尊。食時者，第二，明化晨也。寅、卯所營未辦，巳、午飰食已終，辰時行乞，故曰食時。著衣持鉢者，第三，明化儀也。言著衣者，入王宫聚落僧伽棃等是也，亦云降伏外道衣。持鉢者，即持菩提樹下四天王所獻石鉢。如是四鉢，佛神力故，按之爲一，名應量器。世尊爲破裸形外道故，所以著衣。爲破手捧食故，所以持鉢。入舍衛大城者，第四，明化霧也。准《西域記》：園在城南五六里。今自外適内，名之爲入。《智度論》云：此城縱廣十二由旬，居家九億，故名爲大。乞食者，第五，明化事也。依《轉女身經》云：如來化身全段金剛，无生熟二藏。今示有乞食者，有衆多利益生彼福田也。如大迦葉捨富從貧，益貧不益富；須菩提捨貧從富，益富不益貧。佛等利益，故次第行乞也。還至本霧者，第七，明化終也。如來食霧有二：一者受請，在白衣家；二者不受，乞[八]食事訖還所住。今却至祇園，義當第二。惣以知足故，乞不過量故，知時故，還至本霧也。

經：飰食訖，收食鉢者。

第二示以定攝，明智慧爲果也。文中有

三：一併資緣，二清淨業，三正明入定。此文初也，外化必資於衣鉢，故先明著衣持鉢[九]，内靜要併於資緣，故今收置。

經：洗足已者。

第二清身業也。《仙記》云：如來行時，地神化花，以承其足，離地四指。爲衆生故，途行示污足。故教入定，示清身業也。

經：敷座而坐者。

第三正明入定方便。先敷座具，即尼師檀，此云敷具也。言而坐者，正明入定也。已上明序分訖。

經：時，長老須菩提，在大衆中即從座起，偏袒右肩，右膝著地，合掌恭敬。

自下第二明正宗分也。此中人多麁判，分爲二周：初明地前。後第二云何下，明其地上。今詳文理，將爲不然。斷疑中《論》自釋云：自此已下，明一切修多羅，示現断生疑心。既云一切，明知非别。

今就正宗分之中，文分爲四：一善現申請，二如來讚許，三善現樂聞，四如來正答。此文初也，文復有三：一摽列請人，二讚佛化德，三正宣請詞。此文初也。所言時者，問法時也。言長老者，是尊之稱也，謂有長者老年之德。言須菩提者，請法人也。須菩提，聲含三義，謂生時室空，現空善相，父母問師，唯善唯吉，故名善吉，亦云善現，亦曰空生，隨舉无失。在大衆中即從座起者，問法之儀也。偏袒右肩者，敬師之相也。右膝著地者，發問之端也。合掌恭敬者，歛容專念也。

經：而白佛言，希有世尊。

第二嘆佛化德也。文中有二：一惣嘆，二别嘆。此文惣也。《十住婆沙論》云：一者現通希有，二者逆説彼心希有，三者教化希有。今言希有者，即當第三教化希有也。言世尊者，第十号也。

經：如來善護念諸菩薩善付嘱諸菩薩者。

第二別嘆德也。言如來，舉佛第一号也。如者，所證之法；來者，能證之智。智證真如，來成正覺，故曰如來。言善護念諸菩薩者，根熟菩薩，佛自護念，令成就佛功德，法同佛自利〔一〇〕行，及化衆生，法同佛利他行。言付囑者，根未熟菩薩，佛將付与根熟菩薩，囑令教受，令於已得大乘不退，未得大乘進修也。種性已去菩薩，名爲根熟。種性已前菩薩，名根未熟也。

經：世尊，善男子善女人，發阿耨多羅三藐三菩提心，應云何住？云何降伏其心？

第三正宣請詞也。言世尊者，摽能答人也。善男子善女人者，明所爲人也，具信等根名爲善也。發阿耨多羅三藐三菩提心者，摽所起心也。阿之言无，耨多羅者上之，三名正，藐名遍，後三名知，菩提名覺，惣曰无上正遍知覺。正是如理智，遍是如量智，知是无分別智，覺是後得智。如理智緣真，故言正。如量智緣俗，故言遍。无分別智断二无知，故言知。後得智出過眼夢之表，故言覺。此之四智即佛果正體。若人發心遠求此果，名發菩提心也。應云何住，云何降伏其心者，明所請行也。

准魏本《經》及无著、天親等論，合有三問，今闕第二修行問也。言應云何住者，問發趣大乘菩薩，於一切時住何等心。次問云何〔一一〕修行者，問發趣大乘菩薩，於一切時修何等行。後問云何降伏者，問發趣大乘菩薩，於一切時降伏何〔一二〕想。

經：佛言：善哉善哉。須菩提，如汝所説，如來善護念諸菩薩，善付囑諸菩薩。

自下第三明如來讚許也。於中有三：一讚述，二勑聽，三許説。此文初也。言善哉善哉者，讚之極也。所以重讚者，以須菩提讚問兩所契故：一契所化者心，二契能化者德。如汝所説等述也。

經：汝今諦聽。

第二勑聽也。諦謂審實，欲令須菩提以實信深慧，樂聞觀察，故言諦聽。

經：當爲汝説，善男子善女人，發阿耨多羅三藐三菩提心，應如是住，如是降伏其心。

第三許説也。以將説故，名之爲當。言應如是住如是降伏其心者，謂如來許可説也。謂隨二問，我當分別教示。令汝等如是住，如是修行，如是降伏其心也。

經：唯然世尊，願樂欲聞。

第三善現樂聞也。既承印述，又蒙勑聽。一心渴仰，故曰樂聞。

經：佛告須菩提：諸菩薩摩訶薩，應如是降伏其心。

自下第四如來正答也。於中有二：初答問，後可以身相下斷疑。前中有三：第一答前云何住問；第二復次須菩提菩薩於法下，答前所闕云何修行問；第三須菩提菩薩應如是布施下，答前云何降伏其心問。

此文第一答前住問也。准魏本《經》，此中云何菩薩生如是心。此本云降伏者，准梵本，但能生能度衆生之心，即有降伏不度衆生之義故，此就降伏義譯也。文中有二：初惣令降伏，示起廣大[三]等四心；後別教，生四心行相。

此文初也。言菩薩者，菩謂菩提，即所求佛果；薩謂薩埵，即所化衆生。良以此人有智，故能上求佛果；有悲，故能下化衆生。菩下去提，薩下去埵，故云菩薩。應如是降伏其心者，謂降伏凡夫二乘不度衆生心也，即是生起菩薩度衆生心也。

經：所有一切衆生之類者。

第二別教，生起四心行相也。文別有四：一明廣大心，二明第一心，三明常心，四明不顛倒心。就廣大心中，文別有二：初惣舉，後別顯。

此物舉也。言廣大者，即是約境以顯心也。由境寬遍，心名廣大。言所有一切衆生之類者，物舉四生三界等所有衆生也。故无著《論》云：此物相説也。言衆生者，《智度論》云：五蔭和合中生，名衆生也。

經：若卵生，若胎生，若濕生，若化生。

後文顯也。依无著《論》分爲三攝：一受生攝，二依止攝，三境界攝。

此即第一受生攝也。受生不同有其四種：依殼而生曰卵，含藏而出曰胎，假潤而興稱濕，无而忽有名化。如是四種，攝[四]一切衆生盡，是故菩薩惣之爲願。

經：若有色，若无色。

第二攝依止是身也。若有色者，謂欲、色二界有色身故。若无色者，謂上四空衆生无形色故。此二亦攝一切衆生，是故菩薩惣令衆生出離三界也。

經：若有想，若无想，若非有想，若非无想。

第三境界攝也。想是能取，境是所取。就想明境故，云境界攝也。若有想者，謂无所有雾已下衆生，除无想一天，餘皆有麁想、取麁境界故。若无想者，謂四禪中无想一天，都无想心取境界故。若非有想若非无想者，謂有頂一地，无麁想故，名非有想故名非无想。此中言若非有想若非无想者，賸一若字，若存下若字，即非一地。此三亦攝一切衆生盡。

經：我皆令入无餘涅槃而滅度之。

第二明第一心也，謂令衆生得大涅槃第一樂故。然彼菩薩所起如上廣大願者，定也。爲与衆生究竟常樂名第一心，我皆令入者，舉菩薩之大慈也。无餘涅槃者，明所得之圓寂也。永盡三火名之爲滅，高昇彼岸目之爲度。以斯證入名滅度之。言无餘涅槃者，離二生死故名无餘也。

經：如是滅度无量无數无邊衆生，實无衆生得滅度者。

第三明心常也。然此菩薩遠離分別見，成就同體悲。此悲所成由智所立，智通一想悲即无二，即无疲厭。通一想，故常自涅槃。是故《論》云：菩薩取一切衆生由如己身。以此義故，菩薩自滅度无異衆生滅度也。

經：何以故者。

第四明不顛倒心也。文中有二：初徵起，後釋成。此文初也。徵之意者，菩薩設見衆生，是已所度，有何過耶？

經：須菩提，若菩薩有我相、人相、衆生相、壽者相，即非菩薩。

後文釋成也。今泛明顛倒有其三種：一見倒，二想倒，三心倒。此中離想倒，故名爲不顛倒。如是想倒，依身見起。是故菩薩起如是想，失菩薩名。若翻於此，即順正慧不起，如是名不顛倒心也。

經：復次，須菩提。菩薩於法應无所住，行於布施。

自下第二答前所闕云何修行也。文中有三：一教菩薩不著自身修行，二教菩薩不住報恩修行，三教菩薩不住果報修行。此中闕初段文也。所以答修行問，先明布施者，以菩薩万行六度爲源，波羅蜜中檀義通攝，是故舉斯一号該彼六門：即檀波羅蜜名資生施；尸波羅蜜、羼提波羅蜜名无畏施，謂持戒、忍辱施人无畏故；毗離耶、禪那、般若等名爲法施，由精進故，説不疲惓，由禪定故，能知物心，由智慧故，能如實説也。言於法應无所住行於布施者，不著果報恩修行也，不應求彼供養恭敬讃嘆等報也。

經：所謂不住色布施，不住聲香味觸法布施。

第三明不住果報修行也，謂不求未來人天等果。此果酬因，故名果報。即六塵等，是當果體，爲此行施，名著果報。菩薩遠離名不住色等。

經：須菩提，菩薩應如是布施不住於相。

第三答降伏心問也。准魏《經》云：不住於相[二五]。此中略想字。文中有六：一摽，二徵，三釋，四喻，五合，六勸。

此文初也。若起相想，二取未亡。欲求真空，還成有漏。是故菩薩除滅妄想，清淨三輪，故於施門更彰降伏。言不於相想者，謂不見施物受者及施者故。

經：何以故者。

第二明徵起也。此之徵意，謂拂疑心。所以然者，凡施等福從心想生。想既不存，福憑何起？

經：若菩薩不住相布施，其福德不可思量。

第三釋也。住相有漏，果報有邊。不住无漏故，福聚无量也。

經：須菩提，於意云何？東方虛空可思量不？

第四喻也。喻中有二：一略舉東方，二廣引九方。就初喻中，文復有二：一如來問，二善現問答。此即問也。虛空界非十方。方是不相應行法，色上假立。今以方弁空故，名東方虛空耳。

經：不也世尊。

第二善現答也。不者，非義。也者，助詞。虛空无邊故，非思量矣。

經：須菩提，南西北方，四維上下，虛空可思量不？

第二廣引九方也。文復有二，名義如上，此即第一如來問也。言四維者，不正之義也。

經：不也世尊。

第二善現答也。

經：須菩提，菩薩无住相布施，福德亦復如是不可思量。

第五合也。謂无住施福，如十方虛空不可思量也。

經：須菩提，菩薩但應如所教住。

第六勸也。此中勸意，義合六度，准知

万行，例亦應然。

經：須菩提，於意云何？可以身相見如來不？

自下大文第二明断疑也。准下《論》云：疑有惣別。惣[二六]即二十七段，别有三十二疑。《論》雖不叙，而无别目。今取《論》意，略爲立名。

此即第一，名不住爲佛疑也。《論》叙疑云：若不住於法行於布施，云何爲佛菩提行於布施？爲断此疑，經文有六：一問，二答，三徵，四釋，五述，六成。此即第一問也，謂可以將生住異滅、三種有爲色身之相，得見真法身以不？

經：不也世尊，不可以身相得見如來。

第二答也。爲防疑者，妄起分别，執有爲相，言見法身，是故答中惣言不可。

經：何以故？

第三徵也。現見如來，王宫生，雙林滅，八十年住世，三十二相成身。何故言不可以身相見也？

經：如來所説身相，即非身相。

第四釋也。三[二七]相是妄相，法身名實相。妄相非法身，名相即非相。

經：佛告須菩提：凡所有相，皆是虚妄者。

第五述也。有相虚誑，而不稱真故。言凡所有相，皆是虚妄。

經：若見諸相非相，即見如來。

第六成也。若見有爲虚妄之相，非是无爲真實之相。即是了悟法身，名爲見佛，故言即見如來。

經：須菩提白佛言：世尊，頗有衆生，得聞如是言説章句，生實信不？

自下断第三疑，此名因果難信疑。《論》叙疑云：向依波羅蜜，説不住行於布施，説因深義；向依如來非有爲體，説果深義。若尒，未來惡世，人不生信心，云何不空説耶？

爲断此疑，經文有二：一湏菩提疑問，二如來正答。

此初問也。言頗者，能也。如是深經，現在正法有能信者，未來惡世，人能生實信耶。

經：佛告湏菩提：莫作是説。

第二如來正答也。文中有二：先呵後教。此初呵也。所以呵者，止其疑耳。

經：如來滅後，後五百歲。

後文教也。文復有二：初惣教，後別教。惣中有三：一明信時，二明信德，三明信相。

此初明信時也。准《大集經》説五種堅固：初五百年解脱堅固，次五百年禪定堅固，次五百年多聞堅固，次五百年福德堅固，次五五百年鬪諍堅固。今言後五百歲者，即當第五五百年也。於此惡世時，有能生信者也。

經：持戒修福者。

第二明信德也。准魏本《經》，加其智慧，此本略也。言持戒者，謂息滅諸惡。福德者，謂修諸三昧。智慧者，謂隨順二空。要當具此三學，方能生其實信。問：前之五度惣名福德，焉知此義偏受定門？答：通而論之，即該前五。尅取殊勝，定學偏優。以定善中能集福德，引諸神通安樂事故。

經：於此章句，能生信心，以此爲實者。

第三明信相也。於此章句者，謂因果深教也。能生信心者，謂德備人也。以此爲實者，正明信相也。信既備矣，説豈徒然。

經：當知是人，不於一佛二佛三四五佛而種善根，已於无量百千万佛所種諸善根者。

後文别教也。於中有二：初明修福，後明修智。

此文初也。於中有四：一明信因，二明信體，三明信緣，四明集果。此即第一信因也。言不於一佛二佛三四五佛者，明其不少简異初心。已於无量千万佛所者，彰其已多記明根熟。種諸善根者，謂於佛田燒香散花稱名讚德，種无貪等三種善根也。

經：聞是章句，乃至由一念生淨信者。

第二明信體也。乃至一念生淨信[一八]者。一念，即一刹那心淨意樂也。信以心淨爲性，故言淨信矣。

經：須菩提，如來[一九]悉知悉見，是諸衆生。

第三明信緣也。爲佛知見，故信心不退。問：知、見二種有何别耶？答：肉眼是見而非知，比智是知而非見，願智亦知亦見。異肉眼，故言知；異比智，故言見。故曰悉知悉見，由佛知見故。若有人欲得供養恭敬，自嘆已有持戒等功德，彼人不能説是人自知故。

經：得如是无量福德。

第四明信果也。信雖一念，福即无量。《莊嚴論》云：謂有智人，於大乘勝法而生大信，得三種果：一得大勝果，信增長故；二得大福果，福增長故；三得大菩提果，功德无等及佛大體故。

經：何以故？

自下後文明修智也。文中有三：初正釋，次重成，後弁别異。初中復二：先徵後釋。此文徵也。徵之意者，修習成福已生淨信，復説修智有何意耶？

經：是諸衆生，无復我相、人相、衆生相、壽者相。

後文釋也。此復有二：先釋離我相，後釋離法相。此文初也。問：我等四相，通名我執，有何差别建立四名？答：不觀三世差别之異，惣執爲我，名爲我相；計現在蘊，有續前義，名衆生相；計現在蘊，一期住因，名壽者相；計現在蘊，趣後六通，名爲人相。由斯差别故名四種。

經：无法相，亦无非法相。

後文别釋離法相也。准魏《經》有四句，此中但有兩句：无法相者，離增益過；亦无非法相者，離損滅執。

經：何以故？

自下第二重成也。文中有二：先徵後釋。此初徵也。徵之意者，先離我相已成證淨，更離法相其故何耶？

經：是諸衆生，若心取相，即爲著我、人、衆生、壽者。

後文釋也。文復有二：先惣後別。此文初也。通舉有无二執，故言惣也。夫法執爲因，我執爲果。不断法執，我執還生。故云若心取相，取有无二種相也。即爲著我人等者，我執因之而起。

經：若取法相，即著我、人、衆生、壽者。

後別釋也。於中有二：一明離我相，二明離法相。此文初也。若取法相者，謂妄執諸法實有體故，即爲著我人等者。法執爲因，我執還生也。

經：何以故？

第二釋无法相也。文中有二：先徵後釋。此初徵也。前離法相已，我執不生。更離非法相，其故何耶？

經：若取非法相，即著我、人、衆生、壽者。

後文釋也。雖離有相不起我執，若取非法相還成法執。法執爲因，人執還生故。云若取非法相，即著我、人、衆生、壽者。

經：是故不應取法，不應取非法。

後文弁異也。文中有二：初正簡，後引證。此文初也。此中文意：欲明證信，離法非法，不同向前所說此信。不應取法者，不應如聲取法也。不應取非法者，隨順第一義智，正說如是取也。

經：以是義故，如來常說：汝等比丘，知我說法，如筏喻者，法尚應捨，何况非法？

後文引證也。得旨忘詮，法尚應捨。憑詮會旨，何况取爲非法？此意明證信，於言教上，不得作有无信也。

經：須菩提，於意云何？如來得阿耨多羅三藐三菩提耶？如來有所説法耶？

自下断第三疑也。此名化佛證説疑。《論》叙疑云：向説不可以身相成就得見如來，何以故，如來非有爲相得名故。若如是，云何釋迦牟尼佛得阿耨多羅三藐三菩提説名爲佛？云何爲人説法？爲断此疑，經文有二：一問答断疑，二校量顯勝。前中有六：一問，二答，三徵，四釋，五重徵，六重釋。此初問也。汝意可謂化身如來所得菩提是真得耶？説四諦法是真説耶？

經：須菩提言：如我解佛所説義，无有定法名阿耨多羅三藐三菩提，亦无有定法如來可説。

第二答也。言如來者，三身之中是化身也。此佛於金剛座上示得菩提，不依法空，非真證故。鹿野苑中十二行相，現轉法輪。但説小乘，非真説故。由斯善現答此二相无有定法，名爲證説矣。

經：何以故？

第三徵也。豈得如來都不説耶？是故《論》云：有人謗言如來一向不説法故。

經：如來所説法皆不可取〔二〇〕，不可説非法、非非法。

第四釋也。此中但説言化，説非真非，謂都无言説。是故《經》言：如來所説法皆不可取、不可説也。聽者不可作有无相取，説者不可作有无相説。何以故？非法非非法故。言非法者，妄法无體故；非非法者，真如實有故。

經：所以者何？

第五重徵也。何故但言如來所説法耶？不言如來所證法耶？

經：一切賢聖，皆以无爲法而有差别。

第六重釋也。一切聖人皆證真如无爲，爲此立三乘賢聖等差别名也：以下智證，故得聲聞菩提；以中智證〔二一〕，得緣覺菩提；以上智證，故得无上菩提。故言而有差別也。

經：須菩提，於意云何？若人滿三千大千世界七寶以用布施，是人所得福德寧爲多不？

第二較量顯勝也。文別有二：初舉劣，後弁勝。初中復四：一問，二答，三徵，四釋。此初問也。所以断疑之後有較量者，當知疑生即理惑，疑断即福增。福增既在於能詮，故彰施福之非福。而今返問善現者，爲欲成勝校量故。

經：須菩提言：甚多！世尊。

第二答也。善現將爲寶豐而福勝，故曰甚多。

經：何以故？

第三徵也。以多爲聚。聚有二義：一積聚義，二進趣義。義既有兩，今但言多，爲目何等？故須徵矣。

經：是福德即非福德性，是故如來説福德多。

第四釋也。言福德者，謂施等積聚之福也。即非福德性者，謂非持經説法進取之福也。是故如來説福德多者，是積聚多也。

經：若復有人，於此經中，受持乃至四句偈等，爲他人説其福勝彼。

第二弁勝也。文中有四：一摽，二徵，三釋，四結。此初也。施寶雖滿於大千，惣以積聚之福，故多爲劣。持經下至於四句，爲是進取之福，故名爲勝。言受持者，受謂領納聽聞，持謂任持不忘。受持者，令自成佛；爲他説者，令他成佛。自利利他，皆菩提業，是故此福勝彼難量矣。

經：何以故？

第二徵也。恠其福勝，所以返徵。是故《論》云：云何此二能大得菩提耶？

經：須菩提，一切諸佛，及諸佛阿耨多羅三藐三菩提法，皆從此經出。

第三釋也。一切諸佛者，所謂法身諸佛也。及諸佛阿耨多羅三藐三菩提者，謂報化身也。

皆從此經出者，法身從此經顯出，報化二身從此經生出也。

經：須菩提，所謂佛法者，即非佛法。

第四結也。此明生了二因，得三身果，惣名佛法。佛謂覺者，即能覺爲智身。法謂所證，即所覺爲法身。能覺所覺合而稱之，故名佛法。即非佛法者，謂如來所得佛法，非二乘等共佛法矣。

經：須菩提，於意云何？須陁洹能作是念：我得須陁洹[三]果不？

自下断第四疑。此名聲聞得果疑。《論》叙疑云：向説聖人以无爲法得名，以是義故，彼法不可取不可説。若尒須陁洹等聖人取自果，云何言彼法不可取不可説？既如證如説，云何成不可取説？爲断此疑，經文有三：一惣約四果，以顯其得；二别約羅漢，以顯其失；三引已證成，種彰其事。前中有四，所謂四果，一一果中皆有問答徵釋，此即初果之中第一問也。須陁洹者，名合二義：一名預流，創預出世聖果流故；二名逆流，已逆世間生死流故。此人永断三界見惑，我執已亡，以須菩提證无學道能知是事，爲欲成其无取説義，是故問言：須陁洹人，已断我執，作是念言，我得果以不？

經：須菩提言：不也，世尊。

第二答也。善現了知須陁洹人我執已亡，離分别見，故答言不也。

經：何以故？

第三徵也。

經：須陁洹名爲入流，而无所入，不入色聲香味觸法，是名須陁洹。

第四釋也。名爲入流者，義如上解。而无所入者，以无我故，而不見有我是入流者。不入色聲香等者，以无我故，不見六塵境界以爲我所，故言不入也。

經：須菩提，於意云何？斯陁含能作是念：

我得斯陁含果不？

第二果中初問也。

經：須菩提言：不也，世尊。

第二答也。

經：何以故？

第三徵也。

經：斯陁含名一往來，而實无往來，是名斯陁含。

第四釋也。斯陁含者，名一往來。人中得果，一往天上、一來人間便得滅度。天中亦然。如是之人，同證我空，亦无所得。

經：須菩提，於意云何？阿那含能作是念：我得阿那含果不？

第三果中初問也。

經：須菩提言：不也，世尊。

第二答也。

經：何以故？

第三徵也。

經：阿那含名爲不來，而實无來，是故名阿那含。

第四釋也。阿那含者，此云不來，亦曰不還，已盡欲界漏故。非數數來，又不還來，二十五有。此等所断我執，前亦同前，故无所得。

經：須菩提，於意云何？阿羅漢能作是念：我得阿羅漢〔三〕道不？

第四果中初問也。

經：須菩提言：不也，世尊。

第二答也。

經：何以故？

第三徵也。

經：實无有法，名阿羅漢。

第四釋也。阿羅漢者，名曰不生，已盡三有業煩惱故。獲得盡智、无生智，深證我空，故无所得。

經：世尊，若阿羅漢作是念：我得阿羅漢道。

即爲著我、人、衆生、壽者。

大文第二。別約羅漢，以顯其失也。若阿羅漢起得果之念，即有著我人等過也。

經：世尊，佛説我得无諍三昧，人中最爲第一，是第一離欲阿羅漢。

第三引已證成，重彰其事。文復有四：一明佛先記，二彰已不取，三返釋，四順成。

此即第一明佛先記也。言无諍者，定之别名。三昧者，定之惣稱。此定具足慈悲，能護彼我，遠離或諍，有勝功德。俱解脱中，離定障者，善現最勝，故稱第一。言離欲者，欲即是貪，貪於諸或，過失偏重。今舉重以攝輕，即是離煩惱障也。

經：我不作是念，我是離欲阿羅漢。

第二彰已不取也。

經：世尊，我若作是念：我得阿羅漢道。世尊即不説須菩提是樂阿蘭那行者。

第三返釋也。若有我見，即有彼諍。諍若不亡，佛不應記。記必不妄，當知无我。阿蘭那者，此云无諍也。

經：以須菩提實无所行，而名須菩提是樂阿蘭那行。

第四順成也。實无所行者，謂心善解脱，於二鄣中不復行故。而名須菩提是樂阿蘭那行者，由断二障故樂行也。

經：佛告須菩提：於意云何？如來昔在燃燈佛所，於法有所得不？

自下断第五疑也。此名菩薩得法疑。《論》叙疑云：釋迦如來，昔於燃燈佛所授法。彼佛爲此佛説法，若如是，云何彼法不可取不可説？爲断此疑，經文有二：先問後答。此初問也。如來所以反問須菩提者，欲明佛及菩薩已證真如，真如法中，豈取説耶。

經：世尊，如來在燃燈佛所，於法實无所得。

第二答也。善現所以有此答者，正顯燃燈如來已證菩提法故，離名言，即佛无説示之相。復明釋迦菩薩已登受記之位，位證无生，即知无聞无得之取故，曰於法實无所得也。

經：須菩提，於意云何？菩薩莊嚴佛土不？

自下断第六疑也。此名菩薩莊嚴土疑。《論》叙疑云：若聖人以无爲法得名，是法不可取不可説，云何諸菩薩取莊嚴淨佛國土？爲断此疑，經文有五：一問，二答，三徵，四釋，五勸。此初問也。如來所以反問須菩提者，爲明菩薩必不以取相之心莊嚴佛土不[二四]。

經：不也，世尊。

第二答也。

經：何以故？

第三徵也。何故菩薩非莊嚴佛土不[二五]耶？

經：莊嚴佛土者，即非莊嚴，是名莊嚴。

第四釋也。莊嚴者有二：一取識外淨土爲所莊嚴，此是取相心莊嚴也；二了知淨土不離自心，此是離相心莊嚴。今言莊嚴者，是離相心莊嚴也。即非莊嚴，非取心外形相莊嚴也。是名莊嚴者，是第一義諦離相心莊嚴也。

經：是故須菩提，諸菩薩摩訶薩應如是生清淨心，不應住色生心，不應住聲香味觸法生心。應无所住，而生其心。

第五勸也。如來所以誡勸者，欲令衆生不住心外形相莊嚴，成就唯識第一義諦莊嚴也。不應住色生心者，以彼六塵即形相莊嚴，若住於此便失於彼。是故重言：應无所住，而生其心。

經：須菩提，譬如有人身如須彌山王，於意云何？是身爲大不？

自下断第七疑也。此報佛有取疑。《論》叙疑云：若聖人以无爲法得名，彼法不可取不可説，云何受樂報佛自取法王身？云何餘世間人復取彼法是法王身？爲断此疑，經文有二：初問答断疑，後校量顯勝。前中有四：

一問，二答，三徵，四釋。

此初問也。言譬如有人舉報佛之身也，如須弥山王者，顯身勝大也。是身爲大不者，問佛大身，有分別心，取大相不？須弥山者，此云妙高，四寶合成，六万諸山而爲眷屬。然今此中以彼山王，喻報佛身。如須弥山王，出過衆山，故名爲大不〔三六〕，而不自取我是山王。受樂報佛，出過衆聖，勝故名大，而不自取我是法王。其義相似，故引爲喻。

經：須菩提言：甚大，世尊。

第二答也。答意是身雖大，以无分別不取大相。

經：何以故？

第三徵也。其无分別，其故何耶？

經：佛説非身，是名大身。

第四釋也。佛説非身者，非有漏有爲身也。是名大身者，是无漏无爲身也。

經：須菩提，如恒河中所有沙數，如是沙等恒河，於意云何？是諸恒河沙寧爲多不？

第二校量顯勝也。文中有二：先約外財，後約内財。前中復二：一舉劣勝，二釋勝所以。前中復二：初舉劣，後顯勝。前中又四：一問沙，二答沙，三問福，四答福。

此即第一問沙也。此下所以重校量者，爲破疑情。外人疑曰：前説持經四句，過於三千世界七寶布施。今説无量恒河沙世界七寶，亦過三千世界七寶布施。二義俱勝。何等勝功德而能得大菩提？今断此疑。顯此持經功德，非但過於三千世界七寶布施，亦勝捨无量恒河沙世界七寶布施。由此持福能得大菩提，非由施福故重校量，顯其勝劣。言如恒河中所有沙數者，第一重略明沙无量也。如是恒河沙者，第二重惣明河无量也。於意云何？是諸恒河沙寧爲多不者，第三〔三七〕廣明沙无量也。寧之言能，惣問尒許河沙能爲多不。

經：須菩提言：甚多，世尊。但諸恒河尚多

无數，何況其沙。

第二答沙也。獨舉沙河尚多无量，況說河沙，此非甚多耶。

經：須菩提，我今實言告汝，若有善男子善女人，以七寶滿尒所恒河沙數三千大千世界以用布施，得福多不？

第三問福也。我今實言告汝者，爲欲校量先顯如來口无失故。若善男子等者，兼明能之心也。以七寶者，正明所施之量也。滿尒所恒河沙數世界者，惣顯施寶量也。

經：須菩提言：甚多，世尊。

第四答福也。

經：佛告須菩提：若善男子善女人，於此經中乃至受持四句偈等，爲他人說，而此福德勝前福德。

第二顯勝也。此中施多而福劣者，以有漏因違涅盤故。持經至少而福增者，以无漏因破生死故。

經：復次須菩提，隨說是經乃至四句偈等，當知此處一切世間天、人、阿修羅，皆應供養如佛塔廟。

大文第二釋勝□所以也。文惣有四：一尊處故勝，二同說故勝，三降伏染故勝，四超淨故勝。就中第一尊處故〔二八〕勝，中文復有四：一弁處尊，二明人勝，三雙釋，四問答。

此即第一弁處尊也。如王所居，非說多少，乃至暫時，一切見者，悉皆恭敬。說此經處，亦復如是，非論多少，下至一偈應當供養。所以然者，此大乘法，諸經王故。天人阿修羅者，六趣之中略舉三也。此三福業供養義增，是故偏述。餘三罪報，多諸障礙，雖有少分，略而不論。

經：何況有人，盡能受持讀誦。須菩提，當知是人成就最上第一希有之法。

第二明人勝也。說一偈處，處是非情，猶應供養，義同塔廟，何況盡能受持之人。

人成勝慧，得非尊重。言何況者：一以无情況有情，謂以處況人；二以少説多，即一偈況於盡受。當知是人成就最上第一希有之法者，惣明持經菩薩成无住行，近超地上諸果，具多百法明門，遠趣无上菩提，成一切種智。惣以佛之果體无勝，故名爲最上。超過諸地，名爲第一。世間所无，名爲希有。

經：若是經典所在之處，即爲有佛，若尊重弟子。

第三雙釋也。今言經典所在之處者，義含説經人及説經處，以處及人皆所依故。即爲有佛者，爲顯説經處，開示法身，如塔廟故。若尊重弟子者，爲敬持經人，如弟子重佛相似也，故魏本云尊重似佛也。

經：尒時，須菩提白佛言：世尊，當何名此經？我等云何奉持？

第四問答也。文復有四：一問，二答，三徵，四釋。此初也。此中所以問答經名及受持者，以佛世尊嘆二處勝故。今明受持者，應先知名字及受持方法，是故於此尊處，文中便申問答。當何名此經者，問經名也。我等云何奉持，問受持方法也。

經：佛告須菩提：是經名爲金剛般若波羅蜜，以是名字，汝當奉持。

第二答也。金剛者喻也，即堅利寶。般若者，法也，即无分別智。波羅蜜[二九]者，名到彼岸，顯此真智，極究竟故。以是名字，汝當奉持者，以猶用也，是由此也。用此能詮之名，詮彼所詮之理。理爲義持，名爲文持，文義恭受，惣名爲奉持。

經：所以者何？

第三徵也。徵經名義是何意也。

經：須菩提，佛説般若波羅蜜，即非般若波羅蜜。

第四釋也。言佛説般若波羅蜜者，謂觀

照等真實慧也。即非般若波羅蜜者，謂非二乘等相似慧也。

經：須菩提，於意云何？如來有所說法不？

　惣中第二，同[三〇]說故勝也。文復有二：一問，二答。

　此初問也。此中問意，明釋迦如來，離諸佛所說法外，別有一法，是佛所說不？

經：須菩提白佛言：世尊，如來无所說。

　第二答也。惣言如來无所說者，爲顯說同，非謂世尊都无言說也。

經：須菩提，於意云何？三千大千世界所有微塵，是爲多不？

　惣中第三，降染故勝也。將明此義，先弁因果有其三種：一布施因果，因謂布施，果謂煩惱，由取相施增煩惱故；二世界因果，因謂世界，果謂微塵，由界聚相，散爲塵故；三持經因果，因謂持經，果謂法身。由能持說，證法身故。今此文中，校量前二，以顯後一。

然經舉諸微塵等者，即世界因果。此之微塵，名爲色塵，體是无記。但坌色身，不坌法身。非如布施所生煩惱，名爲法塵，能坌淨心及以法身故。今將此无記因果，對彼布施染污因果，彼尚不及无記塵。因何能更，方持說之福，故知施福增有，因經滅或也。

　今釋此文，復分爲二：初舉劣顯勝，後弁勝過劣。前中有二：一問，二答。此初問也。三千大千世界者，舉其因也。所有微塵者，顯其果也。是爲多不者，問其量也。所以問此微塵多少者，將顯染塵過於此故。

經：須菩提言：甚多，世尊。

　第二答也。此中所言甚[三一]者，即以世界至大，微塵極少，破麁爲細，塵即无邊，多義難量，故言甚也。

經：須菩提，諸微塵如來說非微塵，是名微塵。

　第二弁勝過劣也。文復有二：初約果弁，

後約因弁。此即初也。諸微塵者，謂世界无記塵也。如來説非微塵者，謂非如施福所生染煩惱塵也。是名微塵者，是地等之微塵也。

經：如來説世界，非世界，是名世界。

第二約因弁也。如來説世界者，謂微塵之因，器世界也。非世界者，謂非染塵之因，施福之世界也。是名世界者，是无記塵因，器世界也。此中文意，爲明施福是染煩惱因，尚劣世界无記塵因，何能比此持經功德也。

經：須菩提，於意云何？以三十二相見如來不？

惣中第四，超淨故勝。文復有四：一問，二答，三徵，四釋。

此初問也。將釋此義。先明因果有其三種：一布施因果，因謂布施，果即依報；二持戒因果，因謂持戒，果即正報；三持經因果，因謂持説，果即法身。今明三十二相者，此乃偏舉中間持戒因果，對量前後之優劣耳。

惣以持戒爲正報之因，已勝布施依報之業，何况布施爲取相之福，而能比持經離相之福耶？此中文意，舉果顯因故。問持戒所感三十二相之身，爲是持經所顯法身以不？

經：不也，世尊。不可以三十二相得見如來。

第二答也。若以相見同法身者，義不然也。

經：何以故？

第三徵也。何故持戒福所感之身非法身也？

經：如來説三十二相，即是非相，是名三十二相。

第四釋也。言如來説三十二相者，謂持戒福所感色身之相也。即是非相，謂非持經智慧所得法身之相也。是名三十二相者，結成初句也。此中文意，明其持戒不及持經，故名超淨也。戒福能生淨報，尚自不及持經施福能生染因，豈比持經功德？

經：須菩提，若有善男子善女人，以恒河沙

等身命布施。

第二内財校量也。文復有二：一舉劣顯勝，二釋勝所以。前中有三：一舉劣，二顯勝，三領解。

此初舉劣也。前雖捨无量珍寶爲是外財，猶疑輕尠。今舉恒沙身命，爲是内財。恐將殊勝，有斯疑惑，故重校量。言善男子等者，兼舉无貪心也。以恒河沙等身命布施者，正明无量福也。

經：若復有人，於此經中乃至受持四句偈等，爲他人説其福甚多。

第二顯勝也。取相布施，雖捨多身。終成有漏，離相持經，縱傳一偈，已過无量。所以然者，世間出世間因非少故。

經：尒時，須菩提聞説是經，深解義趣，涕淚悲泣。

第三領解也。文復有二：一領解，二歎勝。此文初也。言涕淚悲泣者，涕者，落也；淚者，目津也。神慟謂之悲，无聲淚下謂之泣。彼須菩提，聞能詮深教，解所詮深義，又聞捨恒河沙身命，不如持經一偈，所以念彼捨身之苦，欻尒增悲，敦敬法之誠，零然下淚。問：聞經悟解應喜，何以悲泣？答：有悟解生悲，如須菩提聞此經；有悟解生喜，如舍利弗聞《法華經》；有悟解生悲喜，如善集王聞《金光明經》悲喜交集。今須菩提所以悲泣者，謂耳飡正説，慧鑒真如。一即愍彼捨身之苦，二即忻今所説，三即恨不早聞，四傷不聞之者，所以有此悲泣也。

經：而白佛言：希有，世尊，佛説如是甚深經典。

此下第二嘆勝也。而白佛言者，啓告之詞也。希有世尊者，惣嘆勝也。佛説如是甚深經典者，別舉所嘆希有法也。

經：我從昔來，所得慧眼，未曾得聞如是之經。

大文第二釋勝所以也。文别有四：一希有故勝，二不同餘法故勝，三堅實故，四勝餘修多羅故勝。

此文初也。所謂昔得慧眼，開人空目，出煩惱障，見无我理，其所得者，謂是化城，非究竟故。今聞此經，聞法空目，破所知障，見法空如，其所得者，即真實所，乃名希有也。

經：世尊，若復有人得聞是經，信心清淨，即生實相，當知是人成就第一希有功德。

第二不同餘法故勝。文復有二：初摽舉，後釋成。

此文摽舉也。此經不同餘教，詮佛所得甚深法故。

經：世尊，是實相者，則是非相，是故如來説名實相。

第二釋成也。言實相者，謂依此經生如實信。即是非相者，謂不同世間虚妄信也。是故如來説名實相者，引教證成結初句也。

經：世尊，我今得聞如是經典，信解受持不足爲難，若當來世後五百歲，其有衆生得聞如是信解受持，是人即爲第一希有。

第三堅實故勝也。文復有三：一惣舉，二别釋，三述讃。

此惣舉也。爲此法門，智體堅實，猶若金剛慧用深入能除惑障，故令持者雺下惡之世，成第一之功。今惣以須菩提成就五義故，聞經信解不足爲難：一非難時故，謂得值如來；二佛攝授故，謂具信出家；三得无學果故，謂辦諸功德；四蒙佛加持故，謂速令開解；五成就變化故〔三〕，謂實是菩薩。由斯道理，不名希有。彼未來者，无是五義，具多障難，能受持者，故稱第一也。

經：何以故？

第二别釋也。文中有三：一明我空，二明法空，三明俱空。就我空中，先徵後釋。此即初也。惣問未來受持之人，何以獨成第一希有也？

經：此人无我相、人相、衆生相、壽者相。

第二釋也。此中相字，並從想義。由持經人，了我空故，不復能起我人等想故。

經：所以者何？

第二明法空也。先徵後釋。此初徵也。但説我空，想應有耶？

經：我想即是非相，人相、衆生相、壽者想即是非相。

後文釋也。我相等者，謂能取我等之心也。即是非相者，謂此執心當體故。

經：何以故？

第二明俱空也。先徵後釋。此初徵也。一切諸法不離能取所取，今惣言空其意何耶？

經：離一切諸相，即名諸佛。

後文釋也。相若不空，佛不應離，離得覺者即是空。

經：佛告須菩提：如是如是，若復有人得聞是經，不驚不怖不畏，當知是人甚爲希有。

第三述讚也。言如是如是者，謂上所説，正是其義，故名如是如是，即印可之詞也。得聞是經不驚不怖不畏者，謂成就信解也。《論》云：驚者，謂非雾生懼，是故名驚，以可呵故，如非道行故；怖者，心體怖故，已起不能断疑心者；畏者，一向怖故，其心必竟驚怖墮故。離此三種，聞經信解，故名希有。

經：何以故？

第四勝餘修多羅故勝也。文復有二：先徵後釋。此初徵也。不驚等者，有何奇特名希有也？

經：須菩提，如來説第一波羅蜜，非第一波羅蜜，是名第一波羅蜜。

後文釋也。謂顯此經，於一切波羅蜜教中是最妙故。由此世間難生信解，多起疑謗，是故若聞不生驚等，即爲希有。如來説第一波羅蜜者，即是此經所詮第一波羅蜜也。非第一波羅蜜者，謂非是餘經所詮第一波羅蜜也。是名第一波羅蜜者，結成初句也。

金剛經疏卷上

校勘記

〔一〕底本據伯二一五九。

〔二〕「爲」，底本脱，據文意補。

〔三〕「利」，底本脱，據文意補。

〔四〕「利」，底本後衍「他」字，據文意删。

〔五〕「支」，底本後衍「譯」字，據文意删。

〔六〕「獨」，底本脱，據文意補。

〔七〕「二」，底本作「三」，據文意改。

〔八〕「乞」，底本作「訖」，據文意改。

〔九〕「鉢」，底本脱，據文意補。

〔一〇〕「利」，底本作「離」，據文意改。

〔一一〕「何」，底本脱，據文意補。

〔一二〕「何」，底本作「可」，據文意改。

〔一三〕「大」，底本脱，據文意補。

〔一四〕「攝」，底本作「稱」，據文意改。下同。

〔一五〕「相」，底本作「想」，據《金剛般若波羅蜜經》（《大正藏》本，下同）改，下同。

〔一六〕「惣」，底本脱，據文意補。

〔一七〕「三」，疑爲「身」。

〔一八〕「信」，底本脱，據文意補。

〔一九〕「來」，底本作「是」，據《金剛般若波羅蜜經》改。

〔二〇〕「取」，底本作「相」，據《金剛般若波羅蜜經》改。

〔二一〕「證」，疑後脱「故」字。

〔二二〕「洹」，底本脱，據文意補。

〔二三〕「漢」，底本脱，據《金剛般若波羅蜜經》補。

〔二四〕「不」，疑衍。

〔二五〕「不」，疑衍。

〔二六〕「不」，疑衍。

〔二七〕「三」，底本作「二」，據文意改。